아주 특별한 중국사 이야기

2008년 3월 2일 초판1쇄 인쇄
2008년 3월 8일 초판1쇄 발행
2008년 8월 6일 초판2쇄 발행

지은이 ▪ 화강, 장국호
옮긴이 ▪ 구성희, 추교순, 구자원
펴낸이 ▪ 임성렬
펴낸곳 ▪ 도서출판 신서원
　서울시 종로구 교남동 47-2 협신빌딩 209호
　　전화 : (02)739-0222·3　팩스 : (02)739-0224
　　등록 : 제300-1994-183호(1994. 11. 9)

ISBN ▪ 978-89-7940-068-7

신서원은 부모의 서가에서 자녀의 책꽂이로
'대물림'할 수 있기를 바라며 책을 만들고 있습니다.
잘못된 책은 연락주세요.

《故事本中国通史》华强、张国浩著、2006年 6月 上海古籍出版社出版、本书由上海古籍出版社授权出版。

아주 특별한 중국사 이야기

華强, 張國浩 著
具聖姬, 秋敎順, 具滋元 譯

도서출판 신서원

서 론

개혁개방 이후 급속도로 경제발전을 이룬 중국인들은 경제는 매우 중요시하는 반면 역사에 대해서는 등한시하는 경향이 갈수록 깊어지고 있다. 더욱이 영화 또는 드라마, 일부 역사의 잘못된 서술로 인하여 역사는 더욱 놀림감이 되거나 잘못 인식되어 일그러지고 말았다. 게다가 일부 젊은이들이 영화 속의 이야기들을 정사正史에 기록된 내용으로 오해하고 있다는 이야기를 들을 때마다 역사학자로서 마음은 더욱 무거워졌다. 이때마다 '역사학자인 우리가 역사에 대해 잘못된 인식을 하고 있는 젊은이들을 위해 무엇을 어떻게 해야 할 것인가' 하는 문제에 대해 항상 고민할 수밖에 없었다.

중국인이라면 마땅히 중국을 이해하고 중국을 사랑해야 할 것이다. 중국은 5천 년의 역사와 찬란한 문화를 보유한 문명국이다. 기나긴 5천 년 역사의 강물 속에는 일찍이 걸출한 정치가·군사가·문학가·예술가·과학자 등과 셀 수 없는 역사적 이야기 등이 출현했다.

시대는 비록 다를지라도 역사상 출현했던 걸출한 인물과 그들에 얽힌 역사적 이야기들은 우리들에게는 여전히 교육적인 귀감이 되고 있다. 역사는 거울과 같으며, 교육적 자료이므로 열심히 학습하면 인생사의 흥망과 영욕을 깨닫게 될 것이다. 역사지식의 보급과 청소년의 인성교육 훈련을 목적으로 한다는 취지에서 상해고적출판사가 우리에게 부탁한 본서의 완성을 흔쾌히 승낙했다. 이 책의 편저를 통해서 우리들은 적어도 현재의 청년들의 역사지식에 일조를 했다고 생각한다.

본서는 서술방식에서 새로운 방법을 도입했다. 즉 통속적이고 흥미있는 역사고사를 중화민족의 5천 년 역사의 내용들과 재미있게 엮었으며, 동시에 매 역사고사를 소개할 때마다 간략한 분석과 역사적 평가를 첨가하여 독자가 비교적 쉽게 역사적 사실을 이해할 수 있도록 했다. 그러나 30여만 자의 분량으로 중화 5천 년의 역사를 서술하기에는 어려운 점이 많았다. 때문에 우리는 역사적인 사실과 인물을 선별하여 정리할 수밖에 없었으므로, 더 많은 중요인물과 사실을 소개하지 못해 아쉬울 따름이다.

또한 지면의 한계로 인해 역사고사의 통속성·흥미성과 연관성을 특별히 고려하다 보니 여전히 많은 역사고사가 선별되지 못했다. 이 때문에 『고사본중국통사故事本中國通史』는 중국역사에 대한 간략한 윤곽을 소개한 역사서라고 할 수 있겠다. 신해혁명 전후 역사의 교착과 연속성을 고려하여 백수이白壽彛의 『중국통사강요』 등을 참고하여 '5·4운동'까지를 본서의 끝부분으로 정했다.

『고사본중국통사故事本中國通史』는 중국의 사료를 기본으로 해서 서술했다. 때문에 책 속의 모든 역사적 사건들은 모두 역사사실에 근거했다. 『고사본중국통사』 속의 분석과 역사비평은 저자 자신의 이해와 관점이므로 독자들은 참고하기 바란다. 또한 본서의 분석과 비평을 통해 중국역사상의 인물과 사건에 대해 더욱 깊이 있게 이해하는 계기가 될 것이라 생각한다. 『고사본중국통사』를 통해 중국역사에 대한 흥미를 갖게 되는 계기가 되기 바라며, 본서를 통해 독자들의 역사에 대한 흥미를 유발하는 계기가 되었다면, 저자가 바라는 목적은 달성되었다고 할 수 있다.

화강華强·장국호張國浩
중국인민해방군 상해정치대학에서 2001년 12월

목 차

서론 ■ 3

제1장 문명의 서광 … 상고시대에서 서주시대까지

1. 상고의 전설 · 10
2. 선양에서 전자까지 · 13
3. 우임금이 신주를 바삐 다니다 · 17
4. 소강의 중흥 · 19
5. 포악한 하나라 걸왕 · 21
6. 반경에서 무정까지 · 26
7. 무왕이 주왕을 토벌하다 · 28
8. 공화정치 · 32
9. 봉화로 제후를 희롱하다 · 35

제2장 군웅의 각축 … 춘추전국시대

1. 제환공이 패자를 도모하다 · 40
2. 중이의 피난 · 45
3. 진문공이 패업을 창건하다 · 49
4. 진목공이 서융을 정벌하고 패자가 되다 · 54
5. 초장왕은 한 번 날면 하늘에 이른다 · 60
6. 오나라가 패왕을 다투다 · 63
7. 월왕이 치욕을 참다 · 67
8. 성인 공자 · 71
9. 경대부가 권력을 빼앗다 · 75
10. 상앙의 개혁 · 78
11. 종횡가 장의 · 82
12. 조나라 무령왕의 군사개혁 · 86
13. 애국시인 굴원 · 90
14. 진왕의 천하통일 · 95

제3장 천하가 하나로 통일되다 … 진한시대

1. 천고의 황제-진시황 · 104
2. 사슴을 가리켜 말이라 한다 · 109
3. 진승의 봉기 · 112
4. 서초패왕 항우 · 115
5. 항우와 유방의 전쟁 · 123
6. 한나라 초기 세 명의 인걸 · 130

7. 여후천하 · 138
9. 한이 서역과 교역하다 · 148
11. 왕망의 찬탈 · 156
13. 과학자 장형 · 161
15. 당고의 화 · 166

8. 주아부와 이광 · 143
10. 사마천이 치욕을 참고 '사기'를 저술하다 · 152
12. 곤양의 결전 · 159
14. 채륜이 종이를 만들다 · 163

제4장 평화와 전쟁이 교체하다 … 삼국 · 양진 · 남북조시대

1. 난세가 영웅을 낳는다 · 170
3. 원소와 조조의 결전 · 175
5. 적벽의 결전 · 182
7. 계속해서 불타는 군영 · 188
9. 사마소의 마음 · 194
11. 귀족들이 서로 부를 다투다 · 201
13. 잃은 영토를 되찾고자 노력하다 · 211
15. 풍속을 새롭게 고치다 · 220
17. 우물 속의 황제 · 228

2. 여포와 동탁 · 173
4. 삼고초려 · 179
6. 번성을 물에 잠기게 하다 · 186
8. 일곱 번 생포하여 일곱 번 풀어주다 · 191
10. 등애가 촉나라를 멸망시키다 · 197
12. 여덟 명의 왕족이 진나라를 혼란에 빠뜨리다 · 204
14. 풀과 나무가 모두 병사들로 보이다 · 214
16. 황제가 불교에 심취하다 · 225

제5장 중흥의 시대에서 분열의 시대로 … 수 · 당 · 오대

1. 폭군 수양제 · 232
3. 중원에서 우뚝 일어선 와강군 · 239
5. 진왕 이세민이 황제에 오르다 · 246
7. 문성공주가 서장으로 시집가다 · 255
9. 여황제 무측천의 통치 · 263
11. 당나라의 전성기-개원의 치 · 271
13. 신기에 가까운 그림을 그린 화가 오도자 · 280
15. 돈황-세계예술의 보물창고 · 287
17. 안록산이 난을 일으키다 · 294
19. 황소의 봉기 · 301

2. 대운하와 조주교 · 236
4. 당왕조의 건립 · 243
6. 천하가 편안했던 정관의 통치 · 251
8. 현장법사가 불경을 구하러 서역에 가다 · 259
10. 포악한 관리를 이용하여 포악한 관리를 다스리다 · 267
12. 이백과 두보의 삶 · 274
14. 감진스님이 일본에 가다 · 283
16. 현종과 양귀비의 소원 · 291
18. 양귀비의 최후 · 298
20. 통일의 시대에서 분열의 시대로 · 305

제6장 분열의 시대에서 다시 통일의 시대로 …송·요·금·원대

1. 진교에서 군대가 반란을 일으키다 · 310
2. 송태조 조광윤의 통치 · 313
3. 용감한 양씨가문의 장군들 · 317
4. 왕소파와 이순의 봉기 · 321
5. 전연에서 화친을 맺다 · 325
6. 청렴한 관리 포청천 · 328
7. 북송의 개혁가 왕안석 · 333
8. 사마광이 자치통감을 편찬하다 · 337
9. 방랍과 송강이 봉기하다 · 341
10. 이강이 금나라에 항거하다 · 344
11. 악비와 악가군 · 348
12. 남송의 애국시인들 · 353
13. 한 시대의 영웅 칭기스칸 · 357
14. 문천상이 원나라에 항쟁하다 · 360
15. 홍건군이 봉기하다 · 365

제7장 전제주의 왕조 …명대

1. 승려출신의 황제 · 370
2. 현명하고 내조를 잘하는 마황후 · 374
3. 호유용과 남옥의 사건 · 378
4. 조카의 자리를 빼앗은 영락제 · 381
5. 정화가 서양에 가다 · 384
6. 토목보에서의 치욕 · 386
7. 북경방어전 · 391
8. 황제 앞에서도 무릎을 꿇지 않는 유근 · 394
9. 해서가 관직을 잃다 · 398
10. 척계광이 왜구를 물리치다 · 402
11. 금의위와 동서창 · 406
12. 포르투갈의 식민지가 된 마카오 · 410
13. 장거정과 일조편법 · 414
14. 이시진과 『본초강목』 · 418
15. 동림당과 엄당 · 422
16. 목동출신의 장수 이자성 · 426
17. 명나라의 화려한 문화사업 · 430
18. 명나라의 진기한 예술 · 433

제8장 최후의 제국 …청대

1. 일대의 영웅 누르하치 · 438
2. 오삼계가 청나라에게 항복하다 · 442
3. 사가법이 청나라에 대항하다 · 447
4. 정성공이 대만을 수복하다 · 451
5. 삼번에서 반란을 일으키다 · 455
6. 강희제와 강건성세 · 460
7. 네르친스크조약 · 463
8. 옹정제와 건륭제 · 467
9. 지방관을 파견하여 중앙집권을 완성하다 · 471
10. 청나라의 문자옥 · 475
11. 청나라 소설과 『홍루몽』 · 479
12. 임칙서가 호문에서 아편을 없애다 · 483
13. 태평천국의 봉화 · 487
14. 양무운동과 갑오전쟁 · 492

15. 백일 만에 끝난 개혁 · 496
17. 원세개의 야망을 막은 호국전쟁 · 504
19. 조여림의 집이 불타다 · 514

16. 황제제도를 무너트린 신해혁명 · 500
18. 군벌에 의해 실패한 호법운동 · 508

역자후기 ■ 519

제1장 문명의 서광

상고시대에서 서주시대까지

1. 상고의 전설

상고시대 중국의 황하와 장강(양자강) 유역에는 이미 광범위한 인류의 활동이 있었다. 지금으로부터 170만 년 전 중국에서는 가장 오래된 원시인류인 원모원인元謀猿人이 등장했다. 50~60만 년 전에는 남전원인藍田猿人이 출현했으며, 40~50만 년 전에는 그 유명한 북경원인北京猿人이 출현했는데, 당시의 북경원인은 이미 불을 사용하고 관리할 줄도 알았다. 대략 10만 년 전 중국의 상고문화는 원인猿人에서 고인古人단계[馬壩人·長陽人·丁村시에 들어갔으며, 4만 년 전에는 고인단계에서 신인新人의 과도기로 접어들어 모계씨족사회가 출현했다. 모계씨족사회는 4~5만 년 동안 지속되다가 대략 5천 년 전부터 인류사회는 부계씨족사회로 진입하게 된다. 부계씨족사회는 원시사회에서 노예제 사회형태로 변모해 가는 과도기적 형태의 사회단계로 사유제 및 계급 등의 일련의 사회제도가 이러한 사회형태에서 출현하게 되는 것이다.

중화민족의 상고시대에는 감동적이면서 아름다운 신화와 전설이 등장한다. 반고盤古·여와女媧·황제黃帝·염제炎帝 등은 바로 이 시기에 등장한 대표적인 전설속의 인물들이다. 우리는 이러한 아름다운 상고시대의 신화 속에서 중화민족의 선조들이 어떻게 생존하고 생활했는지를 살펴볼 수 있을 것이다.

아주 오래된 상고시대의 전설 속 하늘과 땅이 아직 만들어지지 않아 혼돈의 상태로 마치 동그란 계란과 같았다. 그 때 반고盤古라 불리는 자가 그 사이에서 태어났다. 그리고 얼마나 지났는지는 알 수 없지만, 반고는 거대한 도끼로 혼돈의 동그란 계란을 쪼갰다.

혼돈의 계란은 반고에 의해 쪼개진 뒤 두 부분으로 나뉘게 된다. 가볍고 깨끗한 부분은 위로 올라가더니 쪽빛 하늘이 되었고, 무겁고 탁한 것은 아래로 내려가 광활한 땅이 되었다. 이후 하늘은 매일 1장丈씩 높아졌으며, 대지는 매일 1장씩 두터워졌다. 반고 또한 매일 1장씩 자랐다. 1만 8천 년이 경과한 뒤 하늘은 매우 높아졌고, 대지도 극히 두터워졌으며 반고 또한 영웅적 기개가 하늘을 찌를 듯한 거인으로 성장했다. 그가 숨을 쉬면 바람을 일으켰으며, 소리를 내면 뇌성과 같고, 눈빛은 번개가 치는 듯했으며, 땀을 흘리면 비를 쏟는 듯했다. 얼마나 지났는지는 알 수 없으나, 반고가 죽고 그의 골격은 융기한 산맥이 되었으며, 가죽과 털은 대지 위의 수목과 화초가 되었다.

반고가 죽은 뒤 하늘과 대지 사이는 줄곧 텅 비어 있었다. 또 오랜 시간이 지난 뒤에 '여와'라고 하는 여신이 등장했다. 그녀는 물로 한 무더기의 황토를 반죽하여 진흙인간을 빚기 시작했다. 진흙인간을 다 만들고 진흙인간을 향해 입김을 불어넣었다. 그러자 진흙인간은 갑자기 말하고 웃을 줄 아는 살아 있는 인간으로 변했다. 여와는 또 진흙인간을 계속 빚었으나 속도가 너무 느리자, 이번에는 밧줄을 이용해 황토 속에 담갔다가 공중을 향해 휘두르자 황토 흙덩어리가 사방으로 퍼지기 시작했다. 이런 진흙덩어리들이 크고 작은 살아 있는 인간으로 변하게 되었고, 인류는 이러한 과정에서 탄생하게 된다.

전설 속의 황제黃帝의 선조는 웅씨熊氏이다. 웅국의 우두머리 소전少典은 부보附寶라고 불리는 아가씨와 결혼하여 둘은 깊이 사랑했다. 어느 날 둘이 희수姬水 옆에서 즐겁게 놀고 있었는데, 하늘에서 뇌성이 들리더니 부보는 임신을 하게 되어 오래지 않아 남자아이를 낳았다. 아이의 용모와 지혜가 출중하여 태어난 지 2개월 만에 말을 하자 씨족사람들은 그 아이를 천신天神이 사람으로 태어난 것으로 생각했다. 그가 성년이 되자 그를 추천하여 부락의 수령이 되게 했는데, 그가 바로 후세인들이 칭송하는 '황제黃帝'이다. 황제는 희수 근처에서 성장하고, 헌원軒轅의 언덕에서 살았기 때문에 '희姬'를 성姓으로 하고, 헌원軒轅씨라고 했다.

황제가 부락의 수령이 되고 나서 그는 부락민들을 데리고 동쪽의 중원 中原지역으로 이주해 최후에는 탁록涿鹿지금의 하북성 북부에 정착했다.

황제의 부락과 함께 중원에 들어온 부락으로는 염제炎帝의 부락이 있었다. 염제는 성이 강姜인데, 전하는 말에 의하면 소머리에 사람의 몸을 하고 있었다고 한다. 아마도 소를 토템으로 삼았던 씨족 수령이었기 때문에 그렇게 전해졌을 것이다.

염제는 뒤에 황하중류 일대로 이주하여, 구려족九黎族과 충돌을 일으켰다. 구려족의 수령을 치우蚩尤라 불렀으며, 전설에 의하면 구려족 사람들은 모래와 돌을 먹고 살았기 때문에 매우 용맹하여 염제의 부족들은 구려족에게 참패당했다고 한다.

뒤에 염제가 황제에게 구원을 요청했으므로 황제와 염제는 연합으로 구려족과 치열한 전투를 전개했다. 황제는 맹수를 이용하는 것 외에도 신룡神龍으로 하여금 술법을 쓰게 하여 구려족을 멸망시키려 했다. 이에 치우는 풍백우사風伯雨師가 황제와 염제에게 광풍과 폭우를 쏟아 부어주기를 간청했다. 황제와 염제는 또한 한신旱神에게 간청하여 대적하게 하자 광풍과 폭우는 바로 사라졌다. 이와 같은 천지개벽할 전쟁에서 드디어 황제와 염제 연합군이 승리를 거두고, 치우는 포로가 되어 처형되었다.

그러나 치우에게 승리한 황제와 염제 또한 상대를 제치고 부락의 맹주가 되고 싶어 했기 때문에 결국 이들 사이에도 새로운 권력쟁탈 전쟁이 벌어졌다. 그들은 탁록에서 연속적으로 3차에 걸쳐 결전을 치렀다. 그 결과 결국 황제가 염제를 굴복시킨다. 이로써 황제는 중원부락연맹의 우두머리가 되었다.

이 아름다운 전설을 통해 우리는 고대인들이 자연을 숭배하면서도 자연과 투쟁했던 위대한 기백을 알게 된다. 또한 이러한 전설을 통해 고대인들의 생활형태를 이해할 수 있는 것이다. 특히 황제와 염제의 전설은 바로 인류사회에 사유제가 출현한 이후부터 전쟁은 피할 수 없

> 는 중대한 문제임을 보여준다. 또한 황제와 염제가 중원에 거주하며 공동으로 황하유역을 개발함으로써 그 유역은 중화민족의 요람이 되었다. 이때문에 이후 중원 거주민들은 황제와 염제를 그들의 조상으로 모시며, 스스로를 '염황자손炎黃子孫'이라 부른다.

2. 선양에서 전자까지

요堯임금과 순舜임금은 4천여 년 전에 살았다. 이때는 비록 생산의 근거인 토지와 목장 등 모두가 전체 씨족의 공동소유였으나 종전의 전체 씨족구성의 집단적인 농경과 사냥하는 제도는 점차로 가정단위의 생산방식으로 대체되어갔다. 씨족 내의 사유재산은 점차 증가하기 시작했으며, 노예제적인 요인들도 이미 출현하여, 부락 사이의 약탈과 전쟁이 갈수록 빈번해졌다.

요임금이 순에게, 순임금이 다시 우禹에게 임금의 자리를 물려준 것을 일컬어 '선양제도禪讓制度[제왕이 제왕의 자리를 어진 사람에게 넘겨주는 일]'라고 하는데, 역사적인 미담으로 전해지고 있다. 그러나 우임금의 아들 계啓가 우임금이 죽은 뒤 천자의 자리를 빼앗았으므로 이때부터 새로운 '전자제도傳子制度[왕의 지위를 자손에게 전하는 제도]'가 시작되어, '가천하家天下[족벌체제]시대'가 시작되었다.

중원의 부락연맹 중에서 황제와 염제 이후에 요·순·우임금이 출현해 서로 양위했다. 전설에 의하면, 요임금은 천자가 되고서도 전혀 임금다운 면모를 드러내지 않았다. 그는 백성들과 똑같이 먹고 입었으며 심지어 거주하는 집도 백성들과 똑같이 했다. 게다가 역법을 정하고 생산을 공평하게 분배하여 백성들을 위해 선정을 베풀었기 때문에 백성들로부터 깊은 존경을 받았다.

요임금은 노년기에 접어들면서 양위계승 문제에 대해 고민하기 시작했다. 하루는 부락의 우두머리들을 모두 모아서 회의를 열어 양위계승자에 대한 토론을 했다. 어떤 이는 요임금의 아들 단주丹朱가 가장 합당한 인물이라고 천거했으나, 요임금은 동의하지 않았다. 왜냐하면 자신의 아들 단주는 성질이 포악하므로 임금이 될 만한 인물이 못된다고 생각했기 때문이다.

이때 어떤 이가 우순虞舜을 천거했다. 우虞의 아버지는 눈이 먼 노인으로 사람들은 그를 고수瞽叟라 불렀다. 우순의 생모가 일찍이 죽었기 때문에 고수는 후처를 들여 상象이라는 아들을 낳았다. 고수는 상을 총애하여 항상 그의 후처와 함께 상으로 하여금 가산을 계승하게 하도록 했다. 순은 바로 이런 복잡한 가정 속에서 살았으나 항상 그의 부모를 극진히 모시고, 동생에게도 잘 대해 주었다.

요임금은 우선 순의 사람됨에 대해 살펴볼 것을 지시한 뒤 자신의 두 딸 아황娥皇과 여영女英을 순에게 시집보내고, 순을 각지에 파견하여 순찰하도록 했다.

순이 역산歷山 근처에 도착했을 때, 그 지역의 농부들이 땅을 더 많이 차지하기 위해 치열하게 싸우고 있었다. 그러나 순이 그 지역에 머물며 함께 일하고 함께 생활하자 농부들은 서로 양보할 줄 알게 되었을 뿐만 아니라 더욱 많은 양식을 수확하게 되었다.

순은 또 뇌택雷澤이라는 지방에 가서 고기잡이를 했다. 그 지역 어부들은 예전부터 가옥의 부지 때문에 항상 싸움이 끊이지 않고 있었다. 그러나 순이 그 지방에 간 이후로 어부들은 서로가 가옥을 양보하고 화목하게 지내게 되었다.

순은 다시 하빈河濱에 가서 도자기를 제조했다. 그 곳의 도공들은 항상 신속하게만 일을 해서 도기의 질이 거칠었다. 순이 그 지역에 간 뒤로부터 도공들은 비로소 정교하고 아름다운 도기를 제조해내기 시작했다.

순은 인仁과 자애慈愛로 백성들을 감화했기 때문에, 순이 가는 곳마다 이 같은 변화가 생겼고, 사람들이 사방팔방에서 순에게 모여들었다. 이와 같은 순의 능력을 확인한 요임금은 순에게 양식창고를 지어주고, 그에게 많은 소와 양 그리고 거문고 하나를 선물로 주었다.

그러나 순의 계모와 동생이 이 사실을 알고는 아버지 고수와 함께 순을 죽일 계획을 세웠다. 하루는 고수가 순에게 양식창고의 꼭대기를 수리하라고 지시했다. 순이 창고의 꼭대기에 기어오르자, 고수와 계모 등은 바로 사다리를 다른 데로 옮기고, 불을 질러버렸다. 다행히 순은 두 개의 삿갓을 가지고 있었으므로 바로 양 손에 삿갓을 들고 마치 새가 날개를 펼친 것처럼 하여 뛰어내렸다. 삿갓은 바람에 날려 순은 가볍게 땅에 내려 목숨을 건질 수 있었다.

얼마 뒤 고수와 상은 이에 만족하지 않고, 다시 순에게 우물을 청소하도록 시켰다. 순이 우물 속으로 들어가자 고수와 상은 재빨리 진흙과 돌을 우물 속으로 퍼부어 순을 우물 속에 생매장하려고 했다. 하지만 순은 이미 그들의 속셈을 알아차렸기 때문에 우물 속으로 뛰어 들어간 뒤에 바로 우물 벽을 쪼개어 구멍을 만들어 그 속에 숨어 있다가 바로 그 구멍으로부터 기어서 나와 땅 위로 올라왔다.

상은 순이 죽은 줄로만 알고 순의 처와 거문고를 차지하려 했다. 상이 혼자 중얼거리며 거문고를 정신없이 타고 있을 때, 홀연히 그의 앞에 순이 나타났다. 순을 본 상이 놀라 달아나려 하자, 순은 오히려 동생과 아무 일도 없었던 것처럼 동생을 대했다고 한다. 이 같은 순의 넓은 도량과 훌륭한 재주는 요임금의 신임을 얻게 되어 요는 자신의 왕위를 순에게 정식으로 양위했다.

순은 왕이 된 이후에도 요임금과 같이 평민과 같은 모습으로 천하를 다스렸으므로 천하는 태평성대를 구가하게 되었고, 모든 백성들이 순임금의 높은 덕을 칭송했다.

순임금은 요임금과 마찬가지로 공개적인 추천을 통해 가장 뛰어난 신하였던 우禹에게 자신의 왕위를 넘겨주었다. 우임금 또한 천거의 방법을 이용해 동이東夷부락의 우두머리 고도皐陶를 자신의 계승자로 확정했다. 그러나 얼마 되지 않아 고도가 갑자기 죽게 되어, 다시 동이의 백익伯益을 뽑아 고도를 대신해 우임금의 계승자가 되도록 했다. 그러나 우임금이 죽은 뒤 본래의 왕위계승자인 백익은 신하들의 신임을 받지 못했다. 이때 하부락夏部落의 우두머리들은 본래의 조약을 무시하고, 우임금의 아들인 계啓에게 왕위를 계승하도록 했다. 당시 하부락의 세력은 가장 강했으므로, 동이부락은 하부락의 상대가 되지 못했다. 결국 우임금의 친아들인 계가 '선양제도'를 파괴하는 상황을 지켜볼 수밖에 없었다.

계는 중국역사상 첫번째 노예제 국가인 하왕조夏王朝를 세웠다. 그러나 계는 왕위를 계승한 뒤 향락에 빠져 국가정사는 등한시 했다. 계를 계승한 태강太康 역시 계와 마찬가지로 술과 여자에 빠져 정치를 소홀히 했다. 어느날 태강이 소수의 호위병만 데리고 국경 밖으로 사냥을 나간 틈을 타 동이부락의 후예后羿가 하나라를 공격한 뒤 스스로 왕이 되었다. 이후 '전자제도傳子制度'는 마침내 '선양제도'를 대신하게 된다.

요임금이 순임금에게 선양한 이야기는 민간에서 수천 년간 전해 내려왔다. 전통문화에 있어서 선양제도의 영향은 상당히 깊다. 씨족사회의 부락연맹의 우두머리는 씨족부락의 추천으로 선출되었다. 이같이 왕위를 현자에게 계승하고 아들에게 계승하지 않는 선양제도를 유가儒家에서는 가장 이상적인 왕위계승제라고 칭송했다. 사실 그 당시에는 이러한 선양제도가 그다지 특별한 일은 아니었다. 그러나 생산력의 발전으로 인해 빈부의 격차가 생기고 원시사회가 해체되면서 선양제도 또한 세습제로 바뀌게 되었다.

신흥노예주 계급을 대표한 하왕조는 '전자제도'의 확립을 요구했다. 장기간의 투쟁을 거친 뒤 '전자제도'는 마침내 승리를 획득했는데, 이는 바로 노예제도가 원시공동체를 대체했다는 것을 의미하는 것이다.

3. 우임금이 신주를 바빠 다니다

요임금이 재위에 있을 때, 황하는 매년 범람하여, 농지뿐만 아니라 가옥과 백성들을 침몰시켰다. 황하의 범람을 다스리기 위해 요임금은 곤鯀으로 하여금 치수를 담당하도록 했다. 곤은 제방을 축조하여 물을 막는 법을 개발했으나, 치수한 지 9년이 지나자 효력이 없어져 황하는 다시 범람하여 백성을 괴롭히게 되었다. 그러자 순임금은 곤의 직무를 박탈하고, 그를 우산羽山에 유배해버렸다. 그런 뒤 치수의 중임을 곤의 아들인 우禹에게 맡겼다.

우는 본래 매우 선량하고 현명한 사람으로 순임금이 자신의 아버지를 처벌한 것을 원망하지 않았다. 오히려 그는 흔쾌히 아버지를 대신하여 중책을 받아들였다. 그리고는 '나는 몇 배의 노력을 더하여, 백성들을 고통스럽게 만든 홍수를 반드시 막을 것이다'라고 다짐하며 맡은 바의 임무를 완수하기 위해 최선을 다했다.

우는 부하들을 데리고 황하를 따라 현지탐사를 실시했다. 그들은 산을 타고 물을 건너, 하천의 흐름을 관찰하는 등 정밀탐사를 했다. 그런 가운데 자신의 아버지가 치수에 실패한 근본적인 이유를 터득하게 되면서 인공수로를 열어 배수를 하고, 하천의 물길을 소통시키는 방법을 이용해보기도 했다.

그런 뒤 그는 인부들을 데리고 치수공사를 시작했다. 그는 대나무 삿갓을 쓰고, 가래를 들고 솔선수범하여 진흙을 파고 땅을 파헤치는 힘든 일을 도맡아 했으므로 다리의 털은 다 빠지고, 발톱 또한 빠져버렸다. 그는 1년의

4계절 모두 작업장에서 살았기 때문에 몸에는 진흙이 항상 묻어있어 곰같이 보였다고 한다. 그래서 "우가 곰이 되었다(禹化爲熊)"라는 전설이 전해지기도 한다.

우는 공사장에서 13년간이나 일하면서, 일찍이 자신의 집을 3차례나 지나칠 기회가 있었으나 자신의 집에 한 번도 들어가지 않았다.

첫번째는 그가 사람들과 도랑을 고치고 난 뒤 자신의 집 앞을 지나치게 되었는데, 마침 집안에서는 방금 태어난 아들의 울음소리가 들렸다. 그는 자신의 아들을 무척이나 안고 싶었으나, 그 때 치수의 임무가 막중함을 깨닫고는 눈가에 눈물을 머금고는 그냥 지나쳤다.

두번째로 자신의 집을 지나칠 때는 그의 아들이 마침 '아버지'를 부를 수 있을 때였다. 아내가 바로 대문 앞에서 그가 피곤한 눈빛을 하고 있는 것을 보고는 마음이 아파 우에게 집에 들어가 며칠 쉴 것을 권유했다. 우는 머리를 휘저으면서 "안되오. 황하를 다스릴 방법을 아직 찾지 못했으니, 나는 집에 돌아갈 수가 없소이다"라고 말했다.

우가 세번째로 자신의 집 앞을 지날 때 그의 아들은 이미 걸을 수 있을 정도로 성장했다. 그의 아들은 아버지에게 달려와 손을 잡아끌며 집으로 가자고 했다. 당시 우는 아들을 보고는 무척이나 집에 들어가고 싶었으나 결국은 포기하고, 아들을 안아주고는 바로 몸을 돌려 날아갈 듯이 바삐 공사장으로 향했다.

이와 같이 우는 치수공사를 하는 동안 자신의 집 앞을 3번이나 지나칠 기회가 있었지만 3번 모두 집 안으로 들어가지 않았다는 이야기는 많은 이들을 감동시켰다. 마침내 13년의 노력 끝에 우는 수로(河道)를 소통시키는 데 성공하여 포효하는 황하를 굴복시켰다. 그 결과 과거에 침수되었던 토지가 양식창고로 변하고, 백성들은 집을 짓고 행복한 생활을 영위할 수 있게 되었다.

우禹는 고대중국의 가장 유명한 치수治水의 영웅이라 할 수 있다. 후세인들은 우의 공적을 칭송하여 그를 위해 사당을 짓고, '우신禹神'이라고 추앙했다. 중화의 대지를 '우성禹城'이라고 부르는 이유는 바로 '이곳이 대우大禹가 다스렸던 지방이다'라는 뜻을 내포하고 있는 것이다.

우가 치수에 성공할 수 있었던 것은 바로 아버지 곤의 실패를 교훈으로 받아들여 문제를 개선했기 때문이다. 곤이 사용한 '도堵제방으로 물을 막는 방법'의 방법은 홍수를 완전히 제압할 수 없었을 뿐만 아니라, 나중에는 오히려 수재를 더욱 악화시켰다. 그래서 그는 그러한 문제를 철저히 개선하여 '소疏'의 방법을 사용했다. '소'는 홍수를 수도水道로 끌어들여 홍수에게 집을 만들어주는 것과 마찬가지의 방법으로 홍수를 조용히 가라앉히면서 수재를 방지하는 것이다.

4. 소강의 중흥

하왕조가 건립된 이후 왕조의 통치는 견고하지 못했다. 계는 재위기간 9년 동안 술과 여자에 빠진 세월을 보내다 요절했다. 계가 죽은 뒤 하왕조에서는 격렬한 동란이 일어났으며, 계의 장자 태강太康이 왕위를 계승했으나 몇 년 지나지 않아서 내란이 발생했다. 그 뒤 후예后羿가 하왕조의 통치권을 빼앗게 된다.

후예后羿는 역사와 신화전설 속에서 이중적인 신분을 가진 인물이라 할 수 있다. 전설에 의하면, 상고시대 하늘에는 10개의 태양이 있어서 논밭과 초목을 말라죽게 하고, 대지가 갈라지고, 하천의 물이 말랐다. 이에 후예가 높은 산봉우리에 올라 몇 발의 활을 쏘아서 하늘에 있는 9개의 태양을 맞혀 떨어뜨리고, 1개의 태양만을 남겼다. 그러자 땅 위의 기후는 알맞게 변하여, 사람들은 안심하고 살아갈 수 있게 되었다. 이와 같이 신화 속의 후예는 활솜씨가 매우 뛰어났다.

후예는 하나라 왕 태강이 정사에 관심이 없다는 얘기를 듣고, 기회를 틈타 하왕조의 국도인 안읍安邑[지금의 산서성 안읍]을 침공했다. 그런 뒤 태강을 몰아내고, 태강의 동생 중강仲康[또는 中康]을 왕으로 세웠다. 표면적으로는 후예가 중강의 신하로 보이지만, 실질적으로 정권은 이미 후예의 손에 넘어간 상태였다. 중강이 죽은 뒤 후예는 아예 중강의 아들 상相을 내쫓아버리고, 자신이 하왕조의 왕위까지 빼앗았다.

그러나 후예는 안목이 짧은 무사에 불과했다. 그는 국왕이 된 이후 자신의 무예만을 과신한 나머지 권세를 남용하기 시작했다. 그는 정사는 돌보지 않고 자신의 신복인 한착寒浞에게 모든 일을 맡기고는 태강처럼 사냥과 쾌락만을 쫓았던 것이다.

한착이라는 자는 본성이 워낙 교활한 자로 그는 온갖 방법을 동원해 후예의 신임을 얻은 다음, 후예의 부하들까지 매수하여 후예를 암살할 기회를 엿보고 있었다. 그러던 어느 날 후예가 연회를 열자, 후예를 술에 취하게 한 뒤 그를 죽여버렸다. 그런 뒤에는 후예의 처와 모든 재산을 가로채고, 후예를 대신하여 국가의 대권을 장악했다.

한착은 대권을 장악한 뒤에도 하족夏族이 다시 그의 대권을 빼앗을 것을 두려워한 나머지 자객을 시켜 후예에게 쫓겨났던 상을 죽이도록 지시했다. 얼마 뒤 상은 한착이 보낸 자객에 의해 살해되었다.

그러나 당시 상의 아내 민緡은 상의 아이를 임신한 상태였는데, 남편 상이 살해당하자 급히 담장을 뛰어넘어 친정으로 도망가 몰래 상의 아들 소강少康을 낳았다. 민은 반드시 아들을 잘 키워 그로 하여금 아버지의 원수를 갚고, 조국을 되찾게 할 것이라고 다짐했다.

소강이 성인이 되었을 때, 소강은 나라를 되찾고 아버지의 치욕을 씻고자 최선을 다해 무예를 익혔다. 그러나 한착은 상의 아들이 살아 있다는 말은 전해 듣고는 또다시 자객을 보내 소강을 암살하려고 했다. 이에 소강은 급히 유우씨有虞氏 부락으로 도주했다.

유우씨의 우두머리는 평소 한착의 폭정에 불만이 많은데다, 소강이 하족夏族 선조들의 유풍遺風을 지닌 것을 보고는 자신의 딸을 소강에게 시집보내고 사방 10리의 땅을 소강에게 주었다. 소강은 장인의 도움에 힘입어 병사를 모집하고 말을 구입하여 자신의 군대를 양성하기 시작했다. 그 후 그는 하왕조에 충성했던 신하와 부락의 지지를 얻어 드디어 한착을 공격하여 그를 죽이고 왕위를 되찾아 천하는 다시 하우夏禹의 자손에게 돌아오게 되었다.

　소강이 국왕으로 있을 때, 하나라의 정치·경제와 문화 등이 매우 발전했으며, 정권 또한 공고해졌다. 때문에 이 시기를 역사가들은 '소강의 중흥[少康中興]'이라 일컬었다.

중국역사상 첫번째 노예제 왕조인 하왕조는 정치·경제와 문화방면에서 상당한 발전을 이루었다. 하왕조에는 당시 육경六卿과 육사六事 등의 각급의 관리가 있었으며, 전차와 갑사甲士가 군대의 핵심이 되었다. 게다가 형벌과 감옥이 갖추어져 있었으므로 국가의 기본 형태를 갖추고 있었다. 경제적인 방면에서 보면, 하나라는 이미 청동 제조기술을 보유하고 있었으므로 정밀한 마차를 만들 수 있었으며, 곡물을 이용해 술을 만들고, 화폐를 사용했다. 또한 하왕조는 역법 즉 '하력夏曆'을 사용했으므로 세계 최초로 일식을 기록하고 운석기록 및 3차의 지진기록이 있었다고 전해진다. 이와 같은 하왕조의 문화는 중국 고대문명에 깊은 영향을 끼치게 된다.

5. 포학한 하나라 걸왕

소강(재위 21년)의 아들 여予가 왕위를 계승한 뒤에는 동서로 영토를 확장해 하왕조는 통치범위를 더욱 확대시켰다. 그러나 공갑孔甲에 이르러 하왕조는 점차 쇠락하기 시작한다. 하우夏禹 제14대 손인 하걸夏桀에 이르러 마침내 하왕조는 붕괴했다. 이로써 하왕조는 우임금으로부터 걸왕까지 14세 17왕, 약 5백 년의 역사로 왕조를 마감하게 된다.

　걸桀왕은 체격이 크고, 힘이 셌으나 정사는 돌보지 않고, 매일 하는 일 없이 쾌락만 좇았다. 그는 주색에 빠져, 낙양에 화려한 궁전을 지었는데 그

크기가 사방 10리나 되고 높이가 10장丈이나 되었다고 한다. 또한 궁전의 중심에는 최상의 옥석을 이용하여 요대瑤臺옥으로 장식한 아름다운 누대를 만들고는 수가 화려하게 놓인 비단으로 바닥을 장식했다. 그리고 나서 그는 천하의 절세미녀를 모아서 후궁을 가득 채우고, 매일 음탕한 쾌락에 빠져 세월을 보내고 있었다.

또한 걸왕은 더욱 색다른 쾌락을 맛보기 위해, 궁전 근처에 사람을 시켜 배가 다닐 수 있도록 연못을 파게 해서는 그 연못에 술을 가득 채워놓고 그곳을 가리켜 주지酒池라고 하고, 주지 근처에는 육포를 잔뜩 걸어놓은 산을 만들어놓고, 그 산을 가리켜 '육산肉山'이라 했다.

걸왕은 매일 주지 위에서 작은 배를 타고 총애하는 후궁들과 환락의 생활을 즐겼다. 이렇게 걸왕은 주위의 주지육림酒池肉林을 감상하며, 음악소리를 들으면서 쾌락의 시간을 몇 개월이고 지속하고 있었다. 후대의 은나라 주왕紂王도 하나라의 걸왕처럼 쾌락을 좇다 결국 걸왕과 똑같은 멸망의 길을 재촉하게 되는 것이다.

걸왕의 이 같은 음탕한 행위는 결국 백성의 원성을 샀다. 관용봉關龍逄이라는 충신이 어느 날 걸왕의 앞으로 "군왕께서 이같이 환락만 좇으시면, 국가는 곧 멸망할 것입니다"라고 진언했다. 그러나 걸왕은 전혀 동요하는 기색이 없었다. 관용봉도 그 자리에서 물러나지 않고 꼿꼿이 서서 걸왕이 자신의 권고를 받아들여야 물러나겠다고 했다. 걸왕은 크게 노하여 "나는 천하를 가지고 있다. 마치 하늘에 태양이 있는 것처럼. 설마 하늘의 태양이 사라지겠는가? 만일 태양이 멸망한다면, 그때 가서야 나도 나라를 잃게 될 것이다"라고 말하고는 사람을 시켜 관용봉을 끌어내 참수시켰다.

걸왕이 관용봉에게 했던 말이 궁 밖에도 전해져 백성들은 원망이 극에 달한 나머지 태양을 가리키며 "'이 놈의 사악한 태양아 너는 왜 아직도 멸망하지 않느냐?'라고 말하면서 우리들이 차라리 너와 함께 죽기를 바란다"라고 말했다고 한다.

그 당시 황하 하류의 상탕商湯부락은 점차로 세력이 강성해지고 있었다. 상商 즉 은나라는 하나라의 속국으로, 조상은 제곡고신씨帝嚳高辛氏의 후예로 이름은 설契이라고 한다.

상족은 현조玄鳥제비가 설을 낳았다는 전설을 가지고 있다. 설의 어머니 간적簡狄은 유융씨有娀氏의 딸로 어느 날 그녀가 같은 씨족의 여자들과 밖으로 나가 목욕을 하는데, 현조가 날아와서 알을 낳았다. 간적은 알을 집어 들어 삼켰는데, 그 뒤 설을 임신했다고 한다. 때문에 『시경: 현조』에 "하늘이 현조에게 명하여, 인간세상에서 상을 낳게 했다天命顯祖 降而生商"라고 기록되어 있는 것이다.

현조가 상을 잉태시켰다는 신화는 상나라가 새[현조]로 씨족의 토템을 삼았다는 것을 암시하는 것이기도 하다. 일찍이 설은 우임금을 도와 많은 공을 세웠으므로 그 공로로 상商지역을 봉록으로 받았다. 하나라 걸왕에 이르러서 상부락은 이미 14대에 이르렀고, 8차례나 부락을 이동했으며, 설의 14대 손이 바로 상왕조를 세운 탕왕湯王이다. 탕왕은 걸왕으로 인해 백성들이 고통을 당하는 것을 목도하고는 드디어 하왕조를 전복시키기로 결심하고는 왕도를 호亳지역[지금의 하남 상구 동남쪽]으로 천도하고 하나라를 공격할 만반의 준비를 했다.

탕의 부하 중에 이윤伊尹이라는 대신이 있는데, 탕은 이윤을 하나라 국도로 밀파하여 정황을 살피도록 했다. 이윤이 돌아와서 탕에게 "하걸은 너무도 많은 악행을 저질렀기 때문에 백성들은 걸왕을 욕하면서, 차라리 그와 함께 죽기를 바라고 있습니다. 그러므로 우리가 하나라를 멸망시키려 한다면 반드시 먼저 민심을 얻어야 할 것입니다"라고 보고했다. 탕왕은 이윤의 견해가 정확하다고 생각하고는 더욱더 백성을 진심으로 사랑하고 보호해 주었다.

어느 날 탕왕이 시찰을 나갔을 때였다. 어떤 사람이 그물을 사방에 쳐놓고 새가 걸려들기를 기다리고 있었다. 그리고는 "하늘에서 내려오는 것이든, 땅에서 솟아나는 것이든 사방에서 날아오는 모든 새는 내 그물에 걸리거라" 하며 중얼거리고 있었다. 탕왕이 이 말을 듣고는 앞으로 나가 "이는 천하의 새를 일망타진한다는 것이 아닌가요?"라고 말하면서 한쪽 그물만 남기고 나머지 세 방향의 그물은 거둬버리고 "왼쪽으로 가려는 새는 왼쪽으로 가라. 그리고 오른쪽으로 가려거든 그쪽으로 가라. 다만 하늘의 뜻을 따르지 않는 새만이 그물에 걸리거라"라고 말했다.

이 소문이 나라에 널리 퍼지자 백성들은 "탕의 덕이 저렇듯 짐승에게까지 미치니, 하물며 사람에게는 어떻겠느냐?" 하며 탕왕의 인자한 덕을 너나 할 것 없이 칭송했다.

그러나 걸왕은 탕왕이 제후들 중에서 명망이 높다는 사실을 알고 위협을 느끼고 있었다. 드디어 그는 탕왕을 속여 하나라에 데려와 감금해버렸다. 이윤은 탕왕이 갇혀있는 것을 보고는 마음이 다급하여 사람을 파견해서 걸왕에게 진귀한 보석과 미녀 등을 헌상했는데, 얼마 뒤 걸왕은 탕을 석방했다.

탕은 죽을 고비를 넘기고 도망쳐 오면서 걸왕에 대한 원한이 너무 사무친 나머지 바로 군대를 동원해서 하나라의 걸왕을 공격하려고 했다. 그러나 이윤이 반대하며 다음과 같이 말했다.

"급하게 서두르지 마십시오. 우리는 우선 하나라에 바치는 공물을 중지하고, 상황을 살핀 뒤 그때 가서 결정해도 됩니다."

그해 상나라는 이전과는 달리 하나라에 대량의 공물을 진상하지 않았다. 하나라 걸왕이 크게 노하여 9이夷에게 상나라를 공격하도록 했다. 이때 이윤은 당시의 상황을 파악하고 탕에게 하걸을 찾아가 사죄하도록 권고했다. 그 다음해에도 상탕商湯과 이윤은 똑같이 하나라에 물품을 진상하지 않았다. 그러자 이번에도 하걸이 9이에게 출병할 것을 명령했으나, 이번에는 9이들의 반대에 부딪혔다. 이 같은 상황은 하나라를 멸망시키려고 준비하고 있던 상나라에 좋은 기회를 제공했다.

탕은 자신의 모든 힘을 발휘해 하걸을 토벌했다. 출정 전 탕은 장수와 병사들에게 맹서를 했는데, 이때 탕은 「탕서湯誓」한 편을 지어 공포했다.

"장수와 병사들이여, 하걸夏桀은 백성들에게 엄중한 죄를 지었습니다. 지금 하느님上帝께서 우리들에게 그를 토벌하라고 명령하셨습니다. 여러분 모두는 최선을 다해 싸워야 합니다!"

군중의 환호 속에 탕은 대군을 이끌고 하나라 수도를 향해 진군했다. 하걸이 이 소식을 듣고는 황망한 가운데 급히 군대를 소집하여 대적했다.

양군은 명조鳴條지금의 하남성에서 격전했으나, 결국 하나라 군대는 대패했다. 걸왕은 남은 병사들을 데리고 남쪽으로 도망하여 남소南巢지금의 안휘성 소호 이남에 이르렀으나, 탕의 대군이 추격하여 포로로 잡혀, 감금되었다가 얼마 지나지 않아 울분을 참지 못하고 죽었다.

탕왕은 군대를 데리고 호읍毫邑으로 돌아와 왕으로 즉위했다. 3천여 명의 제후 모두가 조정에 와서 탕을 축하했으니, 중국역사상 제2의 노예제 왕조인 상나라는 이렇게 건립되었다.

탕왕은 현명한 재상 이윤의 도움으로 하왕조의 폭군 걸왕을 몰아내고 천하의 백성들이 모두 축복하는 가운데 천자의 자리에 올라 덕치에 힘을 기울였다. 탕왕이 하나라를 토벌한 것은 폭력을 없애고, 양민을 편안하게 하기 위함이었다. 탕왕의 군대가 이르는 곳마다 농부들은 호미를 멈추지 않았고, 도시에서는 영업을 멈추지 않았으며, 가는 곳마다 탕의 군대를 환영하기 위해 소쿠리 밥과 항아리 국을 준비했다. 역사의 기록에서는 이를 가리켜 '성탕혁명成湯革命'이라 했다. 하걸의 멸망은 불의한 짓을 너무 많이 하면 스스로가 멸망한다는 교훈을 우리들에게 알려주고 있는 것이다. 하걸의 무도함은 결국 스스로 멸망을 자초한 것이라 할 수 있다. 탕왕은 건국한 뒤 호毫를 중심으로 세력을 확장해 나가면서 통치했다. 그 결과 제후들은 복종했으며, 상나라는 나날이 발전하여, 중국의 노예제 사회는 전성기에 접어들게 되는 것이다.

6. 반경에서 무정까지

상商나라는 건국 후 몇 대에 걸친 노력으로 점차 강성해지기 시작했다. 그러나 제11대 왕 중정仲丁[中丁] 이후부터 쇠퇴하기 시작했다. 상왕조가 갈수록 쇠약해져 가는 동안 가장 심각하게 돌출한 문제는 바로 왕도王都를 너무 자주 옮겼다는 것이다.

탕왕은 하나라를 멸망시키기 전에 통치의 중심을 호毫[지금의 하남성 상구 동남]지역으로 옮겼으며, 하나라를 멸망시킨 뒤에는 하남 언사偃師지역에 성을 쌓고 도읍으로 정하면서 여전히 '호毫'라 불렀는데, 역사상으로는 '서호西毫'라고 기록하고 있다. 중정에서 반경盤庚까지 왕위가 계승되는 동안 상나라의 수도는 5차례에 걸쳐서 천도했다.

이렇게 왕도를 자주 옮긴 주요한 원인은 바로 상왕조의 통치계급 내부의 왕위계승권 분쟁이 끊이지 않았기 때문이다. 반복된 내란은 결과적으로 상왕조의 통치를 약화시켰으므로 제후들은 조정에 내조하지 않았다. 결국 상나라의 세력은 중원中原[황하의 중류·하류에 걸친 땅으로 하남성 대부분과 산동성 서부 및 하북·산서성 남부를 포괄함]에서 산동 곡부일대로 축소되었다.

반경盤庚은 재능과 역량이 뛰어난 군주이다. 그가 왕위에 올랐을 때 국내의 시국은 혼란스러운데다, 매년 흉년과 재해가 끊이지 않아 상왕조의 세력범위는 갈수록 축소되고 있었다. 반경은 상왕조가 앞으로도 계속 이 상태로는 존립할 수 없다고 생각하여 어떤 방법을 동원해서라도 약화된 상왕조를 구제해야 한다고 결심했다. 그 결과 그가 생각해낸 해결방법은 도성을 은지殷地로 천도하는 것이었다.

반경은 왕실귀족들을 불러 그들에게 자신의 결정을 선포했다. 그러나 왕실 귀족들은 "대왕, 빈번히 천도를 하게 되면 조정의 원기가 소실됩니다. 게다가 토지와 가옥 등은 옮길 수 없습니다"라고 말하며 목숨을 걸고 반대했다. 그들이 결사적으로 반대하는 이유는 수도를 옮길 경우 자신들이 예전처럼 편안히 부귀영화를 누릴 수 없기 때문이다.

그러나 반경은 인내심을 갖고 그들에게 권유했다.

"나는 선왕들처럼 신하와 백성을 보살필 것입니다. 여러분을 안전하고 안락한 곳으로 이끌 것입니다. 은지는 토지가 비옥하고, 자연재해도 적습니다. 게다가 이번에 천도를 하게 되면 위험한 역적들을 따돌릴 수 있어, 국가의 안정을 도모할 수도 있습니다."

하지만 귀족들은 여전히 천도를 반대했을 뿐만 아니라 유언비어까지 사방에 퍼트렸다. 이에 반경은 매우 분노하여 다시 귀족들을 소집하여 "너희들은 절대로 나의 결심을 바꿀 수 없다. 만일 나와 같은 생각을 하지 않는다면, 하늘에 계신 선왕들 또한 반드시 너희들을 책망하고 벌을 내릴 것이다"라며 강력하게 훈계했다.

반경의 부드러우면서도 강력한 지휘 아래 귀족들과 신하·백성들은 서쪽으로 황하를 건너 도성을 은殷지금의 하남 안양지역으로 옮겼다. 새로운 수도에 도착했을 때, 백성들의 생활은 다소 불편했다. 이때 귀족들은 이 기회를 이용해 백성들을 선동하며 이전에 살던 곳으로 다시 돌아가자고 떠들기 시작했다. 그러나 반경은 전혀 동요하지 않았고, 오히려 강력한 자신의 의지를 밝힌 훈계를 선포하여, 선동하는 귀족들을 책망했다. 그 후 몇 년이 지난 뒤 국내정세는 상당히 안정되어 갔다.

반경이 은으로 천도한 이후 상나라는 은이나 은상殷商으로 불리기도 했다. 이후 은상시기에는 무정武丁이 제위에 올라 많은 공적을 쌓았다. 무정은 현명한 신하를 얻기 위해 사방으로 인재들을 널리 구했을 뿐만 아니라 이렇게 뽑은 유능한 신하들을 적재적소에 배치하여 은상왕조의 통치를 공고히 했다.

무정은 일찍이 여러 차례 주위의 부락과 국가에 정벌전쟁을 벌여, 그 세력이 장강 하류까지 확장되었다. 무정이 재위한 59년 동안 남쪽과 북쪽을 정벌하여 영토를 확장했으니, 무정이야말로 혁혁한 공적을 남긴 통치자라

할 수 있다.

상왕조는 건국 후 일찍이 5차례의 천도遷都를 단행했다. 모두 반경 이전의 100여 년 동안 발생한 일이다. 천도의 원인은 바로 내란 때문이다. 상왕조의 통치자는 내란의 곤경에서 벗어나기 위해 결국 여러 차례 천도를 하게 되었고, 천도는 바로 이러한 문제들을 해결하기 위한 방편이었다. 그러나 국내의 혼란한 정세를 해결하기 위해 다섯번 씩이나 천도를 한 것은 분명 문제가 있다고 보아야 할 것이다. 만약 하늘이 진실로 상왕조를 보살펴 준다면 천도는 상당히 영험할 것이고, 그렇다면 천도는 한번으로 족할 것이다. 그런데 어찌하여 이렇게 빈번히 천도를 하게 된 것인가? 이는 아마도 당시의 통치자들이 어리석었기 때문일 것이다.

그러나 반경의 천도는 이와는 다른 획기적인 것이었다. 왜냐하면 은으로 천도한 이후에 상왕조의 국력이 급격히 상승했기 때문이다. 특히 무정이 즉위한 이후의 상왕조는 바야흐로 가장 번영한 시기였다. 그러므로 이 시기를 '무정중흥武丁中興'이라 칭송했다.

7. 무왕이 주왕을 토벌하다

무정武丁왕의 중흥 이후 등장한 왕들은 하나같이 주색에 빠져 음탕한 생활만 일삼았으므로 사회의 모순은 갈수록 격화되었다. 상대商代 최후의 통치자 두 명 가운데 한 명은 제을帝乙이라 부르고, 또 한 명은 제신帝辛이라 불렸다. 제을은 도성을 조가朝歌(지금의 하남성 기현)지역으로 옮겼는데, 그를 계승한 왕이 제신이다. 제신은 바로 상왕조의 마지막 왕으로 하왕조의 걸왕과 함께 폭군의 대명사로 불리는 주왕紂王이다.

주왕은 황음무도하고 도리에 어긋나는 온갖 악행을 일삼았으므로, 그의 악행은 이전의 어느 왕도 그를 따를 자가 없을 정도였다. 게다가 주왕은 항상 통치집단의 분열을 극단적으로 조장했다. 당시 상왕조의 속국인 서부지역에 위치한 주周나라가 문왕文王의 영도 아래 점차 강대해지고 있었다. 문왕이 죽은 뒤에는 그의 아들이 왕위를 계승했는데, 그가 바로 주무왕周武王이다. 기원전 1027년 무왕은 군대를 이끌고 동쪽으로 진군하여 주왕을 토벌할 것을 선포했다.

주나라 무왕은 몇 년에 걸쳐 백성의 부담을 줄이고 국가의 안정을 유지하는 데만 주력했다. 그 뒤 자신의 역량이 더욱 강력해진 것을 확인하고는 동쪽으로 군대를 이끌고 가서 시험삼아 주왕紂王의 토벌을 연습하기도 했다. 그러나 무왕은 자신이 즉위한 지 얼마 되지 않았을 뿐만 아니라 아직은 부왕의 명성에 의지해야 한다고 생각했으므로 문왕의 위패를 만들어 중군의 사령관 자리에 놓았다. 이렇게 함으로써 자신이 출병하는 이유가 바로 부왕인 문왕의 뜻을 받들어 주왕紂王을 토벌하는 것이라는 것을 세상에 알렸다.

대군이 재빨리 황하를 건넌 뒤 맹진孟津(지금의 하남성 맹진)에 도착했을 때 800여 명의 제후들이 속속 도착하여, 군대의 위엄이 하늘을 찌를 듯했다. 당시 동북지역에 고죽국孤竹國이 있었다. 고죽국의 국왕에게 백이伯夷와 숙제叔齊라는 두 아들이 있었는데, 국왕은 차남인 숙제에게 왕위를 계승시키려 했다. 고죽국의 군주가 죽은 뒤 숙제는 백이에게 양위하려고 했고, 백이는 부왕의 뜻이라며 왕위를 사양하고 도망가 버렸다. 결국 고죽국 사람들은 할 수 없이 고죽군孤竹君의 다른 아들을 왕으로 추대했다.

또한 백이와 숙제는 주나라의 문왕이 노인을 공경하고 어린아이들을 사랑하며, 어진이를 예의와 겸손함으로 대한다는 소문을 듣고, 천 리를 마다하지 않고 문왕에게 달려갔다. 그러나 백이와 숙제가 문왕을 찾아가던 도중 문왕이 이미 죽었다는 소식과 함께 아들 무왕이 마침 부왕의 명을 받들어 위패를 들고 주왕을 토벌하러 가고 있다는 소식을 듣고는 황급히 무왕에게 달려가 "아버지의 위패를 모시고 방패와 창을 휘두른다는 것은 불효입니다. 게다가 신하된 자로 윗분을 죽이는 것은 시군弑君이니, 이는 인仁이 아닙니다"라고 진언했다.

무왕의 좌우에 있던 신하들은 백이와 숙제를 죽이려 했다. 하지만 이때 강상姜尙이 이들을 막으면서 "이들은 의인이니 죽일 수 없습니다"라고 말했다. 그러나 이후 무왕이 상나라를 멸망시키자, 백이와 숙제는 결국 절개를 지키기 위해 주나라의 곡식을 먹지 않고 수양산에서 굶어죽었다.

또한 앞에서도 언급했듯이 무왕이 군대를 이끌고 맹진에 도착했을 때, 각 국의 제후들이 달려와 주나라 군대의 군진軍陣이 정비된 것을 보고는 대부분의 제후들이 이 기회를 빌려 주왕을 토벌하라고 재촉했다. 그러나 무왕은 그들 가운데 상당수는 단지 주나  라 군대의 진세陣勢를 관찰하기 위해서 왔거나, 아니면 백이와 숙제처럼 주왕의 토벌을 찬성하지 않는 자들이 여전히 많다는 것을 감지하고 있었다. 이에 무왕은 주왕을 토벌하기에는 아직은 시기상조라는 결단을 내리고 바로 군대를 이끌고 귀국했다.

2년이 지난 뒤 상나라 주왕의 횡포는 갈수록 흉폭해졌다. 주왕은 비간比干(주왕의 숙부)을 살해하고, 기자箕子(주왕의 숙부)를 감금했다. 이에 두려움에 떨던 수많은 대신들이 국외로 도망쳤다. 무왕은 주왕이 이미 백성을 버리고, 그의 종친들조차도 주왕을 떠났음을 확인하고는 사자를 제후국들에 파견하여 제후들로 하여금 맹진에서 회합할 것을 통보하고, 그들에게 "상나라 주왕의 죄가 극에 달했으니, 지금이 주왕을 멸망시킬 때이다"라고 선포했다. 이에 장수와 병사 수만 명과 병거 300승을 이끌고, 동쪽으로 진군했다. 주나라 군대가 맹진에 도착했을 때, 각 국의 제후들 또한 달려왔다. 무왕은 그들과 한 곳에 합병한 뒤 상나라의 도읍인 조가朝歌를 향해 진격했다.

두 달 뒤 대군을 토벌하고 이미 조가로부터 70리 떨어진 목야牧野(지금의 하남성 급현의 북쪽)에까지 이르렀다. 전쟁을 시작하기에 앞서 무왕은 왼손에는 황색 도끼를, 오른손에는 백색 깃발을 들고는 대군들의 앞에서 다음과 같이 맹세했다.

"주왕은 황음무도하고 쾌락만 좇아, 정사를 돌보지 않는데다 백성들을 잔혹하게 대하여, 백성들은 극도의 고통 속에서 살길이 없어졌다. 지금 나는 백성들을 위해 주왕을 토벌하는 것이니, 여러분 모두는 최선을 다해 싸워야 하며, 누구라도 감히 명령에 복종하지 않는다면, 처벌을 받을 것이다."

무왕은 맹세가 끝난 뒤 병사를 목야에 배치하고 주왕과 결전할 준비를 마쳤다. 상나라 주왕은 무왕이 이미 목야에 군사들의 배치를 완료했다는 소식을 듣고 황망히 70만의 노예들을 무장시켜 강압적으로 응전할 것을 지시했다. 쌍방의 군사가 목야에서 대치하고 전투를 시작하려 할 때, 주왕의 군대의 맨앞에서부터 갑자기 전쟁을 포기하고 무기를 버리는 사건이 발생하기 시작했다. 이는 강압적으로 전쟁터에 끌려온 노예들이 극악무도한 주왕을 위해 죽기를 원하지 않았기 때문이다. 그들은 또한 창끝을 뒤로 돌린 채 뒤의 부대를 향해 질주하기 시작했다, 이로 인해 상군은 완전히 붕괴되고 말았다.

그 때 군중에서 지휘하고 있던 주왕은 대세가 이미 기운 것을 알아차리고는 황망히 조가로 돌아가서는 녹대鹿臺에 올라 비단옷을 걸치고, 궁중의 진귀한 보석들을 모두 녹대로 가져간 뒤 그것들을 껴안고는 자신이 지른 불에 타 죽었다.

주나라 무왕이 조가에 진공해 들어오자 백성들은 열렬히 환영했다. 무왕이 녹대에 도착했을 때 녹대는 이미 폐허가 되어 있었다. 그러나 무왕은 활을 들어 폐허 속에 있는 주왕의 시체를 향해 연속해서 세 발의 활을 명중시키고는 주왕의 머리를 잘라 커다란 백기에 걸어서 백성들이 볼 수 있게 했다. 무왕은 또한 감옥을 열어 죄수들을 풀어주고, 백성들에게 골고루 재화를 나누어 주어 백성의 구제에 힘을 기울였다.

다음날 주무왕은 수명의식受命儀式천명을 받아 天子가 되는 의식을 거행하고, 상왕조의 멸망과 주왕조의 건립을 선포했다.

> 무왕이 주왕을 토벌한 것은 천저하늘을 대신해 정의를 행한 것이다. 정의의 깃발을 한번 들자 주왕의 70만 대군은 바로 붕괴해버렸다. 일대의 폭군은 결국 스스로 분사하는 신세가 되었다. 그러므로 양군의 대치는 병력의 대비일 뿐만 아니라 도의道義의 대결이었다. 무왕이 상나라를 멸하고, 역사상 제2의 노예제 국가인 주왕조周王朝를 건립했다. 주무왕은 더욱 광활해진 국토의 통치를 강화하기 위해, 분봉제후제도를 실행했다. 분봉제후제도란 왕기王畿를 자신이 직접 통치하는 것 외에 다른 지역의 토지는 자신의 형제·숙질과 공을 세운 이성異姓친척들에게 나누어주고 그들로 하여금 관리하게 하는 제도이다. 이로써 천자는 제후들을 통하여 전국을 통치했다.
>
> 주무왕은 국내의 형세를 안정시키기 위해 주왕紂王의 아들 무경武庚을 상나라의 영토였던 지역에 제후로 봉했다. 그러고는 관숙 선管叔鮮·채숙 도蔡叔度과 곽숙霍叔을 관管지금의 하남 정주·상채上蔡지금의 하남성 상채와 곽霍지금의 산서성 곽헌에 제후로 봉하고, 그들로 하여금 무경을 감시하게 했는데 이를 '3감三監'이라 불렀다.
>
> 무왕의 이러한 조치들을 시행하자 조정의 내외에서 무왕을 칭송했으며, 백성들은 이로부터 평안한 생활을 영위할 수 있게 되었다.

8. 공화정치

주나라 무왕이 나라를 건립한 뒤 밤낮을 잊고 정사에 열중한 나머지 지나친 노고로 건강을 해쳐 병상에 눕고 말았다. 왕조가 선 지 얼마 되지 않았기 때문에 주왕조는 여러 가지 면에서 미비점이 많았다. 무왕이 병에서 일어나지 못하고 얼마 되지 않아 병으로 사망하자 그의 아들 희송姬誦이 제위를 이으니 이가 바로 성왕成王이다.

성왕은 나이가 너무 어렸다. 그래서 무왕의 동생인 주공 단周公旦[주공이라고 부르기도 함이 섭정攝政임금을 대신해 국사를 맡아봄을 해서 국사를 맡아보았다. 주공의 섭정은 7년이나 계속되었는데, 그는 성왕이 성장해서 직접 정치를 할 수 있게 되자 미련없이 정권을 넘겨주고 신하의 자리로 돌아왔다.

성왕에서 그의 아들 강왕康王에 이르기까지 전후 50여 년간은 주왕실에 있어서는 최고의 전성기였으므로 역사적으로 '성강의 치成康之治'라고 부른다.

강왕이 죽은 뒤 소왕昭王·목왕穆王 등의 왕들을 거쳐 서주西周 제10대왕인 여왕厲王에 이르러서 사회의 모순은 극도로 격화되었다. 그 뿐만 아니라 여왕은 정사는 돌보지 않고 악행만을 일삼았으므로 국내의 위기는 결국 폭발하게 된다.

여왕 희호姬胡는 매우 탐욕스럽고 포악한 군주였다. 그는 즉위한 이후 줄곧 재물을 긁어모을 줄만 알았지 근본적으로 백성의 사활의 문제는 안중에도 없었다.

어느 날 영이공榮夷公이라는 대신이 여왕에게 세금을 걷어 들이는 묘안을 헌상했다. 그 내용인즉 왕이 직접 산림천택山林川澤에 대하여 '전매專利'를 실시하라는 것이다. 누구를 막론하고 산에 올라가 나무를 잘라 가져오거나, 강에서 물고기를 잡고, 산림에 가서 사냥을 하는 자들은 모두 조정에 세금을 내게 하라는 것이다. 왕은 영이공의 말을 듣고는 자신이 생각하는 바와 일치했으므로 바로 그에게 이 일을 담당하도록 했다.

'전매專賣'를 시행하고부터 백성들은 고통스러워도 말을 할 수가 없었고, 원성은 하늘을 찌를 듯했다. 대부 예양부芮良夫는 백성들의 원성이 상당히 심각함을 발견하고는 곧 왕에게 "설마 주왕실의 운명이 이미 다했습니까? 영이공과 같은 자가 뇌물을 받아 재물을 모으고 있으면서도 큰 화가 머리 끝까지 왔다는 것을 모르고 있습니다. 현재 그는 대왕 한 분에게 산천을 전매하게 하여 백성들의 원망이 하늘을 찌를 듯합니다"라고 권고했다.

그러나 왕은 권고를 듣지 않고, 도리어 영이공의 관직을 높여주었다. 이렇게 되자 조정의 모든 신하들 사이에는 의논이 분분하여, 위기감은 극한 상황에까지 이르렀다.

하루는 대신 가운데 소공召公이라는 자가 궁에 들어가 왕에게 이 같은 상황을 보고했다. 그러나 왕은 오히려 웃으면서 크게 신경 쓰지 않는 척했다. 그러나 속으로는 불만을 말하는 자들을 혼 좀 내주어야겠다고 벼르고 있었다.

왕은 무사巫師[무당]가 남들의 소곤거리는 말도 잘 알아듣는다는 유언비어를 듣고, 특별히 많은 비용을 지불하여 위나라로부터 무사를 초빙해 왔다. 무사가 맡은 직책은 여왕을 뒤에서 비방하는 자를 가려내는 것이었다.

그러나 위나라의 무사는 허세를 부리면서 그 상황을 악용해 여왕에게 무고한 백성들을 지목했는데, 여왕은 무사의 말만 믿고 그들을 잡아들여 심문도 하지 않고 처형해버렸다. 당시 호경鎬京에는 살벌한 기운이 감돌았고, 백성들은 분노했지만 감히 말은 하지 못했다.

소공은 왕의 무모함을 보고서 자신의 안위는 생각하지도 않고, 백성의 입을 막는 것은 도리에 맞지 않는 일이라고 진언했다. 그러나 왕은 소공의 말을 건성으로 듣고 무시해버렸다.

3년이 지난 뒤 기원전 841년에 장기간 침묵했던 국인國人들은 더이상 참을 수 없게 되어 폭동을 일으켰다. 도성 안의 소상인·수공업자와 귀족들은 자발적으로 함께 모여 왕궁을 에워싸고 공격하면서 여왕을 찾아내어 끝장을 내려고 했다. 왕은 매우 놀란 나머지 당황하며 체彘지금의 산서성 霍縣지역으로 도주했다.

분노한 국인들은 왕을 찾지 못하자, 태자를 찾아 울분을 터트리려 했다. 그들은 태자가 소공의 집에 숨어 있다는 소식을 듣고 소공 집을 포위하고는 소공이 태자를 건네주기를 요구했다. 소공은 어쩔 도리없이 자신의 아들을 태자로 분장시켜 그들에게 넘겨줌으로써 태자의 생명을 보호할 수 있었다. 이 사건이 바로 '국인폭동國人暴動'이다.

왕이 도망간 뒤 조정에는 국왕이 없어 제후들은 공백화共伯和를 추천하여 왕을 대신하게 했다. 공백화는 위무공이다. 그는 공共지금의 남휘현지역에 살고 있었으며, 또한 동방제후의 백伯을 일러 공백이라 말했다. 그는 왕의 일을 담당하며, 잠시 주천자를 대신해서 통치했는데 이 시기를 '공화행정共和行政'이라 한다.

공화정치를 시행한 지 14년이 지난 뒤에 왕은 체지방에서 우울하게 죽어갔다. 10여 년 전의 국인폭동의 분노는 이미 가라앉았으므로 소공은 시기가 되었음을 생각하고는 대신들에게 당시의 상황을 설명했다. 이에 태자정靜을 국왕으로 옹립했는데, 이가 바로 주나라 선왕宣王이다.

'국인의 폭동'은 서주시대의 역사적인 전환점이라고 할 수 있다. 이때부터 '위엄있는 주왕실[赫赫宗周]'의 명예는 실추되고, 더이상 강성해지기 힘들어졌기 때문이다. '국인의 폭동' 이후 '공화제[共和行政]'가 출현하여, 중국역사상 최초의 명확한 기년이 시작되었다. 공백화가 천자의 직권을 대행한 해를 가리켜 '공화 원년'이라 기록했다. 즉 기원전 841년이다. 이전의 역사는 단지 왕호王號가 있을 뿐이다. '공화 원년'을 시작으로 하여 국왕 혹은 황제의 재위연수가 기록되었으므로 중국역사상 매우 중요한 의의를 지닌다.

9. 봉화로 제후를 희롱하다

주나라 선왕이 즉위한 뒤 초기에는 주왕실의 부흥에 뜻을 두고, 소공 등 충성스런 신하들을 뽑아 자신을 보좌하게 하여 왕실은 서서히 회복되어 가고 있었다. 이를 '선왕중흥宣王中興'이라고 한다. 기원전 782년 선왕이 죽고 태자 희궁열姬宮涅이 즉위했다. 그가 바로 유왕幽王인데, 이 유왕이 서주시대의 마지막 왕으로 즉위했다.

제위를 계승한 유왕幽王은 난폭하고 어리석은 군주로 정사에는 힘쓰지 않고, 오로지 먹고 마시며 환락에만 정신이 빠져 있었다. 한때는 3개월을 조정에 나오지 않자 포향襃珦이라는 대신이 왕에게 듣기 좋은 말로 권유했으나, 왕은 그의 말을 듣지 않았을 뿐만 아니라 포향을 감금해버렸다.

포향의 가족들은 너무나 두려운 나머지 큰돈을 들여 매우 아름다운 소녀를 사서, 그녀에게 포사襃姒라는 이름을 지어주고, 노래와 춤 등을 훈련시킨 뒤에 왕에게 헌상하여 포향을 대신해서 속죄하고자 했다. 왕은 포사를 얻고 나서 너무 기쁜 나머지 포향을 곧 석방했다. 왕은 포사를 무척이나 사랑했다. 그 다음해에 포사가 아들 백복伯服을 낳자 왕은 왕후와 태자 의구宜臼를 폐하고, 포사를 왕후로 하고 백복을 태자로 삼았다.

왕은 항시 포사의 환심을 사려고 애를 썼다. 그러나 포사는 궁에 들어온 뒤 항상 우울해 하며 얼굴에 웃음을 보인 적이 없었다. 이를 본 왕은 항상 답답해하면서 포사에게 "왕후의 얼굴은 너무도 아름답습니다. 만약 한 번이라도 웃는다면 정말 말로 형언할 수 없을 정도로 아름다울 것 입니다"라고 자신의 속마음 얘기했다. 그러자 포사는 "대

왕은 너무 심려 마십시오. 소인은 어려서부터 웃는 것을 별로 좋아하지 않았습니다"라고 대답했다.

그러나 왕은 포사의 말을 듣지 않고 "누구든 왕비마마를 웃길 수만 있다면, 그에게 상금 1천 량의 금을 하사하겠노라"고 적은 포고布告를 붙이게 했다. 포고문이 붙자마자 많은 사람들이 어떻게든 포사를 웃게 하려고 갖은 애를 썼다.

그 때 괵석부虢石父라는 대신이 왕에게 계책을 다음과 같이 말했다. "예전에 선왕들께서 서융西戎의 진공을 방비하기 위해 여산驪山[지금의 섬서성 임동 동남] 일대에 20여 개의 봉화대를 축조하고, 몇십 개의 큰 북을 설치해 놓았습니다. 만약 서융이 침략해 오면, 봉화대에 바로 불을 붙여놓으면, 근처의 제후들이 봉화를 보고는 군대를 이끌고 황급히 달려옵니다. 지금은 천하가 태평해서 봉화대는 이미 오랫동안 그대로 방치되어 있습니다. 제 생각에 대왕께서는 왕후마마와 함께 여산에 올라 며칠 계시다가 저녁 때 봉화에 불을 붙이고 다시 큰 북을 두드리면, 부근의 제후들이 황급히 군대를 이끌고 달려올 것입니다. 그런데 그렇게 많은 군대와 말이 황급히 달려온 것이 결국은 헛걸음이라는 것을 왕후마마께서 보신다면 분명 웃음을 참지 못하고 크게 웃을 것입니다."

왕은 괵석부의 말을 듣고는 매우 기뻐하며 "아주 재미있군, 좋아! 자네의 말대로 하자"고 하면서 무척 기뻐했다. 그런 뒤 그들은 여산에 올라 저녁이 되기를 기다렸다. 유왕은 봉화에 불을 붙이게 하고 큰 북을 두드리게 했다. 20여 개의 봉화에 맹렬히 연기가 사방으로 퍼지고 북소리는 천둥소리처럼 우렁차 부근의 제후들은 봉화를 보고는 적국이 침략해 들어온 줄 알고 황급히 군대를 이끌고 호경으로 달려왔다. 경성에 도착한 제후들은 유왕이 여산에 있다는 말을 전해 듣고는 쉬지 않고 여산으로 달려갔다. 그러나 여산에도 적국의 침략은 없었으며 오로지 여산으로부터 들리는 것은 웃음소리뿐이었다.

제후들은 영문을 몰라 서로가 눈을 가늘게 뜨고 바라볼 뿐이다. 유왕은 제후들에게 사자를 보내 "여러분 수고했습니다. 여기에는 아무 일 없습니다. 단지 대왕과 왕후마마가 봉화대로 놀이를 했을 뿐입니다. 여러분들은 돌아가시지요"라고 말을 전하도록 했다. 밤길을 정신없이 달려온 제후들은 속은 것을 알고, 하는 수 없이 깃발을 걷어들이고는 군대를 이끌고 돌아갔다. 포사는 여산 아래에서 수많은 군대와 군마가 시끄럽게 왔다가 가는 것을 보고는 무척이나 재미있어 하면서 크게 웃었다. 유왕은 이런 포사의 웃는 모습을 보고 황홀해 했다. 그런 뒤 왕은 괵석부虢石父에게 1천 량의 황금을 상으로 주었다.

그러나 포사는 이렇게 한 번 웃고는 다시는 웃지 않았다. 유왕은 포사가 웃을 때가 가장 아름답다고 생각하고는 다시 봉화에 불을 붙이도록 했다. 이번에도 제후들이 황급히 달려오기는 했으나 이전보다는 적었으며, 이전처럼 긴장하거나 번잡스럽지도 않았다. 그래서였던지 포사는 조금도 재미있어 하지를 않고 차가운 얼굴로 웃지도 않았다.

기원전 771년 정말로 북쪽에서 서융족이 밀물처럼 쳐들어 왔다. 왕은 상황을 전해 듣고는 황급히 봉화대에 불을 붙이도록 명령했다. 그러나 왕실을 보호해야 할 제후들은 하나도 달려오지 않았다. 그제야 왕은 자신이 봉화로 제후들을 희롱한 것이 잘못된 것임을 깨달았다. 그러나 이미 때는 늦었다. 마침내 왕은 어느 누구의 도움도 받지 못한 채 여산의 산기슭에서 서융족에게 피살되었다. 포사는 사로잡혀 서융족의 추장에게 넘겨졌다.

주나라 유왕은 미인 포사를 얻은 뒤 포사의 웃는 모습을 보기 위해 모든 방법을 다 동원했으나 실패하자, 봉화대에 불을 붙여 각국의 제후와 병사들을 희롱하는 대가로 미인의 웃는 모습을 보고 즐거워했다. 어떤 이는 한 번 웃는데 천금이라고 하나, 포사의 한 번 웃음이 어찌 천금·만금으로 끝나겠는가! 포사의 웃음은 결국 유왕의 생명과 주왕실의 강산을 웃어서 멸망시킨 결과를 만들었을 뿐만 아니라, 끝내는 자신 또한 적국의 전리품이 되어 웃음거리가 되었다. 유왕이 여색에 빠져 미인의 웃는 모습을 보기 위해 조국을 잃어버린 사건은 천고의 웃음거리가 되었으니, 이러한 역사의 교훈은 우리로 하여금 많은 것을 깨닫게 해준다.

제2장 군웅의 각축

춘추전국시대

1. 제환공이 패자를 도모하다

유왕이 죽은 뒤 태자 의구가 평왕平王이 되었다. 왕은 기원전 770년 낙읍洛邑[지금의 하남성 낙양]으로 천도했다. 낙읍은 호경의 동쪽에 있었으므로, 역사적으로 호경을 수도로 했던 주나라를 서주西周라 하고, 낙읍으로 천도한 뒤의 주나라를 동주東周라 부른다.
　　동주시대의 주왕실은 갈수록 쇠약해져, 하남 서부지역만을 통치하고 있었다. 주왕 또한 표면적으로만 '천자'의 지위를 유지했을 뿐, 실제적으로는 제후들을 통솔할 수도 없는 상태였다. 그러나 이러한 가운데 각 제후국은 패자霸者[제후중의 우두머리]가 되기 위해 주천자를 보호한다는 명분을 내세우면서 패자쟁탈전을 벌이고 있었다. 이와 같은 분열상태는 5백여 년 동안 지속되었으며, 전·후기 두 시기로 나눌 수 있다.
　　전기는 각국이 패자가 되기 위해 치열하게 싸우는데, 이 시기를 춘추시대春秋時代라 부른다. 후기는 7웅이 최후의 승자가 되기 위해 맹렬히 격돌하는데 이 시기를 전국시대戰國時代라 부른다.
　　춘추시대에는 힘이 약한 주나라 왕실을 존중한다는 명분이 강했으나, 전국시대에 들어서면서부터는 그러한 명분과 관념이 없어지고 오직 적나라한 힘과 힘의 대결인 약육강식의 시대가 펼쳐진다.
　　춘추시대에는 강대국으로 성장하여 주도권을 겨루던 왕이 다섯 명이 있었다. 이들을 춘추5패春秋五霸라 부르며, 최초의 패자는 제나라 환공桓公이다.

제나라는 영토가 넓고 국력 또한 강한 나라다. 그러나 기원전 686년에 발생한 내란으로 인해 제양공이 피살되었다. 양공襄公은 두 명의 동생이 있었는데, 한 명은 공자 규糾로 노魯나라[도성이 지금의 산동 곡부]에 있었으며, 또 한 명은 공자 소백小白이며, 거莒나라[도성은 지금의 산동 거현]에 있었다. 두 형제는 양공이 피살되었다는 소식을 듣고, 급히 고국으로 돌아가 왕위를 다투게 되었다.
　　원래 두 형제가 제국을 떠날 때, 소백은 포숙아鮑叔牙가 보좌를 했으며, 공자 규는 관중管仲이 보좌하고 있었다. 포숙아와 관중은 오랜 죽마고우이지만 각자 모시는 주인이 달랐다. 당시 제나라의 재상은 소백을 왕으로 세우고자 몰래 그가 망명해 있던 거나라에서 소백을 불러오려 했다. 반면에 노나라의 공자 규를 지지하는 사람들은 공자 규에게 경비병을 보내 제나라로 안전하게 도착할 수 있도록 도우면서 한편으로는 비밀리에 관중에게 군대를 주어 거나라에서 돌아오는 소백을 도중에 없애도록 지시했다.

관중은 군대를 이끌고 매복하여 소백 일행이 오는 길목을 지키고 있었다. 하루를 기다리니 소백 일행이 급히 말을 달려오고 있었다. 관중은 이때다 생각하고 소백을 향해 활을 쏘았다. 활을 그대로 명중하여 소백은 말에서 굴러떨어졌다. 이에 안심한 규 일행은 느릿느릿 6일이나 걸려서야 비로소 제나라에 도착했다.

그런데 이게 웬 일인가! 죽은 줄 알았던 소백이 이미 제나라의 왕으로 추대되어 있었던 것이었다. 소백은 관중에게 화살을 맞았지만, 다행히도 허리띠의 쇠장식 있는 곳을 맞았기 때문에 살 수 있었다. 그리고 죽은 척하고 영구차를 만들어 급히 제나라로 돌아와 왕으로 즉위했는데, 이 왕이 바로 환공桓公이다.

제환공은 즉위하자마자 군대를 이끌고 규 일행을 내쫓았다. 그렇게 되자 규 일행은 다시 노나라로 도망갈 수밖에 없었다. 그런데 그해 가을 제나라는 노나라와 전쟁을 벌이게 되었다. 여기서 노나라가 패하여 후퇴하려 하자 제나라는 퇴로를 차단하여 노나라 군대는 완전히 포위되어버렸다. 그런 연후에 환공이 노나라 왕에게 편지를 보냈다.

"규는 나의 형제이므로, 내 손으로 죽일 수 없다. 그대의 나라에서 처치해 주기 바란다. 그러나 관중과 소홀 두 사람은 제나라의 반역자이다. 그들을 죽여 소금에 절여놓지 못한다면 천추의 한이 될 것이다. 그들을 당장 보내라. 이를 거부하면 노나라 군대를 모두 전멸시켜버릴 것이다."

노나라는 할 수 없이 그 요구에 응해 규를 죽였고 또한 관중과 소홀을 제나라로 보냈다. 그러나 소홀은 제나라로 가는 도중 스스로 목숨을 끊었다. 제환공은 원래는 관중을 처형하여 복수를 하려 했으나 포숙아가 관중의 처형을 막으며 제환공에게 "당시 관중은 공자 규의 스승으로 그가 주군에게 활을 쏜 것은 각자 모시는 주인이 다르기 때문입니다. 관중의 재능은 저보다 뛰어납니다. 만일 주군께서 천하를 다스릴 패자가 되시려는 원대한 포부를 가지시고 계시다면 관중이 반드시 필요합니다. 실로 관중을 중히 여기는 나라가 천하를 다스릴 것입니다. 바라옵건대, 관중을 등용하소서"라고 간청했다.

포숙아의 간절하고도 충성스러운 간청에 환공도 비로소 마음을 바꾸게 되었던 것이다. 환공은 관중을 재상으로 임명했다.

관중은 매우 감동하여 재상이 된 뒤 성심성의를 다하여 제환공을 보좌했으므로 제나라는 날이 갈수록 부강해지고 백성은 더욱더 부유해졌다. 패자가 되고 싶어 했던 제환공은 관중에게 "지금 우리들의 병사는 강하고, 말은 건장한데, 제후들과 회합을 할 수가 있겠는가?"라고 물으니, 관중은 당시의 상황을 분석하여 제환공에게 다음과 같이 말했다.

"오늘날 남방에는 초楚나라가 서쪽에는 진秦나라와 진晉나라가 있는데, 이들의 실력이 약하지 않습니다. 우리나라가 뭘 믿고 제후를 회합하러 갈 수가 있겠습니까? 만일 주공이 '존왕양이尊王攘夷주왕실을 높이고, 오랑캐를 물리침'의 기치를 들고, 주천자의 명의를 빌려 제후들에게 호소한다면, 당신의 명성은 갈수록 높아질 것입니다."

물론 관중이 말하는 '존왕양이'는 제환공이 표면상으로만 주왕실을 존중하면서 주천자의 지위를 승인함으로써, 제후들을 연합하여 맹주가 되는 것을 말한다. 제환공은 바로 관중의 말에 동의하고, 곧 어떻게 해야 하는가를 물었다. 관중이 말하기를 "바로 우리 앞에 기회가 있습니다. 최근에 송宋나라에서 내란이 일어나 새로 등극한 국왕이 아직 제후들의 승인을 받지 못했습니다. 주공께서 괜찮으시다면 지금 막 즉위하신 주리왕周釐王에게 사자를 파견하여 축하를 드리고, 주왕으로 하여금 송나라의 새로운 군주의 지위를 승인하도록 하십시오. 그렇게 하면 주공께서는 천자의 명의를 빌려 명의상으로 제후를 소집하게 됩니다."

제환공은 바로 사자를 주왕실에 보내 주리왕을 알현하게 했다. 당시의 주천자는 단지 명의상의 '공주共主'일 뿐이었으므로 제나라에서 온 사신의 축하를 받고는 매우 기뻐하며, 보답하는 의미에서 제환공이 주도적으로 송나라의 군위계승을 선포하도록 했다.

제환공은 주리왕의 명을 받아 각 국에 사자를 파견하여 각국 제후가 서남쪽 변경의 북행北杏[지금의 산동]에서 회합을 가질 것을 알렸다. 진陳·송宋·채蔡·주邾 등 4국이 모여 제환공을 맹주로 추대하고, 맹약을 체결하여 이후 서로가 도우면서 외족의 침입에도 함께 저항하기로 했다.

북행회맹 뒤 제환공은 수遂나라가 회합에 참여하지 않았다는 핑계를 대고 군대를 파견해서 수나라 도성인 지금의 산동을 멸망시켰다. 그러고 나서 노나라를 침략했다. 노장공魯庄公은 겁을 하고는 노나라 땅을 내주는 조건으로 휴전하기를 바랐다. 제환공은 매우 기뻐하며 제나라 국경 안에 있는 가柯지역에서 두 나라의 국왕이 만나기로 했다.

노장공이 조말曹沫이라는 신하를 데리고 약속한 장소에 도착했을 때 회장 안의 경계는 삼엄했으며, 제나라 병사들은 대열로 서서 노장공을 환영했다. 노장공은 이러한 제나라 군사들의 기세에 너무 놀란 나머지 두 다리를 떨고 있었다. 제환공과 노장공이 인사말을 하며 서로 좌정했을 때, 한 대신이 올라와서는 두 국군이 삽혈歃血[서로 맹세할 때 짐승의 피를 들이마시는 일]하며 맹서하도록 권했다.

그 때 노장공의 수하인 조말이 갑자기 앞서더니 한 손으로는 제환공의 옷을 잡고, 오른손으로 비수를 들고 들이대면서 제나라가 빼앗은 노국의 영토를 돌려줄 것을 협박했다. 예기치 못한 일을 당한 제환공은 눈앞에서 번쩍이고 있는 조말의 비수를 보고, 할 수 없이 "그래 너의 요구를 들어주겠다"라고 대답했다. 그러자 조말은 비수를 거두었다. 그런 뒤 소의 피가 담긴 접시를 가져와서는 두 국군이 삽혈하도록 했다. 의식이 끝난 뒤 조말은 제환공에게 두 번의 절을 하면서 고마움을 표시했다.

회맹이 끝난 뒤 제나라의 대신들은 매우 분노하며, 제환공에게 조말을 죽이라고 건의했다. 또한 제환공 역시 조말과의 약속을 어기고 싶은 마음이 간절했다. 그러나 관중은 "상대에게 협박당하면서 약속한 일을 이제 와서 후회하신다면, 제후들에게 신의信義를 잃을 수 있으니 절대로 그렇게 하시면 안됩니다"라고 진언했다.

제환공은 관중의 말에 따라, 그 다음날 연회를 열어서 노장공을 환영했을 뿐만 아니라 노장공이 노나라로 돌아가는 것을 기다려, 노나라에게서 빼앗았던 영토를 돌려주었다. 제후들은 이 소식을 듣고는 모두 제환공을 칭찬했다. 위衛나라와 조曹나라 또한 제나라에 사자를 보내 회맹하기를 청했다.

제나라의 명망은 갈수록 높아졌다. 기원전 679년 제환공은 송宋·진陳·위衛·정鄭나라 등 4국의 군주를 위나라의 견甄(지금의 산동山東지역으로 불러 회맹했다. 이 회맹에서 제환공은 맹주盟主로 추대되었다. 제환공이 패주霸主의 지위에 오르게 된 것이다. 이후 몇십 년간 여러 차례 제후들과 회맹했다. 북으로는 이적夷狄오랑캐들을 몰아내고, 남쪽으로는 초나라를 누르고 패업을 이루어나갔다.

 제환공이 자신에게 화살을 쏜 관중을 용서하고 오히려 그를 재상으로 중용한 일화는 역사적으로 보기 드문 일일 것이며, 그러한 제환공의 관대함에 감탄하지 않을 수 없다. 그런 관중의 계획 아래 제환공은 국내외에 많은 개혁을 단행했다. 대외적으로는 '존왕양이'의 기치를 내걸고, 제후들을 소집하여 회맹했다. 기원전 656년에는 제·노·송 등 8국의 군사를 이끌어 채나라를 멸하고, 초나라를 토벌했다. 기원전 651년의 규구葵丘의 회맹에는 주천자 또한 사자를 보내 회맹에 참여하도록 했다. 이로써 제환공의 패업은 정상궤도에 오르게 된 것이다. 그러나 제환공이 패업을 달성하는 과정에서 관중의 도움이 없었다면 그가 패자가 되는 것은 불가능했을 것이다.

제환공은 40여 년간 재위에 있었다. 관중이 죽은 뒤 제환공은 이아易牙 등 간신배들을 등용했다. 그것은 제나라에 화근이 되고 말았다. 제환공이 죽은 뒤 그의 다섯 아들은 군위를 빼앗기 위해 내분을 일으켰으며 제나라는 이로부터 쇠락하여, 패주의 지위는 진晉나라에게 물려주게 된다.

2. 중이의 피난

제환공이 죽은 뒤 진晉나라의 문공文公 중이重耳가 연이어 패자가 되었다. 그런 중이의 일생은 고난의 연속이었다. 그는 진헌공의 아들로 진나라의 국왕이 되기 전에 일찍이 19년간의 고통스런 망명생활을 했던 전기적傳奇的인 인물이기고 하다.

늙은 진헌공晉獻公은 여희驪姬라는 황비를 총애했다. 여희는 대단히 악독한 여인이었다. 그녀는 태자 신생申生을 독살한 뒤에도, 항상 헌공의 면전에서 그밖에 다른 두 아들인 중이와 이오夷吾에 대한 나쁜 말을 하곤 했다.

중이와 이오는 태자 신생과 같이 독살될 것이 두려워 각자의 봉지로 도망갔다. 나이 많고 어리석은 진헌공은 여희의 말만 믿고 중이와 이오가 정말로 반란을 일으켰다고 생각하여 사람을 시켜 두 아들을 죽이도록 했다. 하루는 중이가 마침 방에서 책을 읽고 있는데, 밖에서 시끄럽게 떠드는 소리가 들렸는데, 그들은 바로 아버지가 자신을 죽이라고 보낸 병사들이었던 것이다. 중이는 황급히 담장을 뛰어넘어 도망쳤다.

중이가 마침내 적翟나라로 도망치고 얼마 되지 않아 진헌공의 병이 깊어졌다. 임종 전에 여희의 아들 해제奚齊를 왕으로 세웠으나, 대신들은 동의

하지 않았다. 그러다 진헌공이 죽자 해제는 대부 이극里克에 의해 살해되었다. 대부 순식荀息은 여희의 암중지휘 아래 다시 여희의 또 다른 아들인 도자悼子를 왕으로 세웠다. 그러나 얼마 되지 않아 순식과 도자 모두는 이극에 의해 살해되어 진나라 정국은 갈수록 혼미해졌다.

이같이 나라 안에 주인이 없게 되자 대신들은 망명 중인 이오夷吾를 진나라로 불러들여 그를 왕으로 세웠다. 그가 바로 진혜공晉惠公이다. 혜공은 집정을 시작하면서 중이의 명망이 매우 높음을 알게 되었다. 그는 이후 자신과 중이가 군위를 두고 다툴 것이 두려운 나머지 적나라에 자객을 보내 중이를 암살하려 했다.

중이가 적나라에 망명하고 있을 때, 중이의 주위에는 조쇠趙衰·구범咎犯·가타賈佗·선진先軫·위무자魏武子 등 5명의 현사賢士들이 중이를 보좌하고 있었다. 또한 중이는 적나라에서 12년간 살면서 이미 혼인을 하여 가정적으로도 안정되었다. 그러나 혜공이 자신을 죽이려 한다는 사실을 듣고 신하들을 데리고 적나라를 떠나려 했다. 떠나기 전 중이는 아내에게 다음과 같이 말했다.

"내가 떠난 뒤 당신은 고생을 할 것이다. 나를 25년만 기다리시오. 만약 그 때에도 돌아오지 않으면 개가改嫁하시오."

그의 아내는 울음을 멈추고 억지로 웃으면서 말했다.

"25년 뒤에 내 무덤 위의 잣나무도 많이 자랐을 거예요. 그렇지만 걱정하지 마세요, 나는 당신을 끝까지 기다릴 겁니다."

이미 40살이 넘은 중이는 눈물을 흘리며 아내와 작별했다.

중이와 일행은 적국을 떠나 위衛나라로 갔다. 위나라 군주는 이들을 반갑게 맞아주지 않았다. 일행이 오록五鹿[지금의 하남지역]이라는 지역에 도착했는데, 너무 배가 고픈 나머지 눈이 희미해질 정도였다. 그래서 하는 수 없이 밭의 주변에서 밥을 먹고 있는 농부들에게 구걸을 했다. 농부들이 싫어하는 기색을 보이면서 "우리가 무슨 먹을 것이 있겠소. 들나물도 배불리 먹지 못하는데…"라고 말하고는 아무렇게나 진흙덩어리를 그들에게 주었다. 중이가 크게 노하여 채찍으로 농부를 갈기려 했으나, 조쇠가 저지하며 "때리지 마십시오. 이러한 일들이 좋은 일이 생길 징조로 보이지 않습니까? 진흙은 토지를 대표합니다. 이는 바로 하느님이 당신에게 토지를 주실 것이라는 예시라고 보입니다"라고 말했다.

중이는 조쇠의 말을 듣고는 쓴웃음을 지은 채 꾹 참고 길을 재촉했다. 일행이 제나라에 도착하자 제환공은 일찍이 중이가 현명하고 유능한 사람임을 알고 있었기 때문에 친절하게 그를 맞이하고, 그에게 말 20필을 선물로 주고 강씨 성을 가진 처녀를 짝을 지어주었다. 그러나 환공이 죽은 뒤 제나라에는 내란이 일어났으므로 중이의 신하들은 중이에게 제나라를 떠나도록 권유했다. 그러나 중이는 지혜로운 아내와 함께 있었기 때문에 조금도 떠날 생각을 하지 않았다.

어느 날 조쇠와 호언狐偃 등은 뽕나무 아래에서 '어떻게 하면 그들의 주인이 생각이 바꾸실까' 하는 문제로 상의하고 있었다. 그런데 마침 뽕잎을 따던 강씨의 시녀가 그들의 말을 듣고는 강씨에게 이 사실을 알렸다. 강씨는 그들의 큰뜻을 깊이 이해하고는 시녀에게는 입조심을 시켰다.

저녁이 되자 강씨는 중이에게 "우리는 서로가 깊이 사랑하나 당신은 마땅히 이곳에 오래 머무르시면 안됩니다. 대장부라면 당연히 천하대사에 자신을 맡겨야지 개인의 안일만을 도모해서는 안됩니다"라고 말했다.

아내의 말에 중이는 깊이 감동했으나 오랫동안의 망명생활은 그로 하여금 세상의 분쟁에 대한 혐오감을 갖게 했다. 그가 아내에게 "인생은 단지 안락한 생활을 추구하는 데 지나지 않는다. 어찌하여 다른 것을 추구하겠는가. 나는 당신과 오랫동안 함께 살기를 원할 뿐 어디에도 가고 싶지 않다"라고 대답했다.

강씨가 중이를 설득할 수 없음을 알고는 곧 조쇠와 상의해서 술로 중이를 흠뻑 취하게 한 뒤 그를 마차에 태워 야밤에 성을 떠났다. 다음날 아침 중이가 술에서 깨어난 뒤 어찌된 일인지를 알고는 분을 참지 못하여 창으로 마차를 몰고 있던 구범咎犯을 찌르려고 했으나 주위에서 말려 겨우 진정했다.

중이 일행은 이후 조曹나라·송宋나라·정鄭나라 등에서 망명생활을 하다가 최후에는 초楚나라로 갔다.

초나라는 큰나라로 당시의 초성왕楚成王은 중이를 매우 존중했으므로 제후의 예를 갖춰 대접했다. 중이는 융숭한 대접에 놀라긴 했으나 태도는 무척 겸손했다. 어느 날 연회를 개최한 초성왕이 중이에게 다음과 같은 질문을 했다.

"공자公子께서 앞으로 진晉나라의 왕이 되신다면, 그 때는 무엇으로 나에게 보답하겠습니까?"

중이는 "초나라는 아름답고 부유합니다. 진귀한 새들鳥類과 보석·상아 등 초나라에는 모든 것이 생산되는데, 제가 무엇으로 보답을 해야 할지를 모르겠습니다"라고 대답했다. 그러자 초성왕이 "비록 그렇게 말씀은 하시지만, 그래도 보답은 하셔야 하지 않겠습니까?"라고 다시 중이에게 물었다.

중이는 초성왕의 말을 듣고 깊이 생각한 뒤 다음과 같이 말했다.

"만약 당신 말씀대로 내가 앞으로 고국에 돌아가 왕이 되었을 때, 진나라와 초나라 사이에 전쟁이 나서 양군이 대적하게 된다면, 제가 90리 뒤로 후퇴하여 군왕의 은혜에 보답하겠습니다."

연회가 끝난 뒤 초나라 장군 자옥子玉이 성왕에게 말하기를 "군왕께서

이다지도 융숭하게 중이를 대접하시는데, 그는 오히려 당신과 전쟁할 것을 얘기하고 있습니다. 정말 무정하고 의리없는 인간입니다. 아예 제가 중이를 죽여 후환을 없애겠습니다"라고 말했다. 초성왕은 "중이는 뜻이 깊고 높은 자이며, 그를 따르는 자들도 모두 유능한 인재들인데, 어찌 마음대로 그를 죽일 수 있겠는가"라고 대답했다.

뒤에 진목공秦穆公이 사자를 파견해서 중이를 초청하자 중이는 진나라로 갈 것을 결정했다. 이에 초성왕은 중이에게 여비와 많은 선물을 주었다. 중이가 진秦나라로 온 지 얼마 안되어 진혜공晉惠公이 죽었다. 진목공은 군대를 파견해 중이의 귀국을 호송해 주었다. 19년간의 망명생활을 한 중이는 조국에 돌아와 군주가 되었으니 그가 바로 진문공晉文公이다. 이때가 바로 기원전 636년이며, 중이는 이미 62세의 노인이었다.

중이는 화를 피하기 위해 적狄·위衛·제齊·조曹·초楚·진秦나라 등 여러 나라에서 고된 망명생활을 했다. 각국의 군주들은 각자의 서로 다른 이해관계에 따라 중이에게 냉담하게 대하거나 혹은 융숭하게 대접했다. 중이는 장기간의 망명생활을 하면서 온갖 고초를 겪어야 했다. 일설에 혹독한 고난은 재산이라고 했던가? 유랑생활은 중이의 강한 의지를 단련시켰다. 또한 중이가 남에게 의지하며 지내왔던 망명생활은 결과적으로 자신의 재능을 연마할 수 있는 귀중한 시간이 되었던 것이다. 19년 뒤 중이가 제위에 올라 진문공晉文公이 되었을 때, 그는 그 동안 닦은 그의 실력을 마음껏 발휘했다. 그 결과 진문공은 제환공에 이어 춘추시대 제2의 패주覇主가 되었다.

3. 진문공이 패업을 창건하다

진문공晉文公이 즉위한 뒤 가장 먼저 해야 할 일은 다름 아닌 오랜 기간 자신과의 망명생활에 모진 고난을 함께 했던 신하들을 격려하는 일이었다. 국가에 공을 세운 신하를 격려하는 일은 바로 민심을 바로잡는 근간이 되기 때문이다.

그는 구범과 조쇠로 하여금 내정개혁을 단행하게 했다. 부세의 감면과 생산량을 발전시켜, 진나라는 단기간에 강성해지기 시작했다. 또한 이 같은 성과를 올린 진문공은 제환공과 같은 패자가 되기 위해 각고의 노력을 기울이고 있었다.

진문공이 즉위한 지 얼마 되지 않아 주왕실에 내란이 일어나 주양왕周襄王이 동생의 반란을 피하여 정나라로 피신하게 되었다. 그러면서 문공에게 도움을 청했는데 문공은 도와주고 싶은 마음은 태산 같았으나 즉위한 지 얼마 안되어 아직 국내사정이 좋지 않았기 때문에 주저하고 있었다.

다음해에 진秦나라가 선수를 써서 피신해 있는 양왕을 복귀시키기 위해 군사를 일으켰다. 그 소식을 전해들은 조쇠가 문공에게 말했다.

"지금 우리나라의 사정이 매우 어렵긴 합니다만 이번이야말로 천하의 패자가 될 수 있는 절호의 기회입니다. 주나라 왕실을 돕는 일을 다른 나라에게 빼앗겨서는 안됩니다. 대왕께서 천하의 패자로 되시는 것이 이 늙은 신하의 평생소원입니다."

이 말을 들은 문공은 즉시 군사를 동원하여 주나라로 진격하여 반란을 일으켰던 왕의 동생을 제거하고 망명해 있던 양왕을 복귀시켰다. 주양왕은 그 감사의 표시로 주나라 영토인 하내와 양번 두 고을을 진문공에게 떼어 주었다.

다시 2년이 지난 뒤 초성왕이 조曹나라·위衛나라와 연합하여 송나라를 침략하려 했다. 이때 송나라가 진나라에 사자를 파견해 원조를 부탁했다. 이에 진문공과 대신들은 이 일을 함께 상의하고 있었는데, 선진先軫은 "대왕께서 망명하고 계실 때 송나라는 우리들에게 말과 마차뿐만 아니라 많은 물품들을 제공해 주었습니다. 대왕께서 패업을 이룩하시려 한다면, 결단코 송나라를 버리시면 안됩니다"라고 아뢰었다.

그러나 초나라 또한 진문공의 망명시절 그를 도왔던 나라임에는 분명하다. 만일 송나라를 돕게 된다면 필시 초나라와 싸우게 될 것이니 참으로 결정하기 어려운 일이었다. 이때 대신들이 말하기를 "아예 우리가 초나라를 도와 전쟁에 참여하려는 조나라와 위나라 두 나라를 토벌해버리면 초나라는 필시 군대를 이동해서 이들을 돕게 되니 송나라는 자연히 포위에서 풀려나게 될 것입니다" 하였다. 진문공은 대신들의 말대로 우선 조나라와 위나라를 토벌한 뒤 제나라와 진秦나라와는 연맹을 맺고는 초나라 군대에게는 물러나기를 요청했다.

진나라가 조나라와 위나라를 함락시키자 초나라 성왕은 송나라에 대한 포위를 풀고 군대를 철수시키려 했다. 사실 초나라는 군사력이 강하긴 했지만 중원에서의 전투는 보급로가 너무 멀어 불리했다. 또한 성왕은 전부터 문공을 좋아했고 문공은 하늘이 낸 인물이라 생각하여 그와 싸우기를 꺼렸던 것이다.

그러나 문공이 초나라에 머물 적부터 그에게 반감을 가지고 있었던 초나라 장군 자옥은 철수를 끝까지 반대했다. 자옥은 분노를 참지 못하고 초 성왕에게 말했다. "진문공은 참으로 불의한 인간입니다. 망명시절 대왕께서 그에게 그렇게 잘 대해주었는데, 이제 와서 어떻게 대왕께 은혜를 복수로 갚는단 말입니까? 너무 분해서 송나라에서 전승하기 전에는 절대로 철수하지 않겠습니다"라고 말했다. 그러자 화가 난 성왕은 일부러 매우 적은 병력을 자옥에게 주면서 공격하도록 했고 자신은 주력부대를 이끌고 철수해버렸다.

자옥이 이끄는 초군은 더욱 맹렬하게 송나라를 들이쳤다. 그러나 송나라의 강력한 저항에 부딪혔을 뿐만 아니라, 진문공이 조나라와 위나라에 편지를 보내 초나라와 절교하도록 했다. 이 소식을 들은 초나라 장군 자옥은 더욱 화가 치밀어 노발대발하면서 송나라를 포위했던 초군을 철수시켜 다시 진나라 군대와 싸울 수 있도록 전열을 정비했다.

자옥이 진군을 향해 군대를 이동하며 압박하여 올 때, 진문공은 공격을 막아내지 않고 오히려 군대를 후퇴시켰다. 장수와 병사들은 무슨 일인지를 몰라서 진문공에게 물었다.

"왜 교전交戰하지 않습니까?"

구범이 설명했다.

"전쟁에는 정정당당해야 한다. 도리에 어긋난다면, 사기는 곧 떨어질 것이다. 우리 대왕께서 망명생활을 하실 적에 초왕의 은혜를 입어 장래에 만일 두 나라의 군대가 싸우게 되어 전쟁터에서 맞닥뜨리게 된다면, 우리가 90리[三舍]를 후퇴하기로 약속을 했다. 지금 우리가 후퇴하지 않으면 우리는 초나라에게 신용을 잃는 것이다. 그러나 우리가 후퇴를 했는데도, 초군이 전쟁을 중지하지 않으면, 이는 그들이 도리를 잃는 것이다. 이때는 당당하게 초군과 싸울 수 있는 것이다."

진문공이 초성왕에게 했던 약속[退避三舍]을 지키기 위해 진군을 단숨에 90리를 후퇴시킨 뒤 성복城濮[지금의 산동 견성 서남]에 이르러 군영을 만들었다. 이때 초군의 장병들은 추격을 멈추려 했으나, 자옥이 동의하지 않아 양군은 대치상태에 있었기 때문에 언제고 다시 대전이 벌어질 태세였다.

결전이 있던 전날 밤 진문공의 심경은 매우 복잡했다. 이전에 초성왕으로부터 그렇게 많은 은혜를 받았는데, 지금은 그와 싸우는 처지가 되었으니 어떠한 이유에서건 참으로 기가 막힌 상황이었다. 그래서였던지 진문공이 그날 밤 악몽을 꾸고 말았다. 꿈속에서 자신이 초성왕과 격투를 하고 있었는데, 초성왕이 그를 땅에 쓰러트려 그를 깔고 앉아 그의 뇌를 빨아먹는 것이 아닌가. 잠에서 깬 뒤 진문공이 두려움에 몸을 떨면서, 이는 분명히 흉몽이라고 생각했다. 다음날 진문공은 구범에게 꿈의 내용을 설명했다. 그러나 구범은 웃으면서 교묘하게 해몽했다. "이 꿈은 길몽입니다. 대왕의 얼굴이 하늘을 향하고 있는 것은 바로 하늘의 도움을 받는다는 뜻이고, 초성왕이 땅을 향해 몸을 굽힌 것은 대왕께 잘못했다고 비는 것입니다. 이번 전쟁은 우리가 반드시 이길 것입니다"라고 대답했다.

드디어 양군의 교전이 시작되었다. 초군은 좌로左路·중로中路·우로右路의 세 길로 군대를 나누었다. 중로의 병력이 가장 강했으며, 좌로가 그 다음으로 강했고, 우로는 가장 약했는데 이는 진陳나라와 채나라 병사들을 합쳐 만든 부대이기 때문이다. 진군晉軍은 초군의 우로군을 집중적으로 공격했다.

전투가 시작되었을 때, 진군은 호랑이 가죽을 말에 뒤집어씌워 적진을 향해 달리게 했다. 진陳군과 채군은 정말로 호랑이들이 쳐들어 온 것으로 알고 머리를 돌리더니 도망쳐 버려 초군의 우익은 곧바로 무너져버렸다.

자옥은 우익이 무너지자 크게 실망하고는 다음날 전투는 주력부대에 집중하기로 했다. 기세가 흉흉한 초군의 앞에 진군이 취한 전술은 적을 유인하여 포위 섬멸하는 작전이었다. 전투가 시작되어 진국이 후퇴하는 척하면서 뒤로 물러서자 초군은 목숨을 걸고 추격해 왔다. 그런 가운데 초군은 진군이 매복해 있는 것을 눈치채지 못한 채 진군의 협공으로 섬멸되고 전차 1백 량과 포로 1천 명을 노획당하고 말았다.

진문공이 이만하면 됐다 싶어 더이상 초군을 추격하지 않았다. 자옥의 잔여부대는 뿔뿔이 흩어졌다. 이를 본 초나라 장군 자옥은 더는 왕을 볼 면목이 없어 그 자리에서 자살하고 말았다. 이 전쟁으로 인해 초나라는 상당히 큰 타격을 입었고 제후들은 서둘러 진晉나라에 의탁해 왔다.

이에 진문공은 이번 기회를 빌려 천토踐土[지금의 하남성 원양 서남]에서 제후들을 소집하여 회맹을 했다. 그리고 일부 전리품들을 주왕실에 진상하여 진나라가 초나라와 전쟁을 한 것은 바로 주왕을 위해 싸운 것임을 알렸다. 주양왕은 진문공과의 친밀함을 보여주기 위해 친히 천토에 가서 회맹에 참여했으며, 진문공에게 활과 화살 그리고 300명의 무사를 하사하여 정식으로 진문공의 패주로서의 지위를 승인했다. 이로써 진문공은 중원의 패자가 되었다.

진문공은 제환공이 사용했던 술수를 모방하여 패자가 되었다. 먼저 주양왕이 곤경에 처해 있을 때 군대를 이끌고 가서 그가 복위하도록 도왔다. 그 다음은 초나라와 중원을 두고 쟁탈전을 벌였다. 성복城濮의 전쟁에서 진군이 90리를 후퇴[退避三舍]한 것은 상대가 먼저 공격해 오기를 기다려 적을 제압하는 전술이다. 이로써 초나라의 자옥 장군이 이끈 초군은 섬멸되었을 뿐만 아니라 도의상의 책임도 지게 되었다. 90리를 후퇴한 것은 표면적으로 봤을 때는 군대를 철수시킨 것처럼 보이나 실제로는 도의상으로는 적을 이기는 것이다. 이는 진문공의 남을 이길 수 있는 고수다운 면모를 보여준 것이다. 초나라와의 전쟁에서 승리한 뒤에 주양왕은 진문공을 후백侯伯으로 책봉했다. 이로써 진문공은 '주나라 천자를 등에 업고 제후를 명령하다'의 전략이 성공하게 된 것이다.

천토踐土에서의 회맹 이후 진문공은 일찍이 진秦나라와 연합으로 정나라를 친 적이 있었다. 뒤에 두 나라는 정나라에서 차례로 철수했다. 그러나 오래지 않아 진문공이 죽어 진나라가 국상國喪중일 때, 진秦나라는 돌연 진晉나라를 침략했다.

4. 진목공이 서융을 정벌하고 패자가 되다

진나라와 초나라가 중원을 두고 각축을 벌이고 있을 때, 서쪽에 위치하고 있는 진秦나라는 부국강병에 주력하고 있었다. 진나라는 동주시대부터 흥기하기 시작한 제후국이다. 서주 말년에 견융犬戎과 신후申侯가 호경鎬京[지금의 섬서성 서안 서남]을 침략하여 유왕幽王을 죽이자, 진양공秦襄公은 손수 군대를 이끌고 주왕실을 구원했다. 또한 주평왕周平王이 동천東遷할 때에도 진양공은 군대를 파견하여 왕을 호송했다. 이와 같이 진나라는 양공과 문공에 걸쳐 주왕실을 보호한다는 명분을 내세우면서 중원진출의 기초를 마련하고 있었다. 기원전 659년 진목공秦穆公이 즉위하자, 본격적인 동쪽으로의 진출이 시작되었다.

진목공은 패자가 되기 위해 유능한 인재를 끌어 모으는 데 심혈을 기울였다. 그가 중용한 대신 가운데 백리해百里奚라는 자가 있는데, 백리해는 우虞나라 사람으로 일찍이 청장년 시기 고향을 떠나 제나라·송나라 등지에서 현명한 군주의 중용을 받기를 기다리고 있었다. 그러나 줄곧 좋은 기회를 만나지 못한 채 10여 년이란 세월이 흐르고 말았다. 그는 자신의 뜻을 이루

지 못한 채 최후에는 구걸을 하며 하루하루를
버티는 신세가 되었다.

만년에 백리해는 우나라에 돌아가 대신이
되었다. 기원전 654년 진晉나라가 괵虢나라를 치
기 위해 우나라를 통로로 빌려달라고 요청했
다. 당시 우나라 군주는 재물에 눈이 멀어 진나
라의 요구에 동의하고 말았다. 그러나 탐욕스
러운 진군은 괵나라를 멸망시키고 돌아오는
길에 아예 우나라마저 멸망시키고 말았다. 그
결과 백리해는 포로가 되었고 진헌공晉獻公의 딸이 진목공秦穆公에게 시집갈
때, 혼수용품들과 함께 노예로서 진나라에 보내지는 신세가 되었다. 하지만
백리해는 기회를 틈타 도주하여 초나라 완宛이라는 마을에 은신했으나 그
곳에서 억류당하고 말았다.

한편 진秦나라 군주인 목공은 백리해가 상당한 재주가 있는 인재인 것
을 알고는 더 많은 배상금을 내서라도 백리해를 불러오려 했다. 그러나 그
리되면 오히려 완지방 사람들이 의심하지 않을까 두려웠다. 목공은 사자를
시켜 이렇게 말하도록 했다.

"나의 하인 백리해가 당신들 땅에 억류되어 있다고 하는데, 다섯 마리의
검은 양가죽과 그를 바꿔 돌려보내 줄 것을 바라는 바이오."

그러자 완지방 사람들은 그 조건을 받아들이고 백리해를 돌려보내 주
었다.

백리해가 진秦나라 궁궐에 도착했을 때, 진목공은 백리해가 백발노인인
것을 발견하고 무척 실망했다. 그래서 진목공이 "올해 몇 살입니까?"라고
물으니 백리해가 "70밖에 안됐습니다"라고 대답했다. 그러자 진목공이 "아
깝게도 너무 늙었구려"라고 탄식을 하니 백리해는 "옛날에 강태공은 80세에

주문왕周文王을 만나, 주문왕을 도와 주왕조를 건국시켰습니다. 강태공과 비교한다면 저는 10살이나 적습니다"라고 말했다. 진목공이 그의 말을 듣고는 맞는 말이라 생각하고는 허심탄회하게 백리해에게 나라를 다스리는 치국의 도리에 대해 가르침을 청했다. 그러자 백리해는 아주 유창한 언변言辯으로 명쾌하게 진목공에게 대답해 주었다. 그렇게 진목공과 백리해는 서로가 너무 늦게 만난 것을 한탄하면서 이틀 동안이나 많은 이야기를 나누었다.

이야기를 통해 진목공은 백리해야 말로 참으로 박학다식한 유능한 인재라 생각하고는 그에게 국가의 대사를 맡겨 관리하도록 했다. 당시 사람들은 백리해를 '오고대부五羖大夫'라 불렀는데, 그 뜻은 양피 5장으로 데려온 대부라는 뜻이다.

백리해는 진나라의 국가대사를 관리하기 시작하면서, 진목공에게 친한 친구 건숙蹇叔을 추천했다. 목공은 사람을 시켜 융숭한 예로 건숙을 맞아들여 그에게 상대부上大夫의 직책을 맡겼다. 이렇게 백리해와 건숙의 보좌 아래 진나라는 상당히 빠른 속도로 강성해지기 시작했다.

진秦나라의 동쪽은 진晉나라와 국경을 접하고 있었으므로 양국의 군주들은 오랜 기간 혼인관계를 빌미로 호평을 유지했다. 진헌공晉獻公이 죽은 뒤 내란이 일어났으므로 진목공은 혜공惠公 이오夷吾가 진晉나라에 돌아가 즉위할 수 있도록 도운 적이 있었다. 또한 진晉나라에 가뭄이 들었을 때도 대량의 양식을 싣고 와서 구제해 주기도 했다.

기원전 645년에는 진秦나라에 가뭄이 심하여 진목공秦穆公이 진晉나라에 구원을 요청했다. 그러나 진혜공은 배은망덕하게도 양식을 보내지 않았을 뿐만 아니라 군대를 이끌고 가 기습공격을 감행했다. 진목공은 크게 노하여 친히 대군을 이끌고 대적했다. 양군은 한원韓原지금의 섬서 한성 서남에서 교전했다. 전투 중에 진혜공의 전차가 진흙탕 속으로 빠져버렸다. 이때 진목공이 재빨리 달려가 그를 사로잡으려 했으나 오히려 진군晉軍에 의해 겹겹이 포위당하고 말았다. 다행히도 진군秦軍이 용맹하게 싸워 겨우 포위망을 뚫고 진군晉軍을 섬멸하는 데 성공하여, 오히려 진혜공이 진秦나라의 포로가 되었다.

그러나 전쟁이 끝난 뒤 진혜공의 누이인 진목공의 부인이 통사정을 하는 바람에 하는 수 없이 진혜공을 풀어주고, 두 나라는 다시 연맹聯盟을 체결했다.

기원전 636년에 혜공이 죽자, 진목공은 중이重耳가 고국으로 귀국하여 즉위하도록 도와주었는데, 그가 바로 진문공晉文公이다. 진문공은 단기간에 진晉을 중원의 패자로 만든 군주이다. 진晉나라가 초나라와 성복城濮에서 전투를 할 때에도 진秦은 진晉을 지지했으며, 전쟁이 끝난 뒤 두 진나라는 함께 정나라를 침략했다. 당시 정문공鄭文公은 언변이 뛰어난 노신 촉지무燭之武를 진목공에게 파견해서 정나라에서 철수해 달라고 유세토록 했다. 그 후 진목공은 정나라에서 자국의 군대를 철수시켰을 뿐만 아니라 진나라 장수를 정나라에 보내 정나라의 안정을 지켜줄 것을 약속했으므로 진晉나라 군대는 하는 수 없이 철수할 수밖에 없었다.

기원전 627년 정문공이 죽었다. 정나라의 성문을 지키는 진나라 장수는 이 사실을 진목공에게 보고했다. 이 소식을 전해들은 진목공은 지금이 정나라를 공격할 가장 좋은 기회라고 생각하고는 백리해와 건숙의 반대에도 불구하고 정나라를 침략할 계획을 세웠다. 목공은 맹명시孟明視·서걸술西乞術·백을병白乙丙 등에게 대군을 이끌고 정국을 습격하도록 지시했다.

이윽고 진군이 약소국인 활滑나라에 도착하였다. 이때 우연히 현고弦高라는 정나라 상인이 소 12마리를 끌고 주나라로 팔러가던 도중에 진군을 만났다. 그런데 자세히 알아보니 자기 나라를 치러간다는 것이 아닌가! 즉시 그는 사람을 왕에게 보내 이 사실을 알리고 대비하도록 했다. 그러면서 한 가지 꾀를 냈다. 현고는 열두 마리 소를 끌고 진나라 장군을 찾아가 "진나라가 정나라를 치러 온다는 말을 듣고 정나라 군주는 조심스럽게 방비를 갖추고 있습니다. 여기에 소 12마리를 바치는 것은 원정중인 군사를 위로하게 하라는 정나라 군주의 분부이십니다"라고 말했다.

그러자 이 말을 들은 진나라 장수 맹명시 등의 장수들은 정나라가 이미 전쟁준비가 되었다고 생각하고는 정국에 대한 기습공격을 포기하고 부리나케 방침을 바꿔 정나라 대신 진晉나라의 속국 활나라를 공격하여 멸망시키고 귀국했다.

당시 진나라는 진문공이 세상을 떠나고 진양공晉襄公이 즉위해서 군신이 모두 진문공의 장례를 치르고 있던 중이었다. 그 와중에 속국인 활나라가 진秦군에 의해 멸망당했다는 소식을 듣고는 노발대발하면서 "진나라는 내가 어리다고 업신여겨, 내가 아버지 상을 치르는 중인 것을 알면서도 이를 기회로 삼아 감히 우리의 우방을 멸했다"고 말한 뒤 즉시 출정명령을 내려 형세가 험준한 효산崤山[하남 낙녕 서북]에 매복하고 있다가 진군秦軍을 대파하고 3명의 진나라 장수도 포로가 되었다.

진양공의 어머니는 진목공秦穆公의 딸로 진문공晉文公의 부인이다. 그녀는 매일 진양공에게 맹명시 등 진나라 장수를 석방해 주라고 호소했다. 하는 수 없이 진양공은 그들을 풀어주었다. 진목공이 동쪽으로 출정했던 진나라 군대가 모두 전멸하고 겨우 3명의 장수만 살아 돌아온다는 소식을 듣고는 상복을 걸치고 교외까지 마중을 나와 무척 고통스럽게 눈물을 흘리면서 "내가 건숙과 백리해의 권고를 듣지 않았기 때문에 너희들을 이다지도 욕되게 만들었구나"라고 했다. 진목공은 전쟁실패의 책임을 자신이 짊어졌고, 맹명시·서걸술과 백을병 등은 원래의 관직에 그대로 있게 하여 계속 군대를 훈련시키게 했다.

기원전 624년 진목공은 3년 전의 치욕을 잊지 못해 친히 대군을 이끌고 진晉나라를 침략했다. 진군은 황하를 건넌 뒤에 바로 모든 배를 불태워버렸다. 이는 앞으로 나아갈 뿐 절대로 후퇴는 없다는 죽기를 각오한 투지를 보여주기 위해서다. 전군이 사기가 충천하여 전투에 임한 결과 연속해서 진晉나라의 성들을 점령하여 마침내 효산의 치욕을 갚았다. 그런 뒤 목공은 대군을 효산에 거느리고 와서 전사한 장병들의 뼈를 묻고, 3일 동안 제사지낸 뒤 군사들을 이끌고 귀국했다.

당시 진秦나라는 진晉나라를 패배시킴으로써 명성과 위엄을 크게 떨치고 있었다. 그러나 진晉나라는 여전히 진秦나라의 중원으로의 진출을 가로막는 위력이 있는 대국이었다.

한편 지난날 서융西戎의 국왕이 유여由余라는 자를 진秦나라에 사신으로 파견했다. 그러나 진나라 목공은 유여가 상당히 뛰어난 인재임을 알고는 온갖 계책을 다하여 진나라에 남아 있도록 했다. 기원전 623년 진목공은 유여가 세운 작전계획에 따라 서융을 토벌했다. 그리하여 융왕 치하의 열두 나라를 모두 차지함으로써 영토를 천 리나 넓히고 마침내 융나라 전체를 지배하게 되었다. 이에 주천자는 목공에게 금으로 만든 북을 하사하고 그 공적을 찬양했다.

춘추시대 진목공은 많은 공적을 쌓아 나라를 부강하게 했다. 목공은 패자가 되기 위해 전심전력으로 인재들을 찾아 그들을 등용했으며, 만일 유능한 인재라면 어떠한 경우라도 그의 출신이나 배경 등을 묻지 않고 중용했다. 그는 노예출신의 백리해를 중용했고, 융숭한 예로 건숙을 중용했으며, 그들로 하여금 국정을 관리하고 생산력을 발전시키게 했다. 또한 백리해의 아들 맹명시, 건숙의 아들 서걸술과 백을병을 장군으로 삼아 진나라를 위해 군대를 훈련하여 강력한 무력을 가질 수 있게 했다. 뒤에는 융족의 사자 유여도 진나라에 남게 하여 중용했다. 이와 같이 진목공은 인재를 존중하고 중용할 줄 알았기 때문에 비로소 진晉나라를 이기고, 서융에서 패자가 될 수 있었다.

목공은 또한 앞을 내다볼 줄 아는 패자였다. 그가 비록 고집스럽고, 탐욕스러울 때도 [정국을 습격하려고 했을 때] 있었으나, 스스로가 자신의 실책을 용감하게 인정하고 패전의 모든 책임을 지려는 진솔한 태도를 보임으로써 군주와 신하가 더욱 믿음으로 단결하게 되는 계기가 되어 최후에는 패전을 승리로 이끄는 좋은 결과를 가져올 수 있었다. 그러므로 진목공이 패권을 잡은 것은 절대로 우연이 아님을 알 수 있다.

5. 초장왕은 한 번 날면 하늘에 이른다

초나라는 중국 남쪽의 오래된 강대국이다. 초나라는 일찍이 주나라 문왕文王과 무왕武王을 보좌한 적이 있는 제후국이었으나, 중원지역과의 왕래는 비교적 적었다. 초나라는 토착의 고유한 문화습속은 그대로 유지하고 있었으므로 중원으로부터 '만이蠻夷오랑캐'의 나라로 비하되기도 했다.

춘추 초기에 주왕실의 세력이 쇠약해지고, 초나라 세력은 급속히 발전해 가고 있었다. 때문에 초나라는 이러한 형세를 기회로 삼아 주나라 주변의 소국들을 멸망시켜 갔다. 또한 성왕成王에 이르러서는 적극적으로 북쪽으로의 확장정책을 시행했다. 그러나 그 때마다 제환공과 진문공에게 저지당하여 지속적인 향북정책을 진행하기가 힘들었다. 마침내 초성왕의 손자인 초장왕楚庄王 때 북쪽으로 세력을 확장하여 패자가 되었다.

초장왕은 즉위한 지 3년 동안 단 한 가지의 정책도 시행하는 일없이 밤낮으로 환락의 시간만 보내고 있었다. 그리고는 "과인에게 간섭하는 자는 무조건 사형시키겠다"고 엄포를 놓았던 것이다. 그럼에도 불구하고 목숨을 걸고 직언하는 신하가 있었으니, 그가 바로 대부 오거伍擧였다.

장왕이 오거에게 물었다. "너는 술을 마시러 왔느냐, 음악을 들으러 왔느냐, 아니면 나한테 할 말이 있느냐?" 오거는 "저는 술과 음악을 위해서 온 것이 아닙니다. 단지 대왕께 수수께끼를 말씀드리려 왔을 뿐입니다"라고 대답했다. 이윽고 오거는 왕에게 "언덕 위에 큰 새가 있습니다. 3년 동안이나 날지도 않고 울지도 않습니다. 그 새가 무슨 새이겠습니까?"라고 물었다. 장왕은 깊이 숙고한 뒤 "그 새는 보통의 새가 아니다. 3년을 울지 않은 것은 장래의 포부를 결정하기 위함이요, 3년 동안 날지 않는 것은 날개를 키우기 위함이다. 그 새는 3년을 날지 않았어도 한 번 날게 되면 단숨에 하늘 꼭대기에 솟구칠 것이며, 3년을 울지 않았어도 한 번 울기 시작하면 천하를 진동시킬 것이다"라고 대답했다. 이에 오거는 초장왕의 뜻을 알고 기뻐하면서 물러갔다.

그러나 다시 몇 개월이 지났건만 장왕의 생활은 변함이 없었다. 이번에는 대부 소종蘇從이 나섰다. 장왕이 그를 보더니 "과인에게 간섭하는 자는 모두 사형이다. 그건 알고 있는가?"라고 경고했다. 소종은 굽힘없이 "이 한 몸 죽어 대왕의 현명하심이 되돌아올 수 있다면 그 이상 더 바랄 게 있겠습니까?"라고 대답했다.

왕은 소종의 충성심에 감동하여 자리에서 일어나더니 즉시 악대樂隊를 해산시키고 조정에 나가 집무를 보기 시작했다. 그리고는 그 동안 법을 어기고 부정부패를 일삼으며 사욕만 채웠던 무리들을 숙청시키고, 청렴하게 양심껏 일한 사람들은 중용하여 직무를 맡겼다. 또한 오거와 소종의 보좌를 받아 국정을 처리하게 되자 초나라의 정치는 투명해지고 국력은 나날이 강성해졌다.

사실 초장왕은 원래부터 혼군은 아니었다. 장왕이 막 즉위했을 때 초나라의 실권은 대귀족인 약오씨若敖氏 일족의 수중에 있었다. 장왕이 매일을 술과 여자에 빠져 있었던 것은 적을 미혹시키기 위함이었으며 동시에 대신들의 능력을 살피면서 자신의 역량을 키우기 위함이었다.

3년이 지난 뒤 장왕은 시기가 되었다고 결단을 내리고, 자신의 큰 뜻을 펼치기 시작하여 단번에 나라를 강대국으로 만들었다. 장왕이 정사를 살피게 되면서 초나라는 점차 강성해졌다. 그는 출병하여 용庸나라(지금의 호북 죽산 일대)를 멸망시키고, 그 다음에 중원에 있는 송나라와 정나라를 여러 차례 공격했다.

기원전 606년 초장왕이 육혼융陸渾戎(지금의 하남 낙양 서남)의 융족을 토벌하고, 주나라의 수도인 낙읍(지금의 하남 낙양)의 교외 낙수洛水 강변에 군대를 진주시켜 사열식을 벌였다. 그러자 주정왕定王이 크게 놀라 대신 왕손만王孫滿

을 사자로 보내 장왕의 원정을 치하했다. 장왕은 왕손만을 보자마자 주나라 경성 안에 있는 구정九鼎의 크기와 무게를 물었다.

구정은 중국 고대의 왕권을 상징하는 중요한 청동예기靑銅禮器이다. 그런데 구정에 대해 물었다는 것은 바로 주왕실의 권위를 무시하고 아예 자기에게 넘기라는 뜻이 될 수도 있다. 왕손만은 초장왕의 야심을 눈치 채고는 "정의 무게는 그것을 가진 사람의 덕망에 따라 다릅니다"라고 대답했다.

사실 장왕의 군대사열이나 정에 대한 질문은 자신의 무력을 자랑하기 위함이며, 또 한편으로는 중원의 패권을 잡으려는 그의 결심을 내보인 것이지 결코 동주왕실을 전복시키기 위한 것이 아니다. 그는 중원에서 패권을 잡으려면 반드시 '존왕양이尊王攘夷'의 기치를 든 진晉나라를 멸해야 함을 분명히 알고 있었다.

기원전 605년 초장왕은 구귀족의 투월초鬪越椒가 일으킨 내란을 평정하고, 손숙오孫叔敖를 영윤令尹으로 임명했다. 그 후 몇 년간의 철저한 준비를 마친 뒤 장왕은 군대를 이끌고 북상하여 진晉나라와 패권다툼의 전쟁을 일으킬 준비를 완료했다.

주정왕 9년(598 BC) 초장왕은 군대를 파견해서 진陳나라를 항복시키고, 다음해에는 친히 대군을 이끌고 정나라를 공략했다. 진나라와 정나라는 진晉나라의 보호국이다. 그런데 초나라가 진나라와 정나라를 침략했으니 진晉나라의 입장에서는 당연히 가만히 있을 수는 없었다. 이해 여름 진경공晉景公이 순림보荀林父를 대장으로 임명하여 초나라와 결전을 하도록 파병했으나 결국 필邲(지금의 하남 정주 동쪽)지방에서 초군에게 대패당했다.

이 전투를 통해 초나라는 중원의 패권다툼에 전환점을 갖게 되었다. 전쟁 전에는 진晉과 초楚가 반복적으로 중원의 소국들을 침공해 그들에게 자신들에게 귀속하기를 협박했으나, 전쟁 뒤에는 초나라의 명성이 점차 드높아져 특별히 노력하지 않아도 많은 소국들이 초나라로 귀부歸附[스스로 와서 복종[服]해 왔다. 일찍이 3년 동안 날지 않았던 초장왕이 마침내 한 번 날아 단숨에 하늘 꼭대기에 솟구쳤으며[一飛沖天], 한 번 울기 시작하여 천하를 진동시켜[一鳴驚人] 새로운 패자가 되었던 것이다.

> 초장왕은 즉위한 뒤 재능은 드러내지 않으면서 역량을 키우는 책략을 썼다. 일단 시기가 되면 전력을 다해 출격하여 '일명[一鳴]한 번 울기 시작]' 하여 천하를 진동시키고, '한 번 날아서' 하늘 끝에 솟구쳤다. 장왕은 이와 같은 방식으로 대권을 장악하고 유능한 인재를 중용하여 초나라를 강성하게 만들었다.
>
> 장왕은 즉위한 뒤 얼마 동안은 방종한 생활을 했으나 충신들의 간언을 받아들여 쾌락에 빠진 생활을 청산했다. 그런 뒤 현명하고 유능한 인재를 중용하고 무능한 관리를 내쫓아 부국강병의 기초를 다져나갔다. 또한 북상하여 패권을 다투는 과정에서도 장왕은 주나라 사자에게 주왕실의 권위를 상징하는 구정九鼎의 무게를 물어, 간접적으로 자신의 무력을 과시해 보려고도 했다. 그러나 왕손만이 단호한 태도와 부드럽고도 강한 어조로 자신에게 대답하는 것을 보고는 자신의 역량이 아직은 충분하지 못함을 의식하고 위축되기도 했다. 진晉나라와의 결전에서 승리를 거둔 장왕은 역시 탁월한 정치가이며 군사책략가라고 할 수 있다.
>
> 초나라의 초장왕이 패업을 달성하자 '남만南蠻[옛날 중국남방의 제민족]'지역은 더욱 급속하게 발전하게 되었다. 장왕 사후 2년, 즉 노성공魯成公 2년(589 BC)에 초나라는 촉지蜀地[지금의 산동 태안 서쪽]에서 진秦·송宋·진陳·위衛·정鄭·제齊·노魯·채蔡·설薛·허許 등의 나라들을 소집하여 회맹했다. 이 같은 회맹을 개최할 수 있었던 것은 바로 초장왕이 이룩한 패업의 영향이라고 볼 수 있다.
>
> 장왕이 패자가 되기 위해 적극적으로 중원에 진출한 결과, 중원문화와 초나라 지역의 문화교류는 더욱 활발하게 되어 장강 유역의 발전을 가속화시켰으며, 이와 같은 현상은 시간의 흐름에 따라 더욱 깊어져 갔다.

6. 오나라가 패왕을 다투다

춘추시대 중기 중원에는 진晉나라와 초나라가 패권을 다투고 있었다. 진나라와 초나라는 끊임없이 몇십 년을 다퉜기 때문에 양국 모두는 국력을 심하게 소모했을 뿐만 아니라 이웃의 각 제후국들에게도 막대한 피해를 주었다.

기원전 546년 송나라 대부 향술向戌이 각국 제후들을 설득하여 송나라에서 '미병弭

弭[전쟁을 그만둠]회의'를 개최하게 되었다. 이 회의결과 진晉나라와 초楚나라가 패권을 똑같이 나누고, 소국제후들은 동시에 진과 초에 공물을 바치는 것으로 서로 합의했다. 그럼으로써 중원은 다시 평온을 되찾는 듯했다.

그러나 이때 태호太湖 유역의 오吳나라와 전당강錢塘江 유역의 월越나라가 북상하여 중원의 패권을 다투기 시작했다. 이로써 춘추역사상 최후의 1막을 장식하는 오·월 양국의 패권다툼이 다시 시작된 것이다.

오나라의 패권쟁탈 얘기는 초나라의 오자서伍子胥로부터 시작해야 할 것이다. 오자서(?~484 BC)는 이름이 원員이고 자는 자서이며, 오서라고도 부른다. 기원전 522년 초평왕이 간신 비무기費無忌의 모함을 그대로 믿고, 오자서의 아버지 오사伍奢와 형 오상伍尙을 처형하고 또 3천 명의 정예부대를 파견하여 오자서를 추격했다. 오자서는 장강 근처까지 도망갔으나 관병이 계속 추격해 오는 것을 보고는 자신이 입고 있던 옷과 신발을 강가에 벗어 던지고, 짚신만 신고는 강을 따라 내려갔다.

오자서를 추격했던 관병들은 오자서가 어디로 도망갔는지 찾지 못해 하는 수 없이 오자서가 벗어놓은 옷과 신발을 가지고 궁으로 돌아갔다. 이에 초평왕은 각지에 오자서를 체포한다는 방을 붙이고, 누구라도 오자서를 잡으면 큰 상을 주겠노라고 공포했다. 오자서는 낮에는 잠복해 있다가 밤에는 도주를 하여, 송나라와 진晉나라·정나라에 잠시 머물다가 최후에는 오나라로 가기로 결심했다.

오자서가 오나라에 도착했을 때 오나라의 공자 광光은 마침 왕위를 찬탈하려고 음모할 때였다. 공자 광은 오자서의 계략대로 오왕 료僚를 자신의 집으로 초대하고는 협객 전저專諸를 요리사로 위장시킨 뒤 대기해 있게 했다. 오왕이 한참 술에 취해 있을 때 전저는 비수가 숨겨져 있는 대어를 상에 올리는 척하면서 비수를 꺼내 오왕을 죽이도록 하기 위해서였다. 결국 오왕은 죽고, 공자 광이 즉위했는데, 이가 바로 오왕 합려闔閭이다.

합려는 즉위한 뒤 오자서를 승상으로
임명하고, 초나라에서 도망온 백비伯嚭를 대
부로 임명했다. 또한 오자서의 추천으로 당
시의 대전략가인 손무孫武를 오국으로 초빙
했다. 손무는 제나라 사람으로 병법 13편을
편찬한 사람이다. 어느 날 손무는 그가 완성
한 병서를 오왕에게 보여주었다. 오왕은 손
무를 보며 "당신이 완성한 병서 13편은 이미
다 봤습니다. 병법대로 연습하는 모습을 보

여주실 수 있는지요?"라고 물었다. 그러자 손무는 "좋습니다"라며 자신있게
대답했다.

오왕은 180명의 궁녀를 손무에게 맡기고, 그에게 그들을 연습시키게 했
다. 손무는 우선 궁녀를 두 편으로 나누고 왕이 총애하는 후비 두 사람을
각각 그 대장으로 뽑은 뒤 모두에게 창을 나눠주고 정렬시켰다. 그리고 자
신은 중앙에 서서 궁녀들에게 동작의 요령을 가르치면서, 또한 여러 번 경
고하고 반복적으로 알려주었다. 그렇지만 궁녀들은 오히려 웃음을 멈추지
않은 채 낄낄대며 웃기만 할 뿐이었다.

그러자 손무는 "군령이 분명하지 못하고 명령이 제대로 전달되지 못함
은 장수된 자의 죄이다" 하고 다시 세 번 더 군령을 들려주고 다섯 번 더
설명을 하여 군령을 실행하려 했지만 궁녀들은 여전히 웃고만 있었다. 이에
손무는 2명의 대장을 그 자리에서 죽여버렸다. 그제야 궁녀들은 놀라 정신
을 집중하고 호령에 따라 열심히 연습하기 시작했다. 이 광경을 본 오왕은
손무가 용병술이 뛰어남을 확인하고는 그를 장군으로 임명했다.

오자서와 손무의 보좌를 받은 오나라는 급속도로 강성해졌다. 기원전
512년 오왕은 손무와 오자서를 장군으로 임명하고 군대를 이끌고 초나라를

공략하도록 하여 단번에 초국의 서성舒城지금의 휘노강 서남을 점령했다. 이후의 몇 년간 오왕은 오자서의 책략을 받아들여 오군을 3부대로 나누어 돌려가면서 공격하게 하여 초군을 고통스럽게 압박했다.

기원전 506년 오왕은 손무를 대장으로, 오자서를 부장으로 임명하고 직접 군대를 거느리고 초나라를 공격했다. 오군은 5번 싸워 5번 이겼으므로 그 기세가 하늘을 찌를 듯했다. 그래서 아예 그 기회를 이용하여 초나라의 수도인 영郢지금의 호북성 강릉 서북을 향해 맹렬히 진격하였고 마침내 함락시켰다.

그 때 초평왕은 이미 죽었고 그의 아들 초소왕楚昭王이 집권하고 있었으므로 체포하려 했으나 이미 피신한 뒤였다. 오자서는 초평왕을 몹시 원망하고 있었기 때문에 죽은 평왕의 무덤을 파헤쳐 시체에 3백 번 매질을 함으로써 아버지와 형의 복수를 대신했다.

오군이 영을 점령한 뒤 초나라 관리 신포서申包胥가 진秦나라로 도망가 진애공秦哀公에게 간절히 도움을 요청했다. 마침내 요청이 받아들여져 초나라 구원군이 오군을 격파하자 오왕도 하는 수 없이 군대를 철수하여 귀국하지 않을 수 없었다.

기원전 496년 오왕 합려가 월나라를 침공했으나 오히려 월나라에 패배하고 말았다. 합려는 죽기 직전 아들 부차夫差에게 반드시 월나라에 복수를 해달라고 유언을 했다. 왕위에 오른 부차는 즉위한 뒤 월나라를 공격하여 승리를 거두었다. 기원전 489년 오왕 부차는 제나라를 공격하여 함락시켰다. 이로써 오나라의 위엄과 명망은 정점에 달했다. 그리고 황지黃池에서 개최한 회맹에서는 오나라와 진晉나라가 나란히 패주가 되었다.

 오왕 합려와 부차는 오자서와 손무 등 유능한 인재를 중용하여 국가의 생산력을 높이고 병력을 강화시켜 부국강병을 달성했다. 또한 그것을 기반으로 하여 초·월과 제나라마저

> 누르고 춘추시대 말기의 패주가 되었다. 그러나 합려와 부차의 지나친 무력동원과 패업을 위한 이웃국가들과의 전쟁은 비록 승전을 했을지라도 그 전쟁의 부담은 고스란히 백성들에게 돌아가게 되어 백성들의 생활은 갈수록 힘들어지게 되었다. 또한 부차는 전쟁에서 승리하면서부터 공신을 시기하고 오자서를 멀리하더니 종국에는 오자서에게 자살을 명령하기에 이른다. 이른바 "고생을 함께 나눌 수는 있어도 편안함을 함께 나누지는 못한다[可共患難, 不可同福]"라는 말이 이러한 상황에 합당할 것이다. 이와 같이 오나라는 최고의 전성시대를 구가할 때부터 이미 부정적인 면이 드러나고 있었던 것이다. 이후 오나라는 월나라에 멸망하게 된다.

7. 월왕이 치욕을 참다

월나라는 회계會稽[지금의 절강성 소흥] 일대의 촌락형태를 벗어나지 못하던 소국이다. 다만 오랫동안 기반을 다지더니 춘추시대 중기 이래 강성해지기 시작했다. 기원전 506년 오나라의 합려가 초나라 수도 영郢을 침공할 때, 남쪽에 있던 월나라는 이 기회를 이용하여 오나라를 기습공격했다. 때문에 오왕 합려는 반드시 월나라에 복수하기로 마음먹었던 것이다.

기원전 496년 월왕 윤상允常이 죽고, 그의 아들 구천勾踐이 즉위했는데, 오왕 합려는 이 기회를 틈타 월나라를 침공했다. 그러나 합려의 오나라가 도리어 월나라에 격파당하고, 자신도 화살에 맞아 부상을 당하여 죽게 되었다. 합려는 임종 전에 아들 부차에게 반드시 복수를 갚아달라는 유언을 남겼다.

오왕 부차는 즉위한 뒤 월나라와 부초夫椒에서 대대적인 결전을 벌였다. 이때 부차는 월왕 구천을 대패시켰다. 대패한 구천은 5천 명의 패잔병만을 이끌고 회계산으로 숨어들었다. 그러나 집요했던 부차는 전군을 풀어 회계산[지금의 절강성 소흥]을 완전히 포위한 뒤 구천의 항복을 기다렸다.

오군이 회계산을 겹겹이 포위했을 때, 구천은 매우 후회했으나 때는 이미 늦어 있었다. 구천은 범려范蠡에게 "어떻게 하면 좋겠는가, 이제 무슨 방법이 없겠소?"라며 다급히 대책을 물었다. 범려는 "일이 이렇게까지 된 이상 오나라 왕에게 예물을 바치고 대왕께서 손수 몸을 맡겨 항복하는 수밖에 도리가 없을 듯하옵니다"라고 대답했다.

구천은 이 의견에 따라 대부 문종을 사절로 보내 오왕 부차 앞에 머리를 조아리고 "불충한 신하 구천을 대신하여 불초 소신 여쭈옵니다. 원하옵건대 구천을 대왕의 하인으로 삼아주십시오. 그의 부인 또한 왕의 노예가 되어 밤낮으로 대왕을 위해 일하기를 원합니다. 월나라가 당신의 신하가 될 수 있도록 윤허해 주시길 바랍니다"라며 간청했다.

부차가 그 말을 듣고 매우 기뻐하며, 월왕의 요청에 동의하려 했다. 그러나 오나라의 대장 오자서는 이에 동의하지 않고 부차에게 "지금이야말로 하늘이 월나라를 오나라에 주셨습니다. 구천을 죽여없애고 월나라를 완전히 멸망시켜야 합니다. 이 기회를 놓치면 나중에 큰 화를 당하게 될 것입니다"라고 간언했다. 문종이 돌아가 화해가 성사되지 않았음을 구천에게 보고했다. 그러자 구천이 탄식하며 처자를 죽이고 모두 죽을 각오로 끝까지 싸울 준비를 했다. 그러나 문종이 말리면서 "오국의 대신 백비伯嚭는 탐욕스럽고 음탕한 사람이므로 뇌물로 구워삶으면 아마 힘을 써줄 것입니다. 다시 한번 저를 보내주십시오"라고 간청했다.

구천은 다시 대부 문종을 몰래 오나라로 보내 미녀와 재물을 백비에게 바쳤다. 그러자 백비는 문종으로 하여금 오왕 부차를 만나게 해주었다. 문종은 왕을 만나 지난번에 했던 말들을 다시 차근차근 말하며 오왕 부차의 마음을 돌리려 애썼다. 백비도 또한 옆에서 거들었다. "일전에 월왕은 대왕의 신하가 되겠다고 맹세했습니다. 용서해 주신다면 우리 오나라에도 이익이 될 것입니다."

오왕 부차는 백비의 말을 듣고 동의하려 했으나 오자서의 반대는 극심했다. 그러나 이미 마음이 돌아선 부차는 오자서의 의견을 묵살한 채 포위망을 풀고 군사를 철수시켰다.

오왕 부차가 철수한 뒤 구천은 문종에게 국내에 남아 국사를 담당하도록 명하고, 자신은 부인과 종들을 데리고 오나라로 가서 오왕 부차의 시종이 되었다. 구천 부부는 합려의 묘 근처에 조그만 집을 짓고 말을 사육했다. 그들 부부는 누더기 옷을 입고 흐트러진 머리와 때 낀 얼굴로 한 사람은 말에게 먹이를 주고, 또 한 사람은 외양간을 청소하면서 고생스러운 생활을 하고 있었다. 만일 부차가 마차를 타고 외출하게 되면, 구천은 마차 앞으로 걸어가면서 채찍을 들어 말들을 재촉했다. 이럴 때면 오나라 백성들은 손가락질하며 "저 사람이 월왕이다"라고 비웃었다. 구천은 이런 말을 들으면서도 머리를 숙이고 걸어갈 뿐 얼굴에는 전혀 원망의 기색을 띠지 않았다. 3년이 지난 뒤 부차는 구천이 진심으로 귀순했다고 생각하고는 구천의 귀국을 허락했다.

월나라로 돌아온 구천은 복수하기로 작심하고는 와신상담臥薪嘗膽 복수의 기회를 노렸다. 신하의 신뢰를 얻는 데 힘을 기울였으며 민생을 안정시키는 데 전념했다. 구천은 스스로 방직과 농사를 짓고 고기도 먹지 않은 채 채소만 먹었으며, 가난한 백성들은 전심전력으로 구제해 주었다. 또한 백성 가운데 죽은 자가 있으면 사람들을 보내 애도하고 유능한 인재는 열정적으로 환대했으므로 월나라는 몇 년 지나지 않아 인구가 늘고 생산력은 더욱 발전해 나날이 강력해졌다.

이같이 월나라가 부국강병에 힘쓰며 강국으로 발전해 가고 있을 때, 오나라는 오히려 쇠망의 길을 걷고 있었다. 오자서는 몇 차례나 월나라를 경계해야 한다고 간했으나 오왕 부차는 오히려 대수롭지 않게 여기면서 전혀 경계하지 않았다. 또한 대신 백비는 권력을 독점하기 위해 수시로 부차에게 오자서를 모함했다. 때문에 시간이 갈수록 부차도 오자서를 의심하게 되어 혹여 그가 자신을 배반할 것이 두려운 나머지 마침내는 오자서에게 자살할 것을 명령했다. 오자서는 자결하기 전에 하늘을 향하여 크게 웃고는 부차에게 전하라며 말했다.

"내가 네 아버지를 도와 패업을 이룩했고, 또한 너를 도와 왕이 되게 했다. 당초 나에게 강산의 반을 준다고 할 때도 내가 받지를 않았는데, 이제 와서 간사한 자의 말을 믿고 나를 죽이니 내가 죽으면 내 눈알을 뽑아 도성의 동문 위에 걸어주기나 해다오. 나는 월나라의 군대가 내가 가장 사랑하는 오나라에 어떻게 쳐들어오는지를 똑똑히 지켜볼 것이다."

이 같은 말을 전해들은 부차는 매우 노하여 오자서의 시체를 가죽포대에 넣어 강물에 던져버리게 했다.

기원전 482년 오왕 부차가 군대를 이끌고 북상하여 황지黃池(지금의 하남 봉구 서남)에 가서 제후들과 회맹했는데, 월왕 구천은 부차가 회맹에 참여한다는 소식을 듣고 재빨리 텅 빈 오나라 수도를 급습했다. 월왕 구천이 십수 년을 준비해 가며 벼르던 복수전이었다. 결국 구천은 오나라 수도를 점령하고 태자를 잡아 죽였다. 부차가 황지회맹에서 황급히 오나라로 돌아왔을 때는 이미 폐허가 된 상태였다. 그러나 그 뒤에도 월왕 구천의 침공은 이어졌고, 기원전 473년이 되어 부차는 드디어 오나라를 잃게 되었다.

이번에는 오왕이 월왕에게 용서를 빌었다. 이전에 부차가 구천을 동정했던 것처럼 자신을 동정해 줄 것을 바라면서 '오나라를 보존할 수만 있다면 월나라의 신하가 되어도 무방하다'고 생각했던 것이다. 그러나 범려는 결코 동의하지 않고, 반드시 오나라를 겸병해야 한다고 주장했다. 오왕 부차는 어찌할 바를 몰랐고, 자살할 수밖에 없었다. 죽기 전에 부차는 한없이 눈물을 흘리면서 "오자서의 말을 듣지 않은 것이 정말 후회스럽구나. 이는 자업자득이다"라고 말하며 자결했다.

월왕 구천이 오나라를 멸망시킨 뒤 월나라의 국력은 더욱 강성해져서 군대를 이끌고 북으로 회수를 건너 제나라와 진晉나라의 제후들과 서주徐州에서 회맹했다. 또한 구천은 사자를 주왕실에 보내 공물을 헌상했다. 이에 주원왕周元王은 구천에게 제사용 고기를 하사하고 그를 패자로 임명했다. 그리하여 월나라는 오나라를 대신하여 춘추시대 최후의 패자霸者가 되었다.

월왕 구천은 매우 현명하고 유능한 군주이다. 오나라에게 패한 뒤 그는 고통스럽게 와신상담, 10년 동안은 조용히 역량을 키우고, 그 다음 10년은 인구를 늘리고 물자를 모으며 백성들을 가르치고 군사훈련을 시켜 나라를 부강하게 만들었다. 또한 구천은 범려와 문종 등 유능한 신하들의 적극적인 도움을 받아 월나라의 부국강병에 힘쓴 결과 마침내 오나라를 멸망시킬 수 있었던 것이다.

그러나 전제군주체제하의 다른 전제군주와 마찬가지로 구천은 패자가 된 뒤에는 공신들을 제거하기 시작했다. 구천이 오나라를 멸망시킨 뒤 범려는 구천이 고생을 함께 나눌수는 있어도 편안함을 함께 나누지 못할 인물[可共患難, 不可同福]이라는 것을 알고 있었기에 벼슬을 사양하고 조용히 은퇴했다. 떠나기 전날 범려는 문종에게 "하늘을 나는 새가 없어지면 활을 없애고, 토끼가 죽으면 사냥개를 잡아먹는다는 말이 있습니다"라는 충고를 남기고 떠났다. 그러나 문종은 범려의 충고를 받아들이지 않다가 결국 얼마 되지 않아 목숨을 잃고 말았다. 이와 같이 월왕 구천은 제환공·진문공과 진목공秦穆公 등의 인물들과는 비할 바가 못되는 인물로 보인다. 그래서였던지 월나라는 구천이 죽은 뒤 점차로 쇠약해지기 시작하더니 전국시대 후기에 이르러서는 초회왕楚懷王에게 멸망당하게 된다.

8. 성인 공자

춘추시대가 비록 전쟁과 찬탈의 시대이긴 했으나 한편으로는 사상과 학문이 발달한 황금기이기도 했다. 이 시기에는 민간에서의 교육이 성행했다. 춘추시대 말기에 노나라의 공자는 학술강의로 유명해진 인물이다. 공자는 혼란스런 춘추시대 말기의 사회를 개조할 학설과 사상을 제시했는데, 그것이 바로 유가학파의 개창이다. 유가사상은 이후 중국역사의 2천여 년 동안 가장 영향력있는 사상으로 자리매김한다. 때문에 중국인들은 공자를 '최고의 스승'으로 존경하는 것이다.

공자(551~479 BC)는 이름이 구丘이고, 자는 중니仲尼이다. 노나라 추읍鄒邑[지금의 산동 곡부]사람이다. 아버지 숙량흘叔梁紇은 노나라 추읍의 대부를 지낸 적이 있으나, 공자가 3살이 되었을 때 죽고, 공자의 어머니는 그를 데리고 곡부曲阜로 이사 와서 거주하기 시작했는데, 생활이 빈곤했다.

공자는 어려서부터 공부하기를 무척 좋아했는데, 친구들과 놀이를 할 때도 조그만 그릇들을 늘어놓고 어른들의 제사지내는 모습을 배워 놀기도 했다. 공자는 특히 주왕조 초기에 예악을 정비한 주공周公을 숭배했다. 당시의 학문을 하는 사람들은 반드시 '6예藝' 즉 주례·음악·활쏘기·말타기·서예·계산 등을 배워야 하는데, 공자는 이 모든 학문에 정통했다. 더욱이 주례周禮에 대해서는 정통했을 뿐만 아니라 완전히 빠져 있는 상태였다.

한번은 공자가 노국의 시조 주공을 제사지내는 사당에 와서 모든 예절이나 제물에 대해 겸허하게 가르침을 청했다. 그러자 어떤 사람이 공자를 비웃으면서 "도대체 누가 공자가 예절을 안다고 말했나? 공자가 제사지내는 모든 과정을 끝도 없이 묻는 것을 보니 아마도 예에 대해서는 아무것도 모르는 자인 것 같다"라고 말했다. 공자가 이 말을 듣고는 평온한 모습으로 "모르면 묻는 것입니다. 이것이 바로 예입니다"라고 대답했다.

공자는 겸허하고 학문을 좋아했으므로, 30세가 되어서는 주례에 정통하여 사람들은 자주 그에게 가르침을 청했다.

그렇다면 공자는 왜 주례를 그다지도 좋아했을까? 원래 주왕실이 강대했을 때 주천자는 절대의 권위가 있었다. 주공은 '예악禮樂'의 형식을 이용해 군신君臣·부자父子·존비尊卑·귀천貴賤의 차별을 고정시켜 통치질서를 공고히 했다. 춘추시대에 이르러 주왕실이 쇠퇴하고 제후들이 패권을 다투어 사회가 혼란해지자 공자는 사회동란이 야기된 이유는 주례가 파괴되었기 때문이라고 생각했다. 때문에 주례를 회복하는 것이야말로 사회의 안정을 되찾는 가장 좋은 방편이라고 굳게 믿고 있었던 것이다.

공자는 '극기복례克己復禮(사욕을 누르고 예절을 좇음)'를 주장했으므로, 인간관계 속에서의 '인仁'과 '충서忠恕의 도'를 강조했다. 공자의 이와 같은 이론은 당시 사회에서는 전혀 환영을 받지 못했으므로 그의 벼슬길은 당연히 순탄하지 못했다. 일찍이 공자는 창고지기와 소·양을 돌보는 관리직을 한 적이 있었다. 그러나 이후 그에게 학문을 배우려는 학생이 많아지자 사숙私塾서당을 열어 학생들을 받기 시작했다.

공자가 36세가 되었을 때 노나라 소공昭公은 당시 실력자들인 3가대부 즉 계손씨·맹손씨·숙손씨에게 기습을 받아 제나라로 망명해야 했다. 노나라의 정치질서는 이때부터 완전히 무너지기 시작했다. 이에 실망한 공자는 노나라를 떠나 제나라로 가서 제경공齊景公을 만났다. 경공은 반갑게 공자를 맞아들인 뒤 어떻게 해야 나라를 잘 다스릴 수 있는가에 대해 물었다. 경공은 공자의 대답을 듣고 만족은 했으나 공자를 중용할 마음은 없었다. 공자는 다시 노국으로 돌아와 학생들을 가르치기 시작했는데 그를 따르는 학생들이 갈수록 많아졌다.

기원전 501년 공자의 나이 51세가 되었을 때 기회가 왔다. 노정공魯定公이 공자를 장관으로 임명한 것이다. 공자는 취임한 지 1년이 되었을 때 이미 다각도로 자신의 뛰어난 능력을 발휘했으므로 주변의 나라들까지 공자의 치세술을 배우려고 했다. 다음해에 노정공은 공자를 '사공司空'으로 승진시키고, 이후에는 형옥刑獄을 관장하는 '사구司寇'로 임명했다.

한편 당시 오나라는 오왕 합려가 초나라와의 전쟁에서 크게 승리했기 때문에 그 기세가 그야말로 하늘을 찌를 듯했다. 그 때문에 제나라는 오나라로부터 상당한 위협을 느끼고 있었다. 그래서 제경공은 노정공에게 편지를 보내 '노나라와 친밀한 관계를 유지하고 싶으니 제나라와 노나라 양국의 접경지대에서 만나자'는 제의를 했다.

노정공은 제경공의 제의를 받아들이고 곧 출발준비를 명했다. 이때 정공을 보좌하고 있던 공자는 정공이 무방비한 채 출발하려 하자 말리면서 "외교교섭에도 군비軍備를 잊지 말며 군사적인 일에도 외교를 잊지 말라고 했습니다. 예부터 국경으로 나갈 때, 제후는 만일에 대비하여 무관을 데리고 갔습니다. 방심하셔서는 안됩니다"라고 하였다.

그러자 정공은 공자의 말을 받아들여, 무관을 데리고 접경지대로 향했다. 회의에서 공자는 군주의 조수격인 상례相禮를 담당했다. 또한 공자는 제나라로부터 3개의 성지城池를 되돌려받는 협상에 큰 공을 세우게 되었다. 또한 이같이 접경지대 회담을 성공적으로 이끈 공자의 명성은 갈수록 높아졌다. 반면에 노나라가 강성해지는 것이 두려운 제나라는 '미인계'를 써서라도 노나라를 분열시키고자 했다. 이에 제나라는 80명의 미인을 선발하여 관능적인 가무를 배우게 하고 아름답게 장식한 마차 30대에 태워 노나라로 보내 군주에게 선사하기로 했다.

미녀들을 선물로 받은 노정공은 그 후부터는 정사도 돌보지 않고 공자도 멀리하기 시작했다. 이때 제자가 공자에게 "노나라 군주가 정사를 돌보지 않으니, 이제 노나라를 떠날 때가 된 듯합니다"라고 말했다. 이후부터 공자는 학생들을 데리고 여러 나라를 떠돌면서 자신의 정치이상을 실현할 곳을 찾았다. 위나라에 갔으나 아무도 공자를 중시하지 않아 몇 개월을 허송세월을 보내다 다시 진陳나라로 갔다. 그 후 조曹·송宋·정鄭나라를 거쳐 다시 진陳·채蔡나라, 최후에는 초나라에 도착했다.

당시 초나라 소왕昭王은 공자를 존중했으므로, 사방 7백 리의 땅을 공자에게 주려고 했다. 그러나 초나라 영윤令尹인 자서가 반대하고 나섰다. 자서는 초소왕에게 다음과 같이 충고했다.

"공자는 삼황오제의 뜻을 따르고, 주공周公의 덕업을 숭배합니다. 대왕께서 만약 공자를 기용한 뒤에도 초나라가 앞으로 자손대대 수천 리 영토를 유지해 나갈 수 있을 것이라 생각하십니까?"

자서의 말을 듣고 난 소왕은 무척 놀랐다. 공자를 등용하려는 마음도 완전히 버렸다.

이와 같이 공자는 오랜 기간 여러 나라를 돌아다니며 자신의 정치이상을 펼칠 곳을 찾아다녔으나 결국은 좌절과 좌절의 연속이었다. 그러는 사이 공자는 이미 노인이 되어버렸다. 그는 어느 군주도 자신의 주장을 받아들이려 하지 않는다는 것을 깨닫고는 마침내 자신이 태어난 노나라로 돌아왔다. 고향을 떠난 지 실로 14년 만의 일이었다. 공자는 이제 벼슬길을 찾으려는 생각은 버리고 오로지 옛 서적의 정리와 제자들의 교육에만 전념했다.

만년의 공자는 고대문화의 서적들을 정리하는 데 모든 정력을 쏟았다. 『주역』· 『상서』· 『시경』과 『춘추』 등 고대문화의 계승과 전파에 막대한 공헌한 공자의 업적도 이런 역경 속에서 이루어진 결과물이다.

공자는 고대중국의 위대한 교육가이며 사상가이다. 그는 '사학'을 창설하여 누구에게나 차별없이 교육을 실시[有教無類]했으며, 학생에 맞게 교육하는[因材施教] 교육방법을 제창했다. 기록에 의하면 공자의 제자는 3천 명이나 되며, 그들 가운데 학문과 재능이 뛰어난 자는 77명이었다고 한다. 공자가 죽은 뒤 그의 제자들은 그의 생전의 행적을 정리하여 『논어』를 완성했다.

9. 경대부가 권력을 빼앗다

춘추시대 후기 진晉나라는 6명의 경대부가 실권을 잡고 있었다. 그들은 자신들만의 세력과 군대가 있었으며 때로는 서로가 전쟁을 하기도 했다. 그들 가운데 2명은 뒤에 제거되고, 지씨知氏 · 조씨趙氏 · 한씨韓氏 · 위씨魏氏가 남게 된다.

진출공晉出公은 허수아비 같은 군주가 되기 싫었으므로 외부의 힘을 빌려서라도 그들 세력을 제거하려 했다. 그러나 이러한 계획은 사전에 누설이 되어 지씨가 다른 3가와 연합하여 출공을 폐위해버렸다. 그리고는 다시 경공을 국왕으로 세운 뒤 철저하게 제압해 나갔다.

원래 진晉나라 6경卿은 범씨 · 중행씨 · 지씨 그리고 한 · 위 · 조의 세 사람이었다. 범씨와 중행씨는 먼저 멸망하고 나머지 네 사람이 세력다툼을 벌이게 되었다. 그 중에서도 지백知伯의 세력이 가장 강했다. 지백은 자신의 실력만 믿고 경공敬公을 폐위시키고 자신이 군주가 되고 싶어했다. 그러나 다른 3명이 동의하지 않을 것이 뻔했으므로 경공의 이름을 빌려 세 사람을 강압하기로 했다.

지백은 조양자趙襄子·한강자韓康子·위환자魏桓子에게 "진晉나라는 본래 중원의 패주였으나 오나라와 월나라가 그 지위를 빼앗아갔다. 이는 국력에 있으므로 나는 각자 1백 리의 토지와 호구戶口를 국가에 돌려주길 바란다"라고 압박했다. 사실 조양자·한강자·위환자 모두는 지백의 흑심을 알고 있었다. 그러나 그들 가운데 한강자와 위환자는 지백의 권세에 눌려 하는 수 없이 요구에 응하지 않을 수 없었다.

하지만 조양자는 지백의 요구를 거절했다. 그는 지백에게 사자를 보내 "토지는 나의 조상들이 대대로 물려준 것이므로, 내 마음대로 남에게 넘겨줄 수 없습니다"라고 정중하게 거절했던 것이다. 그러나 이에 지백은 크게 노하여 조양자를 공격했으며 한가와 위가에도 군사를 동원토록 촉구했다.

지백과 조양자는 진양성晉陽城지금의 산서성 태원에서 대치했다. 진양성은 조양자의 아버지 조간자가 다스릴 때 선정을 베풀었던 곳으로 이미 백성들은 마음속으로 조씨와 함께 죽음으로써 싸우기로 작심하던 곳이었다. 진양성은 똘똘 뭉쳐 지백이 거느린 연합군과 맞섰다.

진양성은 매우 견고한데다, 성 안에는 무기뿐만 아니라 양식이 풍부했다. 그러니 쉽게 함락될 리 없었다. 그러자 지백은 진양성을 포위한 채 주위의 하천을 막아 그 물을 모두 진양성 안으로 몰아넣기로 했다. 성을 물에 잠기게 하자는 수몰작전이었다. 진양성은 물에 자꾸 잠겨갔다. 이때 조양자에게 기사회생起死回生의 묘책이 생각났다. 그는 밤에 몰래 가신인 장맹張孟을 한가와 위가 진영에 파견하여 설득하게 했다.

"만일 조가가 망하면 그 다음은 누구 차례입니까? 입술이 없어지면 이가 시리게 됩니다脣亡齒寒. 결국 지백에게 모두 멸망당하게 되는 것입니다. 우리 셋이 힘을 합해 지백을 치는 것만이 함께 살 수 있는 길입니다."

"정말 그렇군요. 그런데 지백을 이길 계책이 있습니까?"

"지금 진양성으로 흘러드는 물길을 지백 진영으로 돌린다면 반드시 이길 수 있습니다."

이렇게 하여 세 진영은 날짜와 시간을 약속했다. 조양자는 약속된 날짜에 군사를 내보내 제방을 지키던 지백의 군사를 죽이고 물길을 지백진영으로 돌렸다. 갑자기 물난리를 만나 우왕좌왕하는 지백군을 한가와 위가의 군대가 일제히 협공하고 조양자가 정면에서 치니 지백의 군사는 대패했다. 조양자는 지백을 죽이고 그 일족을 모두 멸한 다음, 진나라를 3분하여 조趙·한韓·위魏로 나눴다. 그리하여 이를 사람들은 3진晉이라 불렀으며, 진나라 군주는 오히려 조그만 영주로 전락해버렸다.

기원전 403년 조·한·위는 주위왕周威王에게 사신을 파견하여 자신들을 제후로 봉해달라고 요청하였다. 위왕은 3가가 진나라를 3분한 사실이 이미 돌이킬 수 없는 일이 된 것을 깨닫고 정식으로 조씨는 조후趙侯, 위씨는 위후魏侯, 한씨는 한후韓侯로 봉했다. 이로부터 한·위·조는 독립된 제후국이 되었다.

진晉나라에서 발생한 삼가분진三家分晉삼가가 진나라를 삼분하다의 사건은 당시에는 보기 드문 일은 아니었다. 이와 같은 사건은 춘추시대 말기의 혼란과 변동하는 사회현상을 반영하고 있는 것이기도 하다.

춘추시대 후기의 십여 개의 대국들은 격렬한 전쟁과 겸병을 치르게 되면서 몇몇 국가는 멸망하고, 몇몇 국가는 더욱 강성해졌다. 최후에는 제齊·초楚·연燕·조趙·한韓·위魏·진秦 등 7개의 대국과 몇 개의 소국만이 남게 되었다. 당시 7개의 대국을 '전국7웅戰國七雄'이라 한다. 7국은 서로의 토지와 인구를 쟁탈하기 위해 격렬한 각축전을 전개함으로써 군웅이 치열하게 패권을 다투는 대치국면을 형성하게 된다.

10. 상앙의 개혁

전국시대 초기 진秦나라는 전국7웅 중에서 다른 나라에 비해 낙후된 국가였으므로 중원의 각 제후국들은 진나라를 야만국이라고 경시하면서 불시에 군대를 보내 토지를 약탈했다.

기원전 361년 진나라에는 새로운 군주 진효공秦孝公이 즉위했다. 그는 부국강병을 꾀하기 위해 적극적으로 사방에서 인재를 끌어 모았다. 진효공은 인재를 모집하기 위해 공포한 포고문求賢令에서 "진나라 사람이든 다른 나라에서 온 빈객이든 상관이 없으니 누구든 뛰어난 책략으로 진秦나라를 부강하게만 만들어 준다면, 나는 바로 그를 높은 관직에 임명하고 그에게 땅을 주겠노라"고 선포했다. 이후 진효공은 국내외의 많은 인재들을 끌어 모았으며, '상앙의 변법[商鞅變法]'이라는 힘찬 출현을 예고했다.

상앙商鞅은 본래 위나라 사람이다. 귀족출신으로, 그는 일찍이 위나라의 상국 공숙좌公叔痤의 집에서 몇 년간 낮은 관직에 있었다. 공숙좌는 상앙에게 비교적 잘 대해 주었으나 상앙은 평소 위나라는 너무 약하고 작은 나라라 자신의 재능을 충분히 펼칠 수 없음을 답답해하고 있었다. 이때 진효공이 유능한 인재를 모집한다는 소문을 듣고는 바로 진나라로 가서 진효공의 두터운 신임을 받고 있는 경감景鑒의 소개로 효공을 만날 수 있게 되었다. 효공을 만나게 된 상앙은 치국의 도리를 논리적으로 설명했다.

효공은 처음에는 상앙의 말에 그다지 흥미를 못 느꼈다. 두번째 만났을 때도 상앙은 진효공의 마음을 움직일 수 없었다. 세번째 만났을 때 상앙은 진효공에게 생산력을 발전시키고, 군대를 강화시킬 수 있는 방법에 대해 설명했는데 진효공은 이런 상앙의 말에 깊이 빠져버렸다. 효공은 이렇게 며칠 밤낮을 가리지 않고 상앙과 토의했으나 전혀 피곤하지가 않았다.

효공은 상앙의 말에 따라서 전국에 변법을 시행하기고 결정했다. 그러나 개혁은 귀족들의 이익과 부딪치는 부분이 많았다. 상앙은 정력적으로 법을 개혁하고 부국강병을 추진하려고 했으나 신하들의 거센 반발을 두려워 한 효공은 상앙의 개혁책을 시행하는 데 주저하고 있었다. 그래서 효공은 변법에 대한 반발세력들은 해소시키기 위해 상앙과 대신들이 서로 변론을 하도록 지시했다.

먼저 감룡甘龍이라는 대신이 반론을 폈다.

"지금의 국가제도는 조상 대대로 이어 내려온 것입니다. 관습을 바꾸지 않고 백성을 이끄는 사람이야말로 성인이며, 법을 바꾸지 않고 훌륭한 정치를 행하는 사람이야말로 지혜로운 사람입니다. 백성의 관습에 맞추어 가르치면 수고로움이 없이도 공을 이룰 수 있고 법에 따라 다스리면 관리들도 익숙하며 백성들도 안심하게 되는 것입니다."

또한 다른 대신 두집杜摯도 "조상대대로 내려온 예법에 따라 일을 처리하는 것은 절대로 틀림이 없습니다. 그러나 변법을 하게 된다면 백성들의 신념은 동요할 것 입니다."

상앙이 이를 반박했다.

"옛날부터 국가를 다스리는 데 변하지 않는 방법은 없었습니다. 단지 국가에 이익이 된다면 마땅히 옛것만을 고집할 필요는 없습니다. 옛날에 상탕商湯과 주무왕은 고대의 제도를 존중했기 때문에 오히려 천하를 얻었고, 하걸夏桀과 은주殷紂는 구례舊禮를 고치지 않았기 때문에 도리어 멸망했습니다. 그러므로 구법을 반대한다고 해서 반드시 잘못된 것은 아니며, 또한 옛 법을 준수한다고 해서 반드시 옳은 것은 아닙니다."

진효공은 여전히 상앙의 주장에 찬성했다. 그래서 상앙을 좌서장左庶長으로 임명하니 마침내 진나라에 법의 개혁이 이뤄지게 되었다.

상앙은 단시간에 변법의 방안을 제정했다. 진효공은 내용을 검토한 뒤 바로 집행을 공포하려 했으나 상앙이 다음과 같이 건의했다.

"대왕은 너무 서두르지 마소서. 개혁조치를 발표하기에 앞서 백성들의 신뢰를 얻어야 된다고 생각합니다. 백성들이 우리가 말하는 것이 반드시 맞는다는 것을 알게 해야 합니다."

효공은 상앙의 말을 듣고 "이번 일은 좌서장의 주장대로 하시오"라고 말했다. 그래서 궁리 끝에 아름드리나무를 도성의 남문 앞에 세워 두고, "이 나무를 북문으로 옮기는 사람에게 상금 열 냥을 주겠다"라고 발표했다. 그러나 백성들은 이상하게 여기고 아무도 옮기려 하지 않았다. 그래서 다시, "옮기는 사람에게 50냥을 주겠다" 하고 상금을 다섯 배 올리자 그제야 어떤 사나이가 옮기게 되었다. 상앙은 즉시 그에게 50냥의 상금을 주었다. 이렇게 하여 나라가 백성을 속이지 않는다는 사실을 밝히려 했던 것이다.

기원전 356년 진나라는 신법을 발표했다. 신법은 상벌이 분명했다. 신법의 내용은 다음과 같다.

1. 농사나 옷감 짜기 등 생업에 열심히 종사하여 곡식과 비단을 많이 바치는 자에게는 부역을 면제한다.
2. 전쟁에서 공적을 세운 자에게는 공적의 크기에 따라 적절한 벼슬을 내린다. 그러나 사사로이 싸움을 벌이는 자는 정도에 따라 응분의 벌을 받는다.
3. 비록 귀족이라도 공적이 없으면 그 지위를 누릴 수 없다. 신분의 서열은 확실하게 규정을 두고 각 등급에 따라 토지와 가옥의 넓이, 노비의 소유, 의복의 종류를 분명히 제한한다.
4. 백성들은 5인조, 10인조의 조직으로 편성되어 서로 감시하고 연좌책임을 지도록 한다.

그런데 막상 법이 공포되어 시행되자 적지 않은 문제들이 발생했다. 하지만 상앙은 신법에 따라 엄격하게 일을 처리했다. 또한 신법을 어긴 범법자들은 위수渭水강변에서 허리를 잘라 죽이는 요참형腰斬刑으로 처형했기 때문에 위수는 항상 핏빛으로 물들었으며, 일부 구귀족들도 먼 지방으로 유배되었다.

이렇게 강력히 신법을 시행하고 있을 때, 태자가 신법을 어기는 일이 발생했다. 그러나 태자는 왕위를 계승해야 하는 신분이므로 형벌을 내리기가 어렵게 되자, 상앙은 배후교사죄를 적용해서 태자의 스승인 공자건公子虔과 공손가公孫賈를 처벌했다. 공자건은 코를 자르는 형을, 공손가는 자자형刺字刑(먹글씨를 몸에 해 넣는 형)으로 처벌했다. 이 사건이 있은 뒤부터 귀족들은 크게 놀라 어느 누구도 감히 신법에 대해 공개적으로 반대하지 못했다.

기원전 350년 상앙은 제2차 변법을 실행했다. 진나라를 31개 현으로 나누고 군주의 권력을 더욱 강화시켰으며, 동시에 정전제井田制를 폐지하고, 농민들이 황무지를 개간하도록 장려했다.

이 같은 2차례의 변법을 통해 진나라는 매우 빠른 속도로 부강해졌다. 전방의 장수와 병사들은 용감하게 적과 싸워, 여러 차례 근접국가들은 점령하고, 과거 빼앗겼던 대토지들을 모두 되찾아, 황하와 효산崤山 일대의 요새를 점유하게 되자 중원의 제후국들은 신흥강국인 진나라를 두려워하기 시작했다.

이에 진효공은 매우 기쁜 나머지, 상商과 어於 일대의 15개 성지를 상앙에게 주었다. 상앙은 성이 공손公孫이고 위나라 사람이다. 그래서 원래는 상앙을 공손앙 또는 위앙으로 불렀으나, 이때 상商의 성지를 받았기 때문에 이때부터 상앙商鞅이라 불렀다.

몇 년이 지난 뒤 진효공이 죽고, 그의 아들 혜문왕惠文王이 즉위했다. 혜문왕은 태자시절 상앙의 처벌을 받은 적이 있었으므로 평소 상앙을 무척 원망하고 있었다. 그리고 태자 대신 형벌을 받았던 두 명의 스승들 또한 복수의 칼을 갈고 있을 때 태자가 혜문왕으로 즉위하게 되자 이젠 복수할 기회가 왔다고 생각하고는 상앙이 모반을 꾸민다고 거짓으로 고발했다. 혜문왕은 즉시 상앙을 체포하여 거열車裂의 가혹한 형으로 상앙을 처형했다. 결국 상앙은 변법을 위하여 자신의 생명을 대가로 지불하게 된 것이다.

상앙은 전국시대의 유명한 사상가이며 정치가이다. 그의 변법은 역사적 조류에 순응한 것이며, 이러한 상앙의 노력은 진나라를 급속도로 부강하게 만들었다. 상앙은 2차례에 걸쳐 변법을 시행했다. 그의 2차례의 변법 중에서 후세에 가장 큰 영향을 끼친 것으로는 "정전을 폐지하고 황무지를 개간한다"일 것이다. 상앙이 정전제를 폐지하고부터 정전제는 진나라 법률에서 영원히 사라지게 된다. 변법을 시행한 상앙 본인은 이후 비참한 최후를 맞게 되지만, 그가 주도한 신법은 그가 죽은 뒤에도 여전히 진나라에서 시행되었다. 그 결과 진나라는 6국을 겸병하고 천하를 통일하는 대업의 기초를 마련하게 된 것이다.

상앙변법의 성공에 감화를 받은 각 제후국들은 자국의 부국강병을 위해 정치를 혁신하고 제도를 개선했다. 예를 들면 위나라의 이회李悝는 '평적平糴위나라 이회가 실시한 법으로 풍년에 곡식을 사들였다가 흉년에 내어 팔아, 쌀값을 조절하는 정책'을 제창하고, 농상農桑을 중시했으며, 연나라 왕은 극진한 예로 인재를 예우했다. 또한 초나라 왕은 오기吳起를 중용하여 정치의 혁신을 시도했다. 이와 같이 "변화한즉 흥성하고, 변하지 않으면 망한다"는 말은 역사가 우리에게 알려주는 경험적 교훈이라 할 수 있다.

11. 종횡가 장의

서쪽 변경에 있던 진秦나라는 상앙의 정치개혁 이후 점차 세력을 확장하여 동쪽지역으로 진출해 오기 시작했다. 이렇듯 진나라의 국력이 강성해지고 있는 반면 중원의 나머지 여섯 나라인 제齊·초楚·한韓·연燕·위魏·조趙나라는 개별적으로 진나라와 대항하기에는 역부족이었다.

이러한 정세 아래 진나라를 제외한 여섯 나라가 세로로 연합하여 강대한 진나라에 대항해야 한다는 이른바 '합종책合縱策'과 이에 대항하여 '연횡책連橫策'이 있었다. 연횡책은 진나라가 6국의 연맹을 와해시키기 위해 6국 중의 한두 개의 나라를 자기편으로 끌어들여 기타 나라들을 대적하는 것을 말한다.

이러한 복잡한 형세 아래 유세가들은 자신의 사적인 이익을 위해 각국을 돌아다니며, '합종'이나 '연횡'을 주장했다. 그 결과 전국7웅은 연합과 분열을 번복하며 형세를 짐작하기 힘들 정도로 치열한 각축을 벌였다. 당시 각 국을 다니면서 유세하고 다니던 사람들을 '종횡가縱橫家'라고 불렀으며, 그들 가운데 장의張儀가 가장 뛰어났다.

장의張儀는 위魏나라 사람으로 일찍이 소진蘇秦과 함께 귀곡鬼谷선생 문하에서 책략에 대해 배웠는데 당시 소진은 자신의 재능이 장의에 뒤진다고 생각했다.

장의는 귀곡선생에게 다 배우고 나서 여러 나라를 돌아다니고 있었다. 한번은 초나라 재상의 집에서 함께 술을 마시게 되었는데 그날 재상은 가지고 있던 값비싼 보석을 잃어버렸다. 그러자 그 자리에 있던 사람들이 장의를 의심하며 "장의는 가난뱅이로 품행이 좋지 않으니 보석을 훔친 자는 바로 장의가 분명하다"라고 말했다.

그리고는 장의를 붙들어 매고 매를 수백 대 때렸다. 아무리 때려도 그런 일이 없다고 끝까지 버티자 할 수 없이 풀어주었다. 들것에 실려 집에 돌아오자, 그의 아내가 장의를 보고 "아이고, 당신이 유세 같은 것을 하지 않았던들 이런 욕은 당하지 않았을 텐데…"라며 탄식했다. 그러자 장의가 아내에게 신음소리를 내며 물었다.

"내 혀가 그대로 남아 있는지 한번 봐주오."

아내가 기가 막혀 웃더니 입 안을 살펴보고 "있기는 있네요"라고 말했다. 그러자 장의가 "내 세 치 혀만 있으면, 제후들에게 유세할 수 있으니, 부귀영화를 누리지 못할까 두려워하겠는가?"라며 매우 기뻐했다.

장의는 치료를 다 한 뒤 곧 바로 진나라로 갔다. 그는 '연횡책'으로 진혜왕秦惠王에게 유세했다. 진혜왕은 장의의 유세를 듣고는 그를 상국相國으로 삼았다.

몇 년이 지나 진나라는 제나라를 공격하고자 했다. 그러나 제나라가 초나라와 동맹을 맺고 있었기 때문에 장의는 그 두 나라를 이간시키기 위해 초나라로 갔다.

초나라 회왕은 장의가 온다는 소식을 듣고는 최고급의 숙소를 준비하고 직접 장의를 반갑게 맞이하며 "머나먼 길을 일부러 찾아주셔서 정말 고맙게 생각합니다. 과인을 위해 좋은 계책이 있겠습니까?"라고 물었다.

장의는 초회왕에게 "대왕께서 진실로 저를 믿어주신다면 먼저 제나라와의 맹약을 파기하십시오. 그러면 진의 상商과 어於 일대의 땅 6백 리를 드리고 진나라의 공주를 대왕의 곁에 두게 만들겠으며 진나라와 초나라와 서로 통혼하여 오래도록 형제의 나라로 만들겠습니다"라고 말했다.

초회왕은 크게 기뻐하고 허락했다. 대신들도 모두 축하했으나 유독 진진陳軫만은 반대했다. 왕이 크게 화를 내며 "과인이 군대를 일으키지 않고도 6백 리의 땅을 얻어 모두 기뻐하며 축하하는데 왜 그대만 불만인가?"라며 나무랬다. 그러자 진진은 "모두 잘못 생각하고 계십니다. 신이 보기에는 땅도 얻지 못하고 진나라와 제나라가 연합할 것 같습니다"라며 걱정하고 있었다. 그의 말을 들은 초회왕은 "무슨 근거로 그렇게 말하는 것인가?"라며 진진에게 물었다.

이에 진진은 "진나라가 초나라를 중요하게 생각하는 것은 초나라와 제나라가 동맹관계에 있기 때문입니다. 지금 우리가 제나라와 단절하면 우리만 고립될 것입니다. 진나라가 왜 고립무원인 나라에 6백 리의 땅을 주겠습니까? 장의는 진나라에 돌아가 반드시 폐하를 배신할 것입니다. 그래서 신의 소견으로는 겉으로 제나라와 단교한 척하면서 사자를 장의에 붙여 보내는 것이 좋을 듯합니다. 진나라가 정말 땅을 주면 그 때 제나라와 단교해도 늦지 않을 것이며 땅을 주지 않아도 제나라와의 동맹이 유지되니 아무런 문제가 없을 것입니다"라고 초회왕에게 아뢰었다.

그러나 초회왕은 "장의는 틀림없는 진나라의 재상인데 어떻게 우리를 속이겠소. 그대는 잠자코 기다리기나 하오. 과인이 땅을 받아서 보이겠소"라고 말하며 진진의 의견을 무시했다. 그리고 나서 초회왕은 장의를 위해 성대한 잔치를 벌이도록 하고 많은 선물도 주었다. 또한 제나라와 국교를 단절한 뒤 사자로 하여금 장의를 수행하여 진나라에 가서 진나라로부터 6백 리의 땅을 받아오도록 했다. 장의는 진나라에 돌아가자 일부러 수레 끈을 놓쳐 수레에서 떨어진 뒤 세 달씩이나 조정에 나타나지 않았다.

이 소식을 전해들은 초회왕은 진나라는 초나라가 제나라와 단교한 것을 의심하고 있음이 틀림없다고 생각하고는 제나라로 사람을 보내 제왕을 비난했다. 이에 크게 화가 난 제나라 왕은 진나라와 화친을 청하여 진나라와 제나라의 연합이 형성되었다. 그 때서야 비로소 장의가 몸이 완쾌되었다고 조정에 나타나 초나라 사자에게 말했다.

"어떻게 아직 귀국을 안하셨나요? 땅을 못 받으셨나요? 제게 진왕으로부터 받은 6리의 땅이 있으니 약속한 대로 드리리다."

장의의 말을 듣고 놀란 초나라 사자는 "아니 사방 6백 리의 땅을 준다고 알고 있는데 6리라니 어떻게 된 말씀입니까?"라고 되물었다. 그러나 장의는 시치미를 떼면서 "초왕이 잘못 들으셨겠죠? 우리 진나라의 토지는 장사들이 목숨을 걸고 쟁탈해 온 것인데, 어떻게 6백 리의 땅을 아무 이유없이 다른 나라에 줄 수가 있겠습니까"라고 말했다.

장의의 말을 듣고 초나라 사자가 항의했으나 장의는 들은 척도 하지 않았다. 사자가 귀국하여 초회왕에게 보고하자 초회왕은 분노를 참지 못하고 즉시 10만의 군대를 거느리고 진나라를 침략했다. 그러나 진나라는 이미 대비를 하고 있다가 제나라와 연합해서 순식간에 8만의 초나라 군을 격파하고, 초국의 한중군漢中郡지금의 섬서 동남, 호북 서남지역의 6백 리를 점령해버렸다. 이에 초회왕은 더욱 격분하여 더 많은 군대를 파견하여 진나라를 공략했으나 재차 실패하자 결국은 땅을 떼어주고 화해했다.

장의는 속임수를 써서 제나라와 초나라의 연맹을 파기시켰다. 또한 장의는 수단방법을 가리지 않고 다른 제후국들이 '합종'으로 진나라에 저항하는 것을 와해시켰다. 장의의 '연횡책'이 성공할 수 있었던 것은 진나라의 탄탄한 국력이 기반이 되었기 때문이다. 사실 초·제·한·조나라 등 6국은 일찍이 서로 연합하여 진나라에 대항하려고 했으나, 겉으로만 연합을 했을 뿐이지, 각국은 서로 다른 생각들을 하고 있었기 때문에 많은 모순이 내재해 있었다. 그러므로 진나라는 60~70년이 지난 뒤 6국을 멸하고 천하통일의 대업을 완성했다.

종횡가 장의는 총명하고 기지가 풍부하다. 더욱이 그가 유세를 하면 그의 뛰어난 계략과 지혜는 대단한 빛을 발하기 시작했다. 그러나 장의와 같은 자들의 계략과 유세는 오로지 자기 자신의 공명과 부귀를 위한 것이었음을 부정할 수 없다. 이때문에 당시의 책사策士나 유세객들은 세상사람들로부터 진정한 찬사와 존경을 받지 못했다.

12. 조나라 무령왕의 군사개혁

조나라는 3진三晉[한나라·위나라·조나라] 중에서 가장 북쪽에 위치한 국가이며, 서쪽으로는 강대한 진나라와 접해 있고, 남쪽으로는 위나라, 동쪽으로는 조나라보다 강성한 제나라와 인접해 있다. 또한 북쪽과 동북면으로는 임호林胡와 누번樓煩 등의 부족과 중산국이 근접해 있었다. 사면에 적을 둔 상황에서 전국시대 중기의 조나라는 자주 진나라와 제나라의 괴롭힘을 당했을 뿐만 아니라 임호林胡와 누번樓煩 등 유목민족의 침략까지 당해야 했다. 조나라 무령왕趙武靈王은 즉위한 뒤 군사개혁 등을 단행하면서 부국강병을 이루기 위해 최선을 다했다.

조나라 무령왕武靈王은 즉위한 지 얼마 되지 않아 대신들을 모아놓고 부국강병을 위한 방책에 대해 상의했다. 그러나 대신들의 의견이 모두 달라서 일치된 결론을 내릴 수가 없었으며, 조무령왕 또한 대신들의 의견이 통일되지 않음을 확인하고는 급히 결정을 내리지는 않았다.

당시의 정황에 대해 분명하게 파악하기 위해 조무령왕은 수행원들을 데리고 북방과 서북지역의 변경을 둘러보았다. 어느 날 그는 높은 산에 올라 산 아래를 관찰하고 있었다. 그 때 북쪽의 임호林胡의 기병들이 바람같이 달려왔다. 보고를 받은 조나라 국경의 부대원들은 황망하게 나팔을 불어대며 황급히 대적할 준비를 했다.

당시 조나라 국경부대의 전쟁용 주요장비는 전차이다. 규정대로 한다면 매 전차 앞에는 3명의 갑사甲士무장한 병사를 배치하고, 매 전차의 뒤에는 72명의 보병을 배치해야 한다. 또한 이 장비들은 복잡할 뿐만 아니라 상당히 무거웠다. 그러므로 조나라 군대가 전차 준비와 병사들의 배치를 마쳤을 때, 임호의 기병들은 이미 조나라 국경안의 몇십 리까지 가서 약탈하고 와서는 다시 조나라 군영으로 쳐들어가 이리저리 뛰어다니며 병사들을 죽이고 군영을 엉망진창으로 만들어놓고는 바람처럼 사라져버렸다.

이 모든 과정을 지켜본 조나라 무령왕은 개혁의지를 더욱 굳혔다. 조정에 돌아와 그는 대신인 누완樓緩과 비의肥義에게 자신의 개혁의지를 밝혔다.

"호인胡人오랑캐들이 전쟁을 할 때는 모두 기병騎兵을 이용합니다. 그들은 짧은 옷을 입고 말을 탔는데, 달리는 모습이 마치 날아다니는 것 같았으며, 활을 당기는 모습도 매우 빠르고 간편해 보였습니다. 반면에 우리 조나라 군사들은 전차를 타는데도 전포戰袍를 입었는데, 소매와 옷이 넓어서 옷의 모양은 아름다울지는 모르겠으나 전쟁을 하기에는 너무 불편합니다. 그래서 나는 우리 병사들에게도 호인들처럼 옷을 짧게 고쳐 입게 할 것이며, 또한 말을 타고 활을 쏘는 훈련을 병사들에게 시켜 강한 기병으로 양성할 계획입니다."

누완과 비의는 조무령왕의 계획을 듣고는 찬성했다. 비의는 무령왕을 더욱 격려하면서 "대왕께서는 진실로 대단한 일을 창건하시려 하니, 가능한 빨리 실행에 옮기십시오. 다른 사람들의 말은 신경쓰지 마시고, 어서 실행하시옵소서"라며 동의했다.

이에 조무령왕은 자신이 먼저 솔선수범하기 위해 제일 먼저 호복을 입기 시작했다. 문무백관이 조정에 들어와서 무령왕이 소매가 좁은 짧은 옷을 입고 있는 것을 보고는 크게 놀라 떠들기 시작했다.

"우리 조나라의 군주께서 뜻밖에도 호인들의 옷을 입으셨으니 정말 보기에 안좋구나!"

조무령왕의 숙부인 공자성公子成은 더이상 참지를 못하고 병을 핑계로 조정에 나타나지 않았다. 그러나 조무령왕은 숙부에게 사람을 보내 자세한 상황을 설명하게 했다.

"집안에서는 당연히 윗사람의 말에 따라야 합니다. 그러나 나라 안에서는 군주의 말을 따라야 합니다. 현재 대왕께서는 신하와 백성들에게 호복을 입기를 권장하고 계십니다. 그러나 숙부님께서 호복 입기를 꺼리신다면, 다른 신하와 백성들의 비판을 듣게 됩니다. 호복을 입고, 기사騎射말타고 활쏘는 법를 훈련하는 것은 국가를 위한 일입니다."

그러나 공자성은 "우리 중원은 인의를 실행에 옮기고, 시서예악詩書禮樂을 중시하여 오랑캐들에게 모범을 보여 왔다. 그런데 오늘날 대왕께서 이 모든 것을 버리시고 고대의 풍속을 위배했으니, 이는 백성의 뜻과도 맞지 않은 것이므로 대왕께서 더 심사숙고하시길 바랄 뿐입니다"라고 대답했다.

공자성을 만나고 온 사자는 그가 한 말을 조무령왕에게 모두 보고했다. 조무령왕은 이번에는 자신이 직접 숙부의 집을 방문하여, 인내심있게 숙부를 설득했다.

"우리 조나라는 사면이 모두 적에 둘러싸여 있습니다. 만약 말을 타고 활을 쏘는 기병이 없으면 어떻게 우리 조나라를 지킬 수 있겠습니까? 과거 중산국이 제나라를 믿고 우리나라에 침략해 와서 우리의 백성들을 약탈하고, 거기다 황하의 물을 끌어다 호성鄗城지금의 하북 백향의 북쪽에 물을 부어넣어서 결국은 호성을 지키지 못했습니다. 선왕은 이 일을 항상 치욕스러워하셨습니다. 내가 복식을 바꾸고 기사騎射를 배우는 것은 모두가 국가를 지키고, 선왕의 치욕을 복수하기 위함입니다. 그러니 숙부께서는 나를 지지해 주셔야 합니다."

무령왕의 이 같은 해명은 공자성의 마음을 움직였으며, 공자성은 이해가 되었는지 머리 숙여 "신은 우매하여 대왕의 깊은 뜻을 이해하지 못했습니다. 이는 신의 잘못입니다. 대왕께서 선왕의 유지를 받드시려는 뜻을 미천한 신이 어찌 따르지 않겠습니까"라고 말했다. 무령왕은 매우 기뻐하며 곧 바로 공자성에게 호복 한 벌을 선사했다. 다음날 공자성이 호복을 입고 조정에 나타나자 조정의 관원들은 아무도 다시는 반대하지 않았다.

이때 무령왕은 시기가 되었다고 생각하고는 즉각 전국의 관민들은 모두 호복을 입고 기마와 활쏘기를 배워야 한다고 명령을 내렸다. 그 후 얼마 되지 않아 조나라에는 용맹한 기병부대가 생겨 중산국과 임호 및 루판 등을 정복했다. 그러자 중원의 각 국가들은 다시는 감히 조나라를 무시하지 못했을 뿐만 아니라 다투어 조나라와 왕래하고자 했다. 특히 서쪽의 강국인 진나라조차도 감히 경거망동하지 않았다.

무령왕은 수많은 승리를 거둔 뒤에, 기원전 298년에는 작은아들 자하子何[즉 혜문왕]에게 왕위를 물려주고, 비의를 재상으로 임명하여 정사를 보좌하게 했다. 또한 장자 장章은 대代지역에 봉했다. 그러나 그는 동생이 조나라 왕이 된 것에 대해 깊은 불만을 품고 있었으므로 기원전 295년에는 자신의 신하인 전불예田不禮와 함께 정변을 일으켜, 재상 비의를 죽였다. 이때 공자성 등의 신하들은 이 사실을 전해 듣고 급히 병사들을 모아서 정변을 종식하고, 공자 장과 전불예를 처형했다. 그런 뒤 조무령왕을 사구沙丘의 궁에 감금하여 3개월 뒤에 굶어죽게 했다.

이번의 내란으로 조나라의 국력은 갈수록 약화되었으나, 뒤에 조혜왕趙惠王이 염파廉頗와 인상여藺相如 등을 중용하면서 조나라는 다시 강성해지기 시작했다.

> 역사상의 개혁들은 대부분이 '탁고개제托古改制[옛것에 의탁해서 제도를 고친다]'의 방식으로 이루어졌다. 예를 들어 공자는 입버릇처럼 "선왕의 성세가 한 번 가고는 돌아오지 않는구나" 하면서 항상 '극기복례克己復禮[사욕을 극복하여 정당한 모습인 예를 회복한다]'를 강조했다. 그렇지만 조나라 무령왕의 '호복기사胡服騎射'는 탁고개제식의 방식을 버리고, 대담하게 전통과 민속을 바꾸었다. 이러한 혁신이야말로 틀에 박힌 관습을 깨는 것이니 얼마나 큰 용기와 정치적 지혜가 필요했겠는가!
>
> 조나라 무령왕은 국경을 달리며 탁월한 공적들을 세웠다. 그 중 가장 위대한 공적은 그가 창조한 새로운 병종兵種인 기병騎兵이다. 기병은 전국시대 후기가 되면 차전車戰을 대신하여 주요한 병종이 된다.

13. 애국시인 굴원

기원전 313년 진나라는 초나라와 제나라의 연맹을 깨뜨리기 위해 장의를 초나라에 파견하여 초나라에게 6백 리의 토지를 준다는 조건으로 제나라와의 절교를 요구했다. 어리석은 초회왕은 장의의 거짓말에 완전히 속아 6백 리의 땅을 못 받았을 뿐만 아니라 오히려 초나라의 수많은 군대를 잃고, 한중에 있는 대규모의 영토를 진나라에 빼앗기고 말았다. 당시 고통 속에 몸부림치던 초회왕은 대부 한 명을 제나라에 사신으로 보내 다시 예전의 우호관계를 회복하여 초와 제나라가 공동으로 진나라에 대항하자고 제의했다. 이때 파견된 대부가 바로 중국 제일의 위대한 애국주의 시인인 굴원屈原이다.

굴원屈原(대략 340~278 BC)은 이름이 평平이고 자는 원原으로 초무왕의 아들 하瑕의 후예이다. 굴원은 어려서부터 좋은 교육을 받았기 때문에 20여세 때 이미 초회왕의 좌도左徒를 담임했다. 그는 자주 초회왕과 함께 국시國是를 연구했다. 예를 들어 각국의 사신들을 접대하는 방법이라든가 중요문건의 초안을 잡는 일 등을 함께 하면서 초회왕의 두터운 신임을 받았다.

굴원이 살던 시대는 전국시대 중·후반기로 7웅이 서로 버티고 분쟁이 끊이지 않았던 시대이다. 굴원은 국내에서는 유능한 인재를 발굴하여 부국강병을 도모하고, 대외적으로는 제나라와 연맹해서 진나라를 물리쳐야 한다고 주장했다. 그러나 이러한 굴원의 주장은 초나라 보수적인 귀족들의 반대에 부딪쳤다. 이들 귀족들은 굴원의 재능을 질투했으므로 항상 굴원을 경계하고 배척했다.

어느 날 초회왕이 굴원에게 중요한 법령의 초안을 만들라고 명령했다. 굴원이 한창 법령초안을 만들고 있을 때 상관대부 근상靳尙이 찾아와서는 굴원의 손에 있는 초안을 빼앗아서 보려고 했다. 이에 굴원은 얼른 원고를 치우고는 상관대부에게 "이 초고는 아직 완성하지 못했습니다. 누구도 볼 수 없습니다"라고 말했다. 그러자 근상은 굴원을 매우 원망하면서 초회왕에게 달려가 말했다.

"굴원은 몹시 방자하고 거만합니다. 그는 항상 잘난 체만 합니다. 자기가 없으면 초나라의 법령은 제정할 수도 없다고 합니다. 게다가 또 뭐라 했더라? 또한 굴원은 대왕께서는 혼군昏君이고 대신들은 무능하기 때문에 초나라 조정에 그가 없으면 끝장이라고 말했습니다."

초회왕은 근상의 말을 그대로 믿고는 서서히 굴원을 멀리하기 시작했다. 그러나 굴원은 이를 문제삼지 않고, 이전과 같이 국가의 대사를 초회왕에게 진언했다. 초회왕은 굴원의 충고를 듣지 않았을 뿐만 아니라 그의 직책까지 강등시켜 삼려대부三閭大夫에 임명한 뒤 그다지 중요하지 않은 일을 하도록 지시했다.

그 후 초회왕은 근상과 간신배들의 꼬임에 빠져 장의에게 사기를 당하고 처참한 심경에 빠져 있을 때 문득 제나라와 연맹하여 진나라에 대항하자고 주장했던 굴원이 생각났다. 그래서 초회왕은 다시 굴원을 제나라에 사신으로 파견해 이전의 우호관계를 다시 정립하고자 노력했다.

진秦왕은 초나라가 이번에 또다시 제나라와 연맹하려고 한다는 소문을 듣고는 무척 두려워 이번에도 장의를 초나라에 파견하여 초나라를 농락하려고 했다. 장의는 초회왕의 총희寵姬 정수鄭袖에게 많은 뇌물을 먹이고 그녀가 초왕 앞에서 진나라에 대해 좋게 말해 달라고 부탁했다. 본래 초회왕은 장의를 죽이려고 했으나, 근상과 정수의 꼬임에 말려들어 멍청하게도 이번에도 또 장의를 놓아주고 말았다. 굴원이 제나라에서 돌아왔을 때, 장의는 이미 진나라로 돌아가고 없었다.

굴원은 무척 실망했다. 또한 초회왕이 우매하고 무능하여 재능과 포부를 제대로 펼쳐보이지 못하는 자신의 처지에 더욱 울화가 치밀어 어찌 할 바를 몰랐다. 그는 가슴속 가득 찬 울분을 시구 중에 쏟아부어 장편의 「이소離騷」를 완성했다. 「이소」는 굴원의 자전적인 작품이라고 할 수 있다.

기원전 307년 진소왕秦昭王이 즉위했는데, 그는 겸허한 태도로 초회왕에게 편지를 보내, 무관武關(지금의 섬서 동남)에서 만나 회담하자고 요청했다. 초회왕은 진왕의 편지를 보고 나서 망설이면서 결정을 내리지 못하고 있었다. 그렇지만 가지 않는다면 진왕에게 죄를 짓게 되고, 또 만나러 간다면 위험할 수도 있을 것 같아 두려웠으므로 초회왕은 신하들과 이 문제에 대해 논의했다. 굴원은 초회왕에게 "진나라는 호랑이와 늑대와 같은 나라입니다. 우리나라는 여태껏 진나라로부터 한두 번 굴욕을 당한 것이 아닙니다. 만약 대왕께서 진왕을 만나러 가신다면 혹시 그의 속임수에 넘어가실까 걱정이 됩니다"라고 아뢰었다.

그런데 그 때 초회왕의 작은아들 자란子蘭이 갑자기 초회왕에게 "우리가 가지 않는다면 진왕의 호의를 무시하는 것이 되니, 아무래도 가는 것이 낫겠습니다"라고 말하는 바람에 초회왕은 이들의 말을 듣고는 진나라로 갔다.

그러나 굴원이 예견했던 대로 사건이 터지고 말았다. 초회왕이 막 진나라의 무관武關에 들어서자마자 초회왕은 진왕에 의해 억류되고 말았다. 그런 뒤 진왕은 초회왕에게 초나라 영토를 넘기라고 협박했다. 그러나 초왕은 진왕의 말을 듣지 않고 버티다 결국은 3년 뒤 진나라에서 죽고 말았다.

굴원은 이 소식을 듣고 너무도 비통해 어찌할 바를 몰랐다. 초회왕이 우매하고 무능하여 진나라에 잡혀서 죽게 된 것도 비통했지만, 진왕의 교활하고 흉폭함에도 분통을 참을 수가 없었던 것이다. 굴원은 당시의 심정을 「초혼招魂」에 써내려갔다.

> 혼이여 돌아오라,
> 동쪽은 그대 맡길 곳 아니도다.
> 그곳에는 팔천 척이나 되는 큰 사람 있어,
> 혼만을 잡아가도다.
> ......
> 출렁대며 흐르는 강물,
> 그 강가에는 단풍이 자라고 있도다.
> 내 천리 쪽 뚫어지게 바라보나니,
> 봄시절 그리워 애닯아지도다.
> 혼이여 돌아오라,
> 그리운 강남으로

한편 회왕이 진나라의 포로로 잡혀있을 때, 회왕의 장남인 태자 횡橫이 초나라 경양왕楚頃襄王으로 즉위했으며, 자란은 재상이 되었다. 그런데 신하와 백성들이 회왕을 진나라로 가게 만든 자란이 재상이 된 것에 대해 비난하자 초경양왕과 자란은 오히려 모든 책임을 굴원에게 뒤집어씌워 또다시 굴원을 상남湘南 일대로 추방시켜버렸다.

굴원은 항상 조국 초나라를 위해 충성을 다하려 했으나, 매번 배척과 배신만 당하는 자신을 보며 울분을 참지 못하고 비통함에 젖어 있었다. 그는 자주 혼자서 멱라강汨羅江가를 거닐며 자신의 울분을 시로 표현했다.

어느 날 굴원이 머리를 풀어 헤치고 비탄에 잠겨 강가를 거닐며 시를 읊고 있는데, 이때 한 어부가 그를 보고 말을 걸어왔다.

"당신은 삼려대부가 아닌가? 무슨 까닭으로 여기에 왔는가?"

굴원은 "온세상이 모두 혼탁할 때 나홀로 맑았고, 뭇사람들이 모두 술에 취해 있을 때 나홀로 술에서 깨어 있다가 이때문에 추방당했습니다"라고 대답했다.

그러자 어부는 "조건에 얽매이지 않고 세상의 흐름에 몸을 맡기는 것이 성인의 사는 방법이라고 합니다. 세상이 혼탁할 때는 어찌 그 흐름에 몸을 맡기지 않습니까? 모든 사람이 취해 있거든 당신도 술지게미를 배불리 먹고 밑술을 들이마시어 취해보시지 않습니까? 가슴속에 빛나는 보석을 품었으면서도 어찌 스스로 쫓겨날 일을 만드셨습니까?"라고 되물었다.

그러자 굴원이 정색하며 "얼굴을 씻은 다음에는 반드시 모자를 털고 목욕을 한 다음에는 반드시 옷을 턴다고 합니다. 깨끗한 몸에 어찌 때를 묻히며 더럽혀질 수 있겠소? 그럴 바에는 차라리 흐르는 저 멱라수覓羅水에 몸을 던져 물고기의 뱃속에 장사를 드릴지언정 어찌 더러운 세속에 몸을 맡길 수 있겠습니까"라고 말했다.

어부는 빙그레 웃으면서 노로 뱃전을 두드리며 떠났다.

2년이 지난 뒤 초나라의 영도郢都가 진나라 군대에게 점령당해 궁전은 완전히 폐허로 변하고, 초경양왕도 강동으로 피신했다. 이로써 다시 조국 초나라를 부흥시키겠다고 결심했던 굴원의 맹서는 산산이 부서져 버리고 말았다. 굴원은 자신의 원대한 포부가 실현되지 못한 비통함을 그의 마지막 작품인 「회사懷沙」에 담아 읊으면서 멱라수에 몸을 던져 목숨을 끊었다. 이때 굴원의 나이 62세였다.

굴원이 멱라수에 몸을 던져 죽은 날이 바로 음력 5월 5일이다. 후에 그를 기념하기 위해 이날을 단오절로 정하고, 단오절에는 종자粽子를 먹고 용선경기를 했다.

굴원은 정치적으로는 실패했으나, 문학적으로는 불멸의 업적을 이루었다. 그는 고대중국의 가장 뛰어난 시인이라 할 수 있다. 굴원은 장기간의 창작활동을 통해 아름다우면서도 웅장한 시들을 창작했다. 그는 '초사楚辭'라는 새로운 시체詩體를 만들어 냈다. 지금까지 전해지는 굴원의 작품은 총 20여 편으로 「이소」・「구장九章」・「구가九歌」・「천문天問」・「귤송橘頌」 등의 명작들이 있다. 굴원은 또한 중국낭만주의 시풍의 창시자이다. 후대인들은 굴원의 대표작인 「이소」와 「시경」을 함께 논하며 '풍소風騷'라고도 부른다. 한대의 사마천은 『사기』에서 굴원전을 만들고 굴원에 대해 "충성했으나 버림받고, 신의를 지켰으나 의심만 받았다"라고 평가했다. 당唐대의 대시인 이백 또한 굴원을 마음속 깊이 존경했다. 이와 같이 굴원의 정직한 인격과 시가詩歌는 후세인들에게 상당히 깊은 영향을 끼쳤다.

14. 진왕의 천하통일

진나라는 상앙의 변법으로 개혁을 단행한 뒤 일약 서방의 강국으로 부상했다. 진소왕秦昭王 때 진은 한나라와 위나라의 광활한 영토를 통째로 병합한 뒤 다시 초나라의 도성 언鄢・영郢을 격파했다. 진왕 영정嬴政이 즉위했을 때 진나라는 이미 제후 중에서 가장 강한 강국으로 자리잡고 있었다.

진왕 영정嬴政은 조나라 수도 한단邯鄲에서 태어났다. 그의 아버지는 장양왕 莊襄王으로 이름은 이인異人, 자는 자초子楚이다. 효문왕孝文王 안국군安國君의 둘째아들이다. 어려서 조趙나라에 인질로 가 있었으나 뒤에 젊은 부호 여불위 呂不韋의 도움으로 진에 돌아올 수 있었다. 원래 상인출신이었던 여불위는 자신의 영향력을 행사해 진의 왕자들 가운데 왕위계승권을 절대적으로 가지고 있던 자초子楚를 매수했다. 그의 첩 가운데 1명과 자초가 사랑에 빠지게 되자, 그는 이미 자신의 아이를 임신했다는 소문이 나돌던 그 첩을 자초에게 주었다. 그리고 여불위는 자초의 아버지 안국군安國君孝文王과 화양부인 華陽夫人의 환심을 사 자초가 태자太子로 책봉되도록 하는 데 성공했다. 기원전 250년 장양왕莊襄王으로 즉위한 자초는 여불위를 상국相國으로 임명하고

문신후文信侯에 봉했다.

　기원전 247년 장양왕이 죽고, 진왕 정이 즉위했는데, 당시 정政의 나이는 13세였으므로 조정의 일들은 어머니 조씨와 재상인 여불위가 담당하고 있었다. 본래 진왕 정은 생모 한단희邯鄲姬 조태후趙太后와 여불위의 사생아라고 한다. 진왕 정의 즉위 초에 조태후는 여불위와 계속해서 사통하면서, 거대한 남근男根을 가진 '대음인大陰人'인 노애라는 자를 옆에 데리고 있었다. 태후와 노애의 관계가 깊어질수록 노애의 세력도 팽창했다. 기원전 238년 22세의 진왕 정은 관례冠禮를 거행했는데, 그 기회를 틈타 노애가 반란을 일으켜 진왕 정을 없애려고 했으나, 진왕 정은 수단과 방법을 가리지 않고 노애의 반란을 진압했다.

　노애의 반란이 일어나기 전부터 진왕 정은 태후와 노애의 불미스러운 관계를 소문을 통해 듣고 매우 분노하고 있었다. 즉시 사람을 시켜 조사를 착수시켰다. 여불위가 이 일에 관여된 것이 분명하게 드러나기 시작했다. 때문에 노애를 처형할 때 여불위도 죽여버릴 작정이었으나, 그러나 그는 누가 뭐라 해도 나라의 큰 공신이었고 또 여러 대신들과 유세객들이 그를 변호했기 때문에 단념했다. 대신 여불위를 파면시키고 하남 땅에 칩거하도록 명을 내렸다. 그러나 여불위의 명성은 여전했으며 손님들과 사신들이 여불위를 만나기 위해 날마다 줄을 이었다.

　당시 여불위의 모반을 두려워한 진왕 정은 여불위에게 "귀공께서는 무슨 공적이 있어 하남땅을 가지게 되었으며, 10만 호의 영지를 받았는가? 또 진나라와 어떤 혈연관계가 있기에 중부仲父로 행세하고 있는가? 즉시 일가를 이끌고 촉지방으로 옮겨살 것을 바라노라"라는 내용의 친서를 보냈다.

　여불위는 "이러다가 끝내 주살되고 말 것이다. 치욕스럽게 죽느니 차라리…'라고 생각하여 독배를 마시고 자살했다.

　진왕이 친정 뒤에는 위료尉繚과 이사李斯 등의 객경을 임용했고, 왕전王翦

과 몽무蒙武 등 무장들을 중용하면서 전국을 통일할 전쟁은 시작되었다. 진왕이 통일전쟁을 시작하면서 제일 먼저 주목한 나라가 조나라이다. 진왕은 우선 계략을 짜서 연나라와 조나라를 서로 싸우게 한 뒤 그 기회를 틈타 조나라에 침공해서 조나라 영토를 탈취했다. 그러나 조나라는 명장 이목李牧과 군대를 파견해 진군에 항거하여 진공해온 진군을 격파했다.

기원전 230년 진군秦軍은 불시에 병력을 동원하여 한韓나라를 정벌하고 한왕을 포로로 사로잡았다. 이에 한나라는 6국 가운데 제일 먼저 진나라에 병탄되었다.

진나라는 한나라를 멸망시킨 뒤 그 다음해 다시 조趙나라를 멸망시켰다. 멸망당하기 전의 조나라는 비록 쇠약해졌으나 명장 이목이 있어 진에 대항하고 있었다. 진은 계략을 써서 조왕의 총애를 받는 곽개郭開를 매수하여 이목이 반란을 도모하고 있다고 무고케 했다. 그리하여 이목이 피살되자 이목이 없는 조나라는 진의 왕전이 거느리는 진병을 대적할 수 없어 결국 수도 한단邯鄲이 함락되고, 마침내 기원전 228년에 6국 가운데 두 번째로 진나라에 병탄되었다.

북방의 연나라 또한 진의 위협을 받았으나 저항할 방법이 없었다. 연태자 단丹은 진왕을 죽일 자객을 찾아 연나라를 구할 방도를 생각하고 있었다. 전광田光이라는 사람이 태자 단에게 "제 친구 형가荊軻는 검술이 매우 뛰어납니다, 그는 이번 일을 능히 해낼 것입니다"라며 형가를 추천했다.

태자 단은 형가를 초대해서 "연나라는 너무 약해 호랑이와 늑대와 같은 진나라를 도저히 당해낼 수가 없습니다. 나는 용사 한 명을 사신으로 임명해서 융숭한 예물을 가지고 진나라에 파견하려고 합니다. 많은 선물을 가지고 가면 탐욕스런 진나라 왕은 반드시 사신을 만나 줄 것입니다. 진왕을 만날 때 불시에 그를 급습해서 진왕을 협박하여 그동안 빼앗은 영토를 모두 반환하라고 요구하는 것입니다. 다행히 이에 응하면 좋지만 만일 듣지 않는다면 찔러 죽여버리는 겁니다. 믿을 수 있는 사람은 당신 한 사람뿐입니다. 이 일을 맡아 주시겠습니까?"라며 간곡히 부탁했다.

한동안 침묵이 흘렀다. 얼마 뒤 형가가 "이는 나라의 막중한 일입니다. 저 같은 사람에게는 너무 벅찬 일입니다"라고 대답했다. 그러자 태자는 무릎을 꿇고 간절히 부탁했다. 형가는 결국 청을 받아들였다. 태자는 형가에게 상경上卿의 벼슬과 호화로운 저택을 주었다. 그리고 날마다 찾아가 산해진미의 식사를 할 수 있도록 했으며 또한 거마車馬와 미녀들을 보내 즐거운 시간을 보내도록 했다.

태자는 형가에게 모든 정성을 다해 대우했다. 형가는 하고 싶은 모든 것을 할 수 있게 되었다. 이렇게 시간이 많이 흐르고 있었다. 그러나 형가는 전혀 출발할 생각을 하지 않았다. 이때 진나라 장군 왕전은 조나라를 격파하고 왕을 포로로 사로잡았다. 그리고 조나라의 전 국토를 빼앗고 계속 북진하여 연나라의 남쪽 국경에까지 육박해오고 있었다. 태자는 매우 초조하여 형가에게 출발을 재촉했다.

형가가 대답했다.

"실은 제가 말씀드리고 싶은 것이 있습니다. 지금 진나라로 간다 하더라도 진왕에게 접근할 수 없습니다. 진나라왕은 현재 연나라에 망명해온 진나라 장수 번어기樊於期의 목에 황금 천근과 1만 호의 땅을 주겠다고 현상을 걸었습니다. 그러므로 번장군의 목과 이전부터 진왕이 탐내던 연나라의 옥토인 독항督亢[지금의 하북 탁현 동쪽]을 함께 바치겠다고 하면 진왕은 기뻐하며 사신을 만나 볼 것입니다. 그렇게 할 수 있도록 해주신다면 태자의 은혜에 보답해 드릴 수 있을 것 같습니다."

그러나 태자는 "번장군은 갈 곳이 없어 나를 찾아온 사람인데, 어떻게 그분을 죽일 수가 있겠습니까? 제발 다른 방법을 생각해 주시기 바랍니다"라고 말하며 형가의 마음을 돌리려 했다.

형가는 더이상 태자와 상의해도 소용없다고 결론을 내렸다. 그는 사람 눈을 피해 몰래 번어기 장군을 찾아가서 자신의 계획을 모두 말해 주었다. 번어기의 부모와 종족들은 모두 진왕에 의해 처형을 당했기 때문에 마침 어떻게 복수를 할 것인가를 벼르고 있던 번어기 장군은 형가의 말을 듣고는 "그대에게 뒷일을 부탁하오"라는 말을 남기고는 스스로 자기의 목을 찔렀다. 태자는 이 소식을 듣고 달려와 번어기의 시체를 안고 통곡했다. 그러나 어쩔 수 없는 일이었다. 번어기의 목은 함에 곱게 넣어졌다.

한편 태자는 계획을 완수하기 위하여 천하제일의 비수를 구하여 독약에 담갔다 말리게 한 뒤 독항의 지도 속에 넣게 했다. 번어기의 목이 든 함과 비수·지도 모두를 형가에게 넘겨주었다.

형가는 진무양秦舞陽이라는 조수를 데리고 진나라로 떠나게 되었다. 태자 단과 형가의 친구들이 모두 흰옷을 입고 나와 전송했다. 형가는 친구인 고점리가 연주하는 축의 음조에 맞춰 비장한 목소리로 노래를 불렀다. 모든 사람들이 쉴새없이 눈물을 흘렸다.

바람은 스산하고,
역수는 차구나.
장사는 한번 가면,
다시 돌아오지 못하리.

노래를 다 부른 형가는 진무양과 마차에 오르자마자 한 번도 뒤를 돌아보지 않은 채 길을 떠났다.

형가가 함양咸陽에 도착했다. 이때 진왕은 연나라 사신이 번어기의 목과 독항의 지도를 선물로 가져왔다는 보고를 듣고는 매우 기쁜 나머지 바로 조복으로 갈아입고 군신들을 소집하여 함양궁咸陽宮에서 성대하게 형가를 맞이했다. 형가는 번어기의 머리가 들어있는 함과 지도를 들고 진궁을 걸어

들어갔다. 진왕은 우선 번어기의 머리를 확인하고는 바로 지도를 펴보기 시작했다. 천천히 지도를 펼치다가 지도의 끝부분까지 펼쳐질 즈음 날카로운 비수가 보였다. 진왕은 크게 놀라 펄쩍 뛰었다. 형가는 이때를 놓칠세라 황급히 왼손으론 진왕의 소매를 잡고 오른손으로는 비수를 쥐고 진왕을 향해 찔렀다. 그러나 비수는 왕의 몸에 닿지 않았다. 왕은 놀라

순간적으로 몸을 뒤로 젖히며 일어났다. 그 순간 왕의 소매가 잘렸다. 왕은 칼을 뽑으려 했으나 칼이 너무 긴데다 마음이 너무 급해 칼이 뽑아지지 않았다.

형가는 다시 덤벼들었다. 진왕은 기둥을 돌아 도망쳤다. 신하들은 모두 벌떡 일어섰다. 모두 당황하여 어찌할 바를 모르고 있었다.

그 당시 진나라의 법률은 어전 앞에서 신하들의 무기소지를 금지하고 있었고, 또한 무기를 가진 시종관들은 왕이 부르지 않는 이상 누구도 전상殿上에 오르는 것이 금지되어 있었다.

진왕은 졸지에 당한 일이라 무사를 부를 생각도 못하고 있었다. 형가는 왕의 뒤를 계속 쫓아갔다. 신하들은 어쩔 줄 몰랐다. 맨손으로 형가를 잡으러 우왕좌왕할 뿐이었다. 그 때 왕의 시의侍醫인 하무저가 가지고 있던 약상자를 형가한테 집어던지고, 한 신하가 "대왕, 칼을 등에 지고 뽑으십시오!"라고 말했다. 이 말을 듣고 진왕은 긴 칼을 등에 지고 비로소 칼을 빼내게 되었다. 왕은 즉시 칼로 형가의 왼쪽 다리를 베었다. 형가는 넘어졌다. 넘어지면서 비수를 왕에게 던졌다. 그러나 불행히도 적중되지 않았다. 칼은 왕의 옆에 서 있던 기둥에 꽂혔다. 왕은 계속 형가를 베었다. 그 때서야 옆에

있던 신하들이 서로 형가를 찔러 죽였다. 계단 아래에 있던 진무양도 무사들에 의해 살해되었다.

진왕은 이 사건으로 연나라에 대한 분노를 폭발시켜 조나라를 치고 있던 왕전 장군으로 하여금 즉시 연나라를 공격하도록 했다. 진군은 단기간에 연나라 국토의 반을 점령했다. 연왕은 하는 수 없이 태자 단을 죽여 진나라에 속죄하고 화해를 청했다.

이후의 5년 동안 진왕은 천하를 통일하기 위해 각국을 침략했다. 그 결과 기원전 226년 연나라를 멸망시키고, 기원전 225년에는 위나라를 멸하고, 기원전 222년에 초나라가 멸망, 기원전 221년에 제나라가 멸망했다. 이렇게 각국과 전쟁하는 가운데 왕전王翦과 왕분王賁 부자는 큰 공을 세웠다. 한나라를 제외한 기타 5국은 모두 이들 부자가 멸망시킨 것이다. 진왕 정은 드디어 6국을 멸망시켜, 중국통일의 대업을 완성했다.

진나라는 기원전 230년 한나라를 멸망시킨 것을 시작으로 해서 기원전 221년 제나라를 멸망시킬 때까지 10년간의 겸병전쟁으로 6국을 통일하는 역사적 임무를 완성했다. 이로써 춘추시대 이래의 5백여 년 간의 제후할거시대를 종식시키고, 중국역사상 첫번째의 통일제국이 건립되었다.

진왕 정이 6국을 통일한 것은 중국역사상 매우 중요한 의의를 갖으며, 이때부터 중국의 역사는 새로운 시대를 시작하게 되는 것이다.

제3장 천하가 하나로 통일되다

진한시대

1. 천고의 황제 - 진시황

기원전 221년 진나라 장군 왕분王賁이 6국 가운데 제일 마지막으로 제나라를 멸망시키고, 마침내 5백여 년간의 분열시대[춘추전국시대]를 종결시켰다. 이제 진나라는 서쪽의 대국에서 천하를 하나로 통일시킨 강대한 제국으로 발전한 것이다. 그러므로 진왕은 자신이야말로 과거의 어느 제왕보다도 가장 위대한 업적을 쌓은 제왕이라 자부했다.

어느 날 진왕은 대신들에게 말했다.

"과거 6국의 군주들은 모두가 신용을 지키지 않았으며, 항상 나와의 맹약을 파기했다. 그래서 나는 그들 하나하나를 평정하여 천하를 통일했다. 덕분에 천하가 안정되었으니 나의 공적이 얼마나 큰가! 그러므로 과거의 왕이라는 칭호를 앞으로도 계속 쓴다는 것은 합당하지 않다고 생각한다. 대신들은 내가 앞으로 어떤 칭호를 사용하는 것이 가장 합당한지를 논의하기 바란다."[당시 진왕 정은 왕이란 칭호가 멸망한 6국의 왕과 같은 칭호였으므로 역사상 최초로 중국을 통일한 군주의 칭호로서는 부적당하다고 생각했던 것이다.]

승상 왕관王綰, 어사대부 풍겁馮劫, 정위 이사李斯와 군신들은 한참을 논의한 뒤에 진왕 정에게 다음과 같이 아뢰었다.

"고대의 오제五帝는 단지 몇천 리를 다스렸으나 폐하께서는 이미 천하를 통일하셨습니다. 이는 고대에는 없었던 일입니다. 대왕께서는 오제보다도 더 큰 공적을 세우신 것입니다. 저희들이 듣기에 고대에는 천황天皇·지황地皇·태황泰皇이 있는데 그중 태황이 가장 존귀합니다. 그러니 저희들 생각에는 폐하께서는 태황이 어울리십니다."

진왕 정은 잠시 생각 한 뒤 "여러분 말이 맞다. 그런데 내 생각에 '태황泰皇'의 '태泰'자는 생략하고, '황'자는 그대로 쓰고, 다시 상고시대의 오제의 '제

帝'자를 붙여서 쓰면 '황제'가 되는데, 자네들 생각에는 어떤가?"라고 말했다. 그러자 군신들은 더 덧붙여서 "'황제'라는 칭호는 폐하의 위대한 공적을 드러내는데 가장 어울리는 칭호입니다"라고 말했다.

이에 진왕 정이 "나는 제일 첫번째 황제이니, 시황제始皇帝이며, 나의 자손들은 '세世'를 써서 순서를 정하거라. 2세二世·3세三世 쭉 만세萬世까지 말이다"라고 말했다.

이로부터 진왕은 '진시황秦始皇'이 되었으며, 중국역사상 황제라는 칭호가 사용되기 시작한 것이다.◆

> ◆ 진왕 정이 제정한 황제의 의미는 종래의 견해에 의하면 진왕 정이 6국을 병합하고 중국을 통일한 자신의 공적은 전설상의 현명한 군주였던 삼황의 덕과 오제의 공적보다 높다고 생각했기 때문에 삼황의 '황(皇)'과 오제의 '제(帝)'를 각각 선택하여 '황제'라는 칭호를 제정했다고 말해지나, 사실은 이보다 훨씬 더 심오한 통치적·이념적 차원에서 제정된 것 같다. 먼저 '황'의 뜻을 보면 천황(天皇)·지황(地皇)·태황(泰皇)에서 언급한 것과 같이 신성성을 표시하고 있는데, 금문에 보이는 '황'의 의미는 빛나는 태양을 의미하며, 그 뜻은 '위대하다'는 뜻을 내포하고 있다. 또한 '제(帝)'는 우주 삼라만상을 창조하고 규제했던 상제(上帝)를 의미하는데 진왕 정은 이 같은 의미에서 제(帝)를 군주의 존호로 정한 것 같다. 따라서 '황제'는 '광휘의 상제' 또는 '위대한 상제'로 이해되며, 그 의미는 단순히 중국을 통일한 통일제국 군주의 권위와 위엄만을 내포한 것은 아니었다. 상제가 천상에서 우주의 삼라만상을 규제하고 있는 것과 같이 황제는 지상을 지배하는 즉 지상의 상제를 꿈꾸었던 진왕 자신의 통치이념을 대변하는 것이었다고 할 수 있다.

전국이 통일이 되었는데, 어떻게 천하를 다스려야 하는가? 진시황과 대신들은 진지하게 상의하기 시작했다. 승상 왕관이 "현재 6국의 제후들은 소멸된 지 얼마 되지 않았습니다. 우선 연·제·초나라의 3국은 함양에서 멀리 있으니, 그곳에 제후 몇 명을 보내지 않으면, 다스리기 힘들 것입니다. 폐하께서는 왕실의 자제들을 제후 왕으로 임명해서 3국을 다스리게 함이 좋을 듯합니다"라고 말했다.

이에 정위 이사는 "주나라의 무왕과 성왕이 왕실의 자제 및 친척을 각지에 제후로 파견하여 다스리게 했으나, 세대가 교체되고 시일이 지남에 따라 서로 소원해져 결국은 원수처럼 싸우게 되어 주천자周天子도 다스릴 수 없게 되었습니다. 지금 천하가 통일되었으나 폐하께서는 전국에 군현郡縣을 설치하시고, 왕실의 자제와 공신들에게는 그냥 재물로 상을 내리시면 됩니다. 그렇게 하면 전국은 안정될 것입니다"라며 반대의견을 제시했다.

진시황은 이사의 건의를 받아들이기로 결정했다. "과거 전쟁이 끊이지 않은 것은 제후왕을 분봉했기 때문이다. 지금 천신만고 끝에 전국을 통일했는데, 다시 제후들을 분봉한다면 결국은 전쟁이 일어날 화근을 제공하는 것과 다를 바 없으며, 이는 내가 생각해도 정위의 말이 일리가 있다"고 진시황이 말했다.

진시황은 군현제의 실시를 선포하고, 천하를 36군郡으로 나누었다. 뒤에는 4군을 더 증설했다. 군의 아래에는 현縣이 있고, 군수郡守와 현령縣令 모두는 조정이 임명하며, 세습하지 못하게 했다.

진시황은 지방통치기구를 정비한 뒤에 중앙정부의 통치조직도 재정비하기 시작했다. 중앙에는 3공9경제三公九卿制를 시행할 것을 공포했는데 3공三公은 승상·어사대부·태위를 말한다.

승상은 황제를 보좌하고 전국의 정무를 총감독한다. 어사대부는 전국의 관리감찰을 책임진다. 태위는 전국의 군대를 장관한다. 이들 3공 아래에는 9경九卿을 설치하여 각 부서의 사무를 나누어 관리했다.

또한 진시황은 중앙집권제도를 강화하여 더욱 수월한 통치를 하기 위하여 전국시대의 각국마다 다르게 통용되었던 화폐, 도로의 폭, 도량형과 문자 등을 통일했다.

진시황이 서둘러 통일사업을 진행하고 있는 사이에 북방의 흉노족匈奴族이 쳐들어 왔다. 흉노는 중국역사상의 소수민족으로 유목생활을 했다. 전국시대에는 흉노가 점차 남하하여 황하 하투河套이남의 넓은 토지를 점령했으며, 줄곧 북방의 변경지대에서 소동을 일으켰다.

진시황은 북방의 변경지역과 백성의 안전을 위하여 대장 몽념蒙恬에게 30만의 대군을 주고 북방의 흉노를 정벌하게 하여 하투지역을 되찾았다. 그리고 그 곳에 44개 현을 설치한 다음 흉노의 침략을 방어하기 위해 원래 연나라·조나라·진나라 등지에 있던 3국의 장성을 연결하기로 결정했다.

진시황은 몇십만의 백성을 징발해서 동으로는 요동[요동성 심양시]에서 시작하여 서쪽의 임조臨洮[지금의 감숙성 혼현]에 달하는 장성을 구축했는데, 이것이 그 유명한 만리장성萬里長城◆이다.

◆ 만리장성의 구축은 진시황의 절대적 권력에 의해 창출된 기념비적 사업의 하나이다. 이 만리장성은 흉노를 포함한 북방유목민족의 남침을 저지하는 단순한 성채보루의 역할만 한 것이 아니라 북방의 유목생활을 하며 매년 이동하는 유목민족과 기후가 온난하고 토지가 비옥하여 농경생활을 중심으로 정착생활을 하는 중원의 농경지대를 구분하는 경계선이 되었다. 그 뿐만 아니라 상이한 두 문명의 접촉지점이면서 북방민족의 남쪽으로의 침략이나 이동을 견제하는 경계선이 되어 왔다

기원전 213년에는 1년 전의 흉노정벌을 축하하기 위해 진시황은 함양궁에서 연회를 개최해 경축했다. 그 때 주청신이라는 관원이 술잔을 높이 들고 진시황의 공덕을 칭송하면서 말했다.

"옛날 진秦나라의 토지는 천리에 불과했으나, 폐하께서 6국을 멸하시어 백성들은 편안한 생활을 누리고, 태평한 날들을 보내고 있습니다."

진시황은 이 말을 듣고는 매우 기뻐했다. 그러나 순우월淳于越이라는 박사는 오히려 반대의 논조로 떠들면서 진나라는 마땅히 옛날처럼 봉건제도를 실시해야 한다고 주장했다.

진시황은 일부 신하들이 여전히 봉건제를 언급하는 것을 보고는 마음이 답답하여, 대신들에게 다시 이 문제를 논의하라고 지시했다. 이때 승상 이사가 "지금 천하는 이미 평정이 되고, 법령도 이미 통일이 되었습니다. 그러나 일부 유생들은 항상 과거의 제도를 가지고 들먹거리면서 정부를 비방합니다. 이러한 상태를 그대로 두면 폐하의 통치에 불리하게 될 것입니

다. 마땅히 엄히 금지해야 합니다"라고 말했다.

진시황이 듣고 이사의 말에 찬성했다. 이에 이사가 "폐하, 신이 죽음을 무릅쓰고 건의합니다. 만약 사관들이 수장하고 있는 책들 가운데 진나라의 역사가 아닌 것들은 모조리 태워버리십시오. 백성들 중에 소장하고 있는 『시경詩經』· 『상서尚書』와 제자백가의 책들을 모두 압수하여 태워버리시고, 의학과 복서卜筮 및 농경에 관련된 책만 남기시면 됩니다"라고 덧붙여 말했다

진시황은 이사의 건의에 동의하고는 분서焚書학자들의 정치비평을 막기 위해 4서6경을 불태워 없앰하도록 지시했다. 관리들은 집집마다 다니면서 제자백가에 관련한 장서들을 압수하여 태워버렸다. 그러나 이 사건은 곧 바로 지식인들의 반감을 불러일으켜 많은 유생들은 암암리에 불만을 표출하기에 이르렀다. 진시황은 유생들이 뒤에서 자신을 비판한다는 말을 듣고는 매우 화가 나서는 불평불만자들을 색출하도록 지시했다. 결국 460명의 유생들을 체포하여 그들 모두를 생매장했다. 이 사건이 바로 역사상 그 유명한 분서갱유焚書坑儒이다.

이와 같이 진시황은 가혹한 통치방법을 이용해 자신의 통치기반을 더욱 강화시키려 했다. 그러나 그의 강압적인 통치방식은 백성들의 반발을 일으키는 근본적인 이유가 되어 겨우 15년 만에 멸망하게 된다.

진시황제秦始皇帝는 중국역사상의 위대한 인물이다. 6국을 멸하여 장기적인 전란기였던 춘추전국시대를 종식시켜 중화민족의 통일을 실현했다. 진시황은 천하통일 뒤에 봉건제도를 폐지하고, 군현을 설치했다. 또한 문자·도량형·화폐 등의 통일과 만리장성을 수축하여 막강한 제국을 창건했다. 그러나 진시황은 중국역사상의 폭군으로 기록되었다. 그의 지칠 줄 모르는 권력욕과 사욕은 결국 진의 몰락을 재촉했다. 백성들은 오랜 전란이 그치고 통일의 그날이 오면, 기쁜 노래를 부르며 농사에 전념하는 평화로운 시대가 오리라고 믿었을 터이나, 그날은 오지 않았다. 여산릉·병마용갱·아방궁 그리고 만리장성과 전국도로의 건설, 게다가 변방수비에 동원되어야 했다. 그 엄청난 노역과 세금, 혹독한 법으로 백성들의 생활은 엉망이 되었다. 또한 진시황은 분서갱유를 단행하여 충성스런 인재들을 박해함으로써 진나라를 인간지옥으로 만들었다. 마침내는 농민들의 봉기가 일어나고 통

> 일한 지 겨우 15년 만에 멸망하는 단명왕조가 되었으니, 참으로 슬프고 한탄스럽다.

2. 사슴을 가리켜 말이라 한다

> 기원전 210년 진시황은 다섯 차례나 동남지역을 순행했다. 지금의 호남·강서·강소지역에서 남해에 이르기까지 순시를 하고는 산동을 경유해서 돌아오는 길에 사구沙丘지금의 하북지역에서 향년 50세의 나이로 숨을 거두었다. 죽음에 임박한 그는 유서를 남겨 변방에 나가 있던 장자 부소扶蘇에게 왕위를 물려주려 했으나, 승상 이사와 환관 조고趙高가 호해胡亥와 짜고 진시황의 죽음을 비밀로 했다. 그리고는 진시황이 남긴 유서를 위조하여 태자 부소와 몽념장군에게 자결하도록 거짓조서를 내렸다. 이에 태자 부소는 자결하고 호해가 황위를 계승했는데, 그가 바로 진秦나라 2세二世황제이다.

진나라의 두번째 황제秦二世가 된 호해는 황제로 즉위한 뒤에 고마움의 표시로 조고를 낭중령郎中令에 앉히고, 모든 정사를 조고에게 맡겼다. 일찍이 조고는 호해의 스승이었으며 지금은 국가의 대권을 잡았으므로 과거 자신의 눈에 거슬렸던 대신들을 하나하나 제거하여 대신들 대부분은 입을 조심하고 있었다.

당시 조고와 짜고 대권을 함께 잡고 있는 승상 이사 또한 자신의 안전에 불안을 느끼고 있었다. 조고 역시 이사가 자신의 약점을 알고 있는 것에 항상 심기가 불편했다. 어느 날 조고가 이사를 보고 "현재 2세황제는 향락에만 빠져 정사를 돌보지 않고 있습니다. 당신은 국가의 중신인데 이러한 상황을 보고도 황상께 권고하지 않으십니까?"라고 말했다. 이사는 조고의 계략을 눈치채지 못하고는 "요즘 나도 폐하를 만날 수가 없는데 어떻게 간언하겠습니까?"라고 대답하자 조고는 "내가 상황을 봐서 당신께 사람을 보내 폐하를 만날 수 있을 때를 알려드리겠습니다"라고 대답했다.

며칠이 지난 뒤 조고가 이사에게 사람을 보내 "폐하께서 요즈음은 한가하시니 어서 입궁하시지요"라는 말을 전하게 했다. 이사가 황망히 궁에 들어가 알현을 청했다. 그러나 호해는 마침 노래를 들으면서 궁녀들의 춤을 보며 즐기고 있었다. 이사가 만나기를 청한다는 말을 듣고 호해는 불쾌해하며 이사에게 내일 오라고 지시했다. 그러나 다음날 이사가 다시 궁에 들어갔을 때에도 호해는 마찬가지의 말을 했다. 이렇게 몇 차례가 이사를 따돌린 호해는 이사가 고의적으로 자신을 괴롭힌다고 생각하기 시작했다.

이때 조고는 시기가 되었다고 생각하고는 요즘 이사가 황제에게 불만이 많아 그의 아들 이유李由가 농민반란군과 사통했다는 소문을 퍼트렸다. 호해가 이 소문을 듣고 처음에는 믿지 않다가 나중에는 조고의 말을 완전히 믿고 이사를 옥에 가두었다. 또한 조고는 이사를 심문하는 관리를 미리 매수하여 이사에게 가혹한 고문을 하여 이사 부자가 모반을 꾀했음을 인정하게 하도록 했다. 2세황제는 이사 부자가 모반을 꾀했다는 소식을 듣고는 이사와 그의 가족 모두를 처형시켰다.

이사가 죽은 뒤에 2세황제는 조고를 승상으로 임명하여 조고의 권세는 더욱 커졌다. 이때 농민반란군의 세력은 갈수록 전국으로 확산되고 있었으나 호해는 당시 세태에는 신경도 쓰지 않고 여전히 쾌락에 빠져 있었다.

이러한 틈을 타서 조고는 자신의 권세를 시험해보기 위해 하루는 사슴 한 마리를 대전으로 끌고 들어왔다. 호해와 대신들은 이상하게 생각했으나, 조고는 아무런 동요없이 엄숙한 표정으로 호해에게 "이것은 제가 얻은 아주 훌륭한 말입니다. 폐하께 드리려고 준비했습니다"라고 말했다. 그러자 호해황제는 조고의 말을 듣고는 크게 웃으면서 "승상은 정말 우스운 말을 하시는군요. 이것은 분명히 사슴인데 승상은 어찌하여 말이라고 하십니까?"라고 되물었다.

조고는 자신의 작은 눈을 부릅뜨고 교활하게 웃으며 음험한 눈빛으로 대신들을 보면서 "이것은 분명 말입니다. 소신이 사람을 시켜 천 리 밖에서 사온 귀중한 말인데, 어찌 이것을 사슴이라 말씀하십니까? 만일 폐하께서 제 말을 못 믿으시겠다면 대신들에게 물으시지요. 도대체 말인지 아니면 사슴인지를 확인해 보시지요?"

조고가 이렇게 말하는 것을 본 호해황제는 어리둥절해지기 시작했다. 호해는 조고의 말이라면 지금껏 의심해 본 적이 없었다. 그러나 지금 자신의 앞에 있는 것은 분명 사슴인데, 어떻게 말이라고 주장하는 것인가? 호해는 대신들에게 자세히 확인 한 뒤 말인지 아니면 사슴인지를 판별하라고 지시했다.

대신들은 의심스러운 눈으로 사슴을 이리 저리 살펴보고는 아무 말도 하지 않았다. 몇몇 소인배들은 조고의 환심을 사기 위해 일부러 "말입니다. 분명 말이지 사슴이 아닙니다"라고 조고에게 아부를 했고, 또한 몇몇 비교적 정직한 대신들은 "이것은 사슴입니다. 분명 사슴인데, 어찌 말이라고 하십니까?"라고 솔직히 말했다. 이때 조고는 사슴이라고 대답한 정직한 대신들을 일일이 기록해 두었다가 이후 트집을 잡아 모조리 잡아 죽였다. 상황이 이렇게 되자 대신들은 더욱 두려움에 떨기 시작했다.

기원전 207년 농민반란군은 함양에 더욱 가깝게 접근해 왔다. 조고는 농민군이 함양을 점령한 뒤 자신이 처형당할 것이 두려운 나머지 호해황제를 먼저 죽이고 시황제의 손자인 자영子嬰을 진왕으로 세웠다. 그리고는 농민군과 담판을 하고자 했으나 진왕 자영은 평소 조고를 몹시 원망하고 있었으므로 계략을 짜서 조고를 살해했다. 그 후 얼마 지나지 않아 유방劉邦이 군대를 이끌고 함양으로 들어왔는데, 이때 자영은 유방에게 투항했다.

진시황은 무력으로 전국을 통일하여 대일통의 왕조를 개창했다. 그러나 그 또한 왕조의 운명을 예기치 못했으리라. 진나라가 결국은 2세황제에 이르러 멸망했으니 말이다. 진나라는 폭정과 무리한 토목공사 때문에 단명의 길을 걷게 된 것이다. 또한 권신 조고가 진시황이 죽은 뒤 사구에서 꾸민 음모는 결정적으로 진왕조를 멸망시키게 된다. 2세황제가 정사를 돌보지 않고 쾌락과 잔인한 짓만 일삼고 있을 때, 조고는 사슴을 끌고 와서 방자하게 말이라고 주장하고 자신의 말에 반박했던 조정의 충신들을 모조리 죽이는 이런 정권이 멸망하는 것은 역사의 필연이라 할 수 있겠다. 진나라가 2세황제 때 갑자기 멸망한 것은 그들 스스로가 멸망을 자초한 여러 가지 정황들을 통해서 알 수 있는 것이다.

3. 진승의 봉기

2세황제 호해는 즉위한 뒤 교활한 조고와 결탁하여 몽씨형제 몽념蒙恬과 몽의蒙毅를 죽이고 승상 이사를 요참했으며, 공자公子와 공주 등 20여 명을 살해했다. 호해는 무고한 사람들을 대량으로 학살했을 뿐만 아니라 요역과 세금으로 백성들을 괴롭혔다. 이러한 호해의 잔학한 통치아래 사회의 모순은 갈수록 격화되어 드디어 전국을 휩쓴 농민봉기가 폭발했다.

진승陳勝과 오광吳廣은 하남성 남부의 가난한 농민이었다. 당시 진승이 살던 지방의 농민 9백여 명은 북방의 국경지대 수비를 위해 징발되어 이송 중이었다. 진승과 오광은 소대장격인 인솔책임을 맡고 있었다. 이들은 북쪽 변방 수비의 명령을 받고 어양으로 향하고 있었다. 그런데 도중에 여름장마로 길이 막혀 도저히 정해진 기일 안에 목적지에 당도할 수가 없게 되었다.

과거 진승은 집안이 가난하여 남의 집에서 머슴살이를 해야 했지만, 마음 씀씀이가 크고 배짱이 두둑한 사람이었다. 어느 날 주인집 밭에서 일을 하다가 밭두렁에 나와 쉬면서 탄식을 하면서 "다음에 출세하면 옛 친구는 잊지 않도록 해야지…"라고 말했다. 이때 옆에서 그 말을 듣고 있던 사내가 코웃음을 치며 "웃기는 소리 마라. 머슴 사는 주제에 무슨 얼어죽을 출세냐?"라고 빈정거렸다. 그러자 진승은 "슬프도다. 참새가 어찌 대붕의 큰 뜻을 알겠느냐"라며 개탄했다.

폭풍우 때문에 어쩔 수 없이 기일을 지키지 못했을 지라도 진의 가혹한 법은 어떠한 사정도 용납하지 않고, 바로 참수형에 처했다.

때문에 진승은 오광에게 "우리가 도망쳐봤자 얼마 못가 잡혀 죽는다. 또 사람들을 끌고 국경으로 가도 죽는다. 이래도 죽고, 저래도 죽는다면 아예 이참에 우리 한번 나라를 발칵 뒤집고 죽는 것은 어떤가?"라고 말했다. 이 말에 오광도 적극 찬성했다. "좋다. 그럼 우리 한번 해보는 거다!"

그러나 자신들은 본래부터 배경이나 권세가 없는 사람들인데 9백여 명의 농민들을 어떻게 선동하여 따라오게 할 수 있겠는가가 가장 큰 문제였다. 게다가 조정의 말이라면 무조건 복종하는 자들이 농민들인데 지금 반란을 일으키자면 그들이 도대체 얼마나 자신들을 믿어줄 것인지 자신이 없었다. 하지만 방법이 없는 것은 아니었다. 이들 9백 명의 농민들은 진이 천하를 통일하기 이전의 초나라지역 사람들이다. 초나라 사람들은 특히 귀신을 맹신하는 특징이 있는데다, 아직까지도 초나라를 멸망시킨 진나라를 원망하는 이들이 많았다. 그러니 귀신의 힘을 빌어 이들을 선동하면 반드시 자신들을 따를 것이라는 확신이 생겼다.

다음날 그들은 '진승왕陳勝王'이라고 붉게 쓴 헝겊조각을 어부의 그물에 걸린 물고기 뱃속에 슬쩍 집어넣었다. 그런데 이 생선을 한 병사가 사가게 되었다. 그는 고기를 요리하다가 뱃속의 헝겊을 보고는 깜짝 놀랐다. 그리고는 주변의 사람들에게 이 헝겊을 보여주게 되어 이야기는 자연스럽게 널리 퍼지게 되었다.

이에 고무된 진승과 오광은 또 다른 방법을 이용했다. 야영하는 근처 숲속에 있는 사당에 오광이 밤에 몰래 들어가 도깨비불을 피우고 여우 목소리를 흉내 내어, "초나라가 일어난다. 진승이 왕. 초나라가 일어난다. 진승이 왕" 하고 소리를 냈다.

다음날 일행 중에 진승을 흘끔흘끔 쳐다보는 사람들이 차츰 늘어나게 되었다. 그런데 보면 볼수록 진승이 천자의 상으로 보이는 것이었다. 진승과 오광은 시기가 되었다고 생각하고는 이들을 책임지고 압송하는 장교들을 살해했다. 그런 뒤 진승이 큰 소리로 외쳤다.

"우리는 비 때문에 길이 막혀 이미 기한 내에 도착하기는 틀렸다. 가봤자 모두 죽임을 당할 뿐이다. 사내대장부로 태어나 개죽음을 당하는 게 말이나 되는가! 어차피 죽을 바에는 세상을 한번 깜짝 놀라게 해주자. 왕후장상의 씨가 따로 있는가! 모두 다 같은 인간일 뿐인 것이다. 우리라고 되지 말라는 법이 있는가!"

농민들은 모두 함성을 지르며 진승과 오광을 따랐다. 진승의 예견대로 봉기의 소식을 들은 전국의 백성들은 항쟁의 대열에 나섰다. 백성들은 깃발만 오르면 반란에 동참할 수 있는 만반의 준비가 되어 있었던 셈이다.

이렇게 되자 진승과 오광은 국호를 대초大楚로 정했다. 그리고 진승은 장군이 되었으며, 오광은 부대장이 되었다.

이들은 우선 부근 지방을 공격하여 점령하고 무기와 병력을 확보한 뒤 차츰 그 세력을 넓혀 갔다. 그런데 그 세력은 급속도로 늘어나 순식간에 전차 6대, 수레 7백 대, 기병 천여 명, 병졸 수만 명을 모을 수 있었다. 그리고 계속 진격해 옛날 초나라의 수도였던 진성까지 점령하기에 이르렀다.

진승은 진성을 점령한 뒤 지방유지들을 모아놓고 자신의 뜻을 설명했다. 그랬더니 그들은 이구동성으로 "장군께서 몸소 일어나서 천하의 폭군을 내몰고 폭정을 벌하심으로 초나라를 부흥시키셨습니다. 그러므로 당연히 왕위에 오르셔야 합니다"라고 떠받드는 것이었다.

진승은 이러한 분위기 속에서 곧 왕이 되었으며, 국호는 '장초張楚'라고 했다. '장초'란 초나라의 힘을 확대한다는 의미이다. 진승이 왕이 된 뒤 봉기군의 위세는 갈수록 커져가서 이들의 부대는 진의 수도 함양의 몇백 리 근처까지 쳐들어갔다.

파죽지세破竹之勢로 세력을 확장해 가는 '장초'의 대군에게 호해황제는 기겁했다. 그래서 급히 장군 장한章邯을 파견해 여산에서 일하고 있는 몇십만 대군을 무장시켜 반란군에 대응하도록 했다. 농민군은 본래부터 전투경험이 부족했으므로 진나라 병사들과 싸움이 붙자 허망하게 패배했다. 이때 오광은 부하장수에게 살해당했다. 또한 진승은 진나라 군대에 병사들과 저항했으나, 결국 실패하고 도망가던 중 그의 마부 장가莊賈에 의해 암살당해 이들의 봉기는 실패로 끝났다.

진승은 봉기 이후 전국각지 농민들의 호응을 얻어 그 세력을 급속히 확장하였고 많은 지역을 점령했다. 그러나 전투의 실전경험이 없는 농민들의 군대는 오합지졸에 불과했고, 농민주력군이 진의 장군 장감에게 패한 뒤에는 내부 동요까지 일어나 진승과 오광은 부하들에게 살해되었다. 진승과 오광이란 영웅은 전쟁터에서 죽음을 맞이한 것이 아니라 모두 부하에 의해 살해당한 것이다. 중국역사상 최초의 농민정권인 '장초'는 비록 단명했으나, 중국역사에서는 상징적인 의미를 지니고 있다고 할 수 있다.

4. 서초패왕 항우

진나라는 진승·오광의 난 이후 전국적으로 반란의 물결에 휩싸이게 되어 전국에 크고 작은 봉기군들이 출현했다. 그들 봉기군들 가운데 항량과 항우가 거느리는 봉기군들이 있었다. 항량은 초나라 장군 향연의 아들이며, 항우는 그의 조카이다. 항량과 항연은 오현吳縣지금의 강소성 소주에서 기병하여 진승과 호응했으며 8백 명의 반진反秦부대를 조직하여 강동지역에서 자신들의 세력을 발전시키고 있었다.

항우는 이름이 적籍이며, 자는 우羽이고 하상下相지금의 강소 숙천사람이다. 기원전 232년에 태어났다. 어린 시절의 항우는 공부도 열심히 하지 않고, 무예 또한 열심히 익히지 않았다. 때문에 항량은 자주 항우에게 화를 내며 꾸중을 했다. 그러자 항우는 오히려 태연히 이렇게 대답하는 것이 아닌가.

"글공부는 제 이름 석 자만 쓸 줄 알면 충분합니다. 검술도 결국 몇 사람 대적할 줄만 알면 되지 그까짓 것 배워봤자 뭘 하겠습니까. 진짜 배워야 하는 것은 만인을 상대로 싸우는 것을 배워야죠."

이 말을 듣자 항량은 항우가 큰 뜻을 품고 있다고 생각하여, 병법을 한 번 가르쳐 보기로 했다. 그랬더니 처음에는 항우도 매우 열심히 공부를 하는 것이었다. 항량은 내심 기뻐하며 조카에게 만족하게 되었으나. 이것도 결국 오래 가지 못하고 대충대충 하더니 얼마 되지 않아 집어치우고 말았다.

그 후 항량이 사람 하나를 죽이고 쫓기는 신세가 되자 조카 항우를 데리고 오중吳中지방으로 피하게 되었다. 그 지방의 청년들은 항량과 항우의 기질이 평범하지 않은데다 무예가 출중한 것을 보고는 감복하여 항량을 지도자로 받들었다.

기원전 209년 7월 진승과 오광이 진나라의 폭정에 항거하여 봉기했다. 9월에는 항량과 항우 또한 오중에서 기의하여 강을 건너 북상했다. 얼마 지나지 않아 항량부대는 설성薛城에 도착했으며, 행군하는 동안에도 끊임없이 병사를 모으고 말을 구입했다. 패현沛縣의 유방劉邦도 100명의 부하들을 데리고 항량에게 투신하여, 이들의 부대는 6~7만 명으로 증가했다.

이때 진승이 살해되었다는 소식을 듣고, 항량은 범증范增의 건의를 받아들여 민간에 살고 있던 초회왕楚懷王의 손자를 초나라 왕으로 옹립하고 초회왕의 이름을 이용해 백성의 민의에 순응했다. 항량이 초회왕의 명성에 의지하여 부하들을 거느리고 연속해서 승리를 거두어 봉기군들의 기세는 하늘을 찌를 듯했다.

항량의 부대가 한참 승리를 거두고 있을 때, 진나라 장군 장한이 기습공격을 해서 항량을 죽이고 항량의 군대를 격파했다. 이제 후환이 없다고 판단한 진나라 군대는 북상하여 자칭 조왕趙王이라는 조헐趙歇이 세운 조나라를 공격하여 한단邯鄲을 장악했고, 진나라의 공격에서 밀려난 조나라는 거록鉅鹿지금의 하북성 평향으로 피해 가게 되었다. 그러나 장한은 부하인 왕리와 섭간에게 거록을 포위케 하고 자기는 그 남쪽에 포진했다. 조왕은 형세가 위급함을 알고 급히 초회왕에게 구원을 요청했다. 초회왕은 송의를 상장군으로, 항우를 부장으로 해서 군대를 이끌고 북상하여 조나라를 구하도록 했다.

초나라 군대는 팽성을 떠나 안양으로 진격하게 되었다. 그런데 안양에 당도한 지 46일이 넘도록 전진하지 않고 그곳에만 머물러 있는 것이었다. 마음이 급해진 항우가 송의에게 따졌다.

"지금 진나라 군대가 조나라 군사를 거록에서 완전히 포위하고 있습니다. 우리는 지체없이 행동해서 황하를 건너야 합니다. 우리가 밖에서 공격하고 조나라 군사들이 안에서 호응하면 진나라 군대는 틀림없이 무너집니다."

그러나 송의는 항우의 말을 한마디로 묵살하고, 항우를 노려보며 "장막 안에서 전술·전략을 세워 천리 밖에서 승부를 결정짓는 전법을 자네가 알겠는가? 우리는 진나라와 조나라 군사들이 싸움에 지쳐 떨어지는 그 때를 노려서 무찌르는 것이오. 그들을 격파한다면 일은 다 된 것 아니겠소"라고 말했다. 말을 마친 송의는 전군에게 "누구든 내 명령을 듣지 않는 자는 모두 죽이겠다"는 금령을 내렸다.

당시의 초군은 양식이 부족한데다 춥고 비가 많이 와서 사병들은 추위와 배고픔에 떨어야 했다. 항우는 더이상 참을 수가 없었다. 어느 날 아침 일찍 조회할 때를 이용해서 검을 뽑아 송의를 죽여버렸다. 그런 뒤 항우는 전군을 소집한 자리에서 "송의는 초나라를 배반했다. 북상하여 조나라를 구하지 않았으므로 나는 초회왕의 명을 받들어 송의를 죽였다"고 선포했다.

장수와 병사들은 송의가 이미 죽었다는 말을 듣고는 바로 항우를 상장군으로 추대했다. 그렇게 되자 회왕도 할 수 없이 항우를 상장군에 임명했다.

항우는 직접 전군을 이끌고 황하를 건너 거록에 도착했다. 도착 즉시 타고 온 배에 구멍을 내 모조리 물속에 가라앉히고 가마솥을 때려 부쉈으며 천막을 불태워 없앴다. 군량미도 3일분만 남기고 모두 없애버렸다. 승리 아니면 죽음이라는 지상명령을 전 장병에게 포고한 것이나 다름없었다.

그러면서 왕리의 군대를 포위하는 한편 장한의 군대와도 격렬한 공방전을 거듭한 끝에 마침내 진나라 군대의 보급로를 끊어버리는 데 성공하고 끝내 진나라 군대를 재기할 수 없을 정도로 완전히 초토화해버렸다.

이 전투에서 승리함으로써 항우는 제후들 가운데서도 절대적인 지위를 차지하기에 이르렀다. 이때부터 항우는 상장군으로서 제후 위에 군림하여 왕에 버금가는 지위를 가지게 되었다.

그러나 항우가 거록에서 혈투를 벌이고 있는 동안 유방은 이 기회를 틈타 조용히 함양咸陽에 들어가 진왕 자영의 투항을 받고, 관중의 백성들에게 '약법3장約法三章[진나라의 가혹한 법을 폐지하고, 법규 3장을 약정한 고사]'을 약속하고 관중을 평정했다.

유방이 궁전을 점령했을 때 그곳은 빼어난 미녀들과 보물들로 가득 차 있었다. 그는 만면에 미소가 흘렀다. 그냥 눌러앉아 마음껏 즐기고 싶었다. 그래서 거기에 본부를 설치하려고 생각했다. 하지만 장량과 번쾌가 이를 말렸기 때문에 하는 수 없이 진나라의 보물들을 모아 둔 부고를 봉인한 뒤 일단 물러나왔다.

유방은 사람들을 모아놓고 이렇게 포고령을 내렸다.

"여러분은 오랫동안 가혹한 억압에 시달려 왔습니다. 국정을 비판했다가는 일족이 몰살당해야 했고 길에서 쑥덕거리기만 해도 잡혀가 사람들이 많이 모인 거리에서 참수당했을 정도였습니다. 우리는 제후들과 약속하여 관중에 먼저 들어간 자가 왕이 되기로 했습니다. 그러므로 왕은 바로 나입니다. 왕의 자격으로 나는 여러분과 약속합니다. 우선 법은 세 가지만 정합니다. 즉 사람을 죽인 자, 사람을 상해한 자, 도둑질을 한 자는 처벌한다는 것입니다(약법3장). 그밖에도 진나라가 정한 모든 잔인하고 복잡한 법령들은 모두 이 자리에서 폐지합니다. 앞으로는 모두 편안하게 지내시기 바랍니다. 우리가 관중에 들어온 목적은 오직 여러분을 위해 학정을 없애자는 데 있으며 결코 난폭한 짓을 하지 않을 것이니 안심하십시오."

유방은 부하에게 진나라의 관리를 동행시켜 각지를 순회하면서 백성들에게 이 뜻을 널리 알리게 했다. 진나라 사람들은 이 뜻에 크게 호응하여 유방의 군사를 대접하기 위해 다투어 고기와 술과 음식 등을 가지고 왔으나 유방은 정중히 거절했다. 이렇게 되자 유방에 대한 평판은 더욱 높아졌고 백성들은 어떠한 일이 있어도 그를 꼭 왕으로 추대해야 한다고 말했다. 뒤에 항우가 이 소식을 듣고는 45만 대군을 이끌고 황급히 함양으로 향하였다.

기원전 206년 12월 항우의 군사 45만은 홍문鴻門에 포진하고 큰 소리로 유방과 결전을 벌이겠다고 떠들어댔다. 반면 유방은 10만 병력으로 패상霸上에 주둔하고 있었는데, 당시 유방은 이미 자신은 항우의 상대가 될 수 없음을 알고 있었으므로 모사謀士 장량과 대책을 상의하고 있었다.

이날 항우의 진중에서는 범증이 항우에게 "유방은 산동에 살 때만 해도 욕심쟁이인데다 계집질로 소일하는 형편없는 위인이었습니다. 그랬던 그가 지금은 관중을 점령했음에도 불구하고 재화는 물론 여자도 가까이 하지 않는다는 소문이 들립니다. 이 또한 심상치 않은 일입니다. 제가 데리고 있는 점쟁이에게 유방을 점치게 했는데 그는 오색으로 채색된 용호龍虎의 상을 하고 있다고 합니다. 이건 천자가 될 조짐이니 한시라도 빨리 유방을 잡아 죽여야 합니다"라고 경고했다.

또한 항백項伯은 항우의 숙부인데, 일찍이 장량과 친근하게 지냈었다. 조만간에 항우가 유방을 죽일 것이라는 사실을 알게 된 항백은 그의 친구 장량이 너무 걱정이 되어 밤중에 몰래 유방의 진영으로 달려가 은밀히 장량을 만났다. 항백은 장량을 만나 긴급한 정황을 설명해 주고 장량에게 피신할 것을 권유했다. 그러자 장량은 항백에게 이번 기회를 이용해 유방과 사돈관계를 맺으라고 권하고는 항백이 유방을 대신해서 항우에게 사죄해 줄 것을 부탁했다.

항백은 단번에 승낙하고는 유방에게 "내일 아침 일찍 항우에게 사죄하라"고 말하고는 자신의 군영으로 돌아가서 항우에게 "만약 패공沛公[유방]이 먼저 관중을 점령하지 않았다면 네가 어떻게 힘 하나 들이지 않고 관중에 들어올 수 있었겠느냐? 유방이 큰 공을 세웠는데 너는 왜 자꾸 유방을 죽인다고만 하느냐. 그건 옳지 않은 처사다. 내일 패공이 여기에 오면 대접을 잘 하거라"라고 당부했다. 항우는 숙부의 말이 옳다고 생각하고는 그의 뜻대로 하기로 대답했다.

다음날 이른 아침 유방은 수행원들과 함께 홍문에 와서 항우에게 인사했다. 유방은 매우 예의바른 태도로 말했다.

"저는 장군과 한 마음으로 협력하여 진나라 군대와 싸웠습니다. 예상 밖으로 제가 본의 아니게 먼저 관중에 들어와서 진나라를 멸망시켰습니다. 바라옵건대 장군은 소인배들의 말을 듣지 마시고 정황을 명확히 판단하시기 바랍니다."

이에 항우도 기분이 좋아져서 유방을 위해 잔치를 벌였다. 잔치가 벌어지는 동안 범증은 여러 차례 항우에게 눈짓하며 허리에 찬 옥륜을 쳐들어 '유방을 죽이라'고 신호했다.

이 신호는 세 번이나 되풀이 되었으나 항우는 잠자코 바라보기만 했다. 초조해진 범증은 자리에서 빠져 나와 항우의 동생 항장項藏을 불렀다.

"우리 왕은 인정이 많으신 분이라 유방을 손수 처치하실 수 없을 것 같네. 그러니 자네가 대신 해줘야겠어. 자네가 주연을 돕는 체하면서 검무劍舞를 추게. 춤을 추며 유방의 자리로 접근하다가 죽여버리는 거야. 알겠는가?"

항장은 칼을 뽑아 춤을 추기 시작했다. 그러자 위기를 직감한 항백이 칼을 뽑아들고 마주 보며 춤추기 시작했다. 항백은 칼춤을 추며 몸으로 유방을 감싸고 끝내 틈을 주지 않았고, 그래서 항장은 기회를 얻지 못했다.

사태를 파악한 장량은 자리에서 빠져나와 밖에 있는 번쾌를 불러서 "지금 항장이 칼춤을 추고 있는데 그 칼끝이 우리 대왕의 목숨을 노리고 있소"라고 전하고 번쾌로 하여금 유방을 보호하도록 했다. 번쾌가 들어와 이러한 위험한 상황을 보고 질책하자 분위기는 다소 완화되었다.

잠시 뒤 유방이 변소에 다녀오겠다고 하자 장량과 번쾌도 그를 따라 자리를 떴는데 이들은 밖으로 나가 바로 자신의 군영으로 돌아갔다. 범증은 유방이 이미 자신의 군영으로 돌아간 것을 알고는 항우에게 "오늘 유방을 놓아주었으니, 머지않아 우리는 패공의 포로가 되고 말 것이다"라며 매우 분노했다.

함양을 장악하게 된 항우의 처사는 유방과 매우 대조적이었다. 그는 이미 항복한 진왕 자영을 죽이고 함양을 남김없이 파괴했다. 궁궐을 불사르고, 여산릉驪山陵을 파헤쳐 재화를 획득한 그는 고향으로 돌아갈 채비를 하고 있었다.

"부귀하여 고향에 돌아가지 않는다면, 모처럼 비단옷을 입고 밤길을 가는 것과 같다."

이러한 항우의 감상적인 처사를 빗대어 한생은 "마치 원숭이에게 관을 씌운 것과 같다"고 표현했다.

또한 항우는 초회왕을 의제義帝로 앉히고는 호남 장사의 빈현彬縣으로 옮겨가서 살게 했다. 명실 공히 천하의 대권을 장악한 항우는 제후를 소집하여 논공행상論功行賞을 실시했다.

항우는 유방을 한왕漢王으로 봉하여 파촉의 한중에 머물게 하고, 관중의 땅을 3분하여 장한·사마흔司馬欣·동예董翳 등 3명의 진나라 항장降將들을 왕으로 봉해서 유방을 견제하도록 했다.

그밖에도 반진투쟁 중에 결사적으로 투쟁했던 14명을 왕으로 봉하고, 항우 자신은 서초패왕西楚霸王이 되어 관중지역을 장악해 놓고도 자신의 고향인 초나라지역으로 되돌아감으로써 천하를 중앙에서 평정할 절호의 기회를 스스로 포기한 셈이 되었다. 항우는 고향으로 돌아가 안일하게 패왕의 부귀영화를 누리고자 했던 것이다. 그러나 항우의 금의환향은 결국 그로 하여금 천하를 잃게 하는 계기가 되었다.

 중국역사상 항우는 비극의 주인공으로 기록되었다. 그는 진말에 봉기하여 제후들을 이끌고 3년간 고군분투한 끝에 진나라를 멸망시켰으며, 자신은 패왕이 되어 제후들 중의 맹주가 되었다. 거록전에서 보여준 그의 용맹함과 담력은 보기 드문 패기였다고 할 수 있다. 그러나 항우는 자신의 무공을 자만하고 원대한 계획을 세우지 못하여 결국 홍문연에서 유방을 놓아주어 결정적인 화근을 만들고 말았다. 또한 홍문연 이후에도 함양을 철저히 파괴하여 민심을 잃었을 뿐만 아니라 관중과 같은 요새를 버리고 자신의 고향인 초나라지역으로 되돌아감으로써 천하를 잃게 되는 계기를 만들었다. 원래 항우는 초나라의 후예로서 초를 멸망시킨 진에게 복수를 하고 싶은 마음이 강한데다 역사를 되돌려 통일 이전의 사회로 복귀할 것을 희망하고 있었다. 그는 공신들에게 전국을 분봉했는데, 시대를 역행하는 그의 논공행상은 매우 무원칙한 것이어서 커다란 불만을 샀다. 이러한 제후왕들의 불만은 결국 각지의 반란으로 표출되어 결국 그를 위기에 몰아넣었다. 특히 척박한 땅을 분봉받은 유방의 불만은 갈수록 더해갔다. 때마침 항우가 초의 의제를 살해하자 명분을 얻은 유방은 본격적인 행동을 시작했다.

5. 항우와 유방의 전쟁

반진의 봉기군 중에서 비교적 세력이 막강한 군대는 항우項羽와 유방劉邦이 이끄는 농민군들이었다. 진나라가 멸망한 뒤에는 그 형세가 급변하여 항우와 유방 중에 누가 천하를 통일할 것인가에 관심이 집중되고 있었다. 당시 중원에서는 항우의 초楚나라와 유방의 한漢나라가 천하의 주인이 되기 위한 패권쟁탈전을 치열하게 전개하고 있었다.

유방劉邦(256~195 BC)의 아명은 유계劉季이고, 패현 풍읍(지금의 강소 풍현)사람이다. 귀족출신인 항우에 반하여 유방은 농민의 아들이었다. 젊어서는 방탕하여 고향사람들은 그를 무뢰한이라고 무시했다. 나이 30이 넘어서 사수泗水의 정장亭長을 했다.

유방은 나면서 콧날이 높고 용의 얼굴을 닮았으며 왼쪽 다리에만 72개의 사마귀가 있었다고 한다. 그는 사람을 아끼고 언제나 활달했으며 큰 도량을 지니고 있어 만사에 대범했다.

일찍이 유방이 함양에 가서 부역에 종사하고 있을 때, 시황제의 위풍당당한 가마행렬을 보게 되었다. 그는 한숨을 쉬며 탄식했다.

"대장부로 태어나서 한번쯤은 저렇게 되어야 하는데…"라며 자신의 야심을 숨기고 우회적으로 표현했다.

당대의 유명한 관상가 여공呂公은 유방의 관상을 보고 이렇게 말했.

"제가 많은 사람의 관상을 봐왔습니다만 당신과 같은 관상은 본 적이 없습니다. 저의 말을 헛되이 듣지 마시고 부디 몸조심하십시오. 그리고 한 가지 청이 있습니다. 저에게 딸이 하나 있는데 설거지나 하고 청소나 하는 아내로 맞아주셨으면 합니다."

이렇게 여공이 자신의 딸 여치呂雉를 유방에게 주니 이 여인이 바로 나중에 황제의 부인이 된 여후呂后이다. 여공의 사람 보는 눈이 뛰어나다 하지 않을 수 없다.

유방은 지방관리의 직책을 맡고 있었으므로 여산의 시황제 능묘공사에 동원되는 인부들의 통솔을 맡아 여산으로 떠났다. 그런데 여산으로 가는 도중에 이탈자가 속출했다. 유방이 생각해 보니 여산에 도착하기도 전에 모두 다 도망쳐 버리고 말 것 같은 분위기였다. 유방은 진퇴유곡進退維谷에 빠졌다. 이대로 목적지로 향해 갈 수도 없고 그렇다고 패로 돌아가도 죽음만이 기다리고 있는 상황이었다. 유방은 마침내 결단을 내렸다.

"당신들은 모두 도망가시오, 나 또한 이대로 도망가리다."

유방이 동원된 인부를 해산시키자 그 가운데 수십 명이 유방을 따랐다. 유방은 점점 모여드는 탈주자들을 모은 뒤 패현의 장관을 죽이고 패공沛公으로 추대되었다. 패공 유방은 조참曹參과 소하蕭何 등을 등용하고 군사를 모으니 그 수가 3천 명에 이르렀다. 유방은 이들을 이끌고 주변을 공략하면서 점차적으로 세력을 구축해 나갔으며, 뒤에는 항우가 거록에서 혈전을 벌이는 틈을 이용해 관중을 공략했다. 당시 유방의 군대는 10만에 육박하고 있었다.

한왕 유방이 군대를 데리고 한중漢中에 도착했다. 그러나 그의 부하들의 고향이 대부분 관동關東이어서 향수병은 갈수록 깊어졌고, 그로 인해 이탈자와 탈주병이 자꾸 늘어나 장수만 해도 수십 명이 도망쳐버렸다.

어느 날 "승상 소하가 도망쳤습니다"라는 보고가 들어왔다.

유방은 크게 화를 냈다. 소하까지 도망쳤다면 유방의 양팔이 모두 잘린 것과 다름없었기 때문이었다. 이제 천하제패는 꿈도 못 꾸게 된 것이다. 그러나 이틀 뒤에 소하가 돌아왔다.

유방은 한편으로는 매우 화가 났으나 또 한편으로는 여간 다행한 일이 아니었다. 그러나 대장군으로서 체면 때문에 큰소리부터 쳤다.

"귀공까지 도망치다니 도대체 어찌 된 일이오?"

그러자 소하는 "아닙니다. 도망친 것이 아닙니다. 도망친 자를 뒤쫓아 갔을 뿐입니다"라고 대답했다. 유방이 "도대체 누구를 추격했느냐?"고 물었다. 소하는 한신韓信이란 자를 추격했다고 대답했다.

소하의 말을 듣고 난 유방은 어이가 없어 "이제까지 도망친 장수가 수십 명이나 되었지만 승상이 뒤쫓아 간 적은 한 번도 없었소. 그런데 겨우 한신 따위를 잡으러 가다니 승상이 어떻게 된 것 아니오?"라고 되물었다.

그러나 소하는 유방에게 "다른 사람이라면 얼마든지 다시 사람을 구할 수 있습니다. 그러나 한신 같은 인물은 두번 다시 찾을 수 없는 보물입니다. 대왕께서 평생 한중에서만 왕을 하실 거라면 한신 같은 사람은 필요없을 것입니다. 그렇지만 천하를 제패하려는 야망을 갖고 계신다면 한신 외에 함께 일해 나갈 인물이 따로 없는 줄로 압니다. 대왕께서 결정해 주십시오"라고 말하자 유방이 한참 생각하더니 심각하게 "과인도 동쪽으로 진출하여 천하를 얻고자 하는 생각뿐이오. 어찌 답답하게 여기에만 있을 수 있소"라며 속마음을 털어놓았다.

소하는 "대왕의 뜻이 그러하시다면 한신을 기용하십시오. 그에게 일할 수 있는 자리를 준다면 그는 대왕의 곁에 머무를 것입니다. 그렇지 않으면 그는 결국 대왕의 곁을 떠나고 말 것입니다"라고 간곡히 말했다.

유방은 소하에게 "그럼 별 수 없군. 내 귀공의 뜻을 봐서 그를 장군으로 등용하리다"라고 대답했다. 그러나 소하는 "장군 정도로도 부족합니다"라고 말했다.

"그렇다면 대장군大將軍이면 되겠소?"

"그렇게 하시면 될 것입니다."

유방은 즉시 한신을 불러들여 대장군에 임명하려 했다. 그러자 소하가 말리면서 "대왕께서는 부하를 너무 만만히 보시고 예의를 갖추지 않으시는 경향이 있습니다. 대장군을 임명하는 큰일을 마치 어린애들 병정놀이 하듯 말 한마디로 처리하려 드시기 때문에 한신 같은 인물들이 도망치는 것입니다. 대왕께서 그를 정말 대장군에 임명하시려면 길일을 택하시고 목욕재계 하시고 단을 준비한 다음 의식을 갖춰야 될 줄 압니다"라고 아뢰었다.

유방이 소하의 의견에 따랐다. 그런데 새로 대장군이 정해진다고 하자 모든 장군들이 저마다 "혹시 내가 되지 않을까?" 하고 기대에 부풀어 있었다. 그러나 막상 한신이 대장군으로 임명되자 모두 어이없어 하는 표정들이었다.

대장군 임명의 의식이 끝나자 유방이 한신을 불러 "승상이 자주 그대의 얘기를 했소. 그대는 과인에게 무슨 가르침을 주시겠소?"라고 물었다.

한신은 유방에게 천하의 대세를 분석하여 다음과 같이 말했다.

"항우는 사람을 쓸 줄 모르며, 부하가 공을 세워 상을 내려야 할 때가 되면 항상 머뭇거립니다. 항우는 비록 천하의 패자가 되어 여러 제후를 신하로 삼았지만 중원에 있지 못하고 변두리인 팽성에 자리 잡고 있습니다. 또 자기와 친한 제후만 왕으로 삼고 있을 뿐입니다. 그의 군대가 지나가는 곳은 한결같이 학살과 파괴만이 남아 있을 뿐입니다. 그래서 백성들이 그를 원망하고 감히 따르는 자가 없습니다. 단지 그의 강한 위세에 눌려 있을 따름입니다. 비록 지금은 그가 패자로 불리지만 이미 천하의 인심을 잃고 있는 것입니다. 지금 대왕께서 항우와는 반대로 천하의 인재들을 믿고 함께 일을 하신다면 무엇을 못 이루겠습니까? 얼마 전에 항우는 진나라에서 항복해온 20만 군사를 흙구덩이 속에 매장해버렸습니다. 그래서 진나라 사람들의 항우에 대한 원한이 하늘을 찌를 듯이 사무쳐 있습니다. 그러나 대왕께서는 진나라 땅을 들어가시고도 손끝 하나 백성을 해치는 일이 없었으며 진나라의 가혹한 법을 폐지시켜 주겠다고 약속하셨습니다. 그래서 진나라 백성들은 대왕께서 진나라의 왕이 되시길 바라지 않는 자가 없습니다. 만약 대왕께서 모든 힘을 쏟아 동쪽으로 진출하신다면 격문 한 장만 붙여도 대왕의 땅이 될 것입니다."

유방이 이 말을 듣고 매우 기뻐하며, "내가 한신을 너무 늦게 얻었구나"라고 자신을 원망할 정도였다. 이후 유방은 한신의 건의를 받아들여 힘들이지 않고 관중을 점령했다. 그러고는 함곡관으로 출병하여 항우와 천하쟁탈전을 벌였다.

유방과 항우의 전쟁이 4~5년간 진행되면서 70여 차례의 큰 전쟁과 40여 차례의 국지전이 있었다. 유방의 군사력은 갈수록 쇠약해져서 몇 차례나 항우에게 패배했으며, 유방은 그 사이 몇 차례 부상을 당하기도 했다. 그렇지만 항우의 군대의 규율은 엉망이었으므로 항우의 군대가 지나간 자리는 학살과 약탈이 끊이지 않았다. 항우 또한 의심이 많고 인재를 쓸 줄 몰랐을 뿐만 아니라 오랫동안 자신을 성심성의껏 도운 모사 범증范增을 의심하기까지 했다. 범증 또한 못난 항우를 더이상 견디지 못하고 최후에는 그를 버리고 고향으로 돌아가 버렸다.

유방은 항우보다는 노련한 인물이었다. 그는 군대를 다스릴 줄 알았으므로 그의 군대는 항시 규율이 엄격했다. 또한 유방은 용인술用人術이 뛰어나 항시 신변에 훌륭한 인재들을 몰고 다녔다. 예를 들면 문인으로는 장량과 소하가 있고, 무인으로는 한신이 있어 전쟁뿐만 아니라 머리회전 또한 빨랐다. 때문에 유방이 비록 수차례 참패했지만 최후에는 강자가 될 수 있었던 것이다.

기원전 202년 겨울, 항우 군은 해하垓下(지금의 안휘성)에 주둔하고 있었으나 이미 사기는 땅에 떨어져 있었다. 유방은 대장군 한신에게 해하에서 매복하여 항우를 겹겹이 포위하라고 지시했다. 항우의 군사는 당시 군량미도 없는 상태였으므로 포위를 풀기 위해 돌격했으나 결국은 뚫지를 못했다.

그날 밤 항우는 적의 야영지에서 흘러나오는 노랫소리를 듣고 가슴이

뜨끔했다. 사방에서 초나라 노래가 슬프게 들리고 있는 것이었다[四面楚歌]. 항우는 초나라의 노래를 들으며 "투항한 초나라 병사들이 이렇게 많단 말인가. 저 구슬픈 노랫소리가 또 우리 병사들을 괴롭히고 있구나" 하고 말한 뒤 침소에서 뛰쳐나와 술을 마시기 시작했다.

항우에게는 한시도 옆에서 떨어지지 않는 우희虞姬라는 애첩이 있었으며 또한 오추마烏騅馬라는 이름의 애마도 있었다.

마음이 울적해진 항우는 즉흥시 한 수를 읊으며 마음을 달랬다.

산을 뽑아 버릴 힘도
천하를 제압하는 기백도
이제는 쓸모가 없어졌네.
추騅여 너마저 걷지 않으니
아, 우희여, 우희여!
너를 위해 해줄 것이 없구나.

항우는 이 노래를 몇 번이나 불렀고, 어느덧 그의 뺨에는 굵은 눈물이 떨어졌다. 가까이 모시는 신하들도 그 앞에 엎드리어 소리없이 흐느끼며 울었다.

항우는 애마에 올라앉았다. 정예 8백 명이 그를 따라 나섰고, 그들은 야음을 틈타 포위망을 돌파하여 남쪽을 향해 질풍같이 내달았다. 새벽녘에 되어서야 한군은 항우가 탈주했음을 알고는 대장인 관영이 기병 5천을 이끌고 추격하기 시작했다.

항우는 회수를 건넜는데 여기까지 따라온 기병도 이제 1백여 명에 지나지 않았다. 항우는 다시 동쪽으로 진로를 바꿔 동성까지 달아났다. 이제 수행하는 병사는 겨우 28명에 불과했고 이를 뒤쫓는 한군은 수천 명이었다. 항우는 부하 기병을 모아놓고 이렇게 선언했다.

"내가 군사를 일으킨 지 8년, 70여 회의 전투에 참가했으나 한 번도 져본 일이 없다. 싸울 때마다 이겼고 내가 한번 지키면 적은 패주했고 공격하면 적은 투항했다. 그러기에 천하의 패권을 장악했었다. 그러던 내가 마지막에는 이 꼴이라니 믿을 수 없는 일이다. 이는 하늘이 나를 버린 탓이지 내 싸움이 서툴렀기 때문은 아니다."

항우는 장강연안의 오강으로 향했다. 그곳에서 장강을 건너 동쪽으로 달아날 생각이었다. 도선장에는 오강의 정장이 배를 준비하고 있다가 항우의 얼굴을 알아보고는 "강동 땅은 넓지는 않습니다만 그래도 사방이 천 리, 인구는 수십만이나 됩니다. 그곳에 가시면 다시 한번 기회를 엿볼 수도 있을 것입니다. 자 어서 배에 오르십시오. 배가 이 한 척뿐이니 뒤쫓아오더라도 강을 건너지 못합니다"라고 말했다.

그러나 항우는 처연하게 웃으면서 말했다.

"나는 이미 하늘의 버림을 받은 몸이오. 강을 건넌다고 해서 무슨 수가 있겠소. 더구나 강동은 내가 그곳 젊은이 8천 명을 이끌고 처음으로 거사한 곳이오. 그런데 이제 그 8천 명이 모두 죽고 나 혼자 살아남았소. 죽은 젊은이들의 가족이 설령 나를 반겨준다고 하더라도 무슨 면목이 있어 그들을 대할 수 있다는 말이오. 설사 그들이 나를 용서한다고 하더라도 나 자신이 나를 용서할 수 없는 처지라오."

잠시 말이 없던 항우가 고개를 들어 말을 가리키며 정장에게 부탁했다.

"이 말은 내가 5년 동안 애지중지하며 타고 다닌 말이오. 이놈이 내닫는 곳엔 덤비는 적이 없었고 하루에도 능히 천 리를 달렸소. 내 손으로는 죽일 수가 없으니까 당신이 맡아주오."

항우는 스스로 말에서 내리더니 부하들에게 각자 말에서 내리라고 명령했다. 그리고는 전원 칼을 잡고 한덩어리가 되어 추격해 온 한군漢軍을 향해 쳐들어갔다. 항우 혼자서 죽인 한나라 군사들만 해도 수백 명에 이르렀다. 그러나 최후에는 오강 근처에서 검을 뽑아 자살했다.

유방은 항우를 격파한 뒤에 산동에서 경축회를 크게 열었다. 제후들과 장군들의 추대로 황제가 되었다. 국호는 한漢이라 하고, 장안長安에 도읍을 정했다. 역사에는 서한西漢前漢이라 기록되었다.

유방과 항우와의 최후의 패권쟁탈전은 참으로 비장한 전쟁이었다. 최후의 승자 유방이 제위에 올라 한왕조를 세우니, 그가 바로 한고조漢高祖이다. 농민출신이었던 유방은 개인적으로 항우보다 뛰어나지는 못했지만, 자신의 힘을 과신하지 않고 수많은 인재를 활용했으며, 감정에 휘말리지 않고 언제나 현실을 직시함으로써 마침내 황제의 지위에 오르게 된 것이다.

그러나 항우에게는 치명적인 실수가 있었다. 항우는 고향인 초나라만을 그리워해 관중지방을 떠났던 점, 의제를 내쫓고 제위를 찬탈한 일 그리고 자기에게 거역하는 왕후를 용서할 줄 몰랐다는 점들이다. 또한 자신을 지나치게 과신하여 모든 일을 자기 한사람의 생각만으로 처리하려 했으므로 역사의 교훈을 무시했다는 것이다. 패왕이란 무력에 의하여 천하를 정복하는 자라고 믿었기 때문에 항상 그런 방식으로 행동했던 것이다. 그 결과 5년 뒤에는 자신도 비극적으로 최후를 마쳤던 것이다. 그럼에도 불구하고 그는 자신의 실패를 인정하지 않았으며 각성할 줄도 몰랐다.

역대의 역사가들은 유방이 불충不忠·불효不孝·불인不仁·불의不義한 사람이라 학자들을 보면 그들의 모자에 오줌을 싸는 등 무뢰한 행동으로 쾌락을 일삼았다고 혹평했지만 사실은 그렇지가 않다. 유방의 웅지와 계략, 인내심 및 용인술 등은 이미 항우를 몇 배 뛰어넘는 고수였던 것이다. 그러므로 유방이 항우에게서 승리를 거둔 것은 절대로 우연한 일이 아니다.

6. 한나라 초기 세 명의 인걸

해하에서 항우군을 섬멸시키고, 유방은 황제로 즉위했다. 이가 바로 한고조漢高祖이다. 유방은 인재를 잘 알아보고 등용하는 뛰어난 재주가 있었다. 서한왕조를 건국하는 과정에서 승상 소하와 모사 장량 및 대장군 한신 등이 걸출한 공적을 쌓음으로써 그들을 '한초삼걸漢初三杰'이라 불렀다.

한고조 유방이 황제가 된 뒤에 하루는 궁중에서 연회를 베풀고 군신들에게 술을 권하며 천하의 대사에 대해 얘기를 나누고 있었다. 그 때 유방은 대신들에게 물었다.

"그대들은 왜 항우가 천하를 잃고 내가 천하를 얻었다고 생각하는가?" 라고 질문을 던졌다. 이때 왕릉이 이렇게 대답했다.

"폐하께서는 부하들을 가볍게 생각하시는데 반해 항우는 솔직하며 부하를 사랑합니다. 하지만 폐하께서는 부하에게 성을 공략케 한 뒤 땅과 재물을 똑같이 나누십니다. 이에 비해 항우는 재주있는 유능한 부하를 시샘하고 공 있는 부하를 의심합니다. 그래서 싸움에서 이기더라도 부하에게 공을 돌리지 않고 재물을 얻어도 부하들에게 나누어주지 않습니다. 이 때문에 항우는 비록 70번에 걸쳐 승리했지만 종국에는 천하를 잃은 것입니다."

그러자 유방이 말했다.

"좋은 말이오. 그러나 그것은 하나만 알고 둘은 모르는 말이오. 장막 안에서 계략을 짜서 천 리 밖의 승리를 이끌어내는 면에서 내가 장량을 따르지 못하오. 또한 국가를 다스리며, 백성을 보살피고, 군량과 급료를 조달하는 데 나는 소하만 못하고, 전쟁에 대해 논한다면 전투에서 승리만 거두는 한신을 따를 수 없소이다. 이들 세 사람들은 모두 인걸人傑들이오 나는 이들을 잘 활용했기 때문에 천하를 얻게 된 것입니다. 하지만 항우는 천하의 재사인 범증이 있었지만 잘 활용하지 못했기 때문에 결국 나에게 패배한 것이오."

장량張良은 한韓나라 명문의 집안에서 태어났다. 한나라가 멸망당할 당시 장량의 집안은 부리는 사람이 3백 명이나 될 정도로 큰 가문이었는데 그 때 장량은 그 많은 재산을 아낌없이 처분하면서 전국의 소문난 자객刺客들을 모아들였다. 그 이유는 그의 조부와 아버지가 5대에 걸쳐 재상을 지냈던 한나라를 다시 일으키기 위해서 진시황을 암살하고 조상의 원수를 갚는데 있었던 것이다.

　기원전 218년 시황제가 동방으로 순행한다는 소식을 듣자 그는 회양으로 달려가서 그 지역에 사는 힘이 매우 센 장사들을 구하고 다녔다. 드디어 적절한 장사 한 사람을 구하자 장량은 이 장사와 함께 무게 1백 20근의 쇠몽둥이를 만들어 들고 시황제의 뒤를 밟았다.

　이윽고 순행의 행렬이 박랑사博浪沙(지금의 하남성)에 닿았을 때 잠복하고 있던 두 사람은 쇠몽둥이를 시황제의 수레를 향해 던졌다. 그러나 그 쇠몽둥이는 아쉽게도 빗나가 수행원의 수레에 맞고 말았다.

　시황제는 크게 노하여 범인을 찾아내기 위해 전국에 대대적인 수색령을 내렸다. 그리하여 장량은 이름도 바꾸고 모습도 변장을 한 채 멀리 하비下邳(지금의 강소성)까지 도망치게 되었다.

　그러던 어느 날 하비의 다리 근처를 무료하게 서성거리고 있는 장량에게 초라한 몰골의 한 노인이 다리 저쪽으로부터 걸어오는 것이었다. 그 노인은 장량이 보는 앞에서 신을 벗어 다리 밑으로 떨어뜨리며 그를 불러 세웠다.

　"이봐, 내려가서 저것 좀 주워오게."

　화가 치민 장량은 주먹을 불끈 쥐었으나 상대가 노인이므로 꾹 참고 신발을 주워왔는데 노인은 또 이렇게 명령하는 게 아닌가!

　"신겨라."

　장량은 어차피 참기로 한 이상 별수 없다고 생각하고 허리를 굽혀 노인에게 신을 신겼다. 노인은 발을 내뻗고 신을 신기는 장량을 물끄러미 바라보더니 빙그레 웃고는 가버렸다.

　장량은 어처구니가 없어 쳐다보고만 있었다. 그러자 1백여 발자국 남짓 걸어갔던 노인이 다시 되돌아와 장량 앞에 서서 이렇게 말하는 것이었다.

　"보아하니 장래성이 있는 놈이야. 닷새 뒤 새벽에 이 자리에 다시 오도록."

영문을 모르는 장량은 엉겁결에 무릎을 꿇고 "예!" 하고 대답했다.

약속한 날이 되어 장량이 다리에 가자 그 노인이 벌써 와 있다가 고함부터 질렀다.

"늙은이를 기다리게 하다니 무슨 버르장머리야!"

그리고는 획 돌아서서 "닷새 뒤 새벽에 다시 한번 와!" 하고는 가버렸다.

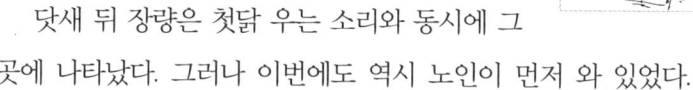

닷새 뒤 장량은 첫닭 우는 소리와 동시에 그곳에 나타났다. 그러나 이번에도 역시 노인이 먼저 와 있었다.

"또 늦었어! 닷새 뒤에 또 한 번 오라구."

이번에도 노인은 그냥 돌아가 버렸다.

다시 닷새가 지났다. 이번만은 어디보자 하며 장량은 오밤중에 일어나 그곳으로 갔다. 잠시 뒤에 나타난 노인은 싱글거리며, "사나이가 약속을 했으면 진작 그럴 일이지" 하고는 품속에서 한 권의 책을 꺼내는 것이었다.

"이 책을 공부하면 훗날에 남을 도와 제왕의 위업을 달성할 수 있을 것이네. 13년 뒤에 자네는 필경 세상을 뒤흔드는 인물이 되어 있을 터이니 그 때 우리는 다시 만나자구. 곡성산 기슭에 있는 황색바위, 그것이 바로 나이니라."

노인은 장량이 반문할 겨를도 없이 순식간에 자취를 감추는 것이 아닌가! 노인이 떠난 자리에는 스산한 바람만이 부는 것이었다.

장량은 그 책을 가슴속에 고이 간직한 채 집으로 돌아와 책을 열어본즉 『태공병법太公兵法』[강태공의 병법서]이었다. 그 때부터 장량은 그 내용에 흠뻑 빠져 항상 그의 머리맡에 놓고 읽게 되었다.

진나라 말엽에 진승이 반란을 일으켰을 때 장량도 젊은이 1백여 명을 거느리고 가담하게 되었는데 그 무렵 장량은 우연히 유방을 만나게 되었다.

유방은 그 때 수천 명의 군사로 하비의 서쪽 일대를 공략하는 중이었다. 유방을 만나 몇 마디 말을 나눈 뒤 유방의 사람됨에 반해 버린 장량은 그대로 유방의 진영에 가담하기로 작정했다.

그 뒤 장량은 그가 알고 있는 병법을 자주 유방에게 제안하여 그 때마다 채택되곤 했다. 그런데 그 때까지 다른 사람에게는 장량이 아무리 좋은 계획을 말해도 아무도 채택해 주지 않았었기 때문에 장량은 "유방이야말로 타고난 인물임에 틀림없다"고 생각하게 되었다.

하지만 장량은 병약한 몸이었기 때문에 한 번도 장군이 되어 본 일이 없고 늘 참모로서 유방 옆에 붙어 있었을 뿐이다. 그러나 5년간의 초한전쟁을 승리로 이끈 것은 유방이 장량의 책략을 따랐기 때문이다. 초한전의 가장 중요한 시기마다 장량은 가장 정확한 대책을 내놓았으며, 유방은 장량의 책략을 충실히 이행했기 때문에 항우를 무찌르고 최후의 승자가 되었던 것이다.

유방이 황제가 된 뒤에 공로를 따져 상을 주는 논공행상이 실시되었다. 장량은 전공戰功이라고는 세운 것이 없었지만 고조는 장량의 전공을 이렇게 평가했다.

"장막에 있으면서 작전을 세워 천리 밖의 싸움에서 승리를 거둔 것은 모두 장량의 공이오. 제나라 땅 3만 호의 영지를 줄 테니 희망하는 장소를 말해보시오."

이에 장량은 공손히 말했다.

"소신은 하비에서 군사를 일으켰고 유留지방에서 폐하를 처음 뵈었습니다. 그것은 하늘이 마련해 준 인연이었습니다. 폐하께서는 소신의 보잘것없는 작전을 자주 채택해 주셨습니다만 그것이 성공을 거둔 것은 오로지 요행에 지나지 않았습니다. 소신은 유留땅만으로도 족합니다. 3만 호를 주신다니 분에 넘칩니다."

이렇게 하여 고조는 장량을 유후留後로 봉했다.

한나라 재상 소하는 유방과 같이 패현출신인데 법령에 정통했던 그는 처음에는 현청의 하급관리 노릇을 하고 있었다. 같은 고을에 살던 유방이 아직 이름없는 서민이었을 때 소하는 관청에 관련된 일을 가지고 자주 그의 편의를 보아 주었으며 유방이 정장亭長이 된 뒤에도 이것저것 뒤를 살펴주면서 둘 사이에는 보이지 않는 끈이 생기게 되었다.

그 후 유방이 군사를 일으켜 패공沛公이 된 뒤부터는 소하가 그 막하에서 줄곧 사무를 처리하게 되었다.

또한 유방이 진나라를 무찌르고 함양에 입성했을 때 남들은 앞을 다투어 보물창고로 뛰어 들었지만 소하만은 금은보화 따위는 거들떠보지도 않았다. 오직 진나라의 법령과 문서들을 입수하여 보관해 두는 일에만 몰두했으며 틈만 나면 그 문서들을 꺼내어 공부를 했다. 그 후 유방이 한왕漢王으로 책봉되자 소하는 재상의 일을 맡아 보게 되었다.

진나라가 멸망할 때 항우는 제후들과 함께 함양시내를 깨끗이 불살라 버리고 떠났었다. 그러나 그에 앞서 소하가 진나라 조정의 문서들을 손에 넣어 보관하고 있었기 때문에 유방은 천하의 요새, 인구상황, 각국의 전력戰力, 백성의 고충 따위를 소상히 파악해 전략에 이용할 수가 있었던 것이다.

한신韓信을 등용하라고 진언한 것도 소하였다. 그의 추천으로 유방은 한신을 대장군에 임명했던 것이다. 또한 고조가 제후와 더불어 초나라를 공격하고 있는 중에도 소하는 관중關中에 머무르며 태자를 받들고 수도 역양의 제도정비에 열중했다. 즉 법규를 정비하고 종묘를 세웠으며 하늘에 제사를 지내고 궁궐을 건설하고 지방행정을 정비했던 것이다. 마침내 한고조 유방이 한나라를 건국한 뒤 최고의 공적을 세운 자는 소하라고 선포하고 그에게 가장 넓은 땅을 하사하고, 찬후酇侯로 봉하여 승상으로 삼았다.

한신은 매우 뛰어난 군사전문가이다. 한신은 회음淮陰지금의 강소사람으로 어려서는 가난하고 특별한 재주도 없이 일자리조차 갖지 못하고 살았으며 겨우 이집저집 돌아다니며 밥이나 한 끼씩 근근이 얻어먹고 지냈다. 그러하니 어느 사람도 그를 좋아하지 않았다. 또한 한신은 항상 장검을 차고 다녔는데 어느 날 동네건달 하나가 한신에게 "죽을 각오가 되어 있다면 어디 그 칼로 나를 찔러봐! 거 봐 못하지? 이 겁쟁이야"라고 시비를 걸었다.

"당장 내 가랑이 밑으로 기어가, 이 얼간아!"

한신은 한참 동안 그 자를 뚫어지게 쳐다보다가 마침내 땅에 엎드려 건달의 바짓가랑이 밑을 기어나갔다. 이를 본 사람들이 모두 한신을 겁쟁이라고 놀려댔다.

이 무렵 천하를 통일했던 진나라는 진시황 사후 걷잡을 수 없이 무너져 진승·오광의 난 이래 곳곳에서 반란이 끊이지 않았다. 특히 유방과 항우 두 사람은 커다란 세력을 형성하여 진나라를 붕괴시켜 가고 있었으며 그 두 사람의 중원쟁패가 시작되고 있었다.

한신은 그 때 회수淮水를 진격해온 초나라 항량의 군대에 가담했는데 이렇다 할 공을 세우지 못했다. 또 항량이 전사한 이후에는 항우의 부하로 일하면서 머리를 짜내 여러 가지 대책을 제안했으나 하나도 채택되지 못했다.

크게 실망한 한신이 이번에는 유방 쪽에서 출세해야겠다고 결심하고는 초나라를 도망쳐 유방의 진영으로 들어갔다. 그러나 여기에서도 인정을 받지 못하고 겨우 낮은 관직만 얻었을 뿐이었다. 그 무렵 유방의 진영에서는 자꾸 이탈자와 탈주병이 늘어나 장수만 해도 수십 명이 도망을 쳐버렸다. 한신도 유방이 별로 자기를 인정하지 않자 기어코 도망치고 말았다. 그 후 다시 소하의 추천으로 유방에게서 대장군으로 임명된 뒤 그는 대군을 이끌고 여러 전쟁터를 달리며 초나라를 멸하고 한나라를 일으킬 탁월한 공적을 쌓았다. 한신의 전법戰法은 항상 변화무쌍했으며 매번 유명한 전례를 남기기도 했다. 기원전 204년 '정형井陘의 전투'는 그 대표적인 예라 할 수 있다.

당시 9월 유방은 한신을 시켜 조나라를 공격케 했다. 한신은 1만여 명의 군대를 이끌고 조나라 공격에 나섰다. 조나라 왕과 성안군 진여는 한나라 군대가 곧 쳐들어온다는 소식을 듣고 20만의 대군을 정형으로 가는 길목에 배치하고 있었다.

한신은 군대를 이끌고 정형의 좁은 길을 통과한 뒤 밤중에 명령을 내려 2천 명의 병사로 하여금 한나라의 붉은 깃발을 한 개씩 가지고 들어가 산속에 숨어 조나라 군대를 살피도록 했다. 그런 뒤 한신은 1만 명을 먼저 출발시켜 정형 어귀로 나가 강물을 등지고 배수진背水陣을 치게 했다. 조나라 군사들이 이를 보고는 "병법도 모르는 친구들이군!" 하며 크게 웃었다.

날이 밝아올 무렵, 드디어 한신은 대장의 깃발을 세우고 북을 울리면서 정형 어귀로 진격했다. 그러자 조나라 군대도 그들을 공격하여 한동안 백병전이 벌어졌다. 이때 한신이 일부러 패주하는 척하며 강가의 진지로 달아나니 조나라 군대가 자기 본부를 비워둔 채 한신을 추격했다.

이 틈을 타서 한신이 내보냈던 기습부대 2천 명이 조나라 본부에 쳐들어가 조나라 깃발을 뽑아버리고 한나라의 붉은 깃발 2천 개를 세웠다. 조나라 군사들이 한신의 군대와 치열하게 싸우다가 문득 뒤를 돌아보니 이게 웬 일인가? 자기 본부에 온통 한나라 깃발이 꽂혀 있는 게 아닌가!

조나라 군사들은 이미 본부가 함락된 것으로 알고 우왕좌왕, 순식간에 아수라장이 되어 도망치기 시작했다. 조나라 장수들이 도망치는 군사를 베면서 독전했지만 소용없었다. 이때 한나라 군대가 앞뒤에서 마구 무찌르니 조나라 군사들은 추풍낙엽이었다. 한군은 앞뒤로 조군을 협공하여 격파시키고 대승리를 거두었다.

그 후 승리를 자축하는 자리에서 여러 장수들이 한신에게 물었다. "병법에는 '산을 오른쪽으로 하여 배후로 삼고, 강은 왼쪽으로 하여 앞에 두어라'라고 되어 있습니다. 그런데 대장군께서는 병법과 반대로 강물을 등지고 싸워 마침내 크게 이겼으니 이것이 어떻게 된 일입니까?"

그러자 한신이 대답했다.

"이것 역시 병법에 나와 있는 것이다. 다만 그대들이 깊이 생각하지 못했을 뿐이다. 병법을 보면 이런 말이 있다. '죽을 땅에 빠진 뒤에야 비로소 살 수 있고, 망한 땅에 서본 뒤 비로소 흥할 수 있다.' 지금 우리 부대는 잘 훈련된 군대가 아니라 평소 아무 훈련도 받지 못한 사람들을 마구잡이로 끌어 모은 오합지졸의 병사들이다. 따라서 이들에게 뒤로 물러서면 곧 빠져 죽는다는 것을 알게 해 죽기살기식으로 싸우도록 해야지 그냥 넓은 땅에서 싸우게 하면 모두 뒤로 도망치기에 급급하게 될 것이다."

이 전투에서부터 '배수의 진'이란 성어가 전래되기 시작했다. 유방은 천하를 통일한 뒤에 한신을 초왕으로 봉했다.

초나라와 한나라가 패권다툼을 할 때, 초기에 군력이 강했던 항우의 진영이 시간이 지나면서 갈수록 군력이 약한 유방에게 밀리기 시작했다. 이는 유방이 민심을 얻고 후방의 지지를 받은 것 외에도 그가 용인술이 뛰어난 것과 관련이 있을 것이다. 한나라 초기의 3명의 인걸 외에도 유방은 매우 많은 특출난 인재들을 등용했다. 그러나 유방은 인재를 채용할 때 절대로 그들의 출신을 묻지 않았으며, 오로지 그들의 재주와 특기만을 중요시했다. 예를 들어 조참은 원래 패현의 옥리獄吏였으며, 진평과 왕릉은 평민출신이다. 홍문연 때 유방을 살리기 위해 목숨을 걸었던 번쾌는 백정출신이며, 예의바르고 엄숙한 주발周勃은 고수鼓手였다. 이와 같이 출신이 낮고 평범한 평민출신들이 유방을 도와 한왕조의 건립에 혁혁한 공을 세웠을 뿐만 아니라 이후 유씨劉氏의 한왕조를 지키기 위해 목숨을 걸었다. 출신성분에 얽매이지 않고 인재를 알아보고 적절히 활용할 줄 알았던 유방이야말로 진실로 최후의 승자가 될 수 있는 인물이라 할 수 있다.

7. 여후천하

유방劉邦과 항우가 한창 패권다툼을 하고 있을 때 유방은 신하들의 환심을 사기 위해 유씨 외의 다른 성의 권신들을 왕으로 임명했다. 서한이 건국한 뒤 이들 이성異姓왕들의 세력은 더욱 강력해져 한왕실의 위협적인 존재로 성장해 있었다. 유방은 과감히 한신韓信과 팽월彭越·영포英布 등을 처형하고 그 외의 나머지 이성왕들은 폐하여 서한 초기의 이성왕의 문제를 해결했다.

그런 뒤 유방은 9명의 자제를 왕으로 임명하여, 유씨성의 동성왕들이 이성왕들을 대신하게 되었다. 한고조 유방은 천하를 통일한 다음 모든 대신들을 모아놓고 "유씨가 아닌 자가 왕이 되었을 때는 모두 힘을 합해 이를 무찌르라"고 했다. 그러나 유방은 꿈에도 생각하지 못했을 것이다. 자신의 서약을 처음으로 위배한 자가 바로 자신의 첫 번째 부인 여후라는 것을 말이다.

여치呂雉의 자는 아후娥姁이고 부모의 뜻에 따라 유방에게로 시집갔다. 초한의 전쟁 중에 여치는 한차례 항우의 인질로 잡혀 적지 않은 고생을 했다. 또한 유방이 천하통일을 완성한 뒤 공신들을 숙청할 때 여치는 직접적으로 관여하여 큰 공을 세우게 되면서 차츰 정치에까지 손을 뻗치게 되었다.

기원전 201년 초왕 한신이 모반을 꾀하고 있다는 밀고가 들어왔다. 유방은 진평의 계략을 써서 한신을 체포했다. 그러나 심문한 결과 아무런 실증을 잡아내지 못했으므로 유방은 한신을 풀어주고, 그를 회음후淮陰侯로 강등시켰다. 뒤에 진희陳豨가 반란을 일으켰을 때 유방이 한신에게 함께 진희를 토벌하러 가자고 제의를 했다. 그러나 한신은 핑계를 대며 유방을 따라 나서지 않았다.

이때 여후는 이 소식을 전해 듣고는 이번 기회를 이용해 한신을 제거하려고 마음먹었다. 그녀는 소하를 한신에게 보내 입궐하도록 권고하라고 지시했다. 소하가 한신을 찾아가 "현재 조정의 문무백관 모두가 입궁해서 진희를 토벌한 주상께 경축하고 있는데, 자네만 아프다고 입궁을 않고 있으니 이는 도리에 어긋난다고 생각하네"라고 말했다.

한신은 소하의 말을 듣고 하는 수 없이 입궁했다. 그러나 누가 알았겠는가. 여후의 지시로 이미 매복하고 있던 병사들이 한신을 보자마자 체포했다. 여후는 즉시 다음과 같이 선포했다.

"지금 나는 주상의 어명을 받들어 선포하노라. 듣기에 진희의 모반은 바로 네가 지시해서 일으킨 것이며, 그러한 사실도 너의 부하들이 이미 모두 입증했다. 너는 무슨 할 말이 있는가?"

그러나 여후는 한신의 말을 기다리지도 않고 곧 바로 그를 처형해버렸다. 한신이 죽은 뒤 양왕 팽월과 영포 모두 여후에 의해 주살되었다.

여후가 개국공신들인 이들 이성왕들을 제거한 사실은 조정의 문무대신들을 두려움에 떨게 했다. 한고조 유방이 죽은 뒤 효혜태자가 황제로 즉위하고, 여후는 태후太后의 자리에 앉게 되었다.

그런데 여후에겐 눈에 가시가 있었으니, 바로 척희戚姬[척부인]였다. 유방의 사랑을 독차지하여 모조리 빼앗아가고, 자신의 아들 효혜의 태자자리도 거의 빼앗길 뻔했을 정도로 항상 여후를 괴롭혀 왔던 척희! 실로 여후는 유방이 살아 있을 때부터 척희에 대한 복수의 칼날을 갈고 있었으며, 유방의 총애를 받던 여인들은 여후의 복수의 칼날을 피할 수 없었다.

그리하여 유방이 죽자마자, 여후는 척희를 곧장 잡아다가 궁중에서 죄지은 자만 가두는 영항이라는 토굴감옥에 처넣어버렸다. 그러면서 척희의 아들 여의도 즉각 입궐하라고 명령을 내렸다. 하지만 몇 번의 명령에도 불구하고 여의는 오지 않았다. 대신 주창이라는 신하가 편지를 올렸다.

"선제께서 '여의는 아직 어리니 네가 지켜주어라'는 분부를 내리셨습니다. 들리는 소문에 의하면 태후께서 척희부인을 미워하셔서 여의 왕자님까지 함께 죽이시려고 한다니, 어떻게 보낼 수 있겠습니까?"

편지를 읽고 난 여후는 화가 머리끝까지 치솟아 올라, "무슨 말이냐, 두 말 말고 그 놈을 끌어와라!" 하고 호통을 쳤다.

드디어 여의는 궁궐로 들어올 수밖에 없었다. 이때 원래부터 우애가 깊었던 효혜제는 여후의 속셈을 알아채고 여의가 궁궐에 도착하기 전에 손수 궁궐 밖에 나가 함께 궁궐로 돌아왔다. 그러면서 잠시도 여의의 곁에서 떨어지지 않았다. 여의를 죽일 기회만 노리던 여후도 어쩔 수 없이 포기할 수밖에 없었다.

그 후 효혜제가 사냥을 나가게 되었는데, 아직 어렸던 여의는 일찍 일어나지 못해 궁궐에 홀로 남게 되었다. 이때를 놓칠세라 여후는 사람을 보내 여의에게 독을 탄 술을 먹이도록 했다.

효혜제가 사냥에서 돌아와 보니, 이미 여의는 차디찬 시체로 변해 있었다. 그 뿐만이 아니었다. 여후의 복수는 여기서 그치지 않았던 것이다.

여후는 영항에 갇혀있던 척희에게 처참하게 복수했던 것이다. 여후는 우선 척희의 손과 발을 잘라버렸다. 그리고는 눈을 도려내고 귀를 찢어 태웠으며, 벙어리가 되게 하는 약을 먹였다. 그것도 모자라 변소 밑바닥에 버리고 '사람돼지[人彘]'라 부르게 했다.

며칠 뒤 여후는 효혜제에게 그 '사람돼지'를 보여주었다. 효혜제는 처음에는 그것이 무엇인지 알 수 없었다. 그러다가 그것이 척희라는 말을 듣자 통곡하다가 실신하여 그대로 앓아누웠다. 그리고는 어머니 여후에게 사람을 보내어 원망했다.

"사람으로서 어떻게 그럴 수가 있습니까? 이제부터 나를 아들로 여기지 마십시오. 나는 이런 식으로 천하를 다스리지 못하겠습니다."

그 후 효혜제는 정치에 전혀 관여하지 않았다. 그리고는 가뜩이나 쇠약한 몸으로 매일같이 술과 여자에 파묻혀 지내다가 그 해를 넘기지 못하고 죽었다. 이때 그의 나이 겨우 23세였다.

여후는 효혜제의 상이 끝나자 태자를 왕위에 앉혔다. 그런데 그 태자 역시 나이가 너무 어려서 할머니인 여후가 완전히 황제의 권한을 행사하기 시작했다.

그 나이 어린 황제는 소제少帝라 불렸는데, 사실 그는 효혜제의 정실부인에게서 난 아들이 아니었다. 정실부인에게 아들이 없자, 여후가 자기집안의 미인 한 명을 후궁으로 들여서 낳은 아들이었던 것이다. 그리고는 그 생모를 죽이고 정실부인이 낳은 태자로 꾸며 자신은 수렴청정을 했다. 여후는 자신의 조카와 외척인 여대呂臺·여가呂嘉·여록呂祿·여통呂通 등을 왕으로 봉하여, 그들이 군정대권을 장악하도록 함으로써 조정에서 여씨 외척집단을 형성하게 했다.

여후의 이러한 처사는 유방이 생전에 "유씨가 아닌 사람이 제후가 되는 것을 목숨을 걸고 막으라"고 한 대신들과의 맹세를 어기는 일이었으므로 대신들은 외척세력을 왕으로 봉하는 것을 극렬히 반대했다. 더욱이 유방의 조카인 유장劉章은 혈기가 왕성하고 강직한 사람이었으므로 당시 여후가 여씨들을 부흥시키고 유씨를 억압하는 처사에 대해 몹시 원망하고 있었다.

기원전 180년 여후의 병세가 위중해졌다. 그녀는 자신이 곧 죽을 것을 예감하고 있었으므로 여씨집단을 위해 대책을 강구했다. 여록으로 하여금 상장군이 되어 북군을 거느리게 하고, 여산呂産은 상국으로 임명하여 남군을 통솔하도록 했다. 그리고 여후는 그들에게 "나는 이제 얼마 남지 않았다. 내가 죽고 난 뒤 대신들이 정변을 일으킬지 모르니 너희들은 철저히 방비를 해야 한다. 반드시 조심하거라!"라며 신신당부를 했다.

그러나 유방의 공신들은 이미 여씨가족의 전횡專橫을 용서할 수 없었다. 여후가 죽은 뒤 2달이 채 되지 않아서, 태위 주발周勃과 승상 진평陳平이 군사를 일으켜 단번에 여씨집단을 제거했다. 여록과 여산 등은 피살되었으며, 여씨의 남녀노소를 가리지 않고 주살해버렸다. 이로써 여후가 반평생의 심혈을 기울여 보호하려 했던 여씨의 종족은 유방의 늙은 부하들에 의해 완전히 제거당했다.

 여후가 정치적으로 두각을 드러낸 것은 이성異姓왕들을 주살하기 시작한 때부터이다. 한 고조 유방이 죽은 뒤에도 여후는 4일간 유방의 죽음을 비밀로 하고 발상하지 않았다. 그 이유는 유방의 늙은 부하들을 모두 제거하기 위해서였으나 그녀의 목적은 달성되지 못했다. 여후가 유방의 부하들을 모두 죽이지는 못했지만, 대신에 '유씨'들을 박해하고 '여씨'들을 왕으로 세워 통치집단 내부의 갈등과 투쟁은 갈수록 치열해져 갔다. 여후가 죽은 뒤에 모든 여씨집단은 유방의 부하들에 의해 제거당했다. 여후는 정치적 수완이 뛰어난 야심찬 정치가이며, 또한 중국역사상 최초로 정권을 잡은 여성이기도 하다. 그러나 그녀의 지나친 잔혹함은 도리어 자신의 업적을 가려 후대인들의 존경을 받지 못하는 면이 있음을 부정할 수 없다.

8. 주아부와 이광

여씨가 죽고, 유방의 아들 대왕代王 유항劉恒이 대신들의 추대를 받아 황제가 되었는데, 이가 곧 한문제漢文帝이다. 한문제는 23년간 제위에 있었으며, 그의 아들 한경제漢景帝는 16년간 제위에 있었다. 문제와 경제시대의 국가는 평화롭고 풍족한 시대로 접어들게 된다. 문제와 경제는 백성들의 안정된 생활을 보장해 주기 위해 생산력을 발전시켰으며, 국가의 안전과 주변국과의 평화를 유지하는 데 주력했다. 당시 제후왕들의 반란을 평정하고 흉노의 침입을 평정한 두 명의 군사전문가가 탁월한 공적을 남겼으니 그들이 바로 명장의 후예인 주아부周亞夫와 이광李廣이다.

주아부는 한초기의 대장군 주발周勃의 아들이다. 그는 군사작전에 뛰어난 재능을 가지고 있었으며 평소 군사들을 다스리는데도 군율을 엄격하게 지켰으므로 그를 따를만한 장군이 없었다.

기원전 158년 흉노가 대규모로 한나라에 쳐들어 왔다. 이에 문제文帝는 주아부를 비롯한 세 장군을 파견해 패상覇上[지금의 섬서성 서안의 동남쪽]과 극문棘門[지금의 섬서성 함양의 동남쪽] 그리고 세류細柳[지금의 섬서성 함양 서남쪽]지방을 지키도록 했다. 이때 주아부는 세류의 방어를 맡게 되었다.

세 장군을 파견한 뒤 문제는 친히 일선으로 가서 병사들을 위문하기로 했다. 그리하여 먼저 패상과 극문지방에 갔는데 황제가 탄 수레가 곧장 성문으로 달려들어갔지만 누구 하나 막아서는 자가 없었다. 그리고 순식간에 장군 이하 모든 병사들이 말을 타고 달려나와 환영하는 것이었다.

황제는 다음으로 세류의 주아부 군대를 찾아갔다. 그런데 그곳의 모든 병사들은 갑옷을 입고 손에는 서릿발 같은 칼과 창을 들었으며, 성벽 위에는 화살이 겨냥된 채 삼엄한 경비가 이뤄지고 있었다.

이윽고 문제 일행의 선발대가 성문에 도착했는데, 성문의 경비병은 그들을 막아서며 결코 들여보내지 않았다. 그러자 선발대의 한 사람이 엄숙한 목소리로 "폐하께서 곧 도착하시오"라고 말했다.

하지만 경비병은, "장군의 명령이 '군중軍中에서는 장군의 말만 들을 것이며, 설령 폐하의 명령이 있더라도 듣지 말라'고 하셨소"라고 대답하는 것이었다.

그 뒤 바로 문제의 행차가 도착했는데, 역시 들어갈 수가 없었다. 그제서야 문제는 정식으로 사자를 장군에게 보내, "짐이 오늘 병사들을 위로하고자 하노라"라고 전하도록 했다.

주아부는 비로소 성문을 열어 황제 일행이 통과하도록 허락했다. 행렬이 군영으로 들어서려는데 수문장이 호위군관에게 이렇게 귀띔해 주는 것이었다. "장군이 정한 규정에 의하면 군영 안에서는 말을 달리지 못하게 되어 있습니다."

호위군관이 황제에게 이 사정을 말하니 황제는 말이 천천히 걷도록 말고삐를 느슨히 했다. 드디어 황제가 본부에 도착해 보니 주아부 이하 모두가 갑옷을 입고 위풍당당하게 늘어서 있었다. 주아부는 황제를 보자 두 손을 모아 눈높이로 들며 절을 하는 것이었다.

"몸에 군장을 차렸을 때에는 절하지 못하는 법입니다. 이렇게 뵙는 것을 양해해 주소서."

이에 황제는 크게 감동하여 정중하게 답례를 했다. 나중에 황제가 성문을 나서자 황제의 수행원들이 모두 주아부가 한 행위를 비판했다. 하지만 황제는 오히려 그를 칭찬하며 "그 정도라야 비로소 장군이라 할 수 있다. 패상이나 극문이야 아이들 장난이지 그게 어디 군대 꼴인가?"라고 말했다.

이런 일이 있고 나서 사람들은 군기가 엄한 군대를 세류영細柳營이라고 부르게 되었다. 그리고 황제는 주아부를 크게 신뢰하여 태자의 앞날을 부탁하며 말했다.

그 다음해에 한문제가 병으로 위독하게 되었는데, 한문제는 임종하기 직전에 그의 아들 경제景帝에게 다음과 같은 유언을 남겼다.

"나라에 위급한 일이 생겼을 때 주아부라면 군대를 통솔하여 막중한 임무를 다할 수 있을 것이다."

그 후 오·초 등 7개의 제후국이 연합해 반란을 일으켰다. 황제는 주아부를 총사령관으로 삼아 반란을 진압하도록 했다. 주아부는 과연 기대를 저버리지 않고 오·초국의 반란을 평정한 일등공신이 되었으며, 그 공로로 승상의 자리까지 올라갔다.

주아부가 오초7국의 반란을 평정하고 있을 때 그의 군대에는 젊은 장수가 있었는데, 그가 바로 전쟁터에서는 적과 용맹하게 싸워 마침내는 적기敵旗를 뺏어오고야 마는 그 유명한 '비장군飛將軍(용맹스럽고 싸움을 잘하는 장군, 한대 흉노가 명장인 이광을 이르던 말에서 유래함)' 이광李廣이다.

한나라 명장 이광의 선조는 진나라 장군이던 이신李信으로 연나라 태자 단을 추격하여 사로잡은 사람이었다. 그의 가문은 대대로 활쏘기를 전통으로 삼아왔던 집안이었다.

한나라 문제 14년에 흉노족이 대규모로 쳐들어 왔을 때, 이광이 참전하여 크게 활약하게 되었으므로 한문제는 그에게 벼슬을 내려 주었다. 그 뒤 그는 임금의 행차를 수행하면서 몸을 돌보지 않고 여러 차례 공을 세웠으며, 또 맹수를 맨주먹으로 쳐서 잡은 적도 있었다.

문제는 이광의 능력을 높이 평가하면서 "참으로 안타깝도다. 그대가 고조시대에 태어나기만 했어도 크게 공을 세웠을 것인데…"라며 애석해 했다.

그 후 이광은 상군上郡지금의 섬서 연안 일대의 태수로 임명되었다. 하루는 조정의 대신 한 명이 기병 몇십 명을 데리고 순찰을 하고 있을 때 흉노군 세 명과 우연히 만나게 되었다. 그런데 세 명의 흉노군들은 순식간에 교대로 돌아가며 한나라 병사들에게 활을 쏘아 사살하고 조정대신까지 크게 상처를 입게 만들었다. 대신이 즉시 이광의 본부로 돌아와 있었던 일을 급히 전하자 이광은, "그들은 반드시 명사수들일 것이다" 하고는 바로 1백여 군사와 함께 흉노군 세 명을 추격했다. 드디어 이광은 직접 그 세 사람을 활로 쏘아 두 사람을 죽이고 한 명을 사로잡았다. 잡고 보니 과연 그들은 활 쏘는 병사들이었다.

그를 사로잡아 말에 묶어 오는데, 갑자기 수천의 흉노군들이 나타나는 것이 아닌가! 흉노군들은 이광이 자기들을 유인하러 온 기병인 줄 알고 모두 산 위로 올라가 진을 치는 것이었다. 이에 이광의 병사들은 모두 크게 겁을 내 도망가려 했다. 이때 이광이 명령했다.

"우리는 우리 본부에서 몇십 리나 떨어져 있다. 지금 백 명도 채 안되는 병력으로 도망친다면, 수천의 흉노군들에게 추격당해 순식간에 전멸하게 된다. 하지만 우리가 여기 머물러 있으면 저들은 반드시 저들을 유인하는 것으로 알고 공격하지 못할 것이다. 그러니 앞으로 전진하라!"

그리고는 흉노의 진지 바로 앞에서 멈추더니 다시 명령했다.

"모두 말에서 내려 편히 앉도록!"

그러자 병사들이 물었다.

"적들이 바로 눈앞에 있는데, 만약 저들이 그대로 쳐들어오면 어떻게 하시려고요?"

"저들은 우리들이 달아날 줄 알고 있다. 그러나 우리가 말에서 내려 달아나지 않는다는 것을 보여주면, 저들은 우리를 척후병으로 더욱 믿게 될 것이다."

과연 흉노족은 끝내 접근하지 않았다. 다만 백마를 탄 장수 하나가 앞으로 나와 오락가락하며 동정을 살피고 있었다. 그러자 이광은 궁사 10여 명과 함께 나아가서 백마를 탄 적장을 활로 쏘아 죽이고, 다시 제자리로 돌아와 아예 모두 누워버렸다.

날이 저물도록 흉노군들은 공격하지 않았다. 밤이 되자 오히려 그들은 근방에 한나라의 복병이 있어 기습하지 않을까 하여 모두 철수해버렸다. 이른 새벽 이광은 1백여 명의 기병을 데리고 한나라 본부로 안전하게 돌아올 수 있었다.

그 뒤 이광은 장군이 되어 흉노족을 공격했지만 흉노의 대군에게 오히려 패하여, 자신도 부상을 입고 생포되었다. 그런데 흉노족의 왕인 선우는 전부터 이광의 이름을 들어 알고 있었기 때문에 이광을 죽이지 말고 생포하라고 명령을 내렸다.

그래서 흉노군들은 이광을 사로잡아 두 필의 말 사이에 광주리를 달고 그 안에 부상당한 이광을 눕힌 채 10여 리를 달렸다. 이광은 죽은 척하고 드러누워 있다가 마침 옆에 흉노군이 좋은 말을 타고 지나가는 것을 보자, 순식간에 벌떡 뛰어올라 흉노군을 떨어뜨리고 활을 든 채 말 위에 올라탔다. 그리고는 남쪽으로 수십 리를 달려 남아 있던 한나라 군대를 만났다. 이때 흉노군들이 추격했으나, 이광은 화살을 거듭 쏘아 수십 명을 사살하고 무사히 탈출했다. 이때부터 흉노군들은 이광을 '비장군飛將軍'이라 부르며 이광을 두려워했다. 그 때문에 이광이 있는 지역은 감히 침범하지 못했다고 한다.

이광이 우북평右北平[지금의 요녕]지역의 변경을 수비하고 있을 때, 이 일대는 호랑이가 자주 출몰했다. 한번은 이광이 사냥을 나갔는데 풀 속에 호랑이 한 마리가 스쳐 지나가기에 이광이 재빨리 화살을 쏘아 명중시켰다. 그런데 가서 보니 명중시킨 것은 호랑이가 아니라 돌덩이를 꿰뚫어 화살을 뽑으려 해도 뽑히지가 않았다고 한다. 이 사실이 알려지면서 흉노족들은 이광을 더욱 두려워했다.

주아부와 이광은 서한의 용맹한 명장들이다. 주아부는 군대를 엄격히 다스려 오초7국의 난을 평정하여 혁혁한 공을 세웠다. 이광은 40여 년간의 군대생활 중 용맹하게 흉노군과 다수의 전쟁을 치름으로서 흉노군들의 두려움의 대상이 되었다. 그러나 두 명장의 만년은 참으로 처참했다. 주아부는 너무 많은 공을 세워 한경제의 두려움의 대상이 되어 결국 황제의 질투로 모반죄에 몰려 옥중에서 아무것도 먹지 않고 단식하다 굶어 죽었다. 또한 이광은 평생을 수십 차례의 전쟁을 치렀음에도 불구하고 무제武帝의 중용을 받지 못했다. 화갑花甲의 나이에 대장군 위청衛靑을 따라 막북漠北으로 출정을 나가 위청의 명령대로 동쪽길에서 흉노와의 접전을 대비하려 했으나 길을 잃고 결국은 전투에 합류하지 못했다. 그 결과 노장老將 이광은 그 치욕을 참지 못하고 스스로 칼을 뽑아 목을 찔러서 자결했다.

9. 한이 서역과 교역하다

기원전 141년 한경제가 죽고, 16세의 아들 유철劉徹이 즉위했다. 이가 바로 그 유명한 한무제漢武帝이다. 무제는 어려서부터 혈기왕성했다. 황제로 즉위한 뒤 그는 동중서董仲舒의 의견을 받아들여 유교를 국교國敎로 정하여 이후 2천여 년의 유교통치시대를 열었다. 무제는 또한 황제권의 강화를 확립하여 한제국漢帝國 건국 이래의 굴욕적인 문제들을 말끔히 제거해버렸다. 무제 때 국력이 강력해짐에 따라 한고조부터 유지해온 흉노에 대한 '화친和親정책'을 버리고 무력으로 국경을 지켰다. 또한 무제는 연합해서 흉노를 협공하자는 제의를 하기 위해 유목민족인 대월지大月氏국에 장건張騫을 파견하기도 했다. 흉노공략攻略을 발단으로 한나라와 서방제국과의 교섭이 시작되었다. 이때 서방의 길을 개척한 것이 장건이다. 한나라의 하급관리에 불과했던 장건은 흉노족에게 사로잡혀 있던 절망적 상황 속에서도 귀중한 자료를 모아 후에 본국으로 돌아왔다. 장건이 가져온 자료들을 근거로 하여 한무제의 세계를 향한 꿈은 피어났고, 그 꿈은 차례차례로 장건의 후계자를 낳았다.

평소 한무제는 투항한 흉노인들에게서 여러 가지 정보를 캐내고 있었다. 이를 테면 흉노는 월지月氏를 쳐부수고 월지 왕의 두개골을 술잔으로 썼다는 것이다. 그 때문에 월지는 서쪽으로 도주했으며, 흉노에 대해서는 끊임없이 적개심과 복수심을 불태우고 있었으나, 협력해서 흉노를 공격할 나라가 없다는 것이다. 때마침 흉노를 격멸하기를 기도하고 있던 한나라 조정에서도 이 정보를 바탕으로 월지와 손을 잡기 위해서 사자를 파견하기로 결정했다. 이때 스스로 자원해 월지국으로 가는 사자로 발탁된 사람이 바로 장건이었다.

기원전 138년 장건은 무제의 명을 받고 흉노인 감보甘父라는 사람과 1백여 명의 수행원을 데리고 장안長安을 출발했다. 그러나 불행히도 일행은 흉노영내를 통과하다 잡혀서, 선우單于(흉노의 우두머리)에게 압송되게 되었다. 선우는 장건을 구속하고 이렇게 문책했다.

"월지국이라면 우리나라보다도 북쪽에 있지 않은가. 네가 월지에 도착할 길은 없다. 가령 내가 월나라로 사자를 보냈다면 한나라에서 잠자코 보내 주겠는가."

이리하여 장건은 흉노에 의해 10여 년간 갇혀 살면서, 거기에서 아내도 얻고 아이도 키우게 되었다.

그러나 그는 한나라 사자임을 나타내는 황제의 부절符節을 언제나 몸에 지니고 있었다. 흉노에서 오래 살게 됨에 따라 장건은 서서히 행동의 자유를 얻게 되었다. 그렇게 오랜 세월이 지나 드디어 야음을 틈타 일행을 데리고 월지로 도망칠 수 있었다. 일행은 서쪽으로 서쪽으로 끊임없이 걸어 수십 일 뒤에 대완大宛지역[중앙아시아]에 도착했다.

그런데 대완은 한나라의 강력한 힘과 풍부한 물자소식을 전해 듣고 전부터 한나라와의 통상을 바라고 있었다. 그 때문에 대완에서는 장건일행의 도착을 환영했다. 그리고는 대완의 왕이 장건에게 물었다.

"우리나라에 잘 와 주셨소. 그래, 일행은 대체 어디까지 가실 예정이오."

이에 장건은 말했다.

"우리들은 한나라를 받들고 월지국으로 가는 길입니다. 불행히도 흉노에게 잡히어 뜻하지 않게 세월을 허송하다가 겨우 도망쳐 오는 길입니다. 왕이시여, 저를 월지국까지 보내주실 분은 오로지 당신뿐입니다. 제가 월지국으로 갔다가 무사히 귀환할 수 있게 된다면 우리나라는 대왕에게 엄청난 예물을 보낼 것입니다."

왕은 이에 동의했다. 그리하여 장건 일행에게 안내와 통역을 붙여서 보내 주었다. 일행은 우선 강거康居[키르키즈 지방]에 도착했고, 이어서 강거지방 주민의 도움으로 대월지[우즈베크 지방]에 무사히 도착할 수 있었다.

그런데 대월지국에서는 전에 왕이 흉노에게 죽음을 당했기 때문에 태자가 새로 왕이 되어 있었다. 대월지국은 새 왕의 시대가 되면서부터 대하大夏[아프가니스탄]를 완전히 복속시켜서 종주국이 된데다가 외적의 침공도 없어 평온한 나날을 보내고 있었다.

더구나 그들에게 있어 한나라는 너무도 멀었다. 그러므로 협력해서 흉노를 보복할 생각은 전혀 없었던 것이다. 장건 일행은 이 나라에서 1년 남짓 머문 뒤에 귀로에 올라 강족羌族의 영토를 통과할 무렵 또다시 흉노에게 억류당하고 말았다. 그러나 장건 일행은 1년 뒤 흉노의 내분을 틈타 도망칠 수 있었다.

기원전 126년, 장건은 무려 13년 만에 마침내 장안으로 돌아왔다. 무제는 성대한 잔치를 베풀어 장건 일행을 환영하고 장건은 태중대부太中大夫로 임명했다.

장건은 체력이 좋고 성격이 관대하여 신의가 두터운 인물이었다. 그러한 그의 인품은 이국사람에게도 호감을 샀다. 또한 감보는 흉노출신으로 궁술弓術에 능하여 식량이 떨어졌을 때 짐승을 잡아서 굶주림을 면했다. 처음 한나라를 출발할 때, 장건 일행은 1백 명 이상이나 되는 부대였으나 13년이 지나서 귀환한 자는 이 두 사람뿐이었다.

장건이 비록 대월지와 연합하여 흉노를 막아보고자 하는 무제의 뜻을 이루지는 못했으나, 그의 보고를 통해 무제는 서역과 그밖에 나라들에 대한 흥미로운 사실을 알 수 있게 되었다. 장건이 가지고 온 각 나라의 토산품들은 무제의 관심을 끌기에 충분했다. 또한 장건은 긴 억류생활을 하는 동안 흉노의 세력권 안에 있는 이곳저곳을 돌아다니며 초원·사막·산악·호수·도로 등을 기억하며 머릿속에 그려 놓았던 것이다. 장건의 지리지식 덕분에 그 후 한나라의 군대는 정복길에서 물이나 군량부족으로 고통받는 일이 없게 되었다. 이런 경험이 흉노를 토벌하는 데 많은 도움이 된 것이다.

몇 년이 지난 뒤 무제는 대장군 곽거병霍去病으로 하여금 흉노를 토벌하도록 했다. 한군은 대승리를 거두어 흉노의 기병 3만여 명을 소멸시키고, 서하西河(지금의 하서주랑과 감숙지역)지역을 점령했다. 이렇게 되자 한왕조와 서역으로 통하는 통로에는 장애가 없어진 것이다. 이에 한무제는 두번째로 장건을 서역으로 파견했다.

이번에 장건은 3백여 명의 인원을 인솔하고, 대량의 소와 양 그리고 금은보석 등을 가지고 오손烏孫국으로 갔다. 동시에 장건은 부사副使에게 예물을 가지고 대완大宛·대월大月·강거康居·대하大夏 등의 나라에 가도록 했다.

오손왕은 장건이 많은 보물을 가져온 것을 보고는 매우 기뻐했다. 그는 한제국과 연맹을 맺고 싶었으나 또 한편으론 한왕조의 내심을 파악하고 싶어했다. 그래서 오손왕은 사자를 파견하여 장건과 함께 장안으로 가도록 했다. 오손의 사자는 한무제의 융숭한 대접을 받았다. 그는 한왕조의 강한 병력과 경제의 번영을 보고는 귀국하여 오손왕에게 보고했다. 얼마 뒤 오손과 한왕조는 우호관계를 맺었다.

1년이 지난 뒤 서역 각국에 파견됐던 부사들이 귀국했다. 서역 각국들도 각기 사자들을 장안으로 파견해 왔다. 이로써 한왕조와 서역 각국의 관계는 나날이 가까워졌다.

한무제는 장건의 공적이 크다고 여겨 그를 박망후博望侯로 봉했다. 그 후로 사람들은 장건을 '장박망張博望'이라 불렀다.

흉노족은 춘추전국시대부터 중국 북쪽 변경의 우환이었다. 한 초기에는 흉노에 대해 강력히 정벌하지를 않고, 화친의 방법으로 현상유지를 했었다. 그러나 혈기왕성한 무제는 장건을 서역에 파견하여 여러 우여곡절을 겪은 뒤에 결국은 서역의 여러 나라들과 연맹관계를 맺어 무제의 염원이었던 흉노의 우환을 없애고, 영토를 넓힐 수 있었다. 기원전 60년이 되면, 한은 서역도호西域都護를 설치하고 서역에 대한 통치를 강화했다.

장건의 2차에 걸친 출사는 한왕조와 서역지역의 경제와 문화적 교류의 통로를 개통하는 결과를 가져왔다. 중국과 중앙아시아 각국 간의 교류가 시작되어 이들을 통해 서아시아, 심지어 로마 대진국大秦國의 문물도 교류하게 되었다. 그 후 한나라와 서역과의 교류는 빈번해져 이른바 비단길(실크로드)이 개통되기에 이르렀다. 이 길을 통해 포도·석류·호도·낙타·사자·공작·향료·상아·산호·유리 등이 중국에 전래되었고, 중국의 비단·칠기·약재 등이 서역에 전해지게 되었다. 비단길은 바로 한무제 때 장건이 처음 개척한 것으로 동서문화 교류를 촉진시키는 결과를 가져왔으므로 그 의의가 매우 크다고 할 수 있다.

10. 사마천이 치욕을 참고 '사기'를 저술하다

기원전 140년 한무제가 즉위했다. 무제는 문제와 경제가 쌓아놓은 탄탄한 국력을 기반으로 하여 태평성세를 구가했으며, 학술·문화방면에서도 눈부신 발전이 있었다.

당시 가장 치욕적인 극형인 궁형을 당하고서도 자살하지 않고 오히려 발분하여 세기의 명작인 『사기史記』를 완성한 이가 있었으니 그가 바로 중국고대의 위대한 역사가인 사마천司馬遷이다. 『사기』는 통사형식의 불멸의 역사서이다. 『사기』는 황제黃帝부터 한왕조의 건국에 이르기까지 상세히 기록하고 있다. 전체 130권으로 되었으며, 오늘날까지 '불멸의 대역사서'로 칭송받고 있다.

무제시대에는 정치·군사·경제상의 발전을 토대로 하여, 문화적으로도 찬란한 꽃을 피웠다. 그 가운데 특히 사마천이 저술한 『사기』는 중국역사서의 대명사로 불릴 정도로 뛰어난 저작이다. 사마천은 한무제 시대에 일생을 보낸 사람으로 기원전 145년에 지금의 섬서성 한성현韓城縣에서 태어났다.

사마천이 『사기』를 저술한 것은 그의 출신내력과 불가분의 관계가 있다. 그의 조상들은 대대로 사관史官을 지냈다. 그의 나이 10세 되던 해에 부친 사마담司馬談 역시 한의 태사령太史令[황실의 도서를 관리하고 사료를 수집하며 천문이나 역법연구를 관장하는 직책]에 임명되었다.

사마천은 어려서는 부친을 따라 수도 장안으로 이주하여 고문古文을 배웠으며, 뒤에는 당시의 유명한 학자들이었던 동중서나 공안국孔安國의 강의를 들었다. 이러한 기초 위에 대량의 고적이나 황실의 공문서, 백가百家의 저술 등을 폭넓게 섭렵하여 해박한 지식을 쌓았다.

20세가 되던 해 그는 천하의 고적을 답사하는 여행을 시작, 중국 동남지역을 돌아보았다. 그 뒤에도 사신이나 출정, 무제의 외유 등에 수행하며 여러 지역을 돌아다녔다. 그 결과 그는 지금의 복건성과 광동성을 제외한 장성長城이남의 대부분 지역에 그 족적을 남겼다. 이러한 여행과정에서 그는 당시 사회의 다양한 현실을 직접 피부로 느낄 수 있었으며, 그 결과 당시의 지식계층에 비해 원대하고 진보적인 역사인식을 갖게 되어 『사기』에 사회현실을 그대로 생생하게 반영시킬 수 있었던 것이다.

후에 사마천은 한무제의 시종관이 되었는데, 그의 나이 35세가 되던 해에, 아버지 사마담이 병으로 죽었다. 사마천의 부친 사마담은 원래 자신의 태사령이라는 직책을 이용하여 '중국통사中國通史'를 저술할 계획이었지만 뜻을 이루지 못한 채 죽고 말았다. 임종에 이르러 그는 아들 사마천에게 자신의 유업을 이어줄 것을 신신당부했다.

사마담이 죽은 3년 후(108 BC) 사마천은 부친의 후임으로 태사령에 임명되어 자료를 수집·분석하기 시작, 기원전 104년부터 정식으로 저술에 착수했다. 그러던 중 기원전 99년 예기치 않은 재난이 닥쳐왔다. 어느 날 모든 중신들이 무제의 뜻에 영합하여 명장 이릉李陵을 신랄하게 비판하고 있을 때 사마천 홀로 이릉을 변호하고 나선 것이다. 이에 화가 난 무제는 사마천에게 사형을 선고했다. 당시 이릉은 5천의 병사로 10만의 흉노기병과 대적하여, 흉노 1만 명을 살상하는 등 분투했으나, 중과부적으로 포로의 신세가 되고 말았다.

자부심이 하늘을 찌르던 천하의 사마천이 옥에 갇혀 옥리만 보면 공포감에 죄어드는 비참한 체험을 하게 되었다. 그는 "용감하고 비겁하고 강하고 약한 것은 상황에 따라 좌우된다"는 손자孫子의 말에 깊은 공감을 느끼고, 인간을 보는 새로운 시각을 얻게 되었다.

당시 사형을 면하는 방법에는 두 가지가 있었는데, 그것은 50만 전의 막대한 벌금을 내는 것, 아니면 생식기를 제거하는 궁형宮刑[거세형]을 받는 것이었다. 살아가는 것도 넉넉지 못했던 사마천은 죽음보다 더한 치욕을 견디며 스스로 궁형을 선택했다.

사마천이 그 고통과 굴욕을 참아내며 구차하게 삶을 이어가는 까닭은 가슴속에 품고 있는 숙원이 있었기 때문이었다. 사마천은 친구에게 보낸 편지에서 자신이 견디기 힘든 치욕을 참으면서까지 살아있는 이유에 대해 고대의 성현들을 예로 소개하면서 자신의 심경을 토로했다.

"옛날부터 부귀하게 살았지만 그 이름이 흔적조차 없어진 사람은 무수히 많습니다. 오직 어디에도 얽매이지 않
는 탁월한 인물만이 후세에 그 명성을
드날리는 것입니다. 주나라 문왕은 갇힌
몸이 되어『주역周易』을 발전시켰고, 공자
는 어려운 처지에 있을 때『춘추春秋』를
지었습니다. 그리고 굴원은 추방된 뒤에
「이소離騷」를 지었습니다. 좌구명左丘明은 장님이 된 뒤『국어國語』를 저술했
고, 손빈은 다리가 잘리고 병법을 편찬했으며, 여불위는 촉나라에 유배되어
『여씨춘추呂氏春秋』를 세상에 남겼습니다. 또한 한비자는 진나라에 억류되어
있을 때「세난說難」과「고분孤憤」의 글을 썼던 것입니다. 인간이란 가슴에 맺
힌 한을 토로할 수 없는 경우에 옛날 일들을 엮고 미래에 희망을 갖기 위해
명저名著를 남기게 되는 것이 아닌가 합니다. 예를 들어 좌구명이나 손빈은
시력을 잃거나 다리가 잘려서 이미 세상에서 쓸모없는 사람처럼 되었지만
붓에 모든 힘을 기울여 자신들의 맺힌 한을 문장으로 남긴 것이라 하겠습
니다."

 사마천은 이들을 본받아 출옥 뒤에는 전심전력으로『사기』의 저술에 힘
썼다. 그의 뼈아픈 경험은 인간의 운명에 대해 깊은 의문을 품게 했으며,
이를 역사에 대한 깊은 성찰로 연결시켜 나갔다. 무려 16년간의 산고를 거
쳐 마침내『사기』가 완성되었으니 그 때가 기원전 97년이었다. 탁월한 재능
과 예리한 관찰력, 거기에 인생의 가혹한 체험을 겪은 사마천에 의해『사기』
는 불멸의 역사서로 세상에 태어나게 된 것이다.

『사기』는 세계 역사상 최초의 통사通史전시대·전지역에 걸쳐 기술한 종합적인 역사서로서,
황제黃帝로부터 한무제에 이르는 약 3천 년의 역사를 포괄하고 있다. 사마천은『사기』에서
진보적인 사상을 표현하고 있다. 역사상의 명군明君·현신賢臣과 농민봉기의 영수인 진승
과 오광 등의 인물들에 대해서는 높은 평가를 했으나, 폭군과 혹리酷吏에게는 가혹한 비판

을 가했다. 그러나 수탈받는 하층민들에 대해서는 깊은 동정을 나타냈다.
『사기』의 인물전은 사실에 충실하다는 전제하에서 역사와 문학을 교묘히 융합시켜 선명한 성격을 가진 인물들의 생동감있는 형상을 그려내고 있다. 더욱이 그는 역사인물의 개성이나 특색을 묘사하는 어휘의 선택에 뛰어난 능력을 발휘하여 그 인물의 특징을 충분히 부각시켰으며, 이러한 방법으로 기록의 생동감이나 진실성을 강화시켰던 것이다. 그래서 『사기』에 보이는 역사인물들의 일생은 언제나 감동을 불러일으키는 것이다. 『사기』에서 시작한 전기문학은 중국문학사상 중요한 위치를 차지한다. 이에 더하여, 사마천의 『사기』에 이르러 비로소 중국에 비교적 완벽한 사서史書가 나타나기 시작했다고 해도 과언은 아닐 것이다.

II. 왕망의 찬탈

한무제는 유교를 국교로 정하고 유교를 중심으로 한 강력한 중앙집권제를 실시했다. 또한 중앙아시아까지 대외진출을 시도하여 동서문화의 교섭을 꾀하기도 했다. 그러나 수십 년간 지속되어온 대외전쟁은 국가의 재정을 고갈시켰으므로, 무제는 각종 방법을 동원하여 세금을 거두어들여 재정확충에 노력했으나 한나라의 위기는 갈수록 누적되어갔다.

그런 가운데 기원전 87년 무제가 죽고, 대장군 곽광霍光이 무제의 유지를 받들어 8세의 유불릉劉弗陵을 황제로 받들었는데, 이가 곧 소제昭帝이다. 소제는 13년간 재위에 있었는데 나이가 어려 곽광이 섭정했다. 소제가 죽자, 곽광은 무제의 증손자인 민간에 방치되어있던 유순劉詢을 황제로 옹립했는데, 이가 바로 선제宣帝이다. 선제는 민간에서 성장했기 때문에 백성들의 사정에 밝았고, 지방관리들의 악행을 잘 알고 있었으므로 백성들을 위해 밝은 정치를 하여 다시금 한왕조를 중흥시켰다. 그러므로 이때를 가리켜 '소선중흥昭宣中興'이라 한다. 그러나 선제 이후 즉위한 원제元帝·애제哀帝·평제平帝 등은 어린황제 아니면 혼군昏君이었으므로 외척이 점차로 황제를 대신해 중앙정치를 휘두르게 되었다. 그 결과로 서한제국은 나날이 쇠약해져 갔으며, 이러한 혼란을 틈타 외척 왕망이 서한정권을 탈취했다.

왕망은 한원제의 황후 왕정군王政君의 조카였다. 당시 원제가 죽고 어린 성제가 즉위, 원제의 황후였던 왕황후 일족이 정권을 장악하고 있었다. 세간에서는 왕씨의 위세를 날아가는 새도 떨어뜨릴 정도라고 일컫고 있었다. 그러나 이때의 사회모순은 첨예하여 나라 곳곳에 '탕무혁명湯武革命탕무는 은나라의 탕왕과 주나라의 무왕을 가리키며, 모두 자기가 섬기던 임금을 죽이고 나라를 얻은 임금임'이라는 유언비어가 만연하고 있을 정도로 한왕조는 금방이라도 폭발할 것 같은 분위기였다. 왕망은 왕황후의 후광으로 일찍이 관계에 올라 38세에 이미 재상인 대사마의 직에 올라 왕씨일족을 대표하는 지위에 있었으며, 당시 사회적 모순을 기회로 삼아 교묘한 방법으로 자신을 위장하여 조정의 안과 밖에서 좋은 명성을 쌓아갔다.

당시 왕망의 많은 일가친척들은 대부분이 이루 말할 수 없이 사치하고 음탕했다. 화려한 마차를 타고, 음악과 여색을 즐기며 호사한 놀음을 일삼고 있어, 모두가 교만하기 짝이 없었다. 그러나 왕망은 언제나 몸을 낮추어 공손한 태도를 취하고 널리 학문을 배웠다. 그의 옷은 한낱 유생과 같이 검소했다. 그러면서 밖으로는 천하의 인걸들과 교제하고, 안으로는 정성을 다해 숙부들을 섬겨 일거수일투족이 조금도 어긋남이 없었다.

당시 대사마대장군大司馬大將軍인 백부 왕봉王鳳이 병이 났을 때, 왕망은 친히 병간호를 했다. 왕망은 백부 왕봉의 병간호를 위해 1달이 넘도록 밤에도 옷을 입은 채 허리띠를 풀지 않고 잠을 잤다고 한다. 왕봉은 매우 감동하여 임종 전에 여동생 황후 왕정군王政君에게 왕망을 잘 돌봐줄 것을 신신당부했다고 한다.

왕망은 백부에게만 극진한 것이 아니라 자신의 어머니나 손님들을 대할 때도 항시 예의바르게 정성을 다했으므로 조정의 안팎으로 왕망은 예의바른 효자로 소문이 자자했다.

어느 날 태황태후가 왕망에게 방대한 봉읍을 내리겠다는 뜻을 비치자, 왕망은 굳이 이를 사양했다. 또 천재지변이 심했던 어느 해인가는 왕망이 스스로 1백만 전의 돈과 엄청난 토지를 나라에 내놓아 빈민을 구제하고자 했다. 그러자 이에 호응하여 230만 가구로부터 많은 전답과 주택이 헌납되어 수많은 빈민들을 구제할 수 있었으므로 그의 미덕을 칭송하는 소리가 갈수록 높아졌다.

왕망은 자신의 직위가 높아지면 높아질수록 오히려 생활은 더욱 검소하고 겸손해져서 그의 이름은 온세상에 널리 떨치고, 그 권세는 숙부들을 능가했다. 그리하여 마침내 그는 한나라의 정권을 독점하기에 이르렀다.

성제·애제가 거듭 요절하고 9살의 평제가 즉위했다. 왕망은 자신의 딸을 평제에게 시집을 보내 황후로 삼게 하고, 점차 실권을 장악해 나갔다. 그런 뒤 평제를 살해하고 2살배기 선제의 현손 유영劉嬰을 황태자로 삼은 뒤 스스로 가황제가 되더니, 참위설을 이용하여 자신의 즉위가 하늘의 뜻이라고 여론을 조작하여 진짜 천자가 되었다. 이때가 서기 8년, 신新나라가 탄생하게 된 것이다.

왕망의 꿈은 유교적 이상국가를 실현하는 것이었다. 그는 유교적 이상국가는 이미 주나라 때 실현되었다고 믿고 있었다. 그는 모든 제도를 주나라의 것으로 복귀시킴으로써 이상국가를 실현시킬 수 있다고 확신하고 있었으므로 주나라 관제를 기록한 『주례周禮』에 의거해 모든 관제와 관명·지명 등을 변경했다. 왕망이 시행한 개혁내용은 다음과 같다.
　첫째로 '왕전제王田制'를 시행하여 토지의 매매를 금지한다. 둘째로 관부官府가 시장경제를 통제하여 조정이 소금·철·술 등을 경영한다. 셋째로 화폐개혁 등이다. 이와 같은 왕망의 개혁은 듣기에만 좋을 뿐 현실적으로는 실현하기 힘든 개혁이었다. 첫번째의 토지 매매 금지조항은 호족들의 강력한 반대에 부딪혀 실행하기 곤란했고, 두번째의 시장의 관영화는 결국 일반상인과 관부가 결탁하는 문제를 낳았다. 화폐개혁 또한 금金·은銀·귀갑龜甲·패貝·동銅 등의 재료로 28종의 새로운 화폐를 제조했지만 백성들은 헷갈려서 결국 화폐의 유통이 끊기게 된데다 물가가 폭등하여 농민이나 상공업자들이 직업을 잃고 매일같이 길거리에서 울부짖었다.
　이와 같이 왕망의 개혁은 근본적인 사회모순을 개혁하지 못했을 뿐만 아니라 도리어 사회의 위기만을 조성하여, 적미赤眉와 녹림綠林으로 대표되는 농민반란이 전국을 휩쓸었다. 그 결과 왕망의 신왕조는 불과 15년 만에 마치 유성과 같이 역사상에서 사라지게 되었다.

12. 곤양의 결전

사회현실로부터 너무나도 동떨어진 복고적인 개혁은 왕망의 의도와는 반대로 사회의 불안만을 불러일으키고, 더욱이 전쟁비용의 증대는 농민의 부담을 무겁게 하여 생활을 악화시키기만 했다. 이미 전한前漢시대 말부터 농민의 폭동이 일어나기 시작했는데, 왕망의 실정失政이 표면화되면서부터는 농민봉기가 더욱 격화되고, 병사의 반란과 하층농민·노비의 폭동이 도처에서 연달아 폭발했다.

산동의 태산에서 낭야출신 번숭樊崇이 반란의 깃발을 들자 수만 명이 그의 깃발 아래 모여들었다. 이들은 싸움을 할 때 아군과 적군을 식별하기 위해 눈썹을 붉게 물들였기 때문에 적미병赤眉兵이라 불렀다. 호북의 녹림산綠林山에서도 왕광王匡과 왕봉王鳳을 지도자로 하는 5만 봉기군이 집결했다. 이들은 녹림병이라 불렀다. 황하 유역의 평야지대에도 크고 작은 봉기군이 난립해 큰 부대는 수십만 명, 작은 부대는 1만 명 이상이 집결했다.

전국에서 봉기군이 난립하자 각 지방의 호족들과 지주들도 다투어 무장을 했다. 이들 대부분은 자체방어를 위해 성을 쌓기도 했고 다른 봉기군과 연합하기도 했다. 이들 가운데 남양출신 호족으로 한왕조의 핏줄을 이은 유연劉縯·유수劉秀 형제가 거느린 부대가 가장 강력했다. 이들은 서기 23년 녹림병과 연합하여 한왕조 부활을 기치로 내세우고 왕망의 죄상을 고발하는 한편, 황족인 유현劉玄을 황제로 내세워 그를 경시제更始帝라고 일컬었다. 또한 녹림군은 곤양昆陽[지금의 하남성]·정릉定陵과 언성郾城[지금의 하남성] 등의 지역을 점령했다. 이에 왕망은 황망히 사공司空 왕읍과 사도司徒 왕심王尋에게 40여만의 군사를 주고 곤양으로 가서 녹림병과 결전을 치르게 했으나, 곤양에서 대패하여 결국 멸망의 길을 걷게 된다.

곤양성에 도착한 왕망과 휘하 병사들은 성을 수십 겹으로 포위한 채 공격을 퍼부었다. 비오듯 쏟아지는 화살 때문에 성 안의 병사들은 물을 길러 다닐 때도 문짝을 지고 다녀야 했으며, 또한 전차가 마구 성벽을 부수었기 때문에 곤양성은 문자 그대로 백척간두의 위기에 몰리게 되었다. 그런데 정작 문제는 여기에서부터 일어났다.

전투가 벌어지기 전부터 어떻게 진을 칠 것인가를 둘러싸고 63개 파의 내로라하는 병법대가들 사이에 치열한 입씨름이 벌어졌으며, 곤양성에 대한 포위공격의 방법을 놓고도 갑론을박만 계속되었다.

어떤 이는 곤양성을 놓아두고 먼저 경시제가 있는 완성을 쳐야 된다며 강력히 주장하는가 하면, 어떤 병법 선생은 목청을 높여 무조건 공격을 외쳤다. 오랫동안 패가 나뉘어 말잔치를 벌이다가 결국 목소리 큰 패가 이겨 곤양성을 공격하기로 겨우 결정했는데, 이번에는 그 공격방법에 대한 논쟁이 크게 벌어졌다.

왕망의 사촌동생으로서 총사령관직에 있던 왕읍은 즉각적이며 완전한 포위공격을 선언했다. 그래서 공격명령은 떨어졌지만 이미 왕망의 대군은 63개 병법파로 갈기갈기 찢겨 명령계통도 제대로 서 있지 않았으므로 주변은 온통 엉망진창이었다.

뒷날 후한 광무제가 된 유수가 몸소 선두에 나서서 3천 명의 군사를 몰고 나타나 포위군을 급습했다. 42만 대군을 겨우 3천 명으로 기습하다니 누가 봐도 웃을 일이었다. 그런데 기적은 일어났다. 원래 유수는 신중하다 못해 겁 많기로 소문나있던 사람이었다. 그러던 그가 군사를 이끌고 선두에 나서서 공격하는 모습을 본 곤양성의 군사들은 "저 신중한 유수가 돌격하는 것을 보니 분명히 성 밖에서 많은 병사들을 모아온 것이 틀림없다. 이기는 것이 확실하지 않다면 저 사람이 공격할 리가 없지 않은가?"라고 생각하고는 용기백배하여 성문을 열어젖히고 무서운 기세로 공격을 나섰다. 하여 42만 대군을 1만 명이 기습하는 이상한 전쟁이 벌어졌다.

이미 내부의 질서가 무너져 버린 왕망의 42만 대군은 오합지졸처럼 속수무책으로 와해되기 시작했다. 게다가 큰 폭풍우로 지붕의 기와가 사정없이 날리고 빗물이 동이물을 엎지르듯 쏟아졌다. 이때문에 물에 빠져죽은 자가 수만이었다. 이렇게 하여 승패는 순식간에 결정되었다. 이것이 중국전쟁사상 최소의 병력으로 엄청난 대군을 물리친 것으로 유명해진 '곤양의 결전'이다.

곤양성 싸움에서 뜻밖의 대승을 거둔 경시제 유현의 군대는 기세를 올리며 장안과 낙양을 공격하여 장안을 점령했다. 왕망은 유현의 군대에 의해 살해당했다. 이때가 서기 23년, 신나라는 불과 15년 만에 역사상에서 사라지게 되었다.

오늘날 왕망은 음흉하고 위선적인 찬탈자로, 혹은 최초의 국가사회주의자로 매우 상반되는 평가를 받고 있다.

곤양성에 있던 유현의 병사는 1만 명이 채 되지 않았으며, 왕망의 병사는 무려 42만 명으로 매우 많은 숫자이다. 그러나 유수는 지혜와 용맹으로 왕망의 대군을 격파시켜 중국역사상 화려한 한 페이지를 장식했다. 녹림군과 적미군은 왕망의 신왕조를 전복시키고, 왕망을 살해했다. 그런 뒤 유수는 차근차근 녹림군과 적미군을 소멸시킴으로써 농민봉기의 성과들을 독차지하면서 유씨왕조를 재건했다.
진승과 오광의 봉기는 내분으로 실패했고, 녹림과 적미의 봉기는 최후에 가서는 유수에게 이용당했다.
유수가 건국한 한왕조는 '동한東漢' 혹은 '후한後漢'이라 부르며, 유수는 후한의 광무제光武帝가 되었다.

13. 과학자 장형

광무제가 후한을 건국한 뒤 천하는 평정되어갔다. 광무제는 세금을 감면하여 백성을 안정시키고 경제의 회복과 발전에 힘을 기울여 '광무중흥'의 업적을 이루었다. 서기 57년 광무제가 죽고, 그의 뒤를 이어 명제明帝 유장劉莊과 장제章帝 유달劉炟이 광무제 때의 중흥을 계승해 나갔다. 명제와 장제의 통치기간에는 사회가 안정되고 경제가 번영하여 역사적으로 이름을 남긴 인물들을 많이 배출했다. 그들 중의 반초班超는 서역에 출사하여 서한 말년부터 왕래가 중단됐던 비단길을 다시 개통시켰다. 반초의 형인 반고班固는

『한서漢書』를 편찬하여 사마천과 함께 '반마班馬'로 불리기도 한다. 또한 철학자 왕충王充은 『논형論衡』을 저술하여 당시의 만연되어 있는 미신과 전제정치사상을 비판했다. 이들 가운데 장형張衡(78~139)은 중국과 세계과학사에 찬란한 업적을 남겼다.

장형은 어려서부터 날씨가 맑은 저녁이면 하늘의 별자리들을 관찰하는 것을 좋아했다. 반짝반짝 빛나는 별들을 바라보며 어린 장형은 아무리 세어보려 해도 별의 개수를 다 정확히 셀 수가 없었다. 뒤에 장형은 다른 사람이 도움을 받아 같이 별을 세어보기로 했다. 그리고 계산한 별들은 그림에 그려 넣었다. 이같이 장형은 별을 세는 일로부터 시작해서 뒤에는 저명한 과학자가 되었다.

장형은 천문 외에도 문학과 역사를 좋아했다. 젊었을 때 그는 고향을 떠나 장안과 낙양에 가서 많은 책을 읽고는 좋은 글들을 썼는데, 일찍이 10여 년의 시간을 들여서 『서경부西京賦』와 『동경부東京賦』를 완성하기도 했다.

그러나 장형이 가장 좋아하는 일은 과학이었으며 더더욱 흥미있어 하는 일은 측정기구를 제작하는 일이었다. 장형은 34세라는 늦은 나이에 관직에 들어가 그로부터 3년 후에 천문현상을 관측·기록하는 태사령太史令 지위에 올라 천문학과 역법曆法을 연구했다.

그는 종래의 둥근 '하늘'이 네모난 '땅'을 덮는다는 '개천설蓋天說'을 부정하고, 하늘은 알 모양이며 노른자 같은 모습을 한 '땅'을 감싸고 있다는 '혼천설渾天說'을 주장하고 그것을 실증하기 위해 자동천문관측기인 혼천의渾天儀를 세계최초로 발명했다. 이 도구는 물시계를 이용하여 지구의 자전과 같은 속도로 혼천의를 회전시켜, 태양·달·성좌의 운행을 실내에서도 파악할 수 있도록 한 것이었다.

132년 장형은 '지동의地動儀'라는 지진계도 발명했다. 지동의는 세계최초의 지진계일 뿐만 아니라, 1950년대의 복원모형에 의하면, 그 장치가 매우 우수하고 정교한 것으로 알려져 있다. 술단지 모양의 지동의에는 약한 진동도 감지하는 내부장치가 설치되어 있어서, 지진이 일어나면 지동의 둘레에 8방으로 부착된 용을 움직여 용의 입에 물려진 구리구슬을 떨어뜨리게 함으로서 미미한 지진도 포착할 수 있게 했다.

138년 영대[천문대]에 설비된 지동의 정서 쪽 용의 입에서 구슬이 딱 떨어졌다. 사람들은 저마다 빈정거리며 장형을 비웃었다. 그러나 며칠 뒤 감숙성에서 사자가 급히 올라와 감숙성 일대에 대지진이 일어났다는 사실을 보고했다. 장형의 지동의가 500km나 떨어진 곳의 지진을 정확히 포착했던 것이다. 이같이 훨씬 떨어져 있는 장소에서 일어난 지진에, 낙양에 설치된 지동의가 반응하여 당시 사람들을 놀라게 했다. 서양에 지진계가 처음 등장한 것은 이 지동의보다 1,700년이나 뒤의 일이다.

장형은 천문학연구를 종합·정리한 저서 『영헌』을 남겼으며, 중국최초의 성좌표를 만들기도 했는데, 성좌표에는 황하 유역에서 볼 수 있는 별 2,500개를 기록하고 있다. 현대의 천문학에서도 같은 장소에서 육안으로 볼 수 있는 별은 이와 비슷하다.

장형이 살았던 시기의 후한조정은 환관과 외척들이 득세하던 시기였으므로 그들은 장형이 황제와 가까워져서 그들에게 불리한 말을 할 것을 두려워하여 항상 장형을 견제하고 배척했다. 그 결과 장형은 줄곧 황제의 중용을 받지 못하다 몇 년 뒤에는 외지로 전출되어 답답하고 우울한 생활을 하다 61세가 되던 해에 이 세상을 떠났다.

 장형이 발명한 지동의는 세계최초의 지진을 기록하는 기구이다. 유럽은 1880년에 되어서야 겨우 이와 비슷한 기구를 만들었다. 장형과 그의 발명품은 바로 당시 중국의 자연과학의 수준을 대표적으로 보여주는 것이며, 세계를 선도하는 지위에 있었다.

14. 채륜이 종이를 만들다

장형의 연구가 천체의 운행과 지진을 탐색하는 것이었다면, 당시 채륜蔡倫은 상당히 중요한 또 다른 작업을 진행하고 있었다. 그는 종이사용의 실용화와 대중화를 위해 새로운 종이제조법을 실험하고 있었다.

종이의 발명은 고대 중국 4대문명 가운데 하나에 속한다. 제지술이 없었던 고대 중국에서 모든 역사는 거북이 껍질이나 동물의 뼈에 새겨 기록했는데, 이것이 바로 갑골문이다. 춘추전국시대에는 대나무나 나뭇조각 위에 새겼다. 이를 '죽간竹簡' '목독木牘'이라 하는데, 그것을 만드는 과정이 매우 힘들 뿐만 아니라 기록할 수 있는 분량도 적었다.

그 후 황실이나 귀족들은 비단 위에 글을 쓰기도 했으나 그것은 값이 비싸 보편적이지 못했다. 이런 과정을 거쳐 종이의 필요성을 느낀 사람들에 의해 여러 가지 종이가 만들어졌다. 그 가운데 가장 큰 공헌을 한 사람이 동한의 환관 채륜이다.

채륜은 호남 계양桂陽사람으로 서기 75년에 낙양으로 가서 환관이 되어 소황문小黃門에서부터 중상시中常侍·상방령尙方令까지, 용정후龍亭侯에서 장락태복長樂太僕에까지 이르러 9경卿의 하나가 된 인물이다.

채륜은 장제章帝를 측근에서 모시며 신임을 받아, 장제의 뒤를 이어 겨우 10세의 어린 황제 화제和帝가 즉위하자 중상시로 임명되었다. 중상시란 환관의 총책임자로 그 직위는 재상에 해당되는 자리이다. 채륜은 황제의 측근에서 어린 천자를 도와 국가의 큰일을 계획하고 도모하는 책무를 맡게 되었다. 평소 강직하고 혼자 조용한 시간을 보내곤 하는 이런 채륜에게 역사 속에서 그 이름을 황제보다 널리 떨칠 수 있게 한 기회가 주어졌다.

102년, 당시 화제의 비妃였던 음황후가 폐위되고 귀인이었던 등황후鄧皇后가 황후의 위에 오른 것이 바로 그것이다. 등황후는 빼어난 미모와 함께 재주와 학문이 뛰어난 여인이었다. 학문을 좋아하고, 검소한 등황후는 궁궐의 사치가 심하면 백성의 고
충이 크다고 여겼다. 그녀는 황후가 되자 전국각지에서 올리는 아름답고 진기한 물품들의 진상을 금지시키고, 계절에 따라 종이와 묵을 올리도록 했다. 그리고 등황후는 환관 채륜을 상방령으로 임명하고 이 진상품들을 관리하도록 했다.

이 일로 전국에서 올라온 종이들을 모두 접하여 비교할 수 있게 된 채륜은 자연히 제지술에 관심을 갖게 되었다. 채륜은 모든 종이들의 품질이 고르지 못하고, 그나마도 소량이기 때문에 가격이 비싸 일반사대부들도 구하기 어렵다는 것을 생각하고, 이 문제를 해결할 방법을 모색하기 시작했다. 이에 채륜은 궁중의 제지공製紙工들과 함께 전국의 제지술을 세심하게 연구·검토하기 시작했다.

채륜의 이런 노력으로 마침내 105년, 그는 닥나무·마·헌종이 등의 재료를 사용하여 종래의 종이보다 훨씬 뛰어난 종이를 만들었다. 이 종이는 두께가 0.04mm인 얇은 종이로, 기존의 두껍고 표면이 매끄럽지 못하고 조잡하여 글씨가 잘 써지지 않던 종이와는 비교할 수 없을 정도로 우수한 품질이었다. 게다가 채륜의 제지술은 식물섬유의 폐물을 사용, 종이를 대량생산하여 보다 저렴한 가격으로 종이를 널리 보급할 수 있게 했다.

새로운 제지술을 발명한 채륜은 곧 이 사실을 화제에게 보고했다. 이 보고를 받은 화제는 크게 기뻐하며 그의 공로를 치하하기 위해 용정후龍亭侯로 봉하고 3백 호의 봉토를 하사했다. 뒤에 채륜이 발명한 제지술로 만든 종이를 '채후지蔡侯紙'라 불렀다.

제지술의 발명은 인류역사에서 가장 중요한 발명 가운데 하나라 해도 과언이 아니다. 한대경제력의 신장은 학문전반의 발달을 촉진하여, 더 좋은 종이의 발명을 요구하는 문화적 수요자층을 증대시켰으며, 종이의 발명은 또다시 문화의 보급·발달을 촉진했다. 채륜이 발명한 제지술은 최초로 조선과 일본에 전래되었다. 당唐대에 이르면 제지술이 서역을 통해 유럽으로 전파된다. 19세기에 이르면 종이는 세계문화의 교류와 발전에 위대한 공헌을 하게 된다.

15. 당고의 화

전한은 외척인 왕망에 의해 멸망되었기 때문에 후한은 외척에 대해 더욱 철저히 경계했다. 광무제부터 명제明帝·장제章帝까지는 이러한 정책이 어느 정도 결실을 맺었으나 장제 다음인 화제和帝가 10살의 어린 나이로 즉위하자 다시 외척의 섭정이 시작되었다. 화제가 제위에 오르자, 그의 어머니 두태후가 섭정을 하게 되면서 태후의 오빠 두헌 등 두씨일족이 권력을 장악하게 되자, 장성한 화제는 이러한 외척의 세력을 제거하기 위해 측근인 환관에게 의지하게 되었다.

본래 외척이란 황후의 일족을 말하며, 환관이란 후궁을 돌보는 자로 모두 원칙적으로 정치와는 무관한 존재이다. 그러나 이들 모두는 황제의 사생활과 깊은 관계를 갖고 있었으므로 권력을 잡을 기회가 많았다. 따라서 황제들은 외척의 전횡으로 억압당하고 고립되면, 어려서부터 친숙했던 환관의 힘을 빌려 외척의 수중에서 정권을 탈환하고자 했던 것이다. 동한의 후반기는 이처럼 외척과 환관이 번갈아 정권을 농락하는 일이 계속되었다.

그 가운데 대표적인 인물이 외척 양기梁冀이다. 그는 순제順帝황후의 오빠로서 전권을 잡고 이어 충제沖帝·질제質帝·환제桓帝 등 4대에 걸쳐 20년 가까이 정치를 멋대로 했다. 159년 환제는 중상시中常侍 단초單超 등의 환관과 공모하여 양기를 협박하여 자살하게 하고, 양씨일족을 주살했다. 환제는 이후 외척을 극도로 불신하여 배격하고 환관만을 신임했다. 그 결과 환관이 실제적으로 정권을 장악하게 되어 이후 동한 최대의 환관전횡기가 도래했다.

환관은 일족이나 양자를 관리로 중용하고 관료나 호족과 결탁, 중앙이나 지방의 관계에 세력을 확장함으로써 정권을 독점했다. 그들은 뇌물을 받고 부정한 선거로 관리를 등용하고, 백성들에게는 혹독한 가렴주구苛斂誅求로 일관하여 방탕한 생활을 일삼게 되니, 부정과 부패가 사회에 만연되어 관료와 사대부들의 불만은 커졌다. 특히 사대부들은 환관들로 인해 정상적인 관리등용문이 가로막히자 조정과 환관들을 신랄하게 비판하면서 명사名士 이응李膺 등 정직한 관리를 추대했다. 그러자 환관들은 1·2차에 걸친 '당고의 화黨錮之禍'를 일으켜 지식인들을 탄압했다. 당고란 임관권을 박탈하는 것을 말하는데 이것은 관료사회에서 영구히 추방되는 것을 의미했으므로 치명적인 것이었다.

후한대의 지방유력자들의 호족 중에는 세태에 편승하여 외척이나 환관과 결탁한 자들이 있는가 하면, 유교적 논리로 무장, 명예와 정절을 중시하면서 부정부패의 척결을 강력히 주장하는 사람들이 있었다. 이들은 스스로를 청류淸流라 부르고, 환관 일파를 탁류濁流라고 했다. 태학의 학생이거나 관리, 또는 재야지식인이었던 이들은 세간에 평범한 여론을 조성하고, 중앙이나 지방의 관리를 품평하여 청렴한 관료를 선정하고, 이들을 적극 지원함으로서 환관 일파와 대립하게 되었다.

후한에 이르면 유교가 전국에 뿌리를 내려 낙양의 태학학생은 3만 명에 달했고, 지방에서도 각각 사숙이 만들어져 이름있는 학자를 스승으로 하는 동문의 학생들이 배출되었으나 정상적인 관리등용문이 환관들로 인해 가로막히자 이들은 반환관운동에 앞장섰다. '당고의 화'로 불리는 2차례의 대탄압으로 청류지식인들이 관계에서 일소됨으로써, 표면적으로는 환관 일파의 완승으로 끝나는 듯이 보였다.

166년 1차 당고에서는 청류파 관료의 대표격인 사예교위[경찰총장] 이응을 비롯한 2백여 명의 관료와 지식인들이 투옥되었다. 이응은 이전에 환관의 비리를 엄중히 다스리던 중, 악행을 거듭하던 환관 장양張讓의 아우 장삭을 추적, 형의 저택에 피신하여 있던 그를 체포함으로써 환관들에게 쇼크를 주었기 때문에 표적이 되었던 것이다. 당시 이응 등의 죄목은 다음과 같다.

"태학의 학생과 각 군의 생도들과 왕래하면서 당을 만들어 정부를 비방하고 사회의 풍기를 문란하게 했다."

이들은 이듬해 사면되어 고향으로 돌아갔으나 종신금고형, 즉 관직추방과 영원한 관리등용 금지의 처분을 받게 되었다.

이어 169년의 2차 당고에서는 당인 1백 명이 사형을, 그 외 6백 명이 유형이나 금고에 처해지는 등 대숙청이 있었다. 심지어 당인을 도왔다고 의심이 가는 집에까지 처형의 손길이 뻗쳤다.

한편 농민들은 부패한 정권과 잇따른 정쟁 속에서 서서히 몰락해가고 있었다. 호족과 부패한 관료세력에 의한 토지겸병은 날로 심각해졌으며, 메뚜기 떼와 홍수·가뭄 등으로 인한 거듭된 대기근은 생존에 대한 위협으로 다가왔다.

좌절과 실의에 빠진 농민들 사이에서 태평도太平道·오두미도五斗米道 등의 도교적 신흥종교가 유행병처럼 번져갔다. 태평도는 부적을 태워 물에 타서 마시면 병이 낫는다고 하여, 절망적인 가난 속에서 질병의 공포와 불안에 시달리던 농민들의 마음을 사로잡았다. 뒷날 도교의 뿌리가 된 장각의 태평도는 하북성 거록에서 일어난 지 불과 10여 년 만에 화북 동부에서 양자강에 걸쳐 수십만의 신자를 얻었다.

184년에 일어난 황건적의 난은 이 태평도의 각 지부가 군사조직으로 전환되어 일어난 대규모 농민봉기이다. 대규모의 농민봉기가 일어나자 동한의 영제靈帝는 당고를 해제하여 호족세력의 불만을 무마하고 항쟁의 진압에 안간힘을 썼으나, 간신히 유명무실한 왕조체제를 유지할 뿐이었다.

 동한 말에 발생한 '당고의 화'는 어리석은 군주인 환제와 영제가 환관을 이용해 정직한 관료와 사인士人들의 불만을 형벌로 탄압한 사건이다. 당고의 화를 당한 이응과 같은 대표적인 사인들은 이 같은 위기상황에서도 두려워하지 않고 의연하게 끝까지 정의를 지켰으므로 후대인들은 이들의 정의감에 경의를 표했다.

제4장 평화와 전쟁이 교체하다

삼국 · 양진 · 남북조시대

1. 난세가 영웅을 낳는다

동한 말년은 외척과 환관의 전횡과 당고의 화 등 이미 왕조멸망의 현상들이 나타나고 있었다. 184년 장각이라는 자가 제자들에게 요술을 가르쳤는데, 사람들은 그 술법을 '태평도太平道'라고 일컬었다. 태평도의 무리는 부적을 물에 넣고 주문을 외워서 병을 고친다면서, 제자들을 사방으로 보내 탐관오리에 지친 백성들을 현혹시켰다. 그리하여 태평도의 무리는 겨우 10여 년 동안에 수십만 명에 이르게 되었다. 그들은 이런 노래를 지어 부르고 있었다.

"창천蒼天은 이미 죽었고, 황천荒天이 일어난다. 황천은 갑자甲子(184)에 일어나고, 이 해에 천하가 크게 길하리라."

여기서 창천은 한나라를 뜻하는 말이었고, 황천은 태평도에서 받드는 신이었다. 노랫말대로 황천은 갑자년에 일어났다. 이들은 모두 황색 두건을 쓰고 있었으므로 황건적이라 불렀다. 그들은 이르는 곳마다 불을 지르고 약탈해서 불과 한 달도 채 안되어 천하는 온통 소란 속에 빠지게 되었다. 대규모 농민봉기에 봉착한 지배층은 즉시 권력투쟁을 중지하고 당고를 해제하는 등 호족세력을 무마하여 항쟁의 진압에 안간힘을 썼으나, 이미 때는 늦었다.

영제靈帝가 189년에 죽고, 어린 유변劉辨이 즉위해서 한소제漢少帝가 되었다. 또한 황건적을 무찔러 병주목幷州牧이란 지위에 있던 동탁董卓이 쇠할 대로 쇠해진 한왕조를 관망하고 있다가, 그 틈을 타 군대를 이끌고 수도 낙양으로 달려가 낙양을 장악해버렸다. 낙양을 장악한 동탁은 소제를 폐하고 9세의 유협劉協을 황제로 세우니 이 사람이 후한의 마지막 황제인 한헌제漢獻帝이다. 동탁은 이어 조정 안에서 자신을 견제할 만한 세력을 모두 없애버리고 제멋대로 정권을 휘둘렀으므로 조정은 혼란 속에 빠져 있었다. 이때 조조曹操가 동탁을 토벌하여 쓰러져가는 한나라를 일으키자는 격문을 돌렸다. 이에 많은 군벌들이 연합하여 동탁의 토벌을 결의하게 되는데, 이때부터 군웅할거群雄割據많은 영웅이 각 지방에 웅거하여 세력을 떨침의 시대가 시작되었다.

조조曹操(155~220)의 자는 맹덕孟德, 어릴 때의 이름은 아만阿瞞으로 패국沛國 초군譙郡(지금의 안휘성 호현)사람이고, 그의 본래 성은 하후夏侯라 한다. 그의 부친

조숭曹嵩이 어려서 대환관 조등曹騰의 양자가 되어 성을 조씨로 바꿨다.

조조의 관상을 보던 사람이 "치세에는 능신能臣, 난세에는 간웅奸雄"이 되리라는 예측대로, 더이상 지탱할 수 없어 무너져 내리는 한나라 말기라는 시대 속에서 일세의 간웅으로서 이름을 크게 떨쳤다.

청년시절 조조는 방탕하고 향락을 즐기었다. 그러나 그의 이런 행태는 단순한 방탕이라기보다 재야에 숨어 세상을 살피며 후일의 거사를 위해 준비한 단계라고 하는 것이 옳을 것이다. 이런 생활 속에서도 그는 독서를 게을리하지 않았는데, 특히 병법연구에 많은 심혈을 기울였으며, 『손자병법 孫子兵法』은 그의 손에서 떨어지지 않는 책 중의 하나였다.

조조는 환관의 무리가 득세하던 때 부친의 세력을 업고 황건적을 토벌하는 싸움에서 크게 두각을 나타냈다. 그러나 환관들의 권력전횡이 막을 내리고, 그들을 대신하여 권력을 장악한 동탁에게 반발하여 전군교위典軍校尉의 직을 사퇴하고 진류陳留[지금의 하남]에서 가재를 털어 의병을 모집했다. 그리고 그 다음해인 190년, 조조는 자신의 군대를 데리고 동탁을 토벌하고자 원소袁紹를 맹주로 집결한 연합군에 합세했다.

연합군은 수도 낙양을 향해 맹진했으며, 동탁은 이에 놀란 나머지 재빨리 한헌제와 신하들을 장안으로 옮기게 하고, 자신은 낙양 부근에 남아서 연합군을 대적했다. 한헌제가 쫓겨가듯 낙양을 떠날 때 동탁은 낙양성에 불을 질러버려, 백성들도 낙양을 떠날 수밖에 없었다.

그러나 막상 산조酸棗[지금의 하남 연진의 서남쪽] 부근에 집결한 연합군은 별 움직임없이 동탁을 토벌할 생각이 없는 듯이 보였다. 조조는 회의에서 "우리들은 동탁을 토벌하기 위해 여기에 온 것입니다. 현재 동탁은 천자를 납치하고, 낙양성을 불태워버렸으니, 지금이야말로 역적을 잡아죽일 가장 좋은 기회입니다. 그런데 무엇을 그다지도 고민들만 하십니까?"라고 솔직하게 자신의 생각을 말했다.

그러나 회의에 참여한 장군들은 어느 누구 하나 말 한마디가 없었다. 맹주인 원소조차도 아무런 대답을 하지 못했는데, 그 이유는 바로 군벌 개개인이 자신의 군대를 잃기 싫었기 때문이다. 조조는 더이상 이 같은 상황을 방관만 할 수가 없어, 독자적으로 5천 명의 병사들만 데리고 서쪽을 향해 진군했다.

동탁은 조조의 군대가 온다는 소식을 듣고, 변수汴水지금의 하남에 진을 쳤다. 조조는 적군과 밤이 될 때까지 싸웠지만 결국 동탁의 대군에 패하고 어깨에 화살을 맞는 부상까지 당했다.

조조가 화살을 맞고 연합군의 주둔지로 왔을 때, 다른 장수들은 술을 먹으면서 향락에 빠져 있었다. 이를 본 조조는 분노하며 "여러분은 천하 백성들의 웃음거리가 되는 것이 두렵지 않습니까?"라고 그들을 질책했다.

조조의 질책을 들은 장수들은 어찌할 바를 몰랐다. 결국 조조는 자신의 군대를 데리고 산조를 떠났다. 그 후 동탁을 토벌하기 위해 모였던 연합군들도 각각 자신의 근거지로 돌아갔다.

이때 조조는 양주揚州로 가서 병사들을 모으기 시작, 다음해에는 연주兗州지금의 하남 동부와 산동 서남지역에서 병사를 모집하고 말을 구입하여 군대의 틀을 갖추었다. 그리고 청주靑州 일대의 농민군 30만을 한데 모아 개편하여 독자적으로 강한 군벌이 되어 군웅들과 함께 천하쟁탈전을 전개했다.

 동한 말년에 천하가 혼란 속에 빠진 가운데 동탁이 정권을 제멋대로 휘두르고 있을 때, 군웅들이 들고 일어났다. 이러한 가운데 조조가 과감히 수도 낙양을 떠나 동탁과 대립관계가 되어 진류에서 군중들을 모아 동탁토벌의 연합군에 합세하게 된다. 그러나 연합군 내부의 모순으로 결국 실패로 끝났다. 그러나 조조는 이 같은 상황에서도 자력으로 30만의 대군을 끌어모아 중원의 정치와 군사방면의 강자로 부상하기 시작했다.

2. 여포와 동탁

동탁이 조정에서 대권을 휘두르며, 온갖 횡포를 부리고 있을 때, 각지의 군웅들은 동탁을 제거하기 위해 들고 일어나 연합군을 결성했다. 그러나 동탁을 제거하기 위해 뭉친 이들 연합군은 내분이 일어나 결국은 각자 자신의 근거지로 돌아가게 되었다. 이 소식을 전해들은 동탁은 매우 기뻐하며 더이상 자기를 압박할 무리가 없음을 알고는 더욱 방자하게 횡포를 부렸다. 이에 고통받는 신하와 백성들의 원망은 갈수록 깊어지고 있었다. 당시 동탁을 보좌하던 사도司徒 왕윤王允은 생명의 위협을 느끼게 되자 동탁을 제거하기로 결심하게 된다.

왕윤의 자는 자사子師이며, 태원군太原郡 기현祁縣사람이다. 어려서부터 큰 뜻을 품어 학문뿐만 아니라 말타기와 활쏘기 연습도 게을리하지 않았다. 왕윤은 일찍이 예주자사豫州刺史에 임명되었다. 수도 낙양으로 들어온 뒤 동탁은 왕윤을 사도로 임명했다.

왕윤은 본래 동탁과 항상 함께 있으면서 동탁의 독단적인 성격과 또한 평소에도 마음내키는 대로 살인을 저지르는 것을 보고는 분노와 공포에 떨고 있었다.

어느 날 동탁이 교외에서 문무관원들을 초대해 연회를 베풀었는데, 식탁에는 산해진미山海珍味가 가득했다. 그런데 이때 동탁은 포로들을 끌고 오게 하더니 "포로들로 안주를 삼을 것이다!"라 하고, 갑자기 망나니들을 시켜 순식간에 포로들을 산 채로 토막을 내서 삶기 시작했다. '인육연人肉宴인육을 먹는 연회'을 보고 있는 대신들은 극도의 공포로 사지를 떨기 시작했고, 잔혹한 동탁은 오히려 아무렇지 않다는 듯 태연하게 열심히 먹고 마시고 있었다.

이때 극도의 공포에 떨고 있던 왕윤은 만약 동탁을 제거하지 않으면 모든 사람들이 위험해질 것이라는 생각을 하게 되었다. 당시 동탁은 병권을 장악하고 있었으며, 더구나 무술이 뛰어난 양아들 여포呂布가 항시 동탁을 호위하고 있었으므로, 왕윤은 일찍이 동탁을 몇 차례 살해하려 시도했으나 줄곧 성공하지 못했다.

『삼국연의三國演義』의 내용을 보면, 왕윤은 힘으로는 도저히 동탁을 제거하기는 불가능하다고 생각하고는 술수를 써서 동탁을 죽이기로 계획했다. 평소 동탁은 미녀를 무척 좋아했으며, 그의 양아들 여포 또한 동탁과 비슷한 기호를 가지고 있었다. 그러니 그들이 가장 좋아하는 미녀로 부자간을 이간질하여 여포로 하여금 동탁을 죽이게 하는 방법을 사용하는 것이 일을 성공시키기에 가장 가능성이 있다고 왕윤은 판단했다. 왕윤은 이 같은 계획을 차근차근 진행시키기 시작했다. 우선 자신의 집에서 키우는 여자아이들 중에서 16세의 꽃같이 아름다운 여자아이를 골랐는데, 그녀가 바로 초선貂蟬이다. 왕윤은 자신의 계획을 초선에게 자세히 설명해 주었다. 초선은 왕윤의 말을 다 듣고 나서 그의 지시대로 따르겠다고 대답했다.

다음날 왕윤은 먼저 맹장이기는 하나 어리석은 여포를 자신의 집으로 초대해서 성대하게 대접을 하고는 여포가 술에 취해 흥에 겨워할 때 초선을 불러 여포를 위해 춤을 추라고 지시했다. 여포는 선녀와 같이 아름다운 초선을 보고는 금방 반해버렸다. 이 같은 여포를 본 왕윤은 여포에게 "이 아이가 내 양녀인데, 장군께서 좋아하시면 장군께 시집보내겠습니다"라고 말했다. 그러자 여포는 너무 기쁜 나머지 왕윤에게 머리를 조아리며 가능한 빨리 초선을 아내로 맞고 싶다고 했다.

그리고 며칠이 지난 뒤 왕윤은 이번엔 동탁을 자신의 집에 초대해서는 초선으로 하여금 동탁의 시중을 들도록 했다. 초선을 본 동탁 역시 초선에게 완전히 빠져버렸다. 왕윤은 동탁에게 초선이 좋으면 바로 데려가도 좋다고 허락했다. 그러자 동탁은 그날로 초선을 자신의 집으로 데리고 갔다.

얼마 뒤 여포가 다시 왕윤을 찾아와 동탁이 초선을 데리고 간 것에 대해 추궁을 했다. 그러자 왕윤은 동탁이 강제로 초선을 빼앗아갔다고 거짓말을 했다. 초선의 미모에 반해 이미 이성을 잃은 여포는 동탁에 대한 원한을 가슴에 품고 지냈다. 그러던 중 여포는 마침내 왕윤의 계획에 따라 황제의 병이 쾌유되어 모든 신하가 미앙궁에 모여 경축연을 벌인다는 핑계로 동탁을 유인해내어 방천화극으로 그를 찔러 죽였다.

이 소식은 빠른 속도로 천하에 퍼졌고, 동탁의 잔인함에 시달리던 백성들은 기뻐하지 않는 사람이 없었다. 동탁이 죽은 뒤 그 시체를 길에 버리니 백성들마다 그의 시체를 밟고 지나가고, 어떤 사람이 동탁의 배를 갈라 그의 몸에서 나온 기름기에 불을 붙이자 하룻밤이 지나고 나서야 그 불이 꺼졌다고 한다.

동탁은 자신의 무력을 과신했으며, 무예가 뛰어난 자신의 양자 여포를 기만했다. 또한 왕윤의 계략으로 미녀 초선이 동탁과 여포 사이에서 이간질을 하여 두 사람을 원수지간으로 만들어 결국에는 여포가 동탁을 죽이도록 했다. 이 같은 계략을 '미인계美人計' 또는 '이간책反間計'이라고 한다. 그러나 왕윤이 동한왕조를 지키려는 사명감으로 이 같은 계략을 썼다는 사실은 인간적으로 비애스러움을 느끼지 않을 수 없다. 그러나 왕윤의 계략의 치밀함과 교활함에는 탄복하지 않을 수 없다.

동탁이 비록 이들에 의해 제거는 되었지만 동한왕조는 여전히 쇠망의 길을 걷고 있었다. 거사에 성공한 왕윤은 여포의 힘을 빌려 동탁의 무리를 하나하나 제거해 나갔다. 그러나 그 또한 동탁의 부하 장수의 공격으로 살해당하고, 천자는 이들의 손에 농락당하다 이후 폐허가 되어버린 낙양으로 돌아가 조조에게 도움을 요청한다. 조조가 낙양으로 입성하고, 그 후 그는 천자를 끼고 나라의 대권을 장악하게 된다.

3. 원소와 조조의 결전

동한 말년 대대로 관료를 지낸 집안의 후손인 원소袁紹가 광활한 북방의 최대 할거세력이 되었다. 196년 조조가 동한 헌제를 허창許昌으로 모셨다. 헌제를 맞아들인 조조는 원래 세력이 강대했을 뿐만 아니라 천자의 권위까지 등에 업게 되어 군웅 가운데서도 가장 두각을 나타내게 되었다.

한편 관동군의 맹주로 추대된 바 있는 원소는 황하의 중·하류지역에서 군벌과 호족들을 복종시켜 당시 최대의 군벌세력으로 성장해 있었다. 그는 조조의 세력이 급속히 커지는 것을 가만히 보고만 있지 않았다. 원소와 조조의 충돌은 200년 황하 근처 관도官渡[하남성 중모현]에서 있었다. 이것이 역사상 유명한 '관도대전官渡大戰'이다.

이때 원소는 보병과 기병이 10만, 조조는 오직 2만여 명에 불과했다. 원소는 겉으로 보기에는 강한 것 같았으나 그의 성격은 교만하고 우유부단했으며, 다른 사람을 용납하는 도량이 부족했다. 그러나 조조는 비록 병력이 적고 후방 또한 안정되지는 않았지만, 대세를 보는 눈이 뛰어나고 사람을 보는 데 탁월했으며, 부하의 정확한 의견을 받아들여 그들의 역량을 마음껏 발휘하게 하고 전투에 있어 승리의 기회를 예리하게 포착했다.

한漢왕조가 쇠퇴하면서, 각지에 할거하는 군웅들은 중원中原 천하제패의 대망을 가슴에 품고 세력확장에 나섰다. 그 중에서도 세력이 가장 막강했던 인물은 하북河北을 장악했던 원소와 하남河南을 수중에 넣은 조조였다. 황하를 둘러싸고 격렬하게 대치한 조조와 원소, 중원의 패권을 노리는 두 영웅이 아침저녁으로 전면 무력충돌하는 것은 당연한 일이었다.

드디어 원소는 정병 10만과 기병 1만을 동원하여 조조를 공격하려고 했다. 그러자 참모인 저수가 "지금 조조는 천자를 받들고 천하에 호령하고 있습니다. 지금 장군께서 군사를 일으켜 조조를 치면, 오히려 난신적자亂臣賊子[나라를 어지럽게 하고 군주와 아비를 죽이는 악인]라는 누명만 쓰게 될 것입니다. 저는 이것을 염려합니다"라며 말렸다.

그러나 원소는 그의 말을 듣지 않고, 군사를 몰아 조조를 공격했다. 이렇게 하여 조조와 원소는 관도官渡라는 곳에서 천하의 자웅을 결정하는 일대 격전을 벌이게 되었다. 하지만 원소군은 처음 전투에서 원소가 그토록 자랑하던 대장 안량顔良을 잃었고, 2차 전투에서는 명장 문추文丑를 잃었다.

이 두 장수를 벤 사람은 다름 아닌 관운장이었다.

원소의 군대는 크게 사기가 떨어졌다. 궁지에 몰리게 된 원소는 서둘러 조조를 공격하려고 했다. 이때 군사 참모 허유許攸가 "지금 조조는 전 병력을 관도에 포진시키고 있으므로 그의 후방許昌은 텅 비어 있는 상태입니다. 병력을 나눠 당장 2백 리 밖에 있는 조조군의 본부 허창을 기습한다면 반드시 성공할 것입니다"라며 계책을 올렸다.

그러나 원소는 허유의 계책을 들으려 하지 않았을 뿐만 아니라 오히려 그에게 "업성鄴城에서 전해온 보고에 의하면 너희 집안사람이 죄를 지어, 체포되어 감방에 감금되었다고 한다. 너는 집안사람 관리도 못하는 주제에 도대체 내 앞에서 무슨 계책까지 말하고 있느냐"라며 버럭 화를 내었다.

그 뒤에도 원소와 조조는 6개월이 넘도록 서로 대치만 하고 있었다. 조조는 식량이 떨어져 더이상 버틸 수 없다고 생각하여 철수를 결심했다. 그러면서 군사참모인 순욱에게 사람을 보내 의견을 물었다. 그러자 순욱荀彧은 "양군이 대치한 지 이미 오래되어 먼저 군사를 철수하는 쪽이 반드시 패할 것입니다. 좀더 굳게 견디고 있으면 원소군 내부에 무슨 변화가 일어나 승기를 잡을 수 있을 것입니다"라는 글을 보내왔다.

아니나 다를까 얼마 뒤 원소의 일등참모인 허유가 원소로부터 추방되어 조조 진영으로 왔다. 조조는 허유가 왔다는 말을 듣고 신발도 신지 않은 채 버선발로 뛰어나가 허유를 맞이했다. 허유가 조조에게 "지금 군량은 어느 정도 있습니까?"라고 물었다. 조조는 "1년 정도는 끄덕없소"라며 자신있게 대답했다. 그러나 허유는 조조의 말을 듣고 "그렇지 않을 것입니다. 솔직히 말씀해 주십시오"라고 다시 되물었다. 그러자 조조는 "반년 정도는 걱정 없소"라고 대답을 수정했다. 그러자 허유는 "아무래도 원소군을 물리칠 생각이 없으신 모양입니다. 왜 솔직하지 못하십니까?"라고 호통을 쳤다. 이에 조조는 할 수 없다는 듯이 "사실은 한 달 정도의 식량밖에 남아있지 못하오 어떻게 했으면 좋을지 계책을 가르쳐 주십시오"라며 자신의 속마음을 털어놓았다.

이에 허유가 "양군이 대립하여 아직 그 승부를 알 수는 없으나, 양식이 많은 쪽은 이기게 될 것이고, 양식이 없는 쪽은 패배하게 될 것입니다. 현재 원소의 진영에는 1만여 수레의 양식과 무기가 있습니다. 이것들 모두가 오소烏巢지금의 하남성지역에 있는데, 경비도 허술합니다"라고 조조에게 알려 주었다. 그러니 당신이 기병을 데리고 오소지역을 기습하십시오. 만약 기습에 성공한다면 3일이 못 가서 원소군을 격파할 수 있을 것입니다. 조조는 허유의 말을 듣고는 바로 순유荀攸와 조홍曹洪 등을 불러들여 그들로 하여금 군영을 지키도록 지시하고는 자신은 5천 명의 기병을 이끌고 오소를 기습했다.

조조의 병사들은 원소군의 깃발을 들고 행군했으므로 가는 길에 원소군의 의심을 받지 않았다. 새벽이 되기 전에 오소에 도착한 조조의 주력군은 오소를 습격하여 원소의 식량과 물자를 모조리 불태워버렸다. 이 소식에 크게 당황한 원소군은 순식간에 오합지졸이 되어버렸다.

승기를 잡은 조조군은 총공격을 감행했다. 원소군의 10만 대군은 대패하여 7만 명 이상이 전사하고 원소는 간신히 목숨만을 건져 하북으로 도망치기에 급급했다. 그리고 얼마 안되어 원소는 결국 화병으로 죽고 말았다.

관도의 전투에서 약자인 조조가 강자인 원소군을 물리칠 수 있었던 것은 바로 조조가 당시의 형세를 정확히 파악했기 때문이라고 볼 수 있다. 조조는 전투하기 전에 미리 치밀한 계획을 세워놓고 전투에 임한 데다, 전시에도 매우 신속히 상황을 파악하여 전쟁에 임했으므로 적군을 물리칠 수 있었다. 또한 조조는 인재를 알아 볼 수 있는 자신의 능력에 의지해 뛰어난 인재들을 기용하여 활용했을 뿐만 아니라 항상 현명한 부하의 의견을 수용하고 이용하여 많은 업적을 쌓을 수 있었다. 반면에 원소는 자신의 군대가 강한 것만을 믿고 자만했기 때문에 결국에는 계속 실수를 거듭하다 멸망하게 된 것이다. 관도대전에서 대승을 거둔 조조는 이제 중국의 반을 차지하며 천하의 제1인자가 되었다.

4. 삼고초려

조조가 10만 대군을 이끌고 남하하고 있을 때, 유비劉備는 형주자사荊州刺史 유표劉表의 문하에 있었다. 유비(161~223)의 자는 현덕玄德으로 서한 경제景帝의 후손이다. 그의 부친 유홍劉弘이 일찍 죽고 가세가 곤궁하여 모친과 의지하며 탁현涿縣에서 신발과 돗자리를 짜서 팔아 생계를 유지했다. 그런 생활 속에서도 유비는 그 고장에서 자신의 세력을 확장해 나가면서 관우, 장비와 유명한 도원결의로 형제의 의를 맺었다. 뒤에 유비는 관우와 장비를 데리고 공손찬公孫瓚과 서주목사 도겸陶謙, 조조·원소 등에게 의지했다. 유비는 안희安喜[지금의 하북성 정현]현위縣尉·서주徐州·예주목豫州牧 등의 관직에 있기도 했으나, 몇 차례의 굴곡의 세월을 보내 뒤 결국은 남에게 의지하는 신세가 되었다.

조조가 여포를 죽였을 때(198), 유비는 조조를 따르다 다시 조조의 진영을 떠나 원소의 진영으로 갔다. 그러나 관도대전이 터지자 유비는 다시 관우와 장비를 데리고 형주목으로 있는 유표에게 의지하게 되었다. 유표는 유비가 자신에게 몸을 의탁하는 것을 겉으로는 크게 환대했으나, 유비와 힘을 합쳐 조조와 천하를 겨루는 따위의 기백은 가지고 있지 못했다. 유비는 유표에게 권했다. "조조가 원소가 싸우는 틈을 타서 우리는 중원으로 진출하여 그 배후를 찌릅시다." 그러나 유표는 끝내 이것을 거절했다. 유표는 소수의 병력을 유비에게 주어 신야新野[하남성 서남쪽]를 지키게 했다.

유비는 관우·장비와 의형제를 맺고 한실漢室부흥을 위해 군사를 일으켰다. 그러나 군기를 잡고 계획을 세워 전군全軍을 통솔할 군사軍師가 없어 늘 조조군에게 고전을 면치 못했다. 그는 20여 년간 수없이 많은 좌절을 겪으면서 더욱더 전략이 뛰어난 인재의 필요성을 절감하고 있었다.

유비는 유표에게 몸을 의탁하여 신야를 지키는 임무를 맡으면서 주위의 인재를 모으고 있었다. 어느 날 유비가 양양의 사마휘에게 "당대의 가장 뛰어난 재사는 누구입니까?"라고 물었다. 사마휘는 "세상의 이치를 아는 자는 준걸입니다. 이곳에 복룡伏龍과 봉추鳳雛라고 하는 두 준걸이 있습니다. 그의 이름은 제갈량과 방사원입니다"라고 대답했다.

이런 유비에게 서서徐庶가 제갈량諸葛亮을 천거하며 "저의 친구 중에 제갈량이라는 자가 있습니다. 그는 물에 잠긴 와룡臥龍 같은 인물로 한번 만나보시면 어떻겠습니까?"라고 했다.

서서의 말을 들은 유비는 제갈공명을 꼭 만나보고 싶다고 하며 그를 데려올 방법을 묻자 서서는 "그를 데려올 수는 없습니다. 그러한 인물을 만나시려면 장군께서 친히 가셔야 할 것입니다"라고 말했다.

제갈량諸葛亮(諸葛孔明, 181~234)은 자는 공명孔明이고 전한前漢 말 사예교위司隸校尉[치안국장] 제갈풍諸葛豊의 후예로 낭야琅邪에서 태어났다. 아버지 제갈규諸葛珪는 태산군太山郡의 승丞[부장관]을 역임했다고 하지만 그밖의 일은 알려진 것이 없다. 제갈량의 형 제갈근諸葛瑾은 훗날 오나라 손권을 섬겨 대장군 완릉후宛陵侯까지 올랐으며, 동생 제갈균諸葛均은 제갈량과 함께 촉蜀을 섬겨 장수교위長水校尉을 역임했다. 제갈량의 누이는 방龐씨라는 명문으로 출가했다.

제갈량의 어린 시절은 그렇게 순탄하지 못했다. 어머니는 동생 균을 낳고 얼마 뒤 제갈량이 9세 되는 해에 별세했고, 아버지도 제갈량이 14세 되던 해에 세상을 떠났다. 아버지가 세상을 떠나자 제갈공명보다 7세 많은 형 제갈근은 계모를 모시고 오나라로 가서 손권의 수하가 되었다. 그러나 제갈량은 동생 제갈균과 함께 숙부 제갈현諸葛玄이 살고 있는 형주로 가서 살았다. 그 후 숙부마저 전쟁으로 세상을 떠나자 제갈공명은 하는 수 없이 형주 양양襄陽 교외의 융중산隆中山 근처에서 초막을 짓고 살면서, 맑은 날이면 밭을 갈고 비가 오면 책을 읽으면서 세월을 보냈다. 비록 이렇게 은둔생활을 하고 있었으나 오래지 않아 제갈량의 재능은 입에서 입으로 전해졌고, 그는 방사원龐士元과 함께 형주의 뛰어난 인물로 두각을 나타냈다.

제갈공명이 살고 있던 초막은 유비가 수비하던 신야에서 약 75㎞ 떨어진 곳이었는데, 유비는 친히 제갈량을 방문했다. 첫번째 방문했을 때, 제갈량은 외출 중이었다. 두번째 방문에서 제갈량은 놀러나가 돌아오지 않았다.

세 번째 방문에서 제갈량을 겨우 만날 수 있었다. 그러나 제갈량은 집에 있었지만 초당에서 한참 낮잠을 자고 있어서, 깰 때까지 기다려서야 겨우 만날 수 있었다.

제갈량을 만난 유비는 대업을 이루기 위한 계책을 물었다. 제갈량은 당시의 정세를 상세히 분석한 뒤 유비에게 먼저 조조·손권과 더불어 3국정립의 국면을 만들고, 익주益州[지금의 사천성]를 취하여 대외적으로 손권과 동맹을 맺고, 동시에 대내적으로 백성을 잘 다스리면 충분히 패업霸業을 이룰 수 있다는 계책을 설명했다. 이때가 유비의 나이 47세이고 제갈공명은 27세 때의 일이다. 이 계책을 들은 유비는 무릎을 치고 매우 기뻐하며, 제갈공명을 군사軍師[참모, 책사]로 맞이하여 날로 신뢰를 더해 나갔다. 이러한 유비의 처사를 못마땅하게 여긴 관우關羽와 장비張飛가 불만을 터뜨리자, 어느 날 유비는 두 사람을 불러 이렇게 말했다.

"나에게 공명[제갈량]이 있음은 마치 물고기가 물을 얻은 것과 같다. 그러니 그대들도 다시는 말을 하지 말라."

이후 관우와 장비는 더이상 불만을 터뜨리는 일이 없었다고 한다. 이것이 바로 '수어지교水魚之交[물과 물고기가 서로 떨어질 수 없듯이 극히 친밀한 것을 말하며, 지극히 가까운 군신 사이를 이름]'의 어원으로, 여기에서 유비가 얼마나 깊이 제갈량을 믿고 의지하고 있었던가를 알 수 있다.

유비는 원래 신발과 돗자리를 팔아 생계를 유지했던 평범한 사람이었으나, 그가 일대의 영웅으로 칭송받게 된 이유는 그가 용인술에 뛰어났을 뿐만 아니라, 신분의 고하를 막론하고 인재를 등용했기 때문이다. 원래 유비는 20여 년간 온갖 고생을 하며 싸웠음에도 불구하고, 확고한 자신만의 세력을 구축하지 못하고 있었다. 그러나 삼고초려로 지략이 뛰어난 제갈량을 얻고 나서 조조·손권과 대치하는 실력자가 될 수 있었다. 유비가 제갈량을 만나 천하통일의 계책을 물었을 때, 제갈량은 "조조는 백만 군사를 가지고 천자를 받들어 제후를 호령하고 있습니다. 그러므로 조조와 싸우는 것은 좋은 계책이 아닙니다. 손권은 강동에 웅거하여 삼강오호三江五湖의 견고함을 갖추고 있습니다. 그 땅은 천혜의 요새이며,

> 백성들도 잘 따릅니다. 그러므로 손권을 결코 공략해서는 안됩니다. 형주는 군사를 움직이기에 편리한 땅이요, 익주는 험한 산으로 사방이 둘러싸여 있고, 안은 기름진 들이 천 리에 뻗어 하늘이 내린 땅입니다. 그러니 장군께서 이 두 고을을 확보한 뒤에 유사시에는 형주의 군사를 출동시켜서 중원으로 진격시키고, 몸소 익주의 대군을 거느리고 장안으로 공격해 나간다면, 백성들은 모두 기뻐하며 장군을 맞이할 것입니다"라고 대답했다. 이 말을 들은 유비는 몹시 기뻤다. 또한 제갈량의 이 같은 전략은 이후 역사의 발전에서 보았을 때 정확한 전략이었음이 입증되고 있다.

5. 적벽의 결전

유비는 제갈량의 보좌를 받은 뒤부터 마치 물고기가 물을 만난 것같이 세력이 확대되어 사방의 인재들이 유비에게로 모여들었다. 당시 조조는 관도결전의 여세를 몰아 대군을 이끌고 남하하면서 형주를 점령하고 유비를 추격하면서 손권孫權을 위협하고 있었으므로 결국 손권과 유비는 연합하여 적벽赤壁[지금의 호북성]에서 조조군과 결전을 벌이게 된다.

관도대전에서 원소를 물리친 뒤 8년째 되는 208년 조조는 중국 북부를 완전히 통일하고 공격목표를 남쪽으로 돌려 형주와 강동을 집어삼키고 전국통일의 대업을 성취하려 하고 있었다.

그 때 형주는 유표가 이미 죽고 그의 둘째아들 유종劉琮이 유표의 뒤를 이은 때였다. 유종은 조조의 대군이 형주를 향해 남하하고 있다는 말을 듣고는 겁에 질려 비밀리에 사자를 보내 조조에게 항복해버렸다.

그러자 유비가 있던 신야 일대는 조조군과 유종의 군사에게 완전히 협공당한 형세가 되었다. 유종이 조조에게 항복했다는 사실이 전해졌을 때는 이미 조조군이 코앞까지 와 있었다. 유비는 강릉江陵을 향해 퇴각했다. 강릉은 군사상 요지일 뿐 아니라 병력과 물자의 중요 보급기지였다.

유비가 강릉을 향해 퇴각한다는 소식을 접한 조조는 5천의 기병을 거느리고 유비의 뒤를 추격했다. 조조는 주야를 쉬지 않고 3백 리 길을 하루아침에 달려 곧바로 장판파長坂坡[지금의 호북성 당양현 동북]에 도달해 유비를 공격했다. 유비는 대패하여 처자를 버리고 도망쳐야 하는 곤욕을 치렀다. 그는 지름길을 따라 급히 하구夏口[지금의 호북성]로 도망쳤다.

조조의 대군이 남하하고 있다는 소식을 접한 강동의 손권은 군사를 시상柴桑[강서성 구강시]에 주둔시킨 채 정세의 변화를 예의주시하고 있었다. 그는 조조군의 남하에 불안함을 느끼고 있었으나 확실한 대책이 없어 우선 노숙魯肅을 파견해 상태를 점검하도록 했다.

북으로 올라가고 있던 노숙은 남하하고 있던 유비를 당양에서 만났다. 노숙은 유비에게 "양자강 남안의 번구樊口[호북성 악성현]까지 후퇴하여 그곳에서 손권의 군사와 연합하여 조조에게 대항하는 것이 어떻겠습니까?"라며 손권과 연합할 것을 제의했다.

이에 유비는 제갈량을 시상에 있는 손권에게 파견해 손권과 대책을 논의하게 했다. 제갈량은 손권이 아직 대책을 결정하지 못하고 있음을 보고 그에게 말했다.

"조조는 형주를 집어삼키고 사해에 그 이름을 떨치고 있습니다. 지금 조조는 장강을 따라 내려와 강동에 육박해 있습니다. 손 장군께서 어떻게 하실 작정이십니까? 강동의 힘을 기울여 중원의 조조와 싸울 자신이 있으시면 즉시 조조와 관계를 끊으십시오. 만약 그만한 용기가 없으시다면 어찌 전 병력을 철수시켜 조조에게 항복하지 않으십니까?"

손권이 즉시 반문하기를 "유비는 어찌 조조에게 항복하지 않으십니까?"라고 했다. 그러자 제갈량이 "유비는 한왕실의 후손으로서 그 인덕은 세상에 비할 사람이 없습니다. 이까짓 조그만 일로 어찌 굴복할 수 있겠습니까?"라고 대답했다.

제갈량의 말을 들은 손권은 주먹을 불끈 쥐며 "오나라 땅에는 10만의 정예군이 있습니다. 어찌 조조 따위에게 항복할 수 있겠습니까. 길은 오직 하나뿐이오"라고 말하며 결단을 내렸다.

제갈량은 적과 아군의 형세를 상세히 분석해 손권에게 설명하고, 조조군의 치명적인 약점과 손권과 유비의 연합군이 승리할 수 있는 방법 등을 손권에게 말했다. 제갈량의 설명을 들은 손권은 안심하며 결의를 다졌다.

마침내 조조와 일대결전을 벌이는 것으로 방침이 정해지자 손권은 주유周瑜를 대도독, 정보程普를 부도독, 노숙魯肅을 찬군교위로 임명하고, 그들에게 3만의 군사를 주어 유비의 수상부대와 공동작전을 펼쳐 조조군과 싸우도록 했다. 마침내 조조군과 손권·유비 연합군은 적벽赤壁[호북성 가어현 양자강 연안] 부근에서 양자강을 사이에 두고 진을 치게 되었다.

강 언덕에 주둔하고 있던 조조의 병사들은 모두 북방출신이어서 남방의 풍토에 적응하지 못하여 병으로 신음하고 배멀미로 고통을 받는 등 사기가 떨어져 가고 있었다. 병사들이 물에 적응을 못하자 조조군은 전선戰船을 모두 쇠고리에 연결하여 한 덩이로 만들고 그 위에 널빤지를 깔아 배가 움직이지 않게 고정했다. 이때 주유의 부장 황개黃蓋가 주유에게 계책을 올렸다.

"조조군은 전투선을 연결하여 배의 머리와 꼬리가 맞닿아 그 진퇴가 자유롭지 못합니다. 화공火攻법을 쓴다면 일거에 격파할 수 있습니다."

주유는 황개의 계책을 받아들여 우선 몽충蒙衝[폭이 좁고 길다란 배로 적선과 충돌해 적선을 침몰시키기에 알맞은 배]과 투함鬪艦[지금의 전함과 비슷함] 10척에 마른 섶과 갈대를 가득 싣고 기름을 부은 뒤 외부에서는 보이지 않게 포장으로 덮고 그 위에 기를 꽂았다.

준비가 완료되자 황개는 우선 조조에게 거짓으로 항복하겠다는 내용의 글을 보냈다. 항복하러 가겠다는 날짜와 시간에 황개는 맨 앞에서 전함들을 거느리고 조조군을 향해 떠났다. 강 중간 지점에 이르자 황개의 전함들은 일제히 돛을 달고 쏜살같이 앞으로 나아갔다. 조조의 군사들은 황개가 거느린 전함들을 바라보면서 좋아서 소리 질렀다.

"봐라, 황개가 항복하러 온다."

조조의 진영 1킬로미터까지 접근했을 때 황개는 재빨리 신호를 올려 각 배에 가득 실은 섶과 갈대에 일제히 불을 지르게 했다. 때마침 세찬 동남풍이 불어대자 황개의 전함들은 맹렬한 불꽃을 휘날리며 쏜살같이 조조의 진영으로 돌진했다. 쇠고리로 꼼짝 못하게 연결해 놓은 조조의 함대는 도망치려 해도 그럴 수가 없었다. 조조의 전함은 삽시간에 불길에 휩싸였다. 강언덕까지도 붉게 물들어 사방이 온통 불바다가 되었다. 조조군은 물에 빠져 죽는 자, 불에 타 죽는 자가 헤아릴 수 없을 지경이었다. 적벽 일대는 일시에 아비규환의 생지옥으로 변해버렸다. 이 틈을 타 주유의 장수들이 정예기병을 이끌고 조조군을 마구 무찔러대니 조조군은 추풍낙엽처럼 쓰러졌다. 조조도 겨우 목숨을 보전한 채 북방으로 도망쳤다. 이것이 역사상 유명한 '적벽대전'이다.

적벽대전에서 손권과 유비는 5만 명이 채 되지 않은 병력으로 20여만 명이 넘는 조조군에 대적하여 승리했다. 손권과 유비의 연합군이 강한 조조군을 이길 수 있었던 이유는 여러 방면에서 설명할 수 있다. 조조는 관도결전에서 승리를 거둔 뒤 자신의 강력한 군사력은 손권과 유비군을 단번에 전멸시킬 수 있다고 자만하고 있었다. 게다가 조조군의 사병들은 수전水戰에 익숙하지 못한데다가 남방의 환경에 적응하지 못했으므로 전투력이 갈수록 감소했다. 조조군의 참패에 치명적이었던 것은 모든 배가 서로 연결되어 도망할 겨를도 없이 소실되었다는 것이다. 수전에 익숙하지 못했던 조조는 도망을 막고 뱃멀미를 줄이기 위해 전선을 모두 쇠고리로 연결하여 한 덩어리로 만들어놓았기 때문에 연합군의 화공을 받자 조조의 대선단은 순식간에 불에 타버렸다. 그러므로 조조군의 실패는 우연이라 할 수 없는 것이다. 반면 손권과 유비의 연합군은 전쟁을 시작하기 전에 미리 조조군에 대한 정확한 분석을 하고 있었다. 그런 뒤 연합군의 재력과 병력 등 전략상으로 적극적인 방어태세를 갖추고 적의 약점을 자신들의 강점으로 만들어 일격을 가한 것이다. 적에게 투항하는 것처럼 위장하여 화공을 가한 것은 참으로 기발한 전법인 것이다.

적벽대전을 계기로 유비는 제갈량의 계책에 따라 곧바로 형주와 익주를 차지하게 되

> 고, 손권의 강동정권도 그 세력이 더욱 공고해졌다. 220년 조조가 병으로 죽자 그의 아들 조비曹丕는 한헌제를 압박하여 한을 멸망시키고, 새 왕조 위魏를 수립하여 낙양을 수도로 정했다. 이후 유비는 성도成都에서 한漢 또는 촉한蜀漢나라를 건국했으며, 8년 뒤에는 손권이 오吳나라를 세우게 되니, 중국의 천하는 명실 공히 위·촉·오의 삼국시대에 돌입하게 되었다.

6. 번성을 물에 잠기게 하다

적벽전투 이후 유비는 기회를 틈타 형주荊州지역을 차지하게 되었다. 형주를 근거지로 하여 발붙일 곳을 마련한 유비는 유장劉璋을 공격하여 익주益州땅을 차지하고, 219년 조조로부터 한중漢中땅을 빼앗은 뒤 매우 자신만만한 생각이 들어 형주를 수비하고 있던 관우에게 북상하여 북방의 요충지 양양襄陽과 번성樊城을 공격하도록 했다.

당시 번성은 조조의 친척 진남대장군鎭南大將軍 조인曹仁이 수비하고 있었다. 관우의 군대가 번성을 포위 공격하자 조인의 군대만으로는 방어하기에 벅차서 급히 사람을 허도許都에 보내 구원병을 요청했다. 조조는 대장 우금于禁과 방덕龐德에게 7부대의 군마를 주면서 신속히 지원하도록 명령했다. 우금과 방덕의 군대가 번성에 도착하자 조인은 성 북쪽 10여 리 떨어진 곳에 이들을 주둔시키고 성안에 있는 군대와 서로 호응하도록 계책을 세웠다. 관우가 번성을 공격하려면 반드시 먼저 성 북쪽에 주둔하고 있는 우금과 방덕의 군대를 물리쳐야만 했다.

처음에 관우는 군대를 함부로 움직일 수 없었다. 관우는 갑자기 날아온 방덕의 화살에 왼쪽 어깨를 다치게 되어 양측 군대는 서로 대치상태에 들어갔다. 이때가 마침 가을이었는데 10일 넘게 계속 폭우가 내려 한수漢水의 물이 급격히 불어났다.

어느 날 아침 관우는 높은 곳에 올라가 멀리 적진을 살폈다. 우금의 군대가 성 북쪽 산 계곡에 주둔하고 있는 것이 보였다. 관우는 양강襄江이 세차게 흐르는 것을 보고 문득 생각이 떠올라 부하들에게 선박과 뗏목을 준비하도록 했다. 일부 장수들은 이상하게 생각하며, "육지에서 전투하는데 왜 선박이 필요합니까?"라고 물었다. 관우는 "요즘 계속 폭우가 내리고 있으니 분명 홍수가 날 것이다. 홍수가 나면 그 때 우리가 배를 타고 상류에 가서 수문을 열고 물을 방류하면 조조의 군대가 모두 물고기와 자라로 변할 것이 아니겠느냐?"고 부하들에게 설명했다.

어느 날 밤 다시 비가 세차게 내렸다. 한수의 강물이 이미 제방을 차고 넘쳐나 평지를 덮고 있었다. 우금이 통솔한 7군은 낮은 지대에 진을 치고 있었다. 이때 사방에서 갑자기 불어난 물이 우금의 군대를 덮쳤다. 많은 병사들이 물에 빠져죽었고, 살아남은 병사들은 각자 흩어져서 높은 지대를 찾아 도망했다. 날이 밝아 주위를 살펴보니 온통 물바다로 변해 있었다. 우금의 남은 군대는 높은 곳으로 피신하여 외롭게 떨고 있었다. 이때 멀리서 고함소리가 들리면서 관우의 군대가 배를 타고 공격해 왔다. 우금은 사방이 물에 잠겨 고립된 상황에서 퇴로를 찾지 못하고 할 수 없이 항복했다.

관우의 군대가 방덕을 공격하자 방덕의 군사들은 제방에 의지하여 몸을 숨기면서 필사적으로 저항했다. 관우는 배를 타고 여러 겹으로 그들을 포위한 뒤 일제히 화살을 날렸다. 방덕의 부하들이 화살을 맞고 쓰러졌다. 이때 방덕의 부하 장수 두 명이 "퇴로가 없습니다. 저항을 포기합시다"라고 하자 방덕은 크게 성을 내며 그 두 사람을 직접 살해했다. 방덕은 관우의 군대와 아침부터 계속 이런 상태로 대치하고 있었다. 강물은 점점 제방을 차고 넘치면서 병사들을 덮쳤다. 방덕은 가까스로 관우의 병사로부터 작은 배 한 척을 빼앗아 번성으로 도망하려고 했지만, 뜻밖에 관우 군대의 큰 배와 부딪혀 물속에 빠져서 생포되었다. 그러나 방덕은 죽을지언정 절대 굴복하지 않겠다는 마음 때문에 결국 관우에게 살해되었다.

관우가 유비의 명령을 받들어 양양과 번성을 공격할 당시, 이 두 지역은 수비가 견고했을 뿐만 아니라, 조조가 여러 지역으로부터 원병을 보냈기 때문에 관우의 입장에서는 아주 어려운 전투였다. 관우는 전쟁터에서 오랜 경험을 쌓은 노장老將답게 이러한 상황에서도 적절하게 계책을 써서 조조의 7군을 섬멸하여 중원을 놀라게 했다.

이 전투에서 촉나라는 대승을 거두게 되었다. 이후 조조의 형주자사荊州刺史 호수胡修와 남향태수 부방傅芳이 관우에게 투항해 왔다. 허창許昌이남 지역의 실력자들이 잇달아 사람을 파견하여 관우와 동맹을 맺고 그 휘하에 들어오겠다는 뜻을 전달했다. 이 시기 유비의 촉나라는 전성기를 맞이했다.

7. 계속해서 불타는 군영

관우가 번성을 함락시켰다는 소식이 전해지자 조조는 매우 당황했다. 조조는 유비의 군대가 그 기세로 계속 허도許都(당시 조조의 근거지)까지 공격해 오지 않을까 하는 두려운 마음에 잠시 수도를 옮겨서 촉나라의 공격을 피해 볼까 하는 생각까지 했다. 이때 사마의司馬懿가 조조에게 오나라 손권과 연대하여 번성의 포위망을 뚫을 수 있는 방법을 제안했다. 당시 손권은 촉나라의 형주를 빼앗고 싶었기 때문에 조조의 편지를 받고 즉시 여몽呂蒙을 파견했다. 결국 관우는 맥성麥城(지금 호북성 당양 동남쪽)전투에서 여몽에게 패하여 전사했고 형주는 오나라의 수중에 들어갔다. 유비는 관우의 사망소식을 듣고 분노하여 반드시 손권을 굴복시켜 관우의 원수를 갚겠다고 결심했다.

221년 여름, 유비는 승상 제갈량의 반대에도 불구하고 수십만의 군대를 동원하여 무협巫峽을 출발해 장강을 따라 수륙水陸 두 방면으로 오나라를 공격해 들어갔다. 손권은 맹렬하게 공격해 오는 촉나라의 군대를 보고 여러 차례 사람을 보내 화해를 요청했지만 모두 거절당했다. 유비는 손쉽게 무현巫縣(지금 사천성 무산)과 자귀秭歸(지금 호북성에 속함)를 손에 넣었다. 이때 오나라는 주유·노숙·여몽과 같은 사람들이 세상을 떠난 뒤였다. 손권은 유비와 화해를 원했지만 받아들여지지 않자, 당시 아주 젊은 진서장군 육손陸遜을 대도독으로 임명하고 5만의 군대를 주면서 유비를 맞아 싸우도록 했다.

다음해 봄, 촉의 군대가 이릉夷陵[지금 호북성 의창 동남쪽]을 점령한 뒤 효정猇亭[지금 호북성 의도 북쪽]에 이르렀다. 이곳은 오나라의 경계에서 6~7백 리 떨어진 가까운 거리였다. 무협에서 효정까지 진격해 오는 동안 유비의 군대는 그 기세가 대단했다. 촉나라의 병사들은 이도夷道[지금 호북성 의도]에서 오나라의 선봉대장 손환孫桓의 군대를 겹겹이 포위했다. 손환은 육손에게 즉시 위급한 상황을 알리면서 원병을 청했다. 오나라의 여러 장수들은 시급히 원병을 보내야 한다고 했지만 육손은 찬성하지 않았다. 그는 여러 장수들에게 "손환에게는 분명 계책이 있을 것이다. 그리고 요즘 병사들이 그를 모두 받들고 있으니 반드시 진지를 지켜낼 것이다"고 했다.

여러 장수들이 계속 육손에게 유비를 공격해야 한다고 제안했지만 그는 "유비가 군대를 이끌고 동쪽으로 내려와 그 형세가 지금은 아주 강한 상황이다. 또 유비가 험한 지형을 점거하고 있는 상태여서 쉽게 공격하기가 힘들다. 지금 우리가 군대를 움직이기에 불리한 상황이며 잘못되면 전체적으로 커다란 영향을 받게 될 것이다. 지금 우리가 할 수 있는 것은 병사들을 격려하면서 진지를 굳게 방비하고 때를 기다려서 작전을 세우는 것이다"고 말했다. 장수들은 모두 육손의 이러한 태도에 몹시 불만을 표시하며, 마음속으로 그를 겁쟁이라고 여기며 육손의 명령을 따르려고 하지 않았다.

육손은 장수들을 불러 놓고 단호하게 "내가 비록 학문하는 선비에 불과하지만 주공主公[손권]께서 나에게 이처럼 막중한 사명을 맡기신 것은 어떤 어려운 상황에서도 참고 임무를 완수하도록 하기 위해서다. 여러분들은 반드시 내 명령을 따라 진지를 견고하게 지키고 절대 나가서 싸워서는 안된다. 만약 명령을 위반한 자가 있으면 군법에 따라 처벌할 것이다"고 했다.

유비는 오나라 군대가 수비만 하고 싸우려 하지 않자 계책을 세웠다. 장군 오반吳班에게 몇 천의 군대를 주어 오나라 군대 가까이 가서 진을 치도록 하고, 자신은 직접 8천의 군대를 거느리고 산기슭에 매복했다. 오반의 병사들이 오나라 군대 앞에서 옷을 벗고 드러눕거나 앉아서 욕설을 퍼부으며 나와 싸우도록 유인했다. 오나라 장수들은 이것을 좋은 기회라고 생각하며 나가 싸우려고 했다. 그러나 육손은 "촉의 병사들이 저렇게 하는 것은 분명 무슨 계책이 있어서 그럴 것이다. 우리는 절대 나가 싸워서는 안된다"고 장군들에게 당부했다. 이렇게 며칠이 흘렀는데도 오나라의 군사들이 움직이지 않자 유비는 할 수 없이 산속에서 철수했다. 이때부터 오나라 장수들은 차츰 육손을 존경하기 시작했다.

양측 군대가 효정에서 반년을 대치하면서 한여름을 맞이했다. 뜨거운 여름이 되자 유비의 병사들은 견디기 힘들었고, 사기는 점점 떨어졌다. 유비는 수군을 배에서 내리게 하여 육지의 병사들과 함께 산림이 우거진 곳에 진지를 구축하도록 한 뒤에 서늘한 가을이 오기를 기다려 대대적인 공격을 하려고 생각했다. 육손은 촉의 군대가 분산되어 있고, 사기가 많이 떨어진 상태라는 것을 알고 이때가 바로 공격의 기회라고 생각하여 반격을 결심했다. 오나라 장군들은 공격명령을 듣고 모두 놀랐다.

육손은 장군들에게 "유비의 군대가 처음 우리를 공격해 왔을 때는 사기가 매우 높은 상태여서 우리가 굳게 지키기만 하고 적극적으로 나가 싸우지 않았던 것이다. 지금 시간이 많이 흘러서 저들은 피로에 지쳐 있고 특별한 계책도 없는 것 같으니 이제 우리가 공격할 시기이다"라고 상황을 설명했다. 먼저 육손은 공격의 우선권을 장악하기 위해 시험삼아 한 무리의 기병대를 선발하여 촉나라 진영 한 곳을 공격토록 했다. 전투는 실패했지만 육손은 오히려 촉나라 군대를 물리칠 수 있는 계책을 찾았다고 기뻐했다.

그날 저녁, 육손은 병사들에게 건초를 한 묶음씩 들고 촉나라의 진영에 들어가 바람이 부는 방향을 따라 불을 지르도록 했다. 마침 계절이 한여름이어서 불을 놓자 촉나라 진영이 순식간에 불바다로 변했다. 이때를 이용하여 육손은 병사들을 이끌고 촉나라 진영 40여 곳을 무너뜨렸다. 혼란의 상

황에서 유비는 남은 부대를 수습하여
서북쪽 마안산馬鞍山으로 도망했다. 오
나라의 군대가 즉시 추격하여 사방에
서 유비를 포위했다. 이때 촉나라의
병사들이 만 명 넘게 사망했다. 유비
는 한밤중에 겨우 포위망을 뚫고 도망

을 쳤는데 쫓아오는 오나라 군대를 따돌리기 위해 물자와 병기들은 모두
버리고 간신히 몸만 백제성白帝城[지금 중경시 봉절]으로 피신했다.

 이 전투에서 유비는 병법가라면 당연히 피했어야 하는 중대한 실수를 저질렀다. 유비는
관우의 원수를 갚겠다고 성급하게 군대를 움직여서 오나라와 동맹관계를 유지하며 북방
의 위나라를 견제했어야 하는 전략을 깨뜨렸다. 전술상에서 보면, 촉나라의 군대는 먼
원정을 했기 때문에 피로해져서 병사들의 체력이 많이 소모되어 있었다. 더군다나 오나
라 영토 깊숙한 곳까지 진격하여 너무 오랜 시간을 전선에서 대치하고 있었던 것이다.
반면 오나라는 젊은 대장 육손이 처음 유비 군대의 날카로운 기세를 일단 저지하기 위해
반년 동안 계속 수비만 하면서 접전을 피하는 전술로 나갔다. 그 결과 오나라의 군대가
오히려 전쟁의 상황을 변화시킬 수 있는 유리한 조건을 얻게 되었고, 마침내 이 전쟁에서
이길 수 있었다. 육손은 화공법火攻法으로 유비 군대를 먼저 교란시킨 뒤 곧바로 일제히
공격을 가하여 촉의 군대를 제압했던 것이다.

8. 일곱 번 생포生捕하여 일곱 번 풀어주다

이릉의 전투에서 실패한 뒤 촉나라의 사기는 크게 떨어졌다. 유비는 백제성으로 물러난
뒤 병이 들어 일어나지 못했다. 그는 본인의 병이 나을 수 없음을 깨닫고 백제성으로
승상 제갈량을 불러 뒷일을 당부했다. 촉한 장무章武 3년(223) 4월 유비가 백제성에서 세
상을 떠나자 그의 아들 유선劉禪이 황제에 즉위하여 연호를 건흥建興이라고 했다. 유선
은 유약하고 무능한 황제였고 촉나라의 정치는 제갈량이 맡아서 처리했다. 제갈량은
안으로는 촉나라의 정치기강을 바로잡고, 밖으로는 오나라와의 관계를 우호적으로 개

선하여 점차 촉을 안정시켰다.

제갈량이 촉나라를 통치하는 기간에 남중지역[지금 운남성·귀주성 일부 지역과 사천성 남부 일대]은 소수민족 수령 맹획孟獲이 통치하고 있었다. 맹획은 유선이 황제에 즉위한 틈을 이용하여 촉나라에 반기를 들었다. 이에 225년 제갈량은 맹획을 공격하기 위해 직접 군대를 이끌고 남중으로 향했다.

제갈량의 휘하에 마속馬謖이라는 장군이 있었는데, 마속이 제갈량에게 "남중은 길이 멀고 지형이 험난합니다. 이들이 그 형세를 이용하여 우리에게 복종하지 않은 지가 오래 되었습니다. 설령 그들을 오늘 평정한다 하더라도 내일 다시 반란을 일으킬 것입니다. 이번 전쟁에서 우리가 반드시 승리는 하겠지만, 승상께서는 그들의 마음을 정복해야만 할 것입니다"라고 제안했다. 제갈량은 마속의 말을 듣고 계속 고개를 끄덕이면서 "나도 그렇게 생각하네. 맹획은 소수민족들이 매우 신뢰하는 인물이니 그의 마음을 우리에게 돌리도록 노력하겠네"라며 마속의 제안에 찬성했다.

제갈량은 군대를 이끌고 남중에 이르러 처음 계획한 대로 남중 소수민족을 포용하는 정책을 펼치면서 세밀한 작전을 구상했다. 그는 장수들에게 명하여 전쟁터에서 반드시 맹획을 생포하고 다치게 해서는 안된다고 당부했다. 맹획은 용맹스러운 장수였지만 지혜가 없었다. 그는 처음 전투에서 제갈량의 계책에 걸려들어 사로잡혔다. 촉나라 병사들이 맹획을 제갈량 앞으로 끌고 왔다. 제갈량은 체구가 우람하고, 두 눈에서는 광채가 번쩍이는 용맹스러운 맹획을 보고 비범한 인물이라는 것을 느꼈다. 맹획은 붙들려서 제갈량 앞에 끌려온 자신을 원망하며 분명 자신이 죽을 것으로 생각하고 있었다.

그러나 이때 제갈량은 병사들에게 그를 풀어주도록 명령한 뒤 군대의 대열을 갖추게 한 다음 맹획과 함께 사열하면서, "맹 장군, 당신이 보기에 우리 군대가 어떻습니까?"라고 물었다. 맹획은 조금도 변함없는 거만한 태도로 "이전에는 내가 허실을 몰랐기 때문에 패배했소. 오늘 당신의 군대를 보고 난 뒤 이 정도밖에 안된다는 것을 알았으니 다음 전쟁에서는 내가 반드시 승리할 것이오"라고 했다. 제갈량은 웃으면서 손을 흔들며 "그럼 좋소 이번에 당신을 풀어주겠으니 돌아가서 군대를 정돈한 뒤에 한 번 더 승부를 겨뤄 봅시다"라며 맹획을 석방해 주었다.

맹획은 풀려난 뒤 꼭 이 치욕을 갚겠다고 맹세하고 병사들 중에서 정예병을 선발하여 그날 밤 바로 촉나라 진영을 습격했다. 맹획의 부대가 촉나라 진영에 도착하여 주위를 살펴보니 너무나 조용했다. 그는 아주 기뻐하면서 칼을 높이 흔들어 병사들에게 기습명령을 내렸다. 그런데 어찌된 일인지 촉나라 진영은 텅 비어 있었다. 그리고 얼마 지나지 않아 사방에서 촉나라 병사들이 맹획을 겹겹이 포위해 왔다.

결국 맹획은 또다시 붙들렸다. 병사들이 맹획을 제갈량 앞으로 끌고 오자 제갈량은 맹획에게 "이번에 다시 붙잡혔으니 이제는 굴복해야 하지 않소?"라고 물었다. 맹획은 성난 목소리로 "이번 전투는 작전이라고 할 수 없지만 당신이 우위를 차지했소. 만약 정말 창칼을 겨누고 대적해서 내가 다시 붙잡힌다면 그 때는 굴복하겠소"라고 하자 제갈량은 웃으면서 맹획에게 술과 음식을 후하게 대접한 뒤 다시 돌려보냈다.

맹획은 돌아가서 병사들을 가볍게 움직일 수 없었다. 그는 부하들을 거느리고 노수濾水남쪽 연안으로 후퇴한 뒤 이곳에 토성과 보루를 축성하고 아주 자신만만하게 병사들에게 말하기를 "제갈량이 군대를 이끌고 남쪽으로 왔지만 이곳 기후가 그들에게 불리하고, 또 지금이 한여름이어서 역병이 돌고 있으니 우리가 이곳에서 촉의 군대를 막아내면 절대로 그들이 우리를 이기지 못할 것이다"고 했다.

제갈량이 군대를 이끌고 노수에 이르렀는데 병사들이 노수의 물살이 아주 거세게 흐르는 것을 보고 두려워하자 "우리는 반드시 이 강을 건너 승부를 내야 한다"고 하면서 일부 병사들에게 강가에서 맹획의 군대를 유인하도록 하고, 나머지 병사들은 두 부분으로 나누어 강 상류와 하류의 물길이 완만한 곳을 찾아 몰래 양쪽으로 맹획을 포위하도록 했다. 맹획의 군대는 전혀 준비를 못한 상태에서 별다른 저항도 못하고 모두 포로가 되었다. 그러나 맹획은 여전히 무릎을 꿇지 않았다. 제갈량은 다시 그를 석방했다. 이처럼 제갈량은 맹획을 사로잡고 풀어주기를 일곱 번이나 반복했다.

맹획은 최후에 제갈량 앞에 스스로 나와 "승상께서 저를 일곱 번 잡아 일곱 번 풀어주셨습니다. 이러한 일은 지금껏 한 번도 없었습니다. 승상께서 저를 이처럼 관대하게 대해 주시는데 제가 다시 모반을 한다면 진정 염치없는 사람일 것입니다"고 하자 맹획 이외 다른 추장들도 함께 무릎을 꿇고 "승상의 은덕을 영원히 잊지 못할 것입니다. 이제 다시는 우리 남쪽사람들이 반란을 일으키지 않을 것입니다"고 다짐했다. 제갈량은 이들을 위해 성대한 연회를 베풀고, 맹획을 수령으로 하여 남중을 통치하도록 했다. 그리고 제갈량은 대군을 이끌고 촉으로 돌아왔다. 이후 서남쪽 소수민족은 촉나라와 서로 공존하면서 민족 간의 갈등을 점차 해결해 나갔다.

 제갈량은 삼국시대 걸출한 군사가이면서 또한 정치가다. 남쪽 소수민족의 반란을 평정하는 과정에서 그는 전쟁보다 이곳 사람들의 마음을 움직이는 전략을 채택했다. 남쪽을 평정한 뒤 제갈량은 228년부터 5차례에 걸쳐 북벌을 진행했다. 역사에서 이를 '오출기산五出祁山'이라고 한다. 234년 제갈량은 5번째 북벌을 떠나 오장원五丈原에서 주둔했다. 위나라 장군 사마의司馬懿는 싸우지 않고 계속 촉나라 군대를 피로하게 하는 작전을 썼다. 결국 제갈량은 피로와 질병으로 인해 군중에서 사망했다. 촉나라 군대가 물러간 뒤에 사마의는 그 진영을 둘러보며 "제갈량은 천하의 기재奇才다"라고 찬탄했다고 한다.

9. 사마소의 마음

사마소는 위나라 장군 사마의의 아들이다. 사마의는 계산에 아주 밝은 인물이었다. 처음 조조가 정권을 장악했을 때 그에게 관직을 내렸는데 거짓으로 병을 핑계삼아 벼슬길에 나가지 않았다. 그러나 조조는 그를 내버려두지 않았다. 사마의는 할 수 없이 조조의 정권에 참여했고, 조조와 위문제魏文帝 통치시기에 중요한 관직을 맡았다. 문제가 죽고 명제가 즉위했으나 얼마 지나지 않아 명제 역시 세상을 떠났다. 명제는 죽기 직전 사마의와 황족皇族이었던 조상曹爽에게 소제少帝 조방曹芳을 돕도록 유언을 남겼다. 조상은 정권을 독차지하기 위해 사마의를 존중하는 척하면서 점차 권력을 손 안에 넣었다. 이때 사마의는 병을 핑계삼아 관직에서 물러나 조상의 눈을 속였다.

어느 날 조상이 능묘에 제사를 지내러 나간 틈을 이용하여 사마의는 아들 사마사司馬師와 사마소司馬昭를 거느리고 정변을 일으킨 뒤 마침내 조상을 살해했다. 이후 위나라의 정권은 겉으로는 황제 조방에게 있는 것처럼 보였지만 실제 권력은 사마의와 그 아들들에게 넘어간 상태였다.

사마의 부자는 위나라 조정에서 무엇이든지 마음대로 다할 수 있는 권력을 장악했다. 소제는 마음속으로 그들을 매우 미워했지만 손을 쓸 방법이 없었다. 얼마 뒤 사마의가 죽고 사마사가 권력을 계승했는데 사마사의 권력은 아버지 사마의의 권력을 능가했다. 그는 조정신하들 중에서 눈 밖에 난 사람들을 거침없이 제거했다. 소제는 사마씨 두 형제의 관직을 빼앗으려고 했지만, 오히려 사마사가 한 발 더 앞서서 자신의 권력을 이용하여 소제를 폐위시키고 조모曹髦를 황제에 즉위시켰다. 얼마 뒤 사마사 역시 병으로 세상을 떠나자 사마소가 다시 권력을 계승했다. 사마소는 앞서 간 사마씨 두 인물 보다 더 교활하게 권력을 행사했다. 조정신하들 역시 마음속으로 사마씨의 권력자들이 갈수록 더 심하게 위나라의 권력을 찬탈하고 있다고 생각했다.

조모는 사마소가 내세운 꼭두각시 황제였다. 어느 날 조모는 상서尙書직을 맡고 있는 왕경王經 등 3명의 대신들에게 말하기를 "경들, 짐은 참기 힘든 나날을 보내고 있소 사마소의 마음은 길 가는 모든 사람들이 다 알 것이오. 짐은 그를 토벌할 생각이오!"라면서 답답한 심정을 밝혔다. 왕경은 황급히 무릎을 꿇고 "폐하, 사마소는 지금 대권을 장악하고 있습니다. 절대 가볍게 행동해서는 안 됩니다. 만약 그렇지 않으면 재난을 면치 못할 것입니다"라고 대답했다. 그러나 조모는 단호한 표정으로 "짐이 목숨을 걸고 겨뤄볼 생각이오!"라고 말을 마친 뒤 먼저 발걸음을 옮겼다.

이때 3명 가운데 2명의 신하가 몰래 사마소에게 이 사실을 알렸다. 조모는 보검을 손에 들고 가마에 올랐다. 궁중의 태감 및 한 무리의 호위병들이 조모를 호위하여 사마소의 집으로 향했다. 사마소는 그의 집에서 이 소식을 듣고도 전혀 흔들리지 않은 표정으로 수염을 만지면서 주위 사람들에게 "누가 나가서 평정하겠소"라고 물었다. 이때 가충賈充이라고 하는 자가 용감하게 나서서 병사들을 이끌고 나갔다. 양측 군대가 교전에 임했을 때 가충의 부하들은 황제가 직접 선두에서 지휘를 하고 있는 것을 보고 물러서려고 했다. 이때 부하 한 명이 가충에게 "우리가 정말 싸워야 합니까? 아니면 싸우는 척 해야 합니까?" 하고 물었다. 이 소리를 들은 가충은 "그걸 나에게 물어볼 필요가 있느냐?"라고 소리치자 부하들이 대담하게 조모를 창으로 공격하여 말에서 떨어뜨렸다. 조모는 그 자리에서 사망했다.

부하들이 황제를 죽였다는 소식을 듣고 처음에 사마소는 조금 당황했다. 그는 조모의 시신 앞에서 정말로 슬픈 척 하면서 좌우 대신들에게 "어떻게 했으면 좋겠소?"라고 물었다. 그 때 신하 한 명이 대답하기를 "흉악범을 찾아내서 그의 머리를 베어 그것으로 선제先帝조모에게 제사를 지냅시다"라고 제안했다. 사마소는 이 말을 듣고 고개를 흔들며 "다른 방법은 없소?"라고 물었다. 신하들은 아무 말도 하지 않았다.

사마소는 거짓으로 조서를 꾸며 황태후의 이름으로 반포하고 조모의 죄상을 사람들에게 알려 그를 평민으로 만들었다. 이렇게 하여 황제를 살해했다는 중죄를 조금이나마 덜어보려는 생각이었을 것이다. 조모를 살해한 사마소는 조씨 황실에서 15세의 조환曹奐을 찾아내서 황제에 앉혔다. 이가 바로 원제元帝이다. 사마소는 이제 황제도 아랑곳하지 않았다. 이미 위나라는 사마씨의 왕조가 되어 있었다.

사마씨 일가는 위나라를 찬탈하려는 야심에 차 있었다. 그들은 갈수록 더 교활하고 치밀한 방법으로 정권을 장악해 갔다. 사마소의 집권시기에 이르러서는 더욱 그 야심을 드러내어 "사마소의 마음은 길 가는 모든 사람들이 다 안다"고 하는 유명한 일화를 남겼다. 사마소가 위나라의 권력을 마음대로 행사하자 일부 조정신하들이 그에게 반발했다. 이들이 유명한 '죽림칠현竹林七賢'의 지식인들이다. 죽림칠현 가운데 산도山濤와 완적阮籍 그리고 향수向秀 등은 사마소의 온갖 협박과 회유에 끝내는 굴복당했다. 산도는 사마소의 명령을 받고 혜강嵇康에게 편지를 써서 그의 마음을 회유하려 했지만 혜강은 끝까지 거절하며 산도에게 절교의 편지를 보냈다. 사마소는 결국 누명을 씌워 혜강을 살해했다. 이처럼 사마소는 명사들을 회유하는 한편, 자신의 정적을 제거해 가면서 진왕조 개창을 준비했다.
264년 사마소는 진왕晉王에 오르고, 그 아들 사마염司馬炎을 태자로 정했다. 그러나 사마소는 황제에 즉위하지 못하고 세상을 떠났다. 그의 아들 사마염이 '선양禪讓'의 명분을 내세워 조환을 황제에서 끌어내리고 진왕조를 개창했는데 역사에서 이를 진무제晉武帝라고 부른다.

10. 등애가 촉나라를 멸망시키다

경원景元 4년(263) 위나라의 권력을 완전히 장악한 사마소는 장군 등애와 제갈서諸葛緖에게 각각 3만의 병사를 주고, 또 종회鍾會에게 10만의 군대를 통솔하게 하여 세 방면으로 촉나라를 공격하도록 했다.

촉나라 조정신하들은 위나라의 침략소식을 듣고 모두들 당황하여 어떻게 해야 할지 모르고 있었다. 당시 촉나라의 대장 강유姜維는 매년 위나라를 공격하고 있었는데, 갈수록 병력 소모가 커서 더이상 군대를 유지할 수 없다는 것을 알고 있었다. 위나라 군대의 침략소식을 듣고 강유는 모든 병력을 검각劍閣에 집중시키기로 결정했다.

당시 검각은 금문산이라고도 불렸는데, 소검산과 대검산이 서로 연접하고 있어서 계곡으로 흐르는 천이 유일한 통로였다. 검각은 산세가 험준하여 쉽게 함락시킬 수 없는 요새였다. 때문에 강유는 이곳을 최후의 방어선으로 선택했다. 위나라의 장군 종회가 병사들을 이끌고 산 아래에 이르러 계속 촉나라 군대를 공격했지만 조금도 진전이 없었다. 종회는 군량미가 점점 줄어들고 후속부대의 지원도 끊어진 상태가 되자 군대를 후퇴시킬 궁리를 하고 있었는데 마침 등애의 부대가 도착했다.

등애는 촉나라 군대의 주력부대가 검각을 방어하고 있는 것을 알았다. 또 이곳 형세를 보건대 아무리 공격해도 승산이 없음을 파악한 뒤 부하 장군들에게 다른 길을 찾아보도록 했다. 마침 검각산 서쪽 편에 인적이 드문 좁은 길이 있다는 것을 알아낸 등애는 부대를 이곳으로 이동시킨 뒤 검각의 음평陰平으로 난 좁은 길을 타고 진군해 나갔다. 음평은 소수민족 지역으로 한무제가 이곳을 정벌할 때 찾아낸 소로小路인데, 산이 높고 길이 험하여 인적이 드물고 평소 사람들이 잘 알지 못하는 길이었기 때문에 촉의 군대도 방어할 생각을 하지 않고 있었다.

등애가 병사들을 거느리고 도랑을 메우고 다리를 놓으면서 수백 리를 진군해 나갔는데 촉나라 군대는 조금도 알아채지 못했다. 이렇게 하여 등애는 마침내 강유江油까지 진격해 나갔다. 그러나 이곳에서 등애의 군대는 험준한 절벽을 만나 난관에 직면했다. 식량은 이미 바닥난 상태였으며 병사들의 사기는 많이 떨어져 있었다. 이런 상황에서 어떻게 이 험한 절벽을 통과할 것인가? 이때 등애는 휴대하고 있던 담요를 산 밑으로 굴려 떨어뜨렸다. 장수들이 그 광경을 보고 이 방법을 택하자 병사들은 아무 말없이 따랐다.

어떤 병사들은 굴러서 내려가고, 어떤 병사들은 절벽에 붙어서 가고, 또 어떤 이들은 나무를 타면서 산 아래 곡강에 이르렀다.

곡강을 수비하고 있던 촉나라 장군 마막馬邈은 위나라의 군대가 이곳으로 공격해 올 줄은 꿈에도 생각하지 못하고 있었다. 결국 촉나라 군대는 전혀 준비를 못한 상태에서 곡강이 포위당하자 곧바로 항복하고 말았다. 등애는 곡강을 공략한 다음 곧바로 면죽綿竹으로 위나라 군대를 진군시켰다.

제갈량의 아들 제갈첨諸葛瞻은 처음에 부성涪城 수비를 명령받았는데 등애의 군대에게 패하여 면죽으로 후퇴했다. 등애는 제갈첨에게 편지를 보내 "만약 그대가 투항하겠다면 낭야왕琅邪王으로 추천하겠소"라며 제갈첨을 회유했다. 제갈첨은 이 편지를 받고 몹시 분개하여 서신을 가지고 온 사자를 죽이고 결전의 태세로 들어갔다. 양 군대가 치열한 전투를 벌였다. 이 전투에서 촉나라가 크게 패하여 제갈첨과 그의 아들 제갈상諸葛尙이 함께 전사했다. 등애의 군대는 면죽을 공략한 뒤 단숨에 촉의 수도 성도成都까지 진격해 갔다.

촉나라 조정에서는 위나라 군대가 성도까지 진격했다는 소식을 듣고 커다란 혼란에 빠졌다. 황제 유선은 신하들에게 대책을 물었다. 이때 어떤 신하는 남방으로 도망하자고 했고, 또 어떤 신하는 오나라에 투항하자고 제안했다. 당시 광록대부光祿大夫였던 초주譙周가 말하기를 "지금까지 천자가 다른 나라에 투항한 적이 없었습니다. 오나라에 투항하는 것도 역시 신하가 되는 것은 마찬가지입니다. 지금의 형세로 본다면 위나라가 오나라를 병합할 형세이지 오나라가 위나라를 병합할 수 있는 형세가 아닙니다. 오나라의 신하가 되는 것보다 위나라에 투항하는 것이 장차 한 차례의 치욕을 덜 당할 것입니다"고 했다.

유선의 아들 가운데 북지왕北地王 유심劉諶은 투항을 끝까지 반대하며 위나라에 저항하자고 했다. 그러나 유선은 심성이 약하고 본인의 주장이 없는 무능한 황제였다. 그는 초주의 말에 설득당하여 위나라에 투항하기로 결정을 내렸다. 유심은 다른 방법이 없었다. 그는 유비의 묘 앞에서 통곡하며 아내를 죽인 뒤 자신도 스스로 목숨을 끊었다.

유선은 태자와 대신 60여 명을 거느리고 스스로 두 손을 묶고, 사람들에게 관을 들게 하여 성문 밖에 나가 등애에게 항복했다. 또 전선으로 사람을 보내서 강유 등 촉나라의 장수들에게 위나라에 항복하라는 명령을 내렸다. 촉의 장군들은 매우 낙담했으나 나라는 이미 망하고 갈 곳이 없게 되자 고심 끝에 결국 종회에게 항복했다.

유선은 이후 낙양으로 옮겨져서 안락공安樂公에 임명되었다. 한번은 사마소가 유선을 초대하여 함께 식사를 하면서 특별히 그를 위해 촉나라의 노래와 춤을 준비했다. 옛 촉나라의 신하들은 망국의 비통함을 생각하며 저절로 눈물을 흘렸다. 그러나 유선은 매우 즐거워하며 가무를 즐기고 있었다. 이때 사마소가 유선에게 "촉이 생각나지 않습니까?"라고 묻자 유선은 "이곳이 편안하여 촉이 생각나지 않습니다"라고 대답했다.

강유는 사마씨의 정권에 항복한 후에도 몸은 위나라에 있었지만 마음은 항상 촉나라에 두었다. 그는 위나라에 항복한 뒤에도 계속 촉나라의 부흥을 꾀하고자 노력했다. 강유는 종회와 등애가 서로 사이가 좋지 않다는 것을 알았다. 특히 등애는 촉을 멸망시킨 뒤 자만심에 가득 차 있었다. 이때 강유는 등애가 모반의 뜻이 있다며 종회에게 알렸다. 사마소는 매우 의심이 많은 인물이었다. 그는 종회에게서 이 소식을 들은 뒤 즉시 사람을 보내 등애를 체포하도록 하고 죄인을 호송하는 마차에 태워 등애를 낙양까지 데려오도록 했다. 호송 도중 등애는 이름모를 사람에게 어이없게 피살당했다.

종회는 등애를 제거한 뒤 모반을 결심했다. 이때 강유는 적극 종회의 뜻에 찬성을 표하면서 유선에게 몰래 편지를 보내 머지않아 촉나라를 다시 일으킬 것이니 부디 몸조심하도록 당부했다. 종회는 공개적으로 사마소를 토벌한다는 기치를 내세우며 반란을 일으켰다. 그러나 사마소는 이미 모든 것을 준비하고 있었다는 듯이 10만의 병력을 장안에 배치시켜 두었다. 종회는 반란을 일으켰으나 혼란 중에 결국 군중에서 강유와 함께 피살되었고 반란은 실패로 끝났다.

등애는 기발한 계책을 사용하여 촉나라를 멸망시키고 중국전쟁사에서 유명한 승리의 역사를 만들어 냈지만 촉나라를 멸망시킨 공로를 자화자찬하며 경거망동 하다가 결국 종회에게 모반죄로 밀고 당하고 낙양으로 압송되는 도중 어이없게 목숨을 잃었다.
　유선은 무능한 황제였다. 촉나라는 유비가 황제에 즉위한 뒤 그의 아들 유선에 이르러 멸망당했는데 겨우 43년의 통치였다. 유선은 나라를 잃고 위나라에서 안락공의 자리를 받은 뒤 날마다 음주에 빠져 망국의 슬픔을 알지 못했다. "즐거워서 촉을 생각하지 않는다 [樂不思蜀]"고 하는 이야기는 유선의 이러한 삶에서 유래된 것이다.
　가장 흥미로운 것은 등애와 종회 그리고 강유 세 사람의 사이인데, 이들 중에서 마음속에 뜻이 가장 깊었던 사람은 강유라고 할 수 있다. 강유는 촉나라의 장군으로 황제의 명령을 받고 검각의 수비를 맡았으나 뜻밖에 등애의 뛰어난 전술때문에 나라가 멸망당하자 위나라에 항복했다. 그러나 그의 마음은 항상 촉에 남아 있었다. 강유는 뒤에 종회와 등애 두 사람을 이간시켜서 등애에게 반란죄를 씌워 죽게 하고, 종회에게는 모반하도록 부추겨서 촉의 정권을 되찾고자 했다. 종회의 모반이 실패하고 결국 촉나라 재건도 물거품으로 끝났지만 훗날 사람들은 강유의 이러한 뜻을 안타깝게 여겼다.

II. 귀족들이 서로 부를 다투다

서진西晉왕조는 낙양을 수도로 삼았다. 사마씨가 서진왕조를 개창했을 때 삼국 중에서 오직 남쪽의 오나라만 남아 있었지만 오나라 역시 이때 이르러 쇠퇴의 길을 걷고 있었다. 특히 오나라 황제 손호孫皓의 통치는 갈수록 잔혹하여 백성들의 원성이 드높았다.
　279년 진무제는 20만의 병력을 동원하여 세 방면으로 오나라를 공격했다. 서진의 수군이 파도를 헤치며 오나라의 수도 건업建業에 이르렀을 때, 손호는 대세가 이미 기울었음을 알고 스스로 손을 묶고 궁궐에서 걸어 나와 진나라에 투항했다. 오나라의 멸망과 함께 90여 년의 삼국시대가 끝을 맺고 중국은 다시 통일의 국면을 맞이했다.

진무제는 전국을 통일한 뒤 자신만만하여 매일 향락에 젖어 국사를 중요하게 생각하지 않았다. 조정신하들도 황제와 마찬가지로 점차 호사스러운 생활에 빠져서 왕조의 기풍은 무너지고 정치는 부패하여 갔다.

서진의 수도 낙양은 매우 사치스러운 도시였다. 당시 낙양에는 유명한 부호 세 사람이 살고 있었는데, 그 가운데 한 사람이 산기상시散騎常侍 석숭石崇이고, 한 명은 후장군後將軍 왕개王愷이며, 또 한 사람이 장관금군掌管禁軍의 중호군中護軍 양유羊琇였다. 이 세 사람 중에서 누가 가장 부자였을까? 석숭은 마음속으로 이들과 부를 겨루고 싶었다. 한 번은 석숭이 왕개의 집안요리사가 엿기름물로 솥을 씻는다는 소문을 듣게 되었다. 그는 곧 자기 집 요리사에게 파라핀을 땔감으로 사용하도록 명령했다. 이러한 소문이 곧 낙양에 살고 있는 사람들에게 전해져 석숭은 패기있는 사람이라고 알려졌다.

왕개는 석숭과의 내기에서 졌다고 생각하여 마음이 매우 불편했다. 그는 하인들에게 명령하여 자기 집 문 앞을 자주색 비단으로 치장하도록 했는데 그 길이가 무려 40여 리에 달했다. 이 사건은 낙양사람들을 모두 놀라게 했다. 사람들은 남녀노소 할 것 없이 이 광경을 보기 위해 몰려들었다. 석숭 역시 소식을 듣고 비좁은 사람들 틈에 끼어 사실을 확인한 뒤 즉시 집으로 돌아와 하인들에게 명령하여 진귀한 채색비단으로 집밖 50여 리를 치장하도록 했다.

비단으로 부를 겨룬 이번 시합에서 또 져서 왕개의 체면은 말이 아니었다. 그는 조정에 있을 때도 풀이 죽어 있었다. 진무제는 왕개의 조카였는데 왕개가 의기소침해 있는 것을 보고 "외삼촌, 왜 그렇게 기분이 안 좋습니까?"라고 물었다. 왕개가 그 사연을 말하자 무제는 크게 웃으며 "흥미롭네요. 흥미롭습니다. 내기가 참 흥미있습니다"고 말한 뒤 왕개의 마음을 달래며 "외삼촌, 걱정하지 마십시오. 짐이 진귀한 보물을 하사할 것이오. 그러면 석숭도 더이상 내기를 못할 것입니다!"고 했다.

무제는 사람을 시켜서 두 척尺
이 넘는 산호수 하나를 왕개 집으
로 보냈다. 왕개는 세상에서 이처
럼 진귀한 산호수는 보기 드문 보
물일 것이라고 생각하며 이번에는
절대 석숭이 자신을 이길 수 없을

것이라고 여겼다. 왕개는 날을 정하여 잔치를 베풀고 석숭과 일부 왕족 및
대신들을 자신의 집으로 초대했다. 술자리가 적당하게 무르익었을 때, 왕개
는 자신만만한 표정으로 사람들에게 "나에게 귀한 보물이 하나 있는데 평
소에 다른 사람에게는 보여주지 않은 물건입니다. 오늘 이 자리에 참석한
분들은 모두 저의 소중한 벗들이어서 이 보물을 한번 보여드릴까 하는데
어떻습니까?"라고 물었다. 사람들이 모두 좋다고 하자, 왕개는 하인들에게
산호수를 꺼내오도록 했다. 찬란한 불빛 아래 산호수는 더욱 아름답게 빛났
다. 사람들은 산호수를 쳐다보며 "정말 세상에서 보기 드문 보물일세. 오늘
우리의 눈을 즐겁게 하는구나!" 하면서 칭찬을 아끼지 않았다.

사람들이 산호수를 보며 이러쿵저러쿵 말하고 있을 때, 석숭은 무표정
한 얼굴로 철로 된 막대기를 들어 산호수를 치면서 지나갔다. 산호수는 순
간 산산조각으로 깨졌다. 모든 사람들이 이 광경을 보며 너무나 놀라 석숭
이 왕개를 이기지 못한 까닭에 분한 마음으로 산호수를 깨버린 것이라고
생각했다.

왕개는 자신의 보물이 산산조각이 난 것을 보고 화가 나서 "너, 너, 나를
이길 수 없어서 내 보물을 박살내버렸지?"라고 대들었다. 석숭은 냉소를 지
으며 "왕대인王大人, 이러한 장난감을 보물이라고 생각하시오? 우리를 놀리
고 있는 것이오?"라고 물었다. 왕개는 분노하여 "오늘 즉시 나에게 배상하
지 않으면 우리 집 문을 나가지 못할 것이다"라고 하자 석숭은 미소를 지으

면서 집안사람들에게 자기 집 창고 안에 있는 모든 산호수를 다 가져오도록 지시한 뒤 왕개에게 그 중에서 가장 마음에 드는 것으로 고르도록 했다.

석숭의 집에서 가져온 산호수는 하나가 아니라 수십 개였다. 모두 형형색색의 모양을 내는 산호수들이 왕개의 산호수보다 아름답고 크기도 더 컸다. 그 중에서 가장 큰 것은 높이가 3, 4척에 달했다. 왕개의 산호수는 2척밖에 안되었는데 석숭의 산호수 중에서 2척 높이는 수십 개나 있었다. 이번 승부에서 왕개는 자신이 졌다는 것을 철저하게 인정할 수밖에 없었다. 산호수를 겨룬 두 사람의 내기는 당시 수도 낙양뿐만 아니라 중국전체에서 석숭이 가장 큰 부자라고 인정한 사건이었다.

대귀족들이 서로 자랑삼아 부를 겨루는 이러한 풍조는 서진왕조의 상층귀족들의 사치와 방탕한 생활이 극에 달했음을 보여주는 사례들이다. 석숭의 재산은 도대체 얼마나 되었을까? 누구도 그의 재산이 얼마였는지 자세히 알지는 못했다. 석숭의 재산은 어디에서 왔을까? 그것은 결국 백성들에게서 착취한 재물이었다. 그는 처음 형주자사를 지냈는데, 그 때 백성들의 재물을 수탈하고 심지어 재물을 모으는 과정에서 사람들을 죽이기까지 했다고 한다. 석숭의 재산은 백성들의 피와 땀, 그리고 수많은 사람들의 원혼이 서려있는 재물이었다.

서진왕조의 일부 강직한 신하들은 무제에게 상소하여 이러한 대귀족들의 무분별한 행동은 하늘이 내린 재앙보다 더 심각한 것이라고 질책했다. 그러나 무제는 석숭과 왕개 같은 사람들의 행동을 전혀 이상하게 여기지 않았다. 오히려 무제는 부호들이 서로 자신의 부를 자랑하는 것은 왕조의 풍요로움을 상징하는 것이라고 생각했다. 서진왕조는 이처럼 권력집단의 부패와 함께 내부의 정치분쟁인 '팔왕八王의 난亂'으로 마침내 멸망했다.

12. 여덟 명의 왕족이 진나라를 혼란에 빠뜨리다

무제는 진왕조를 개창한 뒤 사마씨 집안의 통치력을 공고히 하기 위해 27명의 동성왕同姓王즉 자식과 형제들을 왕으로 책봉함을 분봉했다. 그는 위나라가 쉽게 멸망한 까닭은 황실자손에게 권력을 전혀 분배하지 않았기 때문에 나중에 황실이 고립되어 멸망했다고 여겼다. 무제는 동성왕들을 자신의 군대 및 문무관직의 요직에 앉혔다. 그는 만일 사마씨 조정에 문제가 발생하면, 그가 분봉한 사마씨 친족들이 모두 호응하여 황실을 지켜줄 것이라고 여겼다. 그러나 누가 상상이나 했겠는가? 무제의 이러한 정치분배는 오히려 재앙의 결과를 초래했다. 무제가 죽은 뒤 얼마 되지 않아 진나라는 팔왕의 난이 발생했다.

무제의 둘째아들 사마충司馬衷은 어렸을 때부터 백치였다. 그러나 무제는 사마충의 생모 양염楊艶을 총애하여 9살의 사마충을 태자로 세웠다. 조정신하들은 여러 차례 무제에게 태자로는 사마충이 부족하다고 간언했다.

한 번은 시중侍中직에 있던 화교和嶠가 무제와 더불어 국사를 논하면서 "황태자가 충직하고 성실하지만 경험이 부족하여 폐하의 집안을 다스리지 못할까 심히 염려 됩니다"라고 했다. 무제는 이 말을 듣고 아무 말도 하지 않았다. 또 한 번은 무제가 군신들을 모아놓고 연회를 베풀었는데, 태자의 소부少傅였던 위관衛瓘이 거짓으로 취한 체하면서 무제 앞에 나아가 무릎을 꿇고 어좌御座를 어루만지며 말하기를 "이 어좌가 아깝구나! 어좌가 아깝구나!"라고 했다. 위관의 이 말은 장차 황제의 자리를 사마충에게 준다는 것이 아깝다는 뜻이었다. 무제는 위관의 마음을 알고 있었다.

무제 자신도 태자가 너무 약하고 무능하다는 것을 알고 있었으나 끝까지 사마충을 폐위시키지 못하고 오히려 외척 양씨가문을 더욱 중용했다. 양염이 죽자 무제는 양염의 사촌여동생 양지楊芷를 황후로 맞아들였고 그의 부친 양준楊駿을 임진후臨晉侯로 책봉했다. 당시 양준과 양요楊珧·양제楊濟는 천하를 움직이는 '양씨3공楊氏三公'으로 이름을 날렸다. 무제는 개국공신 가충賈充의 딸을 태자비로 맞이했다.

태희太熙 원년(290) 4월 무제가 세상을 떠나자 양황후는 거짓조서를 작성하여 그의 부친 양준에게 태부의 관직을 내리고 대권을 장악하여 어린 황제를 보필하도록 했다. 이때 태자 사마충이 황제에 즉위하니 이가 진혜제晉

惠帝이다.

　어느 해에 전국각지에 큰 재해가 발생하여 수많은 사람들이 굶어 죽었다. 어떤 사람이 혜제에게 상소하여 이 상황을 알렸는데, 혜제가 깜짝 놀라 하는 말이 "그들에게 고기죽을 먹이면 굶어죽는 사람이 없지 않겠는가!"라고 했다. 신하들은 이 말을 듣고 어떻게 대답해야 할지 몰랐다. 진나라 조정뿐만 아니라, 백성들까지도 황제가 백치라는 것을 알고 있었다.

　혜제의 황후는 야심이 많은 여인이었다. 그녀는 양준이 정권을 독차지하고 있는 것을 달가워하지 않았다. 가황후는 비밀리에 여남왕汝南王 사마량司馬亮과 초왕楚王 사마위司馬瑋에게 조서를 보내 군대를 이끌고 수도에 입성하여 양준을 제거해 달라고 했다. 사마위는 형주에서 병사를 이끌고 낙양으로 들어왔다. 가황후는 양준이 모반했다고 조서를 반포하고 양태후 역시 같은 양씨 무리라고 몰아세웠다. 사마위가 군대를 거느리고 양씨집안을 기습하여 양준과 그의 가족들을 살해했다. 양태후는 폐위되어 궁중 깊은 곳에 감금당했다가 굶어 죽었고, 양씨를 따르던 관료들 수천 명이 목숨을 잃었다.

　양씨세력을 제거한 뒤 여남왕 사마량이 조정에 들어와 태재太宰가 되어 태보太保 위관과 함께 조정대권을 장악했다. 그러나 사마량은 점점 야심을 키우면서 혼자서 권력을 독차지하고 싶었고, 초왕 사마위 역시 공적을 세웠기 때문에 조정대권에 간섭하고 싶었다. 위관은 무제 생전에 여러 차례 태자를 폐위시켜야 한다고 주장했던 인물이었다. 때문에 가황후는 위관을 좋아하지 않았다. 그녀는 위관·사마량·사마위 세 사람 모두 탐탁하게 여기지 않았다. 이때부터 그녀는 세 사람 사이를 이간시켜 분란을 일으키도록 계책을 세웠다.

　가황후는 사마량과 위관에게 황제를 폐위하려고 했다는 죄명을 씌워 초왕 사마위에게 군대를 이끌고 가서 두 사람을 제거하도록 했다. 사마위의 부하들은 이 기회를 이용하여 가황후의 사촌동생 가모賈模와 외삼촌 곽창郭彰 등을 제거한 뒤 가황후의 세력을 약화시키자고 제안을 했다.

그러나 사마위가 주저하는 사이에 가황후는 다시 황제의 이름으로 조서를 꾸며 여남왕 및 조정대신들을 마음대로 제거하고 조정을 차지하려고 했다는 죄명을 씌워 사마위를 즉시 처형해야 한다고 주장했다.

사마위는 억울함을 호소했지만 결국 가황후의 손에 죽임을 당했고 이후 가황후는 진나라 조정의 모든 권력을 손안에 넣었다. 그녀는 이제 어떤 대신들도 권력에 참여시키지 않고 권력을 독차지 했다. 가황후의 정치는 7~8년 동안 지속되었는데 그 횡포는 이루 말할 수 없었다.

혜제의 아들은 어렸을 때부터 아주 총명하여 무제가 살아있을 때 특히 그를 총애했다. 무제가 끝까지 사마충을 폐위시키지 않았던 것은 이 어린 손자에게 기대를 걸고 있었기 때문이었다. 혜제는 이 아들을 후계자로 삼고 싶었다. 그러나 가황후의 소생이 아니었다. 황후는 총명한 태자가 자신의 권력에 위협이 된다는 것을 느끼고 태자를 제거한 뒤 자신의 권력을 확고히 하고자 했다.

원강元康 9년(299) 12월 가황후는 다른 사람을 시켜 태자의 어투로 문체를 꾸며 혜제에게 퇴위를 요청하는 글을 작성하도록 했다. 그런 다음 태자를 불러 술자리를 베풀고 태자가 술에 취해 정신이 혼미한 상태에 빠졌을 때 이 편지를 베껴 쓰도록 했다. 다음날 가황후는 혜제에게 조정대신들을 다 불러들이게 한 뒤 태자가 직접 쓴 편지를 꺼내 보이면서 태자에게 모반죄를 적용하여 사약을 내리도록 했다. 모든 대신들의 반대에도 불구하고 황후는 강제로 태자를 폐위시키고 허창許昌으로 보내 감금했다.

대신들은 황후의 이러한 음모에 대해 매우 분개했다. 조정신하들은 조왕趙王 사마윤司馬倫에게 가황후를 폐위하고 태자를 복위시켜 달라고 요청했다. 사마윤은 가황후를 싫어했지만 정치적으로 황후와 결탁하고 있었기 때문에 태자가 복권하게 되면 자신에게 불리할 것으로 생각하고 있었다.

이때 그는 직접 여러 곳에 편지를 보내 조정에서 비밀리에 태자를 복위시키려고 한다는 소문을 퍼뜨렸다. 가황후는 이 소문을 듣고 매우 두려웠다. 그녀는 급히 사람을 허창에 보내 태자를 독살시키려고 했다. 태자는 완강하게 저항했지만 결국 황후에 의해 죽임을 당했다.

태자가 죽은 뒤 조왕 사마윤과 양왕梁王·제왕齊王 등이 서로 음모를 꾸몄다. 그들은 태자의 원수를 갚겠다는 구호를 내걸고 병사들을 거느리고 입궁하여 먼저 혜제를 만난 뒤 가황후를 체포하려고 했다. 가황후는 궁중에서 이들을 보고 놀라서 "제왕, 무엇 때문에 마음대로 궁궐에 들어왔소?"라고 물었다. 제왕은 냉담한 어조로 "황명을 받들어 당신을 체포하러 왔소"라고 하자, 황후는 억지로 태연한 척 하면서, "무엄하군. 조정의 모든 조서는 내 손에서 나오는데 당신이 무슨 조서를 갖고 있단 말이오?"라고 대꾸했다. 제왕은 여러 말 하지 않고 큰 소리로 "끌어내라"는 명령을 내렸다. 황후는 소리치며 혜제가 자신을 구해 주기를 원했지만 조왕 윤은 가황후를 폐위시키고 가황후를 따르는 수십 명을 제거했다.

영녕永寧 원년(301) 1월 조왕 윤이 혜제를 감금하고 선양의 형식으로 제위에 올랐다. 황제에 즉위한 그는 자신을 도운 모든 사람들에게 후한 관직을 내렸다. 이때 관직을 받은 사람들을 초선貂蟬이라고 했는데 그 이유는 모자에 매미날개 모양과 담비꼬리의 장식을 했기 때문이었다. 당시 관직을 너무 남발하여 국고의 담비꼬리가 모두 바닥이 났다. 할 수 없이 이후에 관직을 받은 사람들은 담비 대신 개꼬리로 모자를 장식했는데 백성들은 그 모습을 보고 "담비가 부족하니 개꼬리로 대신하고 있구나!"라며 그 상황을 비웃었다.

사마씨 왕족들은 사마윤이 황제가 되었다는 소식을 듣고 모두 불만을 가졌다. 3월에 가황후 폐위에 가담했으나 정치권력에서 소외된 허창의 제왕과 업성을 수비하고 있던 성도왕成都王, 장안을 방어하고 있던 하간왕河間王이 함께 연합하여 사마윤을 토벌하러 나섰다. 이들 군대는 낙양에서 60일 동안 격전을 벌였다. 이 전투에서 10만 명이 사망했다. 사마윤의 부하 장수 왕여王輿가 7백여 명의 군사들을 이끌고 사마윤을 공격한 뒤 혜제를 복위시켰다. 제왕은 대사마의 직책으로 조정에 들어와 사마윤 부자 및 그 일당을 모두 제거하고 권력을 장악했다.

제왕은 무제의 조카다. 제왕 역시 조정을 장악한 뒤 다른 왕들처럼 자신을 따르는 무리들에게 관직을 주고 권력을 독차지 했다. 또 사치와 음주에 빠져 조례에도 참석하지 않게 되자 여러 왕들과 신하들이 불만을 가졌다. 무제의 여섯째아들 장사왕長沙王은 동생인 성도왕 사마영司馬穎을 제위에 앉히고 싶었다. 하간왕의 부하장수가 하간왕을 부추겨 제왕을 살해하자고 제안하자, 하간왕은 성도왕과 장사왕에게 함께 군대를 출병시키자고 요청했다.

태안太安 원년(302) 12월 하간왕은 제왕을 제거하려고 출병했고, 장사왕은 낙양성 안에서 하간왕의 병사들이 오기를 기다렸다. 3일 동안 혈전을 벌이는 가운데 낙양성은 불빛으로 가득 차고 비가 내리는 것처럼 화살이 쏟아졌다. 이 전투에서 제왕과 그를 따르던 무리 2천여 명이 피살되었고, 장사왕이 태위太尉가 되어 권력을 차지했다.

다섯번째의 내란이 막 안정되어갈 무렵, 하간왕은 자신이 제왕을 제거하자고 먼저 제안한 사람인데 대권이 오히려 장사왕에게 넘어간 것에 불만을 가졌다. 하간왕은 여러 차례 자객을 보내 장사왕을 제거하려고 했지만 성공하지 못하자 장방張方이라는 부하에게 정예병 7만을 주어 낙양을 공격하도록 했다. 성도왕은 이 소식을 듣고 군대를 파견했고 장사왕도 직접 병사들을 이끌고 전투에 참여했다. 이 전투는 30만 명이 참가하여 3개월 동안 계속되었는데 죽은 사람이 8~9만 명에 이르렀다.

양측의 혼전이 계속되는 동안 낙양성 내의 양식이 모두 바닥나고 백성들의 생활은 처참한 상태에 빠졌다. 전투가 계속되는 상황에서 동해왕東海王 사마월司馬越이 장사왕을 가두고 하간왕과 성도왕에게 화해를 요청했다. 그리고 장사왕은 장방에 의해 비밀리에 죽임을 당했다.

영흥永興 원년(304) 7월 동해왕이 10만의 병력을 동원하여 안양安陽을 공격하자 성도왕이 5만의 군대로 응전하여 동해왕을 물리쳤다. 그러나 얼마 지나지 않아 성도왕의 군대가 패전하게 되자 성도왕은 혜제를 옆에 끼고 남쪽으로 후퇴했다. 장방은 2만의 군대를 성도왕에게 주었고, 그 덕분에 성도왕은 혜제를 데리고 장안으로 천도할 수 있었다.

영흥 2년(305) 7월 사마씨의 여러 왕들이 동해왕을 맹주로 추대하여 장안을 공격하자 하간왕의 군대는 패하여 산중으로 도망을 쳤다. 사마월은 혜제를 다시 낙양으로 모셔왔다. 그리고 그해에 동해왕은 성도왕을 제거하고 혜제도 독살시킨 다음 사마치司馬熾를 황제에 즉위시켰는데 이가 진회제晉懷帝이다.

혜제의 통치기간 동안 황후를 중심으로 하는 세력과 사마씨의 왕족들 사이에 끊임없이 나타난 권력쟁탈은 대규모의 무장충돌을 가져왔다. 모두 8명의 사마씨 왕들이 이 정권싸움에 말려들었다. 때문에 역사는 이 정변을 '팔왕의 난'이라고 부른다. 16년에 걸쳐 진행된 팔왕의 난에 참여한 8명의 사마씨 왕 중에서 7명이 사망했고 오직 동해왕 사마월만 살아남았다.

이러한 서진왕조의 정치적 내분은 혜제의 무능한 통치때문이었다. 황제는 무능한 사람이었고 여러 왕들은 모두 반란의 야심을 갖고 있었다. 무제 때 시중이었던 화교와 태자의 소부였던 위관은 여러 차례 태자의 무능함을 지적했지만 무제의 마음은 변하지 않았다. 무제의 실책은 결국 그가 죽은 뒤 팔왕의 난으로 나타났고 서진은 멸망의 길을 걷게 되었다. 팔왕의 난은 무제의 무능한 아들의 목숨을 앗아갔을 뿐만 아니라, 그가 총애한 영특한 손자의 목숨도 젊은 나이에 앗아갔다. 또한 16년 동안 진행된 중앙의 권력싸움 속에서 무고한 백성들 역시 커다란 희생을 감당해야 했다.

13. 잃은 영토를 되찾고자 노력하다

팔왕의 내란 중에 흉노귀족 액수칭경額手稱慶은 이것을 하늘이 준 기회라고 여기고 흉노 재건을 꿈꿨다. 흉노귀족은 그들의 선조가 일찍이 한왕실과 결혼을 통해 인척관계를 맺었기 때문에 그들 역시 한왕실의 일족이라고 생각하면서 유씨劉氏 성을 따랐다. 동한 말, 조조가 흉노의 5개 부락을 합병하여 매 부락마다 1부部의 장수를 두었는데, 그 가운데 한 부락의 수장이 유연劉淵이었다. 서진 말 유연은 흉노의 왕에 추대되었다.

304년 유연은 한왕漢王이라 하면서 해마다 진나라를 공격했다. 또 308년 유연은 황제의 자리에 올라 진의 수도 낙양을 공격했다. 동해왕 사마월은 이때 여전히 내전으로 바쁜 상태였다. 유연이 사망한 뒤 그의 아들 유총劉聰이 황제에 오르고 다시 낙양을 공격해 왔다. 311년 마침내 낙양성이 함락되고 회제는 포로가 되었다가 곧 살해되었다. 장안의 관원들은 황제가 죽었다는 소식을 듣고 회제의 조카 사마업司馬鄴을 황제에 즉위시켰는데 이가 진민제晉愍帝이다. 316년 유총이 장안을 함락시키고 민제를 살해했다. 이로써 서진왕조는 52년의 통치를 끝으로 멸망했다. 서진이 멸망한 뒤 북방에서는 소수민족 추장들이 대거 남하하여 황제를 칭했는데, 모두 16개 왕조의 흥망성쇠가 있었기 때문에 역사는 이 시기를 '16국시대'라고 부른다.

서진왕조가 멸망할 무렵 진왕조의 일부 장수들은 완강하게 흉노에게 저항했다. 그 가운데 가장 대표적인 사람이 조적祖逖이다. 조적은 천하의 일을 자신의 임무로 여겼다. 그의 행적은 이후 중국사람들에게 '문계기무聞鷄起舞'의 고사로 알려지고 있다.

초기 조적은 형주에서 주부主簿라는 관직을 맡고 있었다. 그는 비록 낮은 벼슬아치에 불과했지만 오히려 국가대사에 커다란 관심을 갖고 있었다. 그와 절친했던 친구 중에 유곤劉琨이라는 사람이 있었는데 그들은 매일 한 침상을 사용하면서 천하의 대사를 논하고 자신들의 포부를 밝히면서 늦게까지 잠을 설치기도 했다. 서진왕조가 막 건립되었을 때 왕조는 비교적 안정기를 누렸다. 조적의 생각은 관리는 국가의 녹봉으로 사는 사람들이니 마땅히 나라가 편안할 때도 위험을 미리 살펴서 국가의 이익을 소중하게 여겨야 한다고 했다.

어느 날 밤 조적과 유곤이 깊은 잠에 들었을 때 닭울음소리가 점점 크게 들려왔다. 조적이 잠에서 깨어 밖을 보니 무수한 별들이 밤하늘을 비추고 있었다. 이때 조적의 마음속에 닭 울음소리가 분명 자신에게 무엇을 해야 한다고 알려주는 것은 아닐까 하는 생각이 스쳤다. 조적은 유곤을 흔들어 깨워 닭 울음소리를 듣도록 했다. 이날 밤

두 사람은 잠을 이루지 못했다. 조적은 유곤에게 "우리 하루 빨리 무예를 연마해야겠소"라고 했는데, 이때부터 두 사람은 아침 일찍 일어나 뜰에서 검술을 익히고 병법을 연구하며 앞날을 준비했다.

흉노가 중원을 정복하자 북방사람들은 계속 남쪽으로 피난을 떠났다. 조적 역시 피난하는 사람들 틈에 끼어서 건강建康에 도착하여 낭야왕 사마예司馬睿를 만나게 되었다. 조적은 사마예를 보고 너무나 감격하여 "진왕실이 지금처럼 쇠락한 원인은 내부의 분쟁 때문입니다. 현재 중원백성들은 온갖 수모를 겪고 있으며 사람들은 모두 흉노를 미워하고 있습니다. 왕께서 우리에게 중원을 수복하도록 명령만 내려 주신다면, 중원백성들은 분명 무리를 지어 우리를 따를 것입니다. 부디 왕께서 다시 한번 고려해 주십시오"하고 청했다. 사마예는 조적의 말을 듣고 머리를 끄덕이며 "그대와 같이 충성스런 마음을 가진 사람은 없을 것이오 내가 그대를 형주자사로 임명하고 천여 명이 먹을 양식과 3천 필의 옷감을 내릴 것이니 가서 병사들과 군마를 모아 보시오!"라며 조적을 지지했다.

조적은 이후 신속하게 병사들을 모으고 군마를 사서 북방 땅을 회복하려고 나섰다. 병사들을 거느리고 강을 건널 때, 조적은 "여러분들이 나를 믿고 북벌을 위해 이 강을 건너고 있습니다. 만약 중원을 수복하지 못한다

면 나 조적은 절대로 이 강을 다시 건너 돌아오지 않을 것입니다"라고 말하자, 조적을 따르는 병사들도 일제히 소리치며 "죽기를 맹세하고 중원을 수복합시다!"라고 외쳤다. 조적은 회음淮陰에 이르러 병사들을 더 모집하고 군마를 사서 2천 명의 병사들을 거느리게 되었다. 조적의 군대는 수 년 동안 고된 전투를 통해 황하이남의 잃어버린 땅을 거의 되찾았다.

317년 사마예가 건강에서 황제에 즉위했는데, 이가 진원제晉元帝이다. 원제가 남쪽에서 진나라를 다시 세우니 역사는 이를 동진東晉이라고 한다. 동진을 건립한 뒤 원제는 조적을 진서장군鎭西將軍으로 임명했다. 조적은 이 관직을 받은 뒤 더욱 분발하여 계속 북벌을 떠났고 황하이북 영토도 일부 되찾았다. 이때 어떤 사람이 원제에게 조적은 북방백성들에게 매우 신망을 얻고 있으니 꼬리가 커지기 전에 잘라내야 한다고 모함했다. 원제는 이 소리를 듣고 정서장군征西將軍이란 직책을 만들어서 관원 한 명을 더 북방에 파견하여 북방영토 6주州를 통솔하도록 했는데 조적의 직책 보다 더 높았다. 이때부터 조적의 북벌사업은 견제를 받기 시작했다. 이후 조적은 마음의 병을 얻어 마침내 침상에서 일어나지 못했다. 병상에서 그는 친한 벗 유곤이 모함을 당했다는 소식을 듣고 울분을 안은 채 세상을 떠났다.

조적은 천하의 일을 자신의 임무로 생각한 사람이었다. 그는 청년 시절부터 때를 기다리며 홀로 분발하여 무예를 연마하고 담력을 키웠다. 흉노가 진왕조의 팔왕의 난을 기회로 중원을 점령하자 조적은 때가 이르렀음을 알고 진왕조를 위해 분발하고 나섰다. 사마예로부터 자사의 관직을 받은 뒤 스스로 병사들을 모으고 강을 건너면서 북방영토 수복을 굳게 맹세했다.
　　조적은 병사들을 이끌고 북벌을 감행하여 황하이남의 땅을 되찾아 동진왕조의 대업에 큰 공훈을 세웠다. 비록 그의 원대한 꿈은 완전히 실현되지 못했지만, "뜻을 품은 자가 때가 왔을 때 분연히 일어난다"라는 고사와 "성공하지 못하면 다시 이 강을 건너 돌아오지 않는다"는 정신은 이후 많은 사람들에게 잊지 못할 교훈을 전해 주고 있다.

14. 풀과 나무가 모두 병사들로 보이다

동진에서 내란이 발생했을 때, 서북지역 소수민족의 수령 부건符建이 전진前秦이라는 왕조를 건립했다. 부건이 죽고 그의 아들 부생符生이 권력을 계승했지만 얼마 지나지 않아 그의 사촌형 부견符堅에게 쫓겨났다. 부견은 유능한 소수민족 통치자였다. 그가 전진을 통치하는 시기에 왕맹王猛을 중용하여 정치기반을 공고히 한 뒤 전진왕조를 부강하게 했다. 382년 부견의 통치 25년째가 되었을 때 국가는 편안하여 안정을 찾았다. 그러나 이때 부견의 생각은 남쪽의 동진까지 정복하여 천하를 얻겠다는 뜻을 갖고 있었다. 그는 97만의 병력을 동원하여 결국 동진정벌에 나섰다.

375년 부견이 가장 아끼던 신하 왕맹이 병석에 눕게 되었다. 왕맹은 임종 때 부견에게 간절한 마음으로 "동진東晋이 비록 먼 강남땅에 있지만, 이곳은 중국의 정통正統이 있는 곳입니다. 제가 죽은 이후 폐하께서는 절대 동진을 공격해서는 안됩니다. 선비족과 강족이 우리의 적입니다. 그들을 제압해야만 국가가 비로소 안전할 것입니다"고 유언을 남겼다.

부견은 통치 초부터 왕맹의 계책을 모두 따랐다. 그러나 왕맹이 죽고 몇 년이 지나서 부견은 그의 충고를 잊었다. 하루는 부견이 장안의 태극전太極殿에서 여러 신하들을 모아놓고 동진을 공격하겠다는 뜻을 말했다. 부견은 "내가 직접 군대를 거느리고 출정하려고 하는데 대신들은 무슨 의견이 있소?"라고 물었다. 신하들은 모두 부견의 뜻에 반대했다. 당시 우복야右僕射였던 권익權翼이 말하기를 "동진이 비록 작지만 사안謝安과 환충桓忠 등 능력 있는 신하들이 국정을 보좌하고 있어서 군신이 화목하고 왕조가 안정된 상태이므로 쉽게 무너뜨리지 못할 것입니다"라고 했다. 대신 석월石越도 간언하기를 "동진은 장강이라는 천연의 요새를 끼고 있고 백성들은 조정을 위해 힘을 다할 것이므로 승리를 얻기 힘들 것입니다"고 반대했다.

부견은 신하들이 모두 자신의 뜻을 따르지 않는 것을 보고 기분이 좋지 않았다. 그는 "춘추시대 오나라 왕 부차와 삼국시대 오나라 왕 손호는 모두 장강의 험준함에 의거했지만 결국 멸망당하지 않았는가? 지금 내 군사들이 이렇게 많고, 병사들은 내가 명령만 내린다면 곧 말을 달려 장강에 뛰어들어 흐르는 물도 갈라놓을 기세인데 우리가 무엇 때문에 장강의 험준함을 두려워할 필요가 있겠느냐"라고 했다. 부견이 말을 마치자 일부 신하들이 따르는 것 같았지만 그러나 대다수는 여전히 여러 가지 반대이유를 제시했다. 부견은 화가 나서 큰 소리로 "이 일은 짐 혼자서 결정할 것이오. 다들 물러가시오!"라며 신하들을 물리쳤다.

　신하들을 모두 물러가게 한 뒤 부견은 그의 동생 양평공陽平公 부융苻融만을 남도록 했다. 부견은 동생 부융을 가까이 끌어당기면서 "옛부터 국가의 중대사는 한두 사람에 의해 결정되었다. 많은 사람들이 여러 말을 하는데 이것은 역시 우리 두 형제가 결정해야 할 일이다"고 말하자, 부융은 무거운 마음으로 우물쭈물하면서 "폐하, 신이 생각하건데 진을 공격하는 일은 매우 어렵다고 봅니다. 진왕조는 지금 군신이 하나가 되어 매우 안정된 상태이므로 우리가 빈자리를 찾아 들어 갈 곳이 없습니다. 우리 군대가 매년 진나라를 공격하여 병사들은 피로에 쌓여있고 백성들은 전쟁을 원하지 않습니다. 방금 출병을 반대한 신하들은 모두 폐하의 충신들입니다. 폐하께서 그들의 의견을 들어주셨으면 합니다"라며 부견에게 간절히 말했다.

　부견은 매우 화를 내며 부융을 크게 꾸짖으면서 "너까지 이처럼 의기소침한 말을 하리라고는 생각지도 못했다. 나에게 정예병 백만이 있고 병기와 양식이 산더미처럼 쌓여 있는데 동진처럼 저렇게 허약한 나라를 공격하여 꺾을 수 없다는 것은 무슨 이유인가"라고 소리쳤다. 부융은 울면서 "폐하, 진왕조를 멸망시킬 방법이 지금은 없습니다. 우리의 주변은 수많은 선비족과 강족이 에워싸고 있고 그들은 호시탐탐 기회를 엿보고 있습니다. 폐하께서 장안을 비웠을 때 만약 이들이 반란을 일으킨다면 그 때는 후회해도 늦습니다. 예전에 폐하께서 왕맹을 제갈공명과 비교하지 않으셨습니까. 폐하께서 지금 그를 잊어버리셨습니까?"라고 했다.

부견은 안색이 굳어져 부융을 내버려 두고 홀로 후궁으로 들어가 버렸다. 이후 태자와 신하들이 여러 차례 간절하게 말했으나 부견은 들으려고 하지 않고 날마다 진왕조를 공격할 궁리만 하고 있었다. 하루는 경조윤京兆尹으로 있던 모용수慕容垂가 궁궐에 들어왔다. 부견은 그에게 동진공격의 계획을 설명했는데 모용수가 말하기를 "폐하께서 이처럼 재능과 지략이 뛰어나고 휘하에 백만의 정예병을 거느리고 있으며 또 훌륭한 장수들이 조정에 넘쳐나는데 그 조그마한 진을 멸망시키는 것이 무슨 문제가 되겠습니까. 폐하께서 스스로 결정하시면 될 일을 왜 여러 사람에게 물어 보십니까?"라고 했다. 부견은 모용수의 말을 듣고 너무나 기뻤다. 그는 자신의 뜻을 알아주는 사람이 있다고 생각하며 그 자리에서 5백 필의 비단을 모용수에게 상으로 주면서 "나와 함께 천하를 평정할 사람은 보아하니 그대로구만" 하며 기뻐했다.

부견은 모용수의 말을 듣고 흥분하여 저녁에 잠을 이루지 못하고 몸을 이리저리 뒤척였다. 이때 그 모습을 본 부견의 왕비가 연燕에서 항복해 온 장수 모용수의 말을 신임하지 말라고 부견에게 말했다. 왕비는 조정신하들 모두 동진공격을 찬성하지 않는 것을 알고 있었다. 그러나 부견은 웃으면서 "전쟁은 여자들이 관여할 바가 아니오" 하면서 그녀의 말을 귀담아 듣지 않았다.

부견이 평소에 사랑한 어린 아들 부선符詵이 출정준비를 하는 아버지를 보면서 말하기를 "부왕父王, 부융 숙부는 폐하가 가장 아끼는 충신입니다. 부왕께서는 왜 숙부의 충언을 받아들이지 않으십니까"라고 만류하자, 부견은 "국가대사는 부왕 스스로 결정하는 것이고 어린아이가 나서는 것이 아니다"라고 냉담하게 말하며 아들의 만류도 역시 무시해버렸다.

태원太元 8년(383) 9월, 부견은 80만의 대군을 거느리고 장안을 출발하여 동진공격에 나섰다. 부융과 모용수를 선봉에 세우고 요장姚萇을 용양장군龍驤將軍으로 임명했다. 부융은 30만의 정예병을 거느리고 앞장서서 빠른 속도로 수양壽陽에 도착했고, 한 달 뒤 부견의 주력부대가 항성項城에 이르렀다.

동진 효무제孝武帝가 부견의 공격소식을 듣고 조정을 가득 메운 문무대신들에게 대책을 물었는데 모두들 당황하며 대답을 못하고 있었다. 이때 재상 사안謝安만이 오직 침착하게 "폐하, 당황하실 필요없습니다. 제가 다 준비를 해두었습니다"라고 효무제를 안심시켰다. 사안은 자신의 동생 사석謝石을 정토대도독征討大都督에 임명하고, 조카 사현謝玄을 전봉도독前鋒都督으로 하고, 아들 사염謝琰과 환이桓伊를 각각 장군으로 임명한 뒤 8만의 군대를 주어 부견의 군대를 방어하도록 했다. 또 장군 호빈胡彬에게 5천의 수군을 주어 신속하게 수양으로 가서 수양방어를 돕도록 했다.

호빈은 수양이 이미 함락되었다는 소식을 듣고 할 수 없이 협석硤石으로 후퇴하여 사석과 사현의 군대를 기다렸다. 부융은 대장군 양성梁成에게 5만의 군대를 주어 낙간洛澗에 주둔시키고 호빈의 퇴로를 끊도록 명령했다. 호빈은 양식과 사료가 바닥나자 몰래 사석에게 사람을 보내 다급한 상황을 알렸다. 그런데 편지를 가지고 가던 동진의 병사가 전진 군대에 붙들려서 그 편지가 부융의 손에 들어갔다.

호빈의 군대가 절박한 상황이라는 것을 안 부융은 급히 항성의 부견에게 이 사실을 알렸다. 부견은 이 기회를 이용하여 8천의 기병으로 수양을 공격한 뒤 단숨에 동진왕조를 멸망시키고 싶었다.

부견은 포로로 붙잡힌 동진의 장군 주서朱序를 사자로 동진의 군영으로 보내 항복하도록 했다. 주서는 양양襄陽에서 포로가 되어 부견의 정권에서 상서尚書의 관직을 맡고 있었지만 마음은 항상 동진에 있었다. 주서는 사석과 사안을 보고 아주 반가운 친척을 만난 것처럼 기뻐하면서 "대장군, 전진의 군대가 도착하여 대오를 갖추기 전에 공격하십시오. 전진 선봉부대의 기세를 제압한다면 분명 그들을 궤멸시킬 수 있을 것입니다"라고 제안했다.

주서가 돌아간 뒤 사석과 사현은 심사숙고 끝에 대장 유뢰지劉牢之로 하여금 동진의 가장 용맹스러운 정예군 북부병北府兵 5천을 파견하여 낙간에 주둔하고 있는 전진의 군대를 공격하도록 했다. 북부병은 오랜 훈련으로 단련된 매우 용맹스런 부대였다. 그들은 낙간에 도착하여 아주 신속하게 전진의 병영을 공격했다. 이 전투에서 전진의 대장 양성이 피살되었고, 병사들은 퇴로를 잃어 당황하게 되자 회수淮水에 뛰어들어 물에 빠져죽은 사람들이 1만 5천여 명에 이르렀다. 동진의 군대는 승전을 거듭하여 비수淝水의 동쪽에 이르러 수양에 주둔하고 있는 전진의 군대와 강을 사이에 두고 대치하게 되었다.

부견은 아주 만족스러워 하면서 동진의 군대가 투항해 오기를 기다리고 있었다. 그러나 기쁜 소식은 고사하고 장군 양성이 피살되고 낙간을 잃었다는 소식과 함께 동진의 군대가 비수를 사이에 두고 전진을 조여오고 있다는 사실을 알게 되었다. 그는 부융과 함께 수양성 망루에 올라가서 적의 상황을 살폈다. 동진의 군영이 강을 따라 촘촘하게 배치되어 완전무장한 병사들이 삼삼오오 대오를 갖추어 왔다갔다 순찰을 하고 있는 것을 보고 부견은 적의 수효가 도대체 얼마나 되는지 정확하게 파악할 수가 없었다. 이때 부견이 주위의 산을 둘러보니 초목이 바람에 흔들리고 있었다. 그의 생각에 갑자기 산에 있는 모든 초목이 마치 동진의 병사들처럼 보이기 시작했다. '초목개병草木皆兵'이란 고사는 여기에서 유래된 말이다. 부견은 두려운 마음에 그의 동생 부융을 돌아보며 "동진의 군대가 이처럼 강할 줄은 생각지도 못했다. 누가 동진을 약하다고 했는가?"라고 탄식했다.

부견은 군대를 움직이지 않고 비수강가에 주둔하면서 대부대가 도착하기만을 기다렸다. 동진의 군대는 처음 강을 건너서 공격할 방법을 찾지 못하고 있었는데 사석과 사현이 계책을 써서 부견에게 사람을 보내 서신을 전달했다. 편지내용은 이러했다. 전진군이 강 연안에서 조금 물러나 있으면 동진 군대가 비수를 건널 것이다. 동진군이 강을 건넌 후 그 곳에서 결전을 벌이면 어떻겠는가? 라는 것이었다. 또 하나는 부견에게 동진 군대와 전투할 용기가 있는지를 물었다. 승부욕이 강한 부견은 약한 모습을 보이고 싶지 않아서 동진의 제안을 받아들이겠다고 답을 보냈다. 부견과 부융은 서로 상의한 끝에 동진의 군대가 절반쯤 강을 건너오면 그 때 일제히 공격하여 동진을 섬멸하자고 했다.

동진의 군대가 강을 건널 시간이 되자 부융은 철수명령을 내리면서 마음속으로 공격준비를 하고 있었다. 그러나 전진의 군대에 후퇴명령이 내려지자 부대는 순식간에 커다란 혼란에 빠졌다. 전진 병사들은 규율이 이미 무너진 상태였고 적을 맞이하여 싸울 준비가 되어 있지 않았다. 후퇴명령을 들은 병사들은 계속 도망하기에 바빴다. 부융이 사태를 파악하고 병사들의 행동을 저지하려고 했지만 방법이 없었다. 이 광경을 지켜보고 있던 사현은 8천의 병사들을 투입하여 비수를 건넜다. 주서는 동진의 군대가 강을 건너는 것을 보고 있다가 전진 군대를 향하여 "진秦의 군대가 패했다! 진의 군대가 패했다"라고 소리쳤다.

뒤쪽에 있던 전진의 군대는 앞쪽 상황을 파악하지 못하고 본 군대가 패했다는 말을 듣고 서로 도망하기에 바빴다. 일시에 전진의 군영은 대혼란에 빠졌다. 부융은 말을 타고 달리며 도망하는 병사들을 막으려고 했으나 오히려 병사들을 물속에 빠져죽게 하는 상황으로 내몰았다. 이러한 상황에서 부융은 말에서 떨어졌고 몸을 일으키기도 전에 돌진해 오는 동진 군대에 짓밟혀서 그 자리에서 사망했다. 뿔뿔이 흩어져 도망가는 전진의 병사들은 바람소리, 새소리까지도 동진 군대의 추격병의 소리로 들려왔다.

이 전쟁에서 전진은 완전히 참패를 당했다. 진영의 뒤쪽에서 이 광경을 지켜보던 부견은 이미 대세가 기울었음을 알고 말을 타고 도망하기 시작했다. 날아온 화살 하나가 부견의 어깨를 명중시켰다. 그러나 그는 아픈 것도 잊은 채 계속 북방으로 도주하여 회하를 건넌 뒤 겨우 숨 쉴 여유를 찾게 되었다. 부견이 낙양으로 돌아와 전진의 군대를 점검해보니 병사들의 30%만 살아 돌아왔다. 그는 자신의 처참한 패배에 눈물을 흘리며 "짐이 무슨 면목으로 천하를 통치할 것인가"라며 후회했다.

사석과 사현은 수양을 공략한 뒤 사안에게 급히 승전보를 전달했다. 사안은 당시 그의 집에서 손님을 초대하여 바둑을 두고 있었는데 승전보를 받고도 여전히 얼굴빛이 변하지 않았다. 사안이 계속 상대방에게 바둑을 두자고 손짓하자, 손님이 참을 수 없어서 "전방의 전쟁은 어떻게 되었습니까?"라고 물었다. 이때 사안은 아주 여유있는 모습으로 "우리 아이들이 마침내 전진을 물리쳤습니다"고 했다.

중국역사에서 '비수淝水의 전戰'은 적은 인원으로 많은 인원을 이긴 유명한 전쟁에 속한다. 부견은 여러 신하들의 권고를 무시하고 동진공격을 감행했고, 그 결과 전쟁은 참혹하게 전진의 패전으로 끝이 났다. 이 전쟁을 겪은 전진은 국력이 크게 위축되었으며 백성들의 원성이 길에 가득 찼다. 부견은 가장 아끼던 동생 부융을 전쟁터에서 잃었다. 또 조정신하들도 자신의 통치를 예전처럼 더이상 신뢰하지 않는다는 것을 알고 마음의 병을 얻어 침상에서 일어나지 못했다.

모용수는 처음부터 부견의 동진정벌을 찬성했던 인물이다. 전진의 군대가 비수의 전투에서 큰 참상을 입었는데도 그의 부대는 전혀 다치지 않았다. 왕맹이 일찍이 간파했듯이 선비족의 모용수와 강족의 요장이 결국 전진을 배반하고 각자 자신의 왕조를 수립했는데, 바로 후연後燕과 후진後秦이다. 어찌 보면 부견은 자기가 놓은 덫에 스스로 걸려들 상황을 만들었던 것이다. 이런 상황에서 부견은 마침내 요장에게 죽임을 당했다.

15. 풍속을 새롭게 고치다

비수전투 이후 전진의 기세는 크게 상실되었다. 한편 동진東晉은 사안이 죽은 뒤에 내란이 발생하였고, 회계會稽 일대에서 발생한 손은孫恩의 농민봉기를 시작으로 이름만 남았을 뿐 이미 멸망상태에 직면해 있었다. 안제安帝가 죽은 뒤 동진의 대장군 유유劉裕가 공제恭帝를 핍박하여 420년 황제에 즉위하였고, 국호를 송宋이라고 했다. 동진이 멸망한 뒤 중국은 170여 년 동안 남북조의 대치상황이 전개되었다. 남쪽에서는 송宋·제齊·양梁·진陳왕조가 세워졌고, 북방은 선비족이 통일을 이루어 북위北魏를 수립했다. 이후 북위는 동위東魏와 서위西魏로 분열되었다가 다시 북제北齊와 북주北周시대로 이어졌다.

439년 북위의 태무제太武帝 탁발도拓跋燾가 북방을 통일했다. 하지만 북위는 오랜 전란을 거치면서 경제가 매우 침체되어 있었다. 471년 효문제孝文帝가 즉위하면서 북위의 정치기강을 바로잡고 북방의 경제를 회복하기 위하여 일련의 개혁을 실시했다. 효문제는 수도를 평성平城[지금의 대동]에서 낙양으로 옮기고 적극적인 한화정책을 추진했다. 그는 자신의 선비족 성씨를 한족의 성씨로 바꾸도록 하면서 선비족과 한족의 통혼을 적극 권장했다. 이러한 개혁은 북위의 정치와 경제 및 문화발전에 커다란 성과를 가져왔으며 또한 선비족과 한족의 융합을 촉진시키는 역할을 했다.

효문제孝文帝 탁발굉拓跋宏은 다섯 살에 황제에 즉위했다. 즉위 초에는 할머니 문명태후文明太后가 섭정하면서 정치를 장악했는데, 문명태후는 25년 동안 북위의 정치를 좌우했다. 태후는 과감하게 한족의 정치·사회·경제제도를 채택하여 북위를 변화시켰다. 어렸을 때 효문제는 문명태후의 사랑을 크게 받지는 못했지만 할머니의 영향을 받아 한족의 문화와 통치경험을 익혔다.

490년 문명태후가 사망하자 효문제는 유가의 경전에 의한 장례절차를 따랐는데 선비귀족들은 황제의 이러한 방식을 좋아하지 않았다. 효문제는 그의 선조들이 북방에서 남하하여 전쟁을 치루면서 강인한 무인정신은 갖추었으나 문화와 교육은 약하다는 것을 실감하고 한족의 문화를 적극 추진하는 개혁을 실시했다.

개혁의 주요내용은 탐관오리를 엄하게 단속하고 관리의 녹봉奉祿체제를 정립한 것이었다. 또 왕조의 농업생산력을 높이기 위해 황무지를 개간하여 농민에게 분배하는 '균전제均田制'를 실시했다. 균전은 남자 40무畝, 여자는 20

무를 규정하고 사망하면 국가에 반납하도록 했
다. 이때 농민에게는 반드시 관부官府에 조세를
납부하도록 하고 요역의 의무를 지키도록 했다.
균전제의 실시는 농민생활을 안정시켜 주면서
농경지를 확대하고, 왕조의 조세수입을 증가시
켜 주면서 재정수입을 안정적으로 확보할 수 있
게 해줬다.

중원中原의 풍요로운 환경은 일찍부터 선비
족 통치자들의 마음을 끌어 당겼다. 도무제道武帝와 명원제明元帝 통치시기에
도 이미 남쪽으로 천도할 생각을 갖고 있었으나 실행에 옮기지는 못했다.
이후 북위의 정치와 경제가 발전하면서 수도 평성平城지금 산서성 대동은 점점
'문치文治'의 수도역할을 감당할 수가 없었다. 당시 북위는 남조와 대치하고
있는 상황에서 한족의 문화와 제도를 수용하는 것이 꼭 필요했고, 또 북위
의 정치와 사회·경제가 갈수록 발전하면서 낙양천도는 불가피한 상황이
되었다. 그러나 선비귀족들은 대부분 당시 평성의 생활에 만족하면서 효문
제의 낙양천도를 반대했다.

493년 가을, 효문제는 완전무장을 하고 말에 올라 직접 30만의 군대를
거느리고 평성을 출발하여 남쪽정벌에 나섰다. 이때 가을비가 계속 한달
동안 내려 날씨는 흐리고 도로는 진흙탕으로 변하여 군대가 행군하기에 무
척 힘들었다. 낙양에 도착한 뒤 효문제는 군대가 휴식을 취할 시간도 주지
않고 계속해서 행군하도록 명령을 내렸다. 대신들은 말에서 내려 효문제
앞에 무릎을 꿇고 "폐하, 도로 상황이 좋지 않아 남쪽정벌은 매우 곤란합니
다. 다시 한번 고려해 주십시오"라며 간절하게 애원했다. 그러나 효문제는
"짐이 천하를 통일하고자 하는데 대신들은 오히려 나를 방해하고 있소. 다
시 한번 안된다고 말한 자가 있으면 죄로 다스릴 것이오"라며 신하들의 간

언을 받아들이지 않았다. 효문제는 곧바로 말에 채찍을 가하여 출발하려는 태세였다.

이때 선비귀족 탁발휴拓跋休가 무릎을 꿇고 땅에서 한발자국도 물러서지 않고 눈물을 흘리며 "남북이 여러 차례 전쟁을 했지만 승부를 가리지 못했습니다. 지금 병사들은 오랜 행군으로 인해 피로에 지쳐 있습니다. 이것은 상책上策이 아닙니다"라고 간언했다. 효문제는 이 말을 듣고 말하기를 "짐이 군대를 일으켰는데 후세 사람들의 웃음거리가 되고 싶지 않소 만약 남쪽을 공격하고 싶지 않다면 수도를 이곳으로 옮기는 것에 대해서는 어떻게 생각하는가?"라고 물었다. 신하들은 서로 얼굴을 쳐다보며 어떻게 해야 할지 몰랐다.

효문제는 잠깐 생각을 한 뒤 다시 "수도를 옮기는 것에 찬성하는 사람들은 왼쪽에 서고, 반대하는 사람들은 오른쪽에 서시오!"라고 말했다. 많은 신하들이 천도를 반대하는 입장이었지만 효문제의 무리한 남진정책을 저지하기 위해서는 왼쪽 편에 설 수 밖에 없었다. 어쨌든 이것은 효문제의 낙양천도에 찬성을 표시하는 것이었다. 효문제는 한번 살짝 웃었다. 결국 그의 연기는 성공했고 마침내 낙양천도는 결정되었다.

효문제는 임성왕任成王 탁발징拓跋澄을 평성으로 보내서 그곳에 남아 있는 신하들을 설득하도록 했다. 탁발휴 등은 조정에서 효문제의 남진정책을 반대하는 입장이었다. 그의 생각을 알고 있었던 황제는 "평성은 무예로 통치하기는 적합한 곳이지만 문화로 통치하기에는 어려운 지역이다. 풍속을 바꾸려면 낙양으로 수도를 옮기는 방법밖에 없다. 남쪽정벌은 짐이 낙양천도의 구실로 만들어낸 계획일 뿐이다"고 했다. 탁발휴 등은 황제의 의도를 알아차리고 낙양으로 수도를 옮기는 것에 찬성했다. 그는 평성으로 돌아가 차분하게 귀족들을 설득하여 천도를 따르도록 했다.

다음해에 효문제는 직접 평성에 돌아와 신하들에게 낙양으로 천도하는 장점을 설명했다. 낙양천도와 함께 효문제는 선비족 본래의 풍속을 모두 한족의 풍속으로 바꾸는 개혁도 함께 구상하고 있었다. 그는 "여러 대신들에게 풍속을 고치는 것이 좋다고 생각하는가? 아니면 옛 풍속을 따르는 것이 좋다고 생각하는가?"라고 물었다. 함양왕咸陽王 탁발희拓跋禧가 "당연히 풍속을 고치는 것이 좋습니다"라고 하자 효문제는 "그렇다면 개혁을 실행하시오. 조정의 조례가 일단 발표되면 모두 그 규칙을 따라야 하오!"라고 했다.

495년 황제는 다음과 같이 조령을 반포했다. 조정에서 "선비족의 복장을 금지하고 한족의 복장을 한다. 선비족의 말을 금지하고 한어를 사용한다"는 내용이었다. 특히 조정신하들 가운데 30세 이하의 관원들이 한어를 사용하지 않을 경우 관직을 강등 또는 파면조치할 것을 강조했다. 그리고 30세 이상의 관원들에게는 차츰 한어를 익혀 고쳐 나가도록 지시했다. 또 496년에는 선비족의 성씨를 한족 성으로 바꾸는 조치를 취하여 먼저 황제 자신의 성은 탁발拓跋에서 원元으로 고쳤다. 그 밖에 선비귀족들도 한족의 성씨로 바꾸도록 한 다음 대표적인 선비귀족 8개 성씨를 북위의 명문귀족으로 규정하여 정치상 특권을 부여했다.

효문제는 선비족과 한족의 통혼을 적극 장려하고 선비귀족과 한족귀족들의 융합을 강조했다. 황제는 북방의 명문 한족귀족인 최崔·노盧·정鄭·왕王씨 집안의 여자들을 비妃로 맞아들였다. 또 효문제의 동생 다섯 명도 한족의 명문귀족 딸들과 결혼을 했다. 이때 범양范陽 노씨盧氏 가운데 한 가문에서는 세 명의 공주를 며느리로 맞아들이기도 했다. 그러나 선비귀족 가운데 보수세력은 황제의 개혁정치에 끝까지 반대했다. 496년 선비귀족 중에서 목태穆泰와 육예陸睿 등이 개혁에 반대하여 태자太子 탁발순拓跋恂과 함께 낙양에서 탈출한 뒤 평성을 거점으로 반란을 일으켰다. 반대세력은 곧 진압 되었고 탁발순은 태자에서 폐위된 뒤 사약을 받고 죽었다. 499년 33세의 나이에 효문제는 남쪽정벌에서 돌아오는 중에 병사했다.

효문제는 과감하게 북위 선비족의 풍속을 바꾸고 한족의 문화적인 통치를 받아들여 북위 왕조의 발전을 꾀하려고 노력했다. 황제의 이러한 개혁은 중국 북방의 소수민족과 한족의 융합을 촉진시키는 결과를 가져왔으며 이는 중국역사상 매우 중요한 의의를 갖는다. 개혁은 언제나 반대세력의 방해를 받기 마련이다. 효문제의 개혁은 황제 자신부터 몸소 실천했지만 선비귀족들은 황제의 뜻을 따르려고 하지 않았다. 그러나 효문제의 마음은 끝까지 흔들리지 않았다.

16. 황제가 불교에 심취하다

남북조시대부터 중국의 불교가 점점 발전하여 전국각지에 수많은 사원들이 생겨났다. 불교는 궁중에까지 전파되어 남조의 양무제梁武帝는 아주 성실한 불교신도가 되었다. 무제의 적극적인 불교정책으로 한때 양梁나라는 불교에 심취하여 불교국가의 상황이 전개되기도 했다.

북위정권이 분열된 이후 남조를 정벌하는 계획은 무산되었다. 양무제는 군대의 전술과 지휘체계를 제대로 알지 못하는 무능한 황제였다. 그는 여러 차례 북벌전쟁에 나갔지만 북방에 빼앗긴 영토를 회복하지 못하고 오히려 인력과 재정만 고갈시켰다. 북위의 내분이 안정된 이후 양나라 역시 전쟁을 그치고 안정된 정치를 원했다. 무제는 전쟁을 두려워했으며 황실 내의 권력분쟁이 발생할 것을 염려하여 황실친척들과 귀족들을 관대하게 대해 주었다.

한번은 어떤 사람이 무제에게 보고하기를 황제의 여섯번째 아우 임천왕臨川王 소굉蕭宏이 그의 집 후원에 수십 개의 창고를 지어놓고 엄하게 감시를 하면서 사람들의 접근을 막고 있는데, 분명 창고 안에 모반할 병기兵器를 감추어 둔 것이 틀림없다고 했다. 무제는 누군가 자신의 자리를 빼앗으려 한다는 소리를 듣고 매우 긴장하여 즉시 병사들을 데리고 소굉의 왕부王府

로 향했다. 동생의 집에 도착한 무제는 미소를 지으며 말하기를 "아우가 새로 여러 개의 창고를 지었다고 하는데 짐이 직접 봐도 되겠는가?"라고 했다. 소굉의 얼굴색이 창백하게 변하면서 어쩔 줄을 몰라 하자 무제의 의심은 더해갔다. 소굉이 할 수 없이 무제에게 창고를 열어 보였는데 그 안에는 돈이 가득 차 있었다. 소굉의 집에는 이러한 창고가 무려 30여 칸이나 있었고, 그 밖에 다른 곳간에는 헤아릴 수 없이 많은 비단과 보석들로 가득 차 있었는데 이는 황실창고와 맞먹는 규모였다.

소굉은 백성들을 착취하여 자신의 창고를 가득 채운 탐관이었다. 그는 어찌할 바를 모르고 무제의 처분만을 기다리고 있었다. 그러나 무제는 이러한 동생의 처신에 대해 뜻밖에 웃으면서 말하기를 "아우의 생활이 아주 풍요롭고 편안하구나. 내가 형으로서 정말 기쁘다"라는 말을 남기고 호위병들을 거느리고 궁중으로 돌아갔다. 황제는 소굉이 그저 재물에만 탐닉할 뿐이지 모반의 뜻이 없다는 것을 알고 마음속으로 매우 기뻐했던 것이다. 이후 무제는 아우 소굉을 더욱 아끼고 중하게 여겼다. 이 소식을 전해들은 황실친척들과 관료들은 앞다투어 백성들을 착취하면서 재물을 빼앗았다. 백성들은 온갖 세금과 노역에 시달려 생계를 유지할 수 없었다. 그러나 무제는 자신의 정치에 문제점이 있다는 것을 깨닫지 못했다.

무제는 젊었을 때부터 아주 신실한 불교신자였다. 그는 수도 건강建康에 웅장한 동태사同泰寺를 건립하고 날마다 직접 사원에 나가 향을 피워 예불을 드리고 연단에 올라 강연을 했다. 무제는 스스로 자신이 세상에 보기 드문 현명한 군주라고 말하면서 날마다 부처님께 백성들의 축복을 위해 기도한다고 했다. 어느 날 무제가 동태사에 이르러 향을 피우는데 문득 어떤 생각이 떠올라서 동행한 신하에게 말하기를 "짐이 불법에 대해 아주 경건한 마음을 갖고 있지만 마음뿐이고 행동을 하지 못하고 있으니 몸을 바쳐 승려가 되기로 결정했다"고 했다.

신하들은 무제의 말을 듣고 너무나 놀랐다. 역사 이래 황제로서 승려가 된 사람은 없었다. 무제가 최초로 그 첫번째 인물이 되려고 하는 것이 아닌가! 그러나 신하들은 누구도 무제의 이러한 행동을 말릴 수가 없었다. 무제는 이때부터 즉시 승려생활로 들어갔다. 그는 승복을 입고 채식을 하며 여자를 멀리하고 경건한 생활을 했다.

그러나 그는 인간의 욕망을 완전히 버릴 수 없었다. 권력과 부, 그리고 황제의 보좌는 결코 그가 버릴 수 없는 것들이었다. 4년 동안 승려생활을 했으나 무제는 더이상 버틸 수가 없었다. 결국 무제는 궁중의 태감太監을 불러 자신을 데려가도록 했다.

궁중으로 돌아온 무제는 얼마 뒤 또다시 동태사에 들어가 승려가 되었다. 신하들은 여러 차례 황궁으로 돌아가자고 했지만 무제는 들으려고 하지 않았다. 무제는 신하들에게 "속세로 돌아가는 것도 그 규정이 있다. 황제 역시 예외가 아니다"라고 했다. 신하들은 황제의 말을 한번 생각해보고 마침내 그 뜻을 이해했다. 신하들은 궁중으로 돌아와서 급히 1억 냥을 모아 동태사에 지불하고 호위병을 보내서 무제를 다시 궁으로 모셔왔다. 동태사의 승려들은 갑자기 하늘에서 엄청난 재물을 얻은 것 같았다. 일확천금을 얻게 된 그들은 양무제를 석가모니보다 더 높게 받들었다.

속담에 2는 3을 넘지 못한다는 말이 있다. 어느 정도 시간이 흐르자 무제는 또다시 동태사에 들어가 승려생활을 했다. 대신들은 무제를 환궁시키기 위해 한 달여 넘게 2억 냥을 모아서 동태사로 갔다. 무제가 환궁하려던 그날 밤 동태사의 탑 하나가 갑자기 불탔다. 승려들이 무제에게 이 상황을 아뢰자 무제는 조서를 내려 "도道가 높아질수록 마魔 또한 성행하는구나. 더 높은 탑을 만들어야만 마귀의 나쁜 기운을 물리칠 수 있을 것이다"라고 했다.

1년이 지난 뒤 무제는 또다시 승려가 되었다. 그리고 신하들은 또 1억 냥을 모아 무제를 황궁으로 모셔왔다. 무제가 이처럼 여러 차례 승려가 된 뒤 환속하기 위해 지불했던 금액은 모두 4억 냥에 이르렀다.

> 양무제는 정치에 관심이 없었고 오직 불교에 심취하여 양나라의 정치를 혼란에 빠트렸다. 또 그는 여러 차례 승려가 되었다가 다시 환속하기 위해 수많은 돈을 사원에 바쳤다. 이러한 돈은 모두 백성에게서 거두어들인 세금에서 나갔다. 무제가 개인적으로 불교에 심취한 것은 결코 나쁘다고 할 수 없지만 황제로서의 그의 태도는 결코 바람직하다고 볼 수 없다.
> 양무제는 북방에서 투항해 온 후경侯景이라는 사람을 쉽게 받아들이고 그를 중용했다. 훗날 후경은 반란을 일으켰으며 무제는 대성臺城에 감금당하여 굶어 죽었다. 이는 자업자득의 결과였다. 551년 후경은 무제를 폐하고 연이어 두 명의 황제를 세웠다가 나중에 그 자신이 직접 황제에 즉위했다.

17. 우물 속의 황제

무제가 불교를 신봉하고 정치에 무관심하게 되면서 마침내 양나라는 후경의 반란으로 멸망했다. 552년 양나라의 무장 진패선陳霸先이 군대를 이끌고 후경의 반란군을 진압한 뒤 557년에 건강健康에서 진왕조陳王朝를 개창하고 황제에 즉위했다. 이가 진무제陳武帝이다. 진무제가 왕조를 개창했을 때 북방은 동위와 서위로 분열되었다가 다시 북제와 북주의 왕조로 교체 되고 있었다. 북방은 수 년 동안 전란을 거친 뒤 북주의 무제 때 남방의 제齊를 멸하고 전국을 통일하려고 했다. 그러나 북주의 무제는 통일의 꿈을 이루지 못하고 세상을 떠났다. 무제 사후, 선제宣帝가 즉위했는데 그는 음탕하고 무도한 황제로 북주의 몰락을 부추겼다. 결국 581년 그의 장인 양견이 북주를 몰락시키고 제위에 올라 수왕조隋王朝를 개창했는데 역사에서는 이를 수문제隋文帝라고 한다.

북방의 혼란은 남방의 진나라에게는 평화의 기회가 되었다. 왕조의 사회·경제가 점차 회복되고 '국태안민國太安民'의 시대를 맞이하면서 제5대 황제 진후주陳後主의 통치시대가 되었다. 후주後主의 이름은 진숙보陳叔寶인데 그는 즉위 후 토목공사를 크게 일으키고 호화스런 누각을 세 채나 지어 사랑하는 비妃가 거주하도록 했다. 진숙보는 왕조의 정치에는 관심이 없는 무능한 황제였다. 그는 날마다 재상 강총江總과 상서 공범孔范 등 부패한 관료들과 총애하는 비, 그리고 궁녀들을 거느리고 누각에서 술자리를 열고 시를 지으며 세월을 보냈다. 황제의 방탕한 생활은 점점 왕조의 재물을 낭비했고 백성들에게 세금을 가중시켰다. 갈수록 증가하는 각종 명목의 세금들은 차츰 백성들의 생활기반을 붕괴시켰다.

후주가 방탕한 생활에 취해 있을 때 수문제隋文帝는 호시탐탐 남쪽정벌의 기회를 엿보고 있었다. 문제는 자주 군대를 남쪽지역에 파견하여 가을이 되면 진나라를 더욱 교란시키는 계책을 썼다. 이렇게 몇 년이 지난 뒤 진나라의 기강이 점점 흐트러지고 사기가 저하되어 정말 수문제의 군대가 남침해 왔을 때는 믿지 않았다.

588년 수문제는 그의 아들 진왕晉王 양광楊廣을 상서령尙書令으로 임명하고 남쪽을 평정하도록 했다. 양광楊廣·양준楊俊·양소楊素를 행군원수行軍元帥로 임명했는데, 당시 양광은 육합六合에서 군대를 통솔하고, 양준은 양양襄陽, 양소는 신주信州, 유인은劉仁恩은 강릉江陵, 한금호韓擒虎는 노주에서, 하약필賀若弼은 광릉廣陵, 연영燕榮은 동해東海에서 각각 결집하여 51만 8천의 군대가 남방의 진나라를 총공격했다. 수나라의 공격이 진행되자 당시 변방을 수비하던 진나라의 장수들이 급히 조정에 상소를 올려 원군을 파병해 주도록 요청했다. 그러나 후주는 아랑곳 하지 않고 여전히 주색에 취해 있었다.

589년 하약필의 군대가 광릉을 건너 경구京口를 공격해 왔다. 후주는 이 소식을 듣고 매우 두려워했다. 당시 건강성建康城 안에는 십만이 넘는 군대가 주둔하고 있었지만 후주가 총애하던 강총과 공범 등의 무리는 어떻게 군대를 이끌고 항전해야 할지 몰랐다. 바로 이때 수나라의 군대는 이미 건강성을 공격하기 시작했다. 후주는 강총과 공범에게 군대를 이끌고 나가 방어하도록 했는데 벌써 두 사람은 도망가고 없어서 찾을 수가 없었다. 수나라 군대는 아주 쉽게 건강성을 함락시켰다.

죽은 사람은 죽고, 항복할 사람은 이미 항복해버린 상황을 목격한 후주는 대세가 기울었다는 생각을 하고 도망갈 방법을 찾았다. 후주가 사랑한 두 명의 비가 그 상황을 보고 필사적으로 후주를 붙들고 놓지 않았다. 후주는 하는 수 없이 두 비를 이끌고 함께 도망가기 시작했다. 그러나 이리저리 뛰어다녀도 숨을 만한 장소를 찾지 못했다. 이때 수나라의 군대는 이미 궁 안으로 물밀듯이 들어오고 있었다. 후주는 궁전뒤

뜰로 도망갔는데 그곳에서 우물 하나를 발견했다. 황제는 하늘을 쳐다보며 울면서 "하늘이 나를 망하게 하는구나!" 하고 우물 안으로 두 비와 함께 뛰어 들었다. 누가 알았겠는가! 이 우물은 원래 물이 없는 마른 우물이었다. 후주와 비들은 상처만 입고 다행히 몸을 숨길 수 있는 장소를 찾은 것이다.

수나라의 군대가 궁중에 들어와 후주를 찾았지만 보이지 않았다. 이때 수의 군사들이 태감太監 한 명을 붙들고 심문했더니, 다급하게 말하기를 "황상께서 우물, 우물에 뛰어든 것 같습니다"고 했다. 수나라의 군대가 우물 하나를 발견했는데 그 안에 어슴푸레하게 사람이 있는 것처럼 보였다. 이때 수나라의 군대가 밖에서 큰 소리로 "우물 안에 사람이 있어요"라고 외쳤다. 안에서는 아무 소리도 들리지 않고 잠잠했다. 수의 군대가 "사람이 없으니 돌을 던져 넣자"고 했다. 후주는 이 소리를 듣자마자 황급히 "돌을 던지지 마시오. 우리를 꺼내 주시오"라고 소리쳤다. 수의 군대가 후주와 총비들을 우물 밖으로 끌어내서 잡아갔다.

 진나라 후주는 조정의 일을 돌보지 않고 날마다 주색에만 빠져 결국 나라를 망쳤다. 후주의 이와 같은 비참한 최후는 자업자득으로 마땅히 받아야 할 벌을 받은 것이다.

제5장 중흥의 시대에서 분열의 시대로
수·당·오대

1. 폭군 수양제

581년 북주의 승상丞相 양견楊堅이 북주의 정권을 탈취하고 수왕조를 건립했는데, 역사에서 이를 수문제隋文帝라고 한다. 589년 수문제는 남방의 진陳왕조를 멸망시킨 뒤 동진 이래 2백여 년 동안의 분열상태를 끝내고 중국을 재통일했다. 수문제는 통치에 전념하여 균전제를 실시하고 백성들의 요역을 감면하여 농민의 생활을 안정시켰다. 이후 수나라는 사회·경제가 발전하고 통치력이 안정되면서 점차 강력한 제국의 면모를 갖추어 갔다.

수문제는 다섯 명의 아들이 있었는데 둘째아들이 진왕晋王 양광楊廣이다. 양광은 문제가 남조의 진을 멸망시키고 수나라를 통일하는데 큰 공적을 세웠고, 특히 돌궐을 방어하는 전투에서 업적이 뛰어났다. 그러나 그는 성격이 음흉하고 잔혹했다. 태자太子자리를 차지하기 위해 형인 양용楊勇을 제거하려고 했는데, 이 과정에서 양광은 모든 수단과 방법을 가리지 않았다. 양광은 미리 음모를 꾸며 수문제가 신임하는 대신들과 사랑하는 비들을 매수하여 황제에게 태자 양용을 비방하도록 했다. 문제는 반신반의 하면서도 마침내는 태자 양용을 폐하고 양광을 태자로 삼았다.

604년 문제가 병석에 누워 일어나지 못하자 태자 양광은 더이상 기다리지 못하고 제위에 오를 음모를 꾸몄다. 그러나 문제는 양광의 음모를 알아차렸다. 그리고 그가 가장 총애하는 선화부인宣花夫人을 아들 양광이 능욕하려 한다는 것을 알았다. 문제는 노여움을 참지 못하고 즉시 병부상서에게 조서를 작성하도록 하여 양광을 폐위시키고 다시 양용을 태자로 세우도록 했다. 뜻밖에도 양광은 일찍부터 조정 내에 자신의 사람들을 빈틈없이 배치하여 문제의 조서가 반포되기 전에 미리 거짓조서를 꾸며 병부상서를 체포한 뒤 아버지 양견을 살해했다. 그리고 사람을 보내 양용에게 황제의 조서라고 꾸며 자결하도록 명령했다. 양용은 아버지 문제가 갑자기 사망한 것에 의심을 품고 있었다. 그러나 양용이 대응방법을 생각해내기도 전에 양광은 즉시 사람을 보내 형을 살해했다.

양광은 피비린내 나는 살육을 통해 황제자리에 올랐다. 이가 바로 수양제隋煬帝이다. 양제는 잔혹했을 뿐만 아니라 방탕한 생활을 하면서도 부끄러움을 알지 못했다. 황제에 즉위한 뒤 첫째 사건은 대토목공사를 일으켜 동도東都 낙양洛陽을 건축한 것이다. 양제는 매월 공장工匠 2백만 명을 투입시켜 화려한 궁전과 화원을 조성했다. 또 옛날 신선이 살았다고 하는 영주瀛洲를 만들었다.

이곳에 인공산 3개를 만들었는데 산의 높이가 무려 10여 장丈에 달했다. 산 위아래에 수많은 누각과 정자를 만들고 연못을 꾸몄는데, 연못이름은 용린지龍鱗池라고 했다. 용린지 주변은 장춘長春과 영락永樂 등 16개의 정원으로 꾸미고 4품부인四品夫人들에게 관리하도록 했다. 정원에는 사계절 모두 볼 수 있는 꽃과 나무를 심었다. 겨울에 초목이 시들면 다섯 가지 채색비단으로 꽃과 나뭇잎을 만들어서 나뭇가지에 장식하도록 했다. 그리고 수시로 신하들과 궁녀 수천 명을 거느리고 이곳을 찾았다. 이처럼 양제의 향락생활은 극에 달했다.

강도江都(지금 양주)는 당시 풍요로운 곳이었다. 양제는 이곳을 자주 유람하고 싶어서 화려하면서 크고 견고한 배를 만들도록 명령했다. 양제가 타고 간 용주龍舟는 높이가 45척尺, 넓이가 50척, 길이가 300척에 달하고 모두 4층으로 되어 있었다. 아래층은 내시內侍가 사용하고 2, 3층은 모두 방으로 꾸몄다. 매 층마다 80개의 방을 만들었다고 하는데 4층에는 정전正殿과 내전內殿 그리고 동서조당東西朝堂을 설치했다. 용주는 청실로 만든 줄을 꼬아서 1,080명의 사람들이 끌었다. 황후는 별도의 용주를 이용했다. 황후가 사용한 용주는 9백 명이 끌었다. 비妃들은 각각 9척의 배를 나누어 탔고 각 배마다

2백 명이 끌었다. 귀인歸人들은 36척의 배로 나뉘어 승선했는데 각 1백 명이 끌었다. 궁녀들은 주오방朱烏舫자주색 까마귀 형태의 배] 96척, 비습방飛習舫 60척, 능가凌舸 20척에 나누어 탔다.

양제의 1차 강도순행 때 수행인원은 모두 20만 명에 달했다. 이러한 엄청난 규모의 선박행렬은 꼬리에 꼬리를 물고 2백여 리에 이르렀다고 한다. 이때 동원된 백성이 8만 명이었고, 거대한 규모의 용주와 그밖에 황제를 수행한 배들이 출발할 때 수십만의 기마병과 보병이 강을 따라 이동하면서 깃발을 나부끼고 풍악을 울렸다. 이와 같은 모습은 마치 수나라가 태평성세를 누리는 것처럼 보였다.

엄청난 규모의 행렬은 하루 세 번 식사도 큰 문제였다. 황제의 행렬이 지나가는 5백 리 내에 거주하는 백성들에게 조서를 내려 물품을 제공하도록 했는데 이를 헌식獻食이라고 했다. 일반 주현州縣은 1백 대擡를 바치도록 하고, 가난한 주현은 수십 대를 헌상하도록 명령을 내렸는데, 이때 각 주현의 관리들이 황제의 비위를 맞추기 위해 온갖 산해진미를 헌상했다. 다 먹지 못한 음식은 강에 버리기도 하고 혹은 땅에 묻기도 하여 낭비한 음식이 너무 많았다. 그러나 물품을 바친 주현의 백성들은 허기를 채우지도 못하는 고달픈 삶을 살고 있었다.

결국 양제의 호화스런 남쪽 순행을 위해 일반백성들은 가산이 몰락하는 빈궁한 지경에 이르게 된 것이다. 수양제는 물 위에서 만족이 다 채워지자 육상에서 배를 끌도록 명령을 내렸다. 배를 어떻게 육상에서 움직일 수 있단 말인가? 양제는 사람을 시켜 도로를 평평하고 단단하게 다지도록 한 뒤 그 위에 노란 콩을 깔도록 했다. 그리고 궁녀들에게 채색비단의 밧줄을 만들도록 하여 그 밧줄을 용주에 묶고 육로에서 끌도록 한 것이다.

강도에 도착한 양제는 이곳에서만 유일하게 핀다고 하는 경화瓊花에 흠뻑 취했다. 또 후한 상금을 내려 백성들에게 개똥벌레를 잡아오도록 하고 밤에 그 개똥벌레를 행궁行宮 곳곳에 풀어놓도록 했다. 황제는 수없이 많은 개똥벌레가 날아다니는 것을 보며, 또 한편 하늘의 찬란한 별들이 행궁과 미인美人들을 비춰주는 것을 보며 기쁨을 누렸다. 양제는 남쪽에서 4개월 넘게 머물다가 돌아갈 준비를 했다. 이때 양제는 육로로 이동할 생각을 했는데 수행원들은 급하게 육로에서 사용할 마차와 물건들을 챙겨야 했다. 이때 다시 엄청난 경비가 들었다.

양제는 통치기간 중 세 차례나 남쪽을 순행했고, 또 그밖에 장성과 변방을 두 차례, 그리고 북쪽으로 유림楡林과 탁군涿郡을 순시했고, 서쪽으로는 장액張掖을 순행했다. 그의 통치 14년 동안 거의 매년 순행을 나섰던 것이다. 한번은 북방을 순행하면서 백성들에게 태행산太行山의 험난한 지형에 길을 내도록 했다. 황제의 안전한 북방순행을 위해 1백만 명이 넘는 백성을 동원하여 20일 내에 장성을 쌓도록 하고, 50만의 군대로 하여금 양제를 호위하도록 했다. 당시 북방에는 궁전이 없었다. 수행인원 가운데 공장工匠을 선발하고 그들에게 행궁 하나를 해체하여 이곳에 궁전을 짓도록 했는데 그 이름을 '관풍행전觀風行殿'이라고 붙였다. 그리고 양제는 자신의 무공을 과시하기 위해 3차례 고구려와 전쟁을 일으켰다. 611년 강도에서 용주를 타고 탁군에 도착하여 직접 고구려전쟁을 지휘하기도 했다.

"지하에서 진나라 후주를 만난다면 어찌 '후정화後庭花를 물어보지 않겠는가"라는 이 말은 당나라 시인 이상은李商隱이 양제의 시구詩句를 풍자한 것이다. 중국역사에서 양제煬帝는 폭군으로 알려지고 있다. 양제는 선정善政하고는 거리가 먼 백성을 떠난 정치를 했기 때문에 '양煬'이라는 시호를 받은 것이다. 그의 일생을 보면 분명 이 시호가 적합한 인물이었다. 그는 대운하를 개착한 것 외에 낙양에 거대한 도성을 축조하고 고구려와 전쟁을 일으켰다. 이러한 모든 사업은 그의 통치 10여 년의 짧은 기간 내에 완성된 것들이었다. 나쁜 짓을 많이 저지르면 화를 자초하는 법이다. 그의 통치기간 내내 백성들의 삶은 힘들었다. 양제 통치 말기에 산동과 하북 일대에서 계속 농민봉기가 발생했고, 결국 618년 우둔위右屯衛 장군이었던 우문화급宇文化及이 강도에서 변란을 일으켜 양제를 살해했다. 수나라는 시황제의 진나라처럼 중국역사에서 아주 단명한 왕조이다. 겨우 2대代 37년 만에 멸망했다. 양제의 이야기는 우리에게 많은 것을 알려준다. 백성을 외면한 정치는 결국 백성들로부터 외면 당한다는 것이 진리이다. 수왕조의 통치는 비록 짧았지만 중앙집권을 강화하면서 정치와 경제, 법률과 병제 등 각 방면의 제도를 완비하여 이후 당의 통치에 큰 영향을 주었다.

2. 대운하와 조주교

 수나라는 비록 단명했지만 이때 만든 대운하 및 조주교趙州橋는 오늘날까지 남아 있다. 더욱이 대운하는 근대에 이르러 철로가 개통되기 전까지 중국의 남북을 잇는 가장 대표적인 교통수단이었다.

 중국은 지리적으로 중요한 강줄기가 북으로는 황하, 남으로는 양자강 그리고 남북의 경계선 역할을 하는 회하淮河 등으로 대표된다. 이 강들은 모두 서에서 동으로 흐르며 대운하는 남쪽에서 북방으로 이어지는데 전당강錢塘江·장강長江·황하黃河·회하淮河와 해하海河 등 5곳의 물줄기를 이어서 전국적인 수운망水運網을 갖춘 것이다.

 대운하 건설은 수로를 이용하여 교통을 정비한 것이며 중국역사에서 중요한 교통수단으로 사용되었다. 이러한 운하건설은 양제의 통치시기에 이루어졌다. 폭군이었던 양제가 어떻게 운하건설을 생각해낼 수 있었을까? 원래 중국의 경제중심은 양한兩漢시대부터 황하 유역이었다. 삼국시대 이후 강남의 경제가 점점 발전하여 식량생산량이 북방을 앞지르기 시작했다. 당시 북방은 중국정치의 중심지였으며 당연히 이곳은 군대가 집결하고 인구가 집중된 곳이었다. 북방은 필요한 양식을 자주 강남에서 공급받았다. 당시 곡물을 운반할 때 마차가 주요 교통수단이었는데 대량으로 곡물을 운송하는데 한계가 있었다. 사회·경제의 조건에 비추어 볼 때 육로보다 수로를 이용해 곡물을 운송하는 방법이 더욱 효과적이었다.

수당시기에 이르러 중국의 통치력은 더욱 공고해졌지만 강남 일대는 변란이 자주 발생했다. 북방의 조정은 군대를 빠른 시일 내에 파견하여 변란을 진압해야 하는데 교통이 불편하여 쉽지 않았다. 당시 군대를 파견하여 남쪽의 반란을 진압하기 위해서라도 가장 빠른 교통수단, 즉 수로건설은 필수적인 사업으로 여겨졌다.

그밖에 양제는 황제 즉위 이전 오랫동안 양주총관楊洲總管에 임명되어 강도에 주둔하면서 이 지역의 풍요로움에 마음을 빼앗겼다. 그러나 낙양으로부터 양주에 이르는 육로는 너무 불편했다. 양제는 만약 운하를 건설하면 양주땅을 쉽게 왕래할 수 있을 것이라고 생각했던 것이다.

이상 몇 가지 원인은 양제가 남북을 관통하는 대운하건설을 결심하도록 자극했다. 대운하공정은 4단계로 나뉘어 진행되었다. 대업大業 원년(605)에 양제는 통제거通濟渠의 건설을 추진했다. 통제거는 낙양 서원西苑에서 산양山陽에 이르는 공정으로 1백만 명의 민공民工을 징발하여 반년 만에 완공했다. 운하의 폭은 40보, 1보는 5척이었다. 운하 양안兩岸을 따라 방어막을 축조하고 느릅나무와 버드나무를 심었는데 매우 아름다웠다.

통제거는 낙수洛水와 황하黃河 그리고 회하淮河를 관통하도록 했다. 회하와 장강 사이에는 이전에 한구邗沟가 있었는데 수나라 때 한구를 여러 차례 개도改道하여 큰 배가 왕래 할 수 없게 되었다. 양제는 605년 수십만의 민공을 징발하여 한구의 폭을 확장시키고 곧게 하여 산양山陽에서 양자陽子{지금 의정儀征}까지 연결시켜 회하와 장강을 관통시켰다.

대업 4년(608)에는 영제거永濟渠를 건설했다. 영제거는 남쪽으로는 황하에서 북방의 탁군涿郡에 이르렀다. 대업 6년(610)에는 강남하江南河를 건설했다. 강남하는 경구京口{지금 鎭口}에서 여항餘杭{지금 항쥐에 이르는 수로인데, 양자강과 태호太湖·전당강錢塘江을 관통하도록 했다. 대운하의 개통은 모두 6년이 채 걸리지 않았다. 운하는 동도 낙양을 중심으로 서쪽 관중의 분지를 관통하여 북으로는 화북평원에 이르고 남으로는 태호太湖 유역에 도달하는 2,700km가 넘는 세계역사에서 가장 큰 공정이었다.

양제는 대운하를 개착하기 위해 수십만 또는 수백만에 달하는 백성들을 걸핏하면 동원했다. 남자들이 부족하면 여자들까지 운하건설에 투입했다. 백성들은 자비로 식량과 침구 및 의류를 준비해야 했고, 운하건설 중에 수많은 사람들이 병들어 죽어갔으며 무수한 민호民戶가 파산했다. 운하에는 중국 고대 백성들의 땀과 피눈물이 담겨 있었다. 양제시기에 건설한 운하는 중국고대 농민의 근면함과 용기와 지혜의 상징이다.

수왕조의 토목공사 중에서 또 유명한 것이 조주교이다. 하북 조현성趙縣城 2킬로미터 남쪽 지역에 효수洨水가 있는데 이곳은 급류가 흐르는 곳이었다. 더욱이 장마철이 되면 거센 물줄기로 인해 양안지역의 교통이 쉽게 두절되곤 했다. 양제는 대업연간에 공장工匠 이춘李春과 이통李通 등에게 설계를 맡기고 다리건설을 지시했는데 이 석교가 바로 안제교安濟橋이다. 당시 조현을 조주趙州라고 했기 때문에 안제교는 이후 사람들에게 조주교라고 불리게 되었다.

조주교의 길이는 53m, 폭은 10m, 경간徑間이 37m, 아치의 높이는 7m로 당시 세계에서 가장 규모가 큰 석교였다. 다리는 세 부분으로 나누어 중간에 마차가 다니고 양측은 인도로 사용했다. 조주교는 건립당시부터 지금까지 천년의 비바람을 겪었고, 또 여러 차례 지진을 만났는데도 여전히 그 모습을 잃지 않고 있다. 이러한 조주교의 역사는 기적이라고 할 수 있다.

조주교는 여러 면에서 특징을 갖고 있다. 특히 경간이 높고, 경간 높이의 비례를 5:1로 구성하여 건축했는데 이러한 건축방법은 당시 기술로는 매우 대담한 공법이며 현재 기술로 보더라도 사람들을 놀라게 하는 공법이라고 볼 수 있다. 다리 경간의 양측에는 두 개의 소공小拱을 설계했다. 이러한 공법은 교량건설시 자재를 절약할 뿐만 아니라 석교의 무게를 감소하여 다리 하단의 압력을 완화시켜 준다. 더욱 중요한 것은 우기雨期에 소공小拱의 물이 석교의 충격을 감소시키면서 동시에 아름다움을 증가시킨다.

1966년 형대邢臺에 지진이 발생한 적이 있었다. 지진발생지와 조주의 거리는 매우 가까웠는데 강한 진동이 일어난 뒤에도 조주교는 예전처럼 여전했다. 조주교의 건축은 수당시기 중국의 교량기술이 매우 뛰어났음을 증명하는 것이며, 이것은 중국뿐만 아니라 나아가 세계 교량건축사에서 중요한 지위를 차지하고 있다.

대운하는 고대 중국백성들의 피와 땀의 결정체이다. 운하건설은 수양제가 강도를 유람하기 위해 조성한 것이었다고 하더라도 운하가 개통된 뒤 남북의 경제교류를 촉진시켜 주는 중요한 역할을 했다. 운하건설 결과 먼저 남쪽의 곡물을 북방으로 운송하여 북방의 식량문제를 완화시켰다. 둘째로 운하가 지나가는 주변 지역의 경제를 크게 발전시키는 효과를 가져왔다. 운하개통 후 가장 큰 혜택을 받은 지역은 초주楚州·위주魏州·윤주潤州·사주泗州 등이다. 셋째로 운하가 개통되면서 황하의 분류分流 효과를 보게 되어 수해를 크게 줄일 수 있었다.

역사에서 수많은 사건은 상반된 결과를 만들었다. 예를 들어 시황제의 만리장성 축조는 수십만 백성들의 피와 땀을 쏟아 부어 조성한 것이었지만, 중국역사에서 가장 위대한 문화유산이 되었다. 대운하 역시 중국인의 자랑이며 고대 중국인들의 근면함과 지혜의 상징이 되었다. 조주교는 세계에서 가장 오래된 아치형 석교다. 로마제국시대에도 아치형 석교를 건축했었다. 그리고 건축연대도 조주교의 석교보다 더 시대가 앞섰지만 현재는 남아 있지 않다. 프랑스에도 아치형 석공교石拱橋가 있었으나 190년 전에 이미 붕괴되었다. 그러나 조주교는 지금까지 예전의 모습을 간직한 채 현재까지 그대로 전해오고 있다. 조주교의 역사를 보면 당시 중국과학기술이 세계의 우위를 점하고 있었다는 것을 알 수 있다.

3. 중원에서 우뚝 일어선 와강군

대업 9년(613) 왕박王薄이 산동 장백산에서 봉기했다. 처음에는 작은 불씨에 불과했으나 이 봉기는 중국 전지역의 농민봉기에 불길을 당겼다. 농민봉기의 형세는 전국각지로 신속하게 확산되었다. 수 년 동안 전쟁을 거친 뒤 농민군의 세력은 대오를 갖추어 갔는데 그중에서도 가장 강력한 세력이 와강군瓦崗軍이다.

와강군의 창시자는 요량翟讓인데 원래 그는 수왕조의 말단관료출신이었다. 한때 그가 윗사람의 비위를 거슬러서 체포된 적이 있었는데 감옥의 관리가 몰래 그를 석방해 주었다. 요량은 더이상 갈 곳이 없어 산민山民들이 운집해서 살고 있는 곳으로 도망하여 그곳에서 수나라에 반기를 들었다. 그가 와강 산채를 근거지로 하여 활동범위를 넓혀 갔기 때문에 사람들은 요량의 농민군을 와강군이라고 불렀다. 당시 생계를 꾸릴 수 없을 정도로 가난한 백성들은 와강군에 모여들었다. 이후 와강군의 세력은 점점 강성해져 짧은 기간에 1만 명의 인원으로 성장했다.

와강군에 투항한 사람 중에는 실의에 빠진 대귀족 이밀李密이란 인물도 있었다. 이밀은 일반백성과는 현저하게 다른 사람이었다. 그는 와강군 이외 기타 주변의 농민군대를 설득하여 와강군에 편입시켰다. 소농민 군대가 이밀의 권유로 쉽게 와강군에 들어와 요량의 군대에 귀속되자 요량은 이를 크게 기뻐하며 이밀을 와강군의 새로운 인물로 대우했다. 많은 농민들이 와강 산채에 집결하자 식량이 커다란 문제였다. 이때 와강군은 운하를 지나는 곡물수송선박을 습격하기 시작했다. 그러나 몇 년 뒤 운하를 통과하는 식량수송선박이 점점 줄어들면서 선박습격으로 해결했던 것도 난관에 봉착했다. 요량이 근심에 차 있을 때 마침 이밀이 계책을 냈다.

"속담에 병마兵馬가 움직이지 않으면 양식과 사료가 먼저 출발한다는 말이 있습니다. 우리 군대의 수효가 지금 이렇게 많은데 양식은 부족한 상황이니 일단 적의 공격을 받게 되면 그 결과는 상상할 수 없을 것입니다. 지금 최상의 방책은 적극적으로 공격하는 것뿐입니다. 듣자하니 형양滎陽에 많은 식량창고가 있다고 합니다. 우리가 만약 형양滎陽을 공격하여 성공한다면 양식문제뿐만 아니라 근거지도 마련할 수 있습니다."

이밀의 계책은 요량을 일시에 깨우쳤다. 그리고 즉시 와강군을 지휘하여 형양으로 진격했다. 와강군은 형양 부근의 여러 현을 아주 순조롭게 점거하면서 진군해 나갔다. 바로 이때 요량에게 매우 실망스런 소식이 전해졌다. 원래 수양제는 하남河南에 파견한 장수타張須陀에게 와강군을 공격하도록 명령 했는데, 장수타는 사납고 잔인한 장수로 소문난 인물이었다. 와강군은 여러 차례 그에게서 쓴맛을 봤다. 요량은 장수타가 직접 군대를 이끌고 공격한다는 소식을 듣고 매우 불안했다. 그러나 이때 이밀은 오히려 느긋하게 말하기를 "장수타는 용맹스럽기는 하나 지략이 없으니 두려워 할 필요가 없습니다. 우리가 아주 평범한 계책을 사용해도 그를 대패시킬 수 있습니다"고 했다. 요량이 믿지를 못하자 이밀은 "저에게 군대를 조금만 내주신다면 적을 맞이해서 싸우겠습니다. 그리고 승리할 때까지 죽기를 각오하고 싸우겠습니다"라고 했다.

요량은 와강의 대군을 이끌고 적을 맞이하여 싸웠다. 장수타는 와강군을 전혀 안중에 두지 않았다. 양측 군대가 격돌하여 얼마 지나지 않자 와강군은 견디지 못하고 후퇴하기 시작했다. 장수타가 명령을 내리자 수나라의 군대가 맹렬한 기세로 공격해 왔다. 와강군이 미친 듯이 10여 리를 도망하면 수나라의 군대가 다시 10여 리를 추격해 왔다. 와강군은 드디어 형양 대해사大海寺 북쪽 산속까지 도망을 쳤다. 이때 갑자기 숲속에서 커다란 함성이 들리면서 이밀이 미리 매복해 둔 와강군이 물밀듯이 공격해왔다. 계속 도망치던 요량의 군대도 말머리를 돌려 수나라의 군대를 공격했다. 2만이 넘는 수나라의 군대가 와강군에 겹겹이 포위되어 수많은 사람들이 죽었고 장수타 역시 이 전투에서 목숨을 잃었다.

어느 날 이밀이 요량에게 건의하기를 "황제의 둘째아들이 낙양을 떠났습니다. 지금 낙양에는 그의 손자 월왕越王 양동楊侗만 남아 방어하고 있으니 성은 비어 있는 상태와 같습니다. 낙양 남쪽에는 흥락창興洛倉이 있는데 그곳에 엄청난 식량이 저장되어 있습니다. 지금은 흉년이어서 백성들이 먹을 것이 없습니다. 이 기회를 틈타 흥락창을 점거하면 우리의 식량문제를 해결할 수 있고 또 이 근처의 백성들을 구제할 수도 있습니다. 백성들이 식량을 얻을 수 있게 된다면 그들은 반드시 우리를 지지하고 따를 것입니다. 우리의 세력이 강성해지면 수나라가 멸망하지 않는 것을 어찌 근심하겠습니까?"라고 했다. 이 말을 듣고 요량은 아주 일리가 있다고 여기고 이밀의 의견에 찬성했다.

요량과 이밀은 7천의 정예 부대를 거느리고 흥락창을 공격하여 단번에 이곳을 점거했다. 와강군은 창고를 열어 굶주리고 있는 백성들에게 식량을 나누어주고, 나머지는 군량미로 풍족하게 비축했다. 와강군이 명성을 떨치면서 백성들은 줄을 지어 와강에 가담하여 왔고, 이로 인해 와강군은 일시에 수십만의 군대로 성장했다.

수양제는 강도에서 흥락창이 점령되었다는 소식을 듣고 놀라서 동도東都로 돌아갈 생각을 못하고 대장 유장공劉長恭을 파견하여 와강군을 공격하도록 명령을 내렸다. 그러나 뜻밖에 유장공도 와강군에게 낙화유수처럼 힘없이 무너졌다. 요량은 이밀이 지략이 뛰어나고 시세를 정확하게 판단한다는 것을 알고 이밀을 와강군의 영수로 천거했다. 이밀 역시 그 자리를 사양하지 않고 위공魏公이라 칭하고 행군원수行軍元帥직을 겸했다.

와강군이 계속 낙양 근처에 있는 큰 양식창고를 공격했는데 이 창고는 회락창回洛倉이었다. 와강군은 포고문을 내서 양제의 10대 죄목을 열거하고 백성들에게 수나라를 멸망시키자고 호소했다. 와강군이 거듭 승리를 해나가고 있을 때, 뜻밖에 와강군 내부에서 최고통치권을 두고 분란이 발생했다. 이밀이 최고통치권을 계승한 뒤 요량을 따르던 옛 군대가 불만을 품게 된 것이다. 이밀은 요량이 자신에게 권력을 내준 것에 대해 후회할 것을 두려워한 나머지 연회를 베풀어 요량을 그 자리에서 제거했다. 요량의 살해소식을 전해들은 와강군의 여러 장수들은 마음이 편하지 않았다. 와강군이 비록 곧바로 와해되지는 않았으나 군심軍心은 이미 흩어지기 시작하고 있었다.

수양제는 백성들의 생사는 아랑곳하지 않고 대규모 토목공사를 계속하고, 고구려와의 전쟁을 일으켜 왕조의 몰락을 부추겼다. 공장工匠과 양식 그리고 수많은 백성들을 징발하고 세금을 수탈하여 인력과 재력을 고갈시켰다. 이러한 상황에서 기근까지 겹쳐 백성들은 살아갈 수 없는 상황에 이르자 모험을 감수하고 봉기했다.

그릇된 길을 걸으면 반드시 그 대가를 치르는 법이다. 수나라 말기 사료기록을 보면 당시 전국적으로 발생한 농민봉기가 100여 차례에 달했고, 봉기에 참여한 농민은 수백만 명에 이르렀음을 알 수 있다. 그리고 그 봉기군 중에서 가장 강력한 세력이 와강군이었다. 와강군이 무너지자 이밀은 수양제의 손자 월왕 양동에게 투항했다가 다시 당나라에 항복했다. 이후 그는 당나라에 반란을 일으켰다가 당나라 장군 성언사盛彦師에게 살해되었다.

4. 당왕조의 건립

와강군 등 농민봉기를 겪은 수나라는 점점 멸망의 길을 걷기 시작했다. 일부 귀족들은 양제의 운명이 다했다는 것을 알고 혼란한 틈을 이용하여 수나라의 통치를 벗어나 각 지역의 할거세력으로 등장했다. 그 가운데 가장 강력한 세력이 이연李淵집단이었다.

수나라 말기 농민봉기가 발생하자 양제는 이연을 태원유수太原留守에 임명하여 농민봉기를 진압하도록 하고, 한편으로는 북방 돌궐의 침략을 방어하도록 했다. 혹시 발생할지도 모를 이연의 변심을 방지하기 위해 수양제는 두 명의 믿을 만한 신하를 파견하여 태원 부유수副留守직을 맡기고 이연을 감시하도록 했다. 이연은 천하의 혼란을 직시하고 수왕조의 몰락을 예견하고 있었지만 어떻게 해야 할지 몰라 날마다 근심만 하고 있었다.

이연은 네 명의 아들을 두었는데 둘째아들이 이세민이다. 이세민은 당시 18세로 포부가 큰 청년이었다. 그에게는 아주 절친한 유문정柳文靜이란 사람이 있었는데 유문정은 진양晉陽현령으로 있었다. 당시 유문정은 와강군의 수령 이밀과 친척관계였기 때문에 체포되어 옥에 갇힌 상태였다. 이세민은 아버지 이연이 날마다 근심에 쌓여 있는 것을 보고 유문정을 찾아가 천하의 대세를 의논했다. 이세민은 옥중에 있는 유문정을 만났다.
　유문정은 마음을 열고 이세민에게 말하기를 "지금 천하는 매우 혼란합니다. 만약 상탕商湯과 주무왕周武王·한고조漢高祖·한광무제漢光武帝와 같은 사람들이 없었다면 천하는 아마 태평성세를 이룰 수가 없었을 것입니다"라고 하자 이세민이 "그것이 무슨 말입니까?"라고 물었다. 유문정은 "지금 와강군이 낙양을 공격해 오는데 황상께서는 먼 강도에 계시니 역량이 미치지 못합니다. 이때가 바로 좋은 기회가 아니겠습니까? 지금 거병하지 않으면 또 어느 때를 기다리겠습니까?"라고 했다. 이세민이 침묵하자 유문정은 "군사는 어디에서 옵니까?"라고 다시 질문하면서 말하기를 "저는 평상시에 사방의 영웅호걸들과 연락하고 지냈습니다. 지금 제가 분발하여 큰 소리만 한번 내도 10만의 군대를 즉시 모을 수 있습니다. 이렇게 많은 군대라면 천하가 어찌 근심하지 않겠습니까?"라고 했다.
　이세민이 말하기를 "그렇습니다. 그러나 아버님이 어떤 결정도 내리지 못하고 있으니 제가 어찌해야 합니까?"라고 하자 유문정은 이미 예상하고 있었던 것처럼 "그것도 어렵지 않습니다. 제가 그 방법을 알려 주겠습니다"고 했다. 유문정이 이세민에게 귓속말을 하자 알았다는 듯이 이세민이 고개를 끄덕였다. 이세민은 유문정을 만나고 돌아온 뒤 진양궁의 부감副監으로 있던 배적裴寂을 끌어들였다.
　진양궁은 수양제의 행궁行宮 가운데 하나다. 궁중에는 전국각지에서 선발되어 온 수많은 미녀들이 운집해 있었다. 배적은 이세민과의 관계를 이롭다고 여기고 이연을 진양궁으로 초청하여 술을 마셨다. 이때 이연에게 술을 권하여 취하게 한 다음 두 명의 미녀를 보내 이연을 모시고 밤을 지내도록 했다. 다음날 이연이 술에서 깨어나 상황을 알고는 크게 놀라서 몰래 자신의 집으로 돌아왔다. 배적은 이연을 찾아와 책망하며 "어찌하여 이렇게 큰 일을 저질렀습니까? 이것은 목이 달아날 일이요. 둘째아들 이세민이 소식을 듣고 걱정하여 마침 군대를 모으고 있는 중이오!"라고 하자 이연은 아연실색했다. 이연이 한참을 생각하다가 어찌할 수 없다는 듯이 "보아하니 반란을 일으킬 수밖에 없구나!"라고 하자 이세민은 상황을 알고 군마를 모으고 부친에게 반란을 일으키도록 권유했다.

이연은 이틀 밤낮을 고민하다가 마침내 반란을 결심했다. 이연이 군대를 일으키자 유문정은 즉시 감옥에서 풀려 나왔다. 그리고 병사들과 군마를 모으면서 동시에 수양제가 이연을 감시하기 위해 파견한 두 명의 부유수를 살해했다. 승리의 확신을 다지기 위해 이연은 또 유문정을 돌궐에 보내 함께 수나라에 반기를 들자고 제안했다. 이연은 돌궐에게 신하의 예를 취하면서 서로 협력하여 장안을 점령하면 자신은 토지를 차지하고, 돌궐은 재물을 획득하는 것으로 양측이 순조롭게 타협을 봤다. 아울러 돌궐은 이연에게 말 1천 필을 지원의 뜻으로 보내왔다.

모든 준비가 순조롭게 진행되었다. 이연은 이세민의 협조 아래 3만의 군대를 거느리고 진양을 출발하여 장안으로 향했다. 이연의 군대는 지나가는 곳마다 백성들의 환영을 받았다. 평양공주平陽公主(이연의 딸)도 관중關中에서 여성부대를 조직하여 이연에게 호응했다. 이세민의 군대가 황하를 건너 서쪽으로 진격해 갈 때 평양공주가 이끄는 7만의 군대가 이연에게 합류하여 수나라에 반기를 들자 그 세력은 더욱 확대되었다. 이연의 군대가 순식간에 20만으로 증가했고 장안을 방어하던 수나라의 군대는 별다른 저항없이 이연에게 항복했다.

이연은 수양제의 손자 대왕代王 양유楊侑를 황제에 즉위시키고 강도에 있던 양제를 태상황太上皇으로 한 뒤 본인은 대도독大都督·대승상大丞相·당왕唐

王이라 했다. 수나라는 비록 당장 멸망하지는 않았지만 이연이 조정의 모든 권한을 장악했고 어린 황제는 아무런 권력도 행사할 수 없었다.

618년에 양제가 강도에서 피살되었다. 이연은 이 소식을 듣고 선양의 식을 통해 양유楊侑를 퇴위시키고 스스로 황제에 올랐다. 국호는 당唐, 연호를 무덕武德이라 하고 장안을 수도로 했다. 이연은 당의 개국황제이다. 이세민은 당왕조 건국의 공로를 인정받아 상서령尙書令과 진왕秦王에 임명되었다.

이연은 관롱關隴지역의 귀족출신으로 태원 유수를 지냈고 또 양무제의 신임을 받았다. 와강군이 봉기하자 이연은 잔혹하게 이를 진압했다. 수나라 말기 곳곳에서 반란의 기운이 형성되자 이연 역시 그 기회를 엿보고 있었다. 이세민은 거대한 계획을 세워 수나라에 반기를 들도록 이연을 설득했다. 이연은 결국 아들의 계책을 받아 들여 천하를 얻었다. 여러 무장세력 가운데 이연이 최후에 천하를 얻을 수 있었던 기반은 첫째로 사회적 관계와 정치기반이다. 이연은 군대를 일으켰을 때 지주와 관료들의 지지를 얻을 수 있었다. 둘째로 와강군 이밀과 이연이 함께 수나라를 멸망시키자고 제안 했을 때, 이연은 거짓으로 응답하고 실제는 농민군을 이용하여 동도 낙양의 수나라 군대를 저지하는데 이용했다. 이 계획이 성공하여 이연의 군대가 순조롭게 서쪽을 공격할 수 있었다. 셋째는 돌궐에 신하의 예를 갖추는 굴욕을 감수하면서 배후의 적을 안정시킨 뒤 양면작전을 진행했다. 넷째로 장안을 점령한 뒤 성급하게 황제에 즉위할 생각을 하지 않고 수양제의 손자를 황제에 앉히고 양제를 태상황으로 추대하여 반대세력의 저항을 없앴다.

와강군 이밀과 비교하면 이연은 여러 면에서 한수 위였다. 이것은 이연 부자의 풍부한 정치경험에서 비롯되었다. 수나라 말기 여러 농민봉기와 무장세력의 활동 속에서 이연이 마침내 천하를 취할 수 있었던 것도 이런 맥락에서 보면 이해하기 쉬울 것이다.

5. 진왕 이세민이 황제에 오르다

이연은 황제에 즉위하여 장자 이건성을 태자로 하고, 둘째 이세민은 진왕秦王, 넷째 이원길을 제왕齊王으로 임명했다. 셋째아들 이현패는 일찍 세상을 떠났다. 이연이 거병하여 전국을 통일하고 당왕조를 건설할 때까지 이세민은 아버지를 도와 계책을 내고, 직접 군대를 이끌고 남북정벌에 나서는 등 당나라 건립에 큰 공적을 세웠다. 그러나 당이 건립되자 이세민과 이건성의 권력쟁탈전이 본격적으로 시작되었다. 결국 두 사람은 황제계승권을 놓고 각자 생사를 걸고 투쟁하는 현무문玄武門의 변고를 치르게 되었다.

이세민은 지혜와 능력을 갖춘 인물이었다. 또 이세민을 따르는 무리 중에는 문무에 뛰어난 인재들이 많았다. 이런 측면에서 보면 이세민의 능력은 모두 태자 이건성을 능가했다. 이건성의 특권은 그가 맏아들로서 태자에 책봉되었다는 점이다. 이런 상황을 이건성 본인도 잘 알고 있었다. 여러 면에서 자신의 능력이 아우 이세민보다 부족하다고 생각한 이건성은 막내 이원길과 합세하여 이세민을 제거하려 했다.

이건성과 이원길은 고조가 사랑하는 비妃들에게 자주 진귀한 보물을 보내서 환심을 샀다. 고조의 비들은 고조 앞에서 건성과 세민의 사이를 나쁘게 말하면서 고조가 세민을 불신하도록 음모를 꾸몄다. 그러나 건성은 이러한 방법도 역시 완전하지 못하다는 것을 느끼고 세민을 제거하기로 결심했다.

어느 날 세민은 건성이 준비한 연회의 초청장을 받았다. 세민의 부하들은 그에게 가지 말라고 권고했다. 그러나 세민의 생각은 형제간에 비록 첨예한 대립이 있다 하더라도 아직 생사가 달린 문제는 아니라고 보고 흔쾌히 승낙했다. 분위기가 무르익자 건성과 원길이 자꾸 잔을 권하면서 세민의 공적을 칭송했다.

이러한 분위기에서 세민도 두 사람에 대한 경계심을 풀었다. 술자리가 계속 되고 서로 술잔을 돌리며 마시는데 갑자기 세민이 배가 아파 땅에 엎드려 꼼짝도 못하게 되었다. 수행한 사람들이 급하게 세민을 부축해서 복통을 해소하는 약을 먹이고 쓴물을 토해내도록 했다. 이때 세민은 피까지 토해내야 했지만 어쨌든 겨우 목숨을 건질 수 있게 된 것이다.

건성은 한번 실패했지만 또다시 머리를 굴려 세민을 제거할 계획을 세웠다. 한번은 고조가 사냥을 나갈 때 세 아들이 아버지를 모시고 동행했다.

태자 건성은 훈련이 안된 뛰어난 말 한 필을 세민을 위해 준비해 두었다. 그러나 세민은 자세한 내막을 알지 못하고 말에 올랐다. 사냥터에서 세민은 고삐를 늦추고 활을 쏘며 달렸다.

이때 사슴 한 마리가 나타나자 세민이 그 뒤를 쫓고 있는데 갑자기 말이 야생마로 돌변하여 날뛰기 시작했다. 세민은 말에서 멀리 튕겨나가 나뒹굴었다. 말에서 굴러 떨어진 세민은 몸을 움직일 수가 없었다. 하마터면 목숨을 잃을 뻔했다. 세민은 한참동안 휴식을 취한 뒤에 겨우 의식을 회복했다.

태자 건성은 자신의 권력을 지키기 위해 온갖 방법을 다 동원하여 세민의 기반을 무너뜨리려고 했다. 세민의 휘하에는 뛰어난 인물들이 많았다. 건성은 이러한 인물들이 자신에게 불리하다는 것을 느끼고 그들을 매수하려고 했다.

위지경덕尉遲敬德은 세민휘하의 유능한 인물이었는데, 하루는 건성이 그에게 사람을 보내 금은보석을 한 수레 가득 실어 보내면서 교류를 제안했다. 위지경덕은 비굴하지도 거만하지도 않은 태도로 태자가 보낸 사람에게 "진왕과 태자가 화합하지 못하는 것은 모든 사람들이 다 알고 있는 일이오. 그리고 내가 진왕을 따른 지 이미 여러 해가 되었소 만약 예물을 받고 몰래 태자와 왕래한다면 어찌 재물에 탐하여 의리를 잃어버린 소인이라고 하지 않겠소! 태자가 무엇 때문에 그런 소인배와 교류하겠소"라고 했다.

사자使者의 말을 전해들은 건성은 몹시 화가 났다. 그날 저녁 건성은 위지경덕을 살해하려고 자객을 보냈다. 위지경덕은 마치 태자의 음모를 예측하고 있었던 것처럼 대문을 활짝 열어 두고 불을 환하게 켜 놓은 다음 침상에 누워 자객이 오기를 기다리고 있었다. 자객이 들어와서 이 광경을 보고 놀라 감히 그를 제거할 수 없었다.

무덕 9년(606) 6월 어느 날 밤, 진왕부에서 한차례 비밀회의가 열렸다. 방현령房玄齡은 본격적으로 모든 사람들에게 말하기를 "태자와 제왕이 날마다 진왕을 제거할 생각을 하고 있습니다. 진왕의 생명이 위태로운 지경에 이르렀고 국가사직을 생각할 겨를도 없습니다. 지금 생사존망이 걸린 상황이니 진왕에게 즉시 결단을 내리도록 요청해야 합니다"라고 했다. 이때 위지경덕은 태자가 자신을 매수하려고 한 상황을 설명한 뒤 "제왕이 황제 앞에서 나를 영병타장領兵打仗에 추천한 것은 분명 저를 진왕으로부터 떼어내려고 한 계책입니다. 제가 일단 진왕을 떠나면 태자와 제왕은 곧 행동을 취할 것입니다. 때문에 진왕께서는 먼저 행동을 취해야만 합니다"라고 제안했다. 이세민은 "우리는 분명 형제인데 유혈사태를 피할 수 있는 길이 정말 없단 말입니까?"라고 했다.

바로 이때, 어떤 사람이 와서 몰래 세민을 만나자고 했다. 그 사람은 바로 진왕이 동궁에 배치한 밀정이었다. 밀정의 말은 "제왕이 오늘 황제의 명령을 받고 출정을 하는데 태자 및 여러 대신들이 제왕을 전송하기 위해 연회를 준비하고 있습니다. 그 연회석상에서 진왕을 해치려고 하니 진왕께서는 미리 대책을 세우십시오"라는 소식이었다. 그 자리에 있던 사람들은 모두 분개했다. 그러나 진왕은 "이 말이 사실이 아니길 희망할 뿐이다"라고 했다.

방현령은 진지하게 진왕에게 말하기를 "먼저 행동한 자가 대세를 제압하고, 나중에 행동한 자는 제압을 당합니다. 진왕께서는 더이상 다른 환상을 가져서는 안됩니다"고 권고했다. 위지경덕은 분노하며 "진왕께서 만약 여전히 기회만 엿보고 계신다면 저는 산속에 들어가 비적이 되겠습니다. 그렇지 않다면 제가 조만간 태자에게 목을 내놔야 될 것 같습니다"라고 했다.

회의에 참석한 사람들은 잇달아 이러한 분위기에 동조했다. 세민은 이미 불길이 솟아올랐음을 보고 매우 감격하여 "모두의 의견이 같다면 나도 뭐라고 말할 수 없소. 그렇다면 우리 모두 각자 임무대로 행동합시다"라고 결단을 내렸다.

그날 밤, 세민은 위지경덕에게 직접 1천 명의 군대를 거느리고 현무문 안팎에 매복하도록 하고 궁 안으로 들어와 고조에게 태자의 행동을 고해 바쳤다. 고조는 "오늘은 이미 밤이 늦었으니 세 사람 모두 내일 아침 함께 나에게 오도록 해라. 내가 직접 사실여부를 확인하겠다"라고 했다. 다음날 건성과 원길은 태조의 명령에 따라 궁궐에 들어왔다.

위지경덕은 두 사람이 현무문에 들어서자 즉시 현무문을 봉쇄하도록 명령을 내렸다. 건성과 원길은 현무문에 들어서면서 복병의 흔적을 알아채 고 갑자기 신속하게 몸을 날려 말에 올라타고 곧장 현무문 쪽으로 달아났 다. 이때 세민이 말을 달려 쫓아오면서 큰 소리로 "전하, 도망가지 마십시 오!"라고 외쳤다.

원길이 황급히 화살을 뽑아 세민을 향해 쐈다. 그러나 너무 긴장한 탓에 활시위도 제대로 당기지 못했다. 세민은 신속하게 화살을 뽑아 태자 건성을 명중시켰다. 그리고 위지경덕의 화살 한방이 원길을 명중시켰다. 이때 복병 들이 모두 튀어나와 태자와 제왕을 살해했다.

동궁과 제왕의 위사衛士가 현무문에서 사건이 발생했다는 소식을 듣고 즉시 2천여 명의 군사들을 모집하여 현무문으로 왔다. 진왕의 부하들이 문 을 지키면서 열지 않자 말머리를 돌려 진왕부를 공격하려고 하는데 바로 이때 위지경덕이 현무문 위에 올라가 긴 창에다 태자의 머리를 받쳐 들고 성을 공격하려는 병사들에게 말하기를 "황제의 명령으로 태자와 제왕을 살 해했다. 빨리 무기를 버려라"라고 소리쳤다. 이세민이 계속하여 "태자와 제 왕은 이미 피살되었다. 너희들은 무엇 때문에 죽은 사람을 위해 목숨을 바 치려고 하느냐"며 병사들을 설득했다. 이 말을 듣고 성을 공격하려던 병사 들은 대세가 이미 기울었음을 알고 저마다 무기를 내려놓았다.

고조는 궁궐 안에서 현무문의 상황을 듣고 너무나 놀라서 몸을 부들부 들 떨고 있었다. 주위에 있던 신하들은 고조에게 일이 이 지경에 이르렀으니 순리대로 따르는 것이 좋겠다고 제안했다. 고조는 건성과 원길의 죄상을 선포하고 6일이 지난 뒤 세민을 태자에 책봉했다. 그리고 두 달 뒤에는 세민에게 황제를 물려주고 자신은 태상황太上皇이 되었다. 이세민이 정식으로 황제에 즉위하니 이가 당태종唐太宗이다. 다음해 정월 태종은 연호를 정관貞觀으로 했다.

'현무문의 사건'은 당나라 역사에서 커다란 변고였다. 세민은 장안 궁성의 북쪽에 있는 현무문에서 정변을 일으켜 형 건성과 아우 원길을 살해하고 고조를 압박하여 정권을 물려받은 뒤 당왕조의 역사를 새롭게 시작했다. 건성은 태자로 책봉된 뒤 아버지 이연을 중심으로 형성된 대귀족과 관료집단의 지지를 받았었다. 그러나 세민의 휘하에는 평범한 관료출신과 무장세력들이 많았다. 그러므로 건성과 세민 사이의 투쟁은 실제로는 두 집단 사이의 갈등을 반영한 것이며, 오랫동안 암투를 벌이다가 마침내 현무문의 변으로 표출된 것이라고 할 수 있다. 현무문의 변은 또한 상층집단 내부의 최고통치권을 차지하기 위해서 친형제도 불신할 수밖에 없었던 냉정한 권력의 세계를 보여주는 대표적인 사건이었다.

6. 천하가 편안했던 정관의 통치

당태종 이세민은 29세에 황제에 즉위하여 풍부한 정치경험을 바탕으로 왕성한 정치를 펼친 결과 당나라를 안정시켰다. 태종은 23년 동안 재위에 있었는데, 이 시기 당나라는 사회·경제와 통치질서를 확립했다. 당시 기록에 의하면 쌀값은 4.5전錢에 불과하고 '천하가 편안하여 사람들은 길에 떨어져 있는 남의 물건을 줍지 않았고, 대문을 잠그지 않았으며, 상인과 나그네들이 밤에 자유롭게 활동'을 해도 되는 시대였다. 즉 태평성세의 시대였다고 당시 역사는 전한다. 정관 원년부터 정관 23년(627~649)은 태종의 통치기간인데 역사는 이 시대를 '정관貞觀의 치治'라고 부른다. '정관의 치' 출현은 태종의 겸청兼聽·납간納諫·근정勤政 등의 정치특징과 밀접한 관계가 있다.

수나라 말기 농민전쟁은 역사에서 보기 드문 규모였다. 태종은 수나라의 흥망성쇠의 원인을 알았으며 직접 그 몰락의 과정을 경험했다. 태종은 수양제가 매우 뛰어난 재능을 가진 인물이었다고 생각했다. 태종은 수나라가 그렇게 빨리 멸망한 까닭은 수양제의 방탕한 정치도 문제였지만, 신하들이 입을 굳게 다물고 있었고 황제는 신하들에게 의견을 묻지 않았기 때문이라고 여겼다. 때문에 태종은 황제에 즉위한 뒤 신하들이 올리는 직언과 간언을 매우 중요하게 여겼다.

태종의 이러한 정치사상을 설명하자면 위징魏徵이라는 신하를 빼놓을 수 없다. 위징은 원래 태자 이건성을 모시는 사람이었다. 초창기에 위징은 세민을 제거하도록 건성에게 건의한 적이 있었다. 건성이 제거된 뒤 태종은 위징의 재간이 뛰어나다는 것을 알고 사람을 보내 잡아오도록 했다. 사람들은 모두 태종이 위징에게 옛 죄목을 물어서 죽일 것이라고 생각했으나 끌려온 위징에게 태종은 "네가 태자를 위해 나를 죽이려고 했겠다?"라고 솔직하게 물었다. 위징은 "그렇습니다. 안타깝게도 태자는 저의 말을 듣지 않았습니다. 제 말을 들었다면 폐하의 오늘은 아마 없었을 것입니다"라고 태연하게 대답했다. 뜻밖에 태종은 미소 지으며 "모두 지난 일이다. 이후 다시는 이 문제를 거론하지 말라"고 하면서 조서를 내려 위징을 간의대부諫議大夫로 임명했다.

어느 날 태종이 위징에게 물었다. "역사상 수많은 군주가 있는데, 왜 어떤 군주는 현명한 정치를 했는가 하면 또 어떤 군주는 우둔한 정치를 했는가?" 위징은 성심껏 다음과 같이 대답했다.

"폐하, 치우치지 않고 다 들으면[兼聽] 밝아지고, 가려서 들으면[偏聽] 즉 어두워지는 법입니다. 역사상 성군들은 허심탄회하게 각 부분의 의견을 수렴했습니다. 이렇게 한다면 아래의 상황이 위로 전달되어 누구도 숨길 수가 없습니다. 그러나 역사상 우둔한 황제들은 듣고 싶은 것만 듣고 믿고 싶은 것만 믿었습니다. 그렇게 되면 아래의 일이 위로 전달되지 않아 폐단을 은폐하기가 쉽습니다."

태종은 위징의 말을 듣고 크게 기뻐하며 그를 더욱 신임했다. 위징은 이때부터 자주 태종에게 간언을 했다. 그의 간언은 황제 앞에서 조금도 흐트러지지 않았고 사실대로 직언했다. 태종은 종종 그의 말을 들으면서 곤혹스러움을 느꼈다. 하루는 조례가 끝난 뒤 내실에 와서 장손황후長孫皇后에게 "내가 언젠가 꼭 저 시골노인을 없애버리겠어"라고 하자, 황후가 그 소리를 듣고 이해가 안되어 "폐하, 누구를 없애려고 합니까?"라고 물었다. 그러자 태종은 "위징이오. 그는 자주 나를 난처한 지경으로 몰아붙인단 말이오!"라고 불평했다. 장손황후는 가벼운 미소를 지으며 의관을 단정히 하고 아주 공경스럽게 태종에게 큰 예를 올렸다. 그러자 태종은 의아해하며 "이것은 무슨 뜻이오?"라고 물었다. 황후는 웃으면서 "옛 사람들이 말하기를 성군에게만 충직한 신하가 있다고 했습니다. 위징의 충성스런 간언은 폐하가 성군이라는 표시입니다. 그래서 신첩이 폐하께 축하드리는 겁니다!"라고 했다. 장손황후의 이 말을 듣고 태종은 화를 누그러뜨렸다.

어떤 사람이 태종에게 깜찍한 애완용 매를 한 마리 선물했다. 태종은 그 매를 귀여워하면서 손에서 놓지 않았다. 하루는 태종이 매를 가지고 아주 재미있게 놀고 있었는데 바로 그 때 위징이 갑자기 들어왔다. 태종은 위징이 매를 볼까봐 계속 재잘거리면서 황급히 옷 속에 감췄다. 위징은 매를 봤지만 옷 속에 감춘 것은 몰랐다. 위징은 태종에게 천천히 보고를 하기 시작했다. 태종은 빨리 보고를 마치고 돌아가기를 바랐으나 위징은 오히려 한 건 한 건씩 계속 보고를 한 뒤 한참 지나서 물러갔다. 위징이 떠난 뒤 태종은 재빨리 옷 속에서 매를 꺼냈지만 매는 이미 숨이 막혀 죽어 있었다. 당시 태종은 비록 위징을 좋게 생각하지는 않았지만 그의 충직한 성품과 바른 말을 할 줄 아는 듬직한 충신이라는 것만은 인정했다.

훗날 위징이 병으로 세상을 떠나자 태종은 매우 상심하여 "동으로 거울을 만들면 의관衣冠을 바로잡을 수 있고, 역사를 귀감으로 하면 흥망의 이치를 알 수 있으며, 사람을 귀감으로 하면 그 득실을 살필 수 있다. 위징의 죽음은 내가 거울을 잃어버린 것과 같다"라며 안타깝게 생각했다. 위징이 이처럼 감히 황제 앞에서 직언을 할 수 있었던 것은 태종 역시 그의 간언을 받아들일 줄 아는 황제였기 때문이다.

중서사인中書舍人 이백약李百藥이 태종에게 "궁중의 궁녀가 너무 많아서 음기가 성행하여 하늘이 재앙을 내릴까 두렵습니다"고 하자, 태종은 3천이 넘는 궁녀를 궁궐에서 내보냈다. 어느 해 또 태종은 동도 낙양을 순행하려고 그곳에 궁전을 건축하도록 했다. 이때 급사중給事中 장현소張玄素가 말하기를 "수양제가 당시 궁전을 건축하면서 재물을 탕진하여 수나라를 멸망시켰습니다. 황제께서는 어찌 그의 전철을 밟으시려고 하십니까?"라며 반대하자 태종은 즉시 동도건설을 중지하도록 했다.

태종은 겸허하게 신하들의 간언을 받아들여 정치에 반영했을 뿐만 아니라 몸소 근면한 생활을 했던 황제였다. 그는 관리임용을 매우 중요하게 생각했다. 각 주에 파견한 도독과 자사의 이름을 궁중 안 병풍에 기록해 두고 수시로 그들의 공적과 과실을 기재했다. 또한 보통귀족과 하층귀족 중에서 인재를 고루 선발하여 중앙의 관료로 두루 임명했다. 태종의 인재정책은 격식에 구애받지 않고 다양한 층의 인물을 중앙요직에 발탁함으로써 당왕조의 정치기강을 쇄신하고 통치를 안정화시키는 역할을 했다.

또 태종은 법제를 강화하여 확고하게 집행했는데 이러한 통치는 당나라의 정치를 깨끗하게 만든 주요근간이 되었다. 한번은 태종의 숙부 중에서 두 명이 죄를 범하게 되자 법에 따라 체포하고 옥에 가두었다. 그리고 법에 근거하여 한 사람은 군인으로 삼아 멀리 변방으로 쫓아내는 형벌을 내렸다.

또 태종의 아들 오왕吳王이 사냥을 하다가 백성의 농작물에 피해를 입힌 적이 있었다. 태종은 아들의 죄를 물어 오왕을 면직시키고 그의 봉토에 사는 백성 3백 호戶를 삭감하는 조치를 내렸다.

태종은 여러 차례 자손들에게 훈계하기를 "군왕을 배에 비유한다면 백성은 물이라고 할 수 있다. 물은 배를 띄울 수 있지만 또 배를 뒤집을 수도 있다"라고 했다. 태종의 재위기간 동안 당나라의 국력은 강성해졌고 백성들은 편안한 시대를 맞이했다.

중국 고대 봉건통치자 중에서 당태종은 뛰어난 인물에 속한다. 그가 추구했던 정치사상과 통치방침은 『정관정요貞觀政要』라는 책에 기록되어 지금까지 전해져 온다. 『정관정요』는 태종과 그의 신하들이 어떻게 하면 당나라의 통치를 공고히 할 수 있는가를 토론한 기록이다. 이것은 역대 제왕들에게 통치에 관한 교훈으로 받아들여졌다. 태종의 통치 20여 년 동안 당나라의 정치·사회·경제는 견고한 기틀을 마련하게 되었다. 이 시기 당나라는 세계에서 가장 발전된 정치제도와 문화의 기틀을 마련한 제국으로 성장했다.

'정관의 치'의 업적은 당태종의 통치방법과 밀접한 관련을 갖는다. 태종의 통치 특징 가운데 가장 큰 장점은 신하들의 직언과 또 그 직언을 받아들일 줄 아는 태종의 정치자세였다. 고대 통치자 중에 태종과 같이 허심탄회하게 신하들의 의견을 듣고 아울러 그 의견을 수렴한 제왕들은 많지 않았다. 태종은 여러 다른 의견도 동시에 수렴할 줄 알았기 때문에 왜곡된 통치와 진실을 은폐해버리는 우둔한 통치를 피해갈 수 있었던 것이다.

위징은 중국역사에서 유능한 충신으로 평가 받는다. 그는 평생동안 당태종에게 200건이 넘는 주옥같은 의견을 제시했고 태종은 위징의 간언諫言을 대부분 받아들였다. 그러므로 위징이 세상을 떠났을 때 태종은 현명한 신하를 잃었음을 알고 매우 비통하게 생각했던 것이다.

7. 문성공주가 서장으로 시집가다

정관시기 태종은 통치에 힘을 쏟아 사회·경제를 발전시키고 서쪽으로 가는 교역로를 열어 서역 각 왕조와 빈번하게 왕래를 했다. 당의 개방정책은 여러 왕조들과 경제교류를 촉진시키면서 문화교류에도 커다란 역할을 했다. 태종은 소수민족에 대해 개방정책을 실시하면서 소수민족의 수령을 그 지역의 도독과 자사에 임명하기도 하고, 또 어떤 지역은 화친정책과 책봉제도를 실시했다. 때문에 태종은 소수민족으로부터 '천가한天可汗'이란 칭호를 얻었다. 태종시기 특히 소수민족과의 교류 중에서 토번과의 관계는 오늘날까지 중국인들에게 미담으로 전해져 온다.

당나라 초기, 중국 서쪽 서장고원에는 강력한 세력을 가진 토번족吐蕃族이 출현했다. 토번족의 조상은 장족藏族으로 아루장포雅魯藏布강 남쪽을 근거지로 하여 여러 차례 통일과 분열의 역사를 거쳤다. 그러다가 당나라 때 점점 강력한 통치체제를 갖추었다. 토번의 수령은 '찬포贊普'라고 칭했는데 정관시기 토번왕국의 찬포는 송찬캄포松贊干布였다.

당시 송찬캄포는 문무에 능하여 토번사람들에게 열렬한 칭송과 존경을 받은 인물이었다. 당나라가 건립된 뒤에 송찬캄포는 당나라의 풍요로움과 번영의 상황을 전해 듣고 장안에 사신을 파견하여 서로 우호관계를 맺자고 했다. 태종은 멀리서 온 토번의 사신들을 열렬하게 환영하고, 당나라에서도 답례로 토번에 사신을 파견했다. 이때가 정관 8년(634)이었다.

2년 뒤 송찬캄포는 다시 사신을 보내 당과 혼인관계를 맺고자 했는데 태종은 답을 하지 않았다. 송찬캄포의 사신은 아무런 성과없이 돌아가게 되자 어떻게 결과를 보고해야 할지 고민했다. 이때 사신은 송찬캄포에게 거짓말로 둘러댔다. 본래 당태종은 공주를 송찬캄포에 시집보내고 싶어 하는데 토곡혼吐谷渾의 왕도 사람을 보내 당왕조의 공주와 결혼을 요청한 상황이다. 그런데 태종에게는 단지 공주 한 명뿐이라서 누구에게 시집을 보내야 할지 망설이고 있다고 전했다.

송찬캄포는 이 소리를 듣고 매우 화가 나서 즉시 20만 군대를 동원하여 토곡혼을 공격했다. 토곡혼은 방어도 못한 채 계속 토번에게 패했다. 송찬캄포는 끝까지 토곡혼을 추격하였고, 당나라의 국경과 인접한 송주松州[지금의 사천성 송반]까지 내려와 당나라를 위협하면서 만약 공주를 자신에게 시집보내지 않으면 장안을 공격하겠다고 협박했다. 태종은 송찬감포의 말을 듣고 몹시 불쾌하여 즉시 장수를 파견하여 대군을 이끌고 토번을 공격하도록 명령했다. 송찬감포는 자신이 당나라의 적수가 되지 못한다는 것을 알고 신속하게 태종에게 화친을 요청하고 철수했다.

정관 14년(640) 송찬감포가 토번의 대론大論[재상에 상당하는 관직] 녹동찬祿東贊을 사신으로 하여 1백여 명의 호위군대에 황금 5천 냥과 수많은 특산품을 수레에 싣고 와서 재차 태종에게 청혼을 요청했다. 태종은 송찬감포의 성의에 감동하여 황실친척 중에서 아름다운 여자를 선발하여 공주로 봉하고 송찬감포에게 시집보내려고 했다.

이때 태종은 녹동찬에게 5가지 어려운 문제를 주고 풀도록 했다. 첫째, 비단실로 9개의 굽은 구멍이 있는 야광주明珠를 통과시키는 것. 둘째, 망아지 1백 필의 어미 말을 찾아내도록 하는 것. 셋째, 2천 5백 명의 여자 중에서 문성공주를 찾아내도록 하는 것 등이었다. 이 문제를 풀어야만 공주를 송찬감포에게 시집보내겠다고 했다.

녹동찬은 지혜를 발휘하여 어려운 문제를 모두 해결했다. 즉 '오난혼사五難婚使'의 민간전설은 여기에서 유래된 것으로 바로 한족과 장족의 통혼에 대한 우여곡절을 반영하고 있다.

다음해 태종은 예부상서 이도종李道宗을 대표로 하여 24살의 문성공주를 토번까지 호송토록 했다. 당나라에서 공주와 함께 보낸 혼수품은 매우 성대했는데, 금은보화 및 경서·시문·의약·역법·예술품·불경에 관한 각종 서적과 식량·채소·화채 등의 종자 및 농기구가 포함되었다. 또한 공주와 함께 토번으로 간 사람들 중에 공장工匠·유모·궁녀·악사들도 있었다.

공주는 많은 사람들의 호위를 받으면서 당당하게 장안을 출발하여 토번으로 향했다. 신부의 호위행렬을 맞이하기 위해 송찬감포는 당의 변경에서 지금 티베트 자치주의 라사에 이르는 곳까지 중간에 쉴 수 있는 간이역을 마련하고 말과 음식 등을 준비하여 문성공주를 맞이했다.

송찬캄포는 당황실 부마의 복장을 갖추고 친히 환영행렬을 갖추어 라사邏些에서 하원河源지금 청해와 홍해의 동남쪽까지 나와 공주를 맞이했다. 송찬캄포는 사위의 예를 갖추어 예부상서 이도종李道宗을 상견하고, 공주를 수도 라사까지 맞이한 뒤 성대한 혼례를 거행했다. 현재 서장의 민간에 전해 오는 노래 가운데 문성공주를 칭송한 다음과 같은 내용이 있다.

한족지역에서 오신 문성공주
3천 8백여 가지의 식물을 가지고 와서
서장의 식량창고를 든든하게 채웠구나.

한족지역에서 오신 문성공주
5천5백여 명의 장인들을 데리고 와서
서장의 기술발전에 문을 열었구나.

한족지역에서 오신 문성공주
5천5백 종의 온갖 가축들을 몰고 와서
서장의 치즈와 우유가 이때부터 해마다 풍족하게 되었구나.

문성공주가 토번에 시집온 뒤 두 나라의 관계는 더욱 긴밀해졌다. 특히 토번은 당나라와 빈번한 교류를 통해 경제와 문화발전에 커다란 변화를 맞이했다. 당선종宣宗 때 토번이 내란으로 붕괴되기까지 2백여 년 동안 양국의 관계는 간혹 군사충돌이 발생한 적도 있었지만 기본적으로 우호적이었다. 이 기간 동안 두 왕조의 사신이 142차례 왕래했는데 그 횟수를 보면, 당이 51번, 토번이 91번을 파견했다. 사절단의 규모는 적을 때가 수십여 명이었고 많을 때는 1천여 명에 이르렀다. 문성공주와 토번왕의 결혼은 당나라와 토번의 우호관계에 커다란 공헌을 한 것이다.

　　공주가 토번에 올 때 함께 따라 온 공장工匠들은 토번지역에 물레방아를 설치하여 수력을 이용하는 방법을 이곳 사람들에게 알려주었다. 본래 토번은 당시까지도 원시적인 농경법을 고수하고 있었다. 또한 토지도 고르지 않고 정리가 되어 있지 않은 상태였다. 토번 사람들은 문성공주의 영향으로 당나라의 발전된 농법을 받아들여 농업생산력을 크게 증가시켰다. 또 문성공주와 시녀들은 토번여성들에게 방직과 자수를 가르쳤다.

> 공주는 불교신자였다. 그녀는 송찬캄포에게 건의하여 라사에 사원을 건축하고 장안에서 가져온 불상을 그곳에 모셨다. 지금 라사에 남아 있는 대소사大昭寺가 바로 이때 조성된 것이다. 또 공주는 당나라의 양식을 본뜬 소소사小昭寺도 건립했다.
> 공주는 토번에서 40년을 살다가 680년에 사망했는데 장족사람들은 대소사와 소소사 및 포탈라궁 등에 공주의 상을 세우고 지금까지 그 업적을 기념하고 있다.

8. 현장법사가 불경을 구하러 서역에 가다

정관시기에 당나라의 승려 현장玄奘이 천신만고 끝에 서역에 가서 불경을 구하여 장안으로 돌아왔는데 이는 중국뿐만 아니라 주변 국가들을 모두 놀라게 한 사건이었다.『서유기西遊記』는 중국인이라면 누구나 다 알고 있는 중국의 고전소설이다. 이 신화와 같은 이야기는 당의 승려가 인도에서 불경을 구해오는 과정을 다룬 내용이다. 이야기 속의 손오공과 저팔계는 허구의 인물이지만 승려는 바로 현장법사이다.

현장법사의 본명은 진위陳褘이며 하남구씨河南緱氏[지금 하남성 언사현 緱氏鎭]출신이다. 스님은 어려서부터 총명했고 책 읽기를 좋아했다. 성품이 매우 온화하고 피부가 하얗고 눈썹과 눈매가 아주 뚜렷했다. 형이 낙양 정토사淨土寺의 승려로 있었기 때문에 자주 형을 따라 사원에 가서 불경을 듣게 되었고 이때문에 점점 불교에 관심을 갖기 시작했다. 스님의 나이 열다섯이 되었을 때 출가하여 현장이란 법명을 얻었으며 이후 서역에 가서 직접 불경을 구해 왔다. 그는 이 여정에서 수많은 나라와 지역을 거쳐 당의 수도 장안으로 돌아왔다. 현장은 당나라에서 온 승려였기 때문에 당시 서역사람들은 그를 '당승唐僧'이라고 불렀다. 현장법사는 왜 서역으로 불경을 구하러 갔을까?

현장법사는 출가하여 승려가 된 뒤 경전을 깊이 탐독하고 고승高僧의 지도를 받으면서 아주 빨리 불경의 교리를 터득해 갔다. 그러나 스님이 불교에 대한 조예가 점점 깊어 갈수록 중국 내에 불교경전의 체계가 아주 혼란하다는 것을 느끼게 되었다. 이때부터 스님은 불교의 발생지 인도에 가서 직접 경전을 구해 와야겠다는 생각을 갖게 되었다. 그 때 마침 인도의 한 고승高僧이 장안에서 강학을 하고 있었는데 스님은 이 강학을 듣고 깊은 감명을 받았다. 강학을 하는 고승이 바로 인도에서 유명한 계현법사戒賢法師의 제자라는 소리를 듣게 되었다. 이후 스님은 직접 인도에 가서 불경을 가져 오겠다는 결심을 굳히게 되었다.

정관 3년(629) 30의 나이에 스님은 장안을 출발하여 서역으로 향했다. 당시 당나라의 법령은 일반인이 함부로 국경출입을 못하게 되어 있었다. 스님은 변경에 이르러 그 곳을 수비하고 있는 군사들의 눈을 피해 과주瓜州(지금 감숙성 안세)에 도착한 뒤, 다시 과주에서 출발하여 이오伊吾(지금 哈密)에 이르렀다.

스님은 이 여행 중에 반드시 고비사막을 통과해야 했는데, 어떻게 지나갔을까? 스님이 어려움에 처해 있을 때 마침 호인胡人(서역인) 한 사람을 우연히 만났는데 그가 스님에게 길을 안내해 주겠다고 했다. 스님은 너무나 기뻤다. 또 과주의 한 노인이 고비사막을 지나간다는 소리를 듣고 특별히 스님에게 그 길을 잘 아는 말 한 필을 내주었다.

서역인의 길안내를 받으면서 스님은 밤에 옥문관을 나와 황량한 고비사막길에 올랐다. 고비사막은 인적이란 찾아 볼 수 없고, 길에는 새 한 마리, 짐승 한 마리도 보이지 않았다. 서역인은 어느 구간까지 가더니 더이상 가지 않겠다고 했다. 스님은 할 수 없이 그를 돌려보냈다. 옥문관 밖에는 5개의 초소가 있었고 각 초소의 거리는 약 5리에 이르렀다. 사막인 이곳에는 초소 근처만 물이 있을 뿐 다른 곳에서는 물을 구하기가 힘들었다. 그러나 초소 안에는 군사들이 지키고 있었다. 스님은 혼자서 말을 타고 며칠을 걸어서 첫번째 초소에 도착했다. 그리고 날이 어두워지기를 기다렸다가 몰래 샘으로 다가갔다. 스님이 바로 물을 퍼 올리려고 하자 어디선가 화살이 휭하고 날아왔다. 스님은 황급히 "나는 장안에서 온 승려입니다!"라고 외쳤다. 수비하고 있던 병사들은 상황을 들은 뒤에 스님의 정신에 감동을 받고 물과 식량뿐만 아니라 10여 리를 호송해 주면서 방향을 알려 주었다.

고비사막의 온세상은 변화없이 한결같았다. 스님이 며칠을 더 걸었을 때 사막의 길에 익숙했던 말까지도 길을 잃어버렸다. 더욱 큰 문제는 스님이 물을 마시다가 물병을 엎질러서 모두 쏟아버린 것이다. 물도 없고 길도 잃어버렸는데 어떻게 고비사막을 건널 것인가? 스님은 한 차례 다시 초소로 돌아

갈 생각도 해 봤지만 그러나 마음을 다지고 이를 악물면서 계속 앞으로 나아갔다. 4일 밤낮을 더 걸었다. 물은 한 방울도 남지 않았다. 5일째가 된 날 스님은 기절해버렸다. 한밤중에 시원한 바람이 한줄기 불어와 스님을 깨웠다. 피로에 지친 몸을 겨우 지탱하여 다시 10여 리를 걸어갔을 때 드디어 목초와 연못이 있는 오아시스를 만나게 되었다. 이후 스님은 다시 이틀을 더 걸어 마침내 고비사막을 빠져나왔고 고창高昌[현재 투루판 동쪽]에 도착했다.

고창왕은 스님 혼자서 끝없이 황량한 고비사막을 넘었다는 것을 알고 매우 감동하여 25명의 수행자와 30필의 말, 충분한 물과 식량을 주어 스님의 서역길을 호송했다. 고창왕은 또 서역여행 중에 통과하는 24개 왕조 국왕들에게 서신을 보내 스님의 서역길에 보호와 도움을 주도록 요청했다. 이리하여 스님은 천신만고 끝에 그가 오랫동안 염원했던 불교의 발원지 인도[당시 천축]에 도착했던 것이다.

스님은 인도에 와서 여러 지역을 돌아다녔다. 한번은 강도를 만나 전대錢帒[돈지갑]를 빼앗기고 동굴에 끌려가 죽임을 당할 뻔했지만 동굴에는 다행히 또 하나의 출구가 있어 무사히 도망칠 수 있었다. 또 한번은 강을 건널 때 강도 한 명이 용모가 수려하고 단정한 스님을 보고 하신河神에게 제사의 제물로 바칠 생각을 했다. 스님은 두 손을 모아 합장하며 불경을 읊기 시작

했다. 마침 이때 천둥번개가 치며 혼탁한 물이 갈라지자 강도는 스님이 신통력을 가진 인물이라고 생각하고 풀어주었다.

스님은 수많은 역경을 거친 뒤 마침내 나란타那爛陀에서 계현법사를 만났다. 당시 100세가 넘은 계현법사는 현장이 당나라에서 불경을 구하기 위해 험난한 역경을 거치면서 왔다는 소리를 듣고 그의 정성에 감동했다. 나이가 많은 계현법사는 이미 제자들을 가르치는 일에서 물러나 있었지만 파격적으로 스님을 제자로 받아들여 불경을 강론하고 또 천문·수학·논리학·의학 등도 겸하여 가르쳤다. 스님은 5년 동안 계현법사에게 가르침을 받은 뒤 불교에 대한 조예가 더욱 깊은 경지에 이르렀다.

정관 16년(642) 인도 계일왕戒日王이 스님을 위해 성대한 강학대회를 열었다. 이 법회에 인도전역 18개 국왕과 3천여 명의 고승들이 참여했다. 18일의 강학기간 동안 어떤 사람도 스님에게 반론을 제기하지 않았다. 강학은 대성공이었다. 이 강학대회를 마친 뒤 스님은 '대승천大乘天'의 칭호를 받았다. 계일왕은 포상으로 황금 1만 냥, 동전 3만 냥, 승려복 1백 벌을 내렸으나 스님은 한사코 사절하고 받지 않았다.

정관 17년(643) 스님은 657부에 달하는 불경을 구하여 귀국길에 올랐다. 계일왕은 다시 한번 스님에게 남아 있기를 청했으나 스님은 이를 물리치고 귀국을 결심했다. 2년의 세월이 지나 다시 장안으로 돌아오기까지 모두 18년이 흘러갔다. 장안의 백성들은 스님이 불경을 가지고 돌아왔다는 소식을 듣고 길가에 나와 마중하면서 주작교朱雀橋에서 성대한 환영행사를 개최했다. 태종은 낙양 행궁行宮에서 스님을 접견하고 그의 행적에 찬양을 보냈다. 또 스님에게 환속을 권하면서 조정의 관료가 되기를 청했지만 스님은 이러한 제안을 받아들이지 않았다. 그는 고종 인덕仁德 원년(664)에 장안 옥화사玉華寺에서 세상을 떠났다. 장례식에 참여한 관원과 승려 및 백성들이 1백만 명에 달했다.

현장스님은 귀국 뒤 태종의 배려로 장안 자은사慈恩寺에서 불경번역에 몰두했다. 그리고 19년의 세월이 걸려 불경 1,335권을 번역하여 모두 75부部로 완성했다. 지금 서안西安에 있는 유명한 대안탑은 현장스님이 직접 설계한 것인데 이곳에 경전을 보관했다. 태종은 스님의 경전번역 사업을 도와『대당삼장성교서大唐三藏聖教序』를 편찬하여 불교전파의 기회로 삼았다. 스님은『노자老子』를 산스크리트어로 번역하여 인도에 소개하고 또 인도에『진왕파진락秦王破陳樂』등을 번역하여 소개했다.

현장스님은 인도로 가는 5만 리 여정 중에 서역과 인도의 여러 지역을 두루 거쳤는데, 그의 제자들이 스님의 구술에 근거하여『대당서역기大唐西域記』를 편찬했다. 이 책은 고대 서역과 인도지역 그리고 네팔과 파키스탄 등에 관한 문헌자료로서 귀중한 학술가치를 담고 있다.

현장스님은 중국역사에서 유명한 불교대사이며, 여행가이고 번역가로서 중국과 인도의 우호관계에 커다란 역할을 했다. 그는 불교의 진리를 탐구하기 위해 험난한 고생을 마다하지 않았고 구법求法을 위해 일생을 바쳤다. 스님의 서역길은 불교발전의 성취뿐만 아니라 동서 문화교류를 한층 촉진시키는 계기가 되어 중국과 인도 및 아시아 각국의 우호적 교류에 지대한 공헌을 남겼다.

9. 여황제 무측천의 통치

당태종은 중국역사상 매우 중요한 역할을 한 군주 가운데 한 사람이다. 그러나 그의 아들 이치李治는 정치적 식견도 모자라고 학문도 부족한 극히 평범한 인물이었다. 태종이 죽고 이치가 황제에 즉위했는데 이가 당고종唐高宗이다. 고종은 태자로 있을 때부터 그 아버지의 궁녀인 무측천과 내통했다. 이치가 황제에 즉위하자 무측천은 황후가 되었다. 뜻밖에도 이 여인은 당고종의 일생을 좌우했을 뿐만 아니라, 당의 역사와 심지어 중국역사까지도 바꾸어놓았다. 무측천은 어떻게 여자로서 중국 전체를 통치하는 황제의 자리에까지 오를 수 있었을까?

무측천은 14세 때 미인美人으로 선발되어 궁궐에 들어왔다. 입궁당시의 신분은 태종의 '재인才人'으로 '무미武媚'의 칭호를 받았다. 당시 태종의 주변에는 수많은 미인美人들이 있었기 때문에 14살의 소녀 무측천은 황제의 시선을 끌지는 못했다. 그런데 한 차례 뜻밖의 사건이 태종으로 하여금 이 어린 소녀의 행동을 주목하도록 했다. 외국사신이 태종에게 '사자총獅子驄'이라는 말을 한 필 진상했는데, 이 말은 매우 건강하고 잘생겼지만 성격이 난폭하여 다루기가 아주 힘들었다. 궁정의 기수들도 어떻게 이 말을 훈련시켜야 할지 고민하고 있었다.

어느 날 조련사가 마침 그 사자총을 훈련시키고 있었는데 갑자기 한 차례 난동을 부려 기수가 땅에 떨어졌다. 태종은 이때 그 광경을 보고 여러 비妃들에게 "너희들 가운데 누가 이 말을 제어할 수 있느냐?"고 물었다. 아무도 이 난폭한 말을 보고 나서는 사람이 없었다. 그런데 그 때 14세의 소녀 무측천이 갑자기 태종에게 "폐하, 신첩에게 방법이 있습니다!"라고 말했다. 태종은 깜짝 놀라 "네가 무슨 방법으로 이 말을 제어 할 수 있단 말이냐?" 하고 물었다. 무측천은 이미 계산하고 있었다는 듯이 "폐하, 신첩에게 3가지 물건을 주신다면 사자총이 아니라 어떤 난폭한 말이라도 능히 제어할 수 있습니다!"라고 했다. "그래?" 태종은 흥미가 당겼다. "3가지 필요한 물건이 무엇이냐?"고 태종이 묻자 무측천은 "쇠로된 채찍과 망치와 비수匕首입니다"라고 대답했다. "말을 훈련하는데 이 물건들을 어디에 사용하려고 하느냐?" 태종은 이해가 되지 않았다. 무측천은 아주 진지하게 "폐하, 말이 말을 듣지 않으면 철편鐵鞭쇠로 만든 채찍으로 치고, 그래도 말을 듣지 않으면 망치로 머리를 내리치고, 그래도 역시 말을 듣지 않는다면 비수로 말의 목을 자르겠습니다. 이렇게 한다면 천하의 어떤 말이라도 굴복 시킬 수 있습니다"라고 대답했다. 태종은 무측천의 말을 듣고는 매우 놀랐다. 그리고 이 어린 궁녀가 보통이 아니라고 여겼다.

무측천이 26세가 되던 해에 태종이 사망했다. 당시 제도에 따르면 황제의 자식을 출산하지 않은 비들은 모두 궁에서 나가 비구니가 되어야 했다. 무측천은 전혀 나가고 싶은 생각이 없었지만 비구니가 되어 암자에서 쓸쓸히 지낼 수밖에 없었다. 태종이 병상에 누워 있을 때 무측천과 태종의 아들

이치李治가 서로 내통했는데, 이치가 황제가 되어 당고종이 되었다. 이치가 즉위한 뒤 얼마 되지 않아 무측천은 비구니들이 살고 있는 암자에서 나와 황제의 비妃가 되었다.

야심으로 가득 찬 그녀는 황제의 비에 만족하지 않고 황후의 자리에 오르고자 했다. 당시 고종에게는 왕씨王氏라는 황후가 있었는데 아무런 이유 없이 왕황후를 가볍게 폐위시킬 수는 없었다. 고종의 외삼촌 장손무기長孫無忌가 고종이 왕황후를 폐위시키고 무측천을 황후로 맞이하려는 것에 대해 강력히 반대했다. 조정 원로대신 저수량褚遂良도 무측천은 선제先帝, 즉 당태종의 비였으며 출신도 낮으므로 황후가 될 수 없다고 반대했다. 그러나 조정대신의 반대에도 불구하고 무측천은 온갖 수단과 계책을 사용하여 결국 왕황후를 물리치고 황후의 자리에 올랐다.

고종의 총애를 받은 무측천이 딸을 출산했는데 하루는 왕황후가 이 딸이 보고 싶어서 무측천의 방에 찾아왔다. 무측천은 왕황후가 온다는 소리를 듣고 얼른 자리를 피했다. 황후는 무측천의 딸을 한참동안 안고 기다렸으나 그녀가 돌아오지 않자 그냥 자신의 방으로 돌아갔다. 무측천은 황후가 떠난 것을 확인한 뒤 직접 자기 손으로 딸을 목 졸라 죽인 다음 대성통곡하면서 누군가가 자신의 딸을 해쳤다고 했다. 고종은 무측천의 방에 왔다 간 사람이 황후밖에 없다는 것을 전해 듣고는 노하여 황후를 냉궁冷宮(아무도 없는 궁)에 가두라고 명령했다.

이후 무측천은 황후가 되어 조정대사에 참여하면서 장손무기를 핍박하여 자살하도록 했고, 저수량의 관직을 박탈하여 장안성 밖으로 내쳤다. 왕황후는 곤장 1백 대를 친 뒤 손과 발을 자르고 술독에 담가 놓았다가 죽였다. 고종은 무능한 황제인데다가 병까지 있어 조정의 모든 크고 작은 일들을 무측천에게 맡겼다. 측천은 차츰 당나라의 조정 대권을 장악해 나갔다.

그런데 고종은 무측천의 권한이 강해지면서 자신의 황권이 점차 약해지는 것을 알고는 마음속으로 불편한 생각이 들었다. 한번은 고종이 재상 상관의上官儀와 의논하여 무측천을 폐위시키려고 조서를 작성하도록 했다. 상관의가 마침 조서를 쓰고 있을 때 이 사실을 알아차린 무측천은 득달같이 달려가 무섭게 고종을 질책하며 어떻게 된 일이냐고 물었다. 고종은 너무나 놀라서 횡설수설 하면서 "이것은 상관의가 건의한 것이다"고 했다. 무측천은 즉시 상관의를 죽였다.

무측천에게는 4명의 아들이 있었다. 고종이 장자 이홍李弘에게 양위하려고 하자 측천은 술잔에 독을 넣어 이홍을 살해했다. 또 둘째아들 이현李賢은 태자의 자리에서 폐위시켜 평민으로 만들고 뒤에는 핍박하여 자살하도록 만들었다. 683년 고종이 병으로 죽자 셋째아들 이현李顯이 황제에 즉위했는데 이가 바로 당중종唐中宗이다. 중종은 겨우 두 달 동안 황제노릇을 하다가 폐위당했다. 무측천은 다시 넷째아들 이단李旦[唐睿宗]을 황제로 즉위시켰으나 예종도 얼마 되지 않아 폐위시켰다.

이후 무측천은 직접 황제에 즉위하여 최고의 통치권자가 되었으며 이씨李氏의 당왕조는 무씨武氏의 수중에 들어갔다. 무측천이 황태후의 신분으로서 수렴청정을 하는 동안 많은 신하들이 그녀를 반대했다. 서경업徐敬業이 양주에서 무씨를 제거하자는 기치를 내걸고 군대를 일으키자, 재상 배염裵炎이 "만약 태후께서 황제에게 권력을 돌려준다면 서경업의 반란은 자연스럽게 평정될 것입니다"고 진언했다가 결국 그녀의 분노를 사서 감옥에 갇히는 신세가 되었다.

무측천은 태후의 자격으로 몇 년을 통치했으나 자신의 뜻을 다 만족시키지 못하자 한 승려에게 명하여 『대운경大雲經』을 편찬하도록 하고, 자신을 미륵불이라 칭하면서 부처님이 자신에게 당나라를 취하여 천하를 통치하도록 했다고 꾸몄다. 또 몰래 그녀와 결탁한 문무관료들을 시켜서 『권진표勸進表』를 작성하여 올리도록 했다. 이렇게 하여 690년에 그녀는 아들 이단李

을 황제에서 끌어내린 뒤 자칭 '성신황제聖神皇帝'라 칭하며 국호를 '주周'라 하고 황제에 즉위했다. 이렇게 하여 중국사에서 무주武周의 시대, 즉 유일무이한 여황제의 통치시대가 열린 것이다.

무측천은 중국역사에서 유일한 여황제女皇帝이다. 그녀에 대한 평가는 비난 반, 칭찬 반으로 사람들에게 알려져 왔다. 황후가 되기 위해 본인이 낳은 딸을 직접 살해하는 것도 서슴지 않았던 여인, 또 황후가 된 뒤에는 수단과 방법을 가리지 않고 자신의 정적들을 제거했던 잔인한 여인이었다. 최고의 통치권을 차지하기 위해 자신의 친아들까지도 절대 용서하지 않았으며 마침내 당나라를 이어 황제에 즉위하여 무주의 시대를 열었다.

무측천이 섭정했던 기간과 그녀가 황제로서 통치했던 시기를 종합하여 보면, 당나라의 기본 통치방침을 그대로 계승하여 중앙집권을 강화시켰다는 점이다. 왕조의 통일사업을 유지하기 위해 변방수비를 강화하여 국경을 안정시켰으며, 농업을 중시하여 수리사업을 일으키고 적극적인 농업장려책을 펼친 결과 당나라의 국고를 충실하게 했다. 무측천의 통치기간 동안 인재 등용에도 커다란 변화가 있었다. 전반적으로 그녀가 통치한 시기에 당의 사회생산력은 끊임없이 발전하여 전국의 호구戶口 수가 380만 호에서 610만 호로 증가했다. 이러한 정치는 태종시대 '정관의 치'를 계승 발전시켜 이후 현종의 '개원의 치'를 이룰 수 있도록 하는 기반이 되었다.

705년 장간지張柬之 등이 무측천의 병을 기회 삼아 정변을 일으키고, 그녀가 총애하던 장역지張易之 형제를 제거한 뒤 중종을 복위시켰다. 황제의 자리에서 물러난 그녀는 82세의 나이로 상양궁上陽宮에서 생을 마쳤다. 그리고 고종과 함께 합장되었다. 이상한 것은 그녀의 비문에 한 글자도 새겨지지 않았다는 점이다. 오랜 세월동안 그녀의 공적과 과실은 후세의 평가로 남겨졌다.

10. 포악한 관리를 이용하여 포악한 관리를 다스리다

무측천이 황제에 즉위하자 당나라의 종실 및 대신들이 반대하고 나섰다. 그녀는 자신의 반대세력을 제압하기 위해 전국의 관리들과 백성들에게 자신을 비방하는 사람들을 몰래 고발하도록 했다. 고발하는 사람이 있으면 무측천이 직접 접견하고, 사실이 확인되면 밀고密告한 자에게 관직을 수여했고, 사실이 아니어도 추궁하지 않았다. 이렇게 하다 보니 그녀의 통치기간에 전국적으로 밀고가 성행하게 되었다. '청군입옹請君入甕자기가 놓은 덫에 스스로 걸려들다'라는 이 고사는 바로 밀고 때문에 야기된 것이다.

무측천이 밀고명령을 전국적으로 내린 뒤 밀고한 서류들이 점점 많아져서 그 사안들을 혼자서 처리할 수 없게 되자 다른 사람에게 대신 모반안건을 담당하도록 했다. 당시 색원례索元禮라고 하는 사람이 밀고를 하여 무측천의 신임을 받게 되었다. 무측천은 그에게 관직을 내리고 모반에 관련된 사안을 처리하도록 했다.

색원례는 더 많은 공을 세워 높은 관직에 오르고 싶었다. 그는 본인의 수중에 들어온 안건은 확실한 물증이 있든 없든 상관없이 피고에게 형벌을 가했다. 수많은 사람들을 무자비하게 옭아매어 고문하고 억지로 자백을 받아냈다. 고문을 통해 자백을 받아내어 연루된 사람들의 수가 갈수록 많아졌다. 한 건에 열이 관련되고, 10건이면 100건으로 확대되어 갈수록 처리해야 할 사안은 복잡해졌다.

무측천은 색원례의 보고를 받고 일처리를 잘 한다며 그를 칭찬했다. 관원들도 무측천의 비위를 맞추기 위해 색원례를 본받아 엄한 법률을 적용하여 모반자라는 죄명을 무고한 사람들에게 뒤집어 씌웠다. 이후 색원례의 가혹한 행위 때문에 백성들의 원성이 높아지자 무측천은 구실을 찾아내서 그를 제거했다.

'청출어람青出於藍, 청어람青於藍'이란 말이 있다. 무측천이 이용한 혹리 중에는 색원례 외에 주흥周興과 내준신來俊臣이란 사람이 있었다. 두 사람의 잔인함은 색원례를 능가했다. 주흥과 내준신은 고대형법 중에서도 온갖 잔인한 방법을 다 동원했다. 또 갖은 궁리를 다 써서 수많은 형구形具를 고안해냈다. 예를 들면 일종의 가시 철갈고리 같은 것을 죄인의 항문에 넣어 창자를 밖으로 천천히 꺼낸 뒤 창자가 다 나오면 그쳤다.

이와 같이 잔인한 형벌을 가하면 사람들이 자백하지 않을 수 없었다. 주흥과 내준신은 이러한 방법으로 수천 명을 살해했으며, 100여 가구가 넘는 가정을 파멸시켰다. 내준신은 심지어 사람을 조직하여 『고밀라직경告密

羅織網[밀고에 관련된 사람들의 명부]』을 편찬하기도 했다. 억울한 안건, 잘못된 안건과 거짓으로 조작된 안건들이 조정이나 민간 할 것 없이 도처에 난무했다. 모반에 연루된 자는 지방관에서부터 중앙의 관원, 또 일반대신에서부터 조정중신들까지 해당되었다.

　무측천 신변의 인물로 당시 금군을 장악하고 있던 대장군도 주흥과 내준신의 밀고에 의하여 모반죄에 연루되었다. 무측천은 조금도 주저하지 않고 그를 제거했다. 어느 날 무측천이 밀고를 접수받았는데, 살해된 금군의 대장이 사실은 주흥과 같이 모반하려고 했다는 것이었다. 깜짝 놀란 그녀는 내준신을 불러들여 은밀하게 이 안건을 심문하도록 했다. 주흥과 내준신은 모두 유명한 혹리들이다. 그들이 심문한 사람들이 많아질수록 사용하는 형구 또한 더 발달했다. 내준신은 어떤 형벌을 사용하지 않았을까? 하고 생각했다. 그는 주흥을 심문하는 방법이 쉽지 않다는 것을 알았다. 그런데 한 가지 계책이 떠올랐다.

　어느 날 내준신은 그의 집으로 주흥을 초대하여 술자리를 마련했다. 주흥은 내준신의 음모를 알아채지 못하고 기쁜 마음으로 갔다. 술자리에서 두 사람은 친 형제처럼 담소를 나누었다. 그 자리에서 내준신이 정중하게 "노형老兄, 요즘 제가 매우 다루기 힘든 안건 하나를 맡았는데 어떤 수단과 방법을 다 동원해도 자백을 받아낼 수 없습니다. 노형께서는 저보다 경험도 많고 지혜도 풍부하니 이 안건을 어떻게 처리하면 좋은지 제게 가르쳐 주십시오"라고 했다. 주흥은 기분 좋게 취하여 미소지으며 "그것 어렵지 않소 내가 요즘 새로운 형벌을 하나 고안해 냈는데 아직 시도해 본 적은 없지만, 아마 아무리 강인한 사내라 하더라도 절대로 자백하지 않을 수 없을 것이오!"라고 말했다. 내준신이 어떤 형벌이냐고 공손하게 물었다. 주흥이 대답하기를 "큰 항아리에 죄인을 넣고, 땔나무 위에 항아리를 올린 뒤 천천히 불을 지피고 시간이 되면 무엇이든지 물어보게"라고 했다. 내준신이 그 말을 듣고 의미심장하게 "범인이 바로 여기에 있으니 우리 곧 실시해 봅시다. 노형을 위해 건배!"라고 하자, "좋소" 하며 주흥도 기뻐했다.

조금 있다가 큰항아리와 땔감이 준비되고 불이 붙여졌다. 방안이 점점 따끈따끈한 기운으로 가득 찼다. 주흥이 "범인을 항아리 속에 넣고, 불을 천천히 달구어야만 재미가 있다"고 했다. 이때 내준신이 갑자기 일어나서 성난 얼굴을 주흥에게 향하면서 "주흥, 네 죄를 알고 있느냐? 네가 모반을 하려고 했다는 밀고가 있어서 태후의 명을 받들어 심문하려고 한다. 빨리 항아리 속으로 들어가라"고 소리쳤다. 주흥은 이 소리를 듣고 너무나 놀라 술이 확 깼다.

그는 무릎을 꿇고 머리를 땅에 탕탕 부딪히며 "목숨만 살려주게, 목숨만 살려주게" 하며 애원했다. 내준신은 주흥의 자백을 얻어내고 그에게 사형을 내렸다. 이 소식이 무측천에게 전해졌다. 무측천은 주흥이 그녀를 위해 수많은 모반죄를 처리한 사실을 감안하여 목숨만은 살려주어 영남嶺南으로 귀양보냈다.

무측천 시대 유명한 3명의 혹리 중에서 오직 내준신만 살아남았다. 그러나 내준신의 최후도 비극적이었다. 그는 나중에 미친개처럼 아무나 물어뜯으려고 덤벼들었다. 그중에는 무측천의 딸 태평공주太平公主와 조카 무삼사武三思도 있었다. 이 두 사람은 당시 최고의 권력자들이었다. 내준신은 끝내 이 두 사람의 미움을 사서 옥에 갇히게 되고 나중에는 사형에 처해져서 그의 권세와 영화도 막을 내렸다.

 '청군입옹請君入瓮'의 고사성어는 무측천 시대 이러한 배경에서 출현한 것이다. 무측천은 자신의 통치력을 확립하기 위해 혹리를 이용하여 무고한 사람들에게 억울한 누명을 씌우고 많은 사람들을 죽였다. 속담에 "자신의 도道가 자신의 몸을 다스린다"는 말이 있다. 내준신은 주흥이 고안한 '도道방법'로 주흥의 몸을 다스렸다. 결국 주흥은 자신이 고안한 형벌에 자신의 몸을 옭아맨 것이다.

내준신은 주흥에게 사형을 내렸다. 그러나 그 역시 자신의 욕심만을 지나치게 채우려고 하다가 뒤에 올 위험을 깨닫지 못했다. 속담에 "버마 제비가 매미를 잡으면 참새가 그 뒤에서 기다리고 있다"는 말이 있다. 결국 내준신도 최후에는 그의 목숨을 지키지 못했다.

색원례와 주흥, 그리고 내준신에 관한 이야기는 사람이 나쁜 짓을 많이 하면 반드시 그 화가 자신에게 미친다는 교훈을 알려 주고 있다. 이러한 혹리들은 이상하게도 최후에는 모반죄로 사형에 처해졌다. 그러나 이들이 모반했다는 죄명을 찾을 수 있는 문건은 하나도 없다. 이러한 점은 우리들이 다시 생각해 볼 문제다.

II. 당나라의 전성기-개원의 치

당태종 이후 당나라의 가장 대표적인 황제는 현종 이융기李隆基라고 할 수 있다. 이융기는 황제에 즉위하여 연호를 개원(713~741)이라고 했다. 현종 통치시기에 이르러 당은 중국역사에서 중흥의 시대를 맞이했는데 이를 '개원開元의 치治'라고 한다. 이융기는 치열한 정권투쟁을 거친 뒤 황제에 즉위했다.

705년 무측천의 통치가 끝나고 8년 동안 당조정은 아주 치열한 정권쟁탈전이 벌어졌다. 장안長安 4년(705) 정월 연로한 무측천이 병상에 눕게 되자 장간지 등 대신들이 정변을 일으켜 무측천의 아들 중종中宗을 즉위시키고 '무주武周'라는 국호를 폐지시켰다. 그해 겨울 무측천이 병으로 사망하고 중국역사에서 여황제의 통치는 막을 내렸다.

무측천의 아들 당중종唐中宗은 평범한 인물이었지만 그의 아내 위황후韋皇后는 야심가였다. 조정대사에 참여하기 시작한 위황후는 차츰 권력을 장악해 나갔다. 위황후가 무삼사와 태평공주를 중용하여 조정에 참여시키자 무씨세력은 다시 한번 재기할 자세를 취했다. 경룡景龍 원년(707) 태자 이중준李重俊이 정변을 일으키자 위황후는 반란죄로 태자를 제거했다. 이때부터 위황후의 세력은 갈수록 기세등등하여 마치 무측천의 정치를 계승할 것처럼 보였다. 그녀의 딸 안락공주도 야심만만한 여인이었는데 어머니 위황후의 수렴청정을 적극 지지하고 나섰다. 그리고 자신이 황태녀皇太女가 되어 어머니를 계승하려는 생각을 했다. 마침내 모녀는 서로의 이익을 위해 계획을 세워 중종을 독살했고, 위씨세력은 이때 군대 5만을 동원하여 위황후를 황제에 즉위시키려고 했다.

그러나 중종이 죽자 그의 아우 예종의 아들 이융기가 태평공주와 연합하여 재차 정변을 일으켰다. 이융기와 태평공주는 위황후와 안락공주를 살해하고, 위씨 집안세력을 제거한 뒤 예종을 황제에 즉위시켰다. 예종이 황제에 즉위하고 이융기는 태자로 책봉되었다. 예종이 병약하여 아주 사사로운 일까지 모두 태평공주에게 의지하자 태평공주는 이 기회를 틈타 조정대권을 장악하고 태자 이융기를 제거한 뒤 권력을 독점하려고 했다.

경운景雲 3년(712) 예종은 이융기에게 양위하고 황제자리에서 물러났다. 초창기 이융기의 권력은 태평공주 때문에 편안하지 못했다. 태평공주가 여러 해 동안 대권을 장악하고 있으면서 조정의 재상 7명 가운데 5명을 그녀가 직접 추천했던 것이다. 태평공주는 자신이 임명한 조정중신들을 움직여서 이융기를 폐위시키려고 했다. 개원開元 원년(713) 이융기는 선제공격을 가하여 태평공주 및 그 세력을 모두 제거했다. 이 사건을 끝으로 무측천 사후에 최고통치권을 둘러싸고 발생한 여러 차례 궁정의 변란은 일단락되었다. 그리고 이융기는 적대세력을 제압하고 진정한 대권을 차지하게 되었다.

현종 이융기는 몸소 치열한 궁정의 투쟁을 경험한 뒤 황제에 즉위했기 때문에 정치에 비교적 민감하게 대처했다. 자신을 도와 태평공주를 제거한 공신들도 모두 음모가들이라고 봤다. 그래서 일단 이들의 뜻을 얻지 못하면 어느 날 갑자기 자신의 반대세력으로 변할지 모른다고 여겼다. 현종은 구실을 찾아내서 잇달아 이들을 먼 변방으로 보냈다. 또 자신에게 위협이 될 만한 몇 명의 형제들도 하나하나 외지의 자사刺史로 파견해서 중앙에 남아 있지 않도록 배치시켰다.

현종은 관리선발 면에서도 대담한 개혁을 실시했다. 재능있는 인물을 적극 발탁하여 재상으로 임용하고, 정관의 통치시기에 시행한 신하들의 직언과 정치참여 등을 허락했다. 현종은 지방현령의 선발을 특히 중요하게 생각했다. 지방관은 백성들과 밀접한 관련이 있으므로 나라를 다스리는 근본이 된다고 여겼기 때문이다. 지방현령을 잘못 선발하면 중앙의 정책을 지방에 관철시키기 어렵고, 또한 백성들도 재앙을 만나게 될 것이라고 생각한 것이다. 현종은 지방현령을 임명하기 전에 자주 직접 이들을 만나보면서 적절한 대책을 미리 언급해 주기도 했다. 이러한 정책은 지방통치를 개선시키는데 어느 정도 영향력을 발휘했다.

현종은 전국의 호강豪强세력들을 제압하고 균전제를 실시했다. 당나라 초기 토지겸병의 상황이 갈수록 심해져서 "천하의 호구 가운데 절반이 도망했다"는 현상이 출현했다. 납세자가 감소하자 중앙정부 재정은 위기에 직면했고 현종은 호강세력들과 투쟁할 수밖에 없었다. 현종은 호강세력들의 일부 토지를 몰수하여 토지가 없는 농민들에게 분배했다. 이 조치를 통해 중앙정부는 전국 호구 80만 호戶를 다시 파악하게 되어 매년 수백만의 세입을 증가시킬 수 있었다. 현종은 또 수리시설을 확장하여 농업생산력에 커다란 발전을 가져왔다. 개원시기에 전국적으로 56곳의 수리사업을 실시하여 수해와 한발을 방지하는데 큰 도움을 주었다.

현종은 학문과 예술에도 관심을 가져 학술·문화발전에 기여했다. 자신이 직접 시부를 짓고 저명한 학자들을 초빙하여 학술고문을 맡겼으며 장안과 낙양에 서원을 세워 전국의 유명한 학자들이 이곳에서 강의하도록 배려했다.

개원시기의 개혁은 사회·경제발전을 가속화하여 창고에 곡식이 풍족하고, 상점에는 술과 음식이 넘쳐나는 태평성세를 가져왔다. 당나라의 수도 장안은 온갖 수공업과 상업이 번창하여 전국 최대도시로 성장했을 뿐만 아니라 국제적 성격을 가진 경제문화 교류의 중심지로 떠올랐다. 당시 파사波斯·대식大食·신라·인도 등 각국 사절단 및 유학생들이 장안을 방문했으며, 어떤 사람들은 당의 관리가 되기도 했다. 당의 유명한 시인 두보는 「억석憶昔」에서 당시 장안의 번화한 모습을 다음과 같이 묘사하고 있다.

옛 개원의 전성시대를 생각해 보니
작은 고을에도 만 가구가 살고 있었네.
기름진 쌀과 흰 좁쌀이
관청과 민가의 창고에 가득 찼었네.
온 천하의 길에는 승냥이와 호랑이가 없고
먼 길을 떠나도 길일吉日을 가릴 수고를 하지 않았네.
제齊와 노魯땅의 비단이 수레에 가득 차고
남자는 밭갈고 여자는 누에치는 때를 놓치지 않았네.

개원시기 당나라는 정치와 사회·경제발전에 필요한 일련의 개혁을 실시하여 전에 없는 번영의 시기를 맞이했다. 이때 왕조의 매년 조세수입을 보면, 양식 1,980만 곡斛, 비단 740만 필, 포布 1,035만 포, 전錢이 2백여만 민緡에 달했다. 왕실의 재정이 풍족하여 물가는 안정되었고, 문화와 교통이 발달하여 당나라는 최전성기를 맞이했다. 당시 장안은 100만의 인구를 가진 중국뿐만 아니라 세계도시 중에서도 최대규모였다. 장안을 여행하는 외국인의 숫자도 4~5천 명에 달했으며, 중국상인들도 중앙아시아와 서아시아 지역까지 진출했다.
　당의 문화가 한반도와 일본에 전파되고 중국의 제지술이 중앙아시아에 전래되었다. 제지술은 다시 아라비아 상인들에 의해 유럽으로 전달되어 서유럽 문화발전에 중요한 영향을 끼쳤다. 당은 중국역사에서 자긍심을 갖게 한 시대였다. '개원의 치'로 대표되는 당나라의 번영은 현종의 절대적인 공적일 것이다.

12. 이백과 두보의 삶

당의 사회·경제번영은 여러 방면에서 찾아볼 수 있다. 그 중에서 특히 시詩 부문에서 가장 두드러진 발전을 보였다. 중국 고대문학은 당나라 때 찬란한 꽃을 피웠다. 시가詩歌는 당대문학의 주류였다. 당시唐詩는 현재 5만 수首가 넘게 전해 오는데 모두 중국문학에서 주옥같은 작품들이다. 당시唐詩는 풍부한 소재를 반영하고 있으며 사회 각 방면의 다양한 내용을 담고 있다. 특히 당시는 빼어난 형식미와 낭독했을 때 느껴지는 물 흐르는 듯한 거침없는 표현력 때문에 지금까지도 많은 사람들의 사랑을 받고 있다. 당나라 시대 활동한 수많은 시인 가운데 가장 빼어난 인물을 든다면 단연 이백李白과 두보杜甫다.

이백(701~762)의 자字는 태백太白이고, 당나라 북정도호부北庭都護府 관할인 쇄엽碎葉[지금 중앙아시아 파얼커슨호 남쪽]에서 태어났다. 이백은 다섯 살 되던 해 아버지를 따라 사천四川으로 이주하여 창명彰明[지금 江油]에서 유년시절을 보냈다. 그는 어렸을 때 제갈량을 흠모하여 자신도 커서 제갈량처럼 공적을 세우겠다고 다짐했다. 나이 20세가 되었을 때, 사천을 떠나 전국각지를 유람했는데, 다음 시는 이 시기 이백의 심정을 표현한 것이다.

물길을 따라 멀리 형문荊門 밖으로 나와
초나라땅에 이르러 유람하네.
산은 평야를 따라 사라지고
강물은 끝없는 바다로 흘러가네.

이백은 중국의 명산대천을 몹시 사랑했다. 동정호洞庭湖를 유람하고, 동해를 거쳐 여산廬山에 오르고 양주揚州를 둘러봤다. 이백은 여행을 통해 웅대하고 자유분방한 열정을 키웠고, 대담하고 과장된 표현으로 중국산천을 묘사했다. 그는 끝없이 넓고 아득한 장강長江을 다음과 같이 노래하고 있다.

외로운 돛배의 먼 그림자는 푸른 하늘로 사라지고
오직 긴 강의 흐름만 하늘 끝에 보이네.

또 힘차게 흘러내리는 황하의 물줄기를 바라보며,

황하의 물은 서쪽에서 흘러와 곤륜崑崙을 결단내고
만 리에 이르는 긴 물줄기는 울부짖는 듯 달려와 용문龍門에 이르네.

여산폭포의 웅장한 모습에 감탄하며,

곧바로 날듯이 쏟아지는 물길이 삼천 척尺이니
마치 은하수가 구천九川에서 떨어지는 것 같구나.

서북지역의 변경을 둘러본 뒤

밝은 달 천산天山에서 솟아올라
아득히 구름 사이에 떠있네.

촉蜀으로 가는 길에서는 그 험난하고 아름다운 경치를 다음과 같이 노래했다.

촉으로 가는 길의 어려움
푸른 저 하늘 오르는 그것보다 더 어렵거니

아미산峨嵋山 월야月夜의 아름다움을 노래한 시에서는,

아미산에서 떠오른 달빛이 창해滄海를 비추고
사람과 더불어 만 리里 길을 함께 하네.

아름다운 달밤의 풍경을 바라보며,

침상寢床 앞에 달빛이 밝아 서리라도 내린 듯
고개를 드니 산에 달이 걸리고

이백의 나이 마흔이 되었을 때 현종이 그 명성을 듣고 이백을 장안으로 불렀다. 그는 현종의 부름을 받고 자신이 어렸을 때부터 품었던 포부가 마침내 실현될 기회가 왔다고 여겨 너무나 흥분했다. 당시 그의 심정은 다음 시에 잘 나타나 있다.

　　하늘을 우러러 크게 웃으며 문을 나서 떠나니
　　우리들이 어찌 초야에 묻혀 살 사람이겠는가?

　이백은 장안에서 공봉한림供奉翰林의 직에 임명되어 황제를 위해 시를 짓고 오락娛樂을 제공하는 일을 맡았다. 그는 매우 실망했지만 이 관직도 오래 지키지 못했다. 이후 고력사高力士의 미움을 사서 조정을 떠나게 되었고 다시 정처없는 유랑길에 올랐다. 이때의 심정을 다음과 같이 표현하고 있다.

　　송백松柏은 본래 외롭지만 강직한 것
　　복숭아와 자두처럼 남에게 좋게 보이기가 힘들다네.

　이백의 시에는 백성들의 고통스런 삶을 표현한 것도 많다.

　　농가農家의 추수 일손은 수고스럽고
　　이웃여인은 추운 밤에 방아를 찧고 있구나.

　안사安思의 난 기간에 이백은 영왕永王의 관료로 재직하고 있었다. 뒤에 영왕이 모반죄로 살해되자 이백도 여기에 연루되어 유배를 당했는데 중도에 사면을 받았다.
　보응寶應 원년(762) 이백은 궁핍한 삶을 살다가 안휘성 당도當涂에서 세상을 떠났다. 이백의 시는 지금까지 천 편이 넘게 전해지고 있다.

　두보(712~770)는 이백보다 11살 아래다. 자는 자미子美이고, 하남河南 공현鞏縣사람이다. 두보는 성도成都에서 검교공부원외랑檢校工部員外郞직을 지낸 적이 있었는데 이 때문에 사람들이 두보를 '두공부杜工部'라고 불렀다. 두보도 이백처럼 중국산천을 유람하는 것을 좋아했다. 두 시인은 유람 중에 낙양에서 우연히 만나게 되어 산동과 하남 일대를 함께 다니면서 특별한 우정을 쌓았다. 유람을 마치고 헤어진 뒤 평생 다시 만날 기회는 없었지만 끊임없이 서로를 그리워하며 지냈다. 두보는 이백을 다음과 같이 회상하고 있다.

가을에는 취해서 잠들면 이불을 함께 덮고
손을 마주 잡고 매일 동행했네.

이백 역시 두보를 그리워하며,

그대를 생각하는 마음 문수汶水의 강물과도 같아
넓고 넓게 남쪽으로 흘러서 부쳐 보네.

이백이 낭만주의 시인이라면 두보는 현실주의 시인이다. 두보는 그의 시 속에 당시의 심각한 사회모순을 표현하고 있기 때문에 훗날 사람들이 그를 시사詩史라고 불렀다. 두보의 시 가운데 「신안리新安吏」·「석호리石壕吏」·「동관리潼關吏」의 '3리三吏'가 있고, 「신혼별新婚別」·「수로별垂老別」·「무가별無家別」로 이루어진 '3별三別'이란 시가 있다.
　이 시들은 모두 당시 고달픈 백성들의 삶을 반영한 것이며, 모순된 사회현실을 읊은 것이다. 「석호리石壕吏」에서는 관부가 강제로 백성들을 전쟁터로 끌고 가는 아픈 현실을 비통한 심정으로 붓 끝에 담아냈다.

석호촌石壕村에서 자다가
관리가 밤에 사람잡아가는 것을 봤다.
영감은 담을 뛰어넘어 도망간 모양이고

할멈이 대문을 열고 관리를 맞아들였다.
　　……
밤이 깊어서야 말이 끊어지고
흐느껴 우는 소리 잠결에 들은 듯
이튿날 아침 길을 떠날 때
할멈은 안 보이고 영감하고만 인사를 나누었다.

두보가 살았던 시대에 안사의 난이 발생했다. 그는 혼란한 시대에 유랑 생활을 하면서 궁핍한 삶을 몸소 겪었다. 오랜 동란 중에 어린 아들이 굶어 죽는 비참함을 겪었고 자신은 반란군에 붙들려 장안으로 압송되는 등 모진 고난을 당했다. 그는 동란으로 백성들이 고통 받으면서 비참한 생활을 하는 모습을 보며 격렬하게 외치고 있다.

나라가 망하니 산과 강만 남아 있고
성안에 풀과 나무만 늦은 봄을 알리는구나.

고관高官의 집 안에는 술과 고기냄새 가득한데
길가에는 얼어 죽은 시체들이 뒹굴고 있네.

두보 자신도 가난과 질병으로 고통 받으며 백성들의 처참한 삶을 다음과 같이 노래하고 있다.

어찌하면 넓은 집 천만 칸을 마련하여
세상을 크게 감싸는 집지어 가난한 이들 모두에게
기쁜 얼굴 되게 할 수 있을까?
　　……
나는 얼어 죽어도 그리만 된다면야 족하다.

대력大曆 5년(770) 상수湘水의 작은 배 위에서 백발이 성성한 두보는 빈곤과 질병 속에서 쓸쓸히 생을 마쳤다.

당나라의 사회·경제가 발전하면서 그 영향은 문학작품 곳곳에 반영되었다. 통치자들이 특히 시가詩歌를 중시하면서 시가형식의 문학이 크게 발달하여 걸출한 시인들이 많이 출현했다. 당시唐詩는 시기별로 초당初唐·성당盛唐·중당中唐·만당晩唐으로 구분할 수 있다. 초당시기 시인으로 왕발王勃·노조린盧照隣·양동楊炯·낙빈왕駱賓王 등이고, 성당시기의 시인은 왕유王維·이백李白·고적高適·두보杜甫·잠참岑參 등이 있다. 중당시기에는 이하李賀·원진元稹·백거이白居易 등이 활동했으며, 만당시기에는 두목杜牧·온정균溫庭筠·이상은李商隱 등이 있다. 이 가운데 가장 대표적 시인은 이백·두보·백거이를 들 수 있다.

이백은 중국의 고대시인 굴원屈原의 낭만주의 정신을 계승했다. 상상력이 풍부하며 대담한 과장법과 자유분방하고 당당한 기세로 자신이 바라는 자유와 광명에 대한 갈망을 시 속에 담아내고 있다.

두보 시는 이백보다 더 사실적인 표현으로 당시 사회의 진실을 고발했다. 그는 힘들게 살고 있는 백성들처럼 곤궁한 생활을 겪으면서 그들의 고통소리를 자신의 시 속에 반영했다. 그의 시 속에는 진솔한 감정이 녹아 있고, 필치가 매우 섬세하며, 시풍은 매우 침울하면서도 잘 다듬어진 언어를 구사했다. 두보의 시는 마치 사서史書와 같다. 그의 시를 읽으면 비록 무거운 느낌이 들지만 사회의 진실을 반영하려는 시인의 참모습을 보게 된다.

13. 신기에 가까운 그림을 그린 화가 오도자

중국 고대예술은 당대에 이르러 고도로 발전하여 이 시기에 뛰어난 화가들이 출현했다. 오도자는 특히 인물화를 신기에 가까울 만큼 생생하게 그렸는데, 당시 사람들은 그를 화성畵聖이라고 불렀다. 사실 오도자는 조소상彫塑像에 매우 뛰어난 화가였다. 때문에 그는 민간예술에서 조사祖師로 추앙받는다.

오도자의 이름은 도현道玄이다. 어렸을 때부터 집안이 가난하여 생계를 위해 화공이 되었고, 20세를 전후하여 이미 명성을 얻었다. 그 후 끊임없는 노력으로 화법이 발전하면서 많은 사람들에게 이름이 알려졌다. 당시 오도자의 그림값이 아주 비싸서 유명한 사람들이 그에게 찾아와 그림을 그려달라고 했으나 그는 가볍게 승낙하지 않았다. 오도자는 돈과는 상관없이 예술적 정서와 영감을 통해서만 작품을 그렸다.

한번은 그가 낙양에 간 적이 있었다. 배씨裵氏라고 하는 장군이 오래 전부터 오도자의 명성을 알고 있었는데, 마침 오도자가 낙양에 왔을 때 배장군의 어머니가 세상을 떠났다. 배장군은 오도자에게 청하여 낙양 천궁사天宮寺의 벽에 한 폭의 불화를 그려서 그의 어머니를 축복하고 싶다고 했다. 배장군은 사례금을 후하게 준비하여 오도자에게 보내면서 자신의 뜻을 설명했다. 오도자는 끝까지 사양하며 받지 않았다. 그러면서 "내 평생 돈을 위해 그림을 그리지 않았습니다. 장군께서 어머니를 위해 축원하시니 이는 효도를 소중하게 여기는 좋은 일입니다. 제가 장군에게 그림을 그려드리겠습니다만, 장군은 저를 위해 무엇을 해주실 수 있습니까?"라고 하자, 배장군은 얼떨결에 "나는 검무를 출 줄 압니다"고 대답했다. 오도자는 "좋습니다. 제가 그림을 그릴 테니 장군은 춤을 추십시오"라고 제안을 했다.

오도자는 날을 잡아 배장군과 함께 천궁사에 갔다. 그는 하얀 담장 앞에서 붓과 물감을 다 준비해 두고, 술잔을 들면서 한가하게 배장군의 검무를 감상했다. 배장군의 하얀 보검은 마치 한 마리의 용처럼 상하좌우로 움직여 광채를 발하면서 변화무쌍했다. 군중들이 배장군의 검무를 보며 일제히 갈채를 보냈다. 그런데 갑자기 보검이 배장군에게서 세차게 벗어나서 칼끝을 위로 향하여 곧장 구름을 뚫고 나아가 공중에서 아름다운 호선弧線을 그린 뒤에 다시 칼끝을 아래로 향하면서 곧바로 땅에 떨어졌다. 많은 사람들이 그 광경을 보고 잇달아 몸을 피했다. 배장군은 오히려 칼집을 잡고 하늘을 쳐다보면서 날카로운 칼을 기다렸다. '쏴-아'하는 소리만 들렸을 뿐인데, 그 보검은 어느 한쪽으로도 치우치지 않고 정확하게 칼집 안에 떨어졌다. 사람들은 이처럼 뛰어난 기예를 본적이 없어서 한동안 넋을 잃고 있다가 배장군에게 열렬히 박수를 보냈다.

오도자는 술잔을 던져버리고 큰 소리로 좋다고 외치고는 몸을 일으켜 하얀 벽면으로 향했다. 용이 승천하고 봉황이 날아가듯이 붓끝이 벽면에 스치자 온화한 부처가 나타났다. 또 부처에 가볍게 붓을 갔다댔는데 순간적으로 불광佛光이 출현했다. 오도자의 절묘한 화법을 보며 군중들은 그에게도 열렬한 박수를 보냈다.

오도자가 검무를 보고 벽화를 그렸다는 이야기는 지금도 낙양 일대의 미담으로 전해진다. 현종은 오도자의 명성을 듣고 사람을 보내 그를 궁정화가로 초대했다. 그는 궁중에서 조정대신들의 초상화를 그렸는데, 그가 그린 초상은 모두 살아 움직이는 것처럼 생동감이 있었다고 한다. 현종은 그를 정식 궁정화가로 임명했다.

어느 날 현종이 오도자에게 말하기를 "가릉강嘉陵江의 경치가 아주 빼어나다고 들었는데 짐이 직접 가서 볼 수 없으니 그대가 가서 그 경치를 그림에 담아오는 것이 어떻겠는가?"라고 했다. 오도자는 황제의 명령을 받들고 가릉강에 가서 한 바퀴 둘러보고 빈손으로 돌아왔다. 현종은 오도자의 양손에 아무것도 없는 것을 보고 속으로 매우 불쾌했다. 현종이 "짐이 그대에게 그려오라고 한 그림은?" 하고 묻자, 오도자는 조금도 당황하지 않고, "전부 제 마음속에 있습니다"라고 대답했다.

현종은 오도자에게 대동전大同殿에 벽화를 그리도록 명령하고, "그림이 사실과 같지 않으면 군주를 속인 것이라는 점은 잘 알겠지?" 하며 오도자에게 경고했다. 오도자는 이미 모든 것을 계산하고 있다는 듯이 "똑같지 않으면 처벌을 달게 받겠습니다"라고 했다.

원래 현종은 계산이 있었다. 그는 동시에 두 명의 화가에게 명령하여 가릉강 산수를 그리도록 했다. 두 화가는 당시 서로 모르는 사이였다. 오도자는 마치 즉석에서 그리듯이 하루 만에 가릉강 3백 리의 경관을 전부 벽면에 그려냈다. 당현종이 불러온 다른 한 명의 화가 이사훈李思訓은 몇 개월이 걸려 비로소 가릉강의 경치를 완성했다.

현종은 세심하게 두 사람의 그림을 살펴 본 뒤 거듭 감탄하며, "오도자와 이사훈의 그림은 모두 아주 정교하다. 짐은 비록 가릉강을 직접 가보지는 못했으나, 두 사람의 그림이 일치한 것을 보니 짐이 직접 가서 그 경치를 보는 것 같구나. 오도자는 하루 만에 그리다니 믿을 수 없구나! 믿을 수 없어!"라고 감탄했다.

오도자는 생전에 수많은 그림을 그렸는데 불화佛畫가 가장 많았다. 장안과 낙양 일대의 사찰 내 벽화를 3백여 곳 그렸고, 인물화 작품도 많았는데 똑같이 그린 것은 하나도 없었다고 전해진다. 한번은 벽면에 5마리의 용을 그렸다. 그런데 하늘이 흐리거나 비가 오려고 할 때는 5마리의 용이 이를 드러내고 발톱을 치켜세우며 마치 살아 있는 것처럼 보였다고 한다.

당왕조의 경제발전은 문화와 예술부분의 발전에도 영향을 주어 회화방면에서도 여러 명의 걸출한 화가들이 배출되었다. 당나라 초기 염립덕閻立德과 염립본閻立本 형제는 인물화와 고사화(이야기를 담은 그림)에 능했다. 위지蔚遲 부자父子는 서역 각 지역의 인물들을 잘 그렸다. 이사훈李思訓 부자는 산수화를 잘 그렸는데 풍경이 사실에 가까웠다. 시인 왕유의 산수화는 후세사람들이 "시중유화詩中有畫, 화중유시畫中有詩"라는 칭찬을 아끼지 않았다고 한다.

당대 가장 걸출한 화가는 오도자이다. 그는 인물화에 능했으며 특히 불화佛畫를 잘 그렸다. 그는 서역 화가의 요철법凹凸法을 본받아 주분朱粉을 연하게 혹은 진하게 사용하여 인물의 골육骨肉표현에 입체감을 드러내어 사실감을 주었다. 그가 그린 그림 가운데 천녀天女가 걸친 옷이 나는 것처럼 나부낀다고 하여 사람들은 '오대당풍吳帶當風'이라고 했다. 오도자가 사실에 근거하여 그렸다고 하는 천관상千官像을 본 시인 두보는 마치 그림 속의 인물들이 벽에서 걸어 나와 사람들과 대화를 나눌 것 같다고 극찬했다.

오도자는 대부분 벽화를 그렸기 때문에 전해지는 작품이 별로 없다. 현재 전해오는 작품『천왕송자도天王送子圖』가 유일한 것이라고 한다. 그러나 일부 전문가들은 이 작품 역시 송나라 사람의 모사본이라고 하면서 진정한 오도자의 작품이 아니라고 반박하고 있다.

14. 감진스님이 일본에 가다

중국의 양주楊州 대명사大明寺와 일본 나라의 당초제사唐招提寺에서 곱게 칠을 한 앉아 있는 스님상을 하나씩 바치기로 했다. 이 불상이 바로 유명한 감진스님鑑眞和尙이다. 왜 중국과 일본사람들이 모두 감진스님을 존경하고 있을까? 감진스님은 어려움을 무릅쓰고 중국 양주에서 일본으로 건너간 뒤 중국과 일본의 양국 문화교류와 우호관계를 위해 헌신했던 인물이다.

감진스님(688~763)은 양주楊州 강양江陽(현재 강소성 양주) 사람으로 성은 순우淳于이다. 그의 부친은 바다를 무대로 장사를 하여 가계를 꾸려나갔는데 아주 경건한 불교신자였다. 감진스님이 14세가 되던 해 부친은 스님을 양주 대운사大雲寺로 보냈다. 스님은 출가 후 법명을 감진이라 했다.

감진스님은 20세 이후 양주 대운사를 떠나 전국각지를 유람하며 유명한 불교대사들의 설법을 들었다. 스님은 개원시대를 살았는데 이때 당왕조는 최전성기를 맞이하여 장안과 낙양 등지에는 각지에서 온 수많은 불교대사들이 운집해 있었다. 감진스님은 이러한 분위기에서 학식이 갈수록 증진되었고, 유학을 마친 뒤 양주에 돌아와 대명사大明寺의 주지가 되었다.

당시 일본은 자주 견당사를 파견하여 중국의 각종 지식과 기술을 배워갔는데 그중에는 스님들도 있었다. 한번은 일본의 영예榮睿와 보조普照 두 명의 스님들이 견당사를 따라 중국유학을 왔는데, 그 두 사람은 중국에서 덕망있는 스님들이 일본에 가서 강학을 해줬으면 좋겠다는 요청을 했다.

천보天寶 원년(742) 영예와 보조 두 스님은 감진스님의 명성을 듣고 양주 대명사에 왔다. 그리고 감진스님을 뵙고, "저희들이 스님을 일본으로 직접 모시고 싶지만 감히 요청 드리지 못하겠습니다. 스님의 제자 중 한명을 우리에게 보내 주셔서 그 불법을 전수받고 싶은데 가능하겠습니까?"라고 물었다. 그 말을 듣고, 감진스님은 주위 제자들에게 누가 가겠냐고 지원자를 찾았지만 아무도 나서는 사람이 없었다. 당시 중국에서 일본으로 가는 교통수단은 뱃길을 이용하는 것이었는데 도중에 풍랑을 만나면 생명의 위협을 감수해야 했고, 순조롭게 간다고 하더라도 몇 개월의 시간이 소요되어 사람들이 모두 두려워하는 여행길이었다. 감진스님은 그 많은 제자들 중에 아무도 가겠다는 사람이 없자, "불법을 널리 전파하는 것은 불문의 제자들이 당연히 해야 할 책임과 의무이다. 아무리 망망대해라 하더라도 앞으로 계속 전진하면 그 끝이 있을 것이다. 너희들이 가지 않으면 내가 가겠다"고 하면서 일본행을 결심했다. 이때 스님의 나이 55세였다. 제자들  이 모두 무릎을 꿇고 스님을 만류하면서 자신들이 가겠다고 나섰다. 하지만 스님은 엄숙하게 "나는 이미 결정했으니 원하는 사람은 나와 함께 가도 좋다"고 하면서 일본행의 결심을 바꾸지 않았다.

　감진스님의 인솔 아래 대명사大明寺 스님들은 일본을 건너기 위해 여러 가지 준비를 했다. 당시 조정의 방침은 민간인들이 마음대로 바다를 항해하는 것을 허락하지 않았다. 일본을 건너기 위해서는 몰래 출항하는 길 밖에 없었다. 모든 준비를 순조롭게 마치고 동풍이 오기를 기다렸다. 스님이 날을 정하여 출항하려고 할 때 뜻밖의 상황이 발생하여 모든 일이 수포로 돌아가게 되었다. 감진스님과 일본행을 함께 할 제자들 중에 도항道航과 여해如海라는 사람이 평소에 사이가 좋지 않았었다. 도항이 감진스님에게 여해는 품성과 학문이 그저 그러하니 일본에 데려가지 않았으면 한다고 말한 것이다. 이 사실을 안 여해는 속으로 화가 나서 옹졸한 마음에 본인이 못 간다면 다른 사람도 가지 못하게 해야겠다고 마음먹고 관부에 가서 이 사실을 고발해버렸다. 그 결과 도항 등이 관부에 체포되고 선박은 몰수당했으며 결국 1차 항해는 실패로 끝났다.

　그러나 일본을 가겠다고 결심한 스님의 마음은 추호도 흔들리지 않았다. 또다시 준비를 마친 일행은 양주를 출발하며 일본을 향해 출항했다. 감진스님 일행이 해안을 따라 낭구포狼沟浦[현재 강소성 대창 근처]에 이르렀을 때, 배가 암초에 부딪쳐서 파손되자 할 수 없이 뭍으로 상륙했다. 이렇게 하여 2차 항해도 실패로 끝났다.

스님은 다시 배를 수리하도록 하고 서둘러서 3차 항해를 떠났다. 그러나 이번 항해 역시 순조롭지 않았다. 일행이 바다로 나왔을 때 폭풍을 만나 배가 암초에 걸려 좌초되었다. 다행히 한 섬에 상륙하여 목숨만은 건질 수 있었다. 스님은 여러 차례 난관을 겪으면서도 좌절하지 않고 다시 4차 항해를 준비했다. 그의 제자 중에 생명의 안전을 걱정하면서 여러 차례 스님을 만류한 사람도 있었지만 스님은 포기하지 않았다. 결국 제자들이 관부에 스님의 항해를 만류해 달라고 고발하여 4차 항해도 실패로 끝났다.

천보 7년(748) 감진스님은 5차 항해를 떠났다. 일행은 망망대해에서 폭풍을 만나 14일을 표류하다가 겨우 해안선을 발견했는데 모두들 일본에 도착한 것이라 여기며 기뻐했다. 그러나 상륙하고 보니 일본이 아니라 그곳은 해남도 진주振州[지금 애현]였다. 스님 일행은 다시 양주로 돌아와 계속 항해준비를 했다. 이때 생각지도 못한 사건이 발생했는데 일본 영예스님이 오랜 피로와 병으로 인해 사망한 것이다. 감진스님도 이 시기 눈병으로 인해 두 눈을 실명했고, 스님이 아끼던 제자 상언祥彦이 병으로 젊은 나이에 세상을 떠났다.

천보 12년(753) 66세의 고령이 된 감진스님은 6차 항해를 나섰다. 항해 도중 스님과 동행한 배 한 척이 침몰했다. 두 달 동안 생사를 넘나드는 험난한 항해를 겪은 일행은 간신히 일본 구주九州에 도착했다. 스님의 일본행은 743년부터 시작하여 6차 항해에 성공할 때까지 11년이란 세월을 바쳐 이룩해 낸 것이었다. 이러한 스님의 행적은 지금까지 중국과 일본의 민간교류사에 미담으로 전해오고 있다.

감진스님은 일본에 불법을 전승하기 위해 많은 희생을 치렀다. 36명의 중국인과 일본인이 바다를 건너기 위해 목숨을 잃었고, 스님 역시 두 눈을 잃었다. 스님 일행은 일본에 도착한 뒤 일본불교계의 열렬한 환영을 받았다. 그리고 나라의 동대사東大寺에서 직접 일본 성무상황聖武上皇과 효겸천황孝謙天皇에게 계율을 전수했다. 스님은 불법을 전수하는 것 외에 중국 의학지식과 건축기술 및 문학과 서예 등을 일본에 전파하여 중일문화 교류에 커다란 기여를 했다. 감진스님의 지도하에 일본 나래奈良에 당나라 건축양식을 본뜬 당초제사唐招提寺를 건축했다.

보응寶應 2년(763) 감진스님은 일본 나라에서 세상을 떠났다. 스님의 시신은 나라의 당초제사에 안장되었다. 일본학자 담해삼선淡海三船이 『당대화상동정전唐大和尚東征傳』을 출간하여 감진스님의 일본에서의 활동과 그의 생애를 알렸다. 당초제사 내에는 스님의 제자들이 만든 감진탈태간칠좌상鑑眞脫胎干漆坐像이 있는데 일본의 국보로 지정되어 있다. 감진화상의 고향 양주에서는 중국과 일본의 양국우호를 위해 노력한 스님의 업적을 기리기 위해 '감진기념당鑑眞記念堂'을 세우고, 그 안에 일본에 있는 감진탈태간칠좌상과 똑같은 상을 만들어 보관하고 있다.

15. 돈황 - 세계예술의 보물창고

남북조시대 통치자들은 불교전파에 적극 노력했다. 당대 대외교류의 주요교통로는 실크로드였는데, 이 일대에 위치한 일부 도시는 동서교통의 요충지가 되어 물자교류 및 집산지로 중심적인 역할을 하며 크게 발전했다. 중국과 외래문화 역시 이 지역을 거점으로 전파되고 서로 융합되었다. 당시 중앙아시아 및 동남아까지 불교가 전래되어 성장하게 되는데, 이 시기 불교문화는 실크로드를 따라 동진하면서 오늘날 돈황 일대에 수많은 흔적을 남겼다. 다시 말해 돈황은 고대 불교문화 전파의 중심지였다.

중국 하서주랑河西走廊의 서쪽 끝, 한없는 고비사막 가운데 녹색의 보석을 상감해 놓은 듯한 석굴이 있는데 바로 이곳이 유명한 세계예술의 보고寶庫 돈황이다. 돈황은 중국 감숙성 내에 있으며, 한漢나라 때 이곳에 군郡이 설치되면서 비교적 규모를 갖춘 도시로 발전했다. '돈敦'이란 크다는 뜻이며, '황煌'은 번성하다는 의미라고 한다. 당대에 이르러 돈황은 더욱 큰 도시로 변모했다. 비단길이 열리면서 중앙아시아와 남아시아의 불교문화는 돈황을 통해 중국에 전래되었다. 때문에 돈황은 수많은 고승들 및 문학가와 예술가들을 배출하게 되었다.

돈황 동남쪽 20km 지점 명사산鳴沙山 동쪽기슭 절벽에 1천여 개가 넘는 동굴이 약 2km에 걸쳐 형성되어 있다. 이 동굴은 상·하로 나뉘어 3~4층으로 분포되어 있는데 촘촘하고 끝없이 이어져 마치 벌집처럼 뚫려 있다. 이곳이 그 유명한 막고굴莫高窟이다. 막고굴은 또 천불동千佛洞이라 불리는데, 현재 남아있는 유적은 5호16국시대부터 원대元代까지 10개의 왕조가 남긴 492개의 동굴이다.

동굴 안에는 각기 다른 왕조시대의 불상[진흙으로 빚어 채색한]이 2천 4백 개가 있고, 4만 5천 평방미터에 이르는 벽화가 그려져 있다. 진흙으로 만든 불상은 주로 보살상과 제자상 및 천왕天王과 역사力士등이다. 보살상과 제자상은 인자하며 장엄한 모습을 갖추고 있고, 천왕과 역사들은 위엄과 용맹함을 드러내며 마치 살아있는 듯한 느낌으로 다가온다.

불상은 당나라시대의 작품이 4분의 1을 차지한다. 당대 불상은 수량도 많을 뿐만 아니라 아주 정교하며 예술적인 가치를 담고 있다. 불상 상하부의 비례가 적당하고 얼굴을 풍만하게 표현했다. 막고굴의 불상 가운데 가장 규모가 큰 것은 33m의 높이인데, 이 규모는 10층 건물의 높이에 해당한다. 그리고 가장 작은 불상은 10mm에 불과한 것도 있다.

불상 외에 막고굴에는 광채를 발하는 수많은 벽화가 그려져 있다. 벽화는 각 시대마다 다른 형식과 품격을 담고 있다. 북위시대의 벽화는 자유분방한 필치와 침착한 색채가 특징이다. 수왕조시대의 벽화는 선에 강한 힘이 있고 막힘이 없으며 색채 또한 매우 부드럽다. 당대의 벽화는 구도가 웅장하고 오색이 찬란한 색감으로 아름답게 표현했다. 막고굴의 벽화는 크게 5가지 주제를 담고 있다.

첫째는 불경고사에 관한 내용이다. 둘째로 불교발생지의 고사, 즉 석가

모니 생전에 관한 내용을 담고 있다. 셋째는 각종 불상들의 이야기를 담고 있다. 넷째로 막고굴 건축에 기부하거나 회화를 시주한 인물상들이 포함되어 있다. 다섯째는 장식물의 도안에 관한 것이다. 회화에 반영된 내용을 보면, 어떤 것은 농민들이 경작·수확·맷돌질 하는 모습과 쌀을 찧는 모습을 그린 것도 있다. 그리고 사냥하는 사람들의 활쏘기·던지기와 동물을 쫓아가 잡는 모습을 그렸다. 또 어부들이 고기를 잡고, 그물을 말리는 모습도 그려져 있다. 벽화 가운데 가장 많은 내용을 차지하고 있는 부분은 귀족과 관료들의 호화스러운 생활상을 그린 것들이다. 혼례와 상을 치르는 일과 여행·전쟁·도살장·주막·학교·의술 등 사회생활의 각 방면을 모두 다루고 있는데 이곳 벽화에는 있을 것은 다 있고 표현할 것은 다 표현하고 있다.

벽화 가운데 가장 유명한 것은 비천飛天을 다룬 것이다. 비천은 향음신香音神이라고도 불리는데, 매우 화려한 의상을 걸치고 하늘로 춤을 추듯 옷자락을 나부끼며 나는 모습이 사람들에게 무한한 상상의 나래를 펼치도록 한다. 노래하며 춤을 추고 비파를 켜는 선녀들이 마치 살아 움직여 벽화 속에서 나오려는 것 같다.

이곳 벽화에서 우리는 고대사람들의 생활모습과 그 시대의 풍속 및 건축양식·복식 등을 엿볼 수 있다. 막고굴에는 아주 유명한 장경동藏經洞이 있다. 장경동 안에는 진나라 시대부터 당나라 시대에 이르는 10개 왕조의 불경과 서적 및 화책畵冊 그리고 호적戶籍·견직물 등 3만 건이 넘는 유물이 보관되어 있었다. 이 유물들은 중국 고대 천 년 동안의 사회·경제변화와 생활풍속을 연구하는 중요한 역사자료이다.

돈황의 막고굴은 어떻게 형성된 것일까? 전해오는 말에 의하면 5호16국 시대 북방 유목민족이 건립한 전진前秦시대(366)에 낙준樂尊이라고 하는 스님이 돈황 동남쪽 삼위산三危山지역을 유람했다고 한다. 마침 그 때가 황혼 무렵이었는데 갑자기 삼위산三危山 산봉우리에서 황금빛이 비치고 있었다. 그 빛은 마치 책상다리를 하고 있는 무수히 많은 불상처럼 보였다. 낙준은 이를 매우 신기하게 여기고 부처님의 계시로 받아들였다.

이때부터 그는 돈을 모아 삼위산三危山 맞은편 절벽에 석굴을 뚫고 불상을 만들었다. 이렇게 해서 시작된 막고굴에서 천 년 동안 무수히 많은 스님들이 수련하면서 동굴 안에 불상과 벽화를 남겼고, 수당시기에는 절정에 이르러 막고굴의 황금기를 가져왔다. 현재 전하는 동굴 70%가 당나라시대에 만들어진 것이다.

과학적인 근거에 의하면, 삼위산三危山은 일종의 금속성분을 가지고 있는 붉은 빛깔의 절벽이어서 낙조 때 남은 빛이 절벽에 부딪히면서 찬란한 황금빛을 발산하는 것이라고 한다. 고대사람들은 이 광경을 보고 자연현상의 아름다움이라고 생각하지 못했다. 불교를 숭상하던 당시 사회환경 때문에 후대에 이처럼 진귀하고 찬란한 예술품을 남긴 것이다.

 막고굴은 5호16국시대부터 시작하여 북위·서위·북주·수·당·오대·송·서하·원나라 시기까지 천 년 동안 끊임없이 동굴을 뚫고 그 안에 불상과 벽화를 남기면서 오늘날 우리에게 그 아름다움을 전하고 있다. 명나라 가정嘉靖 3년(1524)에 돈황 동쪽 가욕관嘉峪關을 봉쇄하면서 이곳이 내지 사람들로부터 단절되었고 석굴 조성작업도 막을 내렸다. 그 뒤 막고굴은 황량한 고비사막 속에 묻혀서 1900년 왕도사王道士에 의해 우연히 발견될 때까지 수백 년 동안 깊은 잠속에 빠져 있었다. 이후 점차 막고굴이 사람들에게 알려지면서 그 고요함은 사라졌다. 중국은 열강의 반식민 상태에서 많은 유물들을 침탈당했다. 열강의 야심가들은 고고학이란 이름으로 이곳을 답사하면서 유물을 약탈해 갔다. 왕도사가 한차례 대량의 유물을 약탈해 간 뒤 영국의 스타인은 24상자에 달하는 중요한 문건과 5상자 분량의 진귀한 서화 및 견직물 등을 가져갔다. 어떤 사람은 심지어 벽화에 그려진 불화를 떼어갔고, 또 어떤 사람은 불상을 훔쳐가는 등 막고굴의 수난은 계속되었다.

중화인민공화국 성립 후, 막고굴은 중국문물 중점보호지역으로 지정되어 체계적인 정리와 연구작업에 들어갔다. 현재 막고굴은 중국뿐만 아니라 세계문화유산으로 인정받고 있다.

16. 현종과 양귀비의 소원

당현종은 20여 년 동안 허심탄회하게 신하들의 간언을 받아들이고, 각 방면의 의견을 수렴하면서 유능한 군주로서 통치했다. 현종시대 뛰어난 재상 요숭姚崇·장설張說·장구령張九齡·한휴韓休 등은 정치와 사회·경제 각 방면의 수많은 정책을 현종에게 건의하며 당나라를 중흥의 시대로 이끌었다. 현종의 20년간 통치는 현명한 황제로서 그의 정치적 역량을 발휘한 시대였다. 그러나 현종은 통치 말년에 이르러 점점 사치와 방탕한 생활에 젖어들면서 정치는 재상에게 일임하고, 국방은 장군들에게 맡겨 당의 통치기반을 무너뜨리기 시작했다.

현종은 나이 61세가 되던 해, 여산驪山에서 우연히 그의 며느리 양옥환楊玉環을 만나게 되었는데, 그녀를 한번 본 현종은 양옥환의 미모에 마음을 온통 빼앗겼다. 현종은 윤리적인 문제도 아랑곳하지 않고 온갖 계책을 다하여 양옥환을 손에 넣고 귀비貴妃로 삼았다. 주위사람 중에서 한 사람이 잘 되면 모든 사람이 덕을 보게 된다. 양옥환 때문에 그녀의 오빠 두 명이 관직을 받았고, 언니 3명은 부인夫人에 봉해졌으며, 먼 당형제인 양교楊釗는 금위군 참군禁衛軍參軍에 봉해졌다. 양교는 특히 아첨을 잘하여 양귀비를 등에 업고 훗날 재상지위에까지 올랐는데 이가 바로 양귀비의 외척 양국충楊國忠이다.

현종은 양귀비의 환심을 얻기 위해 백방으로 그녀를 즐겁게 해줄 방도를 찾았다. 그녀가 여지荔枝를 아주 좋아하자 현종은 영남嶺南지역 관리에게 명하여 신선한 여지를 장안까지 빠르게 운송하도록 했다. 양귀비 한 사람을 위해 여지를 실어나르는 마차는 쉴새없이 밤낮으로 먼 영남지역에서 장안으로 달렸다. 양귀비는 춤과 노래를 잘했는데, 현종 역시 음악을 좋아하여 자주 그녀와 함께 술을 마시며 가무를 즐겼다.

현종은 궁중에서 연주하는 옛 노래가 점점 싫증이 나자 새로운 가사를 쓸 사람을 찾도록 했다. 마침 이때 시인 이백이 수도 장안에 왔다. 현종은 그의 명성을 듣고 궁중으로 이백을 불러들였다. 그리고 이백이 쓴 시가 과연 다르다는 것을 알고 그를 한림원공봉翰林院供奉에 임명하고 전문적으로 궁중의 시문을 쓰도록 했다. 이백은 술을 아주 좋아했다. 그는 자주 만취상태가 되도록 마셨  는데 오히려 이런 상태에서 그의 시상詩想은 샘처럼 솟아났다고 한다.

하루는 현종과 양귀비가 궁중에서 술을 마시면서 악사에게 신곡을 만들도록 명령하고 이백에게 가사를 쓰도록 했다. 이백은 이때 이미 취한 상태였다. 태감太監은 아랑곳하지 않고 그를 가마에 태워 궁중으로 데려와 탁자 앞에 앉혔다. 이백은 만취한 상태에서 신발이 답답한 느낌이 들어 옆에 있는 태감에게 큰 소리로 신발을 벗기라고 소리쳤다. 이백이 신발을 벗기라고 명령한 태감은 바로 현종이 총애하는 환관 고력사高力士였다. 고력사의 직위는 당시 발해군공渤海郡公이었고, 당조정에서 막강한 권력을 갖고 있는 인물 가운데 한사람이었다. 고력사는 당시 황제 앞이어서 화를 참고 분한 마음으로 신발을 벗겼다. 이백은 즉석에서 「청평조淸平調」한 수를 써 내려갔다. 현종과 양귀비는 이 시를 보며 이백을 극찬했지만, 고력사는 이후 마음속으로 이백을 원망하게 되었다.

하루는 양귀비가 자신도 모르게 이백의 「청평조淸平調」를 노래하고 있었는데, 고력사가 그 소리를 듣고 옆에서 일부러 아주 놀란 표정을 지으면서 "소인은 귀비께서 부르는 「청평조淸平調」를 듣고 이백을 몹시 원망하고 있습니다"고 했다. 이 말을 들은 양귀비는 의아하다는 듯, "왜 이백을 미워하는가?"라고 물었다. 고력사는 과장하여 "이백의 시는 귀비를 조비연趙飛燕과 비교하고 있습니다. 조비연은 방탕한 여인으로 뒤에 한나라 성제成帝가 그녀를 폐위시켰는데, 이것은 이백이 귀비를 저주하고 있는 것이 아니고 무엇이 겠습니까?"라고 대답했다.

고력사의 말은 양귀비를 매우 기분 나쁘게 했다. 이때부터 양귀비는 현종 앞에서 이백을 비난하기 시작했다. 현종이 점점 자신에게 냉담한 반응을 보이자 이백 역시 조정에서 그의 포부를 실현할 수 없음을 깨닫고 관직을 버리고 장안을 떠나 다시 끝없는 유랑의 길을 나섰다.

천보 13년(754) 당나라는 이미 폭풍전야 같은 위기에 직면하고 있었으나 현종은 여전히 정치에는 관심을 두지 않고 음주가무를 즐기면서 인생을 즐기고 있었다. 궁중에서는 계속 연회가 이어졌고 이렇게 754년 7월 7일을 맞이했다. 궁중의 법도에 의하면 이때는 성대하게 칠월칠석 연회를 베푸는 것이 관례인데, 양귀비는 그 관례를 무시하고 현종과 자신 두 사람만 참가하는 작은 연회를 갖자고 청했다. 현종은 그러자고 귀비의 말을 따랐다. 칠월칠석날 밤 현종과 귀비는 장생전에서 작은 잔치를 열었다. 궁중의 악대는 현종이 아무리 들어도 싫증내지 않았다고 하는「예상우의곡霓裳羽衣曲」을 연주하고, 두 사람은 먼 직녀성을 바라보며 마치 자신들이 하늘가에 있는 것처럼 취해 있었다.

이때 양귀비가 매우 감동하며, "황상皇上, 견우와 직녀가 우리를 보호하여 황상께서 80, 90이 될 때까지 지금처럼 건강하게 사시도록 기원해요"라고 했다. 현종은 귀비를 바라보며, "그대가 나와 함께 한다면 짐은 100세까지 살 수 있을 것이오"라고 대답했다. 현종과 귀비는 견우와 직녀성을 향해 합장하며 경건한 마음으로 하늘에서는 비익조가 되고, 땅에서는 연리지連理枝가 되어 영원히 부부의 인연을 맺게 해달라고 기원했다. 현종과 양귀비는 이처럼 내세來世의 환상 속에 빠져 있었다.

조정신하들은 날마다 현종에게 안록산이 모반을 일으키려 한다고 보고를 올렸다. 그러나 현종은 조정의 번거로운 일에 염증을 느끼고 있었고, 더구나 정치에 무관심한 양귀비와 더불어 갈수록 정치에서 멀어지고 있었다. 현종은 양귀비가 정치에 관심이 없다는 점이 마음에 들었다. 왜냐하면 당이 건국된 이래 황후와 후궁들의 정치간섭이 계속되었기 때문이다. 무측천과 위황후를 보면, 그녀들의 정치간섭은 남성들 위에 군림했다. 그러나 양귀비는 정치에 뜻이 없었다.

중국역사에서 양귀비는 빼어난 미모를 가진 여인으로 누구도 그녀의 아름다움을 따를 자가 없었다. 시인 이백은 조정에 충성을 다하고 싶었으나 오히려 '신발을 벗기라는' 것 때문에 환관 고력사에게 미움을 사게 되었다. 고력사는 현종과 양귀비의 총애를 받으면서 이백을 궁중에서 쫓아냈다. 현종 말기 통치는 문란해지고 사치와 향락에 빠져들었다. 양귀비가 궁에 들어온 뒤 현종이 날마다 가무와 여색에 빠져서 정치에 무관심해지자 조정 대권은 재상 이림보李林甫와 양귀비의 오빠 양국충에게 넘어갔다. 현종과 양귀비가 장생전에서 한 서약은 아름다운 이야기로 전해진다. 그러나 바로 이 시기 안사의 난이 발생하여 번영을 누리던 당나라는 쇠퇴의 길을 걷게 되었다.

17. 안록산이 난을 일으키다

현종시기 당은 변방의 수비를 강화하기 위해 중요한 지역에 군진軍鎭을 설치하고 그 책임자로 절도사를 파견했다. 절도사는 군진의 군사뿐만 아니라 행정과 재정까지 담당하면서 차츰 막강한 권력을 행사하게 되었다. 현종 천보天寶 초기에 10곳에 절도사를 두었는데 이곳에 주둔하는 군대의 수가 49만에 달했다. 그 가운데 안록산은 평호平戶·범양范陽·하동河東의 절도사를 겸하면서 15만의 군대를 통솔하고 현종의 신임을 얻고 있었다. 안록산의 권력이 비대해지면서 당조정에서는 양국충을 대표하는 신하들이 안록산을 제거해야 한다고 현종에게 상소를 올렸다.

천보 14년(755) 안록산安祿山과 사사명史思明이 연이어 반란을 일으켰는데 이를 역사에서는 '안사安史의 난'이라고 한다. 8년 동안 지속된 안사의 난은 당나라의 통치체제를 완전히 무너뜨리면서, 당나라가 전성기를 마감하고 쇠퇴의 길로 가게 하는 전환점이 되었다.

당현종은 겨울을 나기 위해 거대한 행렬을 거느리고 여산에 왔다. 이곳에서 현종이 여러 날 동안 향락에 젖어 있을 때, 안록산이 반란을 일으켰다는 급보를 받았다. 현종은 이 사실을 믿을 수가 없었다.

안록산은 어떤 인물인가? 한때 안록산은 전투에서 크게 패하여 당나라에 막대한 손실을 입힌 적이 있었다. 군법에 의한다면 마땅히 참수형에 해당되는 것이었지만 현종은 안록산의 죄를 사면해 주었다. 또 한 번은 안록산이 말 1천 필을 조정에 진상한 적이 있었다. 이때 현종은 그 말들을 시험해보려고 안록산에게 동행하자고 했다. 말을 타는 중 현종은 안록산이 말 등에 안장을 두 개 올려놓고 하나는 그의 살찐 배를 지탱하는데 쓰는 것을 보고 웃으면서 안록산의 배를 가리키며, "그렇게 살찐 배안에 무엇이 들어 있는가?"라고 물었다. 안록산은 현종의 기분을 맞추기 위해 "제 뱃속에는 오직 황제 폐하만을 향한 일편단심 외에 아무것도 없습니다"라고 대답했다. 이 소리를 들은 현종은 매우 기분이 좋았다.

또 안록산은 18살이나 어린 양귀비를 어머니라고 부르면서 갓난아이처럼 소리내어 울며 양귀비를 기쁘게 했다. 그는 겉으로는 바보인 척 했지만 속으로는 야심을 갖고 기회를 엿보고 있었다.

여러 곳에서 계속 전해오는 보고를 받은 현종은 정말로 안록산이 반란을 일으켰다는 것을 알았다. 안록산은 거짓으로 부하들에게 자신이 황제의 조서를 받들어 양국충을 토벌하기 위해 병사들을 움직였다고 말했다. 안록산은 20만 대군으로 황제 곁의 간신들을 제거한다는 기치를 내세우며 범양范陽을 출발했다. 안록산의 군대가 여러 군현을 지날 때 당의 군사들은 그 소문만 듣고도 혼비백산하여 도주했다. 안록산은 하북에서부터 산서지역과 하남을 점령한 뒤 동도 낙양을 포위하며 공격해 왔다.

동도 낙양의 관문 호뢰관虎牢關은 수비하기 쉽고 공격하기는 어려운 난공불락의 요새였다. 그러나 안록산의 군대는 단 하루 만에 이 관문을 공략했다. 낙양이 함락되자 당의 군대는 동관潼關으로 퇴각했다. 동관은 장안의 관문으로 동관을 지키지 못하면 장안도 안전하지 못했다. 현종은 봉상청封常淸과 고선지高仙芝 장군에게 명령하여 남은 군대를 거느리고 동관을 최후의 방어선으로 삼도록 하면서 태감 변령성邊令城을 동관 감군監軍으로 임명했다.

그런데 태감 변령성과 봉상청, 고선지는 서로 사이가 좋지 않았다. 변령성은 현종에게 군사들은 도망치고 도둑은 군량미를 훔치는 상황이라고 보고하여 봉상청과 고선지를 모함했다. 현종은 처음에는 이 보고를 듣고 반신반의 했으나 봉상청과 고선지 두 사람을 처형하도록 명령했다. 황명이 선포되자 조정은 진동하고 동관을 지키는 수많은 군사들은 모두 무릎꿇고 "억울하다"고 소리쳤다. 태감 변령성은 당황하여 잠시 형집행을 중단했다가 밤에 옥중에서 은밀하게 두 사람을 처형했다.

현종은 두 장군을 살해 한 뒤 병으로 휴식 중이던 가서한哥舒翰에게 동관을 지키도록 했다. 동관 관문밖에 참호 3곳을 설치했는데 참호의 폭은 3장, 깊이는 1장으로 설치하여 반란군이 정면으로 공격하지 못하도록 만들었다. 가서한은 수비를 주장하고 양국충은 반격을 주장했는데, 현종은 양국충의 견해를 따랐다. 반격의 명령을 받은 가서한은 통곡했다. 그는 장안을 향해 3번 절한 뒤 관문을 출발했는데, 관문을 출발한 20만의 당나라 군대는 안록산의 매복군대를 만나 하루도 견디지 못하고 모두 전멸했다. 전투는 너무나 참혹했다. 반군은 당나라 군대의 시체를 넘어 동관성으로 진격해 왔다. 가서한은 장안에 사정을 보고할 틈도 없이 부하에게 붙들려 반군에게 넘겨졌다.

장안에서는 가서한에게 승리의 축하주를 베풀 준비를 해두고 수도 장안까지 봉화로 이 소식이 전해지기만 기다리고 있었다. 이리저리 두리번거리며 봉화가 전달되었는지 계속 사람을 보내 동관의 소식을 묻고 있었지만 함흥차사였다. 하루는 온몸에 땀과 피로 범벅이 된 사자가 도착하며 현종에게 동관이 함락되었다는 소식을 전했다. 현종은 너무나 놀라서 양귀비 및 왕공 대신들을 이끌고 밤중에 사천으로 피난을 떠났다.

안록산이 낙양을 점령하자 이곳을 수비하던 대부분 관원들은 투항했고, 일부 투항하지 않은 관원들은 피살되었다. 안록산은 연燕이라는 나라를 세우고 황제에 올랐다. 그러나 2년 뒤 안록산은 그의 아들 안경서安慶緒에게 피살되고 안경서가 황제에 즉위했다. 반군은 가는 곳마다 집을 불태우고 사람을 살해하며 약탈을 자행했다. 그들이 장안에 진입한 3일 동안에 성안을 완전히 약탈하여 인적이 끊어질 정도였다.

곽자의郭子儀가 이끄는 군대와 위구르 및 서역군대가 연합하여 장안과 낙양을 회복하자 안경서는 업성鄴城으로 퇴각했다. 그리고 안록산 휘하에 있던 장군 사사명史思明이 당나라에 투항해 왔다. 사사명은 투항 1년 뒤 다시 당나라에 반기를 들고 낙양을 함락시켰다. 이후 반란군 내부의 권력쟁탈이 치열해지면서 사사명이 안경서를 살해하고 황제에 즉위했다. 얼마 지나지 않아 사사명의 아들 사조의史朝義가 안경서처럼 그의 아버지를 살해했다. 안록산과 사사명의 난은 몇 년 동안 당나라를 혼란에 빠뜨리다가 최후에 사조의가 자살하면서 끝을 맺었다.

안사의 난은 당나라의 중앙과 지방세력의 균형이 무너지면서 발생한 사건이었다. 현종 통치 말년에 절도사와 지방 호강지주들이 결탁하여 험준한 요새를 점거하고 그 지역을 관할하면서 토지·백성·군사·조세 등을 모두 통치하는 번진할거세력으로 발전하여 당나라의 권력을 크게 약화시켰다. 8년 동안 안사의 난은 당나라의 사회·경제에 커다란 손실을 초래했다. 황하 일대의 농업생산력은 심각하게 훼손되었고 중원지역의 번영했던 도시들은 거의 폐허가 되었다. 이러한 상황이 초래된 것은 반군의 약탈도 문제였지만, 위구르와 서역의 군대 및 당나라 병사들이 전란 중에 약탈을 일삼았기 때문이다.

위구르 군대와 서역 군대가 낙양을 공격했을 때, 낙양백성의 사상자가 수만에 이르렀다. 무수한 백성들이 전란 속에서 고통을 받았다. 황제는 다시 장안으로 돌아왔으나 수도 장안뿐만 아니라 당나라의 번영은 이미 저물어 가고 있었다. '안사의 난' 이후 북방의 경제

> 는 점점 쇠락해졌고, 전란을 겪지 않은 강남지역이 경제적으로 번영하기 시작했다. 중국의 경제중심은 이때부터 차츰 북에서 남으로 이동하게 되었다.

18. 양귀비의 최후

동관이 함락된 뒤 가서한이 포로가 되자 현종은 그제야 형세가 급박하다는 것을 느꼈다. 당나라 조정의 문무백관들은 떠들썩하기만 할 뿐 어떤 대책도 내지 못했다. 재상 양국충이 장안을 포기하고 사천으로 피난하자는 제안을 했다. 어쩔 수 없이 당현종은 양국충의 제안을 받아들였다. 천보 15년(756) 6월 12일 당현종은 몇 가지 장안을 수비하는 방책을 준비했다.

13일 오전에 백관들의 아침조회가 열렸는데 황제는 꾸물거리면서 나가지 않았다. 현종은 양귀비가 있는 곳에서 황궁으로 돌아갔는데, 이것은 항상 있는 일이라 조정신하들은 이상하게 생각하지 않았다. 황제가 어제 직접 출정하겠다고 선포했기 때문에 백관들은 장차 현종이 어떤 실질적인 행동을 취할 것인지 기대하고 있었다. 그런데 갑자기 한 무리의 태감과 궁녀들이 궁중에서 뛰어나왔다. 조정신하들은 그 때서야 상황을 파악했다. 이미 황제는 한밤중에 몰래 도망가 버리고 황궁에 없었던 것이다.

수도는 즉시 혼란에 빠졌다. 눈치빠른 사람들은 황궁사람들의 움직임을 파악하고 도망하기 시작했다. 후궁 3천여 명은 점심때가 되어서야 이 소식을 알았다. 황제는 출발하기 전 고력사에게 여러 수레에 금은보화를 준비하여 후궁들이 도망할 때 사용하도록 했으나 이 금은보화는 어디로 갔는지 이후 알 길이 없었다. 후궁들은 평소에는 호화스럽게 살았지만 어려운 상황에 처하여 돈 한푼 없이 한 발도 움직일 수 없었다. 많은 후궁들이 물에 뛰어들었다. 오후에 수도의 부유한 상인들과 백성들도 모두 도망하기 시작했다.

현종의 피난행렬 수행인원은 1천 명에 달하고 호위 군대가 3천 5백 명이었다. 5천 명에 가까운 행렬이 함양咸陽에 도착했는데, 함양을 수비하는 관원들은 이미 도망을 가고 없었고 황제의 피난행렬은 숙식을 해결할 수도 없었다. 피난행렬 가운데 재산을 챙겨 온 사람도 있었지만 성안은 텅 비어 있어서 돈이 있다 하더라도 음식을 살 수 없었다. 고력사가 어렵게 잡곡을 구해 왔지만 문제는 물과 땔감이 없었다. 피난행렬은 함양에서 금성金城으로 나가서 그곳에서 식량문제를 해결하려고 했다. 그러나 뜻밖에도 금성 역시 텅 빈 상태였다. 심지어 먼저 금성에 가서 숙식문제를 해결하라고 보낸 관원들도 도망가고 없었다.

14일 피난행렬이 미평米平에 도착했으나 결과는 역시 마찬가지였다. 상황은 현종이 생각했던 것보다 훨씬 더 심각했다. 현종은 말을 죽여 배를 채웠으나 이것 역시 5천 명의 식사문제를 해결하기 힘들었다. 태자 이형李亨의 행렬은 후방을 안정시키며 현종의 행렬과 일정한 거리를 유지하고 있었는데, 이때 태자의 후방부대 내에서 한바탕 음모의 분위기가 조성되고 있었다. 후방의 식량문제는 황제의 행렬보다 더 심각했다. 전방행렬이 마치 개미떼처럼 식량이 들어오면 하나도 남김없이 비워버려 후방행렬까지는 한 톨의 식량도 공급되지 않았다. 수천 명의 금군禁軍은 먹을 것이 부족했다. 의식면에서 항상 풍족했던 금군의 원성소리가 드높았다. 오늘의 난국은 모두 안록산이 반란을 일으킨 원인이며, 안록산의 반란은 양국충과의 원한 때문이라고 했다. 이때부터 금군 내에서 양국충에 대한 불만이 점점 고조되었다.

태자 이형李亨과 양국충은 평소부터 사이가 좋지 않았다. 금군禁軍이 양국충을 살해하여 속죄하게 해야 한다고 하자 태자는 이에 동조했다. 금군대장 진현례陳玄禮가 "양국충을 살해하는 것은 문제가 아닌데 양옥환楊玉環은 어떻게 할 것인가?"라며 양귀비의 문제를 제기했다. 이때 태자의 태감 이보원李補圓이 양옥환도 함께 살해하자고 했다.

마외馬嵬의 반란계획은 이렇게 하여 초안이 성립되었다. 정오에 현종의 피난행렬이 마외에 도착했다. 20여 명의 토번吐蕃사신들이 양국충을 에워싸고 식량을 요구했으나 양국충이 대답하지 않자, 금군은 양국충이 토번과 연계하여 모반을 꾀한다고 소리쳤다.

이때 화살 하나가 날아 왔다. 양국충은 피하지 못하고 화살을 맞고 말에서 떨어져 곧바로 금군에게 붙잡혀 머리가 날아갔다. 수만의 금군이 현종과 양귀비가 머물고 있는 역관驛館을 포위하고 "양국충이 모반했다! 양국충이 모반했다!"고 소리 높여 외쳤다. 순식간에 발생한 정변으로 당현종은 너무나 놀랐다. 그는 고력사에게 사람들을 진정시키도록 하고 "양국충이 모반했다면 주살은 당연하다. 모두들 휴식을 취하도록 하라"고 명령을 내렸다.

진현례가 금군을 대표하여 "양국충은 피살되었으나 양옥환은 아직 황제곁에 있으니 여러 장군들이 어찌 안심하겠습니까?"라고 하자, 현종은 "뭐라고? 그들이 귀비를 죽이려고 한단 말인가? 귀비가 무엇을 잘못했단 말인가?"라며 거의 실신상태가 되었다. 이때 역관 밖에 사람들이 점점 더 많이 운집하여 "양옥환을 죽여라! 양옥환을 죽여라"고 외치고 있었다. 현종은 분노에 찬 군중들을 보며, 일이 돌이킬 수 없는 상황이라는 것을 알고 고력사에게 금군의 요구대로 처리하도록 명령했다.

고력사는 내시內侍에게 하얀 비단 한 폭을 중간에 매듭을 짓도록 하여 양귀비의 목에 걸고 귀비에게 대례大禮를 거행한 뒤 큰 소리로 "귀비를 보내는 일을 거행한다"고 소리쳤다. 이후 참혹한 소리가 한번 들린 뒤 한 시대를 풍미했던 양귀비가 세상을 떠났다. 양귀비가 외치는 소리를 듣고 현종은 기절했다. 이때 일제히 금군의 병사들이 산이 진동할 듯한 소리로 "만세, 만세, 만만세!"를 외쳤다.

 마외馬嵬의 병변兵變은 양귀비를 제물로 바쳤다. 현종의 정치가 부패하고 무능한 탓을 양귀비 한 여인의 죄에 돌린 것이다. 안록산이 모반하기 전 여러 방면에서 그 현상이 나타나고 있었지만 현종은 보고도 알지 못했다. 금군은 안록산의 모반을 양국충과의 갈등관계에서 비롯되었다고 생각했으나 사실 그것은 표면적인 것에 불과했다. 현종이 주색에 빠져 정사를 돌보지 않고 양국충을 재상으로 발탁한 것은 현종의 실정이지 양옥환의 과실이 아니다. 역사상 양옥환은 천진난만하고 향락을 추구하며 정치에 관심이 없는 여인이었을 뿐 용서할 수 없을 만큼 대역죄를 범한 것은 아니었다.

그러나 금군은 양국충을 살해한 이상 양옥환을 살려둘 수는 없었다. 양국충과 연루되어 그녀의 생명도 끝이 났다. 그녀의 죽음은 현종과 양옥환이 꿈에도 생각하지 못했던 것이다. 양귀비는 마외馬嵬에 묻혔는데 뒤에 현종이 양귀비를 위해 묘를 다시 수리하도록 했다. 그런데 놀라운 것은 관 속에는 의관衣冠만 놓여 있을 뿐 시신은 없었다. 양귀비의 죽음은 역사의 의문으로 남았다. 당시 양귀비는 죽지 않고 민간에 잠적했으며 양주에서 잠시 머물다 일본으로 도망했을 것이라는 설이 전해진다.

현종은 마외정변을 겪은 뒤 화살에 놀란 새처럼 황급히 성도成都로 도망갔다. 태자 이형李亨이 영무靈武(지금 영하 영무 서쪽)에서 즉위하니 이가 당숙종肅宗이다. 숙종은 현종을 태상황으로 추존했다.

19. 황소의 봉기

당나라는 안록산의 난 이후 전성기에서 쇠퇴기로 접어들었다. 당나라 후반기에 이르면 환관이 중앙을 통치하고 지방에서는 번진세력이 할거하는 상황이 되었다. 균전제는 파괴되고 대다수 토지는 지주에게 겸병되어 농민의 생활은 점차 붕괴되고 도망하는 농민이 속출했다. 의종懿宗 통치시기에 당나라는 완전히 몰락한 상태에 이르렀다.

의종은 무능한 황제로 통치에 관심이 없었고 날마다 주색과 사치에 빠진 나날을 보냈다. 의종懿宗 14년(873) 동관 이동의 해안지역에 큰 한발이 들어 가을수확을 전혀 기대할 수 없는 상황이 되었다. 농민들은 굶주리고 있었는데 관부의 혹독한 세금수탈은 갈수록 심해졌다. 혁명의 커다란 폭풍우가 몰려오고 있었다.

당나라 후기 귀족과 백성의 양극화 현상은 매우 심각해져 갔다. 두보의 시에서 알 수 있듯이 "부자들의 집에서는 술과 고기 썩는 냄새가 넘쳐나고, 길가에는 얼어 죽은 사람들의 시체가 뒹군다"는 표현은 당시 상황을 잘 보여 준다. 그러나 당나라 황실은 여전히 사치스러운 생활을 하고 있었다. 예를 들어 의종의 딸이 시집을 가면서 가져간 혼수품 중에는 생활용품으로 금그릇과 은쟁반, 동전 50만 관이 포함되어 있었다. 그리고 신방을 호화스럽게 꾸몄는데 창문마다 진귀한 보석으로 치장했다. 1년 뒤 그 딸이 죽었을 때 의종은 너무나 비통해 하면서 성대하게 장례를 치렀는데, 그 행렬이 20리에 이어졌다고 한다.

궁중의 이러한 사치와는 반대로 자연재해를 만난 백성들의 생활은 고통에 시달렸다. 한 시인이 당시 농민생활을 묘사한 부분에 "천하의 백성은 길 위에서 슬피 울고, 줄줄이 산속으로 도망하고, 부부끼리 서로 살지 못하며, 부자父子간에도 서로 도움을 주지 못한다"는 상황을 전하고 있다.

함통咸通 15년(874) 소금상인[鹽商] 왕선지王仙芝가 수천 명의 농민을 이끌고 장원長垣[지금 하남에 속함]에서 봉기했다. 왕선지는 '천보평균대장군 겸 해내제호도통天補平均大將軍兼 海內諸豪都統'이라 칭하고 하늘을 대신하여 도道를 행하여 인간평등을 실현한다는 기치를 내걸었다. 의지할 곳 없는 백성들이 연이어 왕선지의 군대에 참가하게 되고 봉기는 순식간에 수만 명의 인원으로 발전했다.

왕선지가 봉기를 일으킨 곳에서 황소黃巢라고 하는 사람이 이 소식을 듣고 수천 명을 조직하여 산동 조주曹州에서 왕선지의 봉기군에 호응했다. 황소는 대대로 소금상인 집안에서 태어났다. 당나라는 소금과 철을 관에서 주관하고 개인상인들을 엄하게 단속했다. 이러한 상황에서 개인 소금판매업자들이 막대한 이득을 챙기자 민간의 많은 사람들이 생명의 위협에도 불구하고 사염판매에 뛰어들었다. 소금판매 과정에서 관부의 단속에 대응하기 위해 염상들은 자체 무장을 하고 다녔다. 황소는 어린 시절부터 소금판매 무장단체에 참여하여 관부와 충돌하면서 반항심을 키워나갔다.

황소가 왕선지의 봉기군에 합류한 뒤 산동·하남 일대에서 여러 주현을 점거해 나가며 그 기세가 점점 강성해졌다. 당나라 관군은 황명을 받들고 봉기군을 진압했으나 거듭 패전했다. 봉기군이 기주蘄州[지금 호북 蘄春]를 공격했을 때, 현지관료들이 몹시 놀라 사람을 보내 왕선지에게 만약 성을 공격하지 않으면 조정에 요청해서 관직을 내릴 것이라고 회유했다. 왕선지는 이 제안을 받아들였다. 황소가 이 소식을 듣고 매우 격분하여 왕선지에게 "처음 우리가 천하를 평정하겠다고 맹세했는데, 아직 대업을 이루지도 못한 상황에서 당의 관료가 되려고 한다면 휘하의 형제들에게 무슨 면목이 서겠는가?"라며 소리쳤다. 황소는 점점 더 격분하면서 손을 휘두르다가 왕선지를 주먹으로 한 대 때렸다. 이때 사람들이 모여 들면서 모두 왕선지가 조정의 관료가 되려 한다는 것에 분개했다. 왕선지는 황소 휘하의 모든 사람들이 자신의 행동을 반대하는 것을 보고 할 수 없이 포기했다.

이 사건이 발생한 뒤 황소는 왕선지에게 매우 실망하여 일부 부대를 이끌고 왕선지를 떠나 산동으로 돌아갔다. 왕선지의 부대는 뒤에 호북湖北 황해黃海에서 당나라 군대에게 포위되어 그의 휘하 5만의 군대가 피살되었다. 남은 부대는 산동의 황소에게 투항했다. 이로 인해 황소의 군대는 10만이 넘는 규모로 발전했다.

황소와 휘하무리들이 낙양공격을 계획하고 있는 것을 당왕조가 알아채고 각 지역의 군대를 낙양으로 보내 지원하도록 했다. 황소는 낙양공격이 저지되자 급히 회하를 건너 남쪽으로 진격해 나갔다.

당왕조의 남방수비는 비교적 허술했다. 황소군은 파죽지세로 산동에서 복건·광동까지 공격하면서 대오가 수십만 명으로 발전했다. 그러나 북방 사람들은 남방의 기후와 풍토에 익숙하지 않아 많은 사람들이 병에 걸려 부대의 손실이 컸다. 이러한 상황에서 황소는 할 수 없이 군대를 북방으로 다시 돌려 낙양으로 향했다. 조정은 각 지역의 군대에 명령하여 급히 낙양을 돕도록 했으나 당의 장수들은 황소봉기군의 공격을 받고 자신을 지키기도 힘든 상황이어서 조정의 명령을 따르지 않았다. 희종僖宗은 조정에서 문무백관을 바라보며 울부짖을 수밖에 없었다.

황소의 군대가 낙양성에 당도했을 때, 낙양수비 관원들은 싸우지도 않고 항복하여 황소군은 손쉽게 낙양에 입성했다. 낙양은 당나라의 두 번째 수도였다. 낙양이 함락되면 장안 역시 안전하지 못했다. 황소는 단숨에 동관을 공격하도록 명령을 내렸다. 동관은 장안의 관문으로 안사의 난 때 동관이 함락되자 장안도 함께 붕괴되었다. 황소의 농민군대가 쉽게 동관을 취하자 황제는 너무 놀라 급히 말을 타고 성도로 도망갔다. 수많은 백성들의 환호 속에 황소는 수십만의 대군을 이끌고 당당하게 장안에 입성했다. 광명廣明 원년(880) 황소는 장안 대명궁大明宮에서 황제에 즉위하고 국호를 '대제大齊'로 했다.

황제를 칭한 뒤 황소는 장안을 수비하기 위해 수십만의 군대를 이곳에 집결시켰다. 그러나 당의 군대가 사방에서 집결하여 장안을 겹겹이 포위해 왔다. 얼마 지나지 않아 장안성 내 양식이 점점 바닥이 나 군심이 동요하고 있었다. 이때 황소 휘하의 고위장군 주온朱溫이 당나라에 투항했다. 당나라는 또 사타족沙陀族 추장 이극용李克用의 기병 4만을 지원받아 중앙의 군대와 연합하여 황소군을 공격했다.

황소는 중화中和 3년 5월 장안에서 한 가닥의 혈로血路를 뚫고 퇴각하면서 산동 낭호곡狼虎谷까지 물러났다. 이후 중화 4년 4월에 황소는 추격하는 당나라의 군대와 이극용의 기병을 맞이하여 좌충우돌하면서 분전했으나 희망이 보이지 않자 목을 매고 자살했다.

황소의 난은 10여 년에 걸쳐 중원에서 영남에 이르기까지 중국 절반에 흔적을 남겼고, 황소의 난을 겪은 당왕조는 얼마 지나지 않아 곧 멸망했다.

황소의 난은 그 시작도 대단했지만 그 멸망 역시 매우 빠르게 진행되어 많은 사람들에게 깊은 교훈과 생각의 여지를 남겼다. 처음 봉기할 때 수천 명에 불과했던 인원이 아주 빠른 속도로 5~6십만 명으로 발전한 이유는 봉기군이 민심을 얻었고, 강성했던 당나라 백성들로부터 외면당했다는 것을 반영한 것이다. 황소는 광주廣州에서 북상하여 장안을 점령했다. 1년 3개월의 아주 짧은 기간에 신속하게 발전할 수 있었던 원인은 '균평均平'이라는 이상적인 구호를 걸고 백성들을 고취시키면서 전투에서 다양하고 긴첩한 전술을 사용했기 때문이다. 그러나 황소는 처음부터 끝까지 이동하면서 자신의 확고한 근거지를 수립하지 못했으며 또 관동번진과도 부딪치지 않고 급히 장안을 공격한 뒤 왕조를 세우고 황제에 올랐는데 이것이 황소정권의 문제였다.

황소가 장안에서 나라를 세우고 황제에 즉위한 것 외에, 또 하나의 실책은 당시 봉기군의 승세를 몰아 성도로 도망가는 희종僖宗을 추격하고 당군 잔여세력을 제거해야만 했다. 황소의 군대가 장안에 모두 운집하고 있는 동안 당 군대에게 휴식을 취한 뒤 재기할 기회를 준 것이다. 당의 군대가 다시 결집하여 장안을 포위하자 황소 군대는 즉시 식량문제에 노출되었다. 황소군은 장안의 포위망을 뚫고 다시 산동으로 물러났지만 결국 이곳에서 무너지게 된다.

황소의 난은 비록 실패했지만 10여 년의 기간 동안 황하·회하·장강과 주강 유역 등의 12개 성에 걸쳐 그 세력을 떨쳤다. 중국의 한나라와 위진남북조 이래 형성된 문벌귀족은 황소의 난을 계기로 붕괴되었으며, 첨예하게 진행된 토지겸병의 문제 역시 조금은 완화되었다. 황소의 난이 진압된 뒤 당왕조는 겨우 20여 년 지속되다가 멸망했다.

20. 통일의 시대에서 분열의 시대로

당나라는 3백여 년 동안 통치한 뒤 907년에 멸망했다. 당나라가 멸망한 뒤에 중국은 분열의 시대를 맞이했다. 중원 일대의 북방은 양梁·당唐·진晉·한漢·주周의 5개 왕조가 차례로 나타나 53년 동안 통치했는데 이 시대를 '5대五代'라고 부른다. 이와 동시에 중국 남방은 연이어 9개의 왕조가 흥망성쇠를 거듭했는데 전촉前蜀·오吳·민閩·오월吳越·초楚·남한南漢·후촉後蜀·남당南唐·형남荊南이 건립되었다. 여기에 북방北方의 북한北漢을 합하여 모두 10개의 왕조를 '10국十國'이라고 한다. 5대10국을 제외한 중국 북방에는 거란족이 출현했고, 동북지역은 말갈족정권, 서남쪽에는 남조南詔와 토번吐蕃정권이 있었다. 당나라 멸망 뒤 출현한 중국의 대분열은 당나라 조정이 실시한 번진할거의 결과였다. 번진할거제도는 어떻게 형성된 것일까?

번진할거제도의 형성과 확립은 예종睿宗부터라고 볼 수 있다. 경운景雲 2년(711) 당나라 조정은 변경지역 통치를 강화하기 위해 절도사를 파견하여 군대를 변경에 주둔시키면서 둔전을 경작하도록 했다. 이때 절도사를 '방진方鎭' 또는 '번진藩鎭'이라고 했다. 당현종 이후 번진의 장군이 오랫동안 변경을 수비하며 그 권력을 세습하면서 점차 할거국면을 형성했다.

이때부터 번진군사들이 변경지역에 정착하고 인구가 집중하는 촌진村鎭이 출현했는데 절도사는 이곳 촌진의 군사업무를 관장했을 뿐만 아니라 재정·민정의 대권을 겸하게 되고 차츰 번진세력으로 발전하여 그 일대의 패권을 차지하게 되었다. 당현종 후기 번진세력은 급속도로 팽창하여 총병력이 40만에 달하여 12만에 불과한 중앙 금군禁軍을 훨씬 초과했다. 안록산과 사사명이 거느린 군대가 가장 거대했는데, 안사의 난은 바로 이런 배경에서 발생한 것이다.

안사의 난이 평정된 뒤 당나라 조정은 안록산 휘하의 무장세력들을 받아들이고 그들을 절도사에 임명했다. 그 당시 임명한 주요 절도사는 유주幽州와 노룡盧龍의 이회선李懷仙, 성덕成德의 이보신李寶臣, 이위박李魏博의 전승사田承嗣였다. 이 세 사람은 뒤에 방대한 식솔을 거느린 할거세력으로 발전하여 '하북3진河北三鎭'이라 불리게 되는데, 그 중에서 전승사는 혼자서 10만의 군대를 가진 세력으로 성장했다. 절도사들은 훈련된 정병을 자신의 호위병으로 삼았고, 이러한 병사들을 '아병牙兵'이라 했다. 아병은 번진무장세력의 핵심병력이 되었다.

안사의 난 뒤 이유악李惟岳·이납李納·전열田悅·양숭의梁崇義 세력이 당나라에 반기를 들었는데 역사에서 이를 '4진의 난四鎭之亂'이라고 한다. 이후

주도朱滔·왕무준王武俊·전열田悅·이납李納이 연합하여 반란을 일으키고 각각 기왕冀王·조왕趙王·위왕魏王·제왕齊王이라 칭했다. 동시에 주차朱泚는 자칭 '한원천황漢元天皇'이라 하고 이희열李希烈은 초황이라 했는데 이들을 또 '4왕2제四王二帝'라고 부른다.

이희열이 반란을 일으켰을 때 조정에서는 경원병涇原兵을 파견하여 토벌하도록 했다. 그러나 경원병이 장안을 지나갈 때 토벌대 내에서 정변이 발생하여 토벌대가 오히려 반란군으로 돌변했다. 덕종德宗이 조서를 내려 진압하도록 했으나 아무도 나서는 사람이 없었다. 덕종은 장안을 탈출할 수밖에 없었고 경원병涇原兵은 장안에서 주도朱滔의 형 주차朱泚를 황제에 즉위시켰다. 후에 주차가 장안에서 쫓겨나기는 했지만 당왕조는 이미 회복하기 힘든 상황이 되었다.

번진할거는 당나라 말기 150여 년 동안 지속되었다. 당나라 멸망 후 번진할거세력은 마침내 5대10국의 분열상태로 나타났다. 이 시기 번진세력 가운데 가장 대표적인 인물은 주온朱溫이었다. 주온은 원래 황소 휘하의 장군이었는데 당나라에 항복한 뒤 선무절도사宣武節度使가 되었다. 그는 당소종昭宗 이엽李曄을 살해하고 소종의 아들을 황제에 즉위시켰다. 얼마 지나지 않아 주온은 당나라를 멸망시키고 스스로 황제에 즉위한 뒤 수도를 개봉으로 정하고 국호를 후량後梁으로 하여 자립했다. 당나라의 하동절도사河東節度使 이존욱李存勖이 923년 황제라고 칭하고 국호를 후당後唐으로 한 뒤 같은 해 후량을 멸하고 낙양에 도읍했다. 이후 태원절도사 석경당石敬瑭이 936년 후당을 멸망시키고 개봉을 수도로 하여 후진後晉을 건설했다. 946년 거란이 후진을 멸망시켰다. 태원절도사 유지원劉知遠이 후한을 건립한 뒤 거란이 물러가는 것을 기다렸다가 개봉을 수도로 자립했다. 뒤에 다시 한이 건립되었는데, 겨우 3년 만에 뜻밖에 내란이 발생하여 950년 후한의 대장 곽위郭威가 황제를 살해하고 자립하여 국호를 후주後周로 했다. 남방에 건립된 10국정권은 북방의 5대와 같이 기본적으로 절도사 또는 무장세력이 세운 할거정권이었다.

제6장
분열의 시대에서 다시 통일의 시대로
송·요·금·원대

1. 진교에서 군대가 반란을 일으키다

5대10국시기, 할거정권은 중국백성들을 가혹하게 통치하면서 중원에 많은 재난을 초래했다. 5대의 마지막 왕조 후주後周의 통치자 시영柴榮이 황제에 즉위했는데 역사에서 이를 주세종周世宗이라고 부른다. 주세종은 유능한 통치자였다. 그의 통치기간에 정치·경제·군사 방면의 계획을 실시하여 후주의 정치를 안정시켰다.

주세종의 휘하 장군 가운데 조광윤이라는 인물이 있었다. 조광윤은 주세종이 세상을 떠날 무렵 전전도점검殿前都點檢금군을 총 지휘하는 최고위 장권의 직책을 맡았다. 주세종이 죽고(959) 7세의 어린 아들이 황제에 즉위했다. 조광윤은 이때 정권을 차지하기 위하여 한차례 반란을 계획했다.

주세종周世宗이 죽은 뒤 그의 아들은 겨우 7살이었고 정권은 세종의 어머니 부태후符太后가 장악했다. 세종이 사망한 다음해 정월 초(960) 문무대신이 조정에 다 모여 어린 황제에게 신년하례를 올릴 때, 사자가 급히 보고하기를 거란과 북한北漢의 군대가 연합하여 남쪽으로 내려와 하북河北의 진주鎭州와 정주定州를 공격했다고 전했다. 부태후가 이 소식을 듣고 어쩔 줄 몰라 하자 방금까지 즐거운 표정으로 좋아하던 어린 황제가 놀라서 울기 시작했다.

조정에서는 회의를 거쳐 조광윤趙光胤을 전전도점검殿前都點檢에 임명하고 출정하도록 했다. 조광윤은 이때 30대 초반의 나이였다. 20세가 되었을 때 그는 주세종을 따라 출정出征하여 일찍이 뛰어난 전공을 세운 적이 있었다. 조광윤은 위기의 순간 명령을 받고 즉시 병사들을 모으고 장수를 선발하여 하북지역으로 출발했다. 북벌에 나선 주周의 군사들은 큰 눈이 내리는 험난한 날씨에도 불구하고 전쟁터로 떠났다.

군대가 진교역陳橋驛에 이르러서 병사들이 춥고 굶주려서 군영을 정돈하고 휴식을 취하도록 했다. 신년을 제대로 보내지 못한 병사들은 불만을 품고 있었고 일부 장령들은 "수도에 있는 황제는 새해를 보내느라 분주한데 우리는 여기서 누구를 위해 목숨을 바치려고 하는가?", "황제는 어린애이고 아무것도 모르는데 우리가 죽도록 싸운다고 해도 그 공로를 알기나 하겠는가?" 하면서 떠들썩하게 불만을 토로했다. 이때 누가 말했는지는 모르지만 "만약 조점검趙点檢[조광윤]께서 황제가 되면 좋을 텐데!"라는 말이 흘러 나왔다. 사람들은 이 소리를 듣고, "그렇습니다. 조점검께서 황제가 된다면 우리들이 빛을 보는 날이 있을 겁니다"라고 했다. 이런 분위기에서 점점 더 열기가 고조되어 가자 또 어떤 사람이 "우리가 조광의趙光義와 조보趙普에게 가서 그들은 어떻게 생각하는지 좀 물어 봅시다!"라고 건의했다.

조광의는 조광윤의 아우이며, 조보는 조광윤 휘하의 중요한 모사謀士였다. 이 두 사람은 군중에서 아주 중요한 직책을 맡고 있었다. 그날 밤 많은 사람들이 조광의와 조보를 만나러 갔다. 조광의와 조보는 이들의 의견을 들은 뒤 마음속으로는 기뻐하면서도 겉으로는 일이 잘못되면 우리의 머리가 날아갈 사건이니 모두들 근신하기를 바란다고 하고, 비밀이 새나가지 않도록 간곡하게 당부했다. 조광의와 조보는 여러 장군들의 뜻이 이러하니 다시 석장군石將軍과 왕장군王將軍의 뜻을 물어보겠다고 했다.

조광의와 조보는 즉시 수도에 사람을 파견하여 그곳을 지키고 있는 대장군 석수신石守信과 왕심기王審琦에게 연락을 취했다. 두 사람은 조광윤의 심복으로 어찌 다른 의견이 있을 수 있겠는가? 두 사람의 태도는 만약 조광윤이 행동을 개시하면 곧 협조할 생각이었다. 이렇게 하여 조광윤을 중심으로 황제자리를 찬탈할 음모가 결정되었다.

이튿날 날이 채 밝기도 전에 일부 고위장수들이 조광윤의 막사 앞에 집결했다. 위사衛士가 조광윤이 아직 일어나지 않았다고 하면서 조급해 하지 말라고 사람들을 안정시켰다. 그러나 사람들은 기다리지 못하고 막사 밖에서 일제히 "조점검趙点檢이 황제가 되십시오! 조점검이 황제가 되십시오!"라고 외쳤다. 조광윤은 마치 방금 일어난 것처럼 옷을 걸치면서 사람들에게 어떻게 된 일이냐고 물었다. 모인 사람들은 흥분하여 "지금 황제는 어리고 치국은 무방비상태이니 저희는 매우 실망스럽습니다. 어젯밤 장군들이 의논하여 조점검께서 황제의 자리에 오르도록 청하기로 했습니다. 저희는 장군께 충성을 다하기를 원합니다"고 외쳤다.

조광윤은 놀라는 기색을 보이면서 황급히 "이것이 어떻게 가능하겠는가? 어찌 가능한 일이겠는가!"라고 했다. 이때 조광의와 조보 두 사람이 미리 준비해 둔 황포黃袍를 조광윤의 몸에 입혀 주고는 무릎을 꿇고 "만세, 만세, 만만세!"를 외쳤다.

조광윤은 할 수 없다는 듯이 "일이 이미 이렇게 되었으니 내가 황포를 벗는다면 곧 죽음을 맞이할 것이다. 많은 사람들이 나를 황제로 옹립했으니 모두 나의 명령을 따르시오"라고 했다. 장수들은 "명령을 받들겠습니다"고 일제히 대답했다. 조광윤은 검을 지닌 채 "지금 바로 수도로 회군할 것이다. 수도에 들어가서 태후와 황제에게 무례하게 대해서는 안되며 조정신하들을 놀라게 해서는 안된다. 백성들을 동요시켜서도 안된다. 명령을 위반한 자는 참수할 것이다!"고 부하들에게 명령했다. 조광윤은 군대를 통솔하여 회군하면서 수도에 있는 석수신·왕심기와 연락하여 미리 모든 일을 처리해 두었다. 조광윤은 이렇게 피를 흘리지 않고 후주의 황권을 탈취했다.

사실 이 모든 일은 조광윤이 심혈을 기울여 계획한 것이었다. 당시 후주의 변경지역은 별 일이 없었다. 조정에 변고를 보고한 사람도 조광윤의 심복이었으며, 구체적인 계획을 꾸민 것은 조광의와 조보이고, 막후에서 지휘한 사람은 바로 조광윤이었다. 주세종이 죽은 뒤 조광윤은 황위皇位를 찬탈할 궁리를 꾀하고 있었으나 단지 기회가 없었을 뿐이었다. 진교역에서 조광윤은 밤잠을 못 이루며 사방을 주시하고, 귀를 열고 또 군영의 일거수일투족을 면밀히 주시하고 있었다. 조광윤의 압박으로 어쩔 수 없이 소황제는 태후의 선포 아래 양위했고, 조광윤은 정월 초 5일에 황제에 즉위했다. 그는 소황제를 정왕鄭王에 봉하고 국호를 송宋, 수도는 변경汴京[지금의 개봉]으로 하여 왕조를 개창했는데 이가 송태조 조광윤이다.

 역사상 왕조의 교체는 대부분 유혈투쟁을 거쳐 이루어졌다. 조광윤은 상대방이 생각지 못한 지혜와 모략으로 교묘하게 후주의 정권을 빼앗았는데, 이는 역사상 아주 보기 드문 사례이다. 진교역의 정변은 조광윤의 뛰어난 지략을 보여준 것이며, 또한 군중軍中에서의 그의 위신을 반영한 것이다.

조광윤은 즉위 후 3년 동안 통치집단 내부의 반대세력을 제거하고 정국을 안정시켰으며, 통일사업을 추진하기까지 13년의 시간을 소비하여 남방 각 지역의 할거세력들을 기본적으로 거의 소멸시켰다. 976년 조광윤이 병사하자 그의 아우 조광의가 황제에 즉위했다. 조광의 역시 통일사업을 진행하여 979년 변경의 소수민족 지방정권을 제외하고 중원과 남방지역을 제압하여 기본적인 통일을 달성했다.

2. 송태조 조광윤의 통치

5대10국시기 지방할거정권의 권력투쟁은 한시도 조용할 날이 없었다. 이 시기 왕조와 황제자리는 스쳐지나가듯이 빈번하게 교체되었다. 조정에서 실권을 장악한 무인세력이 군대를 이용하여 손쉽게 황권을 탈취할 수 있었던 것이다. 송宋태조 조광윤 역시 자신의 수중에 있던 군권을 이용하여 황위皇位를 찬탈한 것이다. 그는 자신처럼 진교의 병변과 황포를 입는 사건을 또다시 발생시키지 않기 위해서 황제즉위 후 고위장군들의 병권을 제거하려는 결심을 했다.

조광윤은 황제에 즉위한 뒤 과연 약속한 대로 공신들과 장군들에게 일일이상과 관작을 내렸다. 송나라의 주력군은 후주와 같이 주로 금군禁軍이었다. 왕조 초기 전국 군대 수는 37만이었는데, 그 중에서 금군이 20만이 넘었다. 말하자면 금군을 장악한 자가 곧 국가의 군대를 장악할 수 있었으며 황제의 지위까지 탐할 수 있었던 것이다.

진교병변에서 공을 세운 고위장군 석수신石守信과 왕심기王審琦 등은 그 공로로 작위를 받고 금군의 장군이 되었다. 진교병변의 연극이 어떻게 된 일인지 누가 알 수 있었겠는가? 결국 이 사건은 군권이 문제였던 것이다. 조광윤은 즉위 후 비록 외부 할거정권의 위협에 직면해 있었지만, 그가 가장 걱정한 것은 오히려 교만한 장군들이었다. 제2의 조광윤이 출현하지 않을 것이라고 누가 장담하겠는가? 그리고 진교병변과 같은 연극이 또다시 재연되지 않으리라 누가 보장하겠는가? 조광윤은 어느 날 조보趙普를 접견한 자리에서 걱정스런 마음으로 조보에게 "송나라 건립 이전 왕조가 다섯 차례나 교체되었고 황제는 8성姓이 바뀌었는데 그 원인이 어디에 있다고 보는가?"라고 물었다. 조보는 순간 어떻게 대답해야 할지 몰랐다. 그는 "중대한 일이니 신이 다시 좀 생각할 수 있도록 해주십시오 폐하께서 이에 대해 생각하시고 말씀하신 것은 정말 국가의 복福입니다!"고 했다.

며칠이 지나서 조보는 조광윤을 만나 계책을 올리기를 "신이 오랫동안 깊이 생각해보았는데, 수당 이후 전란이 그치지 않아 천하가 불안하여 수십 년간 왕조가 다섯 차례나 교체되었고 황제는 8성이 바뀌었습니다. 신의 생각은 장군의 권력이 크고 군주의 권력은 가벼워 왕조가 군권의 득실에 따라 교체되고 황권은 군권의 유무에 따라 옮겨갔다고 여겨집니다. 폐하께서는 그렇다고 생각하지 않으십니까?"라고 말했다. 조광윤은 박수를 치면서 "경과 나의 생각이 바로 일치하는구려. 바로 짐이 주장하는 바요!"라고 했다.

조광윤이 황제에 즉위한 그 다음해(961) 어느 날 저녁, 조광윤은 금군의 고위장군 석수신과 왕심기 등을 초대하여 연회를 베풀었다. 술자리가 무르익었을 때, 조광윤은 만취한 척 하면서 "여러 사람들이 추대하여 짐이 황제의 자리에 오를 수 있었소. 황제의 자리를 누가 이해하겠소 나도 지금에서야 황제자리가 쉽지 않다는 것을 알았소. 짐이 편안한 잠을 청해 본 지가 이미 오래 되었소"라고 했다. 연회에 참석한 사람들은 조광윤의 의도를 알지 못하고 "황상께서 부귀한 몸으로 사해四海의 풍요로움을 다 가지셨는데 어찌 편안히 잠을 못 드십니까?"고 물었다. 조광윤은 고개를 끄덕이며 "경들의 말이 맞소. 천자天子의 부귀함과 사해의 풍요로움을 다 가졌는데 누가 황상의 자리에 앉아보고 싶지 않겠소" 이 말을 듣고 석수신과 왕심기가 당황하며 황급히 "지금 천하가 이미 안정되었는데 누가 감히 다른 마음을 갖겠습니까?"라고 했다. 조광윤은 "여러 장군들은 이전에 짐의 친구였고, 지금은 짐의 신하들이오. 짐은 장군들이 두 마음을 품지 않을 거라고 믿소 그러나 누가 여러분들의 부하들이 그렇지 않으리라고 보장 하겠소 만약에 그들이 부귀영화를 추구하려고 어느 날 갑자기 황포黃袍를 여러분들의 몸에 입혀준다면 장군들이 설령 황제가 되고 싶지 않다고 하더라도 아마 그렇게 할 수 없을 것이오"라고 했다.

　석수신과 왕심기 등 고위장군들은 등줄기에 식은땀을 흘리면서 듣고 있었다. 그들은 조광윤이 자신들을 제거할 생각을 하고 있다는 걸 알고 무릎을 꿇고 머리를 조아리며 자신들은 절대 두마음을 품지 않겠다고 하면서 부하들에 대해서는 실제 제어할 수 있는 방법이 없고, 지금까지 이 점은 생각해 본 적이 없다고 하면서 조광윤에게 자신들이 어떻게 해야 할지 방법을 제시해 달라고 요청했다. 조광윤은 웃으면서 "인생은 고단하고 순식간에 지나가는데 재물을 쌓아두고 즐기면서 사는 것이 낫지 않겠는가. 여러분들이 쉽게 병권을 포기할 수 있겠는가? 짐이 여러분들에게 많은 상을 내려 토지와 주택을 마련하고, 가무를 하는 시녀들과 가마를 내주어 여생을 안락하게 살도록 한다면 군신이 서로 의심하지 않고 상하 모두 무사할 것이니 어찌 즐겁지 않겠는가?"라고 했다.

조광윤이 술자리가 무르익었을 때 꺼낸 이 말은 사람들을 일깨웠다. 석수신과 왕심기 등은 머리를 조아리며 계속하여 황상의 은혜에 감사드린다고 했다. 다음날 아침조회에 석수신과 왕심기 등 금군의 고위장군들이 상주하여 자신들은 나이가 많고 병이 들어 병권을 내놓겠다고 요청했고 조광윤은 이를 받아들였다. 조광윤은 조서를 내려 그들의 공적을 치하하고 각각 금과 비단을 상으로 주면서, 석수신에게 시위도지휘사侍衛都指揮使라는 관직을 내리고, 그 나머지는 각각 절도사節度使라는 관직을 주었는데, 모두 실권이 없는 명예직이었다.

조광윤은 금군장수들의 병권을 회수하고, 계속하여 수도 이외 지역의 각 장군들의 병권도 회수했다. 조광윤의 이러한 조치는 근본적으로 당나라 말부터 계속된 번진할거의 상태를 해결하고 중국통일의 기반을 마련했다.

조광윤이 술잔을 돌려 병권을 풀었다는 이야기는 석수신 등 일련의 고위장군들의 직무와 권력을 해제시킨 것을 말한다. 이 사건 역시 그가 황제에 즉위할 때처럼 피를 흘리지 않고 평화의 방법으로 문제를 해결했다. 조광윤의 방법은 유방이 한왕조를 건립 한 뒤 공신들을 주살시킨 것과는 완전히 다른 것으로 이는 역사에서 보기 드문 일이다. 조광윤은 군권을 강화하기 위해 몇 가지 조치를 실시했다. 먼저 전전도점검이란 직책을 없앴다. 이 직책은 금군의 최고통수권자이면서 그가 황제가 되기 이전에 맡았던 직무였던 것이다.

둘째로 삼아三衙를 설립했다. 삼아는 금군을 관리하고 훈련시키는 임무를 갖고 있으나 군대의 통솔권은 없었다. 조광윤은 금군의 통솔권을 추밀원에 귀속시키고 추밀원은 황제의 직속하에 두었다. 이밖에 조광윤은 무관을 군직에서 물러나게 하고, 문관으로 하여금 군대의 통솔권을 맡도록 했다. 삼아와 추밀원을 서로 견제하게 하면서 금군의 통솔권은 직접 황제만 지휘할 수 있도록 한 것이다.

이런 방법을 취하고도 조광윤은 역시 안심이 되지 않아 군대를 자주 이동시켜서 고정적인 주둔지를 설치하지 못하게 했다. 장군들 역시 자주 교체하여 고정적인 통수권자를 두지 않게 되자 "군대는 장수가 없고, 장군은 고정적인 군사가 없으며", "장군은 병사를 알지 못하고 병사는 장군을 알지 못하는 현상"이 나타났다.

조광윤이 군권을 황제에 집중시킨 결과 송나라의 군사력이 크게 저하되어 요나라와 서하와의 전쟁 중에서 송나라는 계속 패전을 면치 못했다. 그 근본원인은 조광윤의 위와

> 같은 군대조치 때문이라고 할 수 있다. 이 같은 결과는 송태조 조광윤이 생각지도 못했던 문제였을 것이다.

3. 용감한 양씨가문의 장군들

송나라 건립이전 후진의 통치자 석경당石敬瑭이 황제가 되기 위해 연운燕雲16주州의 땅을 나누어 거란에게 주고 거란의 협조를 구했다. 송나라 건립 후, 조광윤은 처음에는 쉽지만 나중에는 모든 것이 어렵다는 방침에 근거하여 먼저 남방의 할거세력을 제거하려는 통일전쟁을 취하고 요나라에 대해서는 방어정책을 취했다. 송은 남방을 통일한 뒤 북한北漢을 공격하기 위해 군사행동을 감행했다. 뜻밖에 북한은 요나라에 구원을 요청하여 송의 군대가 패했다.

979년 송태종 조광의가 재차 북한을 공격하자 북한은 또다시 요에 원병을 청했다. 태종이 먼저 군대를 파견하여 요나라 군대의 이동경로를 차단하자 고립무원의 북한은 송에 항복했다. 이때 북한의 명장 양업楊業이 송나라에 항복하자 태종은 그를 장군으로 임명했다. 양업은 송나라를 위해 뛰어난 업적을 세웠는데, 특히 요나라의 병사들이 양업의 이름만 들어도 간담이 서늘할 정도로 적을 두려움에 떨게 했다. 민간에는 그에 관한 아름다운 이야기가 지금까지 전해오고 있다.

송나라 태종은 북한을 압박하여 항복하도록 했고(979) 이 기회를 틈타 요나라를 진격하여 연운16주의 땅을 회복하려고 했다. 양업은 네 아들을 거느리고 태종을 따라 출전했다. 송나라의 군대가 유주[지금 북경]까지 계속 진격하여 눈앞에 승리를 두고 있을 때, 뜻밖에 요나라 지원군이 도착하여 전세가 순식간에 역전되었다. 고량하高梁河의 전투에서 송나라의 군대가 대패하여 양업의 네 아들이 실종되었고, 태종은 황급히 탈출하여 겨우 마차 한 대를 잡아타고 수도로 돌아왔다.

유주의 전투 후, 요나라는 자주 송나라를 침략했다. 태종은 양업을 대주자사代州刺史로 임명하고, 안문관雁門關을 방어하도록 했다. 요나라는 10만의 군대를 동원하여 안문관을 공격해 왔다.(980) 당시 양업 휘하의 군대는 몇천 명에 불과했다. 양업은 죽기를 각오하고 싸운다 하더라도 승산이 없다고 생각하고 지혜로 승부를 내야겠다고 결심했다. 양업은 병사들 중에서 정예병 수백 명을 선발한 뒤 말을 타고 좁은 길을 몰래 돌아서 안문관 이북에 도착했다. 요나라 군대가 안문관 공격을 개시했을 때, 생각지도 못한 함성이 갑자기 들려왔다.

양업은 병사들에게 나뭇가지를 늘어뜨려 길에서 왔다갔다 하도록 했다. 흙먼지가 일면서 앞이 보이지 않자 요나라의 군대는 어느 곳에서 기병이 공격해 오는지 알지 못했고, 또 그 수가 얼마인지 헤아릴 수도 없어서 할 수 없이 후퇴명령을 내렸다. 양업은 안문관을 수비하고 있는 송나라의 군대와 함께 요나라의 군대를 크게 물리쳤다. 안문관대첩 이후 양업의 이름이 널리 알려졌다. 요나라의 병사들은 '양가장楊家將'이란 말만 듣고도 두려워했다.

986년 송태종은 번미潘美 등을 파견하여 대군을 삼로三路로 출격시켜 재차 요를 공격했다. 양업은 번미潘美의 부장으로 임명되었다. 번미와 양업의 군대가 안문관을 출발하여 연속 4개 주를 수복한 뒤 계속 공격을 준비하고 있을 때, 두 방면의 군대가 패퇴하여 조정에서는 철수명령을 내렸다. 이때 군중軍中에서 분규가 발생했다. 장군 번미와 감군監軍은 환주寰州를 공격하고서 철군하자고 제안 했으며, 양업은 적의 수가 많고 아군은 열세라고 생각하여 잠시 철군하여 커다란 손실을 면해야 한다고 했다. 양업은 번미에게 적군의 기세가 너무 강성하니 좁은 길로 병사들을 보내 공격하여 적을 유인한 뒤 백성들을 철수시키자고 건의했다. 번미와 감군은 양업의 작전에 반대했다.

감군은 양업을 조소하면서 "왜 적이 무서워서 그런가? 우리 군대가 간다면 대로大路로 가야지. 아군이 이렇게 많은데 놀라도 우리가 아니라 적이 놀라야 한다. 적군이 무서워서 그런가? 아니면 다른 음모가 있어서 그런가?"라고 물었다. 번미와 감군이 한사코 양업에게 환주를 공격해야 한다고 하자 양업은 매우 분개하며 "내가 죽는 것을 겁내고 다른 뜻이 있다고 말하는데 터무니없는 소리입니다. 병사들을 거느리고 환주를 진격하여 첫번째 교전에서 반드시 승리할 것입니다. 그리고 죽음을 각오하고 싸우겠습니다"라고 했다.

양업은 한 골짜기를 가리키며 번미와 감군에게 말하기를 "이곳 지형이 매우 험준하여 내가 병사들을 거느리고 출정하는데 반드시 적을 이기지 못할 것 같습니다. 먼저 싸우고 또 후퇴하면서 적을 이곳으로 유인하겠습니다. 아군이 이곳에 매복해 있다가 함께 공격하면 우리가 승리할 수도 있을 것입니다"고 했다.

양업은 병사들을 거느리고 적을 향해 나아갔다. 적군은 마치 개미떼처럼 촘촘하게 사방에서 포위해 왔다. 양업은 적을 막아내지 못하고 계획대로 전투를 하다가 후퇴하면서 적을 계곡으로 유인했다. 양업의 군대가 계곡에 이르렀을 때 적군은 꼬리를 물고 계속 이어졌다. 누가 알았겠는가? 계곡은 너무나 조용했고 매복하고 있어야 할 송나라의 병사들은 보이지 않았다. 원래 번미 군대가 산 계곡에 매복해 있었지만, 하루 기다리다가 참지 못하고 철수해버린 것이다. 양업은 아군이 없는 상태에서 적을 유인하여 계곡으로 들어온 것이다.

양업은 원군이 없는 것을 알고 죽기를 각오하고 싸우기로 결심했다. 이때 주위의 병사들이 점점 줄어들고 1백여 명만 남게 되었다. 양업은 눈물을 머금고 "여러분들이 어떤 사람은 연로하고 어떤 사람은 젊은이들인데 나를 따라 죽을 필요는 없다. 다행이 도망쳐서 살아남는다면 이 전투의 상황을 조정에 보고하라. 부탁한다!"라고 주위에 당부했다. 부하들은 그의 곁을 떠나려고 하지 않았다. 모든 병사들이 전사했으며 그중에는 양업의 두 아들, 양칠랑楊七郎과 양연왕楊延王도 있었다.

양업은 혼자서 좌충우돌하면서 수백 명의 적을 물리쳤다. 그의 갑옷은 붉은 피로 물들었다. 격렬한 전투 중에 화살 하나가 날아와 양업의 말을 명중시켰다. 양업은 말에서 떨어져 적군에게 붙들렸다. 적군이 양업에게 투항하도록 권유하자 그는 크게 웃으면서 "나는 송왕조의 당당한 대장이다. 어찌 너희들에게 항복하겠느냐? 내가 간사한 사람들로부터 해를 당하여 군대가 전몰하고 불행하게도 포로가 되었다. 그러나 나 양업은 살아나가고 싶은 생각이 추호도 없다!"고 했다.

양업은 3일 밤낮을 먹지 않고 황제가 있는 수도를 향해 재배하고 죽었다. 당시 그의 나이 59세였다. 죽음에도 굴복하지 않은 그의 소식은 조정에까지 전해졌다. 태종은 잘못의 책임을 물어 번미의 직책을 강등시키고, 감군은 철저하게 조사하도록 명령을 내렸다.

양업이 죽은 후, 그의 아들과 손자가 그의 뜻을 받들어 계속하여 전쟁터에서 분발했다. 양업의 7명 아들 가운데 큰아들·둘째·셋째·일곱째가 전쟁터에서 죽었고, 넷째는 실종되었으며, 여섯째 양정랑楊廷郞이 살아남았다. 양정랑은 뒤에 양정소楊廷昭로 개명했는데 사람들은 그를 양육랑楊六郞이라고 불렀다.

999년 요나라가 재차 송나라를 공격해 왔다. 양육랑은 이때 수성遂城지금의 하북성 徐水 서쪽을 수비하고 있었다. 요나라의 군대가 공격해 오자 양육랑은 직접 성벽에 올라가서 병사들과 함께 성벽에 물을 뿌렸다. 당시 마침 한겨울이어서 물을 뿌리면 곧 결빙되어 성벽이 미끄러우면서 단단하게 되었다. 요나라 군대가 100여 차례 성을 공격을 했으나 실패하여 포기할 수밖에 없었다. 이 전투에서 양육랑은 철수성鐵遂城의 승리를 얻었다는 칭찬을 받았다. 양육랑은 20여 년 동안 변경수비를 하면서 여러 차례 요나라의 공격을 물리쳤다. 그 가운데 3관三關와교관·익진관·어교관을 9년 동안 수비하면서 요나라 군대가 한발짝도 이곳을 넘지 못하도록 했다. 1014년 양정소가 고양관高陽關에서 사망할 때 그의 나이 57세였다.

양정소의 아들 양문광楊文廣 역시 유명한 장군이었다. 그는 하북과 섬서지역의 진을 수비하는 대장으로 있으면서 여러 차례 서쪽정벌에 나서서 서하西夏침입을 막아냈다. 양문광은 정주定州의 부임지에서 병으로 사망했다.

양가장楊家將의 이야기는 수백 년 동안 중국민간에 전해왔다. 일찍이 북송 중엽 민간에서 양가장의 고사를 책과 희곡으로 편찬한 사람이 있었다. 북송의 저명한 문학가 구양수는 양업 부자에 대해 "아버지와 자식 모두 명장으로 지혜와 용맹이 무적이었다. 지금 천하의 장사에서부터 민간에 이르기까지 모두 양가장을 말한다"고 했다. 명나라 시기에 양가장이야기의 줄거리가 완비되고 인물의 형상을 분명하게 한 『양가장연의楊家將演義』・『양가장전楊家將傳』이 출현했다. 양가장은 양업과 그의 아들들 그리고 손자 양문광 등이 있으며, 또 목계영穆桂英 등 양씨가문의 여장수들이 포함되어 있다.

양가장은 수백 년 동안 예술적인 가공을 거치면서 진실의 역사인물과 일정한 거리를 갖게 되었다. 예를 들면 그중 어떤 인물, 즉 양사랑楊四郎・양오랑・양칠랑・양팔랑・양종보楊宗保・목계영・양배풍楊排風 등은 허구의 인물이다. 고사 속의 인물과 역사적 인물을 혼동해서는 안될 것이다. 민간에 전해오는 이러한 고사는 사람들이 적에 항거하여 싸운 영웅들에 관한 사랑과 애통함을 표시한 것이며, 오랫동안 숭배와 존경의 대상이 되었다. 또한 자신의 이익만을 위해 나라를 배반한 간신들에 대해 역사는 질책과 멸시를 보내고 있는 것이다.

4. 왕소파와 이순의 봉기

5대시기에 이어 사천에 전촉前蜀과 후촉後蜀, 두 할거정권이 건립되었다. 당나라 말 농민봉기의 불길이 사천까지 미치지 못한 까닭에 이 지역 할거세력은 영향을 받지 않았다. 이후 송나라와 전촉과 후촉이 서로 투쟁하는 과정에서 사천백성들은 심하게 약탈을 당했다. 그 과정에서 사천지역의 빈부격차는 심각해져 갔고, 송나라가 건립되어 30여 년이 지난 뒤 마침내 왕소파와 이순이 지도하는 농민봉기가 폭발하게 되었다.

태조 조광윤은 이곳에 군대를 파견하여 먼저 전촉을 멸한 뒤 후촉을 붕괴시켰다. 조광윤이 후촉을 66일 동안 공격했는데 군대가 출발하기 전 조광윤은 최고장군에게 "공격하여 승리하면 그곳의 금은보화를 병사들에게 나누어주고 짐은 토지만 취할 것이다"라고 했다. 송나라의 군대는 황제의 명령을 듣고 아주 용감하게 성을 함락시키고 가는 곳마다 백성들의 재산을 취하여 자신의 주머니를 채웠다.

사천은 예로부터 풍요로운 지역으로 비단과 차茶·마포麻布 등이 전국적으로 유명했다. 송나라는 사천을 평정한 뒤 박매무博買務송나라 조정에서 직접 관리하는 물품거래소를 설치하고 상업과 무역을 장악했다. 이후 조정에서는 백성들의 거래를 금지시키고, 뒤에는 소금과 차 역시 왕조에서 직접 관리하는 전매제로 돌렸다. 이렇게 되자 물품의 생산·판매·유통에 종사하던 백성들의 생계가 막히게 되었고 차의 생산·판매에 종사한 백성들도 실업에 직면하게 되었다. 이에 사천백성들은 조정의 박매무 설치에 대해 커다란 반감을 갖게 되었다.

993년 2월 어느 날, 사천 영강군永康軍 청성현靑城縣에 살고 있던 1백 호 가량 되는 차생산 농민들이 생계문제로 모여 의논했다. 모든 사람들이 이구동성으로 "차를 판매상들에게는 허락하지 않고 모두 박매무에서 취급하도록 하는데, 박매무에서는 찻값을 너무 낮게 책정하여 우리를 죽이고 있다. 이것은 정말 말도 안된다!"고 불만을 표시했다. 또 어떤 사람은 "우리집 차는 박매무에서 모두 가져가버렸다. 찻값은 평상시의 반값만 쳐준 것이다"고 했고, 또 어떤 사람은 "이웃마을에 사는 십여 명의 남자들이 차농사를 그만두고 뱃사공으로 갔는데 가릉강嘉陵江에서 빠져죽었다"라는 말을 했다. 이때 왕소파라고 하는 사람이 "내 평생 가장 싫어했던 것은 천하의 빈부가 불공평한 것입니다. 부자는 재산이 만 관貫에 달하고, 가난한 자는 밥을 지을 쌀도 없습니다. 내가 여러분을 위해 빈부를 균등하게 하려고 하는데 여러분 생각은 어떻습니까?"라고 했다. 모여 있던 사람들은 일제히 "당신이 우리에게 빈부를 고르게 해준다면 당신을 따르겠다."고 하며 왕소파의 말에 찬성했다.

당시 궁핍한 생활에 처한 사천의 차 농민들은 왕소파의 주도하에 봉기했다. 봉기 후 10일이 지나자 수만 명의 농민들이 모여들었다. 왕소파가 이끄  는 농민행렬은 먼저 청성현을 점령한 뒤 그 기세를 타고 팽산현彭山縣을 공격하여 그곳 현령 제원진齊元振을 사로잡았다. 제원진은 이곳 백성들의 재물을 가혹하게 수탈했기 때문에 백성들은 그를 매우 미워했다.

사람들은 제원진이 아주 사소한 것까지도 껍질을 벗겨내서 가져간다고 생각했다. 백성들은 해마다 그를 조정에 고발하여 태종을 놀라게 했다. 태종은 흠차대신을 파견하여 촉을 순찰하도록 했는데, 제원진은 미리 그 소식을 듣고 몰래 재산을 다른 곳으로 옮겨 놓았다. 흠차대신이 암암리에 탐방을 했으나 그의 집에는 아무것도 없었으므로 조정에서는 백성들이 그를 이유없이 고발한 것으로 생각했다.

태종은 특별히 유지를 발표하여 금문자로 된 청렴한 관리라는 뜻의 '위관청렴爲官淸廉'이라는 편액을 제원진에게 하사했다. 사천백성들은 이 소식을 듣고 너무나 분개했다. 왕소파가 팽산을 점령한 뒤 제원진의 집에서 대량의 재물을 찾아냈다. 백성들은 제원진을 즉시 죽여야 한다고 했다. 제원진이 죽은 뒤 백성들은 그의 배를 가르고 한웅큼의 돈을 집어넣어 자신들의 분노를 표출했다. 왕소파는 제원진의 집안재물을 전부 백성들에게 나누어주었다. 이후 왕소파의 농민봉기군은 점점 강력해졌다.

왕소파의 봉기군이 공주邛州와 촉주蜀州를 점령했다. 봉기군은 도착한 곳마다 빈부를 균등히 하자는 구호를 실천했다. 이에 농민군대는 눈덩이를 굴리듯이 갈수록 점점 더 크게 불어났다 12월에 이르러 왕소파의 군대가 강원江原을 공격했는데 이곳을 방어하던 사천도순검사四川都巡檢使가 완강하게 저항했다. 왕소파는 격전 중에 화살을 맞았다. 그는 통증을 참으면서 계속 전투를 지휘하여 마침내 도순검사를 살해했지만, 그 자신도 상처가 깊어 세상을 떠났다.

왕소파 사후, 사람들은 그의 처남 이순李順을 지도자로 추대했다. 이순은 계속 평등분배의 구호를 내세우며 사천 각지를 돌며 싸웠다. 994년 정월 이순의 농민군대는 촉의 가장 큰 도시 성도를 점령했다. 많은 사람들의 환영을 받으며 성도에 입성한 이순은 '대촉국大蜀國'을 선포하고, 연호를 '응운應運'이라 하고, 그 자신은 '대촉왕大蜀王'이라 했다.

대촉정권 건립 후에도 이순은 '균빈부'의 구호를 계속 실천했다. 성도지역에 도착한 농민군대는 그곳 향촌부호들에게 스스로 재산을 이순정권에 알리도록 했다. 그리고 그 사실여부를 조사한 뒤 각기 필요한 재산을 제외하고 그 나머지는 가난한 농민들에게 분배했다. 이순 정권은 '응운통보應運通寶'와 '응운원보應運元寶'라는 두 가지 화폐를 발행했다.

이순 농민군의 수가 백만에 이르렀을 때 사천 대부분 지역을 장악했고, 장강 상류를 제압하면서 북송을 두려움에 떨게 했다. 태종은 두 방향으로 군대를 파견하여 사방에서 촉을 포위하며 공격했다. 이순의 군대는 전선이 너무 길고 지원군이 도착하지 않아 5일 만에 붕괴되었다. 이때 3만이 넘는 사람들이 죽었고 이순 역시 전투 중에 사망했다. 나머지 농민군은 사천 각지에서 완강하게 저항했지만, 모두 송나라의 관군에 의해 진압되었다.(995)

이순은 전투에서 희생되었다. 그러나 그 후 오랫동안 사천사람들의 전설에는 그가 죽지 않았다고 믿었다. 송나라의 군대가 성안에 들어온 뒤 두루 이순을 찾았다. 어느 날 거리에서 수염이 긴 중년의 남자가 매우 이순과 비슷하여 관청에서 그를 즉시 살해했다. 40여 년 뒤 민간에는 또 다른 이순에 관한 전설이 생겨났는데, 이순이 광주에서 살고 있다는 것이었다. 현지

관원들은 반신반의하면서 70여세가 된 노인을 체포한 뒤 살해했는데, 그가 바로 진짜 이순이었다는 설도 있다.

송나라가 건립된 뒤 백만의 규모에 달하는 농민봉기가 폭발하여 3년간 지속되었다. 송나라 초기 사회모순은 일부 지역에서 여전히 첨예하게 드러났다. 송나라의 통치자는 왕소파와 이순의 봉기를 진압하기 위해 엄청난 재력과 인력을 소모한 뒤 사천지역의 항거세력을 한바탕 철저하게 소탕했다. 당시 농민봉기군이 표방한 '균빈부'의 구호는 수많은 농민들의 토지에 대한 절박함을 반영한 것이었으며 중국역사에서 중대한 영향을 남겼다.

5. 전연에서 화친을 맺다

5대시기 요하遼河와 난하灤河 상류 일대에서 생활하고 있던 거란족의 추장 야율아보기가 거란의 8부를 통일한 뒤 강력한 통치권을 형성하고 북방의 막강한 세력으로 성장했다. 916년 아보기가 자립하여 황제에 즉위했는데, 역사에서 이를 요태조遼太祖라 한다.

조광윤은 황제에 즉위 한 뒤 요나라가 커다란 위협세력이라는 것을 깨달았다. 그는 태원의 북한정권을 두 차례 공격했으나 요나라의 간섭으로 실패하여 원한을 품고 세상을 떠났다. 조광의가 황제에 즉위하여 북한을 멸망시킨 뒤 그 여세를 타고 5대시기 요나라에게 잃어버린 연운16주를 회복하려고 했지만 오히려 요나라의 군대에게 패배했다. 986년 조광의는 재차 군사를 움직여 요나라를 공격했지만 또 참패했다. 송나라는 이때부터 적극적인 공격으로 나서지 못하게 되었고, 반대로 요나라의 침략에 시달리게 되었다.

경덕 원년(1004) 요나라가 20만 대군으로 송나라를 침략했다. 두 왕조의 군대가 전연[지금 하남성 복양]에서 대치했다. 전연은 황하 근방에 위치하여 거리상으로 송의 수도 지금의 개봉과 매우 가까웠다. 요나라의 군대가 침략해 온다는 소식이 전해지자 조정에서는 모두 놀랐다. 송나라의 진종이 군신회의를 개최했는데 한쪽은 주화主和를 주장하고, 다른 한쪽은 주전主戰을 제기했다. 주화파 중에는 두 가지 견해가 있었는데 하나는 요나라에 타협안을 제시하는 것으로 땅을 나누어주는 방법이고, 또 하나는 수도를 금릉金陵 또는 성도成都로 옮기자는 주장이었다.

　진종은 결정을 내릴 수 없어 재상 구준寇準에게 물었다. 구준은 재상에 부임한 지 얼마 되지 않았는데, 외지순찰을 하던 도중에 상황이 급박하다는 소식을 듣고 급히 수도로 돌아왔다. 구준은 참지정사(당시 부재상) 왕흠약王欽若 등이 타협안을 주장했다는 것을 이미 알고 있었다. 그는 왕흠약 등의 면전에서 일부러 의아하다는 표정을 지으면서 "황상, 누가 타협안과 천도를 주장했는지 모르겠습니다만, 이런 사람들은 정말 죽어 마땅합니다!"고 했다. 왕흠약 등은 이 말을 듣고 분노했지만, 황제에게 말하기를 "이 역시 어쩔 수 없는 방법입니다. 꼭 그렇게까지 할 필요는 없다고 여기지만 신은 어떤 주장을 해야 할지 모르겠습니다"라고 원만하게 처리하려고 했다. 구준은 강경한 어조로 "적을 앞에 두고 타협한다는 것은 곧 투항을 의미하며, 조정 역시 도망하는 것이니 적의 사기를 올려 주고 우리의 위신을 떨어뜨리는 것이 됩니다. 군대를 움직인다면 적을 완전히 몰아내지 못하더라도 우리 군대가 저들의 남침을 조금이라도 막아낼 수 있을 것입니다"고 했다. 진종 역시 이 말을 듣고 한 번 더 생각한 뒤 출정하기로 결정했다.

　송나라 군대가 진종의 지휘 아래 북쪽으로 향하여 전주성에 도착했을 때, 요나라의 군대가 계속 남하한다는 소식을 듣게 되었다. 양쪽 군대가 바로 교전을 앞둔 상태라는 말을 듣고 진종이 놀라서 마음이 바뀌어 환궁하려고 하자 천도를 주장하던 사람들은 이 기회를 타고 다시 천도를 제기했다. 구준은 급히 말리면서 "황상, 적이 가까이 다가오는 이때 우리 군대가 조금이라도 전진해야지 절대 물러설 수 없습니다. 지금 모든 병사와 백성들이 눈을 크게 뜨고 황상을 바라보고 있습니다. 만약 황상께서 적을 맞이하여 싸우신다면 군대의 사기가 크게 높아질 것입니다. 그러나 말머리를 돌려 남하한다면 군대의 사기는 곧 땅에 떨어질 것입니다. 적이 만약 그 기회를 타서 우리를 공격한다면 우리는 큰 위험에 처할 것입니다. 황상께서 다시 한번 고려하시길 바랍니다"라고 했다.

구준의 설득 때문에 진종은 할 수 없이 북쪽으로 가서 전연에 주둔했다. 전주성은 남과 북 두성으로 나뉘어 중간에 황하를 사이에 두고 있었다. 진종은 구준의 설득으로 가까스로 전주 북성北城에 도착했다. 구준은 병사들에게 황룡기黃龍旗를 걸도록 명령하고, 3군三軍의 장군들을 만나서 "만세, 만세, 만만세!"라고 외치며 서로 사기를 진작시키도록 병사들을 독려했다.

며칠 동안 사방 각지에서 황제의 군대를 돕기 위해 온 병사들이 수십만 명에 이르렀다. 이때 요나라는 비록 전주를 삼면으로 에워싸고 공격하고 있었지만 성을 공격할 때 장군 가운데 한 명이 송나라 군대의 화살을 맞고 전사한 상황이었고, 송나라는 황제가 직접 출정하여 전선에서 지휘하고 있는 상태여서 성을 쉽게 함락시킬 가망도 없었다. 그런데다 스스로 철군할 수는 없다고 여겨 협상의 분위기가 형성되었다. 송나라 진종 역시 적에 대해 승리할 자신이 없었다. 송나라와 요나라는 평화회담을 계기로 난처함을 벗어날 수 있다고 생각했으므로 양자가 모두 마음이 맞아 떨어졌다. 진종은 조리용曹利用을 사자로 파견하여 요나라의 진영에 가서 담판하도록 했는데 떠나기 전에 조리용에게 "담판이 성사되면 매년 그들에게 은 1백만 냥을 주면 되겠지?"라고 했다.

구준은 담판을 반대했지만 자신이 아무리 노력해도 황제의 마음은 이미 화친으로 굳어져서 다른 방법이 없다는 것을 알고, 저녁에 조리용에게 사람을 보내 말하기를 "황상께서 비록 요나라에게 1백만 냥을 주겠다고 했지만, 내가 경고하건대 만약 30만 냥을 초과한다면 내가 너의 머리를 베겠다!"고 했다. 경덕 원년(1005) 1월 송나라와 요나라 양측이 화친을 맺었다. 송나라는 매년 요나라에게 은 10만 냥, 비단 20만 필을 보내주기로 했는데, 이 조약을 '전연의 맹'이라고 한다. 당시 비단 한 필은 은 한 냥에 해당 되었으므로 화친 배상금은 모두 은 30만 냥에 이르렀다.

조리용은 담판을 마치고 돌아와서 진종을 뵙자고 했다. 진종은 그 때 마침 식사중이어서 태감을 보내서 배상금이 얼마인지 물었다. 조리용은 손가락 셋을 펴보였다. 태감은 진종에게 조리용이 손가락 셋을 펴보였다고 전달했다. 진종은 그 소리를 듣고 "짐이 1백만 냥을 말했는데 어찌 3백만 냥인가?" 하다가 다시 생각을 바꾸어 중얼거리듯 "됐다. 됐어. 3백만 냥으로 평화를 얻을 수 있다면 역시 가치가 있어!"라고 했다. 진종은 뒤에 조리용이 은 30만 냥밖에 쓰지 않았다는 것을 알고 매우 기뻐하면서 이번 담판에서 조리용이 일을 잘 처리했다고 칭찬했다. 진종은 조서를 내려 성대한 잔치를 베풀고 담판의 승리를 축하하며 여러 신하들에게 이 뜻을 영원히 기념하도록 시詩와 부賦를 짓도록 했다.

'전연의 맹'은 극도로 부패한 송나라와 진종의 무능함을 여실히 드러냈다. 적을 앞에 두고 조정 내부에서는 격렬한 화전和戰논쟁이 계속 되었으며, 그 결과 주화파主和派가 주도권을 차지하여 요나라와 화친의 관계를 수립하게 되었다.
구준은 강력하게 항전을 고집하며 나약한 황제에게 직접 군대를 통솔하여 전선에 나가도록 권했다. 당시 송나라의 군대는 수십만이었으며 백성들의 지지를 받고 있었기 때문에 승리할 가능성이 있었다. 그러나 진종은 태조와 태종 모두 요나라와 전쟁에서 실패했기 때문에 요나라와 교전하려고 하지 않았다. 진종은 이미 정신적으로 요나라에게 패배했다. 송나라 군대가 싸워보지도 못하고 실패했던 근본원인이 여기에 있었다.
전연의 맹약 이후 주화파는 진종의 면전에서 황제를 옆에 끼고 황제에게 도박을 걸도록 한 구준의 행동은 국가의 치욕이라고 하며 구준을 공격했다. 진종은 구준을 재상직에서 파면시키고 섬주陝州(지금 하남성 섬현의 知州로 좌천시켰다. 이후 조정에서는 주화파의 의견이 우세를 차지했다.

6. 청렴한 관리 포청천

송나라와 요나라가 전연의 맹약을 체결한 뒤 북방은 안정되었으나 서북 변경의 당항족

黨項族이 그 기회를 틈타 빈번하게 송나라의 변경을 침입해 왔다. 송나라의 입장에서는 문 앞의 호랑이를 쫓아냈는데 뒷문으로 이리를 불러들이는 꼴이 되었다. 진종은 당항족의 수령 이덕명李德明을 서평왕西平王으로 봉한 뒤 조씨성趙氏姓을 하사하고 매년 막대한 은과 비단을 보내면서 30여 년의 평화관계를 유지했다. 1038년에 이덕명의 아들 이원호李元昊가 황제를 칭하고 대하大夏라고 했는데, 역사는 이를 서하西夏라고도 부른다. 송나라와 서하는 여러 차례 전쟁을 치르면서 막대한 인명과 재물을 잃었다.

인종이 범중엄范仲淹에게 변경수비를 맡기면서 차츰 안정을 되찾았다. 그러나 송나라는 거듭되는 전쟁을 겪으면서 요나라와 서하에게 보내는 배상금이 가중되어 재정위기에 직면하고 있었다. 이때 범중엄은 인종에게 10조의 개혁조치를 올렸는데, 이것이 바로 '경력신정慶歷新政'이다.

범중엄은 신정을 추진하면서 커다란 좌절을 겪었다. 보수세력의 공격으로 신정은 폐지되었고 결국 범중엄은 조정을 떠났다. 이때부터 송나라의 조정은 갈수록 무능력해졌다. 특히 수도 개봉에서는 황제의 친인척들이 국법을 무시하고 공공연하게 부정부패를 저지르고 있었다. 정직한 신하들은 분노했지만 감히 말할 수 없는 상황이 되어 조정은 암담한 분위기로 가득 찼다. 이때 신지부新知府 포증包拯이 개봉부開封府에 파견되어 이러한 상황을 조금 변화시켰다.

포증은 여주廬州 합비合肥출신으로 인종 때 진사에 합격하여 벼슬길에 나갔다. 그는 여러 지역의 지방관을 두루 거쳤는데, 매 부임지마다 확고하게 법을 집행하고 공평무사하게 일을 처리하여 백성들의 칭송을 받았다. 포증이 맨처음 처리했던 안건은 '우설안牛舌案'이었다. 그는 이 안건을 매우 공정하게 판결하여 명성을 널리 떨치게 되었다.

포증이 천장현天長縣 현령으로 부임했을 때 이 사건이 발생했는데, 어떤 농민이 아침에 일어나 보니 자신의 소가 땅에 엎어져서 입 가득 피를 흘리며 고통스러워하고 있었다. 농부는 너무나 놀라 소의 입을 벌려보고 소 혀가 잘려나간 것을 알았다. 농부는 즉시 관에 와서 신고했다.

이 사건을 어떻게 조사해야 할까? 포증은 잠시 침묵하다가, 농부에게 "이 일을 다른 사람이 또 알고 있느냐?"고 물었다. 농부는 "아닙니다. 아침에 소 혀가 잘려나간 것을 보고 즉시 달려왔습니다"라고 하자 포증은 "됐다. 이 일은 비밀로 하고 너는 돌아가서 몰래 소를 잡아 고기를 팔도록 해라. 그러면 분명 어떤 사람이 너를 고발할 것이다. 고발하는 그 사람이 바로 범인이다!"라고 했다. 농부는 반신반의하면서 집으로 돌아갔다.

당시 조정에서 정한 법률은 어느 누구도 관의 허락없이 마음대로 소(耕牛)를 도살하지 못하도록 되어 있었다. 그래서 만약 이 법령을 어길 경우 죄로 다스렸다. 농부는 소의 혀가 이미 잘려나가 다시 소를 살릴 수도 없고, 관에서 소를 잡도록 허락했으니 염려할 것 없다 생각하고 소를 잡았다. 농부가 소를 잡아 고기를 팔았는데 다음날 어떤 사람이 관아에 와서 누군가가 마음대로 소를 잡았다고 고발했다.

포증은 "대담하고 교활한 도둑이군. 네가 남의 집 소 혀를 베어가고서 소 주인이 함부로 소를 잡았다고 고발하러 오다니!"라며 호되게 그 사람을 꾸짖었다. 고발하러 온 사람은 포증의 생각이 너무나 정확해서 깜짝 놀라 무릎을 꿇고 사건의 자초지종을 자세히 실토했다. 본래 이 사람은 소 주인과 원한이 있었다. 그는 소 혀를 잘라내면 소가 살 수 없을 것이고, 농부는 반드시 소를 잡을 것이며, 이렇게 되면 소를 잡은 농부는 죄를 면하기 어려울 것이라고 생각했다. 소 혀를 자른 범인은 본인이 총명하다고 생각했겠지만 자신의 꾀에 스스로 걸려들었던 것이다.

또 포증이 여주에 부임했을 때, 그의 외삼촌이 포증을 믿고 재물을 탐하여 법을 어기는 사건을 저질렀다. 그 결과 어떤 사람에게 고발을 당했는데 사람들은 포증이 어떻게 이 사건을 처리할 것인지 보고 있었다. 포증은 외삼촌을 관부로 끌고 와 그 자리에서 훈계했다. 친구가 그 소식을 듣고 와서 사정을 했지만 포증은 듣지 않았다. 포증이 말하기를 "내가 만약 외삼촌을 풀어준다면 이후 친구들이나 주위사람들이 그 권세를 믿고 다른 사람을 속이고 비리를 저지를텐데 그 때는 어떻게 하겠는가?"라며 법대로 외삼촌을 처벌했다.

포증이 청렴강직하다는 소문이 널리 알려지자 인종은 개봉부의 질서를 한차례 정돈하기 위해 특별히 그를 개봉부 지부知府로 파견했다. 포증은 이곳에 부임한 뒤 먼저 개봉부 아문의 질서를 정돈했다. 원래 당시 규정에 의하면 고소할 때는 소장訴狀을 써야 하는데, 일반백성들은 글을 모르기 때문에 고소장을 쓸 줄 몰랐다. 백성들이 고소장을 작성하려면 관청의 소리小吏에게 부탁할 수밖에 없었는데, 이 관리들은 그 대가로 백성들을 착취하고 있었다. 때문에 사람들은 쉽게 관청에 와서 고발할 생각을 못하고 있었다. 포증은 백성들의 상황을 이해한 뒤 어떤 사람이라도 관계없이 관청에 와서 북을 두드리기만 하면 고발할 수 있는 규정을 정했다. 이후 백성들은 포증 덕분에 고발할 사정이 있으면 관청에 와서 아주 편리하게 처리할 수 있게 되었고, 또한 관청 하급관리들의 부정부패를 방지할 수 있었다.

포증의 법집행은 아주 엄밀하여 누구든지 법을 어기면 깊이 헤아려서 백성이든 관리이든 막론하고 일률적으로 공평하게 처리했다. 예를 들어 개봉에 어느 해 큰 수재가 발생하여 성안에 하수도가 막혀서 배수가 되지 않아 일부 지역이 물에 잠겼다. 포증은 즉시 명령을 내려 상대가 누구이든지 간에 하도河道에 세워진 건축물들을 기한 내에 모두 철거하도록 했다. 관부의 명령을 고관귀족들에게 전달했지만, 대귀족들은 이 보잘것없는 지부知府의 명령은 조금도 마음에 두지 않았다. 경력이 있는 사람들은 심지어 땅문서를 위조하기도 했는데, 포증은 철저하게 이를 무시하고 철거를 명령했다. 그는 또 한편으로 이러한 상황을 황제에게 상소하여 최후에는 위반한 건축물을 차근차근 철거해 나갔다.

강남 서쪽지역 전운사轉運使를 맡고 있는 왕규王逵라는 인물이 가혹하게 세금을 수탈하고 사람을 함부로 죽이는 등 폭정을 휘두르자 어떤 사람이 와서 포증에게 고발했다. 포증이 본 소장의 글에는 백성들의 비참한 처지가 얼룩져 있었다. 그는 노여움을 참지 못하고 백성들을 위해 반드시 이 폐단을 바로잡아야 한다고 결심하고 황제에게 상소를 올렸다. 1차 상소에서 황제는 왕규를 다른 곳으로 부임시키려고 했다. 그러나 포증은 이에 불복하고 왕규와 같은 사람은 절대 관료가 되어서는 안된다고 다시 상소를 올렸다. 이에 황제는 왕규의 관직을 바꿔주려고 했다. 포증은 다시 완강하게 황제에게 상소했다. 포증은 모두 7차에 걸쳐 왕규를 탄핵하는 상소를 올려 마침내 황제에게 왕규의 관직을 파면시키도록 했다. 이처럼 포증의 거침없는 탄핵으로 관직에서 파면된 사람들 중에는 황제가 총애하던 장귀비張貴妃의 백부 장요좌張堯佐와 황제의 총신 태상소경太常少卿 임변任弁 등도 포함되어 있었다.

포증은 평생동안 백성들을 위해 수많은 안건을 처리했다. 특히 그는 백성들을 괴롭히는 잡다한 세금안건을 분명하게 처리했는데, 이때문에 적지 않은 고관귀족들이 법에 저촉되었다.

인종은 그를 매우 중용하고 추밀부사樞密副使로 임명했다. 포증은 높은 관직에 오른 뒤에도 거친 음식을 먹고 마차를 타지 않은 아주 검소한 생활을 했다. 송나라시대 가장 이상적인 관료였던 포증은 삼사호부부사三司戶部副使 등 여러 관직을 역임하다가 1062년 부임지에서 병으로 사망했다.

 포증은 30년 동안 관직에 있었다.『송사』포증전에 의하면, 포증은 청렴강직한 관료로 권문사족들을 두려워하지 않았고 강력하게 법을 관철시켰으며 조금도 사사로움이 없어서 황제의 친족 및 측근들까지도 그를 두려워했다고 기록하고 있다. 그가 수도 개봉부에 재임하는 동안 온갖 비리를 저지르던 고관들도 감히 경거망동할 수가 없었다.

포증은 이후 오랫동안 많은 사람들의 칭송을 받았다. 사람들은 그를 '포공包公', 또는 '포청천包靑天'·'포대제包待制'·'포룡도包龍圖'라고 존칭했다. 민간에는 지금까지 포증에 대한 수많은 일화들이 전해져 오는데, 특히 그의 청렴하고 강직한 품성은 많은 사람들의 사랑과 존경을 받았다.

포증이 역사상 이처럼 영향력을 발휘했던 것은 그의 개인적인 역량도 있었지만, 더 중요한 조건은 당시 황제 인종이 신하들의 직언을 적극 수렴하고 정치에 반영하는 역량 있는 통치자였기 때문이다. 만약 인종이 우둔한 황제였다면 포증은 일찍이 관직에서 파면됐을 것이며 역사상 '포청천'이란 인물 역시 존재하지 않았을 것이다.

7. 북송의 개혁가 왕안석

인종은 40년 동안 제위에 있었는데 그의 통치기간에 송나라는 외우내환外憂內患이 끊이지 않았다. 인종이 비록 허심탄회하게 신하들의 간언을 수렴하고 범중엄과 포증 등 일부 강직한 신하들을 임용하여 개혁을 실행한 적도 있었지만, 전체적인 송나라의 위기국면을 크게 개선하지는 못했다. 왕조는 여전히 가난했고 허약한 상황에 처해 있었다. 인종은 아들이 없었다. 그의 사후 황족의 자제 중에서 한 명을 선택하여 제위를 계승시켰는데, 이가 영종英宗이다.

영종은 단명하여 재위 4년 만에 병으로 사망하고, 그의 아들이 제위를 계승했는데 역사에서는 이를 신종神宗이라고 한다. 신종은 20세에 황제에 즉위했다. 그는 빈곤하고 허약한 송왕조의 상황을 변화시키고자 개혁의 뜻을 세웠다. 그는 '누가 이 왕조의 허약하고 빈곤한 상황을 변화시킬 수 있는 법을 수립할 수 있을 것인가?'에 주목했다. 이때 마침 신종이 한 사람을 만나게 되는데, 이가 왕안석王安石이란 인물이다.

왕안석은 무주撫州 임천臨川[지금 강서성 무줘]사람이다. 그는 지방의 하급관리 가정에서 출생하여 20세에 진사에 합격한 뒤 지금 절강성 은현鄞縣[지금 절강성 영패의 현령으로 부임했다. 왕안석은 부임 이후 이곳 자연조건은 아주 좋지만 재난을 만나면 심한 피해를 당한다는 것을 알게 되었다. 조사를 마친 다음 왕안석은 이곳의 수리시설이 낙후되었다는 것을 알고 수리시설을 정비하는 계획을 세웠다. 그는 직접 농민들을 통솔하면서 제방을 축성하여 3년의 세월이 흐른 다음 이곳의 생산조건을 크게 변화시켰다.

또 그는 부임지의 토지겸병 현상이 매우 심각하다는 것을 알게 되었다. 봄이 되면 농민들은 항상 씨앗도 없어서 지주들에게 종자를 빌릴 수밖에 없었고, 가을수확이 끝나면 배로 상환을 해야 하는데 만약 갚지 못하면 토지를 빼앗기게 되어 토지는 점점 지주에게 겸병되었다.

왕안석은 이러한 상황을 이해한 뒤 매년 초봄이 오면 관청의 창고를 열어 농민들에게 종자를 나누어주고 가을이 되면 저리로 갚도록 하여 농민들을 지주의 고리대금에서 벗어날 수 있게 했고, 또 토지겸병 현상을 일부 완화시키도록 했다. 왕안석은 조정대신 한유韓維와 아주 친밀해서 두 사람은 자주 서신을 주고받았다. 그 편지 가운데 왕안석이 제안한 정치적인 견해도 몇 가지 들어 있었다. 한유는 왕안석의 견해를 매우 칭찬하면서 종종 신종 앞에서 왕안석의 의견을 말하여 신종의 칭찬을 받았다.

어느 날 한유는 신종에게 "제가 항상 말씀드린 견해는 사실 모두 제 벗인 왕안석의 생각입니다"라고 했다. 신종은 왕안석을 만난 적은 없었지만, 이후 계속 마음속에 왕안석을 생각하고 있었다. 훗날 신종은 개혁의 뜻을 세우고 왕안석을 수도로 불러들여 송왕조 개혁을 왕안석에게 전부 일임했다.

왕안석이 수도로 불려온 것은 사실 이때가 두번째였다. 그는 20년 동안 지방관료로 재임하면서 이미 명성을 얻고 있었다. 1060년 인종이 경성으로 그를 불러들여 당시 가장 급선무였던 재정문제를 맡겼다. 왕안석은 인종에게 재정문제에 대한 개혁을 제출했지만, 당시 범중엄이 실시했던 신정이 막 좌초되었던 때여서 인종은 다시 개혁을 펼칠 뜻이 없었고 왕안석의 주장에 대해 관심을 갖지 않았다. 왕안석은 자신의 주장이 실현될 수 없다는 것을 알고 모친상을 핑계로 수도를 떠났다.

왕안석은 신종의 부름을 받고 다시 수도로 돌아왔다. 신종은 왕안석을 불러들이고 힘껏 그를 격려했다. 그날 밤 왕안석은 곧 바로 한통의 상소를 작성하여 개혁에 대한 그의 견해를 표명했고, 신종은 그것을 보고 매우 만족스러워 했다.

희녕熙寧 2년(1069) 신종은 49세의 왕안석을 부재상에 임명하고 변법을 맡겼는데 변법의 실시내용은 왕안석의 건의에 기초한 것이었다. 전문적인 입법기구를 설립하여 '제치삼사조례사制置三司條例司'라 칭하고 이 기구에 새로운 사람들을 임용했다. 왕안석의 희망은 변법을 통하여 송나라의 부국강병을 도모하려는 것이었다. 때문에 변법의 핵심은 재정과 군사 두 방면에 치중되었다.

재정방면에서 실행된 신법은 청묘법·모역법·균수법·시역법·농전수리법·방번균세법 등이었다. 군사방면의 신법은 장병법·보마법·보갑법·군기감 등이었다. 왕안석이 변법을 실행한 뒤 전국적으로 1만여 곳에 수리사업을 일으켰는데, 이후 농업생산량이 크게 증가하여 백성들의 생활이 이전보다 개선되었다. 국가의 재정수입이 증가하고 국방력도 강화되어 변경수비도 다소 안정되었으며, 요나라와 서하의 침입을 저지하고 2천 리의 땅을 회복하기도 했다.

그러나 왕안석의 변법은 시작부터 보수파의 반대에 부딪혔다. 변법이 진행되어 갈수록 보수파세력은 위축되어 갔으며, 이 때문에 보수파 내부에서 끊임없이 상소를 올려 변법철회를 요구했다.

어느 날 신종은 왕안석을 불러서 근심이 가득한 표정으로 "현재 조정 안팎에서 변법에 대해 의견이 분분한데, 경이 세상이 바뀌는 것을 두려워하지 않고, 여론을 듣지 않고, 왕조의 규칙을 따르지 않는다고 사람들이 말하고 있는 것을 알고 있는가?"라고 물었다. 이에 대해 왕안석은 매우 활달하게 "황상, 이 세 가지는 신이 일찍이 들어서 알고 있습니다"라고 대답했다. "그렇다면 경은 왜 나에게 말하지 않았는가?"라고 묻자 "신이 생각하건대 변법을 추진하는 과정에서 조정의견은 매우 정상적인 것입니다. 신하들이 이 세 가지 의혹만 제기한 것이라면 신이 생각건대 황상께서 열심히 정사를 돌보고 계시므로 세상의 천변天變을 방지할 수 있습니다. 황상께서는 항상 민정을 이해하시는데 이것이 바로 여론을 살피는 것입니다. 선왕의 규범 역시 원래 변하지 않는 것은 없습니다"라고 했다. 신종은 왕안석의 말을 듣고 이치에 옳다고 생각했다.

1074년에 하북에서 한재旱災가 발생하여 10개월 동안 비가 오지 않았다. 어떤 곳은 마실 물조차 구하기가 힘들었다. 조정에서는 이 틈을 타 요언謠言을 퍼트리며 왕안석을 공격했다. 즉 "왕안석이 변법을 실시한 뒤 하늘이 노한 것이다. 왕안석이 물러나지 않으면 하나님이 비를 내리지 않을 것이다"라는 유언비어였다. 신종은 이러한 소문을 듣고 반신반의하면서도 번민하여 잠을 이루지 못했다. 할머니 조태후와 어머니 고태후는 신종에게 울면서 변법을 즉시 중지해 달라고 호소했다. 신종의 뜻에 따라 왕안석은 잠시 수도를 떠나 강녕부江寧府에 내려가서 휴식을 취했다.

그 다음해 왕안석은 수도로 다시 돌아왔다. 수개월이 지난 어느 날 하늘에 혜성이 나타났다. 보수파는 이것을 보고 불길한 징조라고 여기며 변법을 연계시켜 다시 왕안석을 공격했다. 신종은 보수세력에 둘러싸여 동요하기 시작했다. 왕안석이 여러 차례 상황을 해명했지만 신종은 이미 변법에 대해 신념을 상실하고 있었다.

1076년 왕안석은 재상에서 파면당하여 강녕으로 돌아왔다. 비록 재상의 직위에서 물러났지만 신정이 완전히 폐지된 것은 아니었다. 관직을 박탈당한 상태였지만 백성을 위한 왕안석의 입장에서는 최소한의 위안이 되었다. 10여 년 뒤 신종이 죽고 8세의 철종이 즉위했다. 철종이 어린 나이에 즉위하자 고태후高太后가 섭정하면서 보수파의 사마광司馬光을 재상에 등용했다. 사마광은 재임 1년이 채 안되어 16년 동안 실시된 신정을 완전히 폐지시켰다. 오랫동안 정치에서 물러나 있던 왕안석은 이 소식을 듣고 마음이 매우 무거웠다. 1086년 그는 근심을 품은 채 세상을 떠났다.

왕안석의 변법은 희녕 2년부터 희녕 9년(1069~1076)까지 진행되었는데 역사에서는 이를 '희녕변법熙寧變法'이라고 한다. 희녕변법의 효과는 매우 분명하게 나타났다. 농전수리법을 시행하여 전국 3,600만 무畝의 토지에 관개를 할 수 있게 되었고, 청묘법·시역법·균수법을 추진하여 조정수입을 증가시키고 물가를 안정시켰다. 또 보갑법의 실시는 향촌의 군사력을 강화하고 변경의 방어를 견고히 했다. 변법은 일정 부분 대관료와 대지주의 권익을 침해 했지만, 전체적으로 볼 때 변법의 실시로 인해 송나라의 사회모순을 완화시키고 재정위기를 타개하여 국방력을 증강시키는 효과를 가져왔다.

왕안석은 일찍이 "천변天變이란 두려워할 만한 것이 못되며, 조종祖宗도 모범으로 삼기에는 부족하며, 남의 말 따위도 우려할만한 것이 못된다"라고 한 적이 있다. 이 말은 왕안석이 갖고 있는 소박한 유물주의 사상과 개혁의 정신을 반영하고 있으며, 중국역사상 저명한 정치가이며 개혁가다운 면모를 보여주는 사례이다.

변법은 대관료와 대지주의 이익을 침해하여 그들의 완강한 저항을 받았다. 이밖에 신법의 집행과정에서 불완전한 부분이 종종 폐단으로 나타났다. 예를 들면 청묘법을 어떤 지역에서 실시할 때 농민에게 강제적으로 할당하는 상황이 나타났다. 이러한 실책은 보수파가 신법을 반대하는 구실이 되었다. 왕안석의 변법은 완전히 신종의 의지가 담긴 것이었다. 신종 사후 보수파의 핵심인물 사마광이 재상에 부임하면서 모든 신법은 철저하게 폐지되었다.

왕안석이 죽고 7년이 지나 철종이 직접 통치하게 되면서 새롭게 신법파를 중용하여 다시 개혁을 추진했으나 이때의 신법은 이미 변질되어 있었다.

8. 사마광이 자치통감을 편찬하다

신종 때 사마광은 한림원翰林院 학사學士를 지낸 적이 있었는데 왕안석과 친밀한 사이였다. 그러나 변법문제에서 두 사람 사이에 격렬한 의견차이를 보였다. 왕안석이 신법을 추진할 때마다 사마광은 거의 다 반대했다. 특히 청묘법이 실시되자 사마광은 이것을 취소해 달라는 상소를 올렸는데 신종은 가부可否를 말하지 않았다.

사마광은 왕안석에게 편지를 써서 그의 4대 죄상을 열거했다. 청묘법은 기타 관원의 직권을 침범하여 시비를 일으키고 있고, 백성들을 수탈하며 다른 사람의 의견은 거부하고 있으니 적극적으로 이를 취소해야 한다고 왕안석에게 말했다.

왕안석은 사마광에게 편지를 써서 사마광이 열거한 4대 죄상을 하나하나 반박하면서 조금도 굴하지 않고 "내가 황상의 뜻을 받들어 변법을 추진하고 있는데 어떻게 타인의 직권을 침해했다고 말하는가? 내가 국가를 위해 일하고 있는데 어떻게 시비를 일으키고 있다고 말하는가? 내가 천하를 이롭게 하기 위해 일하고 있는데 어떻게 백성을 수탈하고 있다고 말하는가? 내가 신법을 공격하는 여론을 반박하면서 그 뜻을 이해시키고 있는데 어찌 타인의 의견을 거부했다고 말할 수 있는가?"라고 사마광의 글에 답을 보냈다.

사마광은 왕안석의 편지를 받고 너무나 분개하여 벼슬을 그만두고 수도를 떠나 낙양에 와서 글을 쓰기 시작했다. 이것이 바로 유명한 『자치통감資治通鑑』의 편찬이다. 그러다 신종이 세상을 떠나고, 고태후高太后가 섭정하면서 재상으로 발탁되었다.

사마광은 섬주陝州 하현夏縣지금 산서 하현사람이다. 어렸을 때부터 총명하여 보통사람보다 뛰어났다. 한번은 어린아이가 큰 물항아리 속에 빠져서 목숨이 위태로운 상황에 처했다. 다른 아이들은 너무 놀라서 소리를 지르고 있는데, 사마광은 이때 돌을 주워서 물 항아리를 깨뜨리고 그 아이를 구해냈다. 이 사건 때문에 사마광은 어렸을 때부터 유명해졌는데, 어떤 사람이 이 상황을 그림으로 남겼다. 당시 수도와 낙양 일대에서는 누구나 이 사건을 알고 있었다.

사마광은 글공부에 아주 뛰어났다. 특히 그는 역사책을 좋아했는데, 그 중에서도 『좌씨춘추左氏春秋』를 읽으면서 수많은 고사를 사람들에게 실감나게 이야기했다. 성년이 되어 그는 진사에 합격했다. 사마광은 수많은 사서를 읽고, 역대왕조의 흥망성쇠를 살피면서 자못 감개무량함을 느꼈다. 그는 역사는 나선식으로 전진한다고 생각했고, 간단하게 중복되지 않으며, 놀랄 만큼 비슷한 상황이 자주 발생한다고 생각했다. 역사의 경험과 교훈은 거울로 삼을 만하며 특히 제왕에게는 더욱 중요하다고 생각했다. 그러나 사마광이 생각하기에 중국의 역사기록은 너무 많아 황제가 그 많은 사서를 읽을 시간이 충분하지 않기 때문에 『좌씨춘추』에 근거하여 간단한 편년사編年史를 편찬하려고 한 것이다.

사마광이 47세가 되던 해, 영종은 사마광에게 역대제왕들의 행적을 편찬하도록 하여 그것으로 통치의 근간으로 삼고자 했다. 황제의 생각은 사마광의 뜻과 일치했다. 그는 즉시 작업을 시작하여 그 다음해 전국시기부터 진나라까지 기록을 완성하여 『통사通史』라는 이름으로 영종에게 바쳤다. 영종은 이것을 받아본 뒤 칭찬하면서 계속 편찬하도록 명령하고 전문적인 편찬기구의 설립을 허락했다. 영종은 또 사마광에게 필요한 인원을 선발하도록 하고, 조정의 서적을 열람할 수 있도록 허락했다.

사마광이 편찬을 시작하여 몇 년의 시간이 흐른 뒤 모든 서적이 완성되었다. 이때 영종은 이미 세상을 떠나고 신종이 즉위했다. 사마광은 신서新書를 신종에게 올렸고, 신종이 열람한 뒤 역대왕조의 치란治亂과 흥망성쇠의 경험과 교훈이 제왕의 통치에 귀감이 된다고 생각하여 매우 칭찬했다. 신종은 이 책을 『자치통감資治通鑑』이라고 이름 붙이고, 천하를 통치하는 제왕에게 귀감이 되는 사서史書라고 했다. 신종은 매우 기뻐하며 자신이 소장하고 있는 2,400권의 사서를 사마광에게 상으로 내렸다.

그러나 사마광은 자신이 쓴 책에 대해 크게 만족하지 못했다. 진정으로 제왕의 통치에 거울로 삼기 위해서는 반드시 수정이 필요하다고 생각했다. 사마광은 관직에서 물러나 낙양에 온 뒤 전심전력을 다해 『자치통감』을 편찬하기 시작했다.

대작을 편찬하기 위해 사마광은 그의 조수와 함께 정사正史를 채택했을 뿐만 아니라, 각종 개인이 편찬한 사서 322종을 참고했다. 1065년부터 1084년까지 19년의 시간을 들여서 비로소 이 대작을 완성했는데, 원고분량이 방 두 칸을 가득 채웠다. 이 책을 편찬하기 위해 사마광은 밤낮으로 작업에 몰두했다. 그는 잠을 너무 많이 잘까봐 일부러 통나무 베개를 사용하고, 몸을 조금만 움직여도 나무가 땅에 떨어지게 하여 잠에서 깨어나도록 했다. 사마광은 이 나무 베개에 '경침警枕'이라고 이름 붙였다. 『자치통감』은 한韓·위魏·조趙의 3가분진三家分晉에서부터 5대의 후주정권이 멸망(403 BC~AD 959)할 때까지 1,300여 년의 역사를 294권의 편년체로 완성했다. 『자치통감』은 문체가 매우 생동감이 있고, 내용이 간결하며 사료가치 또한 신뢰할 만한 불후의 역사서라고 할 수 있다.

사마광이 『자치통감』을 완성했을 때, 그의 나이 이미 60이 넘는 노인이었다. 머리카락은 듬성하고 이빨은 다 빠져 몸이 매우 허약해진 상태였다. 고태후가 섭정했을 때, 보수파세력이 사마광에게 태후를 만나도록 했다. 1085년 사마광은 다시 수도로 돌아와 재상직을 맡으면서 곧바로 왕안석의 신법을 폐지했다.

어떤 사람이 사마광에게 "사마 재상, 선제先帝의 유골이 방금 땅에 묻혔는데 즉시 신정을 폐지한다는 것은 그렇지 않습니까?"라고 했다. 사마광은 완강하게 "선제께서 입법한 것 중에 좋은 것은 견지하겠지만 왕안석이 고안한 소위 신정이라고 하는 것은 나라와 백성을 해치는 것이므로 반드시 폐지해야 한다"고 했다.

사마광이 재상을 역임하고 1년이 채 못되어 왕안석이 수립한 신법은 모두 철폐되었다. 왕안석은 이 소식을 듣고 번민에 쌓여 세상을 떠났다. 사마광 역시 같은 해 2월에 병으로 사망했다.

 사마광은 정치적으로 보수파에 속한다. 신종의 희망과 왕안석이 심혈을 기울인 신정에 회의를 갖고 있었던 그는 끝까지 변법을 완강하게 반대했고, 끝내는 그의 손으로 변법을 폐지했다. 그러나 사마광은 중국의 걸출한 역사가이다. 그가 매우 고심하여 완성한 『자치통감』은 유명한 편년체 역사서로서 체계적이며 완비된 중국 고대 역사자료를 남겼다.

『자치통감』은 아주 광범위한 내용을 담고 있다. 사마광은 30권으로 된 간본簡本을 편찬하여 『자치통감목록資治通鑑目錄』이라 하고, 또 30권의 『자치통감고이資治通鑑考異』를 편찬했다. 『자치통감』 편찬에 참여한 유서劉恕가 뒤에 『통감외기通鑑外記』 10권을 편찬하여 전국시대 이전의 역사를 보충했다. 남송시기 원추袁樞는 42권의 『통감기사본말通鑑紀事本末』을 편찬했다. 본래 『통감기사본말』은 편년체로 서술한 『자치통감』을 역사사건의 본말本末을 중심으로 하여 새로운 체제를 만들어 모두 305건의 역사사건을 수록하여 다시 정리한 것이다. 이것은 중국사서 가운데 최초의 기사본말체 통사이다. 왕응린王應麟은 14권의 『통감지리통석通鑑地理通釋』을 편찬하여 『자치통감』에서 언급한 지리부분에 대해 해석을 했다. 그 밖에 호삼성胡三省은 『자치통감』에 대해 전체적인 주석을 달아 지리연혁 및 전장제도 등을 상세하게 설명했다.

9. 방랍과 송강이 봉기하다

왕안석의 변법실패 이후, 북송왕조의 재정위기는 날이 갈수록 심각해져 갔다. 철종이 즉위한 뒤 다시 변법파를 기용하기는 했지만, 이미 이때의 변법은 본래의 취지로부터 변질되어 있었다. 일부 변법파들은 변법의 명목을 내세워 사리사욕을 채우는 기회로 삼았으며, 신법 역시 백성들을 마음대로 착취하는 도구로 변질되어 있었다.

철종 사후 그의 아들 조길趙佶이 즉위했는데, 역사에서는 휘종이라고 한다. 휘종은 유명한 난봉꾼이었다. 그는 즉위 후 매일 술과 환락에 빠져 국정을 살피지 않았다. 그가 신임했던 환관 동관童貫은 무학자이면서 간사한 인물이었다. 그는 황제의 안색을 잘 살펴 기회주의적 태도를 취하는데 아주 뛰어났다. 동관이 한번은 진기한 물건을 수집하려고 소주에 갔는데 현지 관원 채경蔡京이 동관에게 온갖 방법으로 아첨하면서 많은 답례품을 증정했다. 수도에 돌아온 동관은 휘종에게 채경을 적극 추천하면서 정말 얻기 힘든 인재라고 했다. 우둔한 휘종은 채경을 재상으로 임명했다. 그 후 동관과 채경은 뜻을 함께하여 조정의 강직한 신하들을 파면시키거나 유배를 보내고 조정을 장악했다. 두 사람은 날마다 휘종의 유희를 충족시키는 방법만 생각했다. 그 결과 송나라는 방랍方臘과 송강宋江이 일으킨 농민봉기의 혼란에 직면하게 되었다.

휘종은 날마다 놀기에도 싫증이 났다. 어느 날 채경과 동관이 휘종에게 "황상, 신이 듣기에 강남 일대 여러 지역에서 기이한 돌들이 많이 나오는데 사람들이 늘 갖고 놀아도 싫증이 나지 않는다고 합니다. 이것을 수도로 가지고 오도록 해서 황상께서 감상하시도록 하고 싶습니다"라는 말을 했다. 휘종은 그 소리를 듣고 눈이 번쩍였다. 그는 "좋소 좋소. 두 사람이 진정

짐의 심중을 헤아리는구려. 짐이 곧 조서를 내릴 것이니 강남 각성에 명령하여 그 돌을 찾아 올리도록 하시오"라고 했다.

황제의 조서가 강남에 전달되자 강남지방관들은 이 기회를 이용하여 백성들을 대대적으로 수탈하기 시작했다. 관원들은 누구의 화원花園이든 상관없이 기암괴석을 발견하면 이리와 호랑이 떼처럼 달려들어 노란 종이 딱지를 붙여서 몰수했다. 이렇게 한 물건은 관청에서 가져 갈 때까지 원래 물건 주인이 책임지고 관리를 해야 하며, 만약 잃어버리거나 훼손했을 때에는 그 책임을 본래 주인에게 돌렸다.

한번은 어떤 집에서 가꾸고 있는 진기한 꽃 한그루가 관부에 발견되었다. 관원들이 와서 그 꽃에 봉인 딱지를 붙이고 그 집 주인에게 잘 관리하도록 당부하고 날을 택하여 가져가겠다고 했다. 주인은 날마다 소중하게 꽃을 관리했는데도 시들어버렸다. 이 때문에 꽃 주인은 관부에 끌려가 살갗이 벗겨지도록 맞고 벌금으로 은 수천 냥을 내야했다.

또 강남 태호석太湖石이 당시 매우 유명했는데, 태호석은 그 모양이 아주 특별하고 또 어떤 것은 특이한 빛을 발하여 마치 구름 같기도 하고 산수山水 같기도 했다. 또 어떤 것은 그 모습이 사람 같기도 하면서 짐승 같기도 하고 꽃 같기도 하면서 나무 모양을 한 것도 있었다. 어떤 돌은 구멍이 아주 많이 나 있기도 했는데, 더 특이한 것은 구멍과 구멍이 서로 통하여 북을 쳐서 그 소리를 들어보면 각기 다른 소리가 났다.

남쪽의 지방관들은 이러한 괴석을 모아 수도 개봉으로 운송할 준비를 했다. 운반할 때 어떤 돌은 너무 크고 무거웠다. 그러나 관부에서는 이러한 사정은 아랑곳하지 않고 운반에 장애가 되면 벽이건 방이건 가리지 않고 허물고 가져갔다. 그 때 누군가 안된다고 한마디라도 한다면 관부에서 즉시 체포해 갔다. 강남지방관들이 탈취한 돌들은 배에 실려 수도 개봉으로 계속 운반되었는데, 10척의 선박을 1강一綱로 했기 때문에 이후 '화석강花石綱'이라 부르게 되었다. '화석강'은 강남의 수많은 백성들을 고통 속에 빠뜨렸다. 당시 백성들은 '화석강'에 원한이 사무쳐 가는 곳마다 이런 민요를 불렀다고 한다. "통筒을 깨부수고, 채菜를 뿌려버리면 세상은 얼마나 살기 좋겠는가!" 여기에서 통은 동관을, 채는 채경을 의미하고 있다.

절강성 목주睦州의 청계靑溪지금 淳安지역 관리들이 이곳에서 나오는 화석죽목花石竹木을 가혹하게 수탈하자 백성들의 원성이 가득 찼다. 1120년 10월 어느 날 방랍이라고 하는 사람이 자기 집에서 인근사람들을 소집하고 이 일을 어떻게 해야 할 것인지 의논했다. 이 소식이 사방으로 확산되자 곳곳에서 농민들이 모여들기 시작하여 1천 명 정도가 집회에 참여했다.

방랍은 매우 격분하여 사람들에게 말하기를 "향촌 여러분, 조정과 가정이 마찬가지입니다. 손아랫사람이 하루 종일 고생하여 피땀 흘려 가져온 재물을 아버지와 형이 윗사람의 권세로 물쓰듯 헤프게 다 써버린다면 어찌하겠습니까? 이것이 옳은 이치입니까? 여러분, 말씀해보세요!"라고 하자 사람들은 우뢰와 같은 소리로 "아니요"라고 소리쳤다. 방랍이 또 말하기를 "윗사람들이 자신의 낭비는 생각하지 않고 아랫사람이 고생하여 번 돈을 적에게 공경의 뜻으로 다 써버리고 오히려 아랫사람들을 굶주리게 한다면 이것이 옳은 것입니까?"라고 하자 집회에 참여한 군중들이 일제히 하늘이 무너질 것 같은 함성으로 "옳지 않습니다"라고 소리쳤다. 방랍이 다시 "만약 탐관오리들이 화석강을 핑계로 백성들을 수탈해도 우리가 반대하지 않는다면 우리에게는 죽음뿐입니다. 여러분, 말해보시오. 우리가 어떻게 해야 합니까?"라고 하자 마을 사람들은 땅이 무너질 듯한 소리로 "반란을 일으킵시다! 반란을 일으킵시다!"라고 외쳤다.

방랍이 군중들에게 소리 높여 외치자 10일이 채 안되어 10만 명이 모였다. 방랍의 봉기군은 항주杭州 등 6주 52현을 점령했고, 참여군중이 1백만 명에 이르렀다. 송나라 조정에서는 방랍의 봉기소식을 접한 뒤 동관에게 15만의 군대를 주면서 진압하도록 했다. 방랍의 봉기는 다음해 4월까지 지속되었다. 그러나 봉기군이 계속 패하고 방랍이 사로잡히게 되면서 봉기에 참여한 사람들과 무고한 백성들이 3백만 명이나 희생되었다.

남방에서 방납의 봉기가 발생했을 때, 북방에서는 송강宋江이 일어났다. 1111년부터 1117년 사이 하북과 산동지역에서는 송강의 농민봉기가 강세였다. 송강봉기군은 수도 개봉 서쪽과 동쪽지역에서 활약하다가 뒤에는 회남淮南 동쪽 각 주 농촌으로 근거지를 옮겼다. 이들은 부자의 재물을 빼앗아 가난한 사람들을 구제하면서 자신의 정치적 주장을 실천했다. 조정에서는 청주지주青州知州와 근주지주近州知州 등을 파견하여 송강봉기를 진압하도록 했는데 송강이 포로가 되면서 이 봉기 역시 실패로 끝났다.

북송은 왕안석의 변법실패 후, 내외로 더욱 혼란한 상황에 직면했다. 밖으로는 매년 요나라와 서하에게 은과 비단 등 세폐를 보내야 하는 것 때문에 백성들을 착취하게 되었고, 안으로는 '화석강花石綱'때문에 사회모순을 격화시켜 북방에서는 송강이, 남방에서는 방납이 봉기를 일으키게 되자 송나라 조정은 이를 해결하기 위해 매우 분주해졌다.
　1121년 4월 방납의 봉기가 실패하고 방납은 붙잡혀서 수도로 압송되어 처형되었다. 방납의 봉기가 진압되자 송나라 조정은 송강공격에 주력하여 그를 포로로 붙잡았다. 다른 견해는 방납이 해주지주海州知州 장숙야張叔夜에게 투항했다는 설도 있다. 당시 산동 양산박梁山泊에서 어민들이 봉기했는데 송강봉기군이 양산을 지나간 적이 있다고 한다. 시내암施耐庵이 민간에 전해오는 '108장將'고사에 근거하여 소설 『수호전水滸傳』을 썼다고 한다. 『수호전』은 양산박의 수많은 영웅호걸들을 소설로 표현한 것이다. 역사 속의 송강과 소설 『수호전』에 나오는 인물 송강은 다르다. 소설 속의 송강은 예술적인 가공을 거쳐 역사적 진실과는 상당한 거리를 갖고 있다.

10. 이강이 금나라에 항거하다

송조정에서 방납의 봉기를 진압한 뒤 얼마 지나지 않아 금나라가 사신을 보내 송나라와 연합하여 요나라를 공격하자고 제안해왔다. 중국 동북지역이 생활근거지였던 금나라는 오랫동안 요나라의 통치와 억압을 받으면서 저항정신을 키워왔다. 1115년 여진족 추장 아골타阿骨朶가 회녕會寧(지금 흑룡강성 阿城 남쪽)에서 황제라고 하고, 금나라를 건립했는데 역사에서는 이를 금태조金太祖라고 한다.

금나라 태조는 즉위 후 요나라와 전쟁을 일으켰다. 요나라는 두 차례 금나라와 전쟁을 치렀는데, 첫전투에서 20만의 군대를 파견했고, 두번째 전쟁은 70만의 군대를 동원했으나 두 번 다 무참하게 금나라에게 패배했다. 송나라는 요나라 군대가 두 번이나 금나라에게 패하는 것을 보고, 이때 금나라에 사신을 보내 함께 요나라를 공격하자고 제안했다. 양측은 요나라를 멸망시킨 뒤 연운16주의 땅은 송나라가 차지하고, 송나라는 매년 요나라에게 보낸 은과 비단을 금나라에게 보낸다고 약속했다. 이 사건을 역사는 '해상海上의 맹盟'이라고 한다.

이후 금나라는 요나라를 공격하여 4개의 성을 연달아 취하고 연경燕京을 남겨두었다. 쌍방의 약속에 의하면 엄연히 송나라가 연경을 취해야 했다. 동관은 15만의 군대를 거느리고 두 차례 연경을 공격했으나 끝까지 함락시키지 못했을 뿐만 아니라 수만 명의 병사와 병기를 잃었다. 금나라는 동관의 요청으로 쉽게 연경을 함락시켰지만 이 땅을 송나라에게 돌려주려고 하지 않았다. 동관은 100만 냥을 주겠다는 조건을 제시하여 금나라로부터 연경을 돌려받았다. 이 전쟁 후에 금나라는 겉만 강하고 속이 텅 비어있는 송의 실상을 훤히 알아차렸다.

금나라 태종은 요나라를 멸망시킨 뒤 군대를 두 방면으로 나누어 북송을 공격하면서 신하의 예를 취하라고 요구했다. 휘종은 요나라를 멸망시키고 한숨 돌릴 생각이었는데 뜻밖에 요나라보다 더 강력한 금나라의 공격을 받게 되었다. 금나라 군대가 남쪽으로 공격해 온다는 소식을 조정에서 접했을 때, 휘종은 조급한 마음으로 "금나라가 어찌 나를 이렇게 대할 수가 있단 말인가!"라는 한마디를 하고는 기절해버렸다.

휘종이 깨어나서 문무대신들에게 의견을 제출하라고 했는데, 태상소경太常少卿 이강李綱만 오직 병력을 갖추어 금나라에 대항하자고 주장했다. 휘종은 희망이 없음을 깨닫고 갑자기 퇴위를 선포하고, 예불을 드린다는 명목으로 2만의 호위병을 거느리고 호주豪州로 도망갔다. 그리고 이 수습하기 힘든 난국을 그의 아들에게 넘겨주었다.

태자 조환趙桓이 황제에 즉위했는데, 이가 흠종欽宗이다. 흠종 역시 그의 아버지 휘종과 비슷하여 향락만 알고 통치력이 없는 인물이었다. 그는 황제 즉위 후 이강을 병부시랑兵部侍郎으로 임명하고 본인도 직접 항금抗金전쟁에 나갈 것이라고 선언했다. 그러나 흠종은 입으로만 이렇게 말할 뿐 마음속으로는 전혀 그럴 뜻이 없었다. 송나라 군대가 전선에서 계속 어렵다는 소식을 들은 흠종은 도망갈 궁리만 하고 있었다.

이강은 흠종에게 "태상황太上皇(휘종)이 황상께 양위하신 것은 수도를 지켜달라는 뜻입니다. 황상께서 직접 군대를 격려하며 참전하신다면 수도 개봉은 반드시 방어할 수 있습니다"라고 했다. 흠종은 주저하면서 "누가 개봉을 지킬 수 있단 말이오?"라고 물었다. 이강은 백시중白時中과 이방언李邦彦을 바라보며 "군대는 일단 유사시를 대비하여 항상 양성해 두는 것입니다. 지금 상황에서 백시중과 이방언이 재상의 직분으로 당연히 경성방어의 임무를 맡아야 합니다"라고 하자 백시중과 이방언은 이 말을 듣고 크게 당황하며 "이강, 당신은 말끝마다 항금抗金해야 한다고 하면서 중요한 시점에 와서는 다른 사람에게 그 책임을 미루고, 왜 당신은 그 책임을 맡지 않는 거요?"라고 이강을 비난했다. 이강은 "황상께서 만약 저를 보내 개봉을 방어하라고 명하신다면 신은 기꺼이 목숨을 바쳐 나라에 보답하겠습니다"고 했다.

이강은 송나라가 가장 위급한 순간에 중책을 맡았다. 그러나 이강의 항금노력에도 불구하고 황제와 신하들은 계속 도망갈 생각만 하고 있었다. 다음날 이강이 아침조회에 나왔는데 흠종은 피난갈 채비를 하고 마차에 오를 준비를 하고 있었다.

이강은 급히 궁중에 들어가 흠종에게 "황상 가시면 안 됩니다. 금군禁軍의 가족들이 모두 수도에 있는데 금군이 가버리면 그들 가족은 어떻게 됩니까? 금군이 만약 도중에 도망가 버리면 누가 황상을 지켜드리겠습니까?"라고 만류했다. 흠종은 이 말을 듣고 도망가는 것 역시 위험하다고 여겨

할 수 없이 경성에 남았다. 이강은 궁에서 나와 금군의 장군들에게 "황상께서 경성에 남아 성을 방어하실 것을 결심하셨으니 도망가는 자는 즉각 처형하겠다"고 경고했다.

며칠 뒤 금나라 군대가 수도를 공격해왔다. 금나라 군대는 수십 척의 배에 화약 등 무기를 가득 싣고 화공작전을 준비하고 있었다. 이강은 죽음을 각오한 1천 명의 군사를 모집하여 강을 따라 갈고리로 적의 선박을 막고 성안으로 이들이 접근하지 못하도록 방어막을 쳤다. 금나라는 공격대를 보내 성을 수비하는 병사들을 격퇴하려고 했지만 쉽지 않다는 것을 알고 사신을 보내 북송에게 화의를 요청했다.

흠종은 본래 이 전쟁에서 자신이 없었기 때문에 금나라가 화친을 요구한다는 소식을 듣자 즉시 찬성했다. 그러나 금나라의 조건은 송나라에게 아주 가혹한 것이었다. 그 조건은 황금 5백만 냥, 백은 5천만 냥, 우마牛馬 각각 1만 필과 비단 1백만 필을 달라는 것이었다. 또 흠종은 금나라 황제를 백부라고 불러야 하고, 태원太原·중산中山·하간河間의 땅을 요구했으며, 왕자 및 재상들을 인질로 잡아가는 것 등이었다.

흠종과 이방언 등은 금의 요구를 전부 받아들이겠다고 했다. 이강은 이 소식을 듣고 결사반대하며 "지금 군대의 사기가 왕성하여 여러 차례 적을 격퇴하고 있는 상황이며 또 사방에서 원군이 도착하는 대로 즉시 반격을 할 수 있다"고 했지만 흠종은 들으려고도 하지 않고 "이 일은 그대가 관여하지 말라"고 하며 이강의 뜻을 외면했다.

며칠이 지나자 각지의 원군이 수도에 도착했는데 그 수가 20만 명에 이르렀다. 당시 성을 포위하고 있던 금나라 군대는 6만에 불과했다. 만약 안팎으로 협공을 한다면 승리할 가능성이 충분한 조건이었다.

이러한 상황인데도 놀라서 간이 작아진 흠종과 이방언 등은 한사코 금나라가 제시한 화친조건을 전부 수락하겠다는 입장이었다. 화친을 위해 흠종은 오히려 항금에 가장 큰 공을 세운 이강의 관직을 박탈해버렸다.

흠종은 이강을 파면시킨 뒤 인심을 잃기 시작했다. 이강이 파면되었다는 소문이 수도에 확산되자 사람들이 모두 놀랐다. 태학생 진동陣東은 수백명의 태학생들과 함께 흠종에게 상소를 올려 이강을 복직시키고, 매국노 이방언 등을 파면하라고 요청했다. 백성들도 이 소식을 듣고 태학생들을 성원했는데 1만여 명이 참여했다. 태학생들과 백성들의 강력한 항의에 할 수 없이 흠종은 이강을 복직시켰다. 이강이 돌아온 뒤 송나라 군대가 다시 방어태세를 갖추게 되자 금나라는 그들이 원한 충분한 협상조건을 얻어내지 못한 채 급히 철군했다.

금나라의 군대가 물러난 뒤 휘종은 수도로 돌아왔다. 그러나 반년이 지난 뒤 금나라 군대가 다시 북송을 침입했다. 이때 이강은 이미 관직에서 파면당하여 남방에 머무르고 있었고 수도의 금군禁軍은 3만 명뿐이었다. 1127년 금나라가 수도를 공격하여 휘종과 흠종 및 두 황제의 후비·왕자·궁녀·신하들을 포로로 잡아가고 궁중의 모든 재물을 약탈해 갔다. 이렇게 하여 168년의 통치를 끝으로 북송은 몰락했다.

11. 악비와 악가군

북송의 수도 동경東京이 금나라 군대에게 포위를 당하자 흠종은 그의 동생 강왕康王 조구趙構를 금나라에 보내 화해를 요청하려고 했다. 조구가 자주磁州[지금의 하북 자현]에 도착하자 주관州官 종택宗澤은 조구가 금나라에 가더라도 십중팔구는 별수가 없을 것이라 생각했다. 백성들도 그가 금나라에 가는 것을 만류하자 조구는 그냥 상주相州[지금 하남 안양]에 남게 되었다.

'정강靖康의 변變' 이후 북송이 멸망하자 상주에 남은 강왕 조구가 남경[지금 하남성 상구 남쪽으로 도망하여 1127년 황제에 즉위했는데, 바로 이가 송고종宋高宗이다. 고종은 즉위 후 신하들의 요청으로 이강李綱을 재상에 임명했다. 이강은 항금抗金을 주장하고 중원中原을 회복하자고 했으나 고종은 오히려 천도를 생각했다. 천도문제에서 이강과 조정의 다른 신하들 사이에 의견이 엇갈렸다. 그 결과 이강은 재상직에서 파면당했다. 그리고 고종을 위주로 한 대신들은 양주楊洲로 피신했다. 그러나 금군이 양주를 압박해 오자 다시 임안臨安(지금 절강성 항주)으로 천도했는데 이후 임안이 남송의 수도가 되었다.

남송정권은 자주 금나라에게 화친을 요청했다. 고종은 심지어 "옛날 생각은 버리고, 천하의 땅은 금나라의 것이기를 바란다"고 했지만, 이러한 태도는 오히려 금나라의 사기를 더 높여 주는 상황으로 변했다. 금나라 태종이 대장 김올술金兀術을 보내 남송을 공격하자 고종은 이를 방어하지 못하고 한때 해상에서 떠돌며 지내기도 했다.

남송시대에 걸출한 항금抗金장군들이 있었다. 이강李綱·종택宗澤·한세충韓世忠·악비岳飛 등은 금나라 침입에 맞선 용맹스러운 송나라의 충신들이다. 이들 가운데 특히 악비는 중국인이라면 누구나 다 알고 있는 유명한 항금장군이다.

악비는 상주相州의 탕음湯陰(지금 하남성 탕음)사람으로 어려서부터 독서를 좋아했다. 뒤에 군대에 들어와 개봉부의 종택 휘하에 있다가 하북에서 항금투쟁에 참여했다. 악비는 초창기 조정에 알려진 이름있는 인물은 아니었다. 종택은 심지어 그의 이름도 들어보지 못했던 것으로 보인다.

한번은 악비가 군법을 어겨 참수형을 받게 되었다. 형집행을 할 때, 마침 종택이 그곳을 지나가다가 악비의 용맹스런 기개를 보고 장차 공을 세워 죗값을 갚아야 한다고 하면서 그를 풀어주었다. 금나라 군대가 사수관汜水關을 공격하자 종택은 악비에게 5백 기의 병사를 주면서 적을 물리치도록 했다. 악비는 종택의 바람을 저버리지 않고 승리하여 돌아왔다. 이때부터 악비는 종택의 신임을 얻게 되었고 차츰 명성을 얻기 시작했다.

종택이 한번은 악비에게 말하기를 "내가 보기에 그대가 지혜와 용맹을 두루 갖추었지만 전쟁이란 진법陣法이 매우 중요하다. 여기 고대의 진법책이 있으니 잘 연구해보게"라고 하면서 책 한 권을 주었다. 악비는 이후 열심히 진법을 연구하여 거듭 발전했다.

악비는 송나라가 겪은 정강의 치욕을 잊을 수가 없었다. 당시 그의 직책은 높지 않았으나 갓 태어난 송아지가 범 무서운 줄 모르듯 황제에게 상소를 올려 고종이 직접 군대를 이끌고 북벌하여 중원을 수복해야 한다고 요청했다. 고종은 매일 향락에 젖어 남송이 태평성세라고 여겼는데, 어디 북벌에 관심이나 있었겠는가? 조서를 본 고종은 즉시 악비를 면직시켰다.

종택은 20여 차례 상소를 올려 황하를 건너 금나라를 멸망시켜야 한다고 주장했다. 70이 넘은 몸으로 그는 중원의 회복을 희망했으나 뜻을 이루지 못하고 마음에 울분을 안은 채 세상을 떠났다. 임종 전 그는 힘을 다하여 "황하를 건너자! 황하를 건너자! 황하를 건너자!"라고 세 번 외친 뒤 천천히 눈을 감았다. 종택이 세상을 떠나자 악비는 뜨거운 눈물을 흘리며 계속 그의 유지를 받들기로 결심하고 금나라에게 빼앗긴 옛 지역을 조금씩 수복해 나갔다. 종택이 죽은 뒤 악비는 동경유수東京留守 두충杜充 휘하에 있었다. 그러나 금나라 군대가 다시 대규모 진격을 해오자 두충은 치욕스럽게 투항했다. 이후 두충의 군대는 완전히 궤멸당하고 오직 악비군만 금나라에 저항했다.

1130년에 금군이 하북 대명부大名府(지금 대명현)에서 유예劉豫를 황제로 세우고 국호를 대제大齊라고 했다. 악비는 금과 제齊의 연합군을 여러 차례 방어하여 전공을 세웠고 점차 승진하여 절도사로 승격되었다. 악비는 병사들의 훈련을 중요하게 여겼다. 그는 항상 솔선수범하여 직접 병사들과 같이 생활하며 그들을 격려했기 때문에 악비군의 자질은 매우 뛰어났다. 군율도 엄격하여 부하들에게 "얼어죽더라도 집 안에 들어가지 않는다. 굶어죽더라도 노략질하지 않는다"는 구호를 항상 외치도록 하여 군대의 기강을 잡았다. 때문에 악비군이 가는 곳마다 이러한 규율을 지켜서 문제를 일으키는 병사들이 없었다.

군대가 이처럼 엄격한 훈련과 군기를 갖추고 있으면 전쟁에서 반드시 승리하게 되어 있다. 백성들은 이들에게 아주 친밀하게 '악가군岳家軍'이라고 불렀다. 금나라와 제나라 병사들은 특히 악가군을 보면 놀라서 "악가군을 만나면 어렵다"고 하며 두려워했다.

1136년에 악가군이 중원을 공격하자 제나라가 군대를 세 방면으로 나누어 방어했으나 악가군에게 패배했다. 비록 남송이 한 곳에 안주하고 있었지만, 악비와 한세충韓世忠 등 일부 장수들은 여전히 금나라에 항거하면서 백성들의 지지를 받고 있었기 때문에 남송이 금나라와 전쟁하여 승리할 가능성이 전혀 없는 것도 아니었다. 그러나 고종은 편안함을 선택하여 오히려 금나라에게 화친을 청했다.

남송과 금나라 양측은 임시협정을 맺었다.(1139) 그러나 협정을 맺은 뒤 1년이 채 못되어 금나라 측에서 일방적으로 협정을 파기하고 김울술을 장군으로 하여 네 방면으로 남송을 공격해 왔다. 고종은 할 수 없이 각 지역 군대에게 명하여 이를 막도록 했다. 악비 역시 명령을 받고 전선으로 향하고, 중원의 의군義軍에게 연락을 취하여 언성郾城에서 금나라의 주력부대와 결전을 벌였다.

김울술 부대가 악가군과 대치했을 때, 금이 무적의 군대라고 생각한 '철부도鐵浮圖'와 '괴자마拐子馬'부대를 이용하려고 했다. '철부도'는 김울술의 친위대로 3천 명으로 구성된 철기병인데 마치 그 모양이 철탑 같다고 하여 붙여진 명칭이다. '괴자마'는 철갑을 입은 기마부대가 3명이 한 조를 이루어 중간에 한 조가 있고 좌우에서 각각 한 조씩 호응하는 형태로 구성되는데 1만 명의 기병부대를 이루었다. 김울술은 금나라의 '철부도'와 '괴자마'는 창칼도 뚫지 못한다고 큰소리쳤다.

악비는 그의 아들 악운岳雲에게 군대를 이끌고 출병하도록 했다. 떠나기 전, 악비는 악운에게 군령장軍令狀을 내리면서 승리만 있을 뿐 절대 패해서는 안된다. 그렇지 않으면 군법에 따라 처벌할 것이라고 했다. 악비는 '철부도'와 '괴마자'를 자세히 연구한 뒤 그 중앙을 뚫을 수 있는 방법을 찾아내어 악운에게 작전을 알려줬다. 악운은 군대를 이끌고 전선에 도착하여 용감하게 적진을 뚫고 들어가 위로는 적군을 아래로는 적의 말다리를 치면서 금군을 낙화유수처럼 물리쳤다.

패전의 소식이 김올술의 진영에 전해지자, 김올술은 "나의 '철부도'와 '괴마자'가 패한 적이 없었는데 악가군에게 쓰러지다니 이 일을 어찌해야 하는가? 어찌해야 하는가?" 하며 통곡했다고 한다.

김올술은 패전을 만회하기 위해 직접 12만의 대군을 거느리고 악가군을 공격했지만 재차 악가군에게 대패했다. 언성대첩鄢城大捷은 악가군이 항금투쟁에서 승리한 가장 영광스러운 전투 가운데 하나였다. 악가군은 계속하여 주선진朱仙鎭의 부대를 공격했다. 이곳은 동경[지금 개봉]에서 45리 거리였다. 악비는 큰 뜻을 품고 황룡부黃龍府까지 돌진하려고 준비했으나 고종은 오히려 군대를 퇴각시키라는 명령을 내렸다.

고종의 측근이며 당시 재상이었던 진회秦檜는 금나라의 하수인이었다. '정강의 변' 당시 진회는 휘종·흠종과 더불어 금의 포로로 잡혀갔다. 그러나 뒤에 금태종의 명령으로 몰래 임안臨安으로 들어와 거짓으로 금나라에서 어렵게 탈출하여 왔다고 했다. 고종은 당시 금나라와 화친하고 싶었지만 그 방법을 찾지 못하여 고심하고 있었는데, 마침 진회가 남송으로 왔던 것이다. 고종은 즉시 진회를 재상으로 임명하고 금나라와 화친관계를 맺도록 했다.

진회가 가장 염려한 것은 항금전쟁이 승리였다. 그렇게 되면 바로 본인의 가치와 지위가 상실된다는 것이었다. 진회의 계책으로 고종은 12도금패道金牌를 보내어 악비에게 철군명령을 내렸다. 악비는 눈물을 흘리면서 "10년의 공이 하루아침에 무너질 것이라고는 생각하지도 못했구나" 하면서 한탄했다.

악비가 중원에서 물러나게 되자 본래 악비군이 회복했던 중원땅까지 다시 금나라의 통치로 들어갔다. 악비는 수도에 돌아와 추밀부사樞密副使가 되어 명목상으로 승진했지만 실제로는 병권을 빼앗겼다.

 악비는 중국역사에서 유명한 민족영웅이다. 악비의 용맹스런 항금정신은 중국민간에 수백 년 동안 전해 왔다. 악비가 수도에 돌아온 뒤 남송은 1141년 금나라와 '소흥화의紹興和議'를 맺고 금나라에 신하의 예를 갖추고, 매년 은 25만 냥, 비단 25만 필을 보냈다. 또 동쪽으로는 회하淮河를, 서쪽으로는 대산관大散關을 경계로 정하여 금나라에게 영토를 분할해 주었다. '소흥화의' 이후, 금나라는 안심할 수 없어 진회에게 몰래 악비를 제거할 음모를 세우도록 했다. 진회는 이때 악비가 모반을 꾀했다고 날조하여 악비 부자를 체포해야 한다고 고종에게 요청했다. 악비는 옥중에서 모진 형벌을 당했다. 심문하는 옥리獄吏가 악비에게 자백을 강요하자 악비는 "하늘과 태양이 환하다. 하늘과 태양이 환하다"라는 8자를 크게 썼다. 2달 동안 계속 악비를 심문했지만 결과는 없었다. 1142년 진회는 날조된 죄명으로 악비를 처형했는데 이때 그의 나이 39세였다. 악비와 함께 악운岳雲·장헌張憲도 함께 살해당했다. 악비가 처형된 뒤 그의 시신은 옥리들이 비밀리에 매장했다. 고종이 죽은 뒤 악비의 억울한 누명은 벗겨졌다.
악비는 중국민족을 위해 정의를 실현한 인물로 상징된다. 이후 중국인들은 항주의 서호西湖 주변에 그의 사당과 동상을 세워 영원히 그를 기리고 있다. 그러나 중국 민족의 간신이라고 여기는 진회는 두 손이 묶인 채 죄인처럼 꿇어앉은 형상으로 주조되어 영원히 사람들에게 굴욕을 당하고 있다. 이러한 사실을 볼 때, 역사는 공정하며 사람들의 사랑과 증오도 분명하다는 것을 새삼 느낀다.

12. 남송의 애국시인들

강왕 조구가 황제에 즉위하여 남송을 건립했지만, 계속 금나라의 추격을 당하여 고전했다. 한때는 금나라 군대의 공격을 피하여 심지어 해상海上에서 떠돌기도 했다. 금나라 군대가 물러난 뒤 고종 조구는 사치스런 생활을 하면서 금나라에 타협과 굴종의 자세를 취했다. 조정 내에서는 항금파抗金派를 공격하여 배제시키고 금나라와 화친의 관계를 주장하는 신하들이 권력을 장악했다. 남송의 조정은 금나라에게 은과 비단을 보내기 위해 더욱 백성들을 착취했다.
남송은 북방을 잃어버리고 남쪽 한 귀퉁이에 안주한 왕조였기 때문에 저항과 투항이란 문제를 놓고, 애국과 매국의 측면에서 그 논쟁이 아주 치열했다. 남송왕조는 이강·악비와 같은 민족영웅과 항금장수들 외에도 이청조李淸照·신기질辛棄疾·육유陸遊 등과 같이 문필로서 정의를 노래하며 투항을 반대하는 애국시인과 문인들이 있었다.

이청조李淸照는 산동 역성歷城[지금 제남]에서 태어났다. 그녀는 어렸을 때부터 문학을 좋아했다. 18세 되던 해 수도의 태학太學에서 공부를 하던 조명성趙明誠에게 시집을 갔는데 그녀의 남편은 금석문金石文과 서화書畵를 수집하는 것이 취미였다. 조명성의 집안은 원래 부자였지만 그의 이러한 취미 때문에 돈을 다 써버려서 뒤에는 집이 가난하여 생활하기도 힘들었다. 남편이 20년 동안 수집한 고대의 문건들이 그녀의 집 수 십 칸을 가득 채웠다. 금나라의 군대가 북송의 수도를 함락시켰을 때 이청조는 이 귀중한 문건들을 15대의 수레에 나누어 싣고 건강健康으로 피난했다. 그 나머지 문물은 금나라의 군대에 의해 약탈당하거나 불타 없어졌다.

건강에 도착한 뒤 조명성은 호주湖州의 당지부當知府로 파견되었지만, 전쟁 때문에 나라가 몹시 혼란하여 이청조는 남편을 따라갈 수 없었다. 조명성은 떠나기 전에 이청조에게 "만일 금나라가 공격해 오면 다른 물건은 모두 잃어버리더라도 몇 개의 중요한 물건들은 꼭 보관해야 하오. 자신의 생명처럼 소중하게 다루어야 하오"라면서 이청조에게 당부했다. 이청조는 이것이 남편과의 마지막이라는 것은 생각지도 못했다. 조명성은 부임 뒤 얼마 되지 않아 병으로 죽었다. 이청조는 남편의 죽음을 가슴 아파하면서 평소에 남편이 정성을 들여 수집한 문물을 잘 보존해야겠다고 결심했다.

금나라가 송나라를 침략하자 이청조는 홍주洪州[지금의 남창]로 피난했는데, 이때 보관하고 있던 고대문서 2만 권과 금석각본金石刻本 2천 권을 모두 잃어버렸다. 전쟁을 피해 여러 곳을 떠돌면서 처음 15대의 수레에 싣고 왔던 물건들은 거의 유실되었다. 심지어 남편이 그녀에게 생명처럼 지키도록 했던 몇 건의 고대물건 역시 없어졌다. 전란의 고통과 소중한 문건들을 잃어버린 상황은 이청조에게 커다란 충격을 주었다.

　남송의 신기질辛棄疾은 뛰어난 시인이었을 뿐만 아니라 금나라에 끝까지 저항한 유명한 장군이었다. 신기질도 이청조와 같은 산동 역성歷城에서 태어났다. 신기질이 태어났을 때 그의 고향은 이미 금나라의 통치에 들어간 지 14년이 흘렀다. 신기질이 21세가 되던 해에 금나라가 침략해 오자 남송은 맞서서 공격할 준비를 했다. 신기질도 2천 명의 저항부대를 조직하여 금나라의 공격을 막아내는 경경耿京의 부대에 참가했다. 이후 경경의 군대가 10만으로 성장하자 신기질은 경경을 설득하여 남송에 합류하도록 했다. 얼마 뒤에 금나라에 저항하던 장군 중에서 장안국張安國이라는 사람이 반란을 일으켰는데, 장안국은 경경을 살해한 뒤 금에게 항복했다. 신기질은 이 소식을 듣고 매우 분노하여 수십 명의 기마병을 데리고 야밤에 금나라의 진영을 습격했다. 그는 금나라의 군대가 손쓸 틈도 없이 아주 신속하게 장안국을 체포하여 금의 진영을 빠져나왔다. 그리고 경경의 원한을 풀어주었다. 신기질의 이러한 행동은 사람들을 놀라게 했으며, 이때문에 그의 명성 또한 사방으로 퍼져나갔다.

　신기질은 뒤에 호북과 호남 및 강서 등지에서 지방관을 지냈는데 백성들을 위한 정치를 펼치면서 여러 차례 조정에 상소를 올렸다. 그는 군대를 양성하여 금나라에 화친관계를 끊고, 전쟁을 하여 북방영토를 회복해야 한다고 했지만 조정에서는 주화파가 이미 권력을 장악한 상태였으므로 황제는 그의 말을 들을 생각도 하지 않았다. 신기질은 옛 송나라의 땅을 회복한다는 것이 불가능함을 알고 시를 지어 자신의 포부와 안타까운 심정을 노래했다. 그는 평생 동안 620여 수의 시를 지었는데 그 가운데 강서에서 재직할 때 쓴 「보살만菩薩蠻」이라는 시가 유명하다. 신기질은 「보살만」에서 금나라에 타협하고 투항한 조정의 신하들을 질책했다.

　신기질이 남쪽으로 온 이후 고종이 물러나고 효종이 즉위했다. 효종은 한때 북방의 잃어버린 땅을 되찾기 위해 조서를 반포하여 출병명령을 내렸다. 이때 효종의 조서를 작성한 사람은 추밀원樞密院에 재직하고 있던 육유陸遊였다.

육유는 남송시기 유명한 시인이며 월주越州의 산음山陰(지금 절강성 소흥)사람이다. 어렸을 때 그는 금나라가 침입하여 방화하고 사람을 죽이는 모습을 직접 보면서 마음속으로 조국에 대한 사랑과 적에 대한 원한을 품었다. 육유는 성년이 되어 추밀원 편수를 맡았는데 문학적 재능이 뛰어났다.

효종 때 남송 군대가 금나라와 소극적으로 싸우다가 아무런 성과없이 후퇴했다. 이때 북벌이 실패하자 주화파主和派가 다시 권력을 잡았다. 육유는 효종을 도와 북벌에 대한 조서를 작성했다는 이유로 관직에서 파면되어 고향으로 돌아갔다.

육유는 뒤에 한중韓中에 가서 그 곳 장군이었던 왕염王炎 밑에서 관직을 맡았다. 얼마 지나지 않아 성도成都에 가서 범성대范成大의 부하가 되어 참의관參議官의 관직을 받았다. 육유는 한중과 성도에 있을 때 적극적으로 북벌을 계획했지만 지지를 받지는 못했다. 그는 뜻을 얻지 못하자 마음의 근심을 술로 달래며 시를 쓰면서 조국에 대한 사랑을 표현했다. 육유는 평생동안 9천여 수가 넘는 시를 썼는데, 창작활동이 매우 풍부한 시인이었다.

 이청조는 시詩·사詞와 산문散文 각 방면에 모두 뛰어난 업적을 남겼다. 그러나 그 중에서도 특히 장사長詞에 매우 뛰어났다. 송나라 시대에 일반여성들이 글자를 익히고 학문을 하는 것은 아주 드물었다. 이청조는 여류시인으로서 명성을 얻은 여성 가운데 보기 드문 경우이다. 그의 전기작품은 감상적인 부분이 많고, 후기작품은 왕조의 멸망에 대한 느낌을 담았다. 그녀의 시는 어두운 현실에 대한 불만과 백성들에 대한 동정심이 드러나 있고, 현실적인 내용을 노래하고 있기 때문에 많은 사람들에게 공감을 주었다.

신기질의 작품은 620여 수가 전해오는데 주로 사詞이다. 그의 시 속에는 송나라가 금나라에 잃어버린 북방을 되찾고, 그 치욕을 씻어야 한다는 염원을 담고 있으며, 원대한 포부가 아직 실현되지 못한 것에 대한 안타까운 심정을 노래했다. 그의 작품은 백성들의 정신을 일깨워 민족을 압박하는 현실에 반대하여 정의와 투쟁을 적극적으로 발휘하도록 하는 역할을 했다. 신기질은 중원을 회복하겠다는 희망을 조정에 계속 상소했지만, 그 소원이 이루어질 수 없음을 깨달았다. 이러한 심정은 그의 시 속에 그대로 반영되어 있다.

육유는 평생동안 국가대사에 많은 관심을 갖고 있었다. 그가 죽기 전에 쓴 시 「시아示兒」는 그의 충만한 애국심을 후대사람들에게 전해주고 있다. 육유의 애국주의 정신은 굴원屈原의 역사전통을 계승한 것으로 나라를 근심하고 백성을 걱정하는 심정을 표현한 것이다. 육유는 중국문학사에서 위대한 작가이며 그의 작품 역시 문학사에서 중요한 지위를 차지하고 있다.

13. 한 시대의 영웅 칭기스칸

남송이 여러 차례 북벌을 했지만 모두 강력한 금나라에 패배당했다. 남송은 마지막으로 또 한 차례 북벌을 했지만(1206) 또 실패로 끝났다. 영종寧宗은 한탁주韓侂冑의 머리를 금나라에 바치면서 굴욕적인 조약을 체결했다. 사실 이 시기 금나라는 매우 부패해져서 겉으로는 강한 것처럼 보였지만 속은 텅 비어있는 무능한 왕조였다. 남송이 마지막으로 감행한 북벌이 실패한 원인은 금나라가 강해서가 아니라 남송의 준비가 부족했기 때문이었다. 남송이 북벌을 했던 이 해에 중국북방에서는 몽골족이 성대한 집회를 개최하고 몽골칸국汗國을 건립했다. 이 회의에서 몽골 각 부족 수령들이 테무친을 몽골의 칸으로 추대했는데 이가 바로 '칭기스칸'이다.

중국북방의 초원에 유목생활을 하는 몽골족이 있었다. 거란귀족이 건립한 요나라의 압박에 항거하며 몽골 각 부족들 사이에서 타타르족을 위주로 한 부락연맹을 결성했다. 때문에 몽골을 '타타르' 혹은 '달단'이라고도 한다. 요나라가 멸망한 뒤 몽골은 여진귀족이 건립한 금나라의 통치를 받았다. 여진귀족들은 몽골족을 분열시키기 위해 몽골 각 부족을 이간시켜 서로 공격하고 살육하도록 부추겼다.

몽골족의 통일은 테무친의 업적을 떠나 설명할 수 없다. 테무친은 귀족 집안에서 출생했다. 그의 아버지 예수게이는 부족수령이었다. 그러나 부족

간의 갈등으로 인해 타타르인이 주최한 연회에 참가했다가 독살당했다. 그가 죽은 뒤 부족은 수령을 잃어버리게 되어 급속하게 해체되었다.

테무친은 어렸을 때 아버지가 억울하게 죽고 부락이 해체되는 시련을 겪은 것이다. 그러나 그의 앞날은 더욱더 커다란 난관이 기다리고 있었다. 타타르족은 화근을 철저히 제거하기 위해 예수게이의 아들 테무친을 살해할 준비를 했다. 테무친은 그 소식을 듣고 산속으로 도망했다. 9일 밤낮을 피해 있다가 너무 배가 고파서 먹을 것을 찾아 산속에서 나왔는데 나오자마자 체포당하여 칼을 쓰고 사람들 앞에서 굴욕을 당했다. 뒤에 다행히 탈출하여 아버지와 자신 그리고 또 부족을 위해 복수할 것을 다짐했다. 테무친은 복수를 위하여 부지런히 무예를 연마했고, 흩어진 부족을 불러들여서 3만이라는 무리를 거느리는 족장으로 성장했다. 이후 테무친은 여러 차례 부족 사이의 전쟁을 겪으면서 차츰 몽골초원의 실력자로 성장했다.

테무친이 그의 아버지의 원한을 갚기 위해 마음을 다지고 있을 때, 마침 타타르 수령이 금나라의 미움을 사게 되었다. 테무친은 이 기회를 이용하여 금나라와 연합하여 타타르족을 공격하여 완전히 몰락시켰다. 이 전쟁에서 공을 세운 테무친은 금나라로부터 전봉사령관前鋒司令官이라는 직책을 받았다.

테무친은 10여 년 동안 전쟁을 치르면서 몽골초원의 여러 부족을 합병하고 마침내 몽골을 통일했다. 그리고 전체 몽골족의 대칸大汗으로 추대되어 몽골칸국을 건립했는데 이때 그의 나이 44세였다. '칭기스칸'은 몽골어로 '해양海洋' 또는 '강대强大'라는 의미를 나타낸다.

금나라는 몽골을 속국으로 간주하고 해년마다 진공進貢을 요구해 왔다. 칭기스칸은 이러한 상황을 변화시키고자 결심했다. 몽골칸국이 건립된 지 3년이 지나 금나라의 황제 장종章宗이 사망하고, 태자 완안영제完顔永帝가 즉위했다. 그는 무능한 황제로 아무것도 모르고 위세를 부리고 있었다. 영제가 즉위한 2년 뒤에 몽골에 사신을 파견하여 조서를 내려 칭기스칸에게 속국의 예의를 갖추어 무릎을 꿇고 절을 하면서 조서를 받도록 했다. 칭기스칸은 사신에게 말하기를 "잠깐 기다려라. 나는 지금 새로 즉위한 황제가 누군지도 모른다"라고 하자, 사신이 "황제가 돌아가신 뒤 아들 완안영제가 새로운 황제로 즉위했습니다"고 했다. 칭기스칸은 그 말을 듣고 땅에다 침을 뱉으면서 경멸하는 말로 "나는 중원의 황제는 천상의 사람이 하는 것이라고 들었는데, 완안영제와 같은 이러한 멍청이도 황제가 될 수 있단 말인가? 내가 어찌 그에게 무릎꿇을 수 있겠느냐?"고 하며 금나라에 굴복하지 않았다.

칭기스칸은 말을 마치고 금나라의 사신을 가두어 두었다가 뒤에 살해했다. 금나라와 몽골의 관계는 이렇게 해서 단절되었다. 1211년 칭기스칸은 금나라와 전쟁을 일으켰다. 칭기스칸은 크루룬강 부근에서 병사들을 모아놓고 기도하면서 "영원한 하늘이시여, 금나라 사람들이 우리의 조상을 살해했습니다. 만약 저에게 복수를 허락하신다면 조그마한 힘이라도 되어 주십시오!"라고 했다. 그의 기도와 함께 전체 몽골군이 일제히 소리높여 "복수! 복수!"라고 외쳤다. 금나라는 30만 대군을 파견하여 몽골군과 맞서 싸웠다. 칭기스칸은 3천 명의 날쌘 기병만을 선발하여 출전했다. 두 나라의 군대가 야호령野狐嶺[지금 하북성 장가구 북쪽]에서 만나 치열하게 싸웠다. 몽골의 3천 기병은 용맹스럽게 싸워 금나라 군대 30만을 남김없이 격파했다. 칭기스칸이 거느린 철기병鐵騎兵은 중원의 대지에서 종횡무진으로 활약하여 무적의 군대가 되었다. 황하이북의 땅은 중도中都[지금의 북경]등 몇 곳의 큰 성을 제외하고 모두 몽골군의 점령지가 되었다.

몽골 군대가 침략하자 금나라는 큰 혼란에 빠졌다. 그러다 완안영제가 내분으로 피살되고 새로 즉위한 황제는 칭기스칸에게 화해를 요청해 왔다. 칭기스칸은 금나라가 바치는 금과 비단·공주를 챙기고 물러났다. 금나라는 뒤에 수도를 중도中都에서 변경汴京[지금 하남성 개봉]으로 옮겼는데 중도는 칭기스칸에게 점령당했다.

이후 칭기스칸의 철기군은 서쪽지역으로 진출하여 중앙아시아 각국으로 진격해 갔다. 칭기스칸은 서쪽정벌을 떠나기 전에 먼저 세 번 서하를 공격하여 화친을 맺었다. 뒤에 그가 서쪽정벌에 나섰을 때 서하에게 원병을 요청했는데 서하는 기회만 보고 군대를 지원하지 않게 되자 칭기스칸은 몹시 노했다. 서쪽정벌을 마치고 돌아오는 길에 칭키스칸은 서하를 공격했는데 바로 이때 그는 병으로 일어나지 못했다. 1227년 한 시대의 영웅 칭기스칸은 감숙성 육반산六盤山 아래 청수현淸水縣의 행궁에서 세상을 떠났다.

> 칭기스칸의 뒤를 이어 셋째아들 오고타이 칸이 즉위한 뒤 서하를 공격하여 항복을 받아내고, 1233년에는 금나라의 수도를 포위했다. 금나라의 황제는 채주蔡州(하남성 여汝)로 도망간 뒤 남송에게 연합하여 몽골을 물리치자고 요청했으나 거절당했다. 1234년 몽골과 남송의 협공으로 금나라는 멸망했고, 황제는 도망갈 곳이 없자 스스로 목숨을 끊었다.
> 칭기스칸은 몽골을 통일하여 초원지역의 오랜 분열과 혼란의 상황을 끝내고 몽골의 사회생산력을 발전시켰는데 이는 역사적으로 커다란 발전이었다. 그는 또한 몽골문자를 제정하여 몽골문화 발전에 영향을 주었다. 칭기스칸이 통치한 뒤 몽골족의 군사제도에 커다란 변화가 있었다. 그는 몽골족 각 부족을 십호·백호·천호·만호 단위로 편제하여 10만의 기병으로 구성된 상비군을 거느렸다. 또 귀족자제 가운데서 용맹스런 사람으로 1만명을 선발하여 '겁설군怯薛軍'이라는 이름의 친위대를 조직하여 자신의 호위병으로 삼았다. 칭기스칸의 이러한 조치는 몽골족의 국력을 크게 증강시켰다. 강력한 군사력을 중심으로 칭기스칸은 대규모 전쟁을 일으켜서 영토확장을 꾀했다. 13세기 몽골의 철기군은 동으로는 황해까지 진출했고, 서쪽으로 다뉴브강 유역까지 영토를 확장시키면서 중앙아시아와 동유럽 각 민족에게 엄청난 재난을 주었다.

14. 문천상이 원나라에 항쟁하다

몽골족은 대외로 팽창하는 전쟁을 벌이는 동시에 매년 남송을 공격했다. 남송과 몽골군이 연합하여 금나라를 멸망시킨 뒤 남송은 중원으로 군대를 보내 개봉과 하남 일대의 옛 땅을 회복하려고 했다. 몽골은 남송이 화친을 파기했다고 생각하고 이때부터 두 나라는 전쟁이 시작되었다. 이후 몽골군은 운남雲南을 정벌하고 서남지역을 제압했다.

1258년 몽골은 세 갈래로 나뉘어 남송을 공격했다. 합주合州[지금 중경시 합천]를 함락했을 때, 몽골황제 몽케가 포탄을 맞아 사망하자, 그의 형제들이 칸 자리를 놓고 한 차례 쟁탈전을 벌였다. 이때 다행히 남송은 재상 가사도賈似道를 보내 협정을 맺은 뒤 몽골군을 철수시킬 수 있었다.

칭기스칸의 손자 쿠빌라이가 귀족들의 지지를 얻어 1271년 국호를 원元으로 하고 황제에 즉위했는데, 이가 원세조元世祖이다. 세조는 즉위 후 가사도에게 협정을 이행하도록 요구했으나 남송은 모른 체했다. 쿠빌라이는 남송을 몰락시키려고 결정하고 20만의 대군을 이끌고 침략해 왔다. 몽골군은 한 방면으로는 악주鄂州를 공격하고, 다른 한 방면은 양주揚州를 공격해 왔는데 남송군대는 전혀 방어하지 못하고 완전히 붕괴되었다. 몽골군대가 임안臨安을 공격하자 가사도는 양주로 도망가고, 임안에는 겨우 4살의 어린황제만 남게 되었다. 황제는 조서를 내려 각 지역 장수들에게 군대를 이끌고 수도에 와서 황제를 돕도록 명령을 내렸다. 이때 황제의 조서를 받고 온 사람은 문천상文天祥과 장세걸張世杰 두 명뿐이었다.

문천상은 길주吉州의 여릉廬陵[지금 강서성 길안]에서 태어나서 20세가 되던 해 장원급제했다. 그가 관직에 임용되었을 때 남송은 갈수록 부패해 갔다. 문천상은 여러 차례 나라를 구해보겠다는 뜻을 조정에 전했지만 당시 상황으로는 실현할 방법이 없었다. 그는 매우 번민했다. 한번은 몽골군이 남송을 공격해 왔는데 환관 하나가 방어를 포기하고 즉시 도망을 가야한다고 황제에게 말했다. 문천상은 상소를 올려 이 환관을 살해하고 군대가 혼란해지는 상황을 막으려고 했다. 그러나 황제는 그 환관을 죽이기는커녕 오히려 문천상의 관직을 빼앗았다.

문천상은 뒤에 다시 조정에 와서 조서를 작성하는 업무를 맡았다. 당시 간신이었던 가사도가 조정대권을 장악하고 있으면서 황제에서부터 조정의 모든 신하들을 속이고 있었다. 이때 몽골의 군대가 양양襄陽을 5년 동안 포위하고 있었는데 이러한 중요한 사실도 황제는 모르고 있었다. 문천상은 가사도의 이와 같은 태도에 너무나 분개했다.

그러나 어떻게 상황을 변화시켜야할지 그 방법을 찾지 못했다. 결국 문천상은 가사도의 미움을 사서 37세가 되던 해 조정에서 쫓겨났다. 몽골의 전면적인 공격이 진행되었을 때 조정에서는 다시 문천상을 불러서 강서江西 공주赣州의 책임자로 파견했다.

문천상은 조정의 명령을 받고 급히 3만의 병사를 모아 임안으로 출발할 준비를 했다. 이때 문천상의 아들이 근심하며 "임시로 급히 모집한 이 병사들은 아직 훈련도 부족하고, 인원도 많지 않은데 그들에게 몽골 군사들을 막아내라고 한다는 것은 달걀로 바위를 치는 격이며, 양 떼를 굶주린 호랑이에게 내주는 상황이 아닙니까?"라고 했다. 문천상은 눈물을 머금고 사람들에게 호소했다.

"형제여러분, 원나라 병사들이 흉악하다는 것을 내가 모르는 바 아닙니다. 훈련도 재대로 받지 못한 보잘것없는 3만의 군대로 적과 싸운다는 상황을 내가 모르는 바 아닙니다. 그러나 국난의 위기에 처한 지금 우리 조정에 황제를 호위하는 병사가 단 한 명도 없다면 어찌 적에게 웃음거리가 되지 않겠습니까? 나는 죽어서라도 국가에 보답하기를 원합니다. 나의 피와 생명을 바쳐 천하의 열혈남아들을 일깨우고자 합니다. 이렇게 할 수 있다면 나의 소망은 실현될 것입니다."

문천상은 평강平江지금 소주지역 방어를 명령받았는데 뜻밖에 몽골 군대가 평강을 넘어 독송관獨松關지금 절강성 여항을 공격했다. 조정에서는 급히 문천상에게 독송관을 방어하도록 명령을 내렸다. 그러나 문천상의 군대가 도착하기 전에 독송관은 이미 함락된 상태였다. 문천상은 급히 평강으로 철군 명령을 내렸으나 평강 역시 몽골 군대에 의해 함락된 상태에서 할 수 없이 임안으로 철수했다.

몽골군은 대장 백안伯顔의 통솔 아래 임안으로부터 30여 리 떨어진 지역까지 도착했다. 이때 조정신하들은 도망가기에 바빴고 아무도 몽골군을 방어할 대책을 마련하지 못하는 상황에서 조정은 결국 투항하기로 결정했다. 백안은 남송과 담판하자고 요구해 왔다. 이때 남송의 좌우승상이 모두 몰래 도망가 버린 상황이어서 조정에서는 문천상을 우승상으로 하여 몽골과 담판을 하도록 보냈다. 문천상은 몽골에 굴욕적인 항복을 할 사람이 절대 아니었다. 그는 백안伯顔을 만난 뒤 날카롭고 엄한 말투로 "몽골이 우리와 우호관계를 맺고자 원합니까? 아니면 우리를 멸망시키고자 합니까?"라고 물었다. 백안이 그 말을 듣고 "우리는 송나라를 멸망시키고 싶지 않소"라고 했다. 문천상은 "좋습니다. 그렇다면 군대를 1백 리 밖으로 철수시켜서 그 뜻을 보여주십시오. 만약 당신들이 우리를 멸망시키겠다면 우리는 죽음을 각오하고 싸울 것입니다"고 했다.

백안은 문천상의 말을 듣고 근본적으로 담판을 하려는 것이 아니라 자신들에게 도전장을 던지는 것이라고 여겼다. 백안은 문천상을 가두고 수행원들에게 돌아가서 만약 남송이 투항하지 않는다면 곧바로 침략을 할 것이라고 했다. 남송은 백안이 위협을 하자 가여경賈餘慶을 우승상으로 임명하고 몽골에 투항했다. 백안은 남송의 투항을 받아낸 뒤 희희낙락하며 문천상에게 말하기를 "송나라가 이미 다른 사람을 보내 투항해 왔다. 너는 이제 송왕조의 재상이 아니다"라고 했다. 문천상은 상황을 파악한 뒤 통곡하면서 남송의 멸망을 원통해 했다.

1276년 몽골군은 아주 손쉽게 임안을 차지했다. 어린 황제 및 후궁과 조정대신들은 몽골군의 전리품으로 대도大都[지금의 북경]으로 잡혀갔다. 문천상은 원나라 군대에 의해 북경으로 끌려갈 때 진강鎭江 근처에서 탈출했다. 그는 진주眞州[지금 강소성 의징]로 도망갔는데 이곳을 수비하고 있던 남송의 군대가 환영하며 그를 맞이했다. 몽골군은 문천상이 도망한 것을 알고 즉시 사방에 소문을 퍼뜨려 문천상이 이미 원나라에 항복했다고 알렸다. 양주揚州

의 수군책임자 이정지李庭芝가 그 소문을 듣고 진주수군에게 문천상을 살해하라는 명령을 내렸으나 진주수군이 문천상을 직접 이정지와 만나게 해서 오해를 풀었다.

이때 문천상은 새 황제가 복주福州에서 즉위했다는 소식을 듣고 여러 지역을 거쳐 복주에 도착했다. 새 황제가 있는 곳에서 문천상은 추밀사樞密使의 직책을 맡았다. 문천상

은 여러 차례 군대를 거느리고 몽골군을 공격하여 회창會昌 등 일대를 수복했다. 이에 몽골은 더 많은 군대를 투입하여 이소정의 남송 군대를 공격했고, 결국 문천상은 해풍海豊지역의 황산荒山에서 체포되었다.

몽골은 문천상에게 투항하도록 했지만 그는 끝까지 거절했다. 원나라 군대는 그를 대도까지 압송한 뒤 감옥에 가두었다. 옥중에서 그는 천지가 놀라고 귀신이 통곡한다는 「정기가正氣歌」를 썼다. 원세조는 문천상이 죽음을 맹세하고 투항하지 않는다는 소식을 듣고 그의 기상을 가상히 여겨 직접 문천상을 만나서 승상의 직무를 내리겠다고 하며 그를 회유했다. 문천상이 세조를 만났을 때 그는 무릎을 꿇지 않고 말하기를 "나는 송나라의 승상으로 두 군주를 모실 수 없다. 죽음만이 있을 뿐 목숨을 구걸하지 않겠다!"고 했다. 다음날 문천상은 대도에서 처형당했다.

 원세조 지원至元 20년(1283) 정월 17일 문천상은 47세의 나이로 세상을 떠났다. 그는 남송시기 원나라에 끝까지 항쟁했던 중국민족의 영웅이었다. 몽골족이 무력으로 중국전역을 통일하는 상황에서 한족들은 처참한 살육을 당했다. 문천상은 국난의 위기에 처했을 때 몸을 일으켜 용감하게 원나라에 대항했으며 민족억압에 반대했다. 그가 지도한 투쟁은 비록 실패했지만 그가 보여준 불굴의 투쟁정신은 감동적이고 눈물겹다. 문천상은 원나라의 유혹을 물리치고 대도의 감옥에서 4년 가까운 험난한 세월을 보냈다. 그가 남긴 「과령정양過零丁洋」과 「정기가」는 죽음도 두려워하지 않는 정신으로 가득 차 있다. 그의 시에는 숭고한 민족정신이 표출되어 있어 대대로 후세사람들에게 전해진다.

15. 홍건군이 봉기하다

1271년 칭기스칸의 손자 쿠빌라이가 원나라를 건립했다. 몇 년의 전쟁을 거쳐 명맥을 유지하던 남송의 조정 역시 1279년에 멸망하고 쿠빌라이는 마침내 전중국을 통일했다. 쿠빌라이는 황제에 즉위한 뒤 정권을 공고히 하기 위해 몇 가지 조치를 실시했다. 그의 정치는 몽골귀족과 대지주의 무장반란을 엄하게 진압하여 분열과 할거국면을 해소시켰다. 옛 몽골풍속을 개혁하고 중국의 법과 제도를 채택하여 새로운 개혁을 추진하면서 그밖에 사회생산에 유리한 조치를 내렸다. 그러나 쿠빌라이는 엄격한 계급통치와 민족차별정책을 실시하여 몽골인·색목인色目人·한인韓人·남인南人 등으로 구별했다.

쿠빌라이가 죽고 그의 손자가 즉위했는데 이가 성종成宗이다. 성종시기 관리들은 빈번하게 뇌물을 받고 법을 어겼다. 한 차례 조사에서 법을 어긴 관원이 1만 8천 명에 달했다. 성종 이후, 9명의 황제가 바뀌었다. 원나라는 계층 간의 갈등, 민족갈등이 갈수록 첨예하게 대립하면서 커다란 사회변화를 예고하고 있었다. 원나라의 마지막 황제 순제順帝가 통치할 때, 국고는 텅 비고 물가는 날이 갈수록 치솟았다. 그러나 황제 및 조정의 관료들은 사치와 향락에 빠져서 백성들의 생활은 돌보지도 않았다. 이러한 상황에서 각 지역마다 농민봉기가 폭발하게 되었는데, 그 가운데 가장 큰 봉기군이 바로 홍건군紅巾軍이었다.

원나라 말기 민간에 전해오는 『취태평醉太平』에 "당당한 대원大元이 간사하고 아첨하는 무리들이 권력을 차지하면서 재앙의 근원을 만들어 수많은 홍건군이 일어나게 했네. 관청의 법령이 함부로 사용되어 형벌이 무거우니 백성들이 원망하네. 사람이 사람을 잡아먹고, 도적이 관리가 되고, 관리가 도적이 되는 어지러운 상황이 함께 하고 있으니 이 어찌 슬프고도 가련하지 않는가!"라는 노래가 있다.

홍건군 봉기의 도화선은 '개하변초開河變鈔'가 직접적인 원인이 되었다. 원나라의 통치자들이 수리시설을 중요하게 여기지 않았기 때문에 황하의 범람을 초래했고, 또 원나라 조정에서 1351년 15만의 농민을 강제징발 하여 황하의 옛길을 다시 건설했는데 이 때문에 농민들의 원성이 치솟았다. 이것이 바로 '개하開河'이다. '변초變鈔'라는 것은 원나라 조정의 재정악화로 변초變鈔의 방법을 통해 백성의 피와 땀을 착취한 것을 말한다.

하북에서 한산동韓山童이라는 농민이 민간의 비밀종교단체 백련교白蓮敎를 조직하여 "미륵불이 탄생하여 명왕明王이 세상에 출현할 것이다"고 사람들에게 전파했다. 당시 생활이 힘들었던 백성들은 모두 하루 빨리 미륵보살이 세상에 내려오기를 간절히 바라고 있었다.

원나라가 15만의 농민을 징발하여 황하 수리시설을 할 무렵 백성들은 원이 '개하변초開河變鈔'와 온갖 방법을 다해 자신들을 착취하는 것에 대해 강한 불만을 가졌다. 한산동은 기회가 왔다고 생각했다. 그는 사람을 시켜 몰래 땅을 파고 눈이 하나뿐인 석인石人을 만들어 황하 부근에 묻어두었다. 그런 뒤 한산동은 황하의 수리사업을 하는 곳곳에 다음과 같은 동요를 퍼트렸다.

"눈이 하나뿐인 석인石人이 황하를 움직여서 천하가 배반할 것이다."

황하를 치수하는 농민들은 군대의 감시를 받으면서 밤낮으로 쉬지 못하고 일을 하면서도 밥도 제대로 배부르게 먹지 못했다. 그들은 "천하가 배반한다"는 소리를 듣고 하루빨리 그 날이 오기를 기다렸다. 어느 날 황하의 수리작업을 하던 민공民工이 석인 하나를 찾아냈다. 그 석인을 자세히 보니 눈이 하나였다. 사람들은 잠시 놀라서 어리둥절했다. 그러나 황하의 작업현장에서 오랫동안 전해오는 민요를 관련지어 생각해 보니 반란을 일으키라는 하늘의 뜻이 아닌가? 가난한 이들이 자신의 처지를 바꿀 수 있는 유일한 길은 반란을 일으키는 방법밖에 없었다. 석인이 나왔다는 소식은 황하의 작업현장 곳곳으로 은밀하게 전파되었다. 사람들은 민요의 예언이 적중했다고 생각했다.

1351년 5월 한산동과 그의 동료 유복통劉福通은 시기가 무르익었다고 여기고 영주潁州[지금 안휘성 부양]에서 봉기했다. 원나라의 통치가 매우 문란해지고 민족억압이 심해지자 백성들은 송나라를 그리워했다. 한산동은 자신이 북송 휘종의 8대손이라 하고, 유복통은 남송의 대장 유광세劉光世의 후손이라 칭했는데 백성들은 그 말을 믿었다.

봉기를 선포한 바로 그날 한산동이 갑자기 관부에 붙잡혀 갔다. 유복통은 관부의 추격을 피해 달아났는데 황하의 작업현장 민공들이 유복통을 체포하러온 군사들을 살해하고 유복통에게 모여들었다. 10일이 채 못되어 유복통을 따르는 사람들이 10만의 규모로 발전했다. 이들이 머리에 붉은 수건을 두르고 있었기 때문에 사람들이 홍건군紅巾軍이라 불렀다.

홍건군의 기세가 점점 강성해지면서 각지에서 봉기한 농민군들이 모두 홍건의 기치를 내걸었다. 때문에 이후 홍건군은 북방홍건과 남방홍건으로 구분된다. 북방홍건군의 지도자는 유복통·곽자흥郭子興·지마리芝麻李 등이고, 남방홍건군의 대장은 서수휘徐壽輝·팽영옥彭瑩玉이었다. 강소성 태주泰州와 절강성 황암黃岩에서 봉기한 장사성張士誠과 방국진方國珍은 홍건군 계통에 속하지 않는다.

원나라 순제는 모든 병력을 동원하여 1백 만의 군사들을 모아 장사성의 홍건군을 포위했다. 그러나 원나라 조정의 내부분열로 인해 1백만 대군은 싸우지도 못하고 물러섰다. 유복통은 이 기회를 틈타 추격하여 원나라 군대를 크게 물리쳤다. 1355년 유복통은 안휘성 박주亳州에서 한산동의 아들 한림아韓林兒를 황제에 즉위시키고 국호를 송宋이라 했다.

유복통은 나라를 세운 뒤 곧 북벌을 개시했다. 북벌군은 원나라의 수도 대도성大都城까지 진격했지만 곧 원나라 군대의 반격을 받아 최후에는 실패로 끝났다. 원나라는 분열과 와해 계책을 써서 장사성의 항복을 받아낸 뒤 유복통을 습격했다. 유복통은 온힘을 다해 싸웠으나 결국 전사했고, 이후 북방홍건군은 무너졌으며 이어 남방 역시 침체상태에 빠지게 되었다. 홍건군이 봉기했을 때, 농민출신의 청년 주원장朱元璋의 세력이 점점 강성해졌다.

주원장은 남방홍건군을 무너뜨리고 최후에는 대도를 공격하여 원나라 세력을 몰아내고 명나라를 건국하게 되었다.

원나라 말기 홍건군의 봉기는 중국역사에서 매우 중요한 의의를 갖고 있다. 농민 군대는 이때 '살진불평殺盡不平'과 '최부익빈摧富益貧'의 구호를 외치면서 투쟁했다. 이들은 원나라가 실시한 민족차별과 계층 간의 갈등에 불만을 표출했다. 홍건군의 봉기는 17년간 지속되었으며 원나라의 통치를 끝내게 했다. 원나라의 통치를 몰아낸 뒤 중국은 다시 대량의 자경농을 기반으로 하여 사회생산력의 발전을 가져왔다.

농민봉기군은 성장하면서 각자 독립적인 활동을 하게 되고 이러한 과정에서 서로 통합되지 않은 양상으로 북방세력과 남방세력으로 갈라지게 되었다. 이러한 점을 당시 농민군대의 편협성과 배타성 때문으로 볼 수 있다.

지혜와 모략이 뛰어난 주원장은 여러 면에서 한나라 고조 유방을 닮았다. 그는 안휘성 지역의 유학자 주승朱昇이 건의한 "담장을 높이 쌓고, 양식을 충분히 비축하고, 왕좌에 오르는 것을 늦추라"는 제안을 받아들여 차분하고 확실하게 일을 처리한 뒤 마침내 모든 상대를 제압하고 천하를 취했다. 주원장의 이러한 전략은 깊이 고려할만하며 연구할 가치가 있다.

제7장 전제주의 왕조

명대

1. 승려출신의 황제

원나라 말기에 통치계급의 수탈과 민족차별은 백성들의 고통을 더욱 가중시켰고 어려운 생활을 견디지 못한 농민들은 잇달아 봉기를 일으켰다. 한산동韓山童과 유복통劉福通을 중심으로 하는 홍건군紅巾軍을 제외하고도 절강성浙江省 황암黃巖의 지주 방국진方國珍은 절강성의 동쪽을 점령했고 강소성江蘇省의 소금상인 출신 장사성張士誠은 장강長江 중·하류의 소주와 항주지역을 점령했으며 홍건군과 관련있는 명옥진明玉珍은 사천四川지역을 점령하여 중경重慶에서 황제라 칭하는 등 여러 지역이 분열되는 상황이 발생했다.

원나라 지정至正 12년(1352) 정원定遠(지금의 안휘성 정원현)출신의 곽자흥郭子興은 홍건군의 봉기에 호응하여 호주濠州(지금의 안휘성 봉양현)에서 군사를 일으켰다. 3월 어느 날 곽자흥의 부하가 호주성의 성문에서 큰 체구에 낡은 옷을 걸친 승려를 잡았다. 신분도 확실치 않고, 질문에도 끝까지 입을 열지 않는 승려를 첩자로 생각한 병사가 그를 참수하려는 순간, 공교롭게도 마침 그곳을 지나던 곽자흥이 그 승려의 모습을 보더니 갑자기 부하를 시켜 승려를 풀어주게 하고 자신의 부하로 삼았다. 이때 겨우 목숨을 건진 승려가 바로 후일 명나라를 개국한 명태조 주원장朱元璋이다.

　주원장의 원래 고향은 강소성 패현沛縣으로 조상대대로 농업에 종사했으나 가정형편은 매우 빈곤했다. 이때문에 주원장의 부친인 주오사朱五四는 호주로 이주했다. 주원장은 어린 시절에 서당에서 글을 배웠지만 집안의 형편으로 인해 학업을 포기하고 목동생활을 하게 되었다.

　주원장이 17세가 된 해에는 회수淮水북부의 가뭄과 메뚜기떼의 공격 그리고 전염병으로 많은 사람들이 죽어나가고 있었다. 이때 주원장의 집안에서도 주원장을 제외한 다른 가족들 모두가 보름 만에 사망했다. 17세의 어린 나이로 살아갈 길이 막막했던 주원장은 황각사皇覺寺의 승려가 되었다.

그 당시에는 살기 위해 승려가 되는 사람들이 많았기 때문에 절에서도 식량에 대한 문제가 매우 심각한 상태였다. 해결방법을 찾지 못한 때문에 황각사의 주지는 승려들에게 탁발[승려들이 돌아다니면서 시주를 받는 행동]을 하도록 했다. 주원장은 황각사에서 겨우 50여 일을 머문 뒤 주지의 명에 따라 탁발을 떠나게 되었다.

주원장은 여러 지역을 돌아다니면서 백성들의 어려움을 보았으며, 비밀결사 성격의 미륵교彌勒教를 접했다. 주원장은 중원 대부분의 지역을 돌아다니며, 각 지역의 지리를 알게 되었는데, 이는 나중에 그가 군사작전에 이로운 지리지식을 쌓는 계기가 되었다.

3년간의 탁발생활을 마치고 다시 황각사로 돌아온 주원장은 홍건군이 봉기하자 의기양양한 모습으로 홍건군에 참여하기 위해 호주로 돌아갔으나 첩자로 오인되어 목숨을 잃을 위기에 놓였다.

곽자흥에 의해 목숨을 건진 주원장은 처음에는 평범한 병사에 불과했다. 그러나 교양과 지식이 풍부한 주원장은 점차 곽자흥에게 신임을 얻게 되었고 마침내 그의 양녀와 결혼하게 되었다. 최고지도자의 사위가 된 주원장의 사회적 지위와 인생은 이때부터 완전히 달라지게 되었다.

봉기한 뒤에도 병사의 수가 그다지 많지 않았기 때문에 곽자흥은 계속적으로 병사를 소집하고 군마軍馬를 구입하여 그 세력을 확장하려 했다. 당시 주원장은 곽자흥의 지시에 따라 고향으로 돌아와 병사를 모집했는데 얼마 지나지 않아 7백여 명을 모았다. 그 중에는 서달徐達과 주덕흥周德興 같은 그의 어릴 적 친구들도 있었다. 이렇게 병사를 모집하는데 혁혁한 공을 세운 주원장은 그 공을 인정받아 총관으로 승진하게 되었다.

주원장은 자신이 모집한 부대를 이끌어 정원을 공격했고, 저주滁州[지금의 안휘성 저주시]에서 승리를 거두었다. 당시 원나라의 관군들은 가는 곳마다 백성들을 약탈했으며, 농민군 역시 백성들을 약탈하는 나쁜 습관에 물들어 있었다. 가는 곳마다 주원장은 부하들에게 "군대에 규율이 없다면, 어찌 백성들을 안심시킬 수 있겠는가? 우리가 여러 지역을 공략하더라도, 백성이 없다면 빈 성이 우리에게 무슨 쓸모가 있겠는가?"라고 말하며 부대의 기강을 엄격하게 세워나갔다.

주원장은 전쟁의 과정에서 사로잡은 여인들을 모두 돌려보내고, 그의 명령을 따르지 않으면 참수형을 실시했다. 이에 잡혀있던 여인들은 가족의 품으로 돌아갈 수 있었다. 한 병사가 백성들의 솥을 약탈했는데 주원장이 이 사실을 알고 참수의 명을 내렸다. 이 명령 이후 주원장의 부대기강은 매우 엄격해져서 그의 부대는 백성들에게 '인의仁義의 군대'라 불렸다. 주원장의 부대가 가는 곳마다 성城들이 먼저 항복하니 그의 부대는 피해없이 세력을 유지할 수 있었다.

주원장은 국가의 흥망과 통치방법이 모두 책 속에 있고, 책을 이해할 수 있는 사람은 지식인뿐이라 여겨, 지식인이 없다면 천하를 얻는 것은 불가능하다고 생각했다. 그래서 주원장은 어진이[賢者]를 예禮로 대하면서 지식인을 매우 존중했다. 풍국용馮國用은 주원장에게 '금릉金陵은 호거용반虎踞龍盤[호랑이가 웅크리고 용이 도사린 모습의 지형]의 명당으로 제왕帝王이 도읍을 세울 수 있는 지방'이라 건의하니, 주원장은 그의 주장이 일리가 있다고 여겼다.

이선장李善長은 주원장에게 "한고조漢高祖가 평민출신으로 군사를 일으켰을 때, 도량이 넓고 사람들을 잘 대하여 5년 만에 제업帝業을 이룰 수 있었습니다. 당신께서도 고향에서 한고조를 본받으신다면 천하를 반드시 평정할 수 있습니다"라고 건의했다.

주승朱升은 주원장에게 승리의 전략방침을 건의했는데 그 방침은 먼저 성城을 보수하고 그 다음에 양식糧食을 모으며 천천히 왕이 되는 것이었다.

주원장은 지식인을 모아 그들이 허심탄회하게 건의하는 것을 들었다. 그가 한고조를 모범으로 삼아 천천히 왕을 칭한 것이나 마지막에 금릉에 도읍을 세운 것 등이 모두 지식인들의 건의에 따른 것이다.

곽자흥이 병사病死한 뒤에 주원장은 곽자흥의 지위를 계승했다. 그는 병력을 집중하여 동남방향의 집경集慶지금의 남경 부근을 얻어 집경을 응천부應天府로 이름을 바꾸고 계속해서 응천부의 부근을 공략하여 자신의 기반을 확대했다. 주원장의 세력이 나날이 확장됨에 따라 주원장과 다른 지역의 점령세력 사이에 빈번하게 대립이 발생했다. 주원장은 이런 상황을 염두에 두면서 야심만만한 진우량陳友諒을 먼저 공격하고, 그 후에 장사성을 공격하기로 결정했다.

1363년 여름, 파양호鄱陽湖에서 주원장은 20만의 병력을 이끌고 진우량의 60만 대군과 전쟁을 벌였다. 진우량의 군대는 거함巨艦을 쇠사슬로 연결했는데 그 규모가 매우 컸다. 주원장의 군대는 움직임이 재빠른 작은 배에 화약과 쉽게 불탈 수 있는 물건을 싣고 공격했다. 진우량의 거함은 움직임이 늦어 주원장 군대의 화공火攻에 의해 대패했다. 진우량은 전투 중에 사망했고 주원장은 무창武昌을 얻게 되었다.

주원장은 진우량을 멸망시키고 난 뒤에 군대를 동쪽으로 진격시켜 1367년 장사성의 최후거점인 평강平江지금의 소주을 함락했다. 장사성은 포로가 된 뒤에 자결을 했고, 주원장은 계속해서 군대를 절강성의 동부로 진격시켜 절강연해의 방국진을 멸망시켰다.

이 해 가을, 강대해진 주원장은 서달에게 25만의 대군을 이끌고 원나라의 수도인 대도大都원나라의 수도, 지금의 북경를 공격하도록 명령했다. 부패한 원나라 군대는 서달의 군대를 만나기만 하면 전의를 상실하여 도망하거나 잇달아 항복했다. 원나라 순제順帝는 이미 대세가 기울어진 것을 보고 대도를 버리고 북으로 도망갔다. 서달의 대군은 백성들의 환호성을 들으며 대도로 입성했는데, 이는 사실상 원나라의 멸망을 의미하는 것이다. 이로써 약간의 변방지대를 제외하고 중국은 다시 통일되었다.

1368년 1월 목동출신 주원장은 응천부에서 제위帝位에 올랐는데 국호를 대명大明으로 선포하고 연호를 홍무洪武로 하여 강대한 명나라를 건국했다.

> 원나라 말기에 목동출신의 승려로서 봉기군에 합류한 주원장은 일반병사로 시작했으나 결국은 대원수가 되었다. 당시 각 지역을 분할하여 점령하고 있던 봉기군은 주원장보다 세력이 컸다. 주원장은 어떻게 모든 상대를 이기고 최후의 승리자가 되어 다시 중국을 통일하는 황제가 되었는가?
> 첫째, 주원장은 예로써 지식인을 대하고 인재를 적재적소에 잘 활용했다. 주원장은 허심탄회하게 문인들의 건의와 충고를 받아들여, 전략상으로 상대방보다 나은 계책을 세웠으니 이것이 주원장으로 하여금 황제가 될 수 있었던 중요한 원인이다.
> 둘째, 주원장은 자신의 군대에 엄격한 기강을 적용하여 백성들의 지지를 얻었다. 당시의 봉기군은 그 출신성분이 복잡하여 기강이 해이해져 있었는데 주원장은 엄격하게 기강을 세우고 집행하니 백성들이 '인의의 군대'라 칭송했다. 그래서 그의 군대에서 명령을 어기는 병사가 없었고 공략하지 못한 성이 없었다. 주원장이 다시 중국을 통일한 사실은 중화민족의 역사발전에 큰 공헌을 한 것이다.

2. 현명하고 내조를 잘하는 마황후

주원장은 호주에서 곽자흥의 군대에 합류한 뒤에 용감하게 전투에 임했기 때문에 곽자흥은 양녀인 마씨馬氏를 주원장에게 시집보냈다. 마씨는 숙주宿州(지금의 안휘성 숙현)출신으로 부모가 어렸을 때 돌아가셔서 곽자흥 부부가 그녀를 길렀다. 주원장이 결혼 한 뒤에 부부가 함께 역경을 이겨나갔다. 주원장이 황제가 되는 과정에서 마황후의 공로가 적지 않았다.

주원장과 마씨는 비록 어른이 정해준 혼인이었지만 결혼 후에는 오히려 부부가 서로를 아끼고 화목하게 생활했다.

한번은 곽자흥이 주원장을 감금하면서 먹을 것을 주지 말라고 명령했다. 마씨가 이 소식을 들은 뒤에 호소했지만 곽자흥은 듣지 않았다. 주원장이 며칠을 굶으면서 쓰러지기 일보직전이었는데 마씨는 위험을 무릅쓰고 화로에서 막 꺼낸 전병煎餠[밀가루로 만든 음식의 한 종류]을 주원장에게 주었다. 마씨가 가슴에 품은 전병을 주원장에게 주었을 때, 주원장은 마씨의 가슴이 전병에 데어 물집이 생긴 것을 보고 매우 감격했다.

군사작전에서는 비록 마씨가 앞장서서 전장에 참여하지는 못했지만, 문서를 잘 정리하고 보급문제를 주도적으로 해결하여 남편의 근심을 함께 나누었다.

주원장이 황제皇帝로 등극한 뒤에 마씨를 황후皇后로 삼았으며 주원장은 조정대신들에게 마황후는 역경을 함께 이겨나간 어진 황후라고 여러 번 칭찬했다. 마황후는 황제의 칭찬을 듣고서도 기쁜 내색을 하지 않고 주원장의 마음이 기쁠 때를 이용하여 그에게 "폐하, 남편을 따르는 것은 옛날부터 내려오는 이치이기 때문에 과장할 가치가 없습니다. 폐하께서 저와 역경을 함께한 것을 잊지 않으신다면, 저 역시 매우 기쁩니다. 그러나 폐하께서 여러 신하들과 역경을 함께 하신 것을 잊지 않으신다면 국가는 곧 번창할 것입니다"라고 말했다.

한번은 마황후가 주원장이 원나라의 옥쇄를 가지고 있으면서 매우 아끼는 모습을 보았다. 마황후는 고의로 "폐하, 무엇을 감상하고 계십니까?"라고 물었다. 주원장이 웃으면서 "보시오 이것이 원나라 황제의 국보이니 매우 귀중한 것이오"라고 대답했다. 마황후가 고개를 저으며 "이것은 국보라고 할 수 없습니다. 원나라 황제는 이 물건을 가지고 있었기 때문에 국가를 잃어버리게 되었습니다. 제 생각에 폐하의 진정한 국보는 당연히 이 옥쇄가 아닙니다"라고 말했다. 주원장은 마황후의 말을 듣고 얼굴을 붉히며 옥쇄를 놓으면서 "당신의 말을 짐이 잘 알겠소. 당신이 말한 황제의 국보는 마땅히 어진 인재요"라고 대답했다. 마황후가 급하게 무릎을 꿇으며 "폐하, 훌륭하십니다. 금은재보와 같은 보물들은 단지 사람으로 하여금 사치한 생활을 하게 할 뿐입니다. 어진사람이 장차 폐하를 보좌하여 천하를 다스린다면 이것이 나라의 보배가 아니겠습니까?"라고 대답했다.

마황후는 마음이 여렸다. 주원장은 등극한 뒤에 그의 통치를 튼튼하게 하기 위하여 공이 있는 신하들을 사형시켰다. 마황후는 할 수 있는 노력을 다하여 많은 공신들을 구했다.

홍무 30년(1380)에 주원장은 호유용胡惟庸의 사건을 일으켜 그를 능지凌遲[사형의 방법]에 처하게 했다. 예전에 태자의 스승을 지냈던 송렴宋濂은 이때에 나이가 많아 고향으로 돌아가 있었다. 어떤 이가 송렴의 손자가 호당胡黨[호유용의 무리]이라고 고발했는데 송렴은 연좌법連坐法[범인의 가족이나 친척들 모두가 형벌을 받는 법률제도]에 의해 사형이 결정되었다. 송렴이 마황후에게 도움을 청하니 마황후가 주원장의 앞에서 그를 변호하여 "폐하, 송렴은 이미 나이 들어 고향으로 돌아가 있었으므로 손자의 행위에 대해서 아무것도 알지 못했습니다. 그에게 연좌법을 적용하여 사형시키신다면 이는 주위사람들에 대해 매정한 처사입니다. 폐하, 그를 살려 주십시오"라고 말했지만 주원장은 듣지 않았다.

본래 웃음이 많은 마황후가 식사할 때 침묵을 지키며 술과 고기를 먹지 않았다. 주원장이 "황후, 무슨 이유로 그러는 것이오?"라고 묻자, 마황후가 "송 선생님이 사형에 처하게 되었습니다. 제가 할 수 있는 것은 오로지 그를 위한 기도뿐입니다"라고 대답했다. 주원장은 그 말을 듣고서 마음속으로는 꺼림칙하여 그 역시 제대로 식사를 하지 못했다. 그 다음날 주원장은 조용히 송렴의 사형을 거두고 무주茂州로 귀양보내라고 명했는데 송렴은 귀양도중에 사망했다.

마황후는 또 강남의 거부인 심만삼沈萬三의 생명도 구했다. 심만삼은 강남江南 일대의 백성 중에 모르는 이가 없을 정도로 집경성 제일의 부자였다. 주원장이 집경을 공략한 뒤에 집경성의 성벽을 보수해야 했지만 그의 재력은 한계가 있어 심만삼에게 집경성의 삼분의 일을 보수하도록 명했다. 심만삼은 자신의 생명과 재산을 위하여 기한 내에 성의 보수를 완료하니 주원장에게 큰 도움이 되었다. 주원장의 부하가 심만삼의 거대한 재산을 보고, 군대에서 사용할 수 있게 거액의 돈을 내도록 몰아세우니 심만삼은 어쩔 수 없이 돈을 내야만 했다. 이 사실을 알게 된 주원장은 매우 화를 내며 심만삼이 대규모의 재산을 이용하여 민심을 얻으려고 하는 다른 마음이 있다고 생각하고 심만삼에게 사형을 명했다.

이에 마황후가 "심만삼은 거액을 내어 성벽을 고친 공이 있습니다. 그가 재산을 내어 군대에 도움이 되게 한 것은 군관들이 그의 재산을 탐내었기 때문입니다. 만약 죄를 다스리신다면 먼저 그 군관들의 죄를 다스려야 합니다"라고 간청했다. 주원장은 생각 끝에 심만삼의 사형을 거두고 운남으로 유배보냈다. 마황후가 병으로 사망하자 주원장은 매우 슬퍼했다. 명나라의 많은 후궁들은 황후의 자리를 넘보았으나 주원장은 끝내 새로운 황후를 세우지 않았다.

성공한 남자의 뒤에는 위대한 여성의 내조가 있었다. 주원장이 목동에서 승려를 거쳐 천하의 황제가 되기까지에는 본인의 역량도 중요했지만 마황후의 내조도 무시할 수 없는 요인이었다. 주원장의 권력이 점차 강해짐에 따라 그가 가진 생사대권生死大權다른 이를 등용하거나 사형을 집행할 수 있는 권력) 역시 점점 커져갔다. 마황후의 남편에 대한 헌신적인 사랑과 믿음들이 주원장으로 하여금 권력의 정점으로 나아가게 하는데 큰 역할을 했다. 주원장은 상대방들을 굴복시키고 황제로 등극한 뒤에 대규모의 공신들을 숙청시키며 중앙집권통치를 적극적으로 실시했다. 마황후는 주원장에게 가난하고 어려웠던 시절에 그를 도왔던 공신들을 잊지 않도록 간청했는데 이러한 것들이 주원장의 결정에 영향을 미쳤다. 주원장의 성공에는 위대한 여성의 도움이 있었는데 그녀가 바로 마황후이다.

3. 호유용과 남옥의 사건

명태조 주원장은 명나라를 건국한 뒤에도 넓은 도량으로 백성을 대했으며 휴양생식(休養生息)[백성들의 부역이나 조세를 안정시켜 백성들이 어느 정도 쉴 수 있게 만든 국가정책] 정책을 시행했다. 주원장은 자주 관리들에게 "현재의 천하는 막 안정되었으므로 백성들에게 큰 부담을 주지 말라"고 경고했다.

명나라 초기에는 농업생산이 발달했지만 명나라가 점점 자리를 잡자 백성들은 점차 실망하게 된다. 이는 당초 주원장을 따라 전쟁을 격은 농민출신의 장수들이 명나라의 새로운 지배계층이 되었으나 이들은 원나라 말기의 통치계층을 대신하여 백성들을 수탈했기 때문이다.

명나라의 공신들은 스스로 공이 높다고 여겨 마음대로 행동하면서 법을 지키지 않았다. 이러한 새로운 통치계층과 중앙의 황권(皇權) 사이에 대립이 발생했다. 주원장은 이들을 제재하기로 결정했는데 이러한 상황에서 유명한 '호남(胡藍)의 옥(獄)'이 발생했다.

'호남의 옥'은 호유용(胡惟庸)의 사건과 남옥(藍玉)의 사건을 가리킨다. 호유용은 명태조 시기에 재상을 지냈으며 권세가 매우 컸다. 호유용은 정원(안휘성 정원현)출신으로 그 지역 출신의 공신과 장수들의 대부분은 호유용의 제자이거나 그와 깊은 관계를 가졌었기에 호유용을 중심으로 무리를 형성했다. 호유용이 독단적으로 행동하고 또한 군사귀족들과 결탁하는 등 점차 상권(相權)[신하들의 권력]이 확대되어 황권(皇權)을 위협하는 상황이 벌어졌다. 주원장은 호유용을 빌미로 삼아 자신의 권력에 위협이 되는 공신들을 일망타진할 것을 결정했다.

홍무 13년(1380) 주원장은 다른 사람으로 하여금 재상인 호유용이 반란을 준비한다고 고발케 하여 심문도 거치지 않고 곧장 호유용 일가를 사형시키고 재산을 몰수하도록 명령했다. 또한 주원장은 황권에 위협이 되는 공신·장수·문관·지방호족 세력들을 호당(胡黨)[호유용 무리]으로 몰아 대규모로 사형을 집행하고 그 재산들을 몰수했다. 호안[胡案 호유용 사건]에 관련된 사람은 1만 5천여 명에 달했는데 주원장은 그들 모두를 사형시켰다.

호안이 발생한 지 10년이 지났으나 아직 사건을 끝내지 않은 상황에서 주원장은 다시 대규모 숙청을 결정했다. 홍무 23년(1390) 호유용이 사사로이 왜구와 내통했다는 죄를 들어 또다시 대규모 사형을 집행하면서 수십 가문을 멸문시켰는데, 그 중에는 주원장이 공신제일이라 칭한 한국공[韓國公] 이선장[李善長]의 가문도 포함되었다. 이선장과 주원장은 사돈관계였고 주원장은 일찍이 이선장에게 두 번에 걸쳐 면사철권[免死鐵卷]을 하사했다. 그러나 이선장이 호안에 연루되자 주원장은 면사철권을 인정치 않고 이선장의 일가 70여 명을 모두 사형에 처했다. 호안에 관련되어 사형을 당한 사람들이 두 차례에 걸쳐 3만여 명에 달했다.

홍무 26년(1393) 홍무제 후기의 중요한 장수인 남옥이 역모죄로 사형을 당했다. 남옥은 여러 번 몽골로 출정하여 그 전공이 뛰어나 양국공[凉國公]으로 책봉되었다. 주원장은 대신들을 전문적으로 감시하는 금의위[錦衣衛]를 설치했는데 금의위에서는 남옥이 역모할 조짐이 보인다고 황제에게 보고했다. 주원장은 남옥을 사로잡아 참수하고 그의 삼족을 멸했다. 남옥의 사후에 남옥과 관련있는 군중의 장수들을 남당[藍黨]이라 불렀고, 사형수가 1만 5천 명에 달했다. 남안[藍案 남옥의 사건] 이후에 명군의 고위급 장수들은 대부분 사형에 처해졌으며 그밖에 주원장은 여러 이유를 찾아 개국공신에게 사약을 내리거나 참수 혹은 태형을 집행했다. 주원장과 함께 어린 시절을 같이 보낸 주덕흥이 사형을 당했고, 주원장에게 금릉을 근거지로 건의한 풍국용도 사형에 처해졌다.

항주[杭州]의 어느 한 사람이 "밝은 하늘에서[光天之下] 천하의 성인이 나와[天生聖人] 세상의 법칙이 되었다[爲世作則]"라고 주원장을 찬양했다. 이는 명백한 찬양의 말이지만 주원장이 이 말을 듣고 매우 화를 내며 "이 늙은이가 겉으

로는 찬양하지만 여러 곳에서 짐을 욕하고
있다. '광光'은 '독禿', 즉 짐이 대머리라고 욕
하는 것이고, '생生'은 '승僧', 즉 짐이 승려였
음을 욕하는 것이고, '즉則'은 '적賊', 즉 짐이
도적출신이었음 욕하는 것이다"라고 말하며
그 사람을 사형에 처했다.

주원장은 공신功臣을 대처하는 방법을 한
고조高祖의 행동에서 본받았지만 그 결과는
한고조의 행동보다 더 대단했다. 주원장이 무고한 사람을 사형시키는 것에
대해 태자 주표가 가슴 아파했다. 어느 날 태자가 주원장에게 "아바마마,
많은 이들을 죽이면 천지天地의 기를 상하게 할까 두렵습니다"라고 말하자
주원장은 기분이 나빠졌다. 다음날 주원장은 가시가 있는 몽둥이를 태자
앞에 고의로 던져 태자에게 "그것을 나에게 주워 오너라"라고 시켰다. 태자
가 그 몽둥이에 가시가 있는 것을 보고 어찌할 바를 몰라 매우 당황했다.
주원장은 그 몽둥이를 들고 한편으로는 그 가시를 뽑으면서 태자에게 "네
가 가시를 두려워해 들지 못했구나. 짐이 너를 위해 가시를 하나하나 뽑으
면 네가 편하게 그것을 들지 못하겠느냐?"라고 말했다.

이와 같이 주원장은 황제중심의 전제주의 통치를 더욱 강화하기 위해
잔혹한 방법을 이용해 황권에 도전하는 무리들을 철저히 제거하고 전국의
통치권을 황제일인에게 집중시켰다.

 명나라 초기 주원장이 '호남의 옥'을 통하여 사형시킨 공신과 장수는 4~5만에 달했는데
이에 관련되어 사형당한 백성의 수는 얼마인지 헤아릴 수 없을 정도이다. 또한 주원장의
신하들에 대한 잔인한 통치방식은 정계에 진출하고자 하는 각지의 인재들로 하여금 공포
감을 느끼게 했으므로 결과적으로 그들의 정계진출을 막는 방해요소가 되기도 했다. 한번
은 고계高啓가 사직辭職하기를 황제에게 요청했다. 그러나 주원장은 오히려 그를 요참형腰

斬刑(허리를 잘라 사형시키는 형벌)으로 처참하게 죽여버렸다. 이러한 상황에서 문무백관들은 모두 공포에 빠져서 관직에 나가지도 못하고 물러서지도 못하는 상황에 처하여 두려움에 떨고 있을 뿐이었다. 이러한 주원장의 공포정치로 뛰어난 인재는 관직에 오르지 못하고 눈치만 보았으며, 능력없는 사람들이 높은 지위에 있게 되거나 환관들에 의해 환락에만 빠진 황제들이 계속적으로 나타남으로써 국가의 정치는 혼란한 상황이 계속되었다. 이렇듯 군주전제주의 통치는 황제가 적극적인 역할을 하지만 황제들의 역량이나 정치적인 환경에 따라 곳곳에서 악영향이 발생하게 된다.

4. 조카의 자리를 빼앗은 영락제

목동출신의 주원장은 명나라를 건국한 뒤에 그의 자손이 영원히 명나라의 황제가 되기를 바라며 온갖 노력을 다했다. 주원장은 26명의 아들이 있었는데, 큰아들 주표朱標를 태자로 삼았다. 아홉째아들과 스물여섯째아들이 일찍 사망한 것을 제외하고는, 나머지 23명의 아들을 모두 친왕親王으로 삼아 전국의 주요지역을 다스리게 했다. 그러나 의외의 사건이 발생하여 주원장의 계획은 무너지게 된다. 그것은 주원장이 사망한 지 몇 년도 지나지 않아 자손들이 서로 다투게 된 것이다. 이것이 바로 '정난靖難의 역役'이다.

주원장의 큰아들인 주표는 성격이 온순하여 그의 부친과는 달랐는데 제위帝位계승을 앞두고 병으로 사망했다. 주원장은 크게 상심하여 전통에 따라 장손長孫인 주표의 아들 주윤문朱允炆을 황태손皇太孫으로 삼았다. 주윤문은 그의 부친을 닮아서 온순한 성격을 가지고 있었다. 어느 날 주원장은 시를 지으며 황태손에게 대구를 달게 했는데 황태손의 대구對句에서 남아의 기백이 보이지 않았다. 주원장은 내색을 하지 않았지만, 마음속으로는 황태손이 황위를 계승하는 문제에 대해 걱정했다.

1398년 명태조 주원장이 사망하고 황태손이 즉위하니, 이가 명혜제惠帝이고 연호를 '건문建文'이라 하여 역사적으로는 '건문제建文帝'라 부른다. 건문제가 등극했을 때, 20여 명의 숙부들은 군사를 장악하고 각 지역을 통치하고 있었는데 이는 황권을 위협하는 중대한 문제가 되었다. 건문제는 대신大臣 제진齊秦의 '삭번削藩'주장을 받아들여, 여러 친왕들에게 삭번책削藩策각 지역의 번의 역할을 축소하여 중앙집권을 강화하는 제도을 시행했다. 여러 친왕들은 본인들의 권력이 흔들리게 되자 불안한 나날을 보냈다. 그중 가장 위험을 느낀 이는 연왕燕王 주체朱棣였다.

연왕은 여러 왕들 중에서 가장 많은 군사를 가지고 있었기 때문에, 거짓으로 미친 척하며 정사를 돌보지 않았다. 또한 자신의 세 아들을 수도로 보내 인질이 되게 했다. 그러나 사실 그는 암암리에 병력을 모아 반란을 준비하고 있었다. 건문제는 연왕을 제거하기 위해 연왕 주변인물들을 매수했고, 단숨에 연왕을 체포하려고 했다.

건문제는 유약하여 군사권에 대한 장악능력이 부족했다. 그가 연왕을 체포하려고 했으나 장수들은 이런 비밀을 연왕에게 알렸다. 연왕은 한편으로는 첩자들을 죽이고, 다른 한편으로는 군사를 일으키는 결단을 내렸다. 연왕은 제진 등의 대신을 간신奸臣으로 규정하고 그들을 죽이기로 맹세하는 것을 대의명분大義名分으로 삼아 수도를 향해 진격했다.

건문제는 연왕이 반란을 일으켰다는 소식을 듣고 수십만의 대군을 보내어 맞서게 했다. 동시에 전투 중에 연왕을 다치게 하지 말라는 명령을 내렸다. 전쟁에서 상대방을 다치게 하지 말라고 한다면, 어떻게 전쟁을 하겠는가? 이는 아마 불가능한 이야기일 것이다. 그러나 한번은 명군이 연왕의 군대를 협하夾河지금의 안휘성 탕산에서 포위했지만, 연왕은 부대를 이끌고 포위를 돌파하면서 아무런 상처도 입지 않았다. 이 사실로 볼 때, 건문제의 명령은 아마도 완전한 거짓은 아닌 것 같다.

건문 4년(1402) 연왕의 군대는 번개처럼 신속하게 영벽靈璧·우이盱眙·양주楊洲 등의 지역을 함락시켜 강북지역의 대부분은 연왕이 점령하게 되었다. 이 소식이 남경에 전해지자 건문제는 매우 놀라 연왕의 군사가 멈추기만 한다면 모든 것을 상의할 수 있다는 조건을 걸고 연왕에게 사신을 보냈다. 그러나 연왕은 승리가 바로 눈앞에 있었기 때문에 건문제의 요구를 거절하고 남경으로 진격하라는 명령을 내려 남경성을 포위했다. 건문제는 다시 사신을 보냈으나 연왕은 응하지 않았다. 당시에 연왕의 동생이 남경의 금천문金川門을 방어하고 있었는데 연왕의 군사가 도착하자 성문을 열었다. 연왕은 이에 순조롭게 남경성으로 입성할 수 있었다.

연왕이 성에 들어섰을 때, 황궁에서는 화재가 발생했다. 건문제가 궁을 불태우라는 명령을 내리고 부인과 함께 불길로 뛰어든 것이다. 연왕은 군사들에게 불을 끄게 하고, 건문제를 찾게 했다. 불이 완전히 꺼졌을 때, 불에 타서 신분을 알 수 없는 수많은 시체들이 발견되었다. 시체들을 보고난 뒤 연왕은 슬픔을 가장한 거짓된 눈물을 흘리며 "바보구나, 바보야. 꼭 이렇게 해야만 했느냐?"라고 했다.

이와 같이 자신의 조카를 죽인 연왕은 황제가 되었는데 이가 바로 명성조成祖이다. 명성조는 연호를 영락永樂으로 했다. (1403)

'정난의 역'은 숙질간에 발생한 내전이다. 이 기간을 전후하여 백성들은 고난의 세월을 보내야만 했다. 연왕은 '정난靖難어지러움을 바로잡음'의 명분으로 군사를 일으키니 여러 왕들의 옹호를 얻었을 뿐 아니라 많은 사병들의 지지를 받았다. 그래서 연왕이 군사를 일으키자 군사들의 사기가 높아졌다. 연왕은 '정난'의 이름을 빌려 궁내의 환관을 매수하여 많은 군사기밀을 알아냈다. 결국 연왕은 승리를 얻었는데 이는 결코 우연이 아니었다.

연왕의 군대가 남경성에 입성하자 황궁에서는 화재가 발생했고 건문제의 행방은 알 수 없었다. 어떤 이는 건문제가 궁에 스스로 불을 지르고 뛰어들었으나, 불에 탄 책 발견된 시체 중의 하나일 것이라 말했고, 어떤 이는 지하통로로 도망쳐 머리를 깎고 승려가 되었다고 말했으며, 또 어떤 이는 바다로 도망쳤다고 말했다. 따라서 연왕의 심복인 정화鄭和가 건문제의 행방을 찾고자 항해를 시작했으나 건문제의 최후가 어떠했는지는 지금까지도 수수께끼이다.

5. 정화가 서양에 가다

건문 4년(1402) 주체가 즉위하여 영락제가 되었다. 영락제는 주원장을 계승한 능력있는 두번째 황제이다. 그는 무력을 사용하여 조카인 건문제의 제위를 쟁취했는데, 지식인들은 영락제가 적장자의 권위를 빼앗은 것으로 여겨 그를 돕지 않았을 뿐 아니라 심지어 공개적으로 반대했다. 영락제는 이런 불리한 정치적 국면을 바꾸고 그의 통치를 튼튼하게 하기 위한 목적으로 이웃나라에 사신을 파견했다. 이로써 영락제는 외교와 무역을 원활하게 하여 국가의 위상을 높이고 자신의 이름을 국내외적으로 떨쳤다. 사신을 파견한 또 다른 목적은 남경함락 때 건문제의 마지막 소식을 알 수 없었는데, 건문제가 이미 해외로 도망했다는 어떤 이의 주장을 들은 영락제는 해외로 망명한 건문제가 자신의 정통성을 이용하여 다른 세력들과 연합할까 두려워서였다. 그러나 이는 단지 전해지는 말이다.

명성조와 명선종宣宗 시기에 명나라는 전성기에 진입하여 국내의 사회적·경제적 발전은 대규모 대외활동을 위한 든든한 경제적 기반을 형성하였다. 명나라의 조선업造船業은 매우 발달했는데 당시 가장 큰 배는 그 길이가 44장丈, 폭은 18장이며 적재량은 대략 1천 톤으로 수용인원은 500~1천 명이었다. 이는 당시 세계최대의 수준이었다.

영락 3년(1405) 영락제는 태감인 정화鄭和로 하여금 서양각국의 외교를 담당케 했다. 정화는 본래 성이 마씨馬氏이고 이름은 삼보三保이며 운남云南의 회족回族가정에서 태어났다. 집안이 가난하여 어려서 궁에 들어와 환관이 되었는데, 연왕과 건문제 사이의 황위를 다투는 과정에서 공을 세워 연왕에게 중용되어 정화라는 이름을 하사받았다. 그래서 "정화하서양鄭和下西洋(정화가 서양에 가다)"은 "삼보태감하서양三保太監下西洋(삼보태감이 서양에 가다)"이라고도 하여 삼보三保 또는 삼보三寶가 쓰기도 한다.

각국에 사절을 보내기 위하여 영락제는 일찍이 배를 만들라고 명을 내렸다. 정화의 1차 사절단은 크고 작은 배가 2백여 척에 달했는데 그 가운데 큰 배는 62척이며, 작은 배는 마선馬船[말을 수송하는 배]과 양선糧船[식량을 수송하는 배]으로 구성되었다. 또한 참가인원은 2만 7,800여 명에 달하고, 참가인원  은 화장火長[나침반 담당]·번화장番火長[항해담당]·정수碇手[조타담당]·군장軍匠[무기 수리를 담당하는 장인]·민장民匠[일반적인 수리를 담당하는 장인]·통사通事[통역관]·행인行人[외교담당]·관대管帶[수군담당] 등으로 구성되었다.

배가 모두 출항할 때, 형형색색의 깃발이 나부끼는 모습이 장관을 이루었다. 배에는 충분한 양식·식수, 교환용 물품과 선물 등이 갖춰져 있었고, 사절단의 이러한 규모는 중국항해사뿐만 아니라 세계항해사에서도 최대였다.

영락 3년(1405) 6월 정화는 대규모의 배들을 거느리고 강소성 태창太倉 유가항劉家港에서 항해를 시작했다. 정화가 도착하는 나라마다 먼저 사신을 통해 영락제의 편지와 선물을 보내어 쌍방간의 우호를 돈독하게 하니 해외 여러 국가들의 환영을 받았다. 정화의 제1차 항해는 영락 5년(1407)에 끝났다. 그 후 영락·홍희洪熙[명인종]·선덕宣德[명선종] 시기에 정화는 29년에 걸친 7번의 항해를 통해 30여 개 국을 둘러보았다. 당시의 서양西洋은 중국남해의 서쪽바다를 의미하며 인도양과 그 연해지구까지를 포함한다. 정화가 도착한 국가와 지역은 지금의 베트남 북부와 캄보디아·말레이시아·태국·인도네시아·실론·인도·페르시아만·아라비아반도 그리고 아프리카의 동쪽해안에 달했다.

정화가 제1차 항해를 마치고 돌아올 때, 각국의 사신이 선물을 가지고 정화의 선박에 동승했고, 그들은 명나라에서도 환영을 받았다. 정화가 사신으로 각국을 방문했을 때 암암리에 건문제의 소식을 알아보았고 건문제가 해외에 없음을 확신했다.

정화가 6번째 항해를 마치고 돌아왔을 때, 영락제는 이미 사망하여 그의 아들인 홍희제가 즉위했었고, 1년도 안되어 사망한 홍희제를 계승하여 그의 아들인 선덕제가 즉위해 있었다.

선덕 7년(1432) 정화는 마지막으로 항해를 했는데 이 항해에서 방문한 국가가 가장 많았고 그 다음해에 귀국했다. 정화가 7번째 항해를 마치고 돌아왔을 때 선덕제는 10세도 안되는 어린 황제였기에 정화의 항해에 대해 잘 알지 못했고, 대신들 또한 항해에 따른 비용이 너무 많다고 주장하여 정화의 항해는 끝이 났다.

정화의 7차에 걸친 항해는 중국과 세계항해사의 위대한 업적이 되었다. 항해지역으로 볼 때, 정화는 태창 유가항에서 출발하여 남해를 거쳐 인도차이나반도에 도달했고 인도양을 거쳐 서쪽으로 페르시아만에 도달했다. 또한 홍해를 거쳐 아프리카 동해안까지 도달하게 되었다. 항해시기로 볼 때 정화의 마지막 항해는 선덕 7년(1432)인데 이는 콜럼버스가 신대륙을 발견했을 때보다 반세기가 빠르다. 정화의 7차 항해는 명나라와 여러 인접국의 왕래와 우호를 촉진시켰으며, 오늘날 정화가 항해했던 국가와 여러 지역에서 당시의 많은 유적이 발견되었는데 예를 들면 인도네시아의 삼보롱三保壠, 태국의 삼보항三保港, 말레이시아의 삼보성三保城 등이다.

정화는 7차 항해를 통해 항해지도를 제작했는데, 이 「정화항해도鄭和航海圖」에는 항해지역에 대한 7번의 항해기록이 자세하게 기재되어 있다. 이것은 당시의 해양지리에 관한 귀중한 지도이다. 정화의 수행인원들은 항해에서 보고들은 것을 기록하여 『영애승람瀛涯勝覽』· 『성사승람星槎勝覽』· 『서양번국지西洋番國志』 등으로 남겼는데 여기에는 해외동남아시아·인도·아랍과 아프리카 동해안의 자연환경과 각 지역의 상황이 기록되어 있어 이것 또한 각국 역사를 연구하는 데 중요한 자료가 되고 있다.

6. 토목보에서의 치욕

영락제는 그의 조카인 건문제에게서 황위를 빼앗았는데 이에 당시 많은 대신들은 이를 반대했다. 영락제는 이러한 대신들을 감시하기 위해 북경으로 천도했고 동안문東安門 밖에 동창東廠을 설립했다. 동창은 특수임무를 수행하는 조직으로 반란의 혐의가 있는 사람들을 전문적으로 감시했다.

영락제는 대신들을 믿지 못하여, 믿을 만하다고 여긴 몇몇 태감들을 동창제독으로 삼았다. 이로 인해 환관의 권력은 점점 커지기 시작했다. 선덕제는 정치를 소홀히 하여 본인의 정무를 다하지 못하고 태감들로 하여금 처리하도록 하니 환관들의 권력이 더욱 커져갔다. 선덕제의 사후에 그의 아들 주기진朱祁鎭이 즉위하니, 이가 바로 명영종英宗[연호는 정통]이다.

정통 14년(1449) 중국 북방의 오이라트[몽골의 한 부족]가 남침하여 북경 부근의 회래현懷來縣에 있는 토목보土木堡에서 명군과 전쟁을 했다. 환관인 왕진王振이 지휘한 명군은 대패했고, 정통제는 포로가 되었다. 이를 역사적으로 '토목의 변'이라 한다.

영락제가 환관을 중용한 뒤에 태감들에 대한 대우는 점점 좋아졌다. 왕진은 본래 울주蔚州[지금의 하북성 울현]의 무뢰배였는데 죄를 짓고 귀양을 갔어야 했지만 오히려 황궁에서 환관이 되었다. 왕진은 어려서 글을 배웠기에 문맹의 태감들 사이에서 인정을 받았다.[역주: 당시 환관들은 법적으로 글을 배울 수 없었다] 선덕제는 영락제와 같이 환관을 중용하여 왕진을 태자인 주기진의 스승으로 삼았다. 놀기 좋아하는 태자를 위해 왕진은 갖가지 방법을 동원하여 태자를 기쁘게 했고 태자는 그런 왕진을 매우 좋아했다.

선덕제의 사후에 태자가 대통을 계승하니 이가 명영종[정통제]이다. 정통제가 즉위 했을 때 그는 아무것도 모르는 9세의 어린아이였다. 그는 왕진을 사례감司禮監[태감들의 관직]으로 임명하여 황제인 자신을 대신해 정무를 보도록 했다. 그래서 태감 왕진은 쉽게 조정의 군정대권을 장악할 수 있었다. 왕진은 황제를 제외한 최고권력자가 되었고 많은 왕족·귀족·외척들은 그에게 아첨하여 그를 '옹부翁父'라 불렀다.

이때 중국북방에서는 몽골족의 일족인 오이라트가 세력을 확장하고 있었다. 오이라트의 지도자인 에센은 자신의 아들이 명나라의 황족과 결혼하기를 원하여 사신을 파견했는데 왕진에 의해 거절당하자 분노했다. 얼마 뒤 에센은 또 2천 명의 사절을 파견하여 명나라에 공물로 말을 헌납했다. 관례에 따라 명나라에서는 공물을 바친 사신들에게 상을 내려야 했기에 왕진이 사신의 숫자를 파악해보니 사절단의 수가 3천 명이라는 에센의 보고는 거짓이었다. 이에 왕진은 공물의 양과 사절단의 수를 속였다고 여겨 사신에게 내리는 상금을 깎았을 뿐만 아니라 말의 가격도 깎았고 에센은 이에 분노했다.

에센은 군사를 이끌고 대동大同을 공격했다. 오이라트의 공격이 거세지자 대동의 수비군은 즉시 퇴각했고 이 소식이 북경에 전해지자 정통제는 황급히 대신들을 모아 회의하니 왕진은 격앙된 어조로 "황제께서 친정親征[황제가 직접 전쟁에 나감]하시면 황제의 위엄으로 가는 곳마다 승리를 거둘 수 있습니다"라고 황제의 친정을 주장했다. 그러나 병부상서와 병부시랑은 장수를 파견하여 대군을 통솔하게 하면 될 뿐 예측불허한 상황이 발생할 수 있으니 황제께서는 절대로 친정해서는 안된다고 반대했다.

정통제는 자신의 주관이 뚜렷하지 못했고, 어려서부터 왕진의 말만 들었기에 왕진이 친정을 주장하자 그 역시 황제의 위엄을 보이려 여러 대신들의 간청에도 불구하고 급히 군대를 소집하여 이틀 뒤에 5십만 대군을 거느리고 전선을 향해 출발했다. 출발 전에 정통제는 조서를 내려 동생 주기옥朱祁玉과 대신 우겸于謙에게 북경을 지키라 명했다. 황제가 친히 통솔한 대군은 의기양양하게 대동을 향하여 나아갔으나 며칠이 지나지 않아 곡식의 보급이 중단되었다. 옛말에 "병마가 움직이기 전에 보급이 먼저"라는 말이 있다. 정통제가 거느린 5십만 대군은 이미 출발했으나 보급관이 보급을 원활하게 하지 못하여 병사들은 굶주리게 되니 오이라트와 전쟁을 하기도 전에 군사들의 원성은 높아졌다.

며칠 뒤 명군의 선봉은 대동에서 오이라트 군을 만나 대패했고, 상황이 위급함을 느낀 정통제는 급히 퇴각할 것을 명했다. 대동으로부터 북경으로 돌아오는 길목에는 반드시 자형관紫荊關지금의 하북성 역현 서쪽에 있는 만리장성의 관문을 거쳐야 하는데 왕진은 오히려 황제를 자신의 고향으로 모셔서 본인의 위상을 높이려 했다. 왕진은 정통제에게 "폐하 이곳에서 제 고향인 울주가 가깝습니다. 제가 예전에 폐하께 말씀드린 많은 이야기들은 그곳에서 발생했습니다. 폐하께서 어렵게 궁을 나오셨는데 제 고향에서 며칠 머무시는 것이 어떠신지요? 이렇게 많은 군사들이 폐하를 보호하고 있으니 오이라트의 군대를 겁낼 필요가 없습니다"라고 말했다.

정통제는 어려서부터 놀기를 좋아했는데 왕진의 말을 듣고 어릴 때의 추억을 떠올리며 자신이 왜 궁을 나왔는지를 잊고 대군이 울주를 향하도록 명령했다. 전쟁에 진 명군은 패잔병의 모습으로 군기마저 흐트러져 가는 곳마다 백성들의 논과 밭을 황폐화시켰다. 왕진이 이 광경을 보고 울주의 대부분은 그의 재산이기 때문에 수십만의 대군이 간다면 그의 재산도 피해를 입을까 두려워 정통제에게 거짓으로 "폐하, 오이라트의 군대가 추격해 왔습니다. 빨리 북경으로 돌아가야 합니다"라고 말했다. 이에 정통제는 다시 명령을 내려 원래의 계획대로 북경으로 향했다. 이때 대군은 40리를 가고 다시 또 40리를 되돌아왔다.

이러는 동안 진짜로 오이라트의 추격을 받게 되었다. 해질 무렵 정통제는 오이라트의 기병이 사방에서 몰려드는 것을 보고 겁에 질렸다. 왕진이 명을 내려 방어하는 한편 후퇴했다. 대신들이 정통제에게 가장 가까운 회래현의 성城으로 철수하여 그곳에서 방어하기를 건의했다. 왕진은 자신의 많은 재산을 보호하고자 토목보에서 방어하기로 명을 내렸다. 토목보는 말로는 요새이지만 실제로는 작은 마을에 불과하여 방어할 만한 성과 요새가 없었다. 더 난감한 것은 토목보에는 수원水源이 없어서 15리나 떨어진 강을 사용해야 했는데, 이 강은 이미 오이라트가 점령하고 있었다.

명군은 우물을 팠으나 물을 발견할 수 없었다. 수십만 대군은 목마르고 배고픈 상황이 되었다. 그 다음날 새벽 오이라트가 토목보를 포위하자 정통제는 사신을 파견하여 화친을 청했다. 오이라트는 우선 명군과 싸우지 않고 거짓으로 화친하는 척했다. 왕진은 부대에게 부근에서 물을 찾도록 했다. 명군이 물을 찾기 위해 사방으로 흩어지고 이때 오이라트가 사방에서 포위망을 만들면서 공격하니 명군은 스스로 자멸하여 사망자를 이루 다 셀 수 없었다. 왕진은 금군禁軍황제의 친위대을 거느리고 정통제를 보호하여 포위망을 뚫으려 했으나 오이라트의 포위망을 뚫지 못했다.

정통제는 포위를 뚫지 못하자 절망한 채로 땅바닥에 주저앉아 대성통곡했다. 평소 조정에서 위엄을 보여왔던 왕진도 놀라 다리를 떨면서 말도 제대로 하지 못했다. 금군 장수 번충樊忠은 전부터 나라의 해가 되는 왕진을 미워했는데, 그는 왕진을 붙잡고 큰 소리로 "이 나쁜 놈, 이 모든 것이 너때문이다. 내가 하늘을 대신하여 네 놈을 제거하겠다"라고 외치며, 큰 철퇴로 왕진을 죽였다. 그 뒤 번충은 몸을 돌려 적군을 향해 돌격하였고 전투 중에 사망했다. 정통제는 오이라트의 포로가 되었고, 그가 거느린 명군은 토목보의 전투에서 대패했다.

토목의 변으로 정통제가 포로가 되자 명나라는 통치에 큰 위기를 맞았다. 명군이 토목보에서 참패한 것은 우연이 아니었다. 정통제 시기에 태감 왕진이 전권을 휘두르고 조정을 장악했다. 군사지식이 없는 태감이 경솔하게 황제의 친정을 주장하고, 아무런 전쟁준비 없이 50만 대군을 전장으로 향하게 했다. 명군이 패배하여 후퇴하는 과정에서도 왕진은 자신의 이익을 위하여 황제의 귀중한 시간을 낭비했다.
전쟁의 모든 것은 왕진의 주장에 따랐는데 그는 여러 대신의 권고를 듣지 않고 수십만 대군을 수원이 없는 토목보에서 머무르게 했다. 대군은 물과 식량이 없어 결국 혼란이 발생했으며, 양군이 대치할 때 정통제와 왕진은 쉽게 적의 속임수에 넘어가 50만 대군이 무너지는 결과를 초래했다. 토목보전쟁에서 명의 사상자는 절반이 넘는 엄청난 피해를 보았다. 병부상서와 많은 대신들은 이 혼란 중에 사망했고 정통제는 포위망을 뚫지 못해 결국 포로가 되었으며 왕진은 명군에 의해 처형되었다. 토목의 변은 명나라가 전성기에서 쇠퇴기로 접어드는 중요한 계기가 되었다.

7. 북경방어전

명군 50만은 토목보에서 대패하고 정통제가 포로가 되었다는 소식이 북경에 전해지자 북경에서는 혼란이 발생했다. 황태후 손씨와 황후 전씨는 태감들에게 궁중창고의 많은 보물들을 오이라트에게 보내도록 명하고 정통제를 풀어 줄 것을 요청했다. 그러나 오이라트는 보물만 받은 채 정통제를 풀어주지는 않고 오히려 병력을 모아 북경을 향해 진격할 준비를 했다. 이때 북경에 남아 있는 패잔병의 수는 10만 명 정도였으나 실제 전쟁에 참여할 수 있는 병사는 1만을 넘지 못했다. 또한 황제가 포로가 되어 조정에서는 중심점이 없었고, 군대는 패배하여 방어준비가 되지 않는 등 매우 위급한 상황이 되었다. 민심을 안정시키기 위해 황태후는 정통제의 동생인 성왕成王 주기옥으로 하여금 황제를 대신하여 국가정책을 담당하도록 조서를 내렸다.

주기옥이 국가를 통치하면서 가장 큰 문제는 북경방어였다. 주기옥은 대신들을 모아 그 방법을 논의했다. 대신들의 의견이 분분했는데 크게 두 가지로 나뉘었다. 한 가지는 대신 서유정이 중심으로 주장된 화친이었고, 또 한 가지는 병부시랑 우겸을 중심으로 주장된 전쟁이었다. 화친을 주장하는 서유정은 "오이라트는 강하고 우리 군은 약하니, 막고 싶어도 막을 수 없습니다. 제가 어제 천문을 보니 수도에 불길한 조짐이 보였습니다. 남경으로 천도하여 후일을 기약하는 것이 좋겠습니다"라고 말했고, 우겸은 서유정을 강력하게 비판하면서 "남쪽으로 천도를 주장하는 자는 참수해야 합니다"라고 큰 소리로 말했다.

우겸은 또 황태후와 주기옥에게 "수도는 국가의 근본입니다. 조정이 한 번 후퇴하면 민심은 어지러워져 대세가 기울게 됩니다. 송나라의 남천南遷[남쪽으로 수도를 옮김]을 본보기로 삼아 사방에서 근왕군勤王軍[왕의 주변을 지키는 군대]을 모집하여 수도를 사수해야 합니다"라고 주장했다.

황태후와 주기옥을 비롯한 여러 대신들은 우겸의 주장에 찬성하여 그를 북경방어 책임자로 임명했다. 절강성 전당錢塘(지금의 항주)출신인 우겸(1398~1457)은 어려서부터 민족영웅인 문천상文天祥을 존경했다. 성인이 되어 과거 급제를 한 뒤에 지방관이 된 그는 청렴한 정치를 했다. 당시 태감 왕진이 전권을 휘둘러 뇌물이 성행하여 지방관이 승진할 때는 뇌물이 반드시 필요했다. 그러나 우겸은 왕진의 무리들에게 뇌물을 보내지 않았다. 그의 친우가 "자네, 금은보화를 보내지 않더라도 지방특산품 정도는 보내야 하지 않겠는가?"라고 말하자 우겸은 소매를 떨치고 웃으며 "보낼 것은 소매에서 부는 바람뿐일세"라고 대답했다.

우겸은 청렴하게 자신의 직무에 충실했으나, 환관을 무시한 죄를 지었다고 생각한 왕진은 여러 가지 이유를 들어 우겸을 죽이려고 했다. 후에 많은 지방관과 백성들이 황제에게 청원하여 우겸은 석방되어 관직이 회복되었고 나중에 병부시랑이 되었다.

정통 14년(1449) 우겸은 황태후에게 집안에 하루라도 가장이 없어서는 안 되고, 국가에 하루라도 군주가 없어서는 안되니 주기옥을 황제로 삼아 천하에 알리도록 건의했다. 황태후는 우겸의 건의를 받아들여 정식으로 주기옥을 황제로 삼는 조서를 내리니, 이가 바로 명대종代宗이다. 주기옥은 정통제를 상황上皇으로 하여 다음해에 연호를 경태景泰로 바꾸었다.

정통제는 포로가 된 뒤 에센의 인질이 되었다. 본래 정통제를 앞세워 명나라를 압박하려던 에센은 명나라가 새로운 황제를 세웠다는 소식을 듣고 그의 계획이 물거품이 되니 정통제를 후송한다는 명목으로 군을 이끌고 북경으로 진격했다.

오이라트의 공격을 막기 위하여 우겸은 북경에서 대대적으로 전쟁을 준비했는데 그는 패잔병을 모으고 북경 주위에서 병사를 모집하면서 또한 무기를 만들고 모아 22만의 북경방어군을 신속히 조직했다. 우겸은 또 경태제에게 태감 왕진의 재산을 몰수할 것을 건의했다. 토목보전쟁 패배의 원흉인 왕진이 처벌되자 민심은 안정되었으며, 군대와 백성이 단결하여 전쟁을 준비할 수 있었다.

오이라트 군이 성에 이르렀을 때 대장 석형石亨은 성문을 닫고 방어하면서 적군이 물러나기를 기다리자고 주장했다. 우겸은 "성문을 닫고 방어하는 것은 에센 군의 사기를 높이니 우리가 먼저 출병한다면 우리 군의 사기가 높아질 것이다"라고 하여 성 밖에서 싸울 것을 주장했다. 우겸은 "싸움에 임해서 장수중에서 먼저 물러나는 자는 사형시키고 병사 중에서 먼저 물러나는 자는 후군後軍이 그들을 처단하라"라는 군령을 내렸다. 우겸은 갑옷을 갖춰 말을 타고 직접 군을 이끌고 성을 나가 적과 마주했다.

서로가 대치하는 5일 동안 서직문西直門과 덕승문德勝門에서 여러 차례 전투가 벌어졌는데 오이라트는 1만의 병력이 사망하고 9만의 기병은 도망치는 등 전쟁에서 패배했다. 에센은 북경의 성벽이 높고 경비가 삼엄한 것을 알았기에 정통제와 남은 병력을 이끌고 북경에서 철수했다. 우겸은 대포를 쏘고 오이라트를 추격하면서 남아 있는 약간의 오이라트 군을 상대하여 북경방어전에서 승리를 거두었다. 에센은 패전 뒤에 정통제가 인질로서의 가치가 없음을 알고 석방했다.

정통제는 북경에 돌아온 뒤에 복벽復辟(황제로의 복귀)을 생각했지만 그럴 기회가 없었다. 정통제는 7년 동안 기회를 엿보고 있었는데 경태 8년(1457) 경태제가 병이 깊어지자 그 기회가 왔다고 여기고, 서유정·석형 등과 같은 이들의 도움을 받아 복벽復辟에 성공했다. 이를 역사적으로 '탈문지변奪門之變'이라 한다. 병중의 경태제가 그 소식을 듣고 병이 더 깊어져 오래지 않아 사망했다. 우겸과 의견이 맞지 않아 그에게 책망 당하고 마음속으로 불만이 가득했던 서유정·석형 등은 정통제에게 우겸의 단점을 일러바쳤다. 정통제는 자신이 에센의 포로였을 때 우겸이 동생 주기옥을 황제로 삼도록 건의한 사실을 알게 되니, 매우 화를 내며 우겸에게 반란의 죄를 더하여 사형시켰다.

국가가 위급할 때에 우겸은 의연히 수도를 지키는 중대한 역할을 수행했다. 어린 시절부터 문천상을 존경했던 우겸은 문천상의 그림 앞에서 그를 기리어 "나라를 위해 목숨을 바치고 목숨을 다해 의를 구한다[殉國忘身 舍生取義]"라는 글을 남겼고, 그는 실제로 자신의 약속을 실천하여 중화민족 역사상 문천상과 같은 민족영웅이 되었다. 우겸이 어려움에 처하자 백성들은 매우 슬퍼했으며 우겸이 사형당하는 날 북경의 모든 부녀자들과 어린아이들은 눈물을 흘렸다. 우겸이 17세에 쓴 「영석회詠石灰」의 "온몸이 부서지는 것은 두렵지 않고, 다만 인간세상에서 깨끗한 이름을 남기고 싶구나[粉身碎骨渾不怕, 要留青白在人間]"라는 구절이 전국으로 퍼져 나갔다. 사람들은 「영석회」가 우겸의 생애와 같다고 여겼고, 그 이후에 널리 알려지게 되었다.

8. 황제 앞에서도 무릎을 꿇지 않는 유군

중국역사상 한나라·당나라 시기에 환관이 국정을 어지럽히고 망국亡國으로 이끌었던 사실들은 후세사람들에게 중요한 교훈이 되었다. 명 태조 주원장은 태감이 정사에 참여할 수 없게 규정지으며 글을 익히지 못하게 했다. 이런 규정의 내용을 철비鐵碑에 새겨 궁궐 안에 세워 후대 자손들에게 남겼다. 그러나 주원장의 사후 명나라 환관들의 난정오국亂政誤國[정치를 어지럽히고 나라를 잘못 되게 함]은 중국역사상 가장 대단했다.

정통제는 태감 왕진을 총애하여 명군 50만을 토목보에서 잃었으며, 본인 역시 적군의 인질이 되었다. 정통제는 38세에 사망하고 장자인 주견심朱見心이 즉위하니 이가 바로 명헌종憲宗연호는 성화이다. 성화제成化帝도 23년의 통치기간 동안 태감을 총애하니 국정은 더욱 혼란하게 되었다.

성화제의 사후에 태자 주우탱朱祐樘이 즉위하니, 이가 명효종孝宗이고 연호는 홍치弘治이다. 홍치제는 통치기간 동안 환관세력을 억제하여 태감이 전권을 휘두르는 현상은 감소했다. 이 시기에 사회는 상대적으로 비교적 안정되어 역사적으로 '홍치중흥弘治中興'이라 부른다. 홍치제의 통치기간은 18년이었고 36세에 사망했다. 그의 아들 주후조朱厚照가 황위를 계승했는데, 이가 명무종武宗연호는 정덕이다. 정덕제正德帝는 15세에 등극하여 정치에는 관심이 전혀 없었고 사냥을 가장 좋아했다. 가장 총애받는 신하는 그를 모시는 태감 유근이었다. 정덕제의 총애를 받던 유근은 황제 앞에서도 무릎을 꿇지 않아 사람들은 그를 '입황제立皇帝'라 불렀다.

유근은 섬서성陝西省 흥평현興平縣출신으로 어려서 궁에 들어와 태자 주후조를 모셨다. 유근이 목표로 삼은 사람은 바로 정통제 시기의 태감 왕진이었다. 유근의 행적을 볼 때 그는 왕진과 비슷했다. 태자는 놀기 좋아하고 학사들과의 경연을 싫어하니 유근이 여러 가지 방법을 동원하여 태자가 궁 밖으로 놀러 나가게 했다. 주후조는 성장한 뒤에 사냥을 좋아하니 유근은 주후조가 좋아할 만한 것을 모두 구하여 그를 즐겁게 했다. 정덕제[주후조]가 등극한 뒤에 유근에 대한 총애는 더 커져갔다. 유근에게는 7명의 의형제가 있었는데, 유근을 포함하여 '8호八虎'라 불렀다. 8호의 악행이 더욱 심해지니 궐 밖에서는 대학사大學士 유건劉健을 중심으로, 궐 안에서는 사례감 왕악王岳을 중심으로 정덕제에게 8호를 처벌할 것을 내용으로 하는 연명상소를 올렸다.

유근이 그 소식을 듣고서는 오히려 상소의 내용이 궁의 안팎에서 그를 제거하고 황제의 외유를 저지하려는 목적이라 꾸몄다. 정덕제는 이 사실, 즉 상소가 그의 외유를 막으려고 한다는 것을 알고 대노하여 유근에게 "만약 그대가 이 사실을 알리지 않았다면, 짐은 그들에게 속을 뻔했다"라고 말했다.

정덕제는 이에 관직을 낮출 이는 관직을 낮추고 유배보낼 이는 유배보내며, 장형杖刑이 필요한 관원에게는 장형을 실시하고 감옥에 보낼 관원은 감옥으로 보내었으며, 8호를 모두 중하게 여겼다. 유근은 사례감 겸 수도방위 부대의 제독으로 임명되었고 정덕제는 유근에게 정무를 모두 맡기니 유근은 '일인지하만인지상一人之下萬人之上'의 인물이 되었다.

당시에 조정의 관리들은 유근의 집 앞에서 공무를 보았고 지위가 낮은 관원들은 무릎을 꿇고 대기하는 등 황제를 대하는 예의와 같게 했다. 거의 모든 관원들이 일을 마치고 북경에 돌아오면 황제를 알현하지 않고 유근을 방문하니 모두들 유근의 말을 거역하지 못했다.

유근은 대학사 유건과 관원들이 예전에 그를 탄핵한 것을 잊지 않았다. 이들은 비록 정덕제에게 처벌을 받았으나 유근은 끝까지 그들을 용서하지 않았다. 정덕 2년(1507) 유근은 황제의 명의로 조서를 반포하여 유건 등 50여 관원들을 간악한 무리로 몰아 엄한 고문을 실시했고, 이 과정에서 적지 않은 관원들이 사망했다.

유근은 정덕제의 기호를 잘 알았기에 '표방豹房'이라고 이름을 지은 밀실 궁전을 만드니 정덕제는 종일 '표방'에서 술 마시며 생활했다. 또한 유근은 정덕제가 중국여자에게 싫증을 느끼자 12명의 서역西域(지금의 중동지역)미인을 뽑아 정덕제의 환심을 샀다.

유근은 자신의 권세를 이용하여 백성들의 재산을 몰수했는데, 자신의 장원을 확대하기 위하여 관원들과 백성들의 집 3,900여 채를 부수고 백성들의 봉분 2,700여 개를 무너트리는 등의 행동으로 백성들의 원성이 높아졌다. 유근은 관원들에게 공공연하게 뇌물을 받았는데, 뇌물들이 만족스럽지 못하면 가볍게는 관직을 박탈하고, 무겁게는 사형에 처하기도 했다.

유근의 전권행사는 명나라의 재난이 되었다. 정덕 5년(1510) 주원장의 현손玄孫인 영하寧夏의 안화왕安化王 주치번朱寘鐇은 유근을 토벌할 계획을 세워 반란을 거행했다. 안화왕은 「토유격문討劉檄文」을 반포하여 유근의 죄상을 모두 열거했다. 섬서지방의 관원이 안화왕의 「토유격문」을 조정에 보냈으나 유근은 이를 감추었다.

조정은 안화왕의 반란소식을 듣고 급히 진압에 나서니, 태감 장영張永을 감군監軍에 임명했다. 장영은 '8호'의 한명으로 유근과는 결의형제였지만 나중에 유근과 권력을 다투게 되어 유근과는 사이가 나빠졌다. 거대한 세력을 가진 유근을 어찌할 수 없었던 장영은 반역을 토벌하는 과정에서 안화왕이 반포한 「토유격문」을 얻었는데, 격문에서 유근의 죄상은 모두 17개였다. 장영은 그 격문을 보물처럼 여겨서 유근을 무너트릴 수 있는 증거로 삼았다.

장영이 북경으로 돌아오니 정덕제가 그를 마중했는데, 장영은 정덕제가 취한 틈을 이용하여 안화왕의 격문을 바쳤다. 정덕제는 취한 상태에서 그 격문을 읽고 "유근, 네가 나를 실망시키는구나!"라 소리치자, 장영은 급히 "폐하, 유근의 귀와 눈이 많습니다. 이 일은 절대로 늦추어서는 안됩니다!"라고 말했다. 장영이 곧바로 황제의 명의로 유근을 체포하라는 조서를 내리니 유근은 곧 체포되었다.

그 다음날 정덕제는 술이 깨고 나서 유근에게서의 좋은 기억을 생각하고 후회하는 모습을 보였다. 그 소식을 듣고 마음이 급해진 장영은 정덕제에게 상소를 올리면서, 유근은 폐하의 은혜를 배반했을 뿐 아니라 반역을 도모하니 유근의 재산을 몰수하라고 건의했다. 정덕제는 상소의 내용을 허락하여 친히 유근의 집에서 재산 몰수의 상황을 지켜보기로 했다.

재산 몰수과정 중에 유근의 엄청난 재산을 본 정덕제는 놀랐다. 거기에 유근의 집에서 개인적으로 만든 옥새와 8벌의 용포龍袍(황제만이 입는 의복) 그리고 유근이 항상 가지고 다니는 부채에서 발견된 2개의 비수를 보고 더욱 놀랐다. 정덕제가 이것들을 보고 대노하여 "이 노예놈이 정말로 모반을 기도했구나"라고 말하고는 즉시 유근에게 책형磔刑(사지를 찢어 죽이는 형벌)을 명했다.

유근의 사형이 집행될 때 위로는 관원부터 아래로는 백성들까지 모두 마을을 비우고 그 집행과정을 지켜보았다. 유근의 사형집행 후에 피해를 입었던 백성들이 모여 유근의 시체를 찢어 그 살을 먹고 뼈를 뽑는 등 마음속의 원한을 분출했다.

> 명태조 이후에 여러 황제 중에서 홍치제 등 소수를 제외하고는 모두 환관을 총애했다. 이러한 상황에서 왕진과 유근 같은 무리가 발생했다. 왕진 사후에 복벽한 정통제는 왕진의 관직을 회복시키고 나무를 왕진의 머리처럼 조각하여 장사지냈다. 이런 이유로 유근은 왕진을 본보기로 삼은 것이다. "청출어람이 줄어람"이라는 말처럼 유근의 악행은 왕진보다 더 심했고, 유근은 수시로 정덕제를 죽이려고 하면서 옥새를 새기며 용포를 입는 등 황제가 되는 꿈을 꾸었다. 그러나 안타까운 일은 정덕제가 비록 유근을 사형시켰으나 그 과정에서 교훈을 얻지 못하고 새로운 태감 강빈江彬과 전영錢寧을 다시 총애하기 시작했다는 것이다. 이 두 태감들도 왕진과 유근 같이 전권을 휘두르다가 최후에는 책형을 당했다.

9. 해서가 관직을 잃다

정덕제의 사후에 그의 사촌이 즉위했는데, 이가 명세종世宗연호는 가정이다. 가정제嘉靖帝는 즉위 초기에 나라를 잘 다스려 정치를 개혁했다. 즉 환관세력을 억제하여 환관의 권력을 약화시켰으며, 조세제도를 바로 세우고 관리들에 대해 개혁을 실시했다. 그러나 가정제는 점차 정사를 돌보지 않고, 도교에 심취하여 제단을 설치하고 불로장생을 기원했다. 조정대신들에 대해서 도교의 신봉여부를 근거로 관리들을 선발하거나 승진시켰다.

대학사 엄숭嚴嵩은 도교제사와 관련된 글을 잘 작성하여 가정제의 환심을 사서 내각수보首輔[최고위 관직]가 되었다. 엄숭과 그의 아들인 엄세번嚴世蕃은 함께 사당私黨[사사로운 무리]을 만들며 국법을 어기면서 마음대로 행동했다. 엄숭의 권력은 대단하여, 위로는 조정대신으로부터 아래로는 백성에 이르기까지 모두 그의 권세를 두려워했다. 그런 상황에서 절강성 순안현順安縣의 7품관七品官[지방현령]이 엄숭을 두려워하지 않고 또한 이들에게 아부하지 않았는데, 이가 바로 해서海瑞이다.

해서(1514~1587)는 자가 여현汝賢, 호는 강봉剛峰이고 경산瓊山[지금의 해남도]출신이며 회족이다. 해서가 태어났을 때, 집안은 가난했으며 3세에 부친상을 당하고 어머니와 함께 생활했다.

해서는 학문에 힘써 37세에 거인舉人[1차 과거합격자]이 되었으나, 회시會試[2차 과거시험]에서는 연속해서 두 번을 낙방하여 남평현南平縣 교유教諭[문서를 담당하는 관직이 되었다. 얼마 뒤 절강성 순안현에 부임한 해서는 뇌물을 주고받는 악습을 없애고 법에 따라 공정하게 행동했다. 해결되지 않은 사건에 대해 그가 일일이 처리하여 결과가 명백해지자, 백성들은 그를 '해청천海青天(역주: 송나라의 포청천에 비유함)'이라 불렀다.

당시의 절강총독인 호종헌胡宗憲은 백성들을 잘 다스리지 못했다. 순안현의 전임현령은 그와 결탁하여 어떤 일이라도 감히 거절을 하지 못했다. 한번은 호종헌의 아들이 여행을 다니면서 순안현에 도착하여 그곳의 역관에 머물렀다. 해서는 관원의 관직에 상관없이 순안에 도착하면 나라의 규정에 따르고, 특수한 상황을 허락하지 않도록 하는 명령을 내렸다. 이때문에 관원은 역관의 규정에 따라 음식을 준비했는데, 호종헌의 아들은 준비된 음식을 보고는 식탁을 뒤엎으면서 관원을 대들보에 묶어놓고 현령을 불러오라고 큰소리를 쳤다.

해서는 이미 이런 상황에 대한 계획이 있었기 때문에 관원들을 거느리고 역관에 도착하여, 역관을 포위하며 큰 소리로 "여봐라, 호 총독의 아들을 사칭하는 저 놈을 잡아라!"라고 명령했다.

관원들은 재빨리 호종헌의 아들을 둘러싸니 호종헌의 아들은 이런 수모를 당한 적이 없었기에 고함을 치며 해서를 욕했다. 해서는 얼굴을 굳히고 호종헌의 아들을 가리키며 "호총독과 그의 아들은 모두 예의가 바른 사람이다. 네가 감히 호 총독의 자제를 사칭하여 호 총독의 명성을 나쁘게 하는구나. 내가 너를 엄하게 다스리도록 하겠다"라고 말했다.

해서는 관원들에게 그의 짐을 수색하게 하여 수천 냥을 찾아내고 그것을 몰수했다. 그런 뒤에 호통을 치며 관원들로 하여금 그들을 외부지역으로 쫓아냈다. 호공자는 밤새 항주로 돌아와 울면서 아버지에게 해서를 엄히 다스려 달라고 했다. 이때 해서는 이미 공문을 가진 관리를 파견하여 어떤 이가 호 총독의 아들을 사칭하여 호 총독의 명성을 깎는다고 했다. 호총독이 그 공문을 보고, 마음속으로는 해서를 미워했지만 겉으로는 아무 말도 하지 않고 그 일을 흐지부지 처리했다.

한번은 총리팔성염정總理八省鹽政[바닷가 여덟 성의 소금을 담당하는 관청]의 순염도어사巡鹽都御使가 외부로 조사를 나갔다. 이 자는 욕심이 많아 가는 곳마다 뇌물을 받고도 오히려 비석을 세우고, 자신은 검소한 성격으로 접대를 좋아하지 않는다고 주장했다.

해서는 그가 순안으로 온다는 소식을 듣고 계획을 세워 그에게 "저희들은 당신께서 소박한 성품으로 영접을 좋아하지 않는다고 들었습니다. 그러나 다르게 들리는 소문으로는 당신께서 가신 곳마다 성대한 잔치가 벌어졌다고 합니다. 만약에 영접에 대한 준비가 없다면 당신을 잘 모시지 못할 것 같고, 준비하자니 당신의 뜻을 어길까 두렵습니다. 어떻게 해야 할지 모르겠습니다. 의중을 알려주시지요"라고 편지를 보냈다.

해서의 이 편지는 예의를 갖추었기에 도어사가 보고도 할 말을 못하고, 마음속으로는 화를 내며 순안으로 가려던 계획을 바꾸니 순안의 백성들은 이 위기를 잘 넘겼다. 도어사는 해서를 계속 미워해서 사동당史同黨으로 하여금 황제 앞에서 해서를 고발하게 했다. 해서는 강서성 흥국興國으로 좌천되었다. 그러나 도어사는 뒤에 자신의 죄로 인해 관직이 삭탈되었고, 해서는 복직하여 호부주사戶部主事가 되었다.

해서가 북경에 도착한 뒤 황제가 하루종일 도사들과 함께 지내는 것을 보고, 대범하게 황제에게 상소를 올렸는데, 이것이 유명한「치안소治安疏」이다.「치안소」의 대체적인 내용을 살펴보면, 현재의 천하는 탐관오리가 많아서 백성들은 힘든 생활을 하고, 황제는 소인배들의 아부에만 귀를 기울여 국정은 다스리지 않고, 도교를 신봉하여 백성들에게서 불만이 발생한다는 것이다. 해서는 민요民謠를 인용하여 "가정嘉靖은 집집마다家嘉 깨끗하니淨淨 재물이 없구나"라고 했다.

해서는 황제가 자신의 상소를 보면 화낼 것을 알고 상소를 올린 뒤 곧장 자신의 관을 구입했다. 해서는 집에 돌아와 다른 나머지 일들을 모두 처리하고 조정의 소식을 기다렸다. 해서의 상소는 과연 조정에서 큰 논란이 되었다. 황제는 상소를 끝까지 읽지 않고 던져 버리며 "당장 해서를 잡아들이라"라고 명했다. 대신들이 황제에게 "저희가 들으니 그는 성격이 강직하여 상소를 올린 뒤에 관을 샀다고 하니 다른 곳으로 도망치지는 않을 것입니다"라고 말했다. 금의위가 해서를 체포하여 감옥에 집어넣었다. 해서는 가정제가 죽고 나서야 겨우 석방되었다.

해서가 응천應天(지금의 남경)의 순무를 역임하고 있을 때, 송강松江의 많은 사람들이 지주가 자신들의 토지를 점유하고 있다고 고발했다. 홍무제 시기에 사회적 문제를 완화시키기 위해, 여러 번 조서를 내려 지주들이 토지를 몰래 늘리는 것을 금지하도록 했다. 해서는 홍무제의 조서를 이용하여 강제적으로 지주에게 농토를 반환하도록 했다. 조정에서 수보를 지내고 고향에 돌아온 대지주 서계徐階는 먼저 해서에게 인사를 하려고 했으나 해서는 상대하지 않았다.

서계는 다른 지주들로 하여금 해서에게 뇌물을 주게 했으나 해서는 그것도 거절했다. 결국에 서계는 다른 방법이 없어 친히 해서에게 호소했으나 해서는 교묘한 방법으로 서계를 돌려보내니, 여러 대지주들이 연합하여 해서를 파면시키고자 하는 내용의 상소를 조정에 올렸다. 해서는 결국 파면되어 십몇 년 동안 관직없이 생활했고, 만력萬曆(명신종의 연회) 13년이 돼서야 다시 관직생활을 할 수 있었다.

해서는 일생을 절약하며 살았는데 한번은 그가 모친의 생일을 준비하려고 정육점에 갔다. 그곳의 주인이 웃으며 "나리께서 얼마나 필요하실지 모르겠지만, 제가 바로 나리의 댁으로 배달하겠습니다"라고 말했다. 해서는 대답하지 않고 미소를 지으며 손가락 두 개를 폈다. 주인은 고개를 끄덕이며 "두 마리는 너무 적습니다"라고 말했지만, 해서는 고개를 저으며 "두 마리가 아니라 두 근일세"라고 대답했다. 해서는 모친의 생신 준비에 단지 두 근의 돼지고기만을 샀다는 이야기가 전해지고 있다.

만력 15년(1587) 해서는 남경도찰원우도어사南京都察院右都御史를 지내면서 향년 74세에 세상을 떠났다.

해서는 성격이 강직하여 권세를 두려워하지 않고 직언直言을 아끼지 않았으며 의義가 아니면 돌아보지 않았다. 지주들이 토지를 강제로 점유하는 것을 억제했으며 스스로는 절약하는 생활을 하면서 청렴한 관리생활을 했는데 그는 중국역사상에서 유명한 청관淸官[청렴한 관리]중의 한 명이다. 해서가 세상을 떠나고 나서 유물을 정리해 보니 남겨진 것은 단지 봉록으로 받은 10냥뿐이었다. 중국 고대시기에 해서와 같은 청관은 많이 보이지 않는다. 당시 명나라는 매우 부패하여 해서는 자신의 강직한 성격으로 폐단을 바로잡고 위기를 극복하려 했지만 결과적으로는 오히려 부패세력과 관료귀족의 배척과 질시로 인해 좌천되었고, 심지어는 파면되어 투옥되기도 했다. 그러나 해서는 본인의 직분을 다해 관리가 되어 백성들을 위해 좋은 일을 많이 했다. 탐관오리가 횡행하던 때에 해서는 더러움에 물들지 않았는데, 이는 실로 쉽지 않은 일이었다. 때문에 해서가 세상을 떠나고 나서도 사람들은 마음속으로 그를 기억하고 있다.

10. 척계광이 왜구를 물리치다

가정 원년(1522) 일본의 상선 두 척이 중국과의 무역권리를 위해 중국에서 전쟁을 벌였는데 이를 '쟁공지역爭貢之役'이라 한다. 다음해 가정제는 일본에 대해 무역을 금지하도록 하니, 오래지 않아 중국동남 연해 일대는 '왜구倭寇'에 의한 피해가 커지게 되었다. 왜구에 의한 피해는 원말명초에 시작되었는데 일본은 14세기에 남북조 분열시기로 진입하여 내전 중에 발생한 패잔병·낭인·상인들이 해적선을 만들어 중국 연해지역을 약탈하기 시작했다. 이런 해적을 역사적으로 '왜구'라 부른다.

왜구는 가끔 지방의 지주·상인과 결탁하여 관부나 부유한 상인을 약탈했다. 약탈

때 반항을 하면 살인·방화를 서슴지 않는 등, 그 악행이 끝도 없었다. 왜구들이 무리들을 모으니 그 세력은 점점 커졌다. 가정제 시기에 중국 연안지역은 왜구의 약탈지가 되면서 백성들의 생명·재산·치안에 큰 위협이 되었다. 척계광은 연해지역의 군민(軍民)을 이끌고 왜구와 싸워 중국동남 연해지역의 보호에 큰 공헌을 했다.

가정제 때 왜구가 동남연해에서 점차 세력을 확대했는데, 해적선이 수백 척에 달하는 등 그 규모가 매우 컸다. 이러한 왜구는 강소·절강·복건 등의 지역을 선택하여 상륙한 뒤에 무리들을 여럿으로 나누어 약탈하기 시작했다.

왜구는 무예가 뛰어나고 무기 또한 충분하여 교전할 때 명나라의 관군은 자주 패하고 도망갔다. 이로 인해 그들은 관군을 신경쓰지도 않았다. 동남 연해는 중국에서 경제적으로 가장 부유한 지역이었는데 왜구의 약탈로 인해 관부와 백성들에게 큰 피해가 발생되었다.

왜구의 약탈소식이 여러 번 조정에 알려져 조정에서는 유대유(兪大猷)를 파견하여 비왜도지휘(備倭都指揮)를 맡기고 왜구침입을 방지했다. 유대유는 그곳에 도착하여 왜구에 대한 준비를 마치고 나서 왜구가 침입하면 거짓으로 퇴각하는 척하여 왜구를 내지(內地)로 끌어들여서 왜구의 퇴로를 막고 공격하였다. 이 전술로 보타산(普陀山)과 왕강경(王江涇)에서 대승했는데, 왕강경에서는 1,900여 명의 왜구를 사살했다. 이로 인해 왜구는 큰 타격을 받았고, 약탈활동도 조금씩 줄이게 되었다. 그러나 얼마 지나지 않아 유대유는 절강총독의 모함으로 인해 투옥되었고, 왜구는 다시 기세를 떨치기 시작했다. 조정에서는 척계광에게 절강에서 왜구를 방어하도록 명했다.

척계광은 동모(東牟)[지금의 산동성 봉래현]출신으로 어려서부터 왜구가 연해지역에서 난동을 피우고 재물을 약탈한다는 소식을 듣고서는 바다를 보호하여 국가에 충성하려는 뜻을 세웠다. 16세에 쓴 시에 그의 희망이 나타나 있는데, "봉후(관직과 작위를 받음)는 내가 원하는 것이 아니고, 원하는 것은 바다의 평안함이다"라고 했다.

척계광이 임관한 뒤에 지방군을 사열해보니, 관군의 사기는 매우 낮았고, 부패가 심하여 근본적으로 전쟁을 할 수 없었다. 이에 "적을 죽여 백성을 보호한다[殺賊保民]"라고 호소하며 절강성 의오현義烏縣에서 민병民兵을 모집했다. 그 때 관부에서는 많은 이들이 반대했으나, 척계광은 의오에서 4천 명의 민병을 모집할 수 있었다. 이 민병 중에서는 일찍이 왜구에게 피해를 본 사람들이 많았다.

"남을 알고 나를 알면 여러 번 싸워도 위태롭지 않다[知己知彼, 百戰不殆]"라는 병서의 격언에 따라, 척계광은 적과 우군의 작전에 대한 여러 가지를 자세히 연구하였고, 왜구가 장창과 화살에 능한 것을 알게 되어 이를 근거로 '원앙진법鴛鴦陳法'을 만들었다. 사병들에게 진법을 익히게 하고, 또한 여러 가지 무기를 사용하게 하니 훈련을 통해 새로 모집한 군대는 진법에 정통하고 무예도 높은 군대가 되었다.

가정 40년(1561) 수천 명의 왜구가 태주台州[지금 절강성 태주시]지역에 침입했다. 소식을 들은 척계광은 군대를 이끌고 적을 맞이하여 9차례나 왜구와 교전하여 모두 승리했다. 왜구는 패배하여 해안에서 바다로 도망쳤는데 척계광은 대포를 이용하여 끝까지 공격하니 왜구의 대부분은 죽거나 상처를 입었다. 태주에서의 승리는 군대와 백성들에게 자신감을 갖게 했고, 이로 인해 '척가군戚家軍'의 명성은 천하를 진동시켰다.

왜구는 절강에서 어찌할 방법이 없자 다음해에 목표를 복건으로 바꾸었다. 복건에서 조정에 급히 보고하니 조정은 척계광에게 '척가군'을 이끌고 복건을 지원하라 명했다. 당시 왜구는 복건 지역에 영덕寧德·우전牛田·흥화興化 등 세 곳의 거점이 있었다. 왜구의 주요거점인 영덕은 사면이 물로 둘러싸인 섬으로 왜구가 방어하면 명군은 공격할 방법이 없었다. 척계광은 사람을 파견하여 적의 정황을 살펴보니, 영덕은 비록 섬이지만 섬 주변의 물은 폭이 넓지도 않으며 깊지도 않다는 소식을 듣고 척계광은 계획을 세울 수 있었다.

그날 밤 척계광은 사병들에게 마른 풀을 준비하여 소지하게 하고 저녁 시간에 영덕을 향해 진격했다. 해안에 도착한 척계광은 마른 풀을 물에 던지라 명을 하니 순식간에 풀로 만든 길이 만들어졌다. '척가군'은 마른 풀을 이용하여 만든 길을 따라 왜군진영을 직접 공격했다. 왜구들이 혼란에 빠진 사이에 척계광은 2,600여 명의 왜구를 죽였고, 이로써 영덕의 왜구는 와해되었다.

영덕전투 이후에 척계광은 우전을 향해 진군하여 우전 부근에서 주둔하게 되었다. 적군을 속이기 위해 척계광은 고의로 대규모의 군대가 피로하여 며칠 쉬기로 한다고 정보를 흘렸다. 우전의 왜구는 정찰병을 파견하여 척계광의 군대가 쉬고 있는 것을 보고 그 정보가 진짜라 믿었다. 그날 밤 척계광은 명을 내려 우전의 왜구를 공격하니 왜구는 방어하지 못한 채 도망쳤다. '척가군'은 끝까지 추격하여 60여 곳의 왜구진영을 점령하고 계속해서 왜구에게 점령된 흥화로 진격했다.

흥화의 백성들은 아침에 명군의 깃발이 휘날리는 것을 보고 마침내 왜구가 도망친 것을 알았다. 백성들은 가축을 잡아 '척가군'을 위로하면서 승리의 기쁨을 함께했다.

척계광이 군사를 이끌고 절강으로 회군한 뒤에 왜구는 다시 흥화를 침략했으므로 복건은 위기에 빠지게 된다. 조정은 유대유를 복건총병관福建總兵官으로 척계광은 부총병관副總兵官으로 임명하여 복건을 방어하게 했다. 척계광은 절강성 의오에서 다시 1만 명을 모집하고, 유대유와 함께 흥화를 수복하였다. 유대유는 공남贛南강서성의 남쪽으로 향하였고 척계광은 복건총병관이 되었다. 척계광은 매년 왜구를 공격하니 복건의 왜구는 점차 소멸하였다.

가정 44년(1565) 척계광은 다시 유대유와 함께 왜구와 결탁한 매국노 오평을 공격하여 크게 이겼다. 그 이후 왜구는 감히 침입하지 못하여 동남 연해의 왜구세력은 완전히 없어지고 왜구의 침략은 사라졌다.

동남연해는 명나라에서 경제적으로 가장 부유한 지방이며 무역의 중요지역이었다. 왜구가 침입하여 동남 연해의 경제와 무역은 심각한 문제가 발생했고, 이는 백성들의 생명과 재산을 매우 위협했다. 척계광은 위기에 처한 상황에서 명령을 받았지만, 상대방을 두려워하지 않고 전투를 벌여 왜구를 평정했다. 백성들은 생업에 종사할 수 있게 되었고 동남 연해지역은 점차 안정되었다.
  왜구가 평정된 뒤 동남 연해의 무역은 증가하여 이 지역에서 자본주의의 형태가 발생했다. 왜구를 평정하는 과정에서 척계광이 새로운 군대를 모집하여 훈련시키고, 진법을 만드는 한편 적의 정보를 장악하며 펼친 여러 가지 활약은 후대에 모범이 된다.

11. 금의위와 동서창

주원장은 명나라를 건국하는 동시에 비밀스러운 특무조직을 건립했는데 이는 전기의 검교檢校와 금의위, 후기의 동·서창으로 나눌 수 있다. 개국황제인 주원장으로부터 마지막 황제인 주유검朱由檢에 이르기까지 역대 황제들은 자신들이 임명한 관원들을 믿지 못하여 혹시라도 모반을 할까 걱정했다. 이에 정보조직을 만들어 추적·정찰·도청 등을 통해 조정에 불충한 관민들을 비밀리에 찾아내 해결했다. 이런 특수조직의 행동 때문에 억울한 사연이 많이 발생했다.

홍무제 시기에 전재錢宰라는 관원이 귀가하면서 시 한수를 지었다.

사경에 북소리를 들으며 옷을 입고	四鼓咚咚起着衣
오문에 있는 조정에 나아가도 오히려 늦음을 싫어하네.	午門朝見尙嫌遲
어느 때에 전원생활의 즐거움을 얻어	何時得遂田園樂
아침 늦게까지 잠을 잘 수 있을까?	睡到人間飯熟時

그 다음날 주원장은 웃으며 전재에게 "전재, 어제 지은 시가 좋았다. 그

러나 짐은 네가 늦는 것을 싫어하지 않으니, '싫어한다[嬾]'라는 글자를 '걱정한다[憂]'라고 바꾸는 것이 어떤가?"라고 말했다. 전재는 이 말을 듣고 놀라 혼비백산했다. 이것은 주원장이 특무조직에게 전재를 추적하게 하여 얻은 정보였다. 명나라 초기의 특무조직은 검교檢校이다. 검교의 지위는 비록 낮았지만 전문적으로 황제에게 관민官民관리와 백성의 비밀을 보고하는 역할을 수행했기에 모두들 검교를 두려워했다.

홍무 15년(1382) 주원장은 금의위를 설립했다. 금의위의 전신은 공위사拱衛司인데, 본래는 주원장이 황제를 경호하기 위해 만든 조직이었다. 금의위는 설립 후에 하부조직으로 그들만의 법정과 감옥을 만들어 조정의 모든 관원과 백성들의 정보를 수집하여 체포하기도 했다. 금의위의 책임자는 위지휘사衛指揮使라 불렀는데 황친皇親(황제의 친척)이나 도독都督 같은 고위관리가 그 직위를 담당했으며 황제가 직접 다스렸다. 주원장은 금의위를 설립한 뒤에 모든 중요한 안건은 금의위에서 처리하게 했다.

어느 날 국자감제주國子監祭酒인 송눌宋訥이 조정에 나오자, 주원장이 그에게 "어제는 왜 기분이 좋지 않았는가?"라고 물었다. 송눌은 "그런 적이 없습니다"라고 대답했다. 주원장이 시종에게 명하여 노기를 띠고 있는 송눌의 모습이 담긴 그림을 그에게 보여주게 하니, 송눌이 놀라 부들부들 떨었다.

홍무 20년(1387) 주원장은 금의위가 불법적인 행동을 하는 것을 알고서는 금의위의 권한을 축소했다. 영락제는 북경으로 천도한 뒤에 금의위의 권한을 다시 회복시키고 주로 건문제의 신하들을 처리하도록 했다. 이후 금의위는 명나라 멸망 때까지 계속 존재했다.

금의위가 관원을 처벌할 때, 자주 사용하는 것이 장형杖刑이다. 형벌을 집행할 때 모든 관원이 함께 집행장소에서 집행과정을 지켜보았다. 집행하는 자는 몽둥이로 엎드린 죄인의 허벅지를 때렸다. 매를 5회 치면 사람을 바꾸었다. 집행 때 집행하는 사람들은 땀이 흐를 정도로 형벌을 시행했고 죄인들은 비명을 질렀으며 관전하는 사람들은 그 모습에 공포를 느꼈다.

유근이 전권을 휘두르기 전에는 죄인이 옷을 입은 상태에서 형벌이 집행되었으나, 유근이 전권을 휘두른 뒤에는 의복을 벗게 하니 죄인들은 더욱 고통스러웠다.

정덕 10년(1519) 대신 146명이 연명聯名하여 정덕제에게 국사를 중하게 여기라는 내용의 상소를 올렸다. 정덕제는 대노大怒하여 금의위에게 146명의 대신에게 장형을 집행하라 명했다. 장형의 시간이 짧지 않아 집행하는 사람들의 기합소리가 끊이지 않았고 죄인들의 비명소리가 사람들의 마음을 아프게 했다. 이 집행과정에서 11명이 사망했다. 가정 3년(1524) 가정제는 여러 대신들과 부친의 봉호封號가정제의 부친은 황제가 아니었기에 묘의 이름을 다시 정하는 문제를 토론하다가 의견이 맞지 않자 그는 대노하여 금의위에게 134명의 대신에게 장형을 명하니 16명의 대신이 사망했다. 이것이 명나라 역사상 가장 큰 두 차례의 장형사건이었다.

왕진·유근과 후대의 위충현은 조정에서 전권을 잡고 있을 때, 금의위를 이용하여 의견이 다른 자를 잔혹하게 처벌했다. 그들은 죄명을 만들어 가혹한 형벌을 끊임없이 만들었고, 전형全刑이라는 계械형틀을 채우는 형벌·요鐐족쇄를 채우는 형벌·곤棍몽둥이로 때리는 형벌·찰拶손가락이나 발가락에 사이에 나뭇가지를 끼워 고문하는 형벌·협夾신체의 일부분을 나무로 조이는 형벌 등의 5가지 가혹한 형벌을 죄인들에게 모두 시행하게 했다.

명나라의 특무조직은 금의위 외에 동·서창이 있었다. 영락제는 친왕의 신분에서 제위帝位를 탈취했기 때문에, 즉위 후에 금의위를 회복시켰을 뿐 아니라 동창을 설립했다. 동창은 영락 18년(1420)에 북경 동안문東安門의 북쪽에서 건립되었다. 황제가 제일 총애하는 태감이 그 책임자를 맡았으며, 황제의 직접적인 지휘를 받았다. 동창의 중요한 역할은 금의위가 감독하게 했고, 동창과 금의위는 서로 견제하는 관계였다. 성화 13년(1477) 성화제가 서창西廠을 건립했는데, 역시 가장 총애하는 태감을 책임자로 삼았다. 동·서창의 주요인원들은 금의위에서 뽑았으나 동창의 위세는 금의위보다 컸고, 또한 서창의 위세는 동창보다 커서 그 인원은 동창의 두 배에 달했다. 황제를 제외한 거의 모든 사람들은 서창의 관할 아래 있었다.

서창제독은 태감 왕직汪直이었다. 왕직이 외출할 때 모든 조정대신들은 그를 피했다. 한번은 병부상서가 왕직을 피하지 못했다. 왕직은 이를 빌미로 죄명을 씌워 관직을 삭탈했다. 유근이 전권을 휘두를 때 다시 내행창內行廠을 건립하여 조정의 모든 기관의 위에 있게 했으며, 동·서창 역시 내행창의 감시 아래 있었다.

유근은 죄명에 상관없이 우선 장형을 집행하도록 규정했다. 호부상서 한문韓文이 유근을 반대했는데, 유근은 내행창을 움직여 한문을 조사하니 마침내 한문을 파면시킬 수 있는 이유를 찾았다. 결국 한문은 관직을 삭탈당하고 고향으로 돌아가는 길에 유근이 보낸 자객에게 살해되었다.

어느 날 아침 조정에서 유근의 죄상이 담긴 익명의 편지가 발견되었다. 유근은 대노하여 가짜로 성지를 내려 3백여 명의 관원을 밖에서 하루종일 무릎을 꿇게 하고 내행창의 인원을 파견하여 감독하게 했다. 일부분의 관원은 새벽부터 저녁까지 꿇고 있었기에 여러 명이 혼절하고, 밤이 되자 모두 감옥에 감금했다.

일단 내행창에서 형벌을 집행하면 생존자가 적었다. 내행창에서는 죄인들에게 칼[형구의 일종]을 쓰게 했는데, 그 무게가 75kg이었다. 건강한 사람이라도 이런 칼을 쓰면 며칠이 지나지 않아 사망하게 되었다. 3창三廠[동창·서창·내행창]의 통치로 인해 억울하게 죽은 관원과 백성이 무수히 많았다. 유근의 피살 후에 내행창과 서창은 폐지되었으나 동창은 여전히 존재했다.

태감 위충현의 전권시기에 동창의 정보요원은 매우 유능하면서도 비밀을 지켜, 부부지간의 사사로운 일까지도 탐지할 수 있었다. 이로 볼 때 동창은 최고의 정점에 올랐다고 할 수 있었다.

도어사 양연楊漣과 좌광두左光斗는 위충현을 탄핵했는데, 위충현은 양연과 좌광두 등 6명을 체포하여 5일마다 고문했고, 서로 다른 형벌을 집행하여 자살한 1명 외에 남은 5인은 옥중에서 비참하게 사망했다. 양연의 사후에 그의 가족이 양연의 귀에 못이 박혀있는 것을 발견했다.

한번은 4명의 친구들이 밤에 술을 마시면서 그중 한사람이 위충현을 욕했다. 친우들이 "조심해, 동창이 듣는다네"라고 말했다. 그 사람이 "들으면 어때? 설마 내 피부를 벗길까?"라고 대답하고 있을 때, 동창의 요원이 들어와서 진짜로 그 사람의 피부를 벗겨냈다. 명나라 때에 금의위와 동창을 함부로 언급하면 사람들은 안색이 바뀌고 스스로가 위험하다고 느꼈다.

명나라는 강력한 중앙집권 통치를 시행했는데, 금의위·동창·서창·내행창은 명나라의 통치자들이 통치를 실행하는데 특별한 역할을 했다. 금의위와 3창三廠을 합해 창위廠衛라 부르는데, 창위는 왕진·유근·위충현 등의 환관이 전권을 휘두를 때 백성을 탄압하고, 붕당을 조성하여 반대파를 토벌하는 등 국가와 백성에 화근이 되었다. 황제와 소수의 환관을 제외하고 대다수의 관원들은 창위를 반대했다. 이로 인해 명나라에서 실시한 특별조직이 반영된 정치는 주원장 시기에 약간의 역할을 한 것 말고는 객관적으로 볼 때 통치자들의 분열을 조성했다. 명나라 통치계층의 내부에서는 분열과 대립이 매우 빈번하게 발생하여 명나라가 멸망함에 이르러서야 금의위와 동창의 활동이 멈추게 되었다.

12. 포르투갈의 식민지가 된 마카오

마카오는 중국의 영토이다. 16세기 초기에 유럽에서는 자본주의가 빠른 속도로 발전하여, 해외의 원료시장과 상품시장이 필요했다. 지구를 돌아 항로가 개척됨에 따라 서방의 식민주의자들은 동방으로 탐험을 시작했고, 그 가운데 제일 빨리 유럽에서 중국에 도달한 나라는 포르투갈이었다.

명나라의 통치자들은 당시 외부세계에 대해 아무것도 알지 못했기에 서방에서 온 포르투갈을 '불랑기佛郞機'라 불렀다. '불랑기'는 아라비아인들이 포르투갈을 부르는 명칭을 번역한 것이었다. 포르투갈에 이어 스페인과 다른 유럽인들도 중국에서는 모두 '불랑기'라 불렀는데, 이는 당시 명나라가 다른 세계에 대한 인식에 문제가 있음을 보여주는 것이다. 거대한 포성과 함께 서방의 식민주의자들이 중국에 침입하기 시작했다.

정덕 5년(1510) 포르투갈은 인도 일부를 점령하고 그곳에 총독부를 설치했다. 그 다음해 포르투갈은 계속 동쪽으로 향하여 말라카를 강점했다.

포르투갈은 중국에 대해 기회를 노리고 있었다. 그들은 인도와 말라카를 기지로 하여, 정덕 9년(1514)에 상선商船을 파견하여 중국과의 항로를 개통했다. 포르투갈의 상선이 광동 대문도大門島에 도착했을 때 광동의 지방관리들은 처음 보는 노랑머리와 파란 눈의 포르투갈 사람을 보고 매우 이상하게 여겨서 상륙을 허락하지 않았다. 그 다음해 포르투갈의 상선은 또 왔으나 역시 상륙하지 못했다. 상황은 이와 같았지만 포르투갈 상인은 이런 행동을 헛되지 않다고 여겼고, 비록 두 번이나 중국에 직접 상륙하지 못했지만 중국과 상품을 교환하여 큰 이익을 거두었다.

5년 뒤, 포르투갈 국왕은 정식으로 안드라데(Fernao Peres de Andrade)와 페레스텔로(Rafaël Perestello)를 사신으로 파견하여 중국과 통상을 요구했다. 안드라데와 페레스텔로는 무장상선을 이끌고 광동 대문도에서 상륙을 요청했다. 명나라의 관원은 관례에 따라 거절했다. 안드라데와 페레스텔로는 중국관원의 거절에도 불구하고 무장상선을 주강으로 향하게 했다. 항해하면서 한편으로는 대포를 쐈다. 중국관원은 그들의 무례한 행동에 강력하게 항의했지만, 안드라데와 페레스텔로는 오히려 포를 쏜 이유는 중국인에게 경의를 표하기 위한 것이라 변명했다.

안드라데와 페레스텔로는 광주에 상륙하여 중국총독과의 면담을 요청했다. 명나라의 규정에 따르면, 조공하지 않는 나라와는 무역을 할 수 없었지만 중국총독은 안드라데와 페레스텔로 일행을 접견했을 뿐 아니라, 관례를 무시하고 그들에게 무역을 허락했다. 안드라데와 페레스텔로는 무역활동이 끝난 뒤에는 오히려 늑장을 부리면서 암암리에 광동을 통솔하는 태감을 매수하여, 그를 통해 중국황제를 뵙고 중국과 정식통상의 허가를 희망했다.

뇌물을 받은 광동의 태감은 무역관계를 허락했다. 포르투갈의 통역인 피레스(Tomé Pires)는 북경에서 정덕제를 만났다.(1520) 피레스는 많은 서방의 귀한 예물을 황제에게 바치고 자신의 좋은 말솜씨로 명나라 황제의 환심을 얻었다. 그러나 같은 해 말에 말라카의 국왕이 북경으로 사신을 보냈는데, 중국황제는 비로소 그의 조공국인 말라카가 이미 포르투갈에게 점령된 사실을 알게 되었다. 황제는 대노하여 피레스를 사형에 처하고 안드라데와 페레스텔로를 감금하라 명하며, 광동에 있는 포르투갈 사람들을 군대를 동원하여 쫓아냈다.

포르투갈은 무장상선을 앞세운 통상이 실패한 뒤 가정 2년(1523)에 동남 연해에서 무장약탈을 시작했다. 광동 신회新會 서초만西草灣에서 포르투갈의 해적선을 만난 중국수군의 배가 격침되거나 피해를 입는 사건으로 인해 동남연해에서 문제가 발생했다. 포르투갈의 해적선은 복건·절강 일대를 떠돌며 왜구와 결탁하여 동남 연해지역에서 약탈을 했다. 결국 명나라 군대의 공격으로 포르투갈의 해적선은 광동 낭백항浪白港으로 후퇴했다.

포르투갈의 빈번한 침략에 대응하기 위하여 명나라는 광주에서 해금정책海禁政策을 실시했다. 광주에서 해금이 실시된 뒤에 포르투갈의 해적선에 대해서는 약간의 효과가 있었으나 해금의 결과는 포르투갈을 금지했을 뿐 아니라, 동남아 지역의 상선이 중국과 진행하는 무역도 금지했다. 이에 광동의 대외무역은 매우 축소되어 도시가 활력을 잃는 상황이 발생했고, 정상적으로 세금을 거둘 수 없게 되었다. 광동순무巡撫는 조정에게 통상무역의 이익과 폐단을 보고하면서, 이익이 폐단보다 더 크다고 주장하여 무역을 회복시키자는 내용의 상소를 올렸다. 그렇게 조정의 허락을 얻은 뒤 광주는 다시 조금씩 발전하게 되었다.

가정 14년(1535) 실패를 맛본 포르투갈 식민주의자들은 기회를 살펴 광동의 관원들에게 자신들의 상륙지역을 낭백항에서 광동 향산香山 호경豪鏡(마카오)으로 옮기게 해달라고 2만의 금화폐를 바쳤고 뇌물을 받은 광동 지방관은 단번에 허락했다.

가정 32년(1553) 포르투갈 인은 다시 연극을 하여, 중국관원을 또 매수하면서 배가 폭풍을 만나 화물이 모두 젖었으니 호경에서 햇볕에 건조할 수 있게 해달라고 요청했다. 이후 포르투갈은 공공연하게 호경에서 화물을 건조시키며 건물을 지으니 이로 인해 포르투갈 사람들이 몰려들기 시작했고 10년이 지나지 않아 호경에 모인 포르투갈 사람들은 1천여 명에 달했다.

포르투갈 인은 명나라의 정식허가가 없었지만, 호경에서 무역을 했다. 후에 우연한 사건을 통해 포르투갈은 정식으로 명나라에 세금을 납부했다. 외국 문서자료에 따르면 1572년 혹은 1573년, 광동지방 관원은 포르투갈에게 선박세를 받았다. 포르투갈은 광동해도부사海道副使에게 "우리는 5백 냥의 지조은地租銀(토지사용 세금)을 가지고 왔습니다"라고 했다.

이른바 지조은은 실제로 포르투갈이 매년 광동지방 관원에게 바치는 뇌물이었다. 당시 많은 중국관원들이 그 자리에 있었는데 해도부사가 "불랑기국이 세금 5백 냥을 바쳤는데, 본관이 이것을 국고로 충당한다"라고 말했다. 이후로 뇌물은 세금이 되었고, 포르투갈은 매년 중국정부에게 5백 냥의 세금을 납부했으며, 이후에 화모은火耗銀(부서진 은화폐나 은 부스러기를 다시 녹여 만든 은화폐)15냥이 추가되었다.

그러나 명나라는 포르투갈이 장기간 거주하는 것을 허락하지 않아 세금을 따로 걷지 않았다. 이때문에 포르투갈은 끊임없이 중국 지방관원을 매수했다. 서방자료에 따르면 포르투갈은 3년마다 새로 부임한 양광兩廣광동성과 광서성]총독에게 뇌물로 10만의 금화폐를 사용했다.

포르투갈이 마카오에서 거주한 지 20년 뒤 양광총독 진서陳瑞는 명나라를 대신해 그들이 계속 거주할 수 있게 허락하여 마카오에 관청을 세워 사무를 보는 등 실제적인 행정관리를 실행했다. 마카오는 동방과 서방경제가 만나는 중요한 국제상업지역으로 발전되었다.

포르투갈 인은 매년 세금으로 은 515냥을 납부하고 호경을 점령했다. 이 사실은 포르투갈이 호경은 중국영토임을 승인한 것을 나타내는 것이며 또한 중국정부가 포르투갈에게 호경이 강제로 점령되었음을 설명하는 것이다. 이것은 유럽식민주의자들이 중국에서 가장 빠르게 얻은 식민지이다.
처음에는 마카오의 행정·사법·조세 등은 광동지방관원이 직접 관리했지만 나중에 이런 권리들을 점점 빼앗기게 된다. 포르투갈은 마카오에 성벽과 포대를 건립하면서 행정기구를 설치하고 관원을 임명하여 마카오에 대한 직접적인 통치를 시작했다. 이런 과정을 통해 마카오는 점차 포르투갈의 식민지가 되었다.

13. 장거정과 일조편법

가정제 시기 이후에 명나라는 전국이 안정적인 국면에서 혼란스런 국면이 되면서 성세기에서 쇠퇴기로 전환되었다. 관리들은 책임을 다하지 않고 탐관오리가 되거나 사치스런 생활을 즐기게 되었다. 가정제 때 진사進士가 된 장거정은 나날이 변해 가는 사회·정치위기 속에서 역대왕조의 흥망성쇠의 교훈을 모아 현재의 상황을 바로잡으려 했다. 명 목종穆宗[연호는 융경] 원년 장거정은 대학사가 되었고, 북방의 변경지역에서 대단한 능력을 발휘하여 융경제隆慶帝의 깊은 신임을 얻었다.

목종의 사후, 신종神宗[연호는 만력]이 즉위했다. 목종의 유명에 따라 장거정은 보정대신輔政大臣[황제를 보좌하는 대신]이 되었다. 만력萬曆 원년, 장거정은 수보대신首輔大臣[보정대신 중에서 지위가 가장 높은 대신]이 되었다. 세상의 폐단에 대응하여 장거정은 정치·

경제·군사·사상 등 모든 방면에서 개혁을 진행했고, 특히 부역제도 방면에서는 유명한 '일조편법'을 실시했다.

만력제는 아무것도 모르는 10세에 즉위했다. 장거정은 융경제의 유언에 따라, 만력제의 교육을 담당하는 역할을 수행했다. 장거정은 고대제왕의 치국 이야기를 모아 『제감도설帝鑑圖說』이란 책을 만들어, 매일 만력제에게 들려주었다. 재미있게 말하는 장거정의 이야기를 만력제는 집중해서 들었으며, 서로 아끼고 존중하는 군신지간이 되었다.

한번은 장거정이 한漢나라 문제文帝의 이야기를 들려주면서 "폐하, 역대 제왕은 모두 천하가 태평하길 원했습니다. 그러나 태평한 나날이 오래되면 제왕은 군사에 대한 대비가 소홀하게 됩니다. 국가가 군대를 소홀하게 한다면, 전란戰亂이 곧 발생할 것입니다"라고 의미심장하게 말했다. 만력제는 비록 어린아이였지만, 이러한 도리는 매우 잘 알고 있어서 "짐은 천하가 태평하기를 바라며, 또한 군대를 소홀히 하지도 않을 것이다"라고 대답했다.

또 한번은 장거정이 송宋나라 인종仁宗은 보물을 좋아하지 않는다고 말했다며, 만력제에게 그 이유가 무엇이겠느냐고 물었다. 만력제는 생각 끝에 "보물은 장식에 불과하고 굶주림이나 추위를 막을 수 없다. 이 이유가 맞는가?"라 대답했다. 장거정은 그 대답을 듣고 매우 기뻐하며 "폐하의 말씀이 맞습니다. 제왕에게는 보물이 보배가 아닙니다. 그러면 제왕은 무엇을 마땅히 보배로 삼아야 하는지요?"라고 물었다. 만력제는 곧바로 "제왕의 보배는 마땅히 현신賢臣[어진 신하]·백성·양식이다"라고 대답했다. 장거정은 "말씀 잘하셨습니다. 말씀 잘하셨습니다. 폐하께서는 반드시 훌륭한 황제가 되실 것입니다"라고 말하면서 자신이 심혈을 기울인 교육이 헛되지 않았다고 느꼈다.

만력제는 나이가 어려 조정의 큰일은 기본적으로 수보대신인 장거정이 결정했다. 명나라의 오랜 번영을 위해 장거정은 정치·경제·군사·사상 방면에서 개혁·조정·정돈을 시작했다.

정치방면으로 장거정은 '고성법考成法'을 만들었는데, 이 법은 매월 관원을 조사하여 연말에 조사한 내용을 종합하는 법률이다. 장거정은 '유재시용唯才是用[출신에 상관없이 능력있는 인재만을 등용]'의 주장을 통해 출신에 상관없이 재능이 있다면 파격적으로 등용했다. 장거정은 황족이 세습하는 것을 막고 공이 없는 자가 작위를 받지 못하게 했으며 지부知府[지방의 현령] 이상의 관원은 중앙에서 임명하여 지방서리胥吏[하급관리]와의 결탁을 막아 중앙집권을 강화했다.

경제방면으로 당시 중앙정부의 재정수입이 크게 문제가 되었는데, 주요 원인은 토지겸병과 부역문제였다. 장거정은 다시 토지를 측량하여 토지세로 누락된 세금을 철저히 조사하게 명을 내렸다. 조사결과 3백여만 경의 토지세가 누락된 것을 발견했는데 이러한 누락된 세금은 기본적으로 황족과 통치계층 때문임을 알게 되었다. 이에 토지를 다시 측량하고 철저하게 토지 생산량을 조사한 것을 기초로 장거정은 새로운 부세제도인 '일조편법'을 실행했다.

'일조편법'이 시행되기 이전의 전통적인 부세제도에서는 '세稅[세금]'와 '부賦[부역]'로 나뉘어 있었다. '세'는 토지를 대상으로 하여, 토지를 보유하고 있는 상태에 따라 여름과 가을에 토지소유자에게 세금을 거두었다. '역'은 사람을 대상으로 호구조사에서 장정丁을 뽑아 교대로 역에 응하게 하여 국가에서 필요로 하는 곳에 사용했다. 토지겸병과 백성의 도망에 따라 권세가 있는 자들은 자신들이 보유하고 있는 재산을 속였고, 일반백성들은 자신들의 재산을 빼앗기고도 납부해야 할 세금이 계속 존재했다. 이때문에 백성들은 부역을 피하기 위해 산속으로 도망쳤고, 그 일부는 도적이 되었다.

장거정은 각종 명목의 조세와 부역을 합하여 은으로 세금을 받으니 이를 일러 '일조편법'이라 불렀다. 만력 9년(1581) '일조편법'이 전국적으로 시행된 뒤에 세금과 부역이 합일되니, 백성들은 보유한 토지규모에 따라 세금을 내면서 돈을 납부하면 부역이 면제되었다. 그밖에 은으로 실물을 대신하여 상품경제가 발전하는 계기가 되었다. '일조편법'의 시행은 관료들이 개인적으로 국가재정을 사용하는 것을 막고 국가의 재정수입을 증가시키며 농민들의 부담을 가볍게 했다.

군사방면으로 당시 남방의 왜구 소란은 이미 조용해졌으며, 북방의 타타르가 때때로 침입하여 명나라에 위협이 되었다. 장거정은 왜구를 물리친 장수들을 북방으로 이동시켰는데, 척계광은 여러 번 타타르의 공격을 격퇴했다. 타타르의 지도자는 무력으로 명나라를 굴복시킬 수 없음을 알고 명나라와 교류를 통해 양국 간의 관계가 이루어지길 요청했다. 이에 장거정은 타타르의 지도자를 순의왕順義王으로 책봉했고 이후 몇십 년간은 북방에서 전쟁이 발생하지 않았다.

사상방면으로 이학理學주자학에 대해 비판을 하면서 실무적인 것을 주장하고 공화空話헛된 이론이나 말장난를 반대했다.

장거정이 실시한 정치·경제·군사·사상 등 여러 방면의 개혁은 황족을 포함하여 통치계층의 이익을 막았는데, 장거정이 대권을 가지고 있었기 때문에 그들은 겉으로는 따르는 척하면서 뒤에서는 장거정을 매우 미워했다. 점점 성인이 되어 가는 만력제는 장거정의 옆에서 특별한 일이 없었기에 그에 대한 불만이 없었다. 일부의 태감들이 황제와의 관계를 돈독하게 하기 위해 온갖 방법을 동원하여 황제를 즐겁게 했다. 장거정이 이를 알고 이러한 태감들을 전부 내쫓았다. 이로 인해 만력제는 점차 장거정에 대한 불만이 생기기 시작했다.

만력 10년(1582) 장거정이 병으로 사망하자 만력제가 직접 정무를 돌보기 시작했다. 조정에서는 마음속으로 장거정에게 불만이 가득했던 대신들이 잇달아 만력제에게 장거정을 비방했다. 만력제는 조서를 내려 장거정의 관직을 삭탈하고 재산을 몰수했다. 또한 반대세력은 장거정의 장자長子를 고문하면서 자살하도록 핍박했으며 장거정의 일가 수십 인을 빈 방에 가두고 음식을 주지 않도록 하여 그들을 굶겨 죽였다. 장거정이 중심이 된 새로운 정치는 결국 실패했다.

장거정은 명나라의 유명한 정치개혁가이다. 그는 가정제에서 만력제까지의 3대를 걸쳐 관직을 역임했다. 쇠약해지는 명나라를 부흥시키기 위해 장거정은 심혈을 기울여 정치·경제·군사·사상 등 여러 방면에서 개혁정책을 실행했다.
10년의 노력 끝에 장거정의 개혁은 약간의 성과가 있었다. 즉 탐관오리들은 파면되었고, 일의 효율은 높아졌으며, 국가가 보유한 식량은 풍부해져 10년을 쓸 수 있었다. 재정수입의 증가는 해마다 계속되던 적자를 메웠으며, 남방과 북방이 차례로 안정되어 전란이 사라졌다.
그러나 개혁은 일부의 사람에게는 피해가 되어, 장거정의 개혁은 황족과 통치계층의 불만을 일으켰다. 장거정이 있었을 때에도 반대세력은 여러 번 장거정을 탄핵했으나 소용이 없었다. 장거정의 사망 이후 반대세력의 즉각적인 반대에 의해 새로운 정치체제는 폐지되었고, 장거정은 시체가 훼손되었으며 그의 집안은 몰락하게 되었다.
새로운 정치개혁은 비록 실패했지만, 사회와 경제발전에 이바지했고, 백성들의 생활을 개선하게 했으며, 역사에 대해 진보적인 공헌을 했다. '일조편법'은 비록 많이 파괴되었지만, 조세와 부역이 합일되고 보유한 토지규모에 따른 세금의 징수는 계속 이어져 전제주의사회의 중요한 제도가 되었다. 장거정의 용감한 개혁정신은 후대사람들에게 높은 찬양을 받는다.

14. 이시진과 『본초강목』

명나라 초기에 중국의 과학기술은 당시 세계최고였고, 서방국가에서는 자본주의를 바탕으로 생산력이 급속히 발전하고 있었다. 그러나 전제주의인 명나라는 이 시기에 쇠락기로 접어들었으며, 중국과 서방국가 사이의 차이는 점점 커졌다. 이런 상황에서 명나라에서는 우수한 과학자가 탄생했는데, 그 가운데 대표적인 이가 이시진이다.

이시진(1518~1593)은 명나라 때 유명한 의학자인데, 대대로 의술을 행한 집안 출신이다. 의술이 높아 호북湖北 기주蘄州 일대에서 이름이 높았다. 이시진은 집안에서 교육을 받아 어려서부터 의학에 관심이 있었다. 당시의 사회풍조는 "모든 일은 하찮은 것이며, 오직 독서만이 높다萬般皆下品, 唯有讀書高"는 것이었기에 의술을 행하는 자는 무시받았다. 이시진은 14세에 당시 사회풍조에 따라 과거에 응시하여 수재秀才(1차 합격)가 되었다. 그러나 그 후 3번이나 연속으로 과거에 참가하고서도 모두 낙방했다. 이후 이시진은 과거준비에 대한 마음을 접고 24세에 본격적으로 의술을 시작했다.

그는 환자를 돌보면서 많은 약초를 직접 채집했다. 치료과정 중에 이시진은 사용하던 약이 이상하다는 것을 발견했다. 예를 들어 의서에 기재된 내용 중에서 파두巴豆는 설사약으로 변비환자에게 효과가 있다고 했다. 하지만 그는 약초배합에 의해 파두가 지사제止瀉劑로 사용할 수 있음을 발견했고, 파두를 이용하여 많은 복통환자와 오랫동안 치유하지 못한 환자들을 치료했다. 이러한 과정에서 이시진은 전해지는 의서의 많은 부분에 첨가할 내용이 필요하다고 느끼게 되었고, 약초의 약효에 주목한 그는 경험이 많은 사람에게 배우면서 약초꾼·사냥꾼·나무꾼·어부 등에게 약초의 효능에 대해 가르침을 청했다. 동시에 그는 대량으로 민간의 처방을 수집했다.

가정 30년(1551) 어느 날 초왕楚王의 아들이 갑자기 졸도했다. 초왕부의 의원들은 속수무책이어서 이시진에게 연락했다. 이시진은 진맥한 뒤에 기궐병氣厥病(기력이 쇠한 병)으로 진단하여, 몇 첩의 약을 사용하여 완치시켰다. 초왕은 매우 기뻐하여 이시진을 초왕부에서 제사祭祀를 담당하는 관리인 '봉사정奉祀正'으로 삼는 동시에 의술부분을 담당하게 했다.

얼마 뒤에 조정에서 각지의 명의名醫를 태의원太醫院으로 추천하라 명을 내렸다. 초왕은 이시진을 북경으로 추천하여 태의원의 원판院判(의학을 담당하는 관리)이 되게 했다. 가정제는 당시 도교에 심취해서 미신을 믿으니 태의원은 황제를 위해 도사들과 연단술을 연구하느라 태의원 본래의 역할을 하지 못했다.

이시진은 약을 제조할 때 쓰는 단사丹沙(붉은 모래)를 사용하는 것을 반대했는데 단사가 위장의 기능을 해치며, 독성이 있어 인체에 백해무익하기 때문이었다. 태의원에서 여러 번 자신의 의견을 알렸으나 아무런 소용이 없자 1년이 못되어 관직을 사임한 이시진은 고향에 돌아와 다시 의원의 길을 걸었다.

그나마 이시진에게 다행이었던 것은 초왕부와 태의원에 지내는 동안에 황실에서 소장한 귀중한 의학서적과 약재를 볼 수 있었고, 그것이 결과적으로 그의 의학지식에 큰 도움이 되었다는 점이다. 그 다음해부터 이시진은 『본초강목』을 저술하기 시작했다. 중국의학은 약초를 주로 하여 고대의학에 관련된 서적을 '본초本草'라 불렀다. 중국 고대부터 '본초'의 이름은 대대로 존재하니, 한대漢代의 『신농본초경神農本草經』, 남조南朝의 『본초경집주本草經集注』, 당대唐代의 『신수본초新修本草』, 송대宋代의 『증류본초證類本草』 등이 있다. 이시진은 이러한 서적을 읽으면서 많은 문제점을 발견하여, 그것을 다시 정리하고 종합하여 결론짓기로 했다.

이시진은 『본초강목』을 편찬하기 위해 그는 호북·강서·안휘·강소·하남 등의 산과 숲을 돌아다녔다. 약초채집 외에 그는 친히 약초를 그려서 후대에서도 알아볼 수 있도록 했다. 『본초강목』을 편찬하는 과정에서 이시진은 800여 종의 의학서적을 참고했으며, 약초채집·서술·그림제작 등 방면에서 가족의 도움을 받아 20여 년의 제작기간 동안에 3번의 내용 수정을 거쳐 만력 6년(1578)에 『본초강목』을 완성했다. 이시진은 35세의 나이에 시작하여 『본초강목』을 완성했을 때 61세의 나이가 되었다.

『본초강목』은 50권으로 구성되어, 글의 분량은 190여만 자이며, 기록된 약물은 1,892종이어서 예전의 기록보다는 374종이 많았다. 또한 기록된 처방은 11,091개로 예전에 비해 4배가 많았다. 책에 있는 동·식물의 그림은 1,110개에 달한다. 『본초강목』은 명나라 시대의 의학과 약학의 최고성취를 반영한 것이다.

『본초강목』은 4가지 특징이 있는데, 첫째는 기록된 약물의 새로운 분류방식이다. 예를 들면 풀의 종류를 자생지역에 따라 9곳으로 나누고, 동물은 충蟲[곤충]·인鱗[어류]·금禽[조류]·수獸[동물] 등으로 구분했다. 현재의 시각으로 보아도 이것은 과학적인 분류방법이다. 둘째는 예전의 잘못된 곳을 바로잡은 것이다. 예를 들면 약용으로 쓰이는 난초와 감상용의 난초는 다르지만 예전에는 같이 혼용했다. 셋째는 새로운 약물의 발견이나 약초의 효과에 대한 새로운 인식이다. 예를 들어 이시진은 만다라화를 직접 복용한 후에 마취효과가 있다는 것을 발견했다. 넷째는 고대의서에 수록된 미신이나 황당한 내용에 대해 비판하고 수정했다. 예를 들면 옛날사람들은 황금을 먹으면 신선이 되고, 수은을 먹으면 불로장생한다고 믿었다. 이시진은 황금을 먹으면 목숨을 잃고, 수은에는 극독이 있어 사람들이 이를 먹을 경우 오히려 더 빨리 사망한다고 지적했다. 이시진의 심혈이 담겨 있는 『본초강목』은 중국역사상 최고로 위대한 약학藥學저작이다. 만력 21년(1593) 이시진은 향년 76세에 세상을 떠났다.

중국의 약학藥學은 풍부한 문화유산 중의 하나이다. 이시진은 중국 고대의 의학경험을 모으고, 자신의 실천을 결합하여 30여 년의 시간에 걸쳐 중국역사상 제일 위대한 약학저작인 『본초강목』을 완성했다. 이는 중국의학과 약학에 큰 공헌을 한 것이다. 이시진이 세상을 떠난 지 3년 뒤에 남경에서 『본초강목』의 첫 출판이 이루어졌다. 수 년 뒤 일본으로 전해졌으며 이후에 또 조선과 유럽각국으로 전파되었는데, 한국어·영어·러시아어·일어·독일어·프랑스어·라틴어 등으로 번역되어 세계의학과 약학에 큰 영향을 미쳤다. 이시진은 중국과 세계에서 가장 위대한 약물학자 가운데 한명이고 인류의 건강을 위해 큰 공헌을 했다.

15. 동림당과 엄당

가정제와 만력제 때 명나라의 사회적 대립과 문제는 더욱 심해졌고 통치계급 내부의 대립은 최고조가 되었다.

주원장 이후의 명나라 황제들은 모두 태감을 중용했다. 태감은 황제를 속이고 황족과 결탁하여 부패한 세력을 만들었는데 이를 역사적으로는 '엄당'이라 불렀다. 명나라에서 직위가 낮은 관원은 정치적으로 '엄당'의 배척을 받았는데 개혁을 위해 그들은 세상을 평가하고 조정에서 의견을 나누었다. 이런 무리가 이부낭중吏部郞中 고헌성顧憲成을 중심으로 모였다. 고헌성 등은 강소성 무석無錫의 동림서원東林書院에서 활동하여 점차 사회여론을 형성하는 중심이 되었다. 이로 인해 그들을 '동림당'이라 불렀다. 동림당과 엄당 사이에 발생한 격렬한 대립은 명나라의 멸망까지 계속되었다.

가정제 때 조정대신 사이에 예禮의 문제로 논쟁이 발생했는데, 이를 '대례의大禮儀사건'이라 불렀다. 조정은 두 무리로 나뉘어 3년간 논쟁했고, 패배한 무리 134명이 장형을 받고 감옥에 수감됐으며 그중 16명이 사망했다.

조정내부의 격렬한 분쟁은 만력제의 시기에 최고조에 달했다. 당쟁의 최고조인 '쟁국본爭國本'은 만력제시대에 시작되었다. 이른바 '쟁국본'은 어떤 일인가? 만력제의 황후는 자식이 없었고, 귀비貴妃들이 두 명의 황자를 낳았다. 장자는 주상락朱常洛, 차자는 주상순朱常洵이었다. 유교의 "적자가 있으면 적자가 계승하고, 적자가 없으면 장자가 계승한다(有嫡立嫡, 無嫡立長)"라는 예법에 따라 상락을 태자로 삼아야 했지만 만력제는 상순을 사랑하여 그를 태자로 삼으려 하니 조정에서는 이것이 논쟁거리가 되었다. 중국 고대사회에서는 태자가 국가의 근본이 되니 이 같은 논쟁을 '쟁국본'이라 불렀다.

예법에 따라 상락을 태자로 삼아야 한다고 주장하여 만력제의 불만을 산 이부문선낭중吏部文選郞中인 고헌성은 만력 22년(1594)에 관직이 삭탈되어 고향인 무석으로 돌아갔다. 무석성의 동쪽에 동림서원이 있었고 고헌성은 이 동림서원에서 매달 한 번 뜻이 맞는 이들과 함께 학문을 논하면서 인물과 세상에 대해 평가했는데, 조정의 관원 중에서 그들과 호응하는 자들이 있어 이들을 '동림당'이라 불렀다. 동림당에 반대하는 무리들이 절당折黨·제당齊黨·초당楚黨·선당宣黨·곤당昆黨 등을 만들어 동림당과 격렬한 논쟁을 벌였고 서로 양보하지 않았다.

'국본'의 논쟁을 둘러싸고, '3안三案'의 논쟁이 발생했다. '3안'은 정격안挺擊案·홍환안紅丸案·이궁안移宮案을 가리킨다. '정격사건'은 만력 43년(1615)에 발생했다. 장씨張氏 성을 가진 남자가 몽둥이를 들고 태자궁에 침입하여 난동을 부렸다. 절당에서는 범인이 횡설수설하고 행동이 제정신이 아닌 것 같아서 그 사건을 종결하려 했는데 동림당에서는 끝까지 추궁하여 범인이 태감의 지시에 따랐음을 밝혀냈다. 만력제는 계속해서 사건을 조사하면 상순의 모친이 연관될까 두려워 범인과 태감을 사형에 처하고 급하게 사건을 종결했다.

'홍환사건'은 만력 48년(1620)에 발생했다. 만력제가 사망하고 태자 주상락이 즉위하니, 이가 비로 명광종明光宗연호는 태창이다. 태창제泰昌帝는 즉위 후에 여색을 즐겼기 때문에 건강이 좋지 않았다. 내의태감內醫太監 최문승崔文升이 이를 위해 처방하니 태창제는 설사가 멈추지 않았다. 이때 홍려사鴻臚寺 승丞 이가작李可灼이 홍환紅丸붉은 단약을 헌상했는데, 태창제는 복용 후 몸이 좋아지는 것처럼 느꼈다. 반나절 뒤 이가작은 다시 환약을 진상했는데, 태창제는 약을 복용한 뒤 그 다음날 새벽 사망했다. 태창제는 즉위한 지 29일 만에 사망하여 그 사인死因이 매우 의심스러웠다.

태창제의 사후에 조정 관원들은 최문승의 처방과 이가작이 받친 환약이 매우 의심스러워 조사하길 주장했다. 조사를 반대하는 무리들은 최문승과 이가작을 처벌하지 않을 뿐 아니라 태창제가 남긴 조서에 따라 이가작에게 은 50냥을 하사하니 조정에서 논란이 발생했다. 논쟁결과 이가작은 유배를 가고 최문승은 남경으로 좌천되어 실제로 이 일을 지시한 사람을 추적할 수 없어서 태창제의 사망은 영원한 수수께끼가 되었다.

'홍환사건' 이후에 '이궁사건'이 발생했다. 태창제에게 총애를 받던 두 후궁은 모두 이씨였는데, 이들을 서이西李와 동이東李로 불렀다. 태창제가 사망한 그 다음날 동림당 대신들은 서이에게 궁을 옮기도록 상소를 올렸다. 원래 예법에 따르면 오직 황제와 황후만이 정궁에 머물 수 있었고, 황제가 사망하면 후궁은 궁에 머물 수 없었다. 많은 대신이 여러 번 재촉하니 서이가 궁에서 나가게 되었다. 반대하는 당에서는 태창제의 시체가 식지도 않았는데 그의 후궁을 몰아내는 것은 너무하다고 동림당의 주장을 비판했다. 이에 양당兩黨 사이에서는 격렬한 논쟁이 발생했다.

'국본'의 논쟁에서는 동림당이 비록 승리했으나 재위기간이 29일에 그친 태창제 사망으로 동림당에게는 후원자가 없어지게 되었다. 태창제의 사후에 그의 아들인 주유교朱由校가 등극하니 이가 바로 희종熹宗연호는 천계이다.

천계제天啓帝는 어려서 모친이 사망하여 유모인 객씨客氏가 길렀다. 희종은 객씨를 부인夫人으로 책봉하고 그녀와 관계가 좋은 태감 이진충李進忠을 사례감司禮監 병필태감秉筆太監으로 봉해 본래 성씨인 위성魏姓을 회복시키고 충현忠賢이란 이름을 하사했다. 위충현은 일자무식이었으나 병필태감이 되었을 뿐 아니라 동창을 관장하여 그의 권세가 매우 커졌다. 양당의 논쟁에서 천계제는 위충현을 비롯한 환관들을 총애하니 동림당에 반대하는 절당 등의 무리는 위충현에게 의지해 거대한 세력을 만들었는데 이를 '엄당'이라 불렀다.

엄당이 득세하자 관직에 있던 동림당의 관원들은 차례로 관직이 삭탈되었다. 위충현의 권세가 매우 높아지자 부도어사副都御使 양연 등 70여 명의 동림당 관원은 죽음을 각오하고 위충현을 탄핵했으나 위충현의 기세는 약해지지 않았고, 양연 등이 오히려 삭탈관직 되었다. 위충현은 동림당을 매우 미워하여 천계 5년(1625)에 양연·좌광두 등에게 누명을 씌웠고 그들은 고문 끝에 사망했다. 다음해 주기원周起元·주순창周順昌 등 7인이 체포되어 사망했다. 위충현은 엄당과 정치적 견해가 다른 자들을 동림당으로 몰아서 가볍게는 관직을 삭탈하고 무겁게는 사형에 처했다.

엄당은 '정격안'·'홍환안'·'이궁안'의 결과를 모두 바꾸고, 당시 '3안'에 참여한 동림당 관원들을 모두 조사하여 여러 가지 형벌을 집행하도록 했다. '홍환안'에서 유배된 이가작은 사면되고 최문승은 조운총독漕運總督이 되었으며 서이는 강비康妃로 책봉되었다. 여론을 통제하기 위해 위충현은 동림당을 없애라는 명령을 내려 전국적으로 서원에서 강학을 금지하도록 했다.

천계 7년(1627) 천계제가 병으로 죽고 자식이 없어 동생인 주유검朱由檢이 제위를 계승하여 연호를 숭정崇禎이라 했다. 천계제 사후에 동림당은 여러 번 엄당을 탄핵했다. 숭정제는 조정을 쇄신하기 위해 위충현을 체포해 그 죄를 다스리게 하니 위충현이 이 소식을 듣고 자결했다. 숭정제는 엄당을 역도로 하여 우두머리 수십 인을 사형에 처했고 남은 180여 명을 유배를 보내 피해를 보았던 동림당 인사들의 신원과 명예를 차례로 회복시켰다.

명나라 말기의 '동림당'과 '엄당' 사이의 대립은 매우 격렬하고 잔혹했다. 이 대립의 본질은 조정내부에서 서로 다른 관료집단이 최고통치자의 관심과 지지를 얻기 위한 또한 자신의 지위와 권력을 획득하기 위한 대립이었다. 이런 과정에서 출현한 엄당은 전제주의 사회의 기형적인 존재로 당시 정국에 큰 영향을 미쳐 백성의 안정을 위협했으며 사회의 발전을 막았다.

환관의 전정專政은 전제주의 정권의 필연적 산물이며 숭정제가 동림당을 위해 억울함을 풀었으나, 오래지 않아 그 역시 같은 전철을 따라 환관을 총애했다. 숭정제 시기에 동림당과 엄당의 대립은 여전히 존재했다. 동북지방에서 용감히 만주족을 방어한 원숭환袁崇煥 등 능력있는 장수들은 엄당에 의해 사망하게 되었다. 명나라가 멸망한 뒤 남쪽에서 존재하던 남명南明왕조에서도 양파兩派의 대립은 여전히 존재했으며 이 대립은 남명왕조가 완전히 멸망하기까지 계속되었다.

16. 목동출신의 장수 이자성

명나라 말기에 엄당이 전권을 행사하자 국가의 위기가 발생했는데 장거정의 개혁도 역부족이었고 동림당도 이 위기를 회복시킬 수 없었다. 토지가 황폐한 서북의 황토고원에서 자연재해가 끊이지 않았다. 천계제와 숭정제시대에 자연재해가 계속되니 많은 지방에서 수확량이 없었다. 사료에 따르면 어떤 지방에서는 '사람의 뼈로 땔나무를 대신하고 인육을 끓여 식량으로 삼는 식인'의 현상이 발생했다. 천계 7년(1627) 섬서성 징성현澄城縣의 현령 장두요張斗耀가 농민들의 부담을 더욱 무겁게 하여 봉기가 발생했다. 이 과정에서 분노한 농민에게 장두요는 피살당했다. 다음해 부곡현府谷縣 농민이 모여 봉기하니, 농민들의 봉기는 점차 확대되었다. 미지현米脂縣의 젊은 목동이 농민봉기군에 합류했는데, 그가 중국역사상 유명한 농민지도자인 이자성이다.

이자성은 빈곤한 가정에서 태어나 어려서부터 목동생활을 했고, 뒤에 역졸驛卒역관의 하급관원이 되었다. 이자성은 지주 애거인艾擧人에게서 고리대를 빌렸는데 상환할 능력이 없었다. 애거인은 현령에게 그를 체포하도록 하여 매일 괴롭혔다. 이자성이 체포되어 있는 동안 처를 다른 사람에게 빼앗기게 되는 등 연속되는 사고로 이자성은 결국 애거인을 살해하고 장존맹張存孟이 이끄는 농민군에 들어갔다.

이자성은 기사騎射를 잘했기 때문에 농민군에서 그의 재능은 십분 발휘되었다. 오래지 않아 장존맹이 조정에 투항하게 되자 이자성은 고영상高迎祥의 부하가 되었다. 고영상은 스스로를 '틈왕闖王'이라 불렀고 이자성은 '틈장闖將'이라는 명호를 가지게 되었다.

당시 농민군은 매우 숫자가 많았으나 서로 통합되지 못했다. 명나라 관군에게 대항하기 위해 숭정 8년(1635)에 농민군 13가家 72영營은 형양滎陽에서 대회를 열어 앞으로의 계획을 상의했다. 이자성은 회의에서 '군을 나누어 각자 결정하는(分兵定所向)'전략을 제출하여 모든 사람들의 지지를 받았다.

이자성의 제의에 따라 농민군은 군사를 다섯으로 나누어 각각 관군과 싸웠다. 고영상·이자성·장헌충張獻忠 등은 각자 대군을 거느리고 계획에 따라 명나라 발상지인 봉양현鳳陽縣을 공격하여 황실의 무덤을 불태웠다.

숭정 9년(1639) 고영상이 전투 중에 사망하자 여러 사람들은 이자성을 지도자로 추대하여 '틈왕'이라 불렀다. 그러나 명나라의 관군이 포위작전을 실시하여 대부분의 농민봉기군은 포위되었고, 농민군 주력 가운데 하나인 장헌충이 조정에게 항복하니 이자성 부대는 더 큰 위기에 빠지게 되었다.

숭정 11년(1638) 관군의 장수 홍승주洪承疇가 동관潼關 남원南原에서 이자성의 부대를 포위하니 관군의 병력은 이자성의 부대보다 몇 배가 되었다. 전투결과 이자성의 부대가 대부분 희생되었고 이자성은 남은 18인과 함께 포위를 돌파했다. 숭정제는 농민군이 대부분 소멸됐음을 기뻐했지만 생각지 못하게 장헌충의 부대가 다음해 곡성谷城에서 다시 봉기했고 이자성은 상락산商洛山에서 다시 '틈왕'의 기치를 올렸다.

이자성은 상락산에서 하남성으로 진격했다. 하남성에 계속된 자연재해로 농민들이 먹을 것이 없어서 이자성 군에 합류하니 이자성의 부대는 단숨에 몇십만으로 불어났다. 거인擧人과거 1차 합격자출신의 이암李巖이 당시 이자성의 부대에 합류했다. 당시 통치계층의 과도한 토지 겸병과 가혹한 부세[부역과 조세]의 사회현실 때문에 이암은 이자성에게 '균전면량均田免糧'의 주장을 제의하니 이자성은 이를 받아들였다. '균전면량'은 중국 고대에 농민이 처음으로 구호의 형식으로 만든 토지문제에 관한 강령이어서 중대한 의의를 갖는다. 이 강령을 널리 선전하기 위해 이암은 다음과 같은 동요를 만들어 봉기군에게 도처에서 부르도록 했다.

곡식이 있다네. 의복이 있다네   吃他娘, 穿他娘

틈왕에게는 곡식이 많네	吃着不盡有闖王
관리도 없고 세금도 없네	不當差, 不納糧
가축을 잡고 음식을 준비하세	殺牛羊, 備酒漿
성문을 열어 틈왕을 맞이하세	開了城門迎闖王
틈왕이 오면 세금이 없다네	闖王來了不納糧

민심을 얻기 위해서 이자성은 "살인하면 내 부친을 죽이는 것과 같고 간음하면 내 모친을 간음한 것과 같다"라는 구호를 내걸었다. 이자성은 몸소 실천하여 식사를 간단히 하고 주색을 멀리하니 봉기군에서 신망이 매우 높았다.

숭정 14년(1641) 이자성은 봉기군을 이끌고 낙양을 공격하여 복왕福王 주상순을 포로로 잡았다. 주상순은 만력제의 총애를 받던 둘째아들이었다. 태창제[주상락]의 사망 후에 태창제의 아들들[천계제와 숭정제]이 즉위하니, 주상순은 숭정제의 숙부였기 때문에 그 지위는 매우 특별했다. 주상순은 비대한 몸을 움직여 이자성에게 목숨을 구걸했다. 이자성은 복왕의 머리카락을 움켜쥐며 백성들에게 "이 작자는 잘 먹어 뚱뚱하지만 백성들은 거리에서 굶어죽었다. 오늘, 천하를 위해 이런 벌레 같은 놈을 처벌하도록 하자"라고 외쳤다. 이자성은 말을 마치고 복왕을 죽이니 백성들이 모두 환호하며 이자성을 따랐다. 이자성의 부대는 빠르게 확대되어 100만 명이 되었다.

낙양전투 이후에 이자성의 부대는 중원에서 수십만의 관군을 무찌르고 하남성 전지역을 수중에 넣었다. 숭정 15년(1642) 이자성은 호북성 양번襄樊을 공격했고 다음해 양번에서 농민정권을 수립하여 스스로를 '신순왕新順王'이라 부르게 했다. 숭정 17년(1644) 이자성은 서안에서 '대순국大順國'을 세우고 연호를 '영창永昌'이라 했다.

그해 이자성은 친히 백만대군을 거느리고 황하를 건너 태원太原을 점령한 뒤에 병력을 둘로 나누어 북경으로 직접 진격했다. 3월 17일 이자성의 부대가 북경에 도착하니, 다음날 태감이 성문을 열어 쉽게 외성을 점령했다. 농민군이 내성을 향해 공격하자 숭정제가 문무백관을 소집했으나 시위조차 모두 도망쳐 모인 신하가 없었다. 3월 19일 숭정제가 매산煤山에서 목을 매고 자살하니 276년간 이어져오던 명나라는 멸망했다.

북경에 진입한 대순의 관원과 장수들은 본래의 뜻을 점차 잊고 사치한 생활에 빠져들었다. 이자성 휘하의 대장 유종민劉宗敏은 매일 재물을 취하는 데 정신이 없었고 오삼계吳三桂의 애첩인 진원원陳圓圓을 강제로 취했다. 이자성은 준비가 부족한 상황에서 산해관山海關으로 진격했다.

산해관을 지키는 오삼계는 본래 이자성에게 항복하려 했으나 유종민이 애첩을 빼앗았다는 소식을 듣고 만주족과 결탁하여 농민군을 향해 진격했다. 이자성의 부대는 4월 26일에 오삼계에게 패배하여 군사를 철수하기 시작했고 29일에 이자성은 북경에서 급하게 즉위식을 거행한 뒤 30일 서안으로 돌아갔다.

청나라 군대는 두 갈래로 이자성의 부대를 추격하니 대순은 근거지가 튼튼하지 못했기에 연전연패했다. 이때 농민군 내부에서 분열이 발생했다. 이자성 휘하의 핵심장수인 우금성牛金星은 이암에게 역심이 있다고 모함하여 이암을 죽이려 했고 그가 오래지 않아 청군에게 항복하니 이자성은 더욱 위험에 처하게 되었다.

청나라 순치 2년(1645) 이자성이 호북성 통산현通山縣 구궁산九宮山으로 철수하여 지형을 살피고 있을 때 그 지역의 무장한 지주의 습격을 받아 이자성을 포함한 20여 명만 남게 되었다.

이자성은 중국 고대의 유명한 농민지도자로 그가 이끈 농민봉기는 명나라를 멸망시켰다. 이것은 대단한 사건이었다. 그리고 그가 주장한 '균전면량'의 구호는 농민전쟁사에서 중요한 의의를 갖는다.
역사상에 보이는 여타의 농민봉기와 같이 이자성은 승리한 뒤 칭왕稱王왕에 즉위·칭

> 제稱帝황제로 등극』를 했다. 양번에서 도읍을 세우고 서안에서 칭왕하며 북경에서 칭제하
> 니 농민군이 전제적인 정권으로 변화했음을 알 수 있다. 북경에 진입한 뒤에 농민군의 일
> 부 장수들은 적을 추격하지 않고 오히려 자신들의 지위를 높이기에만 전념하여 관리를
> 고문하고 재물을 챙기기에 정신이 없었다. 그들은 명나라의 관료와 부자들의 재산을 몰수
> 하여 사치스런 생활에 빠졌다.
> 　부패한 농민군은 본래의 취지를 잃고 백성들에게는 새로운 통치계층이 되었다. 이자성
> 은 단지 42일 동안 북경을 점령하고 황급히 철수했다. 이러한 원인은 여러 가지가 있으나
> 농민군이 너무 빠르게 전제주의의 형태로 변한 것이 가장 큰 문제였다. 모택동毛澤東은
> 전당대회에서 우리는 이자성을 본받지 말아야 한다고 여러 차례 경고했다. 곽말약郭末若은
> 모택동의 요청에 따라 유명한『갑신삼백년제甲申三百年祭』를 저술했는데 그 목적은 이자성
> 의 교훈을 기억하기 위함이었다.

17. 명나라의 화려한 문화사업

> 명나라의 문화에 대해『영락대전永樂大典』과『국각國榷』을 말하지 않을 수 없다.『영락대
> 전』은 중국최초로 백과사전 형식을 빌어 우수한 고대시기의 문화서적을 기록하여 중국
> 고대에 편찬됐던 서적 중에서 분량이 가장 많으며 세계문화방면에서 중요한 위치를 차
> 지하고 있다.『국각』은 명나라의 편년사로 분량은 108권이며 그 내용은 5백만 자에 달한
> 다. 명나라의 중대한 역사사실이 기록되어 있어 명나라 역사연구의 중요자료이다.

『영락대전』과『국각』은 어떻게 편찬됐는가? 먼저『영락대전』을 살펴보도록 하자.『영락대전』은 영락제가 명을 내려 편찬되었다. 영락제는 조카인 건문제에게 무력으로 정권을 얻었기 때문에 조정대신 사이에서는 의견이 분분했다. 영락제는 자신을 따르지 않는 대신들을 죽였는데 대표적으로 방효유方孝孺 같은 유명한 대신이 있었다. 그러나 영락제는 천하의 모든 관원을 죽일 수 없었기 때문에 즉위한 뒤에는 은혜와 위엄을 동시에 보였다.

　영락 원년(1403) 영락제는 대신에게 "예로부터 천하에는 많은 사실이 있지만 여러 서적에 분산되어 있어 불편한 점이 많다. 짐은 이 서적을 편찬하여

후세사람들이 편리하도록 했으면 한다. 위로는 천문天文에서 아래로는 지리地理에 이르기까지 또한 음양陰陽[음양오행]·복술卜術[점술]·승도僧道[종교]·기예技藝[예술] 등을 모두 포함하여 빠진 부분이 없도록 하라"라고 명령을 내렸다.

한림원翰林院 시독학사侍讀學士인 해진海縉이 명을 받들었으며, 147인이 참여하고 1년의 기간을 거쳐 책의 편찬을 완성했다. 해진은 편찬한 책을 영락제에게 진상하니 영락제는 책 이름을 『문헌대성文獻大成』이라 명했지만 그 내용이 간략하고 급하게 편찬했다고 느껴 만족하지 못했다. 이는 해진이 영락제가 이 책을 편찬한 의도를 알지 못했기 때문이었다.

영락제는 다시 명을 내려 편찬의 책임자를 임명하고 태자의 스승인 요광효姚廣孝와 형부시랑刑部侍郎 유계호劉季虎, 해진에게 공동으로 감수하도록 했다. 편찬의 내용을 보증하기 위해 영락제는 전국의 유명한 학자들에게 편찬에 참여토록 명을 내리고 명필인 사람들로 하여금 책을 집필케 하고 문연각文淵閣을 열어 조정에서 음식을 제공하는 등 편의를 돌보아 주었다.

3천여 명이 참여하고 4년의 공을 들인 끝에 중국역사상 가장 광범위한 문화사업인 『영락대전』이 완성되었다. 영락제는 친히 서문을 작성하고 이 책을 "많은 서적을 모아 최고의 경전이 되었다"라고 칭찬했다.

『영락대전』은 당시 7~8천 종의 서적을 수집하여 그 분량이 22,800여 권에 이르며 그림까지 첨가하여 원본과 한글자도 다르지 않도록 했기에 고대의 가치가 높은 허다한 서적을 완벽하게 보존할 수 있었다. 『영락대전』의 편찬 후에 완성본을 남경 문연각에 비치했고 영락제가 북경으로 천도한 뒤에는 『영락대전』을 북경에서 소장했다.

가정제는 궁내에서 발생한 화재를 교훈삼아 만일을 대비하기 위해 원본 외에 다시 한 부를 작성할 것을 명하니, 5년에 걸쳐 다른 한 부가 완성되었다. 이로 인해 『영락대전』은 두 벌이 존재했다.

명나라 말기에 화재에 의해 『영락대전』의 원본이 소실되었다. 청나라에서는 『영락대전』의 부본을 여러 차례 도둑맞아 이미 완벽하지 못했다. 더구나 영불연합군과 8국연합군에 의해 『영락대전』의 일부분은 약탈되었고 일부분은 불에 태워졌다. 중화인민공화국의 건국 후에 다방면으로 수집하여 1986년에 다시 책을 편찬했으나 그 분량은 797권에 불과했다.

『국각』은 명나라의 편년체 역사서이다. 작자인 담천談遷은 명말청초 시기의 인물이다. 담천이 29세에 믿을 만한 명나라의 편년체 역사서를 편찬할 뜻을 세웠다. 5년의 시간에 걸쳐 그는 초고를 완성하고 『국각』이라 이름을 지었다.

명나라의 역사를 왜 『국각』으로 했는가? 원래 옛 사람의 "물 위에 떠 있는 나무를 각榷이라 한다"라는 말로 인하여 담천은 자신이 편찬한 역사서가 물 위에 떠서 보이는 나무와 같이 누구나 볼 수 있도록 하리라는 의미로 『국각』이라는 이름을 지었다.

초고를 완성한 뒤에 담천은 계속해서 수정했다. 이때 뜻밖의 사건이 발생했다. 가난한 담천의 집에 도둑이 들어 『국각』의 초고가 없어진 것이었다. 이 사건은 담천에게 큰 충격을 주었다. 5년 동안 심혈을 기울였으나 한순간에 물거품이 된 것이다. 담천은 이러한 충격과정을 이겨내며 처음부터 다시 하기로 결심했다. 『국각』을 저술하기 위하여 그는 고통을 이겨내며 명나라의 1백여 종의 진귀한 자료를 참고했고 친히 많은 명나라의 역사에 관련된 사람들을 방문했다.

담천은 젊은 나이에 시작하여 백발이 된 노년에 이르러서야 108권의 분량과 5백만 자가 서술된 『국각』을 완성했다. 『국각』은 명나라의 풍부한 역사자료를 담고 있으며 후대사람들이 명나라를 연구하는 중요한 역사서적이 되었다.

『영락대전』과 『국각』은 명나라의 유명한 서적이다. 분량으로 봤을 때, 두 서적은 비교할 수 없다. 『영락대전』은 분량이 22,937권에 달하며 목록의 분량도 60권으로 모두 3억 7천만 자가 수록되었다. 『국각』은 108권이며 5백여만 자의 분량이다. 그러나 이 두 서적은 관수官修국가에서 편찬와 사수私修개인이 편찬로 편찬되었고 그 구성도 『영락대전』은 여러 종류를 종합한 유서이고 『국각』은 개인이 서술한 것이다. 『영락대전』에 참여한 인원은 3천여 명에 달하며 국가에서 많은 지원을 했다.
『영락대전』은 분량면에서 중국최대의 종합성 유서이며 세계문화방면에서도 앞자리를 차지하고 있다. 『국각』은 담천이 30여 년의 시간 동안 심혈을 다해 저술한 서적이다. 저술 당시 담천의 불굴정신은 후대의 존경을 받는다. 초고를 도둑맞은 뒤에 담천이 좌절했다면, 『국각』은 존재하지 않았을 것이다. 이 점에서 담천의 불굴정신은 후대사람들에게 큰 영향을 미쳤다.

18. 명나라의 진귀한 예술

명나라의 문화와 예술방면에서 중요한 부분은 소설이다. 명나라 초기의 소설은 전하는 이야기·글모음집·연극 등을 기초로 발전했다. 특히 가정·만력 시기에 지방의 발전정도에 따라 자본주의적인 경제형태가 발생하면서 시민계층이 점점 확대·발전했고 이러한 시민생활을 반영하는 문학이 출현했는데 유명한 작품으로는 『삼국지통속연의三國志通俗演義』·『충의수호전忠義水湖傳』·『서유기西遊記』·『금병매金甁梅』등이 있다.

『삼국지통속연의』[약칭으로『삼국연의』라고도 한대는 장편소설로 작가인 나관중羅貫中은 산서성 태원출신이다.[절강성 錢塘출신이라는 설도 있대 나관중은 일찍이 농민봉기에 참여했고, 명나라가 건립된 뒤에 소설창작을 시작했다. 『삼국연의』는 나관중이 진수陳壽의 『삼국지三國志』와 배송지裵松之의 『삼국지주三國志注』에 근거하여 민간전설을 더하고 자신의 생활경험을 바탕으로 창작했다. 『삼국연의』의 내용은 동한東漢후한을 가리킴에서 서진西晉까지의 97년간 발생했던 이야기이다. 그 내용은 황건적黃巾賊의 난, 동탁董卓의 중원제패, 동탁 토벌을 위한 십칠로十七路 제후의 결집, 조조曹操의 협천자영제후挾天子令諸侯천자를 끼고 제후들에게 명을 내리다, 유비劉備와 손권孫權의 연합, 위촉오魏蜀吳의 삼국성립과 대결, 진의 삼국통일 등으로 구성되어 있다.

나관중은 이러한 역사적 사실을 소설로 생동감있게 표현하면서 조조·유비·손권·제갈량諸葛良·관우關羽·장비張飛 등의 인물들을 실감나게 묘사했다. 후대사람들은 『삼국연의』에서 묘사가 특출한 세 명의 인물이 있다고 했는데 바로 간계奸計의 조조, 의리義理의 관우, 지혜知慧의 제갈량을 들었다.

『삼국연의』에서 전쟁장면에 대한 묘사는 매우 뛰어났는데 대표적으로는 관도대전官渡大戰·이릉대전夷陵大戰·적벽대전赤壁大戰 등이 있다. 또한 전쟁장면에서 보이는 반간계反間計·고육계苦肉計·연환계連環計 등의 계책은 독자들에게 깊은 영향을 끼쳤다. 『삼국연의』가 나온 이후에 연극과 평화評話소설을 대중에게 읽어주면서 나름대로 평가하는 짓의 많은 소재가 되었으며 중국문학사에서 명작이 되었다.

『삼국연의』와 동시대의 작품으로는 『충의수호전』[약칭으로는 수호지]가 있다. 『수호지』의 작가인 시내암施耐庵은 강소성 흥화현興化縣출신이다. 전하는 말에 따르면 시내암은 나관중의 스승으로[나관중이 시내암의 스승이라는 주장도 있다] 나관중과 함께 『수호지』를 저술했다고 한다.

『수호지』는 송대宋代에 있었던 농민군의 이야기다. 송강宋江이 이끄는 농민군이 실패한 뒤에 민간에서는 오랫동안 이 농민군에 대한 이야기가 어떤 부분은 연극으로 어떤 부분은 화본話本소설을 일반대중에게 읽어 줌으로 전해져 왔다. 시내암은 이런 이야기에 흥미를 느껴 관련된 이야기를 수집했다. 그의 고향은 갈대가 많았기에, 이러한 갈대숲을 배경삼아 구전된 『수호지』를 창작했다.

『수호지』는 송강을 지도자로 하는 농민군이 관군과 싸움을 벌이며 결국 토벌되는 과정을 묘사하고 있다. 소설에서 보이는 인물들에 대한 묘사를 보면 용맹한 이규李逵, 충직한 임충林忠, 재치있는 석수石秀, 의기로운 무송武松 등이 매우 생동감있게 표현되어 독자들에게 깊은 인상을 남기게 되었다. 『수호지』에서의 많은 이야기들은 사람들이 많이 알고 있는 내용이었다.

명나라 중기에 『삼국연의』와 『수호지』를 이어 새로운 소설이 나타났는데 그것이 『서유기』이다. 『서유기』의 작가인 오승은吳承恩은 강소성 회안淮安 출신으로 많은 서적을 섭렵하고 문장실력도 좋았지만 과거에서는 계속해서 실패했다. 오승은은 특히 괴상한 소설을 좋아하여 민간에서 전해지는 전설을 수집해 환상소설인 『서유기』를 창작했다.

『서유기』는 손오공孫悟空과 저팔계豬八戒 등이 당삼장唐三藏을 보호하며 천축지금의 인도에서 경전을 가지고 온다는 내용이다. 당나라시대의 현장玄奘은 천축에서 경전을 얻겠다는 뜻을 세워 장안을 출발한 뒤 17년간 수만 리를 걸으며 온갖 고초를 이겨내고 결국 천축에서 불경 6백 부를 얻었다. 이러한 현장의 이야기는 민간에서 전해져왔다. 송·원시대에 『대당삼장취경시화大唐三藏取經詩話당나라 삼장이 불경을 얻은 이야기』, 서유기 평화, 서유기 연극 등의 작품이 출현했다. 오승은은 이런 것을 기초로 다시 창작을 하여, 내용과 인물이 더욱 풍부해졌다.

『서유기』에서 손오공의 용감하고 재치있는 묘사와 저팔계의 순박하면서도 단순한 성격의 묘사는 많은 사람들의 사랑을 받았다. 또한 손오공이 천궁에서 난동을 피우는 장면, 저팔계가 수박을 먹는 장면 등등은 사람들에게 여러 번 읽어도 싫증나지 않게 했다. 『서유기』는 환상주의적인 장편소설로 작가는 당삼장과 그 제자들이 요괴와 싸워 이기면서 천축을 향해 가는 내용을 통해 암암리에 당시 사회의 문제점들을 비유하고 있다.

『삼국연의』·『수호지』·『서유기』 외에 만력제 시기에 새로운 소설이 출현

했는데 이것이 『금병매』이다. 『금병매』의 작가는 난릉蘭陵지금의 산동성 역현出
신의 소소생笑笑生이다. 『금병매』는 100회의 분량이며 『수호지』에서 무송이
형수인 반금련을 죽이는 이야기와 연관이 있다. 지역의 유지이자 불한당인
서문경의 방탕한 생활로 결국은 집안이 망한다는 내용의 소설이다. 『금병
매』는 비록 소설이지만, 한편으로는 명나라 때 사회·정치·경제·지역상황
등 당시 사회생활을 생동감있게 표현하고 있어 역사적으로 가치가 높다.

명나라의 유명한 소설 가운데 단편으로는 '2박二拍'과 '3언三言'이 있다. '2
박'은 능몽초凌蒙初가 저술한 『초각박안경기初刻拍案驚奇』·『이박박안경기二刻拍案
驚奇』이며, '3언'은 풍몽용馮夢龍이 저술한 『유세명언喩世明言』·『경세통언警世通言』·
『성세항언醒世恒言』이다.

'2박'과 '3언'에서의 이야기는 민간에 전해지면서 유명해졌고, 『십오관희
언성교화十五貫戲言成巧禍』·『두십랑노심백옥상杜十娘怒沈百玉箱』등의 이야기에서
는 당시 사회계층의 생활적 측면이 세세하게 묘사되어 있어 역사적으로도
그 의의가 크다고 할 수 있다.

 명나라의 소설은 그 성취가 매우 높다. 당시의 소설들은 지금까지도 전해지며 여전히 많
은 이들에게 사랑을 받고 있고 세계각지에서 번역되었다. 소설에서 묘사된 인물 중에서
관우와 손오공 같은 인물들은 민간에서 신으로 추앙받으며 무송·노지심·이규·장비 같
은 인물들은 중국에서 영웅으로 인정받는다. 이런 소설들은 이미 중국문화와 세계문화에
있어서 중요한 보물이 되었다. 『삼국연의』·『수호지』 중에서 전략과 전술의 자세한 묘사부
분은 후대사람들에게 깊은 영향을 미쳤다. 당시의 사회상을 보여주는 『금병매』·'2박'·'3언'
에는 자본주의 경제형태가 반영되어 있었고, 후대사람들이 이 시기를 이해하는데 그 가
치가 높다고 할 수 있다.

제8장 최후의 제국

청대

1. 일대의 영웅 누르하치

15세기 말에서 16세기 초에 왜구와 몽골의 끊임없는 약탈은 명나라를 정치적인 위기로 몰아넣었다. 명나라 말기에 정치는 부패하고 환관들이 전권을 휘두르며 관원들은 이익만을 추구하여 변방을 소홀히 했다. 반면 중국의 동북지역에서는 여진족들이 점차 통일되어 그 세력을 확대하고 있었다.

명나라는 옷감·곡식·철제기구 등을 여진족의 말·소·양·인삼·담비가죽·목이버섯 같은 특산물과 교환했다. 국경무역의 활동을 통해 여진의 사회·경제는 번영하기 시작했다. 명나라의 탐관오리와 간상奸商[간교한 상인]들은 세금을 남발하거나 불평등한 교역을 이용하여 막대한 이익을 얻었다. 이때문에 여진족은 교역과정에서 대규모로 한인漢人을 사로잡아 여진족 귀족의 노예로 삼았다. 노예로 삼은 한인들을 농업과 수공업에 종사하게 하여 건주建州[지금의 백두산 부근]지역의 경제가 급속히 발전했고, 한문화漢文化의 영향으로 건주여진은 사회적인 발전이 있었다. 누르하치의 시기에 이르러서는 여진의 각 부족이 통일되었다.

누르하치(1559~1626)의 성은 애신각라愛新覺羅이며 가정 38년(1559) 건주좌위建州左衛[건주지역에 설치된 명나라의 군사행정 기구]의 가정에서 태어났다. 그의 조상은 명나라에서 책봉하는 관리를 역임했다. 애신각라씨는 명나라의 세력을 이용하여 자신들의 기반을 확대하기 시작했다.

누르하치는 어려서부터 무예를 익혔으며 총명했고 승부욕이 강했다. 그는 10살 때 모친을 잃고 계모의 학대를 피하여 친구들과 깊은 산속으로 들어가 잣과 인삼을 채집하면서 수렵생활을 했다. 생활용품을 구하기 위해 그는 자주 건주와 무순을 왕래하는 과정에서 한문화의 영향을 받았다.

누르하치는 중국어와 몽골어를 배웠을 뿐 아니라 『삼국연의』 같은 책을 읽기 좋아했고 후에 명나라에 투항하여 요동대장군遼東大將軍 이성량李成梁의 휘하에서 장수로 지냈다. 힘든 군대생활은 그를 단련시켜 글과 무예를 갖춘 인물이 되었고 이성량의 총애를 받았다.

만력 11년(1583) 소극소호부蘇克素護部 추장 니칸와일란은 명군을 끌어들여 건주우위建州右衛의 수령인 아타이阿台를 공격했다. 이때 누르하치의 조부와 부친은 전쟁에 참가하여 전쟁중에 피살되었다. 누르하치는 비통한 마음으로 니칸와일란에게 복수할 수 있도록 해 줄 것을 명나라에 요구했지만, 명나라에서는 그의 요청을 무시하고 건주좌위도지휘사建州左衛都指揮使로 삼았다.

누르하치는 복수의 마음을 품고 집으로 돌아가는 길에 조부와 부친이 남긴 13벌의 갑옷을 부하들에게 나눠주면서 니칸와일란에 대한 가족의 복수를 맹세하고 토륜성을 공격하라 명령했다. 누르하치는 니칸와일란을 추격하면서 인근의 동악부棟鄂部·혼하부渾河部·소극소호하부蘇克素護河部·철진부哲陳部·완안부完顏部 등의 부족을 정복하여 자신의 세력을 강화시켰다.

만력 14년(1586) 누르하치는 결국 니칸와일란에게 복수를 하니 그의 명성이 높아졌다. 누르하치의 끊임없는 확장은 다른 부족들에게 공포를 느끼게 했다. 당시 해서여진海西女眞[지금 송화강지역의 여진]의 엽혁부葉赫部가 제일 강성했지만 자신들의 기반을 보호하기 위하여 만력 21년(1593)에 호륜扈倫·합달哈達·오랍烏拉·휘발輝發의 4부족, 야인여진野人女眞[지금 연해주지역의 여진]의 주사리珠舍里·눌은訥殷 2부족 그리고 몽골의 과이심科爾沁·석백錫伯·괘륵찰卦勒察 3부족을 모아 9부의 연맹을 결성하고 3만의 군대를 모은 뒤 병력을 3분하여 건주로 진격했다. 누르하치의 부하들은 매우 놀랐으나 그는 오히려 태산처럼 흔들림 없이 부하에게 "적병이 비록 많지만 통일되지 못하니, 이런 오합지졸들은 그들의 우두머리만 없으면 반드시 패배한다. 우리가 온 힘을 다한다면 반드시 승리를 얻을 수 있다"라고 말했다.

누르하치는 적의 정황을 자세히 분석하여 산 위에는 통나무와 돌을 놓고 험한 요새에는 정예병을 매복시키고 나서 집으로 돌아가 잠을 잤다. 그의 처가 이런 모습을 발견하여 급하게 그를 깨우면서 "9부의 군사가 쳐들어

옵니다. 당신은 어떻게 잠을 잘 수 있어요. 정말로 놀라 정신이 나간 것은 아니지요?"라 물었다. 누르하치는 크게 웃으며 "만약에 무섭다면 나는 자려고 해도 잘 수 없소!"라고 대답했다.

9부 연맹군이 고륵산古勒山 아래에 도착했는데 누르하치는 1백의 기병을 보내 도발하면서 여혁부의 장수 두 명을 죽이니 9부의 군사는 혼란에 빠졌다. 누르하치는 군사를 이끌어 공격하여 4천 명을 죽이고 전마 3천 필과 갑옷 1천 벌을 획득했다.

누르하치는 여진의 여러 부족과 소수의 부족을 정복하면서 몽골과 조선과는 좋은 관계를 수립했다. 명나라에 대해서는 해마다 조공을 보내니 명나라에서는 여러 차례 책봉을 내렸는데 그를 구슬리기 위하여 도독첨사都督僉事와 용호장군龍虎將軍 등의 관직을 내렸다.

만력 46년(1618) 누르하치는 군사 앞에서 '7대한七大恨명나라에 대한 7가지의 맹세'을 호소하면서 명나라가 예전에 조부와 부친을 죽인 니칸와이란을 감쌌던 것을 명분으로 삼아 2만의 병력을 이끌고 무순을 공격하고 도아골관搗鴉鶻關으로 진격했다.

명나라는 황급히 8만의 군사를 모아 대외적으로는 47만으로 부풀리고 군사를 4부대로 나누어 누르하치의 부대를 포위했다. 누르하치는 "너희들이 여러 곳으로 온다면 나는 오로지 한 길로만 간다"라는 원칙을 세우고 병력을 집중하여 명나라의 4부대를 각각 격파하는 작전으로 5일에 걸친 격전 끝에 명군에게 대승했다. 이것이 역사상 유명한 '사르후薩爾滸의 전투'이다. 이 전투를 통해 누르하치는 요동에서 주도권을 확보했으며 중원에 대한 야심을 점점 키워갔다.

누르하치는 여진 각 부족을 통일한 뒤 8기八旗의 패이러覇勒여진어로 왕의 의미와 함께 국가정치에 대해 상의했고 이로써 명나라의 구속에서 벗어나 공개적으로 명나라와 적대할 것을 주장했다. 만력 44년(1616) 그는 혁도아랍赫

圖阿拉]에서 칸[지도자]을 칭하고 국호를 대금大金 연호를 천명天命으로 하니 역사적으로는 이를 '후금後金'이라 부른다.

사르후의 전쟁 뒤에 남쪽으로 세력을 확대하기 위해 누르하치는 요양遼陽으로 천도했다.(1621) 다시 심양沈陽으로 천도하려고 했으나 귀족들이 반대했다.(1625) 누르하치는 심양이 군사적으로나 경제적으로 중요한 위치에 있다는 것을 알고 있었기에 귀족들의 반대에도 불구하고 천도를 강행했다. 심양은 나중에 성경盛京이라 이름을 바꾸었고 후금의 정치·경제·문화의 중심지가 되었다.

천계 6년(1626) 누르하치는 6만의 정예병을 이끌고 영원寧遠으로 진격하여 그곳을 방어하는 원숭환袁崇煥에게 항복을 권했다. 원숭환은 끝까지 성을 방어하며 대포로 후금의 군대를 공격했다. 누르하치는 영원성에서 발사한 대포의 공격으로 인해 큰 상처를 입었다. 이때 누르하치는 이미 68세의 노인이었다. 그는 영원성에서의 패전에 불복하여 아들들에게 "내가 군사를 거느리고서 이기지 못한 전쟁이 없었다. 원숭환은 어떤 인물이기에 내가 그에게 패배했는가"라 말했다. 이 패배로 인해 울화가 치민 누르하치는 등에 종기가 생겼고, 수 개월 뒤에 청하淸河온천에서 심양으로 돌아오는 도중에 사망했다. 후에 청태조淸太祖로 추증되었다.

같은 해 누르하치의 아들 홍타이지皇太極가 심양에서 황제로 등극하여 국호를 청淸으로 바꾸고 또한 부족의 이름도 만주족滿洲族으로 바꾸었다.

청태조 누르하치는 명 말기 중국 동북지방의 소수민족인 여진족의 훌륭한 지도자다. 누르하치는 병민합일兵民合一과 군정합일軍政合一의 8기제도를 만들었다. 누르하치는 홍紅·황黃·남藍·백白색의 4기旗를 만들고 매 기에는 한 개의 쿠산固山기을 두어 각 기의 지도자를 어전額眞이라 불렀다. 각 쿠산에는 5개의 잘란甲喇을 두었고 각 잘란에는 5개의 니루牛錄를 두었으며 각 니루는 3백 명으로 구성했다. 뒤에 양홍鑲紅·양황鑲黃·양남鑲藍·양백鑲白의 4기를 추가로 만들어 이들을 모두 합하여 8기라 불렀다. 각 기의 쿠산어전[지도자]은 패이러가 맡았는데 이들을 '기주旗主'라고 불렀다. 여진의 귀족과 나머지 사람들을 기민旗

民으로 삼아 '기하기旗下'라고 불렀다. 기하들은 "출전하면 병사가 되고 돌아와서는 백성이 되었다[出則爲兵, 入則爲民]" 또는 "일이 없으면 생업에 종사하고 일이 발생하면 병사가 되었다[無事耕獵, 有事征調]" 같은 생활을 했다.

누르하치는 추천과 선발방식으로 인덕과 재능을 겸비한 인물을 의정오대신議政五大臣으로 삼아 8기주와 함께 국정을 상의했다. 이밖에 그는 또 법률제도를 제정하여 소송과 안건을 전문적으로 처리하도록 했다.

누르하치는 수공업생산을 중요시하여 금광과 은광 등을 채굴하면서 제철업도 동시에 발전시키기 시작했다. 또한 양잠업 역시 중요하게 여겼다. 그리고 수즈蘇子강가에 혁도아랍성을 세우고 나중에 이것을 기초로 외성을 추가로 건설했다. 사회·경제발전의 수요에 따라 누르하치는 니루들이 토지를 소유하는 제도를 바꾸어 '계정수전計丁授田[정인에 따라 토지를 나누어주는 제도]'의 명령을 반포했다. 그의 통치기간 동안 후금의 농업과 수공업은 빠른 속도로 발전했으며 심양에는 상인들이 몰려들어 동북지역에서 중요한 상업중심지가 되었다.

누르하치는 몽골문자와 여진어를 합쳐 만주문자滿洲文字를 만들어 여진족의 문화를 발전시켰다. 또한 자신의 가족을 '애신각라愛新覺羅[여진어로는 金]'라는 성씨로 삼아[여주: 여진족은 모계의 성을 따랐는데, 이후에는 부계의 성을 사용하게 됐다] 자신의 국가가 금과 같이 영원하길 희망했다. 누르하치는 후금을 건국했고 이는 대청왕조大淸王朝의 건국에 기초가 되었다.

2. 오삼계가 청나라에게 항복하다

1644년 1월 서안에서 정식정권을 세우고 국호를 대순이라 삼은 이자성은 1백만의 군사를 둘로 나누어 이끌고 황하를 건너 직접 북경으로 향했다. 3월 18일 이자성의 농민군이 북경성 외각에 모이니 명군의 정예부대들은 전부 항복했고 숭정제는 매산에서 목을 매고 자결했다. 이틀 뒤 이자성이 북경으로 입성하면서 16대 276년에 걸친 명나라의 역사는 종지부를 찍게 되었다.

새로운 정국이 형성되었으나 이자성은 정치적 안목이 부족해 백성들을 안정시키면서 새로운 정권을 튼튼하게 만들 강령과 구호를 만들지 못했다. 또한 만주의 여진족이 중원을 노리는 군사적 위협을 무시하는 정책을 펼쳐 군사적인 실수를 저지르게 되었다. 이자성은 북경에 있는 동안 통치계층의 인물들을 모두 처벌했으므로 통치계층의 복수심은 더욱 커져갔다. 이로 인해 통치계층들이 강하게 반발하는 과정에서 오삼계가 청에 항복하는 일이 발생했다.

오삼계의 조상은 원래 강소성 고우현高郵縣에서 살았지만 요동으로 이주했다. 부친 오양吳襄은 장원을 10곳이나 가지고 있었고 양전良田(좋은 토지)을 수백 무畝(1무는 대략 200평)를 보유한 요동의 대지주였다. 오양은 장산長山 전쟁에서 전투를 포기하여 명군에게 피해를 입혔다. 오삼계는 송산松山전투에서 도망쳤으나, 숭정제는 그래도 오삼계를 산해관 총병總兵으로 삼았다. 이자성의 부대가 북경으로 진격하자 숭정제는 오삼계를 평서백平西伯으로 책봉하고 오양을 경사京師(수도)의 군대를 총괄하는 제독으로 삼아 농민군을 방어하게 했다.

오삼계는 요동의 대지주로 숭정제에게 총애를 받는 인물이었고 오삼계 부자는 평소 사치스럽게 생활했지만 전쟁에 참여해서는 겁을 먹어 감히 농민군과 싸우려 하지 않았다. 그러나 오삼계는 황제의 칙령을 어길 수 없어서 몇십만 군사를 거느리고 억지로 천천히 행군하던 중에 이자성이 북경을 점령했다는 소식을 듣고 산해관으로 돌아갔다.

경사제독 오양은 북경에서 농민군에게 전 재산을 몰수당하고 감옥에 수감되었다. 이자성은 오양의 아들 오삼계가 산해관 총병으로 있으며 수십만의 군대를 거느리고 있다는 것을 알고서 사람을 파견하여 오삼계에게 항복을 권했다.

오삼계는 산해관에 돌아온 뒤에 이자성이 보낸 예물과 부친 오양의 편지를 받고 2만 병력으로 산해관을 지키게 하고는 북경으로 향했다. 오삼계는 집안의 재산과 애첩을 매우 아꼈지만 이자성과의 전쟁은 두려워했다. 이자성이 생명·관직·재산 등을 보호해 준다는 항복의 조건을 걸자 이에 오삼계는 예물을 받은 뒤 북경을 먼저 탐지하고 나서 결정하기로 했다. 그는 몰래 후방에 군사를 주둔시켜 두고 스스로 군대를 이끌고 북경을 향했다.

오삼계가 난주灤州(지금의 하북성 북부)에 도착했을 때 도망친 가족에게서 농민군이 이미 집안재산을 몰수했고 그의 부친과 애첩 진원원 그리고 가족

30여 명이 억류된 소식을 들었다. 이 소식을 들은 오삼계는 대노했다. 오삼계는 왜 크게 노했는가? 당시의 시인 오위업吳偉業은「원원곡圓圓曲」이라는 제목의 시를 썼다. 이 시의 내용에 따르면 숭정제가 사망하자 오삼계는 북경을 수복하려고 결정했다. 전군은 하얀 옷과 하얀 투구를 갖추고 대성통곡했는데 그 이유는 무엇인가? 한 여인을 위해서였다.

어떤 사람은 오삼계가 북경으로 진격하여 이자성을 공격한 것은 군주를 위해 복수했으니 신하된 도리를 다 한 것이며 부친을 위해 복수했으니 자식의 도리를 다 한 것이라고 주장했다. 이런 주장은 모두 사실이 아니고 오삼계가 분노한 것은 바로 진원원 때문이었다.

진원원의 이름은 원沅, 자字는 완분婉芬이고 미색이 출중하면서도 총명하고 기예가 뛰어났다. 본래의 성은 형邢씨인데 부모가 일찍 사망하여 이모와 같이 고소姑蘇[지금의 소주]에서 생활하면서 자신의 성을 이모부의 성姓인 진陳씨로 바꾸었다. 숭정제의 제위시절에 주황후周皇后는 황제가 총애하는 전비田妃를 견제하기 위해 자신의 부친으로 하여금 미녀 진원원을 황제에게 헌상하게 했다. 이에 전비는 진원원을 궁에서 쫓아내 부친인 전홍우田弘遇에게 보냈다.

그 당시는 사회가 불안하여 전홍우는 자신의 재산보호를 위해 황제에게 총애를 받던 오삼계와 결탁하기를 원했고, 진원원을 오삼계에게 보냈다. 오삼계는 진원원을 보고 한눈에 반해 그녀를 매우 아꼈다. 숭정제가 오삼계에게 산해관을 지키라 여러 번 명령하자 오삼계는 진원원을 북경에 남기고 부친에게 그녀의 보호를 부탁했다. 오삼계는 진원원이 농민군에 잡혀 있다는 소식은 들었으나 생사를 몰라 이로 인해 매우 진노하게 되었다.

오삼계는 지방유지들을 모아 농민군을 막게 하고 다른 한 쪽으로는 청군의 주둔지로 가서 도르곤에게 항복하고 산해관을 바쳤다.

홍타이지는 청나라를 건국한 뒤에도 계속 중원에 뜻을 두고 있었다. 숭정 16년(1643) 8월 홍타이지는 심양 청령궁淸寧宮에서 사망하여 중원에 대한 희망을 실현하지 못했다. 정치적 혼란을 겪은 청나라는 6살의 푸린福林이 즉위하고 구왕야九王爺누르하치의 아홉째아들인 도르곤多爾袞이 섭정을 하게 되었다. 명나라가 이미 멸망한 소식을 듣고 도르곤은 대군을 거느려 산해관을 우회하여 북경으로 진격하려고 계획했으나 산해관 총병 오삼계의 투항서를 받고 즉각 출병했다.

오삼계의 항복소식을 들은 이자성은 당통唐通을 파견하여 동북의 장성 밖에서 방어하게 하고 다른 한편으로는 몸소 20만 대군을 거느리고 오양·영왕永王숭정제의 셋째아들·정왕定王숭정제의 넷째아들과 함께 산해관으로 진격하면서 마지막으로 오삼계를 달래었다.

이자성은 병정부상서兵政部尙書 왕칙요王則堯를 파견하여 오삼계에게 항복을 권유했다. 그러나 오삼계는 오히려 왕칙요를 가두고 여러 장수들과 맹세하며 청군에게 입관入關할 것을 다시 요청했다.

청군은 당통의 군사를 물리치고 산해관에 이르렀다. 오삼계는 5백 명의 군사를 이끌고 도르곤을 영접하고 잔치를 벌이며 동맹을 맺어 농민군을 상대하기로 하늘에 맹세했다.

이자성은 항복권유가 실패하자 20만 대군을 산해관으로 진격시켜 오삼계를 토벌하기로 했다. 간교한 도르곤은 오삼계에게 하얀 옷감을 어깨에 달고 먼저 농민군과 전쟁을 벌이도록 지시했으며 본인은 자신의 휘하 장수들과 멀리서 전투를 관전했다.

이자성이 서산西山에 올라 직접 지휘하니 오삼계는 군사를 이끌고 성 밖으로 나왔다. 농민군은 좌우에서 포위하여 오삼계의 군대를 여러 겹으로 둘러쌌다. 오삼계는 여러 번 전투를 벌였으나 포위를 돌파하지 못했는데 갑자기 해변에서 돌풍이 불어와 모래와 돌이 날리니 순식간에 하늘은 어두워지고 지척의 사람들도 구분할 수 없었다. 이때 청나라 장수들은 2만의 기병을 거느리고 우측에서 농민군을 습격했다. 농민군은 방어에 대한 아무런 준비도 없었고 어찌해야 할지도 몰랐다. 이자성의 부대는 순식간에 혼란에 빠졌고 사기도 크게 떨어졌다. 이자성은 서둘러 후퇴의 명령을 내렸으나 그 와중에 도르곤과 오삼계의 합공을 받아 큰 피해를 입었다. 영평永平으로 도망쳐 온 이자성은 오양을 살해하고 북경으로 철수했다.

북경으로 돌아온 이자성은 황궁에서 즉위식을 거행한 뒤 그 다음날 농민군을 거느리고 서안으로 철수했다. 이틀 뒤에 도르곤은 청군을 이끌고 의기양양한 모습으로 북경성에 입성했다. 북경성 관원들은 명나라의 국운이 이미 다했음을 느끼고 자신들의 관직을 보존하기 위하여 북경 성의 5리 밖에서 무릎을 꿇고 도르곤을 맞이하는 성의를 보였다. 도르곤은 조양문朝陽門에서 북경성으로 들어와 무영전武英殿에 앉으니 오삼계는 부하를 거느리고 청나라에 귀순했다. 청나라는 천명을 계승하는 자세를 연출하여 숭정제를 제사지냈으며 지주들에게 재산을 돌려주었다. 또한 오삼계 같은 이들의 관직을 높여서 한족지주漢族地主들이 투항하게 하는 정책을 실시했다.

순치 원년(1644) 10월 도르곤은 청나라 순치제 푸린을 심양에서 북경으로 모셨고 북경을 청나라의 수도로 삼았다. 중국역사상 마지막 전제주의 왕조인 청나라가 정식으로 건립되었다.

이자성이 북경에서 퇴각한 뒤에 장헌충은 사천에서 황제로 즉위하여 국호를 대서大西라 하였고, 계속적으로 청군에게 대항했다. 1647년 청군이 사천에 진격하니 장헌충은 사천서북의 봉황산鳳凰山에서 전투 도중에 사망했다. 이로써 명나라 말기의 중요한 두 농민군 봉기는 모두 실패로 돌아갔다.
오삼계의 반란으로 인해 이자성은 북경으로 철수할 수밖에 없었다. 청나라는 뒤에 오삼계를 평서왕平西王으로 책봉하여 운남성과 귀주성을 다스리게 했다. 1673년에 청나라가 삭번책을 내리자 같은 해 11월에 오삼계가 반란을 일으켰다. 청나라는 그 소식을 듣고 북경에 있는 오삼계의 아들과 손자를 사형에 처하고, 오삼계와 타협하거나 양보하지 않았다. 1679년 오삼계는 호남성 형양衡陽에서 황제로 즉위하고, 국호를 '주周'라고 했다.

오래지 않아 오삼계는 병으로 사망했고 그의 또 다른 손자가 즉위했다. 그러나 청군의 진격으로 주나라는 운남과 귀주지역으로 물러났다. 1680년 청군의 압박으로 오삼계의 손자는 자살했다. 청나라는 오삼계를 부관참시[묘에서 시체를 꺼내 시체를 훼손시킴]하고 그의 손자는 효수[목을 잘라 높은 곳에 내걸음]했다. 오삼계는 여러 번 항복하고 또 여러 번 반란을 일으켰는데 이는 개인적인 이익을 추구했기 때문이다. 이것은 그가 군사를 일으켜 반청운동을 했지만 백성들의 지지를 받지 못하고 도리어 욕을 먹은 원인이 되었다.

3. 사가법이 청나라에 대항하다

1644년, 숭정제가 북경의 매산에서 자결한 소식이 남경에 전해지자 대소신료들 사이에 혼란이 발생했다. 그들은 복왕福王 주유숭朱由崧을 황제로 옹립하여 연호를 홍광弘光이라 했다. 이 정권은 남경에서 건립되었기 때문에 역사적으로는 '남명南明'이라 부른다.

남명정권은 매우 부패하였고, 홍광제는 술에 빠져 조정을 돌보지 않았다. 총애를 받던 신하 마사영馬士英은 권력을 독차지했지만 종일 향락에 빠져 근본적으로 청군에 대항할 준비를 하지 않았다. 무영전 대학사 겸 병부상서인 사가법은 청나라와의 전쟁을 주장하며 군사를 이끌고 전방에서 청군과 대적했다.

사가법(1602~1645)은 자가 헌지憲之이며 하남 상부祥符[지금의 개봉]출신으로 숭정제 때 진사에 합격하여 서안부추관西安府推官·호부주사戶部主事·낭중·무영전 대학사·병부상서 등의 관직을 역임했다. 사가법을 언급할 때 그의 스승인 좌광두를 말하지 않을 수 없다. 만력제시대에 좌광두는 어사御史를 역임하면서 청렴하고도 강직한 성품으로 이름높았다. 그는 자주 복장을 바꾸어 민심을 살피고 국가에 필요한 인재를 찾아냈다.

겨울비가 내리던 날, 민가를 살피면서 어느 사원을 지나가던 좌광두가 사원에 촛불의 불빛이 보여 문을 열고 들어갔다. 좌광두는 한 사람이 많은 글을 쌓아놓고 책상에서 잠든 모습을 보았다. 그는 막 완성한 글을 읽으며 감탄을 금하지 못했다. 그는 웃옷을 벗어 젊은이에게 덮어주며 이 젊은이가 누구인지를 사원의 승려에게 물었고, 젊은이의 이름은 사가법이며 과거를 준비하기 위해 북경으로 향한다는 것을 알게 되었다.

과거가 끝난 뒤에 시험을 담당한 관리가 좌광두에게 사가법의 답안을 전해주었다. 좌광두는 답안을 자세하게 살펴보고 사가법을 장원으로 정했다. 좌광두는 또 그의 부인에게 "내 뜻을 계승할 사람은 바로 이 사람이오!"라고 말했다. 이로써 그들의 돈독한 사제관계가 시작되었다.

좌광두는 간신 위충현을 탄핵했으나 오히려 모함죄에 몰려 사형이 확정되었고, 감옥에서 모진 고문을 당했다. 사가법은 옥졸을 매수하여 좌광두를 만났으나 이미 스승은 고문으로 눈도 뜰 수 없었다. 좌광두는 사가법의 목소리를 듣고 큰 소리로 "바보 같은 놈, 여기가 어디라고 네가 왔느냐? 나라가 이 지경에 이르렀는데 네 자신을 돌보지 않고 어찌 국가를 위할 수 있겠느냐! 나중에 내 뜻을 계승할 자는 누구냐? 나는 네게 크게 실망했다. 네가 돌아가지 않는다면 나는 이 자리에서 자결할 것이다"라고 꾸짖었다.

사가법은 더이상 머무르지 못하고 눈물을 흘리며 스승에게 작별을 고했다. 이후에 그는 스승의 기대에 부응하여 정직한 관리가 되었다. 좌광두의 영향으로 사가법은 국사國事를 중하게 여겼다. 주유숭이 즉위한 뒤에 사가법은 무영전 대학사 겸 병부상서가 되어 재상과 같은 위치가 되었으나 마사영 등의 간신배들 때문에 조정에서 자신의 뜻을 이루지 못했고 남명조정은 사가법을 다시 양주독사揚州督師로 임명했다.

사가법은 명나라의 이익을 위하여 이자성의 농민군을 진압했다. 청군이 북경에 입성하자 그는 남명정권과 함께 하면서 민족을 보호하기 위하여 적극적으로 청나라에 대항하고 대명의 강산을 수복할 것을 주장했다. 이로 인해 청나라의 주목을 받게 되었다.

　청나라의 섭정왕인 도르곤은 일찍이 사가법에게 항복을 권유하는 편지를 보냈는데 "청나라는 명나라를 도와 복수를 위해 농민군을 진압했다. 현재 그 일이 성공하여 이 소식을 보낸다. 남명은 강남에 있지만 장강이 막아줄 것이라 생각지 말라. 당신은 때를 아는 군자다. 명나라라는 체면 때문에 주유숭에게 충성하지만 그에게 황제 지위를 버리라고 권하고 청나라에 귀순하라. 청나라에 귀순한 관리들은 모두 부귀영화를 누리고 있다. 평서왕 오삼계가 바로 그 대표적인 예다"라는 내용이었다.

　사가법이 도르곤의 편지를 읽고 크게 웃으며 일필휘지로 답장을 보냈는데 "내가 황릉을 바라보니 눈물은 그치지 않고 온몸이 떨려 그 죄가 죽음으로서만 대신할 수 있지만 지금 선제先帝를 따라 죽지 못하는 것은 사직을 보존하기 위해서이다. 『전傳』에 이르길 '온 힘을 다하여 충성을 계속할 뿐이다'라고 했으니 내가 지금 죽더라도 신하된 도리를 다 할뿐이다! 3군三軍군대을 격려하여 강을 건너 신주神州중국을 가리키는 말를 수복하려 한다. 그대에게도 맡은 바가 있으니 함부로 서신을 보내지 말라"라는 내용이었다. 사가법의 이 유명한 「도르곤에게 보내는 답장復多爾袞書」이 후세에 전해지니 건륭제 또한 사가법은 진정한 대장부라 여겼다.

　청군의 침범을 막고 남경을 보호하기 위하여 사가법은 우사盱泗·임회臨淮·봉양鳳陽·수주壽州 등의 지역에 군사를 주둔시키면서 회하를 거점으로 방어했다. 이런 양자강 북쪽 강변의 4개의 부대를 '4진四鎭'이라 불렀다. 남명 왕조는 매우 부패하여 사진을 지키는 장수들은 이익만을 탐하니 사병들은 군기가 없어져 내부에서는 혼란이 자주 발생했다. 군대의 전투력과 사기를 높이기 위하여 사가법은 전방에서 군대를 지휘하길 원했다.

　사가법이 양주에 도착한 뒤에 적극적으로 인재를 모으고 산동과 하남의 의군義軍을 자신의 부대에 합류시켰다. 사가법은 '행군에도 우산을 쓰지 않고 식사도 낭비하지 않으며 쉴 때에도 방심하지 않는 행동'으로 모든 일에 솔선수범했다. 이에 군사들의 신뢰는 최고조에 달했으며 그는 자주 장수들을 찾아 대화를 나누며 서로 간의 오해를 풀어 그들과 합심하여 내부에서의 혼란이 일어나는 것을 방지했다.

1644년 청군이 대규모로 남명으로 진격하니 사가법은 직접 전선에서 지휘했다. 격전 끝에 숙천宿遷을 먼저 빼앗겼으나 다시 수복하여 숙천방어전에서 승리했다. 사가법은 군사를 파견하여 비주邳州에서의 어려움을 풀고 자신은 급히 서주로 향하여 반란군에게 살해된 고걸高杰의 부하들을 위로했다. 사가법은 어려움을 두려워하지 않고 여러 지역을 돌아다니며 작전을 펼쳤다. 조정대신들은 갖은 핑계를 대며 사가법의 보급을 줄였지만 사가법 본인은 절약하여 사병들과 함께 동고동락했다.

1645년 무창武昌을 지키는 좌량옥左良玉이 "군주의 주변을 깨끗이 한다淸君側"는 이유로 병력을 이끌고 남경으로 진격했다. 이에 놀란 마사영은 4진의 군사를 이동시키니 양자강과 회하의 방어선이 공백상태가 되었다. 4월 청군은 이 기회를 이용하여 사주泗州를 공격하고 회하를 건넜다. 마사영은 황제의 이름을 도용해 사가법에게 남경에서 좌옥량을 막도록 했다. 당시 양주의 정황이 매우 위급했는데 양주를 지키지 못하면 남경도 위태로웠다. 사가법은 남경에 상소를 올려 양주의 위급한 상황에 대해 설명하면서 다른 한편으로 급히 장강북쪽에 있는 각 진영에 양주로 군사를 보내 달라고 연락했다. 그러나 각 진영에서는 군사를 파견하지 않았다.

청군은 양주성을 물샐틈없이 포위하니 양주성은 보급문제로 점점 곤란하게 되었다. 사가법은 최후의 시간이 임박했음을 느끼고 전군을 소집하여 "진세가 불리하면 성에서 방어하고, 수성이 불리하면 항전巷戰시가전을 펼치며, 항전이 불리하면 단접短接접근전하고, 단접이 불리하면 자결하라"라는 최후의 명령을 내렸다. 청군은 대포로 성을 무너트리니 사가법은 군사와 백성을 이끌고 무너진 성을 보수했다. 청군의 대포공격이 더욱더 거세져 양주성은 결국 함락되었다.

양주성이 함락될 때 사가법은 가장 위태로운 서쪽에서 전투를 지휘했다. 사가법은 청군과 직접 무기를 맞대고 싸우니 죽인 적이 셀 수 없었다. 청군이 사가법을 포위하자 사가법은 자결하려 했으나 주위의 방해로 실패했다. 사가법이 청군에게 "내가 바로 사독군史督軍이다"라고 크게 소리쳤다.

청나라 장수들은 포로가 된 사가법에게 여러 번 항복을 권유했다. 사가법은 노한 목소리로 "나는 당당한 대명大明의 재상이다. 어찌 항복하겠는가! 성이 무너지면 나도 존재할 수 없으니 다른 말은 필요 없다. 어서 나를 죽여라"라고 외쳤다. 사가법은 3일 뒤에 그의 뜻에 따라 처형되었다.

청군은 산해관을 통과한 뒤 한족백성들에게 가혹한 탄압을 가했다. 한족백성들은 용감하게 항거했는데 그 중에서 양주揚州·강음江陰·가정嘉定에서의 항거가 대표적이다.

청나라는 '변발령辮髮令'을 실시했는데, 강음江陰의 백성들은 "머리는 잘라도 머리카락은 자를 수 없다"라고 하면서 81일 동안 대항했다. 성이 함락된 뒤에 자결한 사람과 피살된 사람이 17만여 명에 달했지만 항복한 사람은 한 명도 없었다. 또한 가정嘉定의 백성들은 세 차례나 청나라에 항거했는데, 이로 인해 2만여 명이 피살되었다.

양주백성은 사가법의 지휘로 용감하게 청군에게 대항했다. 청군은 양주성 밑에서 시체를 쌓아 올려 그 시체들을 밟고 양주성을 공격하여 함락했다. 1645년 5월 23일 사가법은 청군에게 피살되었다. 청군은 양주성 전역에서 광란의 도살극을 진행하여 10일 동안 양주성에서 수십만 명이 피살되었고 이때문에 살아 있는 자가 거의 없었다. 사가법의 시체는 버려졌는데 가족들이 시체를 수습하려 했을 때 사가법의 시체를 찾을 수 없었다. 현재 양주에 있는 사가법의 묘는 의관총衣冠塚(의복으로 시체를 대신한 무덤)이다.

4. 정성공이 대만을 수복하다

대만은 예로부터 중국의 영토였다. 17세기 초기에 명나라는 나날이 쇠약해지고 네덜란드 식민주의자들은 화포를 앞세워 1604년부터 중국 동남해안에서 소란을 피웠다. 1624년 무력으로 대만을 점령한 네덜란드인은 대만을 네덜란드 국왕의 영토로 삼으며 오래도록 점령할 목적으로 선교사를 파견하고 대만사람들에게는 노예교육을 실시했다. 그러나 대만사람들은 네덜란드인의 통치에 반대하여 여러 차례 네덜란드인을 몰아내려 했다.

청군이 산해관을 통과한 뒤에 당왕唐王은 복주福州에서 남명을 다시 건국했으나 청군의 공격으로 남명정부는 1646년에 멸망했다. 남명정부에서 금군도독을 역임했던 정성공은 대만을 수복하기로 결정하고 대만을 청나라에 대항하는 근거지로 삼기로 했다.

정성공(1624~1662)의 원이름은 정삼鄭森이고 자는 명엄明儼, 호는 대목大木이며 복건성 남안南安출신이다. 부친 정지용鄭芝龍은 원래 대만과 복건연해에서 활동하던 해적이었으나 뒤에 명나라에 투항하여 복건총병을 지냈다.

청군이 북경을 함락한 뒤에 남쪽의 대신들은 홍광제를 내세워 남명 정부를 수립했으나, 오래지 않아 홍광정권은 청군에게 멸망당했다. 정지용 등의 남명관원들은 복주에서 다시 당왕唐王을 중심으로 융무隆武정권을 세웠다. 정성공은 부친을 따라 융무제를 만날 수 있었다. 융무제는 정성공을 총애하여 황실의 성인 주朱성을 하사하고 이름을 성공이라 바꾸게 했으며 또 그를 어영중군 도독으로 삼았다.

해적출신인 정지용은 정세를 잘 파악하여 남명의 기세가 다했음을 느끼고 1646년 청군이 복주를 공격했을 때 고의로 군사를 철수시켰다. 이에 청군은 쉽게 복주에 진입하여 남명을 무너트렸다.

융무정권의 멸망 후에 정성공은 여러 번 부친을 말렸지만 정지용은 공개적으로 청나라에 항복했다. 이로써 부자지간은 서로 다른 길을 걷게 되었다. 청나라는 여러 차례 사람을 보내어 정성공에게 항복하라고 권유했다. 정성공은 일언지하에 거절하면서 수군을 조련하여 금문金門과 하문廈門을 근거지로 삼고 청나라에 대항했다. 1659년에 남경으로 진격했으나 병력이 부족하여 실패하고 하문으로 돌아왔다.

청군은 단번에 정성공을 어찌 할 수 없어서 연해지역에 봉쇄정책을 실행했다. 정성공은 동남연해에서 일시적으로 청군에 대항할 수 없었기 때문에 대만을 수복하여 네덜란드인을 쫓아 내고 대만을 청나라에 대항하는 근거지로 삼기로 계획했다.

네덜란드인은 이런 소식을 듣고 통역 하정빈何廷斌을 파견하여 정성공의 계획을 바꾸도록 설득하려고 했다. 그러나 하정빈은 조국을 사랑했기 때문에 정성공을 만날 때 대만의 지도를 바치면서 대만의 상황에 대해 자세하게 설명했다.

또한 정성공에게 대만을 수복하라고 조언을 했다. 하정빈은 정성공에게 "공公께서는 어찌 대만을 취하지 않으십니까? 대만은 비록 섬이긴 하지만 기름진 농토와 교통이 편리하여 나라를 세우고 군사를 기를 수 있습니다. 홍이紅夷[서양인]에게 치욕을 당하여 봉기하려는 준비가 오래전부터 계획되어 있습니다. 공께서 오신다면 쉽게 그들을 몰아낼 수 있습니다"라고 설득했다. 정성공은 하정빈이 바친 지도와 그의 자세한 상황분석을 듣고 나서 대만을 근거지로 만들겠다는 굳은 결심을 하게 되었다.

순치 18년(1661) 정성공은 아들 정경鄭經에게 금문과 하문을 지키라 명했다. 그리고 친히 2만 5천의 군사를 수백 척의 배에 나누어 태워 금문에서 출발하여 그 다음날 팽호澎湖에 도착했다. 정성공은 팽호에서 군사들을 쉬게 하면서 하정빈을 길잡이로 삼아 밀물 때를 이용하여 대만 녹이도鹿耳島에 상륙했다.

정성공은 상륙한 뒤에 저항하는 180여 명의 네덜란드군을 사살하고 군함 한 척을 불태웠으며 적감성赤嵌城에 위치한 네덜란드 총독부를 포위했다. 대만에 있던 네덜란드군은 정성공의 공격으로 인하여 절반이 넘게 사망했고 남은 병력들은 항복했다. 불리함을 느낀 네덜란드 총독은 사신을 통해 10만 냥을 보내고, 정성공이 대만을 수복하지 않는다면 네덜란드는 그 대가로 해마다 정성공에게 조공을 바치겠다고 건의했다. 정성공은 네덜란드 사신에게 "대만은 중국의 영토다. 나 정성공은 반드시 수복한다. 너희들이 돌아가지 않아 죽임을 당해도 나를 원망치 말라"고 말했다.

정성공은 적감성을 포위하면서 네덜란드 총독에게 항복을 권했다. 적감성은 정성공의 포위로 인해 보급품이 부족했지만 네덜란드 총독이 원군을 요청했기 때문에 항복을 거절했다. 네덜란드에서 두 차례의 원군이 왔지만 바다에서 모두 정성공에게 패하여 대만에 도착할 수 없었다. 12월 정성공은 적감성의 수원을 막으니 네덜란드 총독은 결국 정성공에게 항복했다.

1662년 2월 1일 대만총독은 정식 항복문서에 서명하니 38년간 네덜란드에 점령되었던 대만이 다시 조국으로 돌아왔다. 정성공의 대만수복에 대한 공은 매우 크다.

 정성공이 대만을 수복한 뒤에 대만에는 행정기구가 세워졌고 경제가 발전하기 시작했다. 정성공은 모든 토지를 관전官田으로 바꾸고 둔전령[전쟁이 없을 때는 농사를 하게 하는 정책]을 선포했다. 병사들에게 "위험하면 전쟁에 참가하고, 그렇지 않으면 농업에 종사하라"라는 명을 내렸다. 이로써 군량문제를 해결했을 뿐 아니라 많은 황무지를 개간할 수 있었다. 당시에 대만의 농업생산력은 매우 낮아서 현지인들은 우경牛耕소를 이용한 농사방법]을 몰랐고 쟁기 같은 농기구를 사용하지 못했다. 정성공은 고산족高山族[대만의 토착민족]에게 농업기술을 전하니 대만의 농업생산력이 크게 발전했으며 또한 해외무역을 적극 장려하여 대만의 생산물은 일본·싱가포르·베트남으로 수출되어 대만의 경제는 점점 발전하기 시작했다. 정성공은 대만을 수복한 지 1년 뒤에 병으로 사망했고 그의 아들 정경이 19년간 대만을 통치했다.

남명정부의 관리가 된 정성공은 청나라에게 항복을 거절하여 민족의 기개를 높였으며 네덜란드인을 대만에서 몰아내고 대만을 청나라에 대항하는 근거지로 삼는 등 역사에 남는 민족영웅이 되었다. 정성공은 대만을 조국의 품으로 돌아오게 했을 뿐 아니라 대만의 경제발전에도 큰 공헌을 하여 중화민족의 역사상 그 의의는 매우 크다.

5. 삼번에서 반란을 일으키다

청군은 산해관을 통과한 뒤에 한족의 민족적 저항을 받았다. 청나라는 한인관원을 채용하는 유화정책을 실시하여 청나라에 투항한 한인 관료들은 부귀영화를 누렸다. '번藩'은 전제왕조 시기 군주의 권력을 대신하여 신하들이 통치하는 지역이다. 청나라 초기의 '삼번'은 평서왕 오삼계, 평남왕平南王 상가희尚可喜, 정남왕靖南王 경정충耿精忠을 가리킨다. 이 세 사람은 원래 명나라 때 변방을 지키던 장수들이었다. 이들은 청나라에 항복한 뒤에 청나라를 위해서 전쟁에 참여했다. 중원에서 운남·귀주·광동·광서에 이르기까지 백성들을 진압하여 청나라에 큰 공로를 세웠다. 청나라는 북경에서 정권을 세우고 나서 그들을 왕으로 책봉하고 많은 특권을 주었다.

운남과 귀주는 평서왕 오삼계, 광동은 평남왕 상가희, 복건은 정남왕 경정충 등이 각각 통치했다. 이들 삼번은 각자 군대를 보유하면서 횡포를 저질렀다. 조정에서는 매년 그들에게 2천만 냥의 자금을 제공하여 당시에 "천하 재물의 절반이 삼번에서 사용된다"라는 말이 나올 정도였다.

강희 12년(1673) 강희제는 삼번을 없애기로 결정하니 삼번의 난이 발생했다. 8년에 걸쳐 청나라는 이 반란을 모두 진압했다.

삼번 중에서 오삼계의 세력이 가장 컸다. 오삼계는 자신의 군대를 5정丁을 1갑甲으로 하고 200갑을 1좌령佐領으로 편성하여 53개의 좌령을 가지고 있었다. 이와는 별도로 충용忠用과 의용義用이라는 이름의 병영을 각각 5개씩 세워 1만 2천의 병력을 보유했고 4진四鎭을 포위하는 1만 2천의 병력 또한 자신의 휘하에 넣었다. 운남과 귀주의 지방관리와 녹기병綠旗兵팔기병을 모방하여 한인으로 구성된 부대을 오삼계가 통치하고 있었고 심지어는 관리들에 대한 임명권과 파면권까지도 그에게 있었다. 삼번지역에서의 상황은 이미 청나라의 통일에 대한 정책에도 큰 영향을 미치니 결국에는 반란이 발생하게 되었다.

순치 18년(1661) 순치제는 유언으로 셋째아들인 현엽玄燁을 황제로 결정하니 이가 강희제康熙帝이다. 강희제가 나이가 어렸기 때문에 4명의 대신이 공동으로 정치를 보좌하게 되었는데 이 4대신이 색니索尼·소극살합蘇克薩合·알필륭遏必隆·오배鰲拜였다.

강희제는 친히 정무를 돌본 지 몇 해가 지나자 삼번의 위협이 큰 문제가 될 것을 알았다. 삼번은 독립된 군대를 가지고 있을 뿐 아니라 독자적인 재정권財政權도 가지고 있었다. 조정은 매년 2천만 냥의 자금을 제공하면서도 삼번이 있는 지역에서는 세금을 거두지 못했고 심지어 삼번은 관리의 임명권까지도 독자적으로 가지고 있었다. 오배가 권력을 휘둘렀을 때 조정에서는 삼번에 대해 여러 의견이 있었지만 중요한 문제라고 판단하지 않았다. 오배의 사망 후에 강희제는 정치적·경제적인 이유로 삼번을 완전히 제압하려고 했다.

오삼계는 겉으로 사치향락에 빠진 행동을 보이고, 암암리에 군사를 훈련시키면서 병기를 제조하고 수리하는 등 반란 일으킬 때를 기다리고 있었다. 정남왕 경정충 역시 마음속으로는 천자를 목표로 했다. 평남왕 상가희는 나이가 들어 장자인 상지신尙之信이 정무를 대신하고 있었다. 하지만 상지신은 부친의 말을 듣지 않고 마음 내키는 대로 행동했다. 한번은 상가희가 궁의 태감을 불러 상의하고 있을 때 상지신은 태감의 뱃가죽이 재미있다고 여겨서 칼로 태감의 뱃가죽을 잘랐다. 상가희는 자식이 제 멋대로 행동하지만 자식이라는 이유 때문에 별다른 방법이 없었다.

강희 12년(1673) 4월 상가희는 조정에 나이가 들었으니 고향인 요동으로 돌아가겠다고 하면서 그의 아들로 하여금 자신의 지위를 계승하도록 상소를 올렸다. 강희제는 상가희가 고향으로 돌아가는 것은 즉시 허락했으나 그의 아들이 계승한다는 부분은 허락하지 않고 이 기회를 이용하여 삭번책을 실시하려고 했다.

오삼계와 경정충은 이 소식을 듣고 마음이 불안해졌다. 이들은 황제의 진짜 의도를 알아보기 위하여 각각 번의 직책을 버리고 고향으로 돌아간다는 내용의 상소를 올렸다.

상소가 도착하자 조정에서는 의견이 분분했다. 하지만 젊은 강희제는 이미 계획이 서 있었기 때문에 상소의 내용을 허락했다. 강희제가 "오삼계가 꾸미는 음모는 오래되었다. 빨리 이 문제를 해결하지 않는다면 반드시 큰 화가 될 것이다. 삭번을 해도 반란을 일으킬 것이며 삭번을 하지 않아도 반란을 일으킬 것이다. 그들의 반란은 시기상의 문제이니 우리가 먼저 그들을 제압해야 한다"라고 주장했다. 강희제는 부달리傅達理를 운남, 양청표梁淸標는 광동, 진일병陳一炳은 복건 등에 각각 파견하여 삼번을 감독하게 했다.

오삼계는 이에 분노했지만 겉으로는 황제의 명을 받들고 암중으로는 운남과 귀주의 요새를 장악하여 들어올 수는 있지만 나갈 수는 없게 했다. 동시에 경정충과 상지신에게도 연락하여 반란을 준비했다. 오삼계는 시간을 늦추기 위해 부하들 앞에서 남명황제를 칭찬하면서 상복을 입고 명나라 역대황제들의 제사를 지냈다. 독찰督察인 부달리는 오삼계가 시간을 끄는 모습을 보고 삭번에 응할 생각이 없다고 여겨 황제에게 보고하기 위해 북경으로 돌아갔다. 그러나 부달리는 1백여 리도 가지 못하고 오삼계의 부하에게 잡혔다.

강희 12년(1673) 12월 28일 오삼계는 순무 주국치朱國治를 죽였고, 부달리 등은 고문하여 풍토병이 심한 지역으로 보냈다. 스스로 '천하도초벌병마대원수天下都招伐兵馬大元帥'라 칭하며 "폭정을 토벌하여 백성을 구하며 천리에 순응하여 사람을 대한다伐暴救民, 順天應人"라는 구호로 반청복명反淸復明의 기치를 내걸었다.

강희 13년(1674) 4월 경정충이 반란을 일으켰다. 강희 15년(1676) 3월 상지신은 오삼계가 책봉한 '초토대장군招討大將軍'의 직위를 받고, 반란에 참여했다.

이러한 반란에 이어 운남제독 장국주張國柱, 귀주제독 이본심李本深, 순무 조신걸曹申杰, 광서제독 마웅馬雄, 장군 손정령孫廷齡, 사천순무 나삼羅森, 제독 정교린鄭蛟麟, 총병 담홍譚洪, 섬서제독 왕보신王輔臣, 하북총병 채록蔡祿, 양양총병 양래가楊來嘉 등이 반란을 일으켰다.

삼번이 반란을 일으키니 그 영향이 전국적으로 퍼져 나가 조정의 일부 대신들은 도망갈 준비를 했다. 대학사 색액도索額圖는 본래 삭번을 반대했는데 삼번의 반란이 발생하자 삭번을 주장했던 병부상서 명주明珠를 사형시키고 오삼계에게 사과해야 한다고 강희제에게 건의했다.

강희제는 반드시 삼번을 진압할 것을 결심하면서 오삼계에 중점을 두어 반란을 진압하기로 결정했다. 강희제는 늑이금勒爾錦을 영남정구대장군寧南靖寇大將軍으로 임명하여 형주荊州·상덕常德·무창武昌·악주岳州로 군사를 나누어 공격하고 호광湖廣지역을 지키도록 했다. 다른 한편으로는 서안의 장군인 와이객瓦爾喀을 사천에 주둔시켜 오삼계가 사천으로 오지 못하게 했다. 또한 막락莫洛에게 서안에서 서북의 반란군을 막게 했다.

오삼계가 친히 군사를 독려하여 사천으로 진격하니 와이객은 광원廣元으로 물러났다. 형주에서 늑이금은 놀라서 공격을 하지 못하고 오삼계 군대가 오기도 전에 도망쳤다. 막락은 오삼계의 의자義子와 섬서제독 왕보신에게 피살되었다. 오삼계는 연전연승하여 강희제에게 양자강이남 지역을 요구했다.

강희제는 흔들림 없이 친히 정벌을 준비하면서 패이러인 상선尙善을 안원정구대장군安遠靖寇大將軍으로 삼아 늑이금과 함께 악주를 공격하게 했다. 강희제의 지휘로 청군은 왕보신과 경정충에게 승리를 거두었는데 이는 오삼계의 주위세력을 축소시켰으며, 오삼계의 수군장수인 임흥주林興珠에게 항복을 받아냈다.

강희 17년(1678) 3월 오삼계는 대세가 기운 것을 보고 '반청복명'의 구호를 버리고 호남성 형산衡山에서 제위에 올라 국호를 대주大周, 연호를 소무昭武라 했다. 오삼계는 형주를 정천부定天府로 이름을 바꾸고 궁전을 지어 사치스런 제왕생활을 시작했으나 5개월도 지나지 않아 병으로 사망했다.

오삼계의 사후에 그의 손자가 13살의 나이에 제위를 계승하니 연호를 홍화洪化라 했다. 그러나 청군의 포위공격으로 오삼계의 무리들은 곧 형주를 버리고 운남으로 철수했고 곤명으로 도망쳤다.

강희 19년(1680) 강희제는 청군을 3군으로 나누어 운남과 귀주지역을 공격했다. 다음해 3월 창태彰泰와 뢰탑賴塔의 두 부대는 곤명 부근에서 합류하니 대주조정은 코끼리부대를 동원했지만 반나절도 되지 않아 코끼리부대에서 혼란이 발생해 도리어 같은 편을 공격했다. 그 결과로 청군의 피해는 없었으며 대주는 큰 손실을 입었다. 10월 조양동趙良棟의 부대가 곤명에 도착하니 3군이 모두 모였다. 대주조정에서는 성의 남문을 열고 항복하고 오삼계의 손자는 독약을 마시고 자결했다.

8년에 걸친 반란은 모두 진압되었는데 오삼계는 부관참시 되었고 손자는 효수되었으며 상지신은 사약을 받았고 경정충은 능지형에 처해졌다.

 삼번은 청나라 초기 특수한 역사조건으로 인해 발생한 것이다. 청군이 산해관을 통과한 뒤에 한족은 결사적인 저항을 했다. 이러한 저항을 없애고자 청나라는 항복한 관원을 대우해 줄 수밖에 없었다. 청군이 산해관을 통과할 때 공이 가장 큰 오삼계는 이런 상황에서 번왕藩王이 되었다.

조정에서 섭정을 하는 오배는 다른 마음을 먹고 있었다. 오배의 지지로 번왕은 독립된 군사를 가질 수 있었고 그 세력은 점차 커져 청나라에 위협이 되었다. 강희제는 용기있고 지혜가 뛰어난 군주였다. 그는 먼저 오배를 처리하고 그 다음에 삼번을 제거하기로 했다. 조정에서 삭번에 대한 의견이 분분했으나 강희제는 흔들리지 않았다. 반란 초기에는 진압에 실패했지만 강희제는 친히 정벌을 감행했다. 강희제의 정확한 주장과 과감한 판단은 국가의 통일을 완성시켜 이에 중앙집권도 한층 강화되었다. 삼번을 평정한 뒤에 강희제는 삼번을 8기八旗 가운데 3기三旗에 귀속시켰으며 각지의 한족군벌에 대해서도 그 지배력을 더욱 강화했다. 이로써 강희제 시기에 국가경제는 매우 번영했다.

6. 강희제와 강건성세

홍타이지가 건국한 청나라는 그의 아들 푸린이 산해관을 통과한 뒤에 중원에서 첫 황제가 되니 이가 순치제順治帝이다. 이후 전국적인 범위로 청나라의 통치와 질서가 안정되었다. 또한 만주족과 한족의 민족적 문제는 점차 완화되어 사회는 나날이 안정되었고 사회·경제 역시 발전했다.

순치제는 24살에 천화天花(천연두)로 인해 사망한 단명한 황제이다. 임종 때 모친인 효장태후孝庄太后와 선교사인 탕약망湯若望(아담 샬)의 의견을 듣고 셋째아들인 현엽玄燁을 계승자로 삼았다. 1661년에 8세의 현엽이 즉위하니 이가 역사상 이름을 떨친 강희제이다. 강희제는 61년간 재위하면서 사회발전의 필요에 따라 강력한 정책을 시행하여 강건성세를 만들었다.

강희제는 어려서부터 총명하여 5살 때부터 책을 읽기 시작하여 한족의 문화에 깊이 심취했고 특히 유가경전 방면에 성취가 뛰어났으며 자연과학 방면에도 관심이 깊었다. 그는 또한 승마·궁술·사냥 등을 좋아하여 몸과 마음을 건강하게 했다.

강희제가 즉위했을 때는 나이가 너무 어려 순치제는 색니·소극살합·알필륭·오배 등의 4명의 공훈대신에게 어린 황제를 보좌하라는 유언을 남겼다. 이는 황족들이 정치에 참여하는 것을 막기 위함이었으나 오히려 이것이 화근이 되었다.

4명의 대신 중에서 오배는 알필륭·소극살합 모두와 사이가 좋지 못했다. 색니는 오배와 소극살합 사이에서 발생한 문제를 피하면서 개입하지 않으려 하니 소극살합은 자주 고립되는 처지가 되었다. 이런 4대신이 공동으로 황제를 돕는 상황은 오래지 않아 사라졌고 대권은 오배가 점차 장악하게 되었다.

오배는 8기 중의 양황기鑲黃旗 출신으로 청태종을 따라 전쟁에 참여하여 탁월한 전공을 세워 '만주제일용사滿洲第一勇士'라는 칭호가 있었다. 그는 무예는 비록 뛰어났지만 사람됨이 오만하여 자신의 마음에 들지 않는 사람은 죽음으로 몰아넣었다. 강희 5년(1666) 오배는 조제祖制[조상 대대로 내려오는 관례]에 맞지 않는다고 하여 자신의 기旗를 보유한 토지를 바꾸었는데 호부상서 소납해蘇納海, 직예총독直隸總督 주창조朱昌祚, 순무 왕등王登 등은 모두 이를 반대한다는 상소를 올렸다. 오배는 대노하여 이 3인을 죽음에 이르게 했다. 이 토지의 변경은 만주8기 중에서 양황기와 정백기의 장정 6만여 명을 이주시켰으며 바꾼 토지는 31여만 경頃[1경은 15무]에 달하여 이로 인해 수십만의 유민이 발생하니 북방의 사회생산이 크게 파괴되었다.

강희 6년(1667) 14살의 강희제는 친정親政을 선포했는데 이때 색니는 이미 사망했고 오배는 자신의 권력을 확대하기 위해 소극살합을 24개의 죄목으로 모함하여 사형에 처하도록 요청했다. 강희제는 오배의 음모를 알았기에 허락하지 않았는데, 오배는 강희제 앞으로 달려와서 기세등등하게 주먹을 휘두르며 소극살합을 사형시키라고 다그쳤다.

이후 오배는 더욱 거만해지고 강희제를 무시했다. 그의 행동은 강희제의 위치를 위협했을 뿐 아니라 그가 시행하는 정책은 오히려 사회발전을 막는 것이었다. 이로 인해 강희제는 오배와 그를 따르는 무리들을 제거하기로 결심했다. 그러나 오배의 권세가 대단하여 문무백관의 대부분은 그의 문하였기 때문에 기회를 잡기 어려웠다. 강희제는 적당한 시기를 택하여 지혜를 발휘하여 움직였다. 먼저 조용하게 믿을 수 있는 신하를 파견하여 경사京師[수도]의 방어권을 장악했으며 또한 신체건장한 소년시위대를 뽑아 궁중에서 씨름을 연습하게 했다. 오배는 조정에서도 안하무인이었는데, 오래지 않아 그는 황제가 정사를 돌보지 않고 놀기만 좋아한다고 여겨 황궁을 출입할 때 경계가 느슨해졌다.

강희 8년(1669) 5월 6월의 어느 날 오배는 병으로 입조하지 못했다. 강희제는 몇 명의 호위와 함께 친히 문병을 갔다. 평소 거만한 성격의 오배는 강희제가 친히 문병온 것을 보고 자만하여, 국가대사는 본인이 아니면 안된다고 여기며 침상에서 일어나 신하의 예를 올리지도 않았다. 시위 한 명이 갑자기 오배의 침상에서  비수가 숨겨져 있는 것을 발견하여 분위기가 어색해지자 강희제는 웃으며 "칼을 가까이 하는 것은 우리 만주인의 습관이니 그리 놀랄 것 없다"라고 말하며 바로 궁으로 돌아왔다. 이 시기는 황제와 오배의 권력대립이 최고조에 달했을 때였다. 강희제는 여러 차례 생각 끝에 선제공격이 최상의 방법이라 여기고 즉시 오배를 체포하기로 결정했다.

며칠 뒤에 강희제는 오배를 없앨 준비를 마치고 나서 궁에서 상의할 일이 있다며 그를 불렀다. 오배는 계략이 있는 것도 모르고 궁에 들어와서도 오만한 태도를 보였다. 강희제가 그 모습을 보고 오배에게 안하무인이라고 질책하며 개인적인 무리를 결성하고 어질고 능력 있는 이를 모함했으며 군주를 시해할 준비를 했다는 등등의 죄목을 말했다. 오배는 이 소리를 듣고 도망치려 했지만 먼저 매복해 있던 소년시위대들이 오배를 사로잡았다. 그 뒤 강희제는 오배의 30여 가지 죄목을 들어 종신형을 내렸다. 아울러 오배의 일당도 죄에 따라 처벌하니 신권이 황권을 위협하는 일은 사라졌다. 이로써 진정한 의미의 친정이 실현되었다. 강희제는 조정의 대권을 완전히 장악했고 자신의 정치적인 재능을 잘 살려나갔다.

강희제는 친정 이후에 '삼번·하무河務치수·조운漕運'을 국가의 중대사로 삼고 이 목표를 궁전의 기둥에 써서 수시로 잊지 않도록 했다. 1673년 강희제는 과감하게 삭번령을 내려 삼번의 난이 발생했다. 20살의 강희제는 겁내지 않고 친히 총지휘를 맡아 전국을 주도하며 8년에 걸친 삼번의 난을 진압했다.

　삼번의 난이 진압된 뒤에 강희제는 복건총독 요계성姚啓聖의 건의를 받아들여 혼란에 빠진 대만을 수복하기로 결정했다. 그는 주위의 반대에도 불구하고 정성공의 부하였던 시랑施琅을 복건수군제독으로 삼았다. 1683년, 시랑이 군사를 거느리고 팽호에서 승리하니 청군은 순조롭게 대만으로 진격할 수 있었다. 결국 정씨의 세력이 항복하고 대만을 수복했다.

강희제의 일생은 온 힘을 다하여 정치를 했으므로 공적이 매우 많다. 그가 친정한 지 오래지 않아 신속하게 4대신에 의한 보정시기의 정책을 바꾸었다. 이런 용기있는 새로운 상황은 청나라에서 '강건성세[강희제 시기에서 건륭제 시기까지의 발전하고 안정된 시기]'가 시작되게 했다.
　강희제는 국가의 완전한 통일을 중요하게 여겨 대만을 수복한 뒤 아극살雅克薩에서 러시아 침략자들을 물리치고 러시아와 네르친스크尼布楚조약을 체결하여 동북지역의 경계를 정했다. 그는 또한 친히 군사를 거느리고 10년에 걸친 준가르準噶爾의 반란을 종식시키니 서북변경은 안정되었다. 이로써 거대한 영토와 다민족의 청나라가 안정과 통일을 실현할 수 있었다. 이는 '강건성세'의 형성에 매우 유리한 조건이 되었다.
　청나라의 미래를 위하여 강희제는 중국을 통일하는 동시에 사회생산의 회복과 발전에 유리한 정책을 실행하여 다민족통일국가의 형성과 발전을 튼튼히 하는데 적극적인 역할을 했다. 그의 사후에 청나라 전성기가 되었고 건륭제시대에 최고조에 이르렀다. 이러한 전성기의 기초는 강희제시대에 형성되었으니 이로 인해 이러한 전성기를 '강건성세'라고 부른다.

7. 네르친스크조약

청나라 초기에 중국의 영토는 매우 넓어 북쪽으로는 외흥안령外興安嶺에서 흑룡강黑龍江이 바다에 접하는 지역과 바다 건너의 쿠릴열도까지가 모두 중국의 영토였다. 당태종 시기에 흑룡강 하류지역에 행정기구가 설립되었다. 명나라 초기에 동쪽으로는 쿠릴열도에서 서쪽으로는 악눈鄂嫩강 일대에 184개의 위衛와 20개의 소所[역주: 위와 소는 군사적인 행정을 구분하는 단위가 설치되었고 이를 통치하는 도지휘사사都指揮使司가 노이

간奴爾干에 있었다. 용립聳立에 있는 영령사永寧寺의 석비내용에 따르면 외흥안령과 흑룡강 유역은 중국의 영토라는 비문碑文이 있다.

16세기 초, 러시아는 다민족통일국가를 형성했으며 자신의 기반을 확대하기 시작했다. 이때가 명말청초의 시기로 청나라는 산해관을 공략하기 위해 북방의 방어를 소홀히 했는데 러시아는 이 기회를 이용해 흑룡강 지역으로 침범했다.

강희 28년(1689) 청나라는 급하게 러시아와의 국경 문제를 해결하기 위하여 러시아에게 큰 양보를 했다. 7월 청나라와 러시아는 네르친스크에서 담판을 진행했고 네르친스크를 양보하는 조건으로 러시아와 불평등조약인 네르친스크조약이 체결되었다.

숭정 16년(1643) 러시아 야쿠츠크[Yakutsk, 현재 레나강변에 있는 야쿠트공화국 수도]의 지방관 고로빈(Fedor Alekseevich Golovin)은 문서를 담당하던 보아코프와 132명의 코사크[Cossack: Kazak 羅刹]병사를 파견했는데 이들이 갑자기 외흥안령에서 흑룡강 유역으로 침범했다. 이 도적무리들은 중국백성의 경고에도 불구하고 백성들의 식량과 모피를 대량으로 약탈하며 심지어는 사람을 50여 명이나 잡아먹었다. 그들이 흑룡강 입구와 송화강 입구에 도착했을 때 현지주민들에게 패하여 야쿠츠크로 도망쳤다.

순치 7년(1650) 러시아의 침략자 하바로프의 인솔로 다시 흑룡강 유역으로 침입하여 아극살雅克薩성을 점령하고 알바진으로 이름을 바꿨다. 그들은 점령지에서 포로로 잡은 남자는 물에 빠트려 살해했고 젊은 여자들은 자신들의 소유로 했다. 하바로프는 계속 흑룡강 하류를 침입했지만 청군에게 패하여 도망쳤다.

4년 뒤에 러시아 황제 표트르는 스테판로프에게 흑룡강과 송화강 유역을 침입하도록 명했다. 청나라는 병부상서와 정백기인 몽고도통蒙古都統 명안달리明安達里에게 침략을 막도록 했다. 전투 후에 청군은 스테판로프를 죽이고 아극살성을 수복했다. 러시아는 다시 침략했으나 실패했다.

순치 12년(1655)에 러시아는 다시 아극살을 점령하고 호윤패이呼倫貝爾를 침입했고 또한 몽골 무명안부茂明安部의 목장을 점령하여 성을 쌓아 네르친스크라고 불렀다. 청나라는 즉각 군대를 파견하여 성 외곽에서 둔전하며 선박과 대포를 수리하고 역驛을 만드는 등 전쟁준비를 했다. 동시에 관원을 러시아로 파견하여 정중하게 아극살은 중국영토임을 밝혔다. 그리고 양국이 평화롭게 이 문제를 해결하고자 했으나 러시아황제가 거절했다. 러시아는 끊임없이 아극살로 군대를 증가시키며, 공개적으로 청나라에 대항했다.

강희 24년(1685) 청나라는 공팽춘公彭春을 총사령관으로 하고 동보佟寶와 반달이선班達爾善을 참찬參贊으로 삼아 1만 5천의 병력을 거느리고, 아극살성으로 진격했다.

러시아 침략자들이 몇 년에 걸쳐 보수한 아극살성은 매우 견고했다. 아극살성은 비록 청군에게 포위되었지만 성 내부에서는 혼란이 발생하지 않았다. 공팽춘은 지형을 자세하게 연구하여 아극살성의 남쪽에 토산을 쌓고 토산 위에서 화살로 성 내부를 공격했다. 러시아군은 청군이 성의 남쪽을 공격하는 것으로 알고 군사를 남쪽방어에 집중하도록 이동시켰다. 그러나 청군은 오히려 성의 북쪽에서 대포로 공격했고 또한 청군은 땔감을 성 밑에 쌓아 아극살성을 불태우도록 하니 방어하던 러시아군은 결국 백기를 들고 항복했다.

강희제의 뜻에 따라 공팽춘은 항복한 러시아군을 석방하여 네르친스크로 보냈다. 공팽춘은 아극살의 성벽을 부수고 백성들에게 생업에 종사하도록 한 뒤 본인은 군사를 이끌고 애훈璦琿으로 돌아왔다. 반면에 러시아군은 패배 후에도 침략욕을 버리지 않고 원군을 네르친스크로 보냈고 러시아 군은 슬며시 아극살을 점령하여 자신들의 성을 만들어 방어했다.

그 다음해 여름 청나라는 흑룡강에서 장군 살포소薩布素와 낭담郎談으로 하여금 군사를 보강하여 더 강력해진 모습으로 아극살로 진격했다. 청군은 러시아군을 성안에서 포위하여 러시아군을 소멸시키기로 결정했다. 러시아군은 성 밖으로 나가 반격했지만 오히려 패배하여 성으로 돌아갔다. 청군의 맹렬한 대포공격으로 러시아군은 지하로 숨을 수밖에 없었다. 최후에 성을 방어하는 러시아군은 수십 명에 지나지 않았다. 러시아 황제는 급히 사신을 파견하여 북경에서 정보를 수집한 뒤에 네르친스크에서 청나라와 국경문제에 대한 회담을 열도록 요구했다. 당시 준가르의 반란 때문에 몽골에서의 교통이 좋지 못하여 회담은 다음해 하반기로 연기됐다.

강희 28년(1689) 7월 8일 청나라는 색액도索額圖를 회담대표로 파견하여 잃은 영토를 수복하려 했다. 러시아에서는 고르빈과 네르친스크의 통령 페라수프를 대표로 하여 쌍방이 네르친스크에서 회담을 거행했다.

청과 러시아 쌍방은 국경문제를 두고 격렬한 논쟁을 진행했다. 귀로원은 거짓으로 아극살은 그들의 영토라고 주장하여 흑룡강을 경계로 삼길 원했다. 색액도는 논리적인 어조로 많은 사실을 열거하며 악눈·네르친스크·아극살은 예로부터 중국의 영토였음을 주장했다. 청나라는 빨리 국경분란을 해결하기 위하여 급하게 양국국경을 확정하려 했고 또한 러시아와의 우호관계를 위해 대국大國의 모습을 보이면서 최대한 양보했다. 회담의 결과로 청나라는 네르친스크를 양보하여 쌍방이 협의를 마치고 공동으로 네르친스크조약을 체결했다. 이 조약의 주요내용은 다음과 같다.

> 첫째, 청나라와 러시아 양측은 격이필제하格爾必齊河·대흥안령大興安嶺·액이고납하額爾古納河를 경계로 삼아 청나라에서 거주하는 러시아인은 러시아로 돌아가도록 한다.
> 둘째, 아극살성을 부수고 아극살에 거주하는 러시아인들과 그들의 재산을 러시아에 반환한다.
> 셋째, 쌍방이 엄격하게 통제하여 사냥꾼들이 함부로 국경을 넘을 수 없도록 한다.
> 넷째, 청나라에 거주하는 러시아인과 러시아에 거주하는 청나라 사람들은 원래의 지역에서 머무를 수 있으며 모두 고국으로 반환될 필요는 없다.

다섯째, 청나라와 러시아에서 합법적인 수속을 통하여 서로 간에 무역할 수 있다.

여섯째, 조약의 체결 뒤에 쌍방의 도망자는 반드시 송환하며 다른 나라에 머무르게 하지 않는다.

네르친스크조약은 청나라가 네르친스크를 양보한 불평등조약이다. 조약의 체결로 법률적으로는 청나라와 러시아 사이에 동쪽 국경이 생겼다. 이후 100년간 청나라와 러시아 사이는 우호적으로 변하여 정상적인 무역관계가 이루어졌다. 이는 청과 러시아 양국에 모두 좋은 점이며 역사적 의의를 갖는다. 이 조약의 내용은 만주어·중국어·몽골어·러시아어·라틴어 등의 5개 문자로 석비에 새겼고 이 뜻을 영원히 하도록 했다. 조약은 비록 양국 간의 협상을 통했지만 결론적으로는 청나라가 양보한 뒤에 비로소 협의가 완성되었다. 이 조약은 러시아로 하여금 더 많은 욕심을 갖게 했다. 1840년의 아편전쟁 이후에 청나라가 서방각국과 불평등조약을 체결했던 것처럼 러시아는 중국의 동북과 서북지역에 거대한 토지를 점령했다.

8. 옹정제와 건륭제

청나라는 명나라의 제도를 계승하여 황제의 재위시기에 하나의 연호를 사용했다. 그래서 후대사람들은 연호로써 황제를 부르게 되었다. 청나라는 순치제·강희제·옹정제·건륭제·가경제嘉慶帝·도광제道光帝·함풍제咸豊帝·광서제光緒帝·선통제宣統帝 등 모두 10명의 황제가 있었다. 청나라의 최고전성기는 강희·옹정·건륭 시기였기에 이를 역사적으로 '강건성세'라고 부른다.

강희제는 뛰어난 군주였기에 사람들은 그를 진시황秦始皇·한무제漢武帝·당태종唐太宗·송태조宋太祖와 같이 평가한다. 강희제는 61년간 재위했으며 그의 사후 넷째아들인 옹정제가 즉위했다. 옹정제가 즉위했을 때, 그의 나이는 45세였다. 재위기간은 13년에 불과했으며 과로사했다. 옹정제의 사후에 건륭제가 등극했다. 옹정제와 건륭제는 강희제의 업적을 계승하여 통치방면에서 더욱 황제의 권력이 강해졌고 국가를 안정시켜 사회·경제발전에 큰 공헌을 했다.

강희제에게는 수십 명의 자식들이 있었는데 그들은 모두 황제의 자리를 목표로 하고 있었다. 예로부터 내려오는 제도에 따라 장자가 태자가 되어야 했지만 강희제의 장자는 적자가 아니었기에 둘째를 태자로 삼았다. 3년 뒤에 강희제는 태자의 행동이 단정치 못함을 알고 태자를 폐하며 함안궁咸安宮에 가두었으나 다음해 다시 둘째를 태자로 삼았다. 3년 뒤 강희제는 또다시 태자를 폐하고 나서는 다시 태자를 세우는 일은 논의하지 않았다.

강희제가 사망한 뒤에 전하는 말에 따르면 유서는 '전위십사자傳位十四子[열네 번째 아들에게 제위를 전한다]'라고 했지만 옹정제는 '십十'에 '일一'자를 더하여 '우于'로 고치니, 유서는 '전위우사자傳位于四子[넷째에게 제위를 전한다]'라는 뜻이 되어 결국 넷째인 그가 황제가 되었다.

옹정제는 부친의 교훈에 따라 태자문제에 관해서는 가법家法을 세우니 이를 '황저밀건皇儲密建[황제의 후계자를 비밀리에 세운다]'이라 불렀다. 황저밀건은 무엇인가? 원래 자금성 건청궁乾淸宮에는 순치제가 쓴 '정대광명正大光明'이라는 현판이 있다. 옹정제는 즉위 후에 얼마 되지 않아 계승자의 이름을 적은 종이를 밀봉하여 현판 뒤에 놓았다. 부정한 행위를 방지하기 위하여 옹정제는 밀지密旨[비밀의 명령문]를 작성하여 내무부에 숨기도록 했고 나중에 이것들을 그의 사후에 대조한 다음 황제가 누군지를 알 수 있도록 했다.

옹정제 시기까지 청나라의 최고중앙정권기관은 내각內閣이었고 내각의 최고관원을 대학사라 불렀다. 강희제가 즉위한 뒤에 중앙의 중요권력은 황제에게 있었기에 내각의 대학사는 유명무실한 자리였다. 옹정 7년(1729) 옹정제는 서북지방에 군사를 움직이려 했는데 군사기밀이 새는 것을 막기 위하여 별도로 군기처軍機處를 설치했다. 군기대신이 점점 실권을 장악하면서 군기처는 실제적으로 내각 위에 있게 되었는데 중앙의 6부에서 지방의 18행성行省까지 군기처는 전부 참여하고 관리했다.

군기대신은 하루에 몇십 장의 보고서를 작성해야 하는 힘든 자리였는데 군기대신 장정옥張廷玉은 보고서를 잘 작성했기에 옹정제의 총애를 받았다. 장정옥이 한번은 병이 나서 며칠간 조정회의에 참석하지 못했다. 옹정제는 우울한 상태로 대신들에게 "짐의 손과 발이 요 며칠간 불편하다"라고 말했는데 대신들과 태감이 이를 듣고 급하게 어의를 찾았다. 옹정제는 웃으며 "너희들이 오해했다. 장정옥에게 병이 있으니, 짐의 손과 발에 병이 생긴 것이 아니냐?"라고 대답했다.

옹정제는 등극한 뒤에 근면하게 정치에 힘을 기울였다. 그는 관리들을 다스림에 노력했고 상소와 각종 문서를 처리할 때에도 별도의 시간을 갖지 않았다. 13년간 재위한 옹정제는 검열한 보고서가 1만여 개였고 주비朱批황제가 결정하여 문서에 남긴 붉은 글씨가 수백만 자에 달했다. 옹정제는 피로가 쌓여 병이 생겼고 이런 병들로 인해 끝내 사망했다.

옹정제의 사후에 25세의 건륭제가 즉위했다. 건륭제는 60년간 재위하고 태상황太上皇을 3년간 했다. 건륭제는 조부 강희제와 부친 옹정제의 업적을 계승하고 발전시키니 사회·경제는 최고로 번영했다.

건륭제는 여러 번 부역과 세금을 감면했고 어지러운 정치를 바로잡았으며 탐관오리를 엄격히 다스렸고 붕당을 없앴다. 동시에 문자옥文字獄을 일으켜 사상思想을 규제하기도 했다. 건륭제 때 전국의 인구는 3억에 달했는데 강희제 때 2천5백만의 인구보다 12배가 증가한 것이다. 전국의 토지도 크게 확대되어 순치제 시기에 조사된 토지의 규모보다 1/3 정도가 늘어났다. 인구와 토지의 증가는 농업을 신속하게 발전시켰으며 상업과 수공업도 이에 따라 번영하기 시작했다.

북경·장안(지금의 서안)·개봉·양주·남경·항주·소주 등 원래 발전했던 도시 외에도 청나라의 발원지인 동3성[흑룡강성·길림성·요령성]과 동남 연해지역에 새롭게 발전하는 도시가 생겨났다. 건륭제 때 국고는 풍족하여 매년 국가재정 수입은 3천만 냥에 달했고 국고에는 매년 7~8천만 냥의 은이 보관되어 있었다. 건륭제의 전성기에 자본주의적인 경제형태가 조금씩 생겨나고 있었다. 남경·항주·소주에서는 관官에서 주도하는 방직업에서 방직기가 1,863개였고, 그곳에 종사하는 수공업자는 5,512명에 달해 상당한 규모가 되었다. 민간에서 주도하는 방직업의 규모는 이보다 몇 배나 컸다. 이 시기는 국내 상품시장의 발전뿐 아니라 해외무역 또한 점점 발전하고 있었다.

건륭제는 어려서 무예를 단련하여 승마술이 뛰어났는데 그는 부대의 훈련이 중요하다고 여겨서 장수와 사병들에게 높은 수준을 요구했다. 건륭제는 스스로를 '십전대무양十全大武揚'이라고 칭하니 이때문에 '십전무공十全武功' 혹은 '십전노인十全老人'이라고도 불렀다. 여기서 '십전十全'은 그가 재위기간 중에 거둔 10번의 승리를 가리키는데 준가르의 반란진압 2회, 대소금천大小金川의 반란진압 2회, 회족 반란진압, 대만진압, 미얀마緬甸정복, 베트남정벌, 네팔廓爾喀정벌 2회이다. 주위 나라와의 전쟁에서 청군은 대승을 거두었으며 이웃나라들이 조공하는 것으로 정벌을 마쳤다.

건륭제는 6번이나 강남을 가면서 하공河工치수을 검사하는 것 외에도 명릉明陵주원장의 능을 참배하고 공묘孔廟공자의 무덤에서 제사지냈으며 민정을 살피고 세금을 낮추었다. 동남지방을 안정시키는 적극적인 역할을 한 건륭제에 대해 민간에서는 재미있는 이야기들이 많이 전해져 온다.

강희·옹정·건륭은 모두 유능한 황제로 '강건성세'의 출현은 이 3명의 황제가 정치에 힘쓴 결과이다. 옹정제의 근면한 정치와 건륭제의 무공武功전쟁에서의 승리은 역사적으로 좋은 이야기들이 전해진다. 옹정제와 건륭제는 강희제의 영향을 받아 황권의 강화를 매우 중요하게 여겼다. 그들은 당나라와 명나라 시기의 환관에 대한 역사적인 교훈을 잊지 않았으며 붕당이 발생하는 것을 막고 "천하의 권력은 오직 한 사람만이 결정한다天下大權 惟一人操之"라며 황권의 강화에 노력했다. 옹정제의 황저밀건제도의 설립과 군기처의 창립 그리고 건륭제의 10번의 전쟁과 6차례의 남방순시들은 모두 자신들의 권력을 강화시키기 위해서였다.

강희·옹정·건륭 시기의 여러 정치적 업적들은 찬란한 '강건성세'를 만들어 청나라의 사회·경제의 번영이 최고조에 달했고 역사적으로도 그 의의가 높다. 그러나 다른 한편으로는 그들은 황권을 강화하기 위해 백성들의 사상을 엄격하게 규제하여 문자옥이 발생했고 수많은 억울한 사연이 생겼는데 이는 문화와 학술발전에 큰 걸림돌이 되었다.

9. 지방관을 파견하여 중앙집권을 완성하다

중국은 다민족국가여서 특히 소수민족이 모여사는 서부지역은 경제와 문화가 낙후되었고 교통이 불편해 역대황제의 지배력이 미치지 못했다. 이런 상황은 딴마음을 먹은 자에게 반란의 기회를 제공했고 사회·경제의 발전을 막았다.

원나라와 명나라 시기에 중국 서남西南지역에 토사土司제도가 설립되었다. 이 제도는 토사와 토관土官형태로 나눌 수 있는데, 토사는 비록 황제가 임명하지만 실제적으로는 자신들의 세습전통에 따랐다. 즉 지역의 유력자가 그 지역에서 토사가 되어 대대로 직위를 계승하면서 주민들을 자신들의 노예처럼 부렸다. 토관은 한족漢族지역의 행정제도를 따라 현지의 소수민족의 지도자가 토지부土知府·토지주土知州·토지현土知縣 등 토관을 운영했다. 실제적으로는 토관이 토사였다. 이는 황제가 군사적·정치적으로 그들을 정복했지만 통치할 수 없었기에 발생한 특수한 제도이다.

이런 토사·토관제도는 명나라 중기에 토관을 유관流官으로 이름을 바꾸면서 국가가 직접 관할하기도 했지만 그 범위는 매우 작았다. 명나라 말기에 많은 한족백성들이 서남지역으로 이주하면서 문제가 발생했다. 즉 거주자의 증가로 인한 사회·경제의 발전으로 토사제도의 문제점이 발생하게 된다. 이런 상황에서 개토귀류改土歸流정책[중앙정부에서 지방관을 파견하여 중앙집권을 강화하는 정책]으로 인해 청나라는 서남지역 소수민족의 토사제도를 없애고 황제가 관리를 파견하여 직접 통치하게 되었다.

개토귀류改土歸流는 청나라의 여러 황제의 통치기간에도 큰 효과는 없었다. 청나라 초기에 순치제는 먼저 원강元江에 유관지부流官知府를 설치했다. 이후에 강희제 역시 몽화蒙化에서 토관을 유관으로 바꾸었다. 옹정 2년(1723) 옹정제는 개토귀류를 적극적으로 시행하여 장원 노예 2,344명을 해방시켰다.

대규모의 개토귀류는 옹정제 때 시행되었고 중점지역은 운남·귀주·

광서지역이었다. 강희 61년(1722) 12월 21일 강희제가 사망하고 며칠 뒤에 넷째 황자인 윤신胤禛이 즉위하여 연호를 옹정이라 했다. 45세에 즉위한 옹정제는 부친 강희제를 따라 몇 년 동안 조정에 참여했기에 국가대계國家大計에 대해서도 이미 준비가 되어 있었다. 즉위하자마자 강희제 말기에 발생했던 문제점들을 해결하기 위하여 조정의 기강을 다시 세우고 법률을 수정했다. 그는 신속하게 황8자皇八子[강희제의 여덟째아들] 무리들의 반역음모를 부수고, 권력이 높아져 황권을 위협하던 연갱요年羹堯와 융과다隆科多 같은 이들을 처리하면서 황권은 점차 안정되었다.

옹정제는 사회의 안정을 유지시키기 위하여 산서와 섬서의 '악호樂戶', 복건의 '붕민棚民', 소흥의 '타민惰民', 휘주徽州의 '반당伴當', 영국寧國의 '세복世僕' 같은 천민을 평민의 신분으로 바꾸고 보갑保甲[군역]에 편입시켰다.

운귀雲貴[운남과 귀주]총독 악이태鄂爾泰는 강희 38년(1699) 과거에 급제하고 내무부 원외랑內務部員外郞을 지냈었다. 옹정제는 악이태의 사람됨이 정직한 것을 알고서는 즉위하자마자 그를 강소포정사江蘇布政司로 임명했다. 악이태는 임기동안 연갱요의 압력에 굴하지 않고 일처리를 공평하게 하니 옹정제는 그의 관직을 높여 광서순무로 삼았고 오래지 않아 운귀총독으로 임명했다.

악이태가 귀주에 도착한 뒤에 귀주의 동남쪽에 있는 고주古州가 묘족苗族 세력권의 중심인 것을 발견했다. 묘족들은 1,300개의 부락이 있었는데, 그들의 세력범위는 3천 리에 달했으며 10만여 묘족들이 그곳에서 살고 있었다. 이들은 관부의 지배를 받지 않았다. 또한 귀주와 광서의 접경지역에는 묘족과 한인漢人이 함께 살고 있었는데 관리할 방법이 없었다. 운남지역의 진원鎭遠·위원威遠·차산茶山·신평新平 등의 토사들은 자주 국외지역과 결탁하여 조정의 관리제도에 대해 신경 쓰지 않았다. 사천의 동천東川·진웅鎭雄·오몽烏蒙의 3개의 토지부는 중경에서 멀리 떨어져 있었기 때문에 스스로가 통치를 행하니 근본적으로 관리할 수 없었다. 이는 청나라의 중앙집권 통치에 중대한 문제가 되었다.

옹정 4년(1726) 악이태는 조정에 상소를 올려 '개토귀류'를 전면실행할 수 있도록 건의하면서 군사권만 장악한다면 소수민족 지역의 정치·군사·문화·경제 등의 통치권을 쉽게 장악할 수 있다고 주장했다. 옹정 6년(1728) 조정에서는 악이태를 운남·귀주·광서의 책임자로 삼아 그로 하여금 대규모의 개토귀류를 진행하도록 했다.

묘족의 선조는 원래 황하黃河 일대에서 거주했는데 이후에 점차 사천·광서·귀주·운남 등의 지역으로 이주했다. 그들은 머리를 장식하는 천의 색깔과 옷소매에 수를 놓아 자신들의 표식으로 삼았다. 묘족은 홍묘紅苗·흑묘黑苗·청묘青苗·백묘白苗·화묘花苗 등으로 구분할 수 있는데 그들은 모두 자신들의 오래된 풍속을 보존했지만 생산방식은 낙후되어 있었다. 비록 청나라가 일찍이 그곳에 유관을 파견하고 군현郡縣을 설치했으며 한인漢人을 이주시키고 역참과 도로를 건설하여 위소衛所지방군사체제와 교육기관을 세웠지만 묘족들의 생활방식을 고치지는 못했다. 그들은 조정이 정한 부역과 세금을 냈지만 통치권은 양보하지 않았다.

악이태는 사천에서 개토귀류를 시작했는데, 그 당시 오몽의 토사는 조정에 납부하는 세금은 3백 냥에 불과했지만 그들이 백성들에게 수탈한 것은 100배에 달했다. 세금을 내지 못한 토민土民[현지인]은 죽임을 당했고 피살된 토민의 친척은 '점도비墊刀費'라는 명목으로 몇십 냥의 세금을 내야 했다. 토사의 집안에서 혼례가 있으면 소속된 토민가정에서는 3년간 혼례를 치르지 못했다. 동천에는 이미 유관을 파견했지만 토목土目[현지의 유력자]세력이 매우 강해서 4백 리 반경의 농토에서 농사짓는 사람이 없었다.

악이태는 사천의 오몽·동천·진웅을 나누어 운남에서 관할하게 하면서 동천의 토목을 제거하는 한편 병권을 장악하고 있는 오몽의 녹정곤祿鼎坤을 설득하여 오몽부烏蒙府를 설치했고, 진웅의 농연성隴聯星을 설득하여 토지부를 격파하여 진웅주鎭雄州를 세웠다. 악이태는 유관을 파견하고 군사들을 주둔시켜 이 지역을 안정시키고 난 뒤에 운남에서 토관문제를 해결하려고 했다.

운남지역의 토사와 토목은 넓게 분포하고 있어 청나라는 진원·위원·광남廣南·첨익沾益 등 지역의 토사와 토목을 모두 바꾸었고 유홍도劉洪度를 파견하여 진원부鎭沅府를 임시로 관리하게 했다. 현지의 토목은 세금을 바치지 않고 위원지역의 이족彝族을 충동질하여 유홍도를 살해하니 이런 상황에서 청나라는 군대를 파견하지 않을 수 없었다. 이에 운남의 토목은 다른 지역으로 도망갔다.

옹정 4년(1726) 청나라는 군대를 파견하여 광순廣順과 장채長寨로 진격했다. 그 지역의 묘족과 포의족布依族 3천 명을 설득하여 청나라의 풍속[변발과 복장]을 시행했고 호구戶口를 조사하여 국가에 세금을 내도록 했다. 이처럼 청나라는 무력과 유화정책을 상황에 맞게 펼치니 이에 영풍永豊·영령永寧·진령鎭寧·안번安番 등의 지역에서 1천의 묘족부락이 전부 귀순하여 귀주성의 10만 묘족들이 직접 통치를 받게 되었다. 개토귀류로 이 지역에서 풍부한 자원과 비옥한 토지를 개발하게 되어 청나라는 대량의 세금을 걷을 수 있었다.

장족壯族이 거주하는 광서지역은 당시 150여 토관이 있었는데, 이들은 방화와 약탈을 자행하는 무리들이었다. 유주柳州·사은思恩·경원慶遠 등의 지역 토민들은 개토귀류의 소식을 듣고, 봉기를 일으키며 청나라에게 군대를 요청했다. 청나라는 이 소식을 듣고 급히 군대를 파견하여 이 지역을 안정시켰다. 난륜강灡淪江 밖의 차리車里 같은 지역의 소수의 토사를 제외하고 청나라는 직위를 해제한 모든 토사와 토목을 억지로 절강성으로 보냈다. 청나라는 악명높은 사성泗城토지부의 권한을 박탈하고, 이 지역을 강하게 압박하니 사명주思明州 토지부인 황관주黃觀珠가 스스로 자신이 관할하는 50여 개의 마을에 유관을 파견하길 요청했다. 청나라는 광서성의 대부분 지역을 주현

州縣으로 나누어 개토귀류를 시행했다.

인근의 호남토사들은 한인을 받아들였지만 묘족들에게 농업에 종사하게 하고, 성에서 상업을 경영하고, 수공업 공장을 만들어 묘인 노동자들에게 무거운 세금을 납부하게 했다. 개토귀류의 소식이 전해지니 상식桑植과 보정保靖 부근의 10만 묘족은 토관에게 반발하여 백성으로 호적을 만들어 달라고 요청했다. 청나라는 상식·보정·영순永順·미용美容 등의 4개의 큰 토사의 관인官印(관리임을 증명하는 도장)과 토지를 몰수하면서 기타 작은 토사들에게 청나라에 귀순하라고 압력을 행사했다. 청나라는 호남성 서부에 지방행정제도를 설치하고 직접적인 통치를 진행하니 호남에서 개토귀류는 완성되었다.

중앙정부에서 지역유지를 대신하여 지방관을 파견하는 개토귀류정책은 청나라시대에 중국의 서남부(사천·귀주·운남)지역을 직접 통치하게 되었다. 이 정책을 통하여 중국의 서남부지역은 다른 지역과 문화와 경제부분에서 교류가 활발하게 되었고, 이로 인해 서남부지역은 경제적으로나 사회적으로 빠른 속도로 변화하게 되었다. 다시 말하면 개토귀류는 토사들의 권력범위를 축소시켰고 내란의 위험을 제거했을 뿐만 아니라 중국이 다민족통일국가로 발전하는데 유리한 기초를 만들었고 중화민족의 역사발전에 큰 역할을 했다.

10. 청나라의 문자옥

강희·옹정·건륭 시기는 황제가 정치에 힘써 '강건성세'라는 아름다운 이름을 얻었고 사회·경제가 최고로 번영했다. 이와 동시에 통치자들은 사상방면에서 엄격한 규제정책을 시행하여 경經(儒敎)과 도道(道敎)에서 벗어난 사상은 허락하지 않았다. 또한 지식인에 대해서도 두 가지 정책을 병행했는데, 지식인을 후하게 대우하면서도 통치에 불복하는 지식인은 엄격하게 탄압했다.

청나라의 문자옥은 역사적으로도 유명하다. 문자옥은 진보적인 사상을 막았으며 억울한 사연을 많이 만들었다. 강희·옹정·건륭 때의 역사기록에 보이는 문자옥은 80

여 건에 이르고 기록되지 않은 문자옥은 더욱 많을 것으로 추정된다.

청나라의 문자옥이 제일 빨리 출현한 것은 순치제 때이다. 이 문자옥은 순치 2년(1645) 하남성 향시鄕試에서 발생했는데 누구도 생각하지 못한 상황에서 발생했다. 그 발생원인은 어느 시험생의 답안에 '황숙부皇叔父'를 '왕숙부王叔父'라고 쓴 것이었다. 한 글자 차이였지만 조정에서는 시험관인 구양증歐陽烝과 여운조呂云藻의 관직을 삭탈하고 형부에서 그 죄를 다스렸다.

강희 2년(1662) '명사안明史案'이 발생했다. 그 원인은 장정롱莊廷鑨이 개인적으로 편찬한 『명사明史』때문이었다. 그 내용에는 청나라에 불만인 문장이 약간 있었는데 어떤 이가 고발했지만 그 때는 장정롱이 이미 사망한 뒤였다. 청나라는 장정롱의 시체를 훼손하고 가족들을 사형에 처했다. 『명사』의 서문을 쓴 이는 그의 다섯 아들과 함께 전부 사형당했다. 장정롱이 참고했던 문장을 썼던 사람들도 이로 인해 역시 사형에 처해졌고 그들의 가족은 유배되었다. 그 지역의 관리는 부임한 지 반달도 되지 않아 이 사건이 발생하자 살피지 못한 죄를 이유로 사형에 처해졌다. 『명사』에 관련되어 죽은 사람이 220여 명이나 되었다.

강희 50년(1711) 『남산집南山集』사건이 발생했다. 어떤 이가 한림원 편수編修인 대명세戴名世가 만든 『남산집』의 내용 중에 남명의 '영력永曆'이라는 연호를 사용했으며, 남명에 대해 동정적인 문장이 있다고 조정에 고발했다. 59세의 대명세는 능지형에 처해졌고 가족은 변방으로 유배를 갔다. 대명세와 친분이 있던 32명의 관리들은 관직이 삭탈되거나 직위가 내려갔다. 이 사건에 관련된 자는 모두 3백여 명에 달한다.

옹정 4년(1726) 강서성 시험관 사사정查嗣庭이 『시경詩經』에 있는 "유민소지維民所止"라는 문구로 시험문제를 만들었는데 고발당했다. 고발자는 "'유維'와 '지止'라는 이 두 글자는 '옹雍'과 '정正'의 글자에서 머리부분인 '일一'을 제거한 것이다"라고 주장했다. 옹정제는 이 기회를 이용하여 또 문자옥을 일으켰다. 사사정은 체포되었고 고문 끝에 사망했다. 사사정의 사후에 옹정제는 그의 시체를 훼손하고 그의 아들은 사형에 처했으며 가족은 유배를 보냈다.

옹정 7년(1729)에 일어난 증정曾靜과 여유량呂留良 사건이 청나라 최대의 문자옥이라 할 수 있다. 저명한 학자인 여유량은 일찍이 시 한 편을 지었는데, 그 중에 "맑은 바람은 비록 작아 나에게 불지 않고淸風雖細難吹我, 밝은 달은 언제 사람을 비추지 않는가明月何嘗不照人"라는 구절이 있었다. 이는 청나라를 거부하고 명나라를 생각하는 마음을 표현한 것이었다. 옹정 7년 증정이라는 선비가 여유량의 시를 읽고 매우 존경하여, 자신의 제자를 여가呂家로 보내 가르침을 구했으나 여유량이 사망했음을 알게 되었다. 여유량의 아들은 부친이 지은 시 1부를 증정에게 보냈다.

증정은 청나라의 통치에 불만이 컸다. 그러나 그는 선비가 반란을 준비해도 성공하기 어렵다는 것을 잘 알고 있었기 때문에 군사권을 장악하고 있는 천섬川陝사천과 섬세총독인 악종기岳鍾琪에게 모반을 권하려고 유세를 떠났다. 증정은 악종기에게 편지를 써서 그의 제자인 장희張熙를 통해 편지를 악종기에게 보냈다. 악종기는 증정의 편지를 보고, 크게 놀라 "너는 겁이 없구나, 감히 내게 반청反淸을 권하다니!"라고 호통을 쳤다.

장희는 조용한 목소리로 "장군, 당신은 악비岳飛의 후예입니다. 악비는 예전에 금나라와 결탁한 진회秦檜에게 목숨을 잃었습니다. 현재 청나라 황제의 선조는 예전의 금나라사람입니다. 장군께서 조상의 복수를 하신다면 그 시기가 바로 지금입니다"라고 대답했다.

악종기는 이 사실을 즉시 옹정제에게 알리고 증정을 체포했다. 옹정제는 소식을 듣고 대노하여 여유량의 관을 열어 시체를 훼손하고 그의 아들과 학생은 비록 사망했지만 또한 모두 시체를 훼손했다. 친족 중에 16세 이상은 모두 사형에 처했고 16세 이하는 모두 노예로 삼았다. 여유량의 문장을 개인적으로 소장하거나 그 시문에 연관된 자는 모두 연좌법으로 다스리도록 명을 내렸다.

증정과 장희는 옥중에서 고문을 받으며 참회의 뜻을 보였다. 옹정제는 증정과 장희를 감옥에서 심문한 내용을 문장으로 구성하여 『대의각미록大義覺迷錄』이라는 이름으로 출간했으며 또한 증정과 장회에게 이 책들을 가지고 동남 각 성省의 학당에서 강연하도록 명령하여 자신의 잘못을 널리 알리도록 했다. 이후 옹정제는 증정과 장희를 석방하여 고향으로 돌려보내어 관대함을 표시했다. 옹정제는 지방관에게 "너희들이 증정을 보호하는 것은 그가 짐의 자손이기 때문이다. 장래에 그에게 해가 미친다면 그대들에게 책임을 물을 것이다"라고 말했다. 그러나 옹정제가 사망한 지 43일도 지나지 않아 새로 등극한 건륭제가 증정과 장희를 사형에 처하라고 명령했다.

옹정 8년(1730) 한림원 서길사庶吉士인 서준인徐駿因은 일시의 잘못으로 '폐하陛下'를 '폐하陛下'로 잘못 써서 관직이 삭탈당하고 재산을 몰수당했다. 재산을 몰수당할 때 발견된 그의 시집에서 "맑은 바람은 글자도 모르면서[淸風不識字], 어찌하여 책을 어지러이 넘기는가[何必難翻書]"라는 문구가 있어서 옹정제는 대노하여 서준인을 법으로 다스렸다.

건륭시대에 발생한 문자옥은 70여 건이다. 건륭 20년(1755) 건륭제가 친히 나서서 문자옥을 일으켰다. 당시 내각학사인 호중조胡中藻는 『견마생시초堅磨生詩鈔』를 저술했다. 건륭제가 그 책을 보고 불만이 많았으나 고발하는 사람이 없자 여러 대신들에게 "호중조의 글은 문제가 크다. 그는 '일파심장논탁청一把心腸論濁淸'이라고 했는데 나라이름 앞에 '탁濁'자를 붙이는 것은 어떤 의미인가? 또 문장 중에 '조문문설불개개朝門聞說不開開'라고 있는데 짐은 매일 정치를 돌보는데 어찌하여 조문朝門이 열려 있지 않은가? 이렇게 시의 뜻이 잘못되었는데도 짐에게 보고하는 자가 없구나"라고 하며 호중조를 참수하고 그 가족 중에서 16세 이상자는 모두 참형에 처했다.

문자옥은 중국역사상 각 왕조마다 있었지만 청나라 때 가장 많이 발생했다. 몇 편의 시와 문장에서 큰 화를 입게 되는 문자옥이 작성자나 편찬자는 국가나 황제를 비방했다면 죄로 인정받을 수 있겠지만 그들의 가족·친척·제자·친우들은 도대체 무슨 죄가 있는가? 문자옥은 청나라의 사상통치를 강화하고 정권을 튼튼히 하는 데는 유리한 사건이었지만 학술과 문화의 발전에는 큰 문제가 되었다. 이러한 정책때문에 문인文人들은 글을 경계하지 않을 수 없었고 자신들의 집안에서 소장한 명나라 시기의 서적과 시문을 전부 불태우게 되었다. 청나라 학자들은 단지 자신의 재능을 살려 고증학考證學에만 전념했는데 청나라 때 고증학이 발전한 것은 이때문이다.

11. 청나라 소설과 『홍루몽』

청나라 시기의 고증학이 점차 몰락한 뒤에 장병린章炳麟 등은 '상실尙實[실제를 숭상함]'에 주력했고, 황준헌黃遵憲 등은 문단에 혁명을 일으켰지만 큰 효과는 없었다. 청나라는 사회 변화과정에서 다양한 소설들이 1천 종 이상 출현했고, 대표작으로는 『홍루몽』·『얼해화孼海花』·『이십년목도지괴현상二十年目睹之怪現狀』·『관장현형기官場現形記』·『노잔유기老殘游記』 등이 있으며 그중에서 『홍루몽』이 가장 유명하다.

『홍루몽』은 중국고전소설 가운데 대표작이며 그 사상과 예술적인 측면에서 최고의 경지에 도달했다고 할 수 있다. 중국 내에서는 전문가들이 『홍루몽』을 전문적으로 연구하여 '홍학紅學'이 형성되었고 또한 전문적인 연구단체가 만들어져 간행물이 출간되고 있다. 『홍루몽』은 현존하는 분량이 120회이지만, 전반부의 80회는 조설근曹雪芹이 집필했고, 후반의 40회는 고악高鶚이 보충했다. 이 소설은 어떻게 완성되었으며 출판된 뒤 세상에서 왜 높은 평가를 받았는가?

『홍루몽』의 원래 이름은 『석두기石頭記』이다. 작가인 조설근은 만주8기의 정백기正白旗 출신이며 귀족가정에서 태어났다. 그의 증조부는 강희제의 신임을 얻어 오랫동안 강령江寧에서 직조職造를 지냈는데 이 직책은 전문적으로 황족들의 의복을 만들고 궁정용품宮庭用品을 해결하는 직위이다. 증조부의 사후에도 황제의 은총을 받아 조설근의 조부와 부친은 이 직책을 계속 계승했다. 강희제는 다섯 차례나 강남에 갔고, 그중 네 차례는 조설근의 저택에서 머물렀다. 조씨 집안의 재력과 명성을 사람들은 부러워했는데, 조설근은 이런 상황에서 어린 시절을 보냈다.

그런데 강희제의 사후에 옹정제가 즉위했다. "한 황제와 한 신하一朝皇帝一朝臣"라는 말도 있듯이 옹정제는 즉위 후에 부친인 강희제가 중용했던 신하들을 배척했다. 이런 상황에서 조씨 집안은 연속해서 두 번이나 재산을 몰수당했고, 조설근의 친척들은 체포되거나 피살되어 집안은 빠른 속도로 몰락했다. 10세의 조설근에게 화려했던 나날들은 연기처럼 사라졌다.

조설근은 남경에서 북경으로 이주하여 북경 서산의 부서진 초가에서 아이들을 가르치며 생활하였다. 그러던 중 조설근의 부인이 병으로 사망하면서 점점 생활은 궁핍해져 갔고 팔 수 있는 것은 모두 팔았으나 아이를 키우기에도 힘들게 되어 아들을 다른 사람에게 맡기게 되었다. 조설근은 먹을 것이 없을 만큼 가난했는데, 이런 환경에서 조설근은『홍루몽』을 집필하기 시작했다.

조설근이『홍루몽』을 집필하는 데는 10년의 세월이 흘렀다. 이 10년 동안 양강兩江총독의 요청으로 남경에서 1년간 막료생활을 했다. 그는 집필하고 수정하는 과정에서 다섯 번에 걸쳐 내용을 보충했다.

1763년 북경에서 천연두가 유행했다. 조설근의 유일한 아들은 천연두로 사망했다. 만년에 자식을 잃은 것에 큰 충격을 받은 조설근은 끝내 병에서 회복되지 못했다. 이 해 추석 저녁, 문학거성인 조설근은 부서진 초가에서 눈을 감았다. 이때 조설근은 50세도 안되었고, 심혈을 기울인『홍루몽』은 80회까지 집필했다.

한림원 시독 고악은 조설근이 남긴 문장을 읽고 매우 감동했다. 그는 조설근의 집필방식을 모방하여 40회를 보충했다. 그리고 『석두기』라는 이름을 『홍루몽』으로 바꾸었다.

『홍루몽』의 주요 내용은 가보옥賈寶玉과 임대옥林黛玉의 혼인비극이 중심되는 이야기지만 가賈·사史·왕王·설薛의 4대가족 사이의 관계와 그들과 관부와의 관계 등으로 이들의 흥망성쇠 과정을 묘사하여 당시의 복잡한 사회관계와 사회적 문제를 반영하고 있다.

『홍루몽』에서 한 부분을 살펴보면, 설반薛蟠이 갑자기 한 사람을 죽이니 사람들은 관부에 이 사실을 신고했다. 막 부임한 응천부應天府[지금의 남경] 지부知府[현령]는 관원에게 범인을 잡도록 명령하지만 관원들은 불가不可하다고 대답했다. 사람들이 돌아간 뒤에 관원은 지부에게 '호관부護官符[관에서 보호하는 증명]'를 건네줬다. '호관부'에는 "가賈는 가짜가 아니며, 백옥으로 집을 만들고 금으로 말을 만드네. 아방궁은 면적이 3백 리나 되지만, 그런 곳에 머무를 수 없는 금릉의 사가史家. 동해에서 백옥침상이 모자라면, 용왕이 금릉의 왕가王家를 찾네. 풍년에는 대설雪[薛家를 가리킴]이니, 진주가 흙과 같고 금이 철과 같다"라는 응천부의 4대가족에 대한 내용이었다. 원래 4대가족의 세력은 하늘에 닿아 있으니 응천부의 관리가 자신의 관직을 보존하기 위해서는 4대가족에게 잘 보여야 했다. 지부는 이 말을 듣고 깜짝 놀라 이 사건을 흐지부지한다는 내용이다.

『홍루몽』은 가부賈府를 중심으로 한 4대가족 흥망성쇠의 이야기를 묘사하고 있다. 4대가족 대부분의 인물들은 외모가 잘생겼지만 속이 좁았다. 소설의 주인공인 가보옥과 임대옥은 대관원大觀園에서 생활하면서 혼인의 자유를 얻기 위하여 당시의 관습을 반대했다. 임대옥은 결국 화병으로 사망하고 가보옥은 이때문에 집을 나가며 최고로 부귀영화를 누리던 가부는 갑자기 몰락하게 된다는 내용이 보인다. 『홍루몽』은 비록 소설이지만 사회적인 의의가 매우 크며 그 예술성도 최고에 도달했다고 할 수 있다.

청나라시대에 다른 유명한 소설은 『유림외사儒林外史』이다. 『유림외사』의 작가는 오경재吳敬梓이다. 그는 부유한 가정에서 태어났으나 뒤에 아궁이의 불도 자주 꺼질 정도로 집안이 몰락했다. 오경재는 『유림외사』의 내용에서도 과거제도와 사회를 깊이 비판하는 관점에서 많은 사람들을 묘사했다. 예를 들면 범진范進은 소년시절에서 백발이 될 때까지 과거시험에 참가했다. 어느 날 과거에 급제하자 너무 기뻐하다 결국은 미치고 말았다. 엄감생嚴監生은 임종 때 말을 할 수 없어서 두 개의 손가락을 폈다. 사람들은 무슨 뜻인지 몰랐으나 그의 애첩이 "나리, 저만이 당신의 마음을 알고 있습니다. 당신은 저 등잔에 심지가 두 개여서 기름을 낭비할까 걱정하는군요. 제가 지금 심지 한 개를 치우지요"라고 말했다. 심지를 치우자 엄감생은 고개를 끄덕이며, 명을 다했다. 이런 내용들은 과거제도와 공명功名만을 추구하는 사람들을 비판하는 것이다.

오경재는 이 책을 편찬하면서 의식생활이 풍족하지 못했는데 겨울에 추위를 이기기 위해 방안에서 움직이며 발을 녹일 정도였다. 54세의 오경재는 양주에서 병으로 사망했다.

『요재지이聊齋志異』는 청나라시대의 단편소설집으로 작가는 포송령蒲松齡이다. 이 소설 속의 주인공들은 대부분 요괴나 요정이었다. 「몽랑夢狼」이라는 이야기에서 노인의 꿈을 말하는데 관직에 있는 아들은 사람을 잡아먹는 호랑이고 하급관원들은 모두 늑대였다. 그리고 관청에는 백골이 산과 같이 쌓여 있었다. 작가는 이 소설을 통해서 당시 사회의 어두운 점과 부패한 사회현실을 묘사했다.

중국의 소설은 명·청 때 사회에서 사랑을 받았다. 명나라의 『삼국연의』·『수호지』·『서유기』·『금병매』는 4대기서四大奇書라 불리며 문학계에서 주목을 받았다. 청나라의 소설『홍루몽』·『유림외사』·『요재지이』는 중국문학계의 귀중한 작품이며 특히『홍루몽』은 세계문학계에서도 걸작에 속한다.

> 『홍루몽』은 중국의 18세기 초에 전제주의가 몰락하는 시기의 생활을 묘사하고 있어서 당시 사회생활의 여러 가지 측면을 반영하는 중요한 의미를 가진다. 소설에서 묘사된 4백여 명은 각양각색으로 묘사되었고 문장은 아름다우며 언어는 생동감이 있어서 중국고전소설의 최고봉이라 할 수 있다.
> 『유림외사』는 풍자소설이다. 작가는 전제주의에서 공명만을 쫓는 이들을 날카롭게 풍자했는데 이는 중국고전 풍자문학을 여는 역할을 하는데 선구가 되었으며, 세계풍자문학에서도 중요한 위치를 차지하고 있다.
> 『요재지이』 이야기는 생동감있고 문장은 세련되었다. 작가는 당시 사회의 어두운 측면을 비유적인 표현으로 묘사했고 과거제도의 문제점을 비판했으며 자유로운 혼인과 행복한 애정을 노래하는 등 당시의 사회와는 다른 문학적 의의를 가지고 있다.
> 이처럼『홍루몽』・『유림외사』・『요재지이』는 청나라 소설의 대표작일 뿐 아니라 중국문학에서도 걸작이라 할 수 있다.

12. 임칙서가 호문에서 아편을 없애다

> 16세기는 자본주의가 조금씩 발전하는 시기이다. 서방 식민주의자들은 상품시장과 원료시장을 찾고 있었는데, 거대한 중국은 그들의 최종목표였다. 1557년 포르투갈은 무력・속임수・뇌물 등을 통해서 마카오를 차지했다. 그 후로 중국으로 아편이 조금씩 들어오기 시작했고, 영국과 미국은 중국으로 아편을 가져와 놀랄만한 폭리를 챙겼다. 1830년대에 아편은 중국에서 사회적 문제가 되었다. 즉 은銀이 외국으로 빠져나가면서 텅빈 국고 때문에 백성들의 생활은 힘들어졌고 군대는 기강이 해이해졌다. 청나라에서는 금연禁煙이 국가민족의 생존이 걸린 중요한 문제가 되었다.

아편의 문제가 국가를 병들게 하는 상황이 되니 청나라 내부에서는 아편문제에 대하여 허내제許乃濟를 대표로 하는 경고파警告派와 황작자黃爵滋와 임칙서를 중심으로 하는 엄금파嚴禁派가 나타났다. 양파兩派는 수년간 대립했고 그 과정에서 임칙서가 엄금파를 주도하는 인물이 되었다.

임칙서는 아편문제가 국가운명과 민생문제에 중요한 관건이라고 여겼다. 한번은 그가 도광제道光帝에게 절박한 마음을 담아 상소를 올리니 "지금

상황을 살펴보니 수십 년 후에는 중원에 군사가 없을 것이고, 충당할 군비도 부족할 것입니다"라고 주장했다.

임칙서의 말은 고민에 빠진 도광제의 마음을 움직였다. 즉 병사가 약해지고 재물이 없어지는 위급한 상황이 발생하니 자신의 통치를 위해 도광제는 아편금지를 결정하고 도광 18년(1838)에 임칙서를 흠차대신欽差大臣[황제의 명령을 대신하는 관리]으로 임명하여 광동수군을 움직여서 광주에서 아편을 금지하게 했다.

임칙서(1785~1850)는 자가 원무元撫 혹은 소목少穆이라 하며 복건성 후관侯官 [지금의 복주]에서 가난한 지식인의 가정에서 태어났다. 가정환경이 가난하여 임칙서는 과거를 준비하는 과정 중에 여러 번 외지로 나가 일자리를 구해야 했다. 아문衙門[관청]에서 문서를 담당하기도 했고 숙사塾師[글선생]를 지내기도 했다. 나날이 문제가 심각해지는 사회를 보며 임칙서는 사회를 개혁해야 한다는 의식이 생겨났다.

1811년 임칙서는 과거에 합격하여 벼슬길에 올랐다. 그는 탐관오리를 미워했으며 아편의 문제점을 잘 알게 되어 아편의 수입과 아편의 흡연을 금지할 것을 주장했다. 1837년 53세의 임칙서는 백성들에 대한 관심과 행정적인 재능으로 호광湖廣[역주: 원대에는 호북·호남·광동·광서성을 가리키지만 명나라 이후에는 호북성과 호남성만을 가리킨다]총독이 되었다.

도광 18년(1838) 겨울, 흠차대신으로 임명된 임칙서는 북경을 떠나 아편을 금지하기 위해 광주廣州로 향했다. 그는 도중에 민정을 살피고 많은 지방관원과 향신鄕紳[지역 유지]을 만나 그들에게 아편의 상황에 대해 들었다.

광주해변의 호문은 아편밀수에 중요한 지역이었다. 그곳의 어민이 아편을 밀수하는 '쾌해快蟹[게의 모습을 하고 있는 무장쾌속선]'가 움직이는 것을 목격했지만 어찌할 도리가 없었다. 그런데 1838년 겨울에 그곳의 어민들이 자발적으로 조직을 만들어 '쾌해' 수십 척을 불태웠다. 다른 지역의 어민들 또한 자발적으로 조직을 만들어 연관(煙館[아편을 피우는 장소])을 없애고 아편판매상을 체포했다. 아울러 아편에 관련된 도구들을 많은 사람 앞에 공개하니 아편을 피우는 사람들은 고개를 들지 못했다. 임칙서는 백성들이 이렇게 아편을 반대하는 상황에 용기를 얻어 아편을 금지할 준비를 했다.

영국정부의 지지로 당시 아편무역은 최고로 번영했고 그 규모도 점점 커져갔다. 아편을 판매하는 무리와 뇌물을 받는 무리들이 서로 합심하여 세력을 형성했고, 이들이 탐관오리들에게서 허락을 받으니 이는 청나라의 사회적 문제가 되었다. 탐관오리들이 아편관련자들에게 뇌물을 받는 상황에서 금연정책은 그들을 곤란하게 만들었다.

도광 19년(1839) 1월 25일 임칙서가 광주에 도착했다. 그 다음날 임칙서는 신속하게 금연행동을 실시했는데 광동지역의 아편에 관련된 상황을 충분하게 파악한 임칙서는 광주의 모든 연관을 봉쇄했다. 2월 3일 양광총독 등정정(鄧廷楨)과 함께 신속하게 대외무역을 하는 13행상인에게 해적과 내통하고 아편을 파는 행동을 꾸짖었다. 또한 그들에게 아편밀수를 금지한다는 포고문을 양관(洋館[서양의 건물])에 가지고 가서 큰 소리로 읽도록 했다. 임칙서는 포고문에서 상인들의 아편밀수에 대한 죄상을 꾸짖고 그들에게 3일내로 가지고 있는 아편을 모두 신고하게 하여 철저히 검사하고 훼손시켰음을 증명하면서 다시는 아편을 가지고 오지 못하게 했다.

영국침략자들은 아편무역을 유지하기 위하여 중국에 주재하는 상인 감독인 엘리오트(C. Elliot)의 계획에 따라 금연운동을 방해하도록 했다. 3일 후에 영국의 아편판매상은 소유한 아편이 1,037상자라고 거짓보고를 하면서 아편무역을 그만 둔 것처럼 속이고 아울러 임칙서에게 뇌물을 보내어 이 사태를 해결하려 했다. 그러나 임칙서는 영국의 아편운반선이 22척이고 매 척마다 보유한 아편이 1천 상자가 넘는다는 것을 이미 알고 있었기 때문에 광동 최대의 아편밀수자인 전지(顚地)에게 소환명령을 내렸다. 그러나 전지는 자신의 죄 때문에 관청에 나타나지 않았다.

　엘리오트는 자신의 계략이 성공하지 못하자 마카오에서 광주로 가서 아편을 수거하면서 전지의 탈주를 도와주었다. 임칙서가 재빨리 황포에 정박한 각국의 배를 먼저 봉쇄하고 매매를 금지하니 엘리오트가 전지를 데리고 도망치려던 계획은 물거품이 되었다. 그날 저녁에 임칙서는 서양식 건물을 봉쇄하고 순시선을 만들어 안팎의 연락을 두절시키고, 엘리오트의 무리한 행동을 꾸짖으면서 다른 한 편으로는 도의적으로나 법률적으로 무역활동에서 외국상인들에게 아편을 금지하고 몰수하는 정당성을 설명했다. 엘리오트는 한결같은 임칙서의 태도를 보고 비로소 자신이 실수한 것을 알았다.

　엘리오트는 다른 방법이 없어서 임칙서에게 가지고 있는 아편이 2만 283개의 상자임을 밝혔다. 임칙서는 그의 말을 믿지 않고 친히 호문에서 아편을 몰수했는데 실제 몰수한 아편은 2만 1,306상자였다.

　임칙서는 몰수한 아편을 호문에 임시로 쌓아두고, 동시에 수백 명의 아편판매상을 잡아들였다. 도광제는 4월 18일 임칙서에게 호문에 있는 아편을 없애라고 명령하니 이는 국가의 위상을 높인 것이었다.

　임칙서는 아편을 없애기 위해 철저한 준비를 했다. 예전에 아편을 불에 태워도 아편의 기름이 땅속으로 스며들어 여전히 아편덩어리는 존재했다. 임칙서는 여러 가지 조사를 통해 석회와 소금을 이용하여 아편을 없애기로 결정하고, 호문의 해변에 15장☆ 크기에 정사각형의 큰 연못을 두 개 준비하도록 명령했다. 연못의 바닥은 석판을 깔고 바다에 접해있는 부분은 갑문을 설치했고 땅에 접해 있는 부분에는 수로를 만들었으며 또한 연못의 주변에는 철판으로 둘러 기존의 문제점을 모두 해결했다. 아편을 없애기 전에 임칙서는 실험했는데 수로에 물을 부어 연못에 물을 채우고 나서 소금을 뿌리고 그 후에 아편을 연못에 넣어 반나절을 기다렸다. 그리고 다시 불에 달군 석회를 연못에 넣으니 아편은 거품으로 변했다.

도광 19년(1839) 4월 22일 호문해변은 장엄하고도 활기찼다. 임칙서가 단상 위에 올라 아편을 없애라 명하니 백성들은 환호했다. 병사들이 소금과 석회를 연못에 넣기 시작했다. 검은색의 아편이 연못에서 녹으면서 하얀 연기를 발생시키니 호문해변이 서서히 달아오르기 시작했다. 오래지 않아 연못 속의 아편은 모두 녹았고 연기도 공중에서 사라졌다. 그 후에 바다와 연결된 갑문을 여니 아편거품이 바닷물에 섞여 바다로 흘러갔다.

23일간 아편을 없애는 작업으로 230만 근의 아편을 없앨 수 있었다. 인근에서는 아편을 없애는 장면을 보기 위해 사람이 끊이지 않았고 파도에 휩쓸려 바다로 사라지는 모습에서 사람들은 기뻐했다. 임칙서가 호문에서 아편을 없앤 것은 국가의 위상을 높였고 역사적으로도 의의가 깊다.

임칙서의 주도하에 호문에서 아편을 없앨 수 있었는데, 백성들의 지지가 없었다면 이런 행동은 성공하기 어려웠을 것이다. 광동백성들의 적극적인 행동이 임칙서의 금연정책과 합해지니 아편판매상과 아편사용자도 어찌할 방법이 없었다.

호문에서 아편을 없앤 것은 중국인의 의지를 보인 것이고 외국침략자에 맞서는 중국인들의 사기를 높였다. 오래지 않아 영국침략자들은 이를 빌미로 삼아 1차 아편전쟁을 일으켰다. 영국침략자들이 기세등등하게 광주로 진격할 때 호문에서의 활동에 고무된 많은 애국지사들이 용감히 저항했고 백성들은 맨손으로 영국의 침략에 대항했다. 지형이 험하고 포대를 삼엄하게 경비하니 영국군은 바다에 떠 있을 뿐 중국의 내륙으로 침범하지 못하여 광주를 점령하려던 계획은 실패했다.

그러나 청나라의 부패와 무능 때문에 1차 아편전쟁은 청나라가 땅을 내어주고 배상금을 지불함으로써 마무리되었다. 하지만 호문에서 아편을 없앤 행동은 중국인들이 제국주의와 맞서는 출발점이 되었고 이는 역사에 영원히 기록되어 있다.

13. 태평천국의 봉화

임칙서가 호문에서 아편을 없앤 것은 중국인의 의기를 높였다. 이 소식이 영국에 전해지자 영국정부는 이것이 중국을 침략할 수 있는 좋은 이유라고 생각했다. 도광 20년

(1840) 6월 영국은 군함 40척과 사병 4천여 명을 파견하여 광주 주강珠江 입구에서 광주를 향해 대포를 쏘니 이로서 1차 아편전쟁이 발생했다.

아편전쟁에서 전쟁의 최고지휘자인 도광제는 행동에 일관성이 없었다. 비록 중국 관병들은 용감하게 대항했지만 광동·절강·상해에서 연속적으로 패배하여 영국군함은 남경까지 도달했다. 청나라는 영국침략군의 압력으로 남경조약을 체결하면서 홍콩을 할양하고 5개 항구를 개항했으며 2,100만 냥을 배상했다. 그 후에 영국정부는 호문虎門조약, 미국정부는 망하望廈조약, 프랑스정부는 황포黃埔조약을 청나라와 각각 체결했다. 이런 불평등조약들의 체결은 중국사회에 거대한 변화를 초래했다.

광동성 화현花縣에서 시골의 글선생인 홍수전은 국가가 위기에 처한 것을 깨닫고 1851년 자신이 중심이 되어 태평천국혁명을 일으켰다.

도광 30년(1851) 12월 10일 2만여 농민들이 광서성 계평현桂平縣 금전촌金田村 서우령犀牛嶺에 모여 있는데 마을의 중앙에 있는 나무에 깃발이 꽂혀있었다. 깃발을 들고 있는 사람은 보이지 않고 큰 깃발이 서서히 위로 올라가니 많은 사람들이 이 광경을 보고 모두 놀랐다. 이때 한 사람이 단상에 올라 봉기를 선포하니 이 사람이 38세의 홍수전洪秀全이었다.

홍수전은 화현花縣 관록포촌官祿布村 출신인데 젊었을 때 그는 많은 사람들처럼 과거시험을 준비했다. 네 차례나 광주로 가서 과거를 보았으나 모두 낙방했다. 아편전쟁의 발생과 남경조약의 체결로 인한 5개 항구개방 등의 사건은 홍수전에게 큰 충격을 주었다. 1843년에 홍수전은 과거시험에 대한 헛된 마음을 버리고 '배상제회拜上帝會[상제를 모시는 모임]'라는 조직을 만들었다. 1850년에 광서성은 큰 흉년이 발생하니 거리에서는 공공연하게 인육을 파는 등 백성들에게는 큰 고통의 시기가 되었고 홍수전은 기회가 왔음을 느껴 '단영령團營令'을 발표했다. 이로써 중국과 세계를 놀라게 한 태평천국혁명이 시작되었다.

9월 태평군은 영안永安을 공격하여 영안에서 국가를 세웠는데 이것이 태평천국의 초기모습이었다. 태평군이 지나가는 곳마다 백성들이 군대에 합류했다. 1853년 1월 태평군이 무한을 공격했는데 이때 인원이 50여만으로 늘어났다. 무한을 점령한 뒤에 태평군은 육군과 수군으로 나누어 수군은 강을 따라 동남쪽으로 진격했고, 육군은 계곡을 따라 진격했다. 태평군은 그 기세를 몰아 한 달도 되지 않아 구강九江과 안경安慶을 점령하고 남경으로 향했다. 3월 19일 태평군은 남경을 점령한 뒤에 남경을 '천경天京'으로 이름을 바꾸고 수도로 정했다. 4월에 태평군이 진강鎭江과 양주揚州를 점령하여 조운漕運해상교통을 막으니 이는 청나라에게 거대한 위협이 되었다.

남경으로 수도를 정한 태평천국은 '천조전무제도天朝田畝制度'를 반포했다. 천조전무제도는 토지를 평등하게 분배하는 내용을 핵심으로 한 문서인데 인구에 따라 토지를 나누고 남녀에 상관없이 16세 이상은 토지를 소유하고 16세 이하는 그 반을 얻는다는 내용이다. 태평천국은 천조전무제도를 통해 "토지가 있으면 공동으로 경작한다有田同耕"·"먹을 것이 있으면 나누어 먹는다有飯同食"·"의복이 있으면 나누어 입는다有衣同穿"·"돈이 있으면 같이 사용한다有錢同使"·"평균되지 않는 곳을 없게 한다無處不均勻"·"굶주리거나 옷이 없는 사람이 없게 한다無人不飽暖"라는 이상사회를 만들려고 했다.

5월 태평천국은 북쪽과 서쪽을 향해 진격했는데 북벌군北伐軍은 임봉상林鳳祥과 이개방李開芳이 군사를 거느리고 천진天津 양유청楊柳靑까지 진격하니 북경에서는 크게 당황했다. 그러나 군대가 너무 빨리 진격하는 바람에 고립되었고 식량까지 떨어진 북벌군은 패배했다.(1855) 서정군西征軍은 뇌한영賴漢英이 군대를 통솔하여, 3년간 청군과 싸우면서 양자강 상류인 구강·안경·무한 같은 중요지역과 호북·강서·안휘 등의 지역을 장악하니 이로 인해 태평천국이 장기전을 할 수 있는 기초가 마련되었다.

1853년 증국번曾國藩은 고향에서 1만 7천 명의 상군湘軍을 조직하여 태평군에게 대항했는데 이 상군이 훗날 태평천국의 큰 적수가 되었다.

1856년 태평군은 잇따라 청나라의 강북대영江北大營과 강남대영江南大營을 격파하니 태평천국의 전성기가 되었다. 1856년 가을, 승리에 취해 있던 동왕東王 양수청楊秀淸이 공개적으로 홍수전에게 자신을 '만세萬歲황제를 의미함'로 삼게 하라고 위협했다. 홍수전은 비밀리에 북왕北王 위창휘韋昌輝에게 동왕부를 포위하여 기습공격하도록 명령을 내렸다. 양수청을 죽인 위창휘는 석달개石達開와 홍수전마저 죽이려고 했다. 석달개는 밤에 도주하고, 홍수전은 조정과 힘을 합해 위창휘를 죽였다. 그리고 석달개를 불러들여 정무를 담당하게 했지만, 자신의 형제들에게 명을 내려 석달개를 견제하도록 했다. 1857년 그 사실을 알게 된 석달개는 화가 나서 태평천국의 10만 정예군을 데리고 떠나버려 태평천국의 기세가 약화되었다.

천경에서의 내분은 태평천국을 발전기에서 쇠퇴기로 변하게 했다. 어느 문인文人이 내분에 빗대어 다음과 같이 당시 상황을 표현했다.

홍수전은 위창휘를 죽이나	天父殺天兄
강산을 통일하지 못하고	江山打不通
오랑캐는 주인이 될 수 없으니	長毛非正主
함풍에게나 의지할까나	依舊讓咸豊

석달개의 군대는 운남·귀주·사천지역을 돌아다녔는데, 1863년 사천성 자타지紫打地지금 사천의 안순장에서 함정에 빠져, 전군이 몰살당했다.

천경내분 뒤 홍수전은 정치에 힘써 이수성李秀成과 진옥성陳玉成 같은 젊은 인재를 등용하니 태평천국은 새로운 계기를 마련했다. 1859년 4월 홍수전의 친척동생인 홍인간洪仁玕이 홍콩에서 천경으로 왔다. 홍수전은 그를 간왕干王으로 삼아 조정을 총괄하게 했다. 홍인간은 홍수전에게 '자정신편資政新編'

을 바쳤다. '자정신편'은 서방을 배우자는 내용의 문서로 정치적으로는 혁신을 실행하여 권력을 하나로 통합하고, 경제적으로는 서방을 본받아 철도·광산·은행 등을 만들며 사상적으로는 서방의 민주와 평등을 배우자는 내용이다. 홍수전은 '자정신편'의 내용에 찬성하면서 깊은 관심을 가졌다.

한편 1861년에 청나라에서는 '북경정변北京政變'이 발생했다. 이는 서태후西太后를 중심으로 하는 완고파頑固派가 중앙권력을 장악한 것을 의미한다. 청나라와 서방세력은 연합하여 태평천국을 공격하니 태평천국은 위기에 빠지게 된다. 천경 상류의 무한·구강·안경은 차례로 함락당하고 천경 하류의 진강·상주常州·무석無錫·소주 역시 차례로 함락당했다. 1864년 태평천국은 천경 하나만 남게 된다. 천왕天王 홍수전은 자신의 고집대로 이수성이 건의한 성을 버리고 다른 곳으로 가자는 의견을 거부했다. 6월 1일 홍수전이 병으로 사망하자 그의 아들이 즉위했다. 7월 19일 청군은 화약으로 천경성을 무너트리니 11년간 존재하던 천경성이 결국 함락되었다.

방어를 하던 태평군은 비록 오랫동안 굶어 힘이 없었음에도 끝까지 청군과 싸웠다. 그들은 "적에게 남길 것은 없다"라고 큰소리를 치며 청군과 함께 물에 빠지거나 혹은 불을 던지고 혹은 성에서 뛰어내려 전부가 장렬히 사망했다. 청군은 성에 들어온 뒤에 보이는 대로 죽이고 불태웠다. 천경의 화재는 7일 동안 계속되었고 6조고도六朝古都 즉 전국시대의 월, 삼국시대의 동오, 동진, 남조의 송·제·양·진, 남당, 명 등 여섯 왕조의 수도인 천경은 폐허로 변했다.

천경이 함락된 뒤에 이수성은 어린 천왕을 보호하면서 포위를 돌파했다. 천왕의 부인은 강서성 남창에서 포로가 되었고 이수성은 남경 방산方山에서 포로가 되어 뒤에 증국번에 의해 능지형에 처해졌다. 태평천국혁명은 4년간 지속되었고, 1868년 준왕遵王 뇌문광賴文光이 양주에서 패배하여 포로가 되면서 끝이 났다.

태평천국은 제국주의와 전제주의에 반대하는 농민혁명이다. 태평천국은 중앙과 지방에 각각의 정권을 세우고 18개 성省을 휩쓸었으며 6백여 지역을 점령하는 등 혁명 기간은 18년간 지속되었다. 이는 중국과 세계역사상 유래없는 혁명이다. 태평천국은 비록 실패했지만 '천조전무제도'와 '자정신편'이라는 두 문서는 그 역사적 의의가 매우 크다.

'천조전무제도'는 중국역사상 최초로 농민계층에 의해 만들어진 토지에 관련된 법률이며 전제주의에 반대하는 중대한 의의가 있다. 천조전무제도는 개인적인 사유제도를 폐지하고 사회적 재산은 평균적으로 나눈다는 공상에 가까워 비록 현실적으로 완벽하게 실행될 수 없었지만 많은 농민의 고통, 즉 식량과 조세문제를 어느 정도 개선시킨 것은 부인할 수 없는 사실이다.

'자정신편'의 내용은 자본주의로 전제주의를 대체하여 외국과 어깨를 나란히 하며 새로운 세상을 만들려고 했다. 이는 역사적 흐름에 순응했고 태평천국의 지도자들이 서방을 배운다는 것을 의미한다. 태평천국은 전제왕조의 세력에게 공격을 받았지만 청나라와 서방국가들에게 중국인의 강력한 역량을 보여주었다. 태평천국의 영향으로 30여 년 뒤에 중국에서는 무술변법戊戌變法·의화단의義和團운동·신해혁명辛亥革命이 발생하게 된다. 이는 중국인들이 제국주의와 전제주의에 대한 혁명을 계승하는 것을 의미한다.

14. 양무운동과 갑오전쟁

청나라는 1차 아편전쟁에서 패배했다. 함풍 6년(1856) 영국과 프랑스는 조약을 빌미로 삼아 2차 아편전쟁을 감행했다. 이 전쟁에서 영-프연합군이 북경을 점령하자 함풍제는 승덕承德으로 도망쳤다. 영-프연합군이 북경을 약탈하며 유명한 원명원圓明園을 훼손했고 청나라는 영국과 프랑스의 강압으로 「천진조약天津條約」과 「북경조약北京條約」을 체결했다. 2차 아편전쟁의 기간 중에 태평천국혁명이 발생하여 청나라는 국내외적으로 곤경에 빠지게 되었으나 1861년의 북경정변 후에 청나라와 서양국가는 연합하여 태평천국을 진압했다. 두 차례 전쟁의 패배와 태평천국 진압의 성공으로 청나라 고위관원들이 서양의 물건이 도움이 된다는 것을 알게 되어 청나라에서는 양무운동이 발생한다.

두 차례의 아편전쟁과 태평천국혁명을 통해 청나라에서는 증국번·이홍장李鴻章·좌종당左宗棠 등을 중심으로 "중국을 근본으로 하고 서양의 것을 사용한다中學爲本, 西學爲用"라는 주장이 나왔다. 그들은 "중국의 제도는 서양보다 위에 있지만 오직 화기火器[무기]만은 그렇지 못하다" 또 "중국이 스스로 강해지려면 외국의 이기利器를 배워야 한다"라고 주장했다.

조상대로 내려오는 법을 바꿀 수 없다고 주장하는 복고파復古派 관원들은 서방배우기를 반대했다. 양무운동 시기에 조정은 복고파와 양무파洋務派로 나뉘게 된다.

양무운동은 1860년대에 시작하여 광서 2년(1894)까지 40여 년간 실행되었지만 갑오전쟁甲午戰爭의 패배로 결국 실패했다. 초기에는 '강병强兵'이 중심이었고, 후기에는 '부국富國'을 중심으로 전개되었다. 그 과정을 좀더 살펴보면 군수공업을 중요시하는 1단계와 민간기업이 활발해지는 2단계, 그리고 근대해군을 창설하는 3단계로 나눌 수 있다.

양무운동 초기의 중요한 내용은 군수공업의 발전과 관련이 있다. 즉 그 목적은 '자강自强'과 "천하에 위엄을 떨쳐, 외부의 무시를 막는다威天下, 御外侮"이었다. 1861년 증국번은 안경에 '내군계소內軍械所'를 설립하니 이것이 양무파에서 만든 첫번째 공장이다. 이후에 양무파는 전국각지에 20여개의 화약공장과 조선소를 만들었다. 그 가운데 대표적인 것으로는 강남제조총국江南製造總局·금릉제조국金陵製造局·복주선정국福州船政局·천진기기국天津機器局·호북창포청湖北槍炮廳 등이 있다.

강남제조총국은 당시 최대규모의 군수공장인데 착공 당시 경비는 54만 냥이 들었고 2천여 명의 기술자가 있었다. 복주조정국은 당시 최대규모의 조선소였는데 착공 당시 경비는 47만 냥이 들었고 기술자의 수도 2천여 명에 달했다. 양무운동의 과정에서 복주조정국에서 535만 냥을 사용하여 16척의 배를 건조했다.

양무파가 군수공업을 발전시키는 과정에서 곤란했던 점은 자본이 부족한 것이었다. 양무파에서는 스스로 강해지기 위해서 반드시 먼저 자본문제를 해결해야 한다고 여겼다. 이에 "부富에서 강함이 나온다" "강함과 자본은 서로 연관된다"라는 구호를 주장했다. 1870년대에 양무파는 군수공업을 중요시하는 동시에 민간기업을 만들었는데 대표적인 민간기업은 윤선초상국 輪船招商局·개평광무국開平鑛務局·천진전보국天津電報局·상해기기직포국上海機器 織布局·호북직포국湖北織布局 등이 있다.

윤선초상국은 양무파가 군수공업에서 대형의 민간기업으로 바뀌면서 생겨났고 그 결과로 생산량이 3척에서 30척으로 늘어났다. 이홍장은 이것이 양무운동의 최대성과라고 여겼다.

40여 년간의 양무운동으로 성과가 가장 큰 분야는 근대적 해군의 창설이었다. 1862년 영국인은 청나라에게 해군을 건립할 것을 건의했다. 청나라는 영국인 레이에게 위임하여 전권을 처리하게 하니 그는 영국으로부터 8척의 군함을 구매하여 선장에서 선원까지 전부 외국인으로 충당했다. 당시 이런 이상한 함대가 중국에 도착했을 때 청나라의 고위 관리들은 어이가 없어서 "이것이 어떻게 중국의 해군인가?"라고 여겨 청나라는 논쟁 끝에 또 값을 다시 지불하고는 이 해군을 해산시켰다.

1866년 청나라는 강남제조총국과 복주조정국에 조선소를 건설하니 이를 기초로 해군을 창설했다. 1874년 외국의 자본주의 세력이 중국에 침투하여 지식인들은 바다의 중요성을 언급하게 되었다. 정여창丁汝昌은 북양北洋·동양東洋·남양南洋 등의 3개의 해군을 만들도록 건의했다. 10년의 시간이 걸쳐 북양·남양·복건의 3개의 해군이 1884년에 만들어졌다. 이 3개의 해군 중에서 이홍장이 장악한 북양해군은 7천 톤의 철갑함 2척, 3천 톤의 순양함 7척과 기타의 전함 10여 척 등 모두 22척으로 구성되었고 전함의 대부분은 외국에서 구매한 것이다.

이 해에 중국과 프랑스 사이에 전쟁이 발생했다. 복건해군은 마미馬尾항에서 갑자기 프랑스해군에게 습격을 받았다. 그리고 30분도 안되어 좌종당이 고생 끝에 만든 복건해군이 전멸했다. 복건해군은 군함 11척과 상선 19척으로 구성되었고 대부분은 복주조정국에서 만들었다. 프랑스기술로 만들었지만 프랑스함대에게 궤멸당했다. 남양해군도 이 전쟁에서 큰 손실을 입었다.

1894년 일본해군은 선전포고도 없이 조선의 아산만에서 청나라의 군함을 공격하여 갑오전쟁이 발생했다. 9월 15일 1만 명의 일본군은 평양平壤으로 진격하니 평양을 지키던 청나라육군은 철수했다. 그 다음날 황해해전黃海海戰이 발생했는데 이 해전에 북양해군 13척의 군함이 참전했으나 3척은 격침당하고 2척은 도주했으며 1척은 도주 중에 충돌하여 침몰했고 7척은 파손되었다. 치원호致遠號의 사령관인 등세창鄧世昌은 배가 파손된 것을 보고 "만약에 우리가 길야호吉野號를 침몰시켰으면 우리가 승리했을 것이다"라고 했다.

그는 함대에게 명령하여 일본해군 가운데 가장 활약이 큰 길야호와 함께 같이 침몰하려고 했다. 길야호에서 계속 어뢰를 발사했는데 치원호는 불행히도 어뢰가 폭발하여 250여 명의 전부가 장렬하게 사망했다. 등세창은 물에 빠졌으나 함선이 침몰하면서 탑승자의 사망하는 모습을 보고, 홀로 살 수 없다고 여겨 물속으로 다시 들어가 자결했다.

황해해전 후에 이홍장은 자신의 힘을 보존하기 위하여 북양해군에게 위해威海항에서 대기하며 전투를 피하라고 명령했다. 일본군은 육군과 해군으로 나누어 위해를 포위하니 해군제독인 정여창은 포위를 돌파하라는 명을 내렸으나 외국 군사고문단의 선동으로 장군들은 그에게 항복하라고 핍박했고 정여창은 결국 독을 마시고 자결했다. 북양해군의 장군들은 외국 군사고문단의 지시에 따라 일본에 항복했기 때문에 유공도劉公島의 포대와 북양해군의 군함 11척은 일본의 전리품이 되었다. 이로써 북양해군은 완전히 궤멸당했다. 북양해군의 창설은 양무운동의 최대성과라 할 수 있는데 갑오전쟁의 패배와 북양해군의 궤멸은 부국강병을 목표로 하는 양무파가 실패하는 계기가 되었다.

양무운동은 통치계층에서 진행한 부국강병운동이다. 양무운동은 조상대대로 내려오는 법을 바꾸었고 폐쇄적이며 보수적인 체제를 변화시켰다. 그 과정에서 양무파는 40여개의 새로운 기업을 만들었고 근대적인 해군을 창설했으며 또한 새로운 사상을 가진 지식인을 키우게 되었으니 이로 인해 중국의 사회생산력이 발전되었다. 양무파가 원했던 것은 서방의 과학기술을 배우는 것이었기에 양무운동의 과정에서 중국은 자본주의가 시작되고 발전하여 약간의 긍정적인 역할을 했다.

양무운동의 실질적인 목표는 서양의 과학기술을 통해 전제통치를 유리하게 하기 위함이었다. 선진적인 생산력과 낙후한 생산관계는 사회적으로 많은 문제가 발생하게 되는데 이런 상황에서 양무운동 같은 사회변화운동은 성공하기 어려웠다. 이밖에도 기업 내부의 부패, 관리들의 부패, 서양인의 견제와 배척은 양무운동이 실패하게 된 원인이 되었다.

15. 백일 만에 끝난 개혁

「마관조약馬關條約」을 체결한 뒤에 제국주의 열강들은 중국을 나누어 점령하려 했다. 일본은 조약을 통해 대량의 배상금을 얻었을 뿐 아니라 중국에 직접 공장을 세울 수 있는 권리를 획득했다. 프랑스는 운남, 러시아는 동북지방, 독일은 산동지역, 영국은 양자강의 중·하류 등의 지역에 각각 뜻을 두고 있었다. 열강들은 군사기지를 강제로 점령하여 철로부설권과 같은 이익들을 얻으려했고 또한 중국을 여러 부분으로 나누어 점령하려고 하니 중국의 위기는 나날이 커져갔다.

1895년 강유위康有爲는 북경에서 '공차상서公車上書'강유위가 양계초와 함께 수천 명의 과거합격자의 이름으로 일본과의 마관조약을 반대하는 내용의 상소'운동을 일으켜 일본과의 마관조약을 반대하며 국가제도를 바꾸자는 의견을 내어 변법유신變法維新을 주장했다. 강유위는 학회를 조직하여 신문을 만드는 등 개량주의운동을 크게 발전시켰다. 국가의 위기가 심해지자 강유위는 5차례나 상소를 올려 광서제의 마음을 움직였다. 광서제의 지지로 강유위와 양계초梁啓超는 유신운동維新運動을 시작했다. 유신운동은 정치·경제·문화·교육 등 각 방면에서 개혁을 실시했는데, 광서 24년(1898) 6월 11일부터 9월 21일까지 단지 103일 만에 끝났기에 역사적으로는 '백일유신百日維新'이라 부른다.

광서제는 『일본변정고日本變政考』를 본 뒤에 경친왕慶親王 혁광奕劻에게 "짐은 망국의 황제가 되고 싶지 않소. 권력이 없다면 짐은 퇴위할 것이오"라고 말했다. 국가의 위기가 점차 심해짐에 따라 유신변법운동이 출현했다. 1898년 1월 29일 강유위는 광서제에게 변법의 구체적인 방법이 포함된 「응조통주전국절應詔統籌全局折」을 올렸다. 1898년 6월 11일에 광서제는 조서를 내리며 유신변법의 결심을 선포했다.

6월 16일에 광서제는 이화원頤和園 인수전仁壽殿에서 강유위를 만나 그를 총리아문總理衙門의 관리로 삼아 정무를 담당하도록 명했다. 19일 강유위는 또한 「경사천은병통주전국절敬謝天恩并統籌全局折」을 올리며, "여러 대신들이 모든 상황을 종합적으로 살피면서 새로운 국면을 만들기로 맹세했다"라고 주장했다. 그런 뒤에 강유위는 『폴란드 멸망기』・『열국비교표』・『프랑스혁명기』 등의 책을 바쳤고, 팔고문八股文(역주 명청시대 과거시험에 쓰인 문체)을 폐지하고 학당을 열며 기술을 장려하면서 군대를 통솔하라는 내용의 상소를 어사御史 양심수楊深秀, 송백로宋伯魯와 함께 올렸다.

백일유신의 주요내용은 첫째, 팔고문을 폐지하여 과거제도를 바꾸고 서원을 없앴으며, 중·소학당을 세우고 번역국을 설립하여 외국의 새로운 책을 번역했다. 그리고 신문사와 학회설립을 허락하면서 발명과 과학을 장려했다.

둘째, 방만하게 운영되었던 첨사부詹事府·통정사通政司·광록사光祿寺·대리시大理寺 같은 관청과 순무가 있는 호북·광동·운남지역에서는 독무督撫의 관직을 폐지시켰다. 또한 전투력이 없는 녹영병을 폐지하여 육군을 훈련시켰다. 각 성省에서는 8기병을 포함한 군대의 무기를 모두 서양 총으로 바꾸고 새로운 방법으로 군사를 훈련시켰다. 그리고 언론의 역할을 확대하여 각급 관원과 향신들이 상소를 올릴 수 있도록 했다.

셋째, 북경에 농공상총국農工商總局·철로광무총국鐵路鑛務總局을 설립하고 각 성省에 상무국商務局을 설치하여 각종 산업을 발전시켰고 민간에서 새로운 형태의 기업을 만들도록 하여 상회를 조직하는 것을 허가했다. 또한 국가재정을 개혁하여 세금제도를 바로잡고 국가예산과 결산을 새롭게 편성했다.

이러한 개혁조치는 비록 한계성을 가지고 있었지만 자본주의 경제의 발전과 서방문화의 전파에 촉진작용을 했다.

백일유신은 보수파와 격렬히 대결하는 가운데 진행되었다. 변법을 선포한 지 4일 후인 6월 15일에 자희태후慈禧太后[서태후]는 군기대신인 옹동화翁同龢가 인간됨에 문제가 있다고 주장하여 관직을 삭탈하도록 광서제를 압박했다. 그밖에도 새로이 2품二品의 관직으로 오른 관원들은 모두 태후에게 감사를 표시하도록 광서제에게 조서를 내리게 했는데 이는 태후가 인사대권을 조정했던 것을 의미한다.

팔고문의 폐지를 둘러싸고 유신파와 보수파는 격렬하게 대립했는데 광서제가 친히 이화원으로 가서 태후에게 허락을 받고나서「정지팔고문개시책론停止八股文改試策論」을 비로소 반포할 수 있었다. 이것이 유신변법의 중요한 성과이다.

광서제는 양계초에게 6품의 관직을 내리고, 역서국譯書局을 담당하도록 했다. 9월 4일 광서제는 이치에 맞지도 않은 상소를 올리고 새로운 정치를 공개적으로 반대한 예부상서 회탑포懷塔布 등 6명의 관직을 삭탈했다. 다음날 담사동譚嗣同·양예楊銳·유광제劉光第·임욱林旭을 군기장경軍機章京으로 임명하고 4품의 관직을 내려 새로운 정치에 참여하도록 했다.

유신파와 보수파는 계속되는 문제로 더욱 격렬하게 대립하니, 서태후는 정변政變을 일으켜 광서제를 폐위하기로 결정했다. 광서제와 강유위·양계초 등의 유신파는 이 소식을 듣고 대책을 상의하여 2가지 방법을 생각했는데, 첫째는 외국인을 끌어들이는 방법이고, 둘째는 원세개袁世凱의 지지를 받는 것이었다. 급히 상의한 결과, 두번째 방법을 선택하기로 결정했다.

9월 16일 광서제는 원세개를 만나 그의 관직을 높였을 뿐 아니라 군사업무를 모두 담당하게 했다. 9월 18일 밤에 담사동은 원세개에게 천진에서 열병閱兵할 때 군사를 거느려 영록榮祿을 죽이고 이화원을 포위하여 황제를 구하도록 하라는 광서제의 명령을 전했다. 이에 원세개는 담사동에게 "당신은 걱정하지 마시오. 영록을 죽이는 것은 손바닥을 뒤집는 것과 같소"라고 큰소리쳤다.

그러나 그는 곧바로 영록에게 이 사실을 알리며 유신파를 배반했다.

9월 21일 새벽에 서태후는 정변을 일으켜 광서제를 감금하고 수렴청정垂簾聽政을 선포하는 동시에 유신파를 체포하라는 명을 내리고, 시행했던 각종 변법을 폐지하여 이전의 체제로 되돌아갔다. 강유위와 양계초는 외국으로 도망쳤고, 담사동·양열·유광제·임욱·양심수楊深秀·강광인康廣仁 6명의 유신파 인물들은 피살되었는데 이들을 역사적으로는 '무술6군자戊戌六君子'라 부른다. 담사동은 그 당시 비분강개한 마음으로 "도적을 죽일 마음은 있지만 힘이 없구나. 죽는 것이 정말 빠르구나!"라고 했다. 변법에 참여하거나 찬성했던 관리들은 모두 관직이 삭탈되거나 형벌을 받았다. 이로써 백일유신은 실패하게 된다.

 제국주의의 침략의도가 점점 강해지고 청나라의 통치는 부패한 상황에서 개량주의적인 정치운동은 국가의 위기를 벗어나고 자본주의를 발전시키려 했다. 이는 애국주의와 진보주의적인 측면에서 그 의의가 있다. 개량주의운동을 주도하는 유신파의 시작은 서방 부르주아계층의 자본주의 문화를 전파하는 것이어서 당시 사회를 계몽시키는 역할을 했다. 그들의 실패는 개량주의의 실패를 증명하고 있으나 나중에 부르주아혁명의 발전에 선구적인 역할을 했다.

백일유신의 실패는 서태후를 중심으로 하는 보수파의 방해와 진압 때문이지만 유신파 내부에서도 약점을 가지고 있었으므로 이 또한 실패의 주요원인이 된 것이다.

첫째, 백일유신은 많은 백성들과 거리가 있었다. 부르주아계층을 대표하는 개량주의자들은 민중의 역량을 생각지 못하고 위에서부터 아래로의 개혁만을 진행하니 부르주아계층만을 위한 개혁이 되었다. 둘째, 100일간의 변법과정에서 부르주아계층의 약점이 나타나 이것이 실패의 원인이 되었다. 셋째, 유신파는 자본주의 체제를 만들 때 제국주의가 중국을 먼저 무너트릴 것이라는 생각을 하지 못했다. 즉 유신파는 영국·미국·일본 등의 제국주의 국가의 지지에만 의지하여 개혁을 실행하려고 하니 이것은 호랑이의 입에 머리를 넣은 것과 같은 상황이었다.

16. 황제제도를 무너트린 신해혁명

무술변법의 실패 후에 제국주의는 중국에 대한 침략을 더욱 가속화 했다. 제국주의의 침략과정에서 민중들과 대립되는 문제가 발생하니 그 문제는 점점 커져갔다. 이에 19세기 말에 농민이 주축이 되어 제국주의를 반대하는 의화단義和團운동이 발생했다.

의화단은 청나라 조정에게 이용당하여 "청나라를 도와 서양을 물리치자扶淸滅洋"라는 구호를 외치며 외국공사관과 교회를 공격했다. 광서 26년(1900) 제국주의 국가들은 각각 군대를 파견하여 '8국연합군[영국·프랑스·미국·일본·독일·이탈리아·오스트리아·러시아 8국의 연합군]'을 만들어 북경에서 의화단을 진압하려 했다. 8국연합군이 북경으로 입성하자 서태후를 중심으로 한 청나라는 서안으로 도망치면서 의화단을 배반했다. 의화단은 결국 진압되어 실패했다.

1901년 청나라 조정은 11개의 제국주의 국가와 「신축조약辛丑條約」을 체결했다. 무술변법과 의화단운동의 실패 때문에 일부의 지식인들은 부르주아 혁명진영으로 합류하니 그들의 역량은 점점 커져 결국 신해혁명이 발생하게 되었다.

1866년 광동성 향산현香山縣 취형촌翠亨村의 가난한 농민의 가정에서 한 아이가 태어났는데 그의 이름은 손문孫文이고 호를 일선逸仙이라 했다. 손문의 부친은 가난한 생활 때문에 농사를 제외하고도, 낮에는 가죽을 다듬고 밤에는 순찰을 했다. 손문의 형은 가난한 집 때문에 집 밖으로 나갔다. 형의 도움으로 손문은 12세에 미국에서 유학하며 서방의 부르주아계층의 민주정치사상의 영향을 많이 받게 되었다.

손문은 어려서부터 태평천국혁명을 동경하여 홍수전처럼 되려고 했다.

그는 의학을 공부했으나 중불전쟁과 갑오전쟁에서의 패배, 무술변법과 의화단의 실패 등을 보면서 나라를 구하는 것이 사람을 구하는 것보다 더 중요하다고 느끼게 된다. 이에 의사로서의 미래를 버리고 혁명에 참가하여 이름도 '중산초中山樵'로 바꾸었다.

1894년 손문은 이홍장에게 글을 올려 전제정치를 개혁하려고 했지만 결과는 소용이 없었다. 이 해 손문은 미국에서 중국 최초의 부르주아혁명 단체인 흥중회興中會를 결성했다. 흥중회의 영향으로 화흥회華興會·광복회光復會·과학보습소科學補習所·일지회日知會 등의 혁명단체가 연달아 성립되었다.

일부의 젊은 지식인들은 혁명을 퍼트리기 위하여 자신들의 생명을 희생하는 것도 아깝게 생각하지 않았다. 그들 중에서 대표적인 인물이 추용鄒容과 진천화陳天華이다. 그들은 『혁명군革命軍』·『맹회두猛回頭』·『경세종警世鍾』같은 잡지들을 만들었다.

그들은 세상사람들에게 깨어나라고 호소하면서 독립된 깃발을 세우고 자유의 종을 울리며 중화공화국中華共和國을 건립하려 했다. 이들 혁명파의 선전과 격려는 혁명의 형세를 신속하게 발전시켰다. 1905년 손문의 건의로 흥화회興華會·화흥회 등의 혁명단체가 일본 동경에서 중국의 부르주아혁명 정당인 '중국동맹회中國同盟會'로 통일됨을 선포했고 손문이 중국동맹회의 총리로 추대되었다. 그는 중국동맹회를 위해 유명한 16개 글자의 강령을 주장했는데 "구제달로驅除韃虜[오랑캐를 몰아내고]"·"회복중화恢復中華[중화를 회복시키며]"·"건립민국建立民國[국민의 나라를 세우고]"·"평균지권平均地權[토지권을 평균화한다]"이 그것이다.

동맹회의 성립 이후에 혁명당은 전국에서 무장봉기를 일으켰는데 그 중에서 규모가 가장 큰 것은 황화강黃花崗봉기이다. 1911년 4월 27일 황흥黃興이 이끄는 혁명당원은 양광총독의 관청을 공격하여 청군과 격렬한 전투를 벌였다. 전투 중에 72명의 혁명당원이 혁명을 위해 몸을 바쳤다. 그 후에 광주사람들은 광주 황화강에서 그들을 장사를 지냈는데 이것이 유명한 황화강 72열사의 묘이다.

동맹회가 봉기를 시작하는 동시에 광복회의 서석린徐錫麟은 안경에서 봉기를 했고 추근秋瑾은 소흥에서 봉기를 했다. 이 봉기들은 마지막에 실패하여 서석린과 추근은 혁명을 위해 목숨을 바쳤다.

1911년 5월 청나라는 강경하게 '철로간선국유鐵路幹線國有'정책을 선포하여 중국철로의 건설권을 제국주의에 양보했는데 전국의 백성들은 이러한 정책에 강렬히 반대하며 보로保路철도를 외세로부터 지킴운동을 벌였다. 보로운동이 가장 격렬한 지방은 성도成都였는데, 청나라는 호북의 1만 5천여 명의 군대를 파견하여 사천에서 보로운동을 진압하려 했다. 당시 호북의 병력은 일지회와 문학사文學社의 영향으로 인하여 5천여 병력이 혁명당에 참여했고, 호북 혁명당원은 청나라가 군대를 사천에 진입시키기 전에 봉기를 시작하기로 계획했다.

그러나 10월 9일 어느 혁명당원이 화약을 시험하다가 폭발하여 봉기의 계획이 누설되었다. 청군은 전지역을 삼엄하게 경계하다 혁명당원을 체포하면 재판도 없이 바로 사형에 처했다. 혁명당원의 지도자들이 체포되거나 피살되는 상황이었지만 혁명당원 중에서 지위가 낮은 군관들이 10일 점호 후에 무창에서 봉기를 준비했다. 봉기군은 기계창고와 호광총독의 관청을 먼저 점령했고 그 다음날 무창을 점령했다. 11일과 12일에 한구漢口와 한양漢陽에서 봉기가 성공하니 혁명당원은 무한의 삼진을 점령하여 호북군 정부를 세웠다. 젊은 혁명당원들은 자신들의 경험이 적은 것을 느끼고 자질과 경력이 합당한 사람을 군정부의 도독으로 모시려 했다. 그 결과로 여원홍黎元洪을 찾게 되었는데 그는 예전에 혁명당원을 죽인 적이 있었다. 혁명당원이 그를 찾았을 때 그는 혁명당원이 복수하는 줄로 알고 침상 밑에서 몸을 벌벌 떨었다. 혁명당원의 강압으로 여원홍은 호북군 정부의 군사령관이 되었다.

무창봉기 이후에 전국의 25개 성省 가운데 15개 성이 호응하니 혁명당의 기세는 청나라에서 2/3에 해당하는 지역을 차지하게 되었다. 그런데 혁명의 기운이 높아지는 과정에 혁명에 슬며시 편승하려는 무리들이 있었다. 강소 순무 정덕전程德全은 혁명에 호응한다고 선포하고 부하에게 "빨리 긴 대나무를 구해 오너라"라고 명령했다. 그 부하는 대나무와 혁명이 어떤 관계가 있는지 몰랐지만 명령을 어길 수 없어서 대나무를 구하여 정덕전에게 전해 주었다.

정덕전은 건물로 가서 대나무로 기와를 움직이니 기와 몇 개가 떨어져 부서졌는데 정덕전은 크게 웃으며 "혁명이 성공했다!"라고 말했다. 부하가 그 뜻을 알지 못하자 정덕전은 "바보 같은 놈, 혁명은 모두 부숴야 해. 부수지 못하면 어찌 혁명으로 부르겠느냐?"라고 부하를 비웃었다.

무창에서 봉기가 발생했다는 소식이 전국각지로 전해졌는데 손문은 미국에서 이 소식을 듣고 즉시 귀국했다. 12월 25일 손문이 상해로 돌아왔고 각 성省의 도독은 남경에서 회의를 열었는데 손문을 중화민국中華民國 임시대총통으로 추천했다. 1912년 1월 1일 중화민국 임시정부가 남경에서 건국을 선포하니 1912년을 민국民國 원년으로 했고, 손문은 중화민국 임시대총통이 되었으며 여원홍은 부총통이 되었다.

무창봉기의 소식이 북경에 전해지자 청나라는 매우 놀랐다. 이에 원세개를 내각총리대신으로 임명하여 무창으로 진격하게 했다. 영국이 중재하여 남방의 혁명당원과 북방의 청나라 대표는 회담을 열었다. 남경 임시정부의 관료들은 많은 의견을 냈는데 원세개는 공화제를 승인하면서 그가 총통의 자리를 맡고 손문은 사직하기로 합의했다. 원세개는 여러 가지를 모두 살펴 스스로의 계획을 실시했다. 1912년 2월 12일 원세개의 위협으로 청나라 황제는 황제의 자리에서 물러난다고 선포하니 260여 년 동안 중국을 통치해 온 청나라가 무너지고 2천여 년간 지속되어 왔던 황제를 중심으로 하는 전제주의체제가 끝이 났다.

청나라 황제가 자리에서 물러나면서 손문 역시 임시대총통의 자리에서 물러났다. 원세개는 3월 10일 북경에서 중화민국 임시대총통이 되었다. 신해혁명의 결과는 이렇게 원세개에게 도둑맞았고 손문이 이끄는 부르주아 계층의 공화국은 이로써 실패하게 되었다.

신해혁명은 승리한 혁명이라고 할 수 있고 실패한 혁명이라고도 할 수 있다. 승리의 관점에서는 신해혁명이 부패한 청나라를 무너트리고 2천여 년을 지속해 온 군주전제체제를 무너트렸기 때문이다. 또한 민주공화국의 개념이 백성들에게 알려지니 백성들은 민주와 자유권력을 알게 되어 중국에서 자본주의가 계속 발전하게 된다.
그러나 실패의 관점에서 신해혁명은 제국주의와 전제주의에 반대하는 역할을 완벽하게 완성하지 못했다. 즉 중국사회는 여전히 바뀌지 않은 것이다. 신해혁명의 성과는 원세개의 손에 들어가고 중국민중들은 여전히 제국주의와 전제주의 체제에서 고통을 받았다.

17. 원세개의 야망을 막은 호국전쟁

1912년 3월 10일 원세개는 북경에서 중화민국 임시대총통이 되었음을 선포하면서 신해혁명 승리의 결과를 도둑질했고, 각종 방법을 동원하여 혁명세력의 힘을 낮추면서 민주적인 체제를 무너트리려 했다. 1913년 3월 20일 원세개는 상해기차역에서 국민당 좌파의 지도자인 송교인宋教仁을 암살하였고, 제국주의 국가들에게 거액의 차관을 빌려서 혁명당원들을 진압하려 했다. 이런 사건들은 손문을 중심으로 하는 혁명당원에게 원세개의 진면목을 알려주는 계기가 되었다. 그래서 혁명당원들은 원세개를 반대하는 '2차 혁명二次革命'을 준비했지만 혁명 당원의 힘이 분산되어 있었고, 원세개의 탄압으로 2차 혁명은 실패로 끝났다.

1914년 1월 원세개는 국회를 해산했고, 5월 『임시약법臨時約法』의 폐지를 선포하여 신해혁명이 마련한 마지막 민주적인 성과는 모두 사라졌다. 이것으로도 만족하지 못한 원세개는 '민국民國'에서 황제제도를 다시 부활시켰다. 그는 황제의 꿈을 실행하기 위하여 일본과 「21조조약二十一條條約」을 체결하여 일본의 지지를 얻으려 했고, 이런 상황에서 호국護國전쟁이 발생했다.

원세개는 대내적으로 혁명당원들이 중심으로 된 '2차혁명'을 무산시키고 나서 방해가 될 만한 것들은 없어졌다고 생각하여 민주공화제도에 대해 압력을 가하기 시작했고, 대외적으로는 일본제국주의에 의지하여 황제가 될 준비를 했다.

1913년 10월 6일 원세개는 국회를 협박하여 정식 대총통이 되었다. 1914년 1월 10일 원세개는 국회를 해산시켰다. 4월 『중화민국약법中華民國約法』을 자신에게 맞게 고쳐 손문이 중심이 되어 만든 『중화민국임시약법中華民國臨時約法』을 폐지시켰다. 또 연말에 원세개는 『수정대통령선거법修正大統領選擧法』을 고쳐 총통의 권력을 전제주의의 황제와 같게 했다. 그럼에도 원세개의 꿈은 황제가 되는 것이기 때문에 이런 정도로는 만족하지 못했다.

1914년, 세계1차대전이 발생했다. 일본은 독일에게 선전포고를 한다는 핑계로 산동지역으로 군사를 진격시켜 독일의 이권을 빼앗았다. 이에 원세개는 중립을 선포하며 이런 사실을 인정했는데, 더욱 심한 것은 1915년 1월 일본은 황제의 부활에 찬성하겠다는 것을 미끼로 원세개에게 '21조'를 주장했다. 원세개는 그해 5월 10일에 '21조'의 몇 가지 내용을 빼고는 전부 수용하여 매국노의 모습을 보였다.

매국행위와 일본의 지지를 교환한 뒤에 원세개는 황제가 되는 것에 문제가 없다고 판단하여 전국 백성들의 반대에도 불구하고 1915년 12월 12일에 황제에 즉위하겠다고 선포하니, 12월 31일 중화민국 5년(1916)을 중화제국中華帝國 홍헌洪憲 원년으로 바꾸었고 또한 1월 1일에 황제로 등극하는 행사를 거행했다. 이러한 황제제도를 부활시키는 추악한 행위는 최고조에 달했다.

원세개의 황제가 되려는 행동은 전국의 다양한 계층에서 강력하게 반대했다. 손문이 이끄는 중화혁명당中華革命黨이 1914년에 성립되어 원세개를 토벌하기 위해 무장을 했으며 1915년에 중화혁명군을 조직했다. 또한 전국 각지의 군대와 연락하여 봉기를 준비하고 암살활동을 진행했다.

양계초를 중심으로 한 진보당은 원세개가 황제가 되려는 사실에 많은 백성들이 반대할 것으로 여겨 진보당의 군인인 채악蔡鍔과 함께 두 가지 방법을 준비했는데 첫째는 양계초가 문장을 발표하여 여론을 몰아 원세개를 반대하고, 둘째는 채악이 운남으로 돌아가 군사적인 행동으로 원세개를 반대하는 것이다.

채악은 양계초의 제자였는데, 양계초의 도움으로 일본에 유학하여 군사학을 배웠고 귀국한 뒤에 청나라 신군新軍서양식 군대체제를 받아들여 만든 부대에 소속되었다. 1911년에 무창봉기가 발생했을 때 그는 운남에서 봉기를 지휘하여 도독이 되었다. 원세개는 집권하면서 채악세력을 약화시키기 위하여 채악을 북경으로 오게 했는데 명목은 승진이지만 실제로는 연금이었다. 채악은 열렬한 애국주의와 민주공화사상을 가지고 있었으며 또한 운남의 군사방면과 정계에 영향력이 컸다. 채악은 스승인 양계초의 부탁을 흔쾌히 받아들여 1915년 12월 19일에 북경을 떠나 일본·홍콩·베트남 등을 거쳐 곤명昆明에 도착했다.

양계초와 채악이 운남을 반원反袁의 군사기지로 선택한 것은 일리가 있었다. 운남은 지리적으로 서남 변경이어서 여러 차례 영국과 프랑스의 침입을 받았기 때문에 애국사상이 다른 지역에 비해 강했다. 채악의 부하인 당계요唐繼堯는 '2차혁명'에서 자신의 세력을 보존했고 원세개에게 장악되지 않은 운남·귀주·광서 등의 지역에 영향력을 행사하기 시작했다.

원세개의 행동은 운남에서 큰 불만을 일으켰는데, 운남의 장군 당계요는 중하급 군관들의 지지와 양계초·채악의 격려로 인해 원세개에 반대하려는 생각이 나날이 커져갔다. 채악이 운남에 돌아왔을 때 운남은 이미 원세개를 반대하는 인사들이 모인 집결지가 되었는데 구사연구회歐事研究會[유럽을 연구하는 모임]의 중요한 인물인 이열균李烈鈞·웅극무熊克武·방성도方聲濤 등이 이미 곤명에 도착해 있었다. 이런 상황에서 진보당·중화혁명당·구사

연구회와 운남 각지의 실력자들이 모여 원세개를 반대하는 통일적인 모임이 만들어졌다.

채악이 돌아온 뒤에 12월 21일 당계요·이열균·방성도 등이 비밀리에 회의를 진행하여 원세개를 토벌할 대책을 상의했다. 회의의 결정사항은 먼저 운남을 독립시키고 호국군護國軍[나라를 지키는 군대]을 만들어 무력을 준비하여 원세개를 토벌한다는 소식을 각 지역에 알렸다.

운남은 독립을 선포한 뒤에 정치·군사·경제 등의 여러 방면에서 적극적인 준비를 하니 도독부는 최고 군정기관이 되었으며 당계요를 추천하여 도독으로 삼았다. 그리고 원세개를 토벌하는 전쟁을 구체적으로 준비했다. 원래 운남성의 병력은 1만 5천 명에 불과하여 병력규모가 적었기 때문에 도독부는 작전의 필요에 따라 급하게 군사와 군비를 모았다. 짧은 기간에 빠른 속도로 운남의 정규군은 36개의 부대에 2만 2천여 명의 병력이 조직되었고 또한 5백만 원을 모아 군비문제를 해결할 수 있었다.

운남을 근본으로 하는 전략으로 호국군을 삼군으로 나누어 천川[사천]·계桂[광서]·검黔[귀주] 등의 3방향으로 군사를 진격시키니 전국이 놀랐다. 제1군은 호국군의 주력으로 채악을 총사령관으로 삼았다. 제1군은 3개 여단을 거느리고 사천으로 진격하여 중경을 목표로 했다. 제2군은 이열균을 총사령관으로 삼아 2개의 여단을 거느리고 광서 남령南嶺을 목표로 진격했다. 도중에 광서성의 군사를 합류한 뒤에 다시 군사를 나누어 호남과 광동지역으로 진격했다. 제3군은 당계요가 총사령관을 겸임하여 귀주를 통과하여 무한으로 진격했고, 동시에 다시 군사를 파견하여 사천·귀주·호남 등의 지역에서 합류하여 공동의 작전으로 합공하기도 했다.

원세개는 운남군대를 '숫자는 좀 되지만, 보급이 안되는 부대'라고 생각했으나 3개월에 걸쳐 전투를 벌인 결과, 호국군을 패배시키지 못했을 뿐 아니라 오히려 자신의 군대가 큰 피해를 당했다. 원세개에게 더 큰 문제가 된 것은 귀주와 광서가 서로 잇따라 독립을 주장하니 다른 지역도 불안하게 되었다. 이에 따라 사회와 국가경제의 상황이 급속하게 악화되어 내부에서도 반대의 소리가 끊이지 않았다.

제국주의자들은 원래 원세개를 지지했으나 중국에서 내란이 발생하여 그들의 이익이 위급하게 되는 것을 걱정하여 호국군을 지지하게 되었다. 원세개는 사면초가에 빠지자 1916년 3월 22일에 황제제도를 다시 철폐했고, 그 다음날에 '홍헌'이라는 연호 대신에 중화민국의 연도를 다시 사용했다. 독재자이면서 매국노인 원세개는 전국의 백성들에게 욕을 먹으며, 6월 6일 병으로 죽었다. 7월 25일에 중화혁명당은 모든 군사행위를 금지하게 하니 호국전쟁은 본래 사명을 완성하고 끝났다.

채악과 이열균 등이 운남에서 호국전쟁을 일으켜 어려운 고비를 넘기고 원세개의 음모를 좌절시켰다. 원세개에 대한 승리는 민주공화세력의 승리라 할 수 있다. 이는 신해혁명 뒤에 민주와 공화에 대한 사상이 넓게 퍼져 많은 이들이 전제주의로의 회귀를 원하지 않음을 반영하고 있다. 호국전쟁의 목적은 원세개가 황제제도를 부활시키는 것을 반대하기 위함이었다. 이것의 역사적인 의의는 매우 크다.

호국전쟁은 중국 내부에서 원세개를 반대하는 사람들이 잠시 연합한 것에 불과하다. 호국전쟁에서의 지도자들은 군사적인 안목이 부족했으며 정치적인 목표가 없었기 때문에 원세개의 황제부활을 반대하는 목적을 달성하고 나서 그 후로는 계속되지 못했다. 원세개의 사후에 단기서段祺瑞를 중심으로 하는 북양군벌北洋軍閥은 여전히 중국을 통치했는데, 이후로도 분열과 내전이 잇따라 발생하게 되었고 많은 백성들은 계속 고통의 시간을 보냈다. 이로써 중국의 민주혁명의 임무는 완성되지 못하고 다음을 기약해야 했다.

18. 군벌에 의해 실패한 호법운동

원세개가 죽은 뒤에 북양군벌은 3개로 분리되었다. 즉 직계直系[하북성을 중심으로 하는 군벌]·환계皖系[안휘성을 중심으로 하는 군벌]·봉계奉系[만주를 중심으로 하는 군벌]로 나눠지게 되었다. 지방의 군벌들은 이 기회를 이용하여 자신들의 세력을 강하게 보호하려고 하여 서남지역에서는 많은 군벌들이 생겨났다. 이로써 중국은 군벌이 지방에서 서로 다투는 상황이 되었다.

1916년 환계군벌의 단기서는 대권을 꿈꾸고 있었는데, 손문이 1912년에 반포한 『중화민국임시약법』은 독재정치에 불리했기 때문에 그는 국회를 부활시키는 것과 『중화민국임시약법』을 부활시키는 것 모두를 거절했다. 손문을 중심으로 하는 부르주아계급 혁명당원들은 『중화민국임시약법』을 보호하기 위해, 또 중국에서의 민주정치 실현을 위해 호법운동을 전개했다.

1917년, 독일에 대한 선전포고가 도화선이 되어 북경정부의 총리 여원홍과 국무총리 단기서가 대립하기 시작했다. 여원홍이 단기서의 직위를 해제시키자 단기서는 천진으로 도망치면서 여원홍을 반대하는 활동을 시작했다. 이로써 여원홍과 단기서 사이의 대립이 극단적으로 변하자 장훈張勳은 이 기회를 이용하여 복벽復辟[황제제제로 다시 돌아감]을 거행했다. 6월 장훈은 5천의 변발군을 거느리고 여원홍을 압박하여 국회를 해산시켰다. 7월 1일에 장훈은 부의溥儀를 황제로 복위復位시켰다. 단기서는 여원홍이 쫓겨나는 것과 국회가 해산되는 것을 보고 장훈의 토벌을 선포했다. 12월 토벌군이 북경에 진격하니 변발군은 백기를 들고 항복했고 장훈은 네덜란드 대사관으로 도망갔다. 이로써 복벽문제는 일단락되었다.

단기서는 장훈의 복벽문제를 이용하여 다시 국무총리가 되었으며 총통은 부총통이었던 풍국장馮國璋이 되었으나 북경정부의 실권은 단기서가 장악했다. 단기서는 공화제도를 싫어하여 『임시약법』을 반대했었는데 그가 다시 권력을 장악하자 역시 『임시약법』과 국회의 부활을 거절했다. 단기서는 독재전제정치를 통해 무력으로 중국을 통일하려고 하여 손문을 중심으로 한 부르주아계급 혁명파와 서남지역의 군벌들은 단기서에 대해 모두 반대했다. 이로 인하여 남방의 호법과 북방의 훼법毀法[법을 없앰]이 서로 충돌했다.

중국 민주혁명의 선구자인 손문은 국회와 『임시약법』은 중화민국의 상징이라고 여겼다. 장훈이 『임시약법』을 폐지하고 국회를 해산시키며 청나라 황제를 복벽시킬 때, 손문은 요중개廖仲愷·하향응何香凝·주집신朱執信·장태염章太炎 등의 혁명당원과 함께 광주로 가서 광주를 근거지로 무장을 조직하여 반란을 토벌하려 했다. 단기서는 다시 권력을 잡은 뒤에 국회와 『임시약법』의 부활을 거절했고, 단기서의 전제적인 행동에 대항하여 손문은 호법운동을 거행했다.

손문은 나라를 구하는 좋은 방법은 법을 보호하는데 있다고 생각했다. 즉 호법의 군사가 크게 일어나 반역자를 진압하고 법을 어기는 자를 죽이고 법을 위반한 자는 쫓아낸다면 진정한 공화국가가 시작된다고 믿었다. 이에 손문은 7월 17일에 광주에 도착하여 국회의원들에게 호법을 위해 광주로 오라고 전보를 보냈다. 7월 27일에 손문은 광동성 의회에서 호법임무의 중요성을 반복해서 말하고 임시정부가 빨리 생기기를 희망한다고 발표했다. 8월 25일에 해군총사령관 정벽광程璧光이 호법을 위하여 해군 1함대를 거느리고 남하하여 황포에 도착했다.

단기서의 무력통일정책은 서남군벌에게 위협이 되었다. 서남군벌은 안정과 실력확충을 위하여 손문의 호법운동의 깃발 아래에서 자신들의 실력을 보호하고자 했다. 그래서 단기서의 무력통일 주장을 실현시키지 못하게 했다. 8월 25일에 손문은 광주에서 '국회비상회의'를 개최하여 『중화민국군정부조직법대강中華民國軍政府組織法大綱』을 통과시키고 육해군의 대원수를 선출하여 군정부를 조직하기로 결정했다. 회의결정은 『임시약법』 회복 전까지 효과가 있었으며 군정부를 서남 각 성省의 중앙정부로 삼아 단기서의 정권과 대항했다.

9월 1일에 비상국회는 손문을 육해군 대원수로 선출하니 호법군정부가 성립되었다. 다음날 양광순열사兩廣巡閱使 육영정陸榮廷과 호남독군 당계요를 원수로 삼았다. 10일 손문은 육해군 대원수로 취임했다. 손문은 대원수의 명의로 단기서를 민국의 반역자로 규정하고 토벌할 것이라는 내용의 전보를 보냈다. 이로써 호법운동이 정식으로 시작되었다.

단기서는 손문이 광주에서 군정부를 조직하여 호법을 주장하는 것을 알고 무력통일의 정책을 더 빨리 진행시켰다. 그는 상군湘軍장수인 임한매林寒梅의 힘을 빌리고 풍국장에게 압력을 넣어 광주군 정부를 토벌하라는 명령을 내렸다. 그 후에 병력을 여섯으로 나누어 호남·광동·광서 등의 3개 방면으로 진격했다.

호남성은 호법전쟁의 주요전장이 되었다. 호남은 1917년 9월에 '자주'를 선포했다. 호남에는 형산衡山이 있고, 동쪽으로는 상수湘水가 흐르며, 서쪽으로는 악록산岳麓山에 의지하니, 지형이 험하여 군사적으로는 좋은 지역이 아니었지만 북으로 흐르는 상강湘江이 있어 서쪽으로 가면 광서지역이고 남하하면 광주로 향하는 등 수륙교통이 매우 편리하여 교통의 요충지였다. 단기서는 북양군 제8사단 사단장 왕여현王汝賢을 호남군 총사령관으로, 20사단 사단장 범국장范國璋을 부사령관으로 삼았다. 그들로 하여금 병력을 3분하여 형산·유현攸縣·보경寶慶으로 진격하게 했다.

북양군은 우세한 병력으로 세 곳에서 협공하니 호남의 호법군은 대항할 수 없어서 형산으로 후퇴했고 북양군 제8사단은 그 기세를 타고 형산을 점령했다. 형산을 잃으면 호남과 양광도 위협을 받기 때문에 광서군벌 육영정은 급히 손문에게 연락하여 호법연합군을 조직하여 북양군에 대항할 것을 주장했다. 손문은 광서독군 담호명譚浩明을 호법연합군 총사령관으로 임명하고 네 곳의 군대를 파견하여 예릉醴陵·장사長沙·신령新寧·기양祁陽·형양衡陽 등의 지역으로 진격하니 드디어 호법전쟁이 호남에서 시작되었다. 손문은 당계요를 사천·광서·귀주 3성 총사령관으로 임명하고 사천에서 북양군을 공격하도록 했다.

8월 초에 호남의 전투에서는 호법군의 승전보가 계속 이어졌다. 보경·영풍·형산·상담·장사 등 지역은 차례로 호법군이 점령했는데 이때 북양군벌 내부에서 혼란이 발생했다. 풍국장은 평화통일을 주장하며 서남군벌을 이용해 환계군벌의 힘을 견제하도록 했다. 즉 단기서의 무력통일 주장은 독재전제정치를 실현하는 것이었기 때문에 직계군벌의 군대를 움직여 선봉으로 삼으니 직계군벌과 환계군벌은 더욱 대립하게 되었다. 이에 풍국장은 직계군벌의 군대에게 소극적으로 움직이라고 지시했다. 8월 직계군벌의 군대는 스스로 물러났고, 직예·강소·안휘·강서 등 직계에 속한 군벌은 서로 연락하여 평화로운 방법으로 해결하길 요구했다. 직계군벌과 서남군벌은 공동으로 환계군벌에 대항하니 단기서는 국무총리에서 물러났다.

사천에서는 12월 초, 광서·귀주 호법군이 중경重慶을 점령하니 호북·섬서·산동·하남·절강 등의 지역에서도 잇따라 호법군을 조직하여 독립을 선포했다. 호법전쟁의 불길은 삽시간에 중국의 10여개 성省으로 퍼져 나가게 되어 손문은 이 기회를 이용하여 북벌을 준비했다. 그러나 북양정부와 호법군정부의 내부에서 중대한 변화가 발생했다.

북양정부에서 비록 단기서를 몰아냈지만 단기서는 환계군벌과 일본의 지지를 이용하여 다시 권력을 잡았다. 또한 그는 양호兩湖[호북과 호남]의 기반과 부총통의 직위를 교환조건으로 직예[지금의 하북성]독군인 조곤曹錕을 남하시켰다. 풍국장은 본래 남경으로 돌아가 단기서를 반대하는 힘을 결집하려 했으나 단기서는 한수 빠르게 안휘독군 예사충倪嗣冲을 파견하여 방부蚌埠[안휘성에 있는 도시]에서 풍국장을 막으니 풍국장은 북경으로 오면서 결국 조곤에게 호남을 공격하라 명령했다. 3월에 단기서는 서수쟁徐樹錚을 봉천奉天으로 보내어 풍국장을 강하게 견제하도록 했다. 이와 동시에 조곤을 중심으로 15개 성省에서 3개 군벌이 연명하여 단기서를 중심으로 하는 내각을 다시 만들게 하라고 요구했다. 3월 23일 풍국장은 어쩔 수 없어서 단기서를 다시 국무총리로 임명했다.

단기서는 또다시 권력을 얻으니 보다 적극적으로 무력통일정책을 실시했다. 그는 북양군을 대거 남하시키니 호법군은 호남에서 연전연패했다. 이 시기에 호법군의 내부에서도 분열이 생겨 호법전쟁은 더욱 힘들게 되었고 손문의 북벌계획은 물거품이 되었다.

호법군정부에서 군정부에 참가하는 서남군벌은 진심으로 국회와 『임시약법』을 위한 것은 아니었고 그들이 호법주장을 하게 된 주요원인은 단기서의 무력통일을 막고 자신의 기반을 확대하기 위해서였다. 이로 인해 서남군벌은 호남과 사천을 장악한 뒤에 직계군벌과 빠르게 타협했다. 1917년 11월 말 광서군벌인 육영정은 손문의 반대를 무시하고 화해를 주장했다. 1918년 1월 호북·호남·광서·귀주 등의 군벌들은 불법적으로 '서남각성호법연합회西南各省護法聯合會'를 조직하여 호법군정부에게 대항했다.

손문은 서남군벌이 군정부를 파괴하는 행동을 막기 위하여 해군에게 광동독군서廣東督軍署를 공격하게 했다. 그러나 광서군벌은 경고를 무시했을 뿐 아니라 도리어 해군총사령관 정벽광을 살해했다. 4월 10일 광서군벌이 광주의 비상국회에서 「중화민국군정부조직법대강수정안中華民國軍政府組織法大綱修正案」을 통과시켜 지도체제를 대원수수령제大元帥首領制에서 총재회의제總裁會議制로 바꾸었다. 5월 4일 비상국회에서 잠춘훤岑春煊을 주석총재 그리고 당소의·당계요·손문·오정방·이보택·육영절·잠춘훤 등 7인을 정무총재政務總裁로 선출했다. 이로써 호법군정부는 광서군벌에 의해 남방군벌의 정부가 되었다.

손문이 시작한 호법운동이 유명무실하게 되었고, 호법군정부의 대원수직에서 물러나게 되었다. 손문은 이에 분노하여 "남과 북은 똑같은 놈들이다"라고 했다. 5월 21일 손문이 광주를 떠나 일본을 거쳐 상해에 도착했다. 결국 1차호법운동은 실패로 돌아갔다.

손문이 이끈 호법운동은 북양군벌의 전제통치를 반대하고 『중화민국임시약법』을 보호하며 민주주의의 입장을 견지한 진보적이면서 적극적인 운동이라는 의의가 있다. 그러나 호법운동은 많은 백성들에게 그 목적을 알리지 않아 민중의 호응이 없었다. 손문 또한 스스로 무장하지 않고 군벌을 이용하여 다른 군벌을 반대하니 그 결과로 남북군벌은 서로 결탁하고 협력하여 호법운동은 실패했다.

신해혁명 이후에 손문 등의 부르주아 혁명당원들은 잇따라 2차혁명·호국운동·호법운동을 진행했다. 그 결과 민국의 이름은 있지만 민국의 실제는 없었다. 이는 중국의 부르주아계층이 중국혁명을 완벽하게 승리로 이끌 능력이 없었음을 보여주는 것이었다.

19. 조여림의 집이 불타다

1912년 3월 원세개가 중화민국 임시대총통이 되면서부터 1927년 장개석이 이끄는 국민당이 중국을 통치하기 전까지 북양군벌의 통치시기는 중국의 암흑기였다.

원세개의 사후에 북양군벌은 내전을 통하여 3개 세력으로 나눠졌다. 1917년 독일에 대한 선전포고의 문제가 도화선이 되어 '부원지쟁府院之爭'이 발생했는데, 장훈의 복벽사건으로 '부원지쟁'은 단기서의 승리가 되었다. 단기서가 국회와 『중화민국임시 약법』의 회복을 거절하여 손문이 호법운동을 일으켰으나 1918년 5월 호법운동은 결국 실패했다.

1918년 11월 제1차세계대전은 독일과 오스트리아 등의 동맹국의 패배로 끝이 났다. 다음해 1월 승전국들이 프랑스 파리에서 평화회의를 열었는데 회의의 결과는 독일이 가진 중국의 산동지역에 대한 권리를 일본에게 양도하는 것이었다. 이에 중국인의 분노가 일어났고 파리평화회의의 외교적 실패는 5·4운동의 도화선이 되었다.

1918년 11월 제1차세계대전이 끝났다. 패전국인 독일은 당연히 점령하고 있던 중국의 영토를 중국에게 반환해야 했다. 당시 미국대통령 윌슨은 민족자결주의를 발표하니 식민지로 전락한 국가들의 백성들은 매우 감격하여 독립과 자주의 서광이 비치는 듯했다.

1919년 1월 중국은 승전국의 자격으로 파리에서 27개국이 참여한 평화회의에 참석했다. 사실 평화회의라고 했지만 실제로는 담합회의가 더 정확한 표현이다. 평화회의는 미국·영국·프랑스·일본·이탈리아 등의 5개 제국주의 국가가 담합했고 중국정부는 외교책임자로 육징상陸徵祥 그리고 주미공사 고유균顧維鈞 등의 5인을 전권대표단으로 삼았다. 대표단은 평화회의에 3개안을 요구했는데 그 내용은 첫째로 제국주의 열강이 중국에서의 특권 중에서 7항의 희망조건을 취소한다. 둘째로 원세개가 일본과 체결한 '21조'를 취소한다. 셋째로 세계대전 중에 일본이 독일을 침략하여 얻은 각종 특권을 중국에 반환한다는 것이었다.

청나라의 매국과 항복으로 인하여 당시에 협약한 국가들은 중국에 적지 않게 자신들의 기반을 가지고 있었다. 이때문에 회의에서는 중국이 언급한 첫번째와 두번째의 요구를 부인했고 세번째의 요구만이 회의의 안건으로 상정되었다. 일본은 '21조'를 이유로 독일이 가진 산동에서의 특권을 중국에 돌려줄 수 없다고 거절했다. 미국·영국·프랑스는 일본과 막후교섭을 하여 결국 중국의 요구를 무시했다. 그리고 4월 30일 독일이 가지고 있던 산동에서의 특권 역시 일본이 계승하도록 했다. 중국은 또다시 제국주의 열강의 결탁으로 피해를 보게 되었다.

파리회의에서 중국의 외교는 완전히 실패하여 제국주의에 구걸하는 상황이 되었고 이에 중국의 민중들에게서 제국주의에 반대하는 불꽃이 타올랐다. 1919년 5월 3일 북경에서 각계의 애국인사들이 모여 잇따라 집회를 열고 산동문제에 대해 토론을 시작했다. 대책을 찾으면서 원세개가 일본과 '21조'를 체결한 1915년 5월 7일을 국치일國恥日로 정했다.

그날 저녁에 북경대학 법학과 사무실에서는 각 대학에서 모여든 1천여 명의 대학생들이 긴급회의를 열었는데 북경대학 신문연구회의 회원인 소표평邵飄萍이 먼저 파리회의와 외교실패의 과정을 설명했다. 그런 뒤에 각 대학대표가 연설을 통해 망국의 위기가 눈앞에 있음을 지적하고 이 위기를 해결하기 위해 청년학생들은 의기를 합해야 한다고 결의했다. 북경대학 법학과 학생인 사소민謝紹敏은 비분강개하여 연설 도중에 손가락을 깨물고 "청도를 반환하라[還我靑島]"라는 글자를 혈서로 크게 작성했다. 이때문에 회의에서 애국의 의기는 최고조에 달했다.

회의에서는 비장한 심정으로 4가지를 결의했는데 첫째는 각 세력간의 힘을 합친다. 둘째로 파리로 사절을 파견하여 파리에서 결정된 조약을 체결하지 않는다. 셋째로 5월 7일을 국치일로 정하고 대중들에게 알린다. 넷째는 5월 4일에 천안문 광장에서 시위를 거행한다는 것이었다.

학생들은 5월 4일 먼저 각국 공사관에 항의서를 보냈고 그 후에 총통부에 청원하여 친일매국노인 교통총장 조여림, 화폐국총재 육종여陸宗興, 주일공사 장종상章宗祥의 처벌과 평화회의에서의 조약을 거절하도록 요구했다.

5월 4일 오후 1시, 북경의 여러 대학에서 3천여 명의 대학생들이 "21조의 폐지, 평화회의조약 서명의 거절" "일본상품을 사용하지 말자" "산동의 권리를 되찾자" 등의 깃발을 손에 들고 천안문 앞에 모였다. 또한 "청도를 반환하라"라는 혈서 역시 높이 걸고 학생들이 출정하는 깃발로 삼았다.

북양정부의 교육차장·보병통령·경찰총감 등이 잇따라 방해했지만 학생들은 연설이 끝난 뒤에 조여림·장종상·육종여 등 매국노를 조롱하는 글을 대열의 앞에 세우고 거리행진을 했다. 학생들은 전단지를 돌리며 크게 구호를 외쳤는데 전단지에는 "산동이 위험해지면 중국도 위험해진다. 중국의 멸망이 멀지 않았다! 전국의 모든 이들은 모두 힘을 합해 주권을 회복하고 매국노를 처벌하는 것에 중국의 존망이 달려 있다!"라는 내용이 있었다.

시위대가 여러 공사관이 있는 지역을 지나자 외국공관은 통과시키지 않았다. 학생대표들은 그들에게 2시간 정도가 필요하다고 교섭을 했지만 그들은 절대로 양보하지 않았다. 북양군벌 정부는 오히려 외국침략자들을 도와 학생들을 질책하면서 학생들에게 귀가하도록 조치했다.

"가자! 조여림의 집으로 가서 매국노를 찾아 복수하자!"라고 어떤 이가 큰 소리로 외치자 시위 대열은 밀물처럼 조여림의 집으로 향했다. 오후4시 경에 그의 집 앞 골목에서 수천 명의 학생들이 모였다. 학생들은 "조여림은 나와라!"라고 소리쳤으나 조여림의 저택은 굳게 닫혀 있었고 집을 지키는 경찰들은 아무런 소리도 내지 않았다.

그날 낮에 조여림과 장종상은 같이 총통부의 연회에 참석한 뒤에 조여림의 집으로 갔다. 그러나 오후에 학생들에 의해 집에 갇히게 되었지만 조여림은 총으로 무장한 2백여 명의 경찰이 있었기 때문에 빈손의 학생들이 그를 어찌할 수 없음을 알고 조용히 기다리고 있었다.

문 밖의 분노에 찬 학생들이 지붕의 기와를 떨어트려 그것을 집안으로 던졌으나 아무런 일도 생기지 않았다. 북경 고등사범학교 학생인 광호생匡互生은 조여림의 집 오른쪽 대문이 유리창인 것을 발견하자 곧장 뛰어가서 주먹으로 유리창을 깨트렸다. 학생들의 도움으로 그가 집안으로 들어간 뒤에 다른 학생들도 그 뒤를 따랐다. 놀란 경찰들이 정신을 차렸을 때 이미 대문은 부서져 있었고 많은 학생들이 집안으로 몰려들었다.

조여림은 이때 정신을 차려 체면을 버리고 화장실에 숨어 있다가 몰래 밖으로 도망갔고 장종상은 부엌에 숨어 있었다. 학생들은 사방으로 조여림을 찾았으나 찾지 못했고 오히려 장종상을 찾아냈다. 학생들은 그에게 돌·기와·나뭇가지 등을 던지니 그는 온몸이 상처인 모습으로 죽은 척 했다. 학생들이 다른 곳에 신경을 쓰고 있을 때 그는 조여림의 집 밖으로 도망쳐 부근의 잡화점에 숨었다. 학생들이 어찌 그만 두겠는가? 다시 샅샅이 살피니 결국 장종상이 발견되어 끌려나왔다. 학생들은 깃대로 그에게 폭행을 가했고, 다른 학생들은 물건들을 던졌다. 장종상은 결국 경찰의 호위로 겨우 빠져 나올 수 있었다.

광호생·주여동周予同 두 학생은 가장 먼저 조여림의 집에 들어가 계속해서 그를 찾았으나 결국 찾지 못했고 그 과정에서 단지 비단·골동품·보석

등을 찾아냈다. 그들은 차고에서 휘발유를 찾아 조여림의 집을 불태웠다. 불길이 높게 솟아오르며 집을 태우니 학생들은 물러나기 시작했다.

이때 경찰총감 오병상吳炳湘, 보군통령 이장태李長泰가 부하들을 거느리고 도착했는데 그들은 물러나는 학생들을 공격하여 구타하면서 32명의 학생을 체포했다. 이것이 역사상 유명한 '조여림의 집이 불에 탄 사건[火燒曹家樓]'이다.

조여림의 집을 태운 사건이 발생한 그 다음날 북경의 전문학교 이상의 학교에서는 학생들이 전부 수업을 거부했다. 6일 북경의 중등 이상의 학교 학생들이 연합회를 만들었고 7일 북경정부는 학생들의 압력으로 체포한 학생들을 석방했다. 그러나 8일 총통 서세창徐世昌은 석방된 학생들을 다시 법정에 세웠다. 10일 북경대학총장 채원배蔡元培가 북경을 떠났으며, 11일 북경의 각 대학 교직원들이 연합회를 만들었다. 19일 북경 학생들은 다시 수업을 거부하고 길거리에서 강연을 했다. 그들은 일본물품을 배척하고 의용대를 결성하여 군사훈련을 받았다. 6월 3일 북경 학생들은 다시 거리에서 시위를 벌였고 이에 경찰에게 178명의 학생이 체포되었으며 다음날인 6월 4일에 8백여 명의 학생들이 또 체포되었다.

경찰의 대규모 체포활동은 전국의 민중들에게 분노를 일으키게 되었고 학생을 대신하여 노동자들이 시위의 중심으로 되면서 6월 5일 상해노동자가 먼저 파업을 시작했다. 즉 6·3사건 이후에 5·4운동의 중심은 북경에서 상해로 이동했고 운동의 주체도 학생에서 노동자로 바뀌었다.

학생들의 애국운동은 북경에서 시작하여 전국으로 확산되었으며 많은 민중의 적극적인 호응을 일으켰다. 전국 150여 도시에서 파업이 진행되어 제국주의와 군벌의 통치에 큰 영향을 끼치게 되었다. 결국 조여림·장종상·육종여 등 3명의 매국노는 파면되었고, 중국대표는 파리평화회의에서 일본의 요구에 따른 조약에 서명을 거절했다. 이것이 5·4운동이 거둔 중요한 의의이다.

'5·4운동'은 초기공산주의 사상을 가진 지식인들이 자신들뿐만 아니라 노동자와 함께 적극적으로 참여했다. 5·4운동 이전의 민주주의 운동은 일부 통치계층이나 부르주아계층들만을 위했지만, 5·4운동은 지식인·노동자·학생 등이 모두 참여하여 만든 중국신민주주의혁명이라는 것이 역사적 의의라고 할 수 있다.

한국 중국문학의 관계사라기보다 간명해진 한중문학사라 부름이 정당한 것이었다. 1980년대에 들어와 한국인 학자들의 손으로 본격 한국중국문학 관계사가 저술되기 시작한 때문에 그 이전까지 일본인 학자들이 쓴 중국문학사를 비교문학적 관점과 내용으로 쓸 수 있는 중국문학사가 거의 전무하다시피 하였음은 부인할 수 없는 사실이다. 1992년 호남출판사에서 간행된 중국문학사 시리즈는 그러나 이 같은 문제점을 풀 수 있는 단초를 열었고, 지금 시도되는

동방의 한국 중국학은 성장일로에 있다.

그동안의 중국학 관련 연구성과들을 총결산하는 데는 양적 질적으로 부족함이 있다고 할지라도 바로 비교시각에서 중국의 문학사적 위상을 한국문학사와 비교하며 조명하는 작업이 조만간 이루어져야 할 것이다. 이 아니라는 것이다. 중국 문학에 있어서 한국과 중국의 두 이질적인 문화 배경을 갖고 있는 한국과 중국 사이에 있어서는 음양오행설을 근간으로 하는 유교적 이념이 깊숙히 배경에 깔려 있어 고대로부터 문학의 작품 수용 내지 전파에 있어서 상호영향 관계가 깊고 그 수용 전파의 양상을 추적하는 과정에서 기실 양국의 문학사가 궁리되어온 터이며, 그런 의미에서 기왕의 중국문학사는 한국학계에서 기술 비교가 이루어져 왔다고 할 수 있으며, 그 문학 수용 유입 과정의 일단을 규명하는 데도 미력하게나마 기여할 수 있는 방편적 대용이 될 수 있으리라 본다.

참고로 말하면 이것은

「한국 중국문학 관계사 시론『韓中文學關係史』」이라는 항목은 필자 가갑준과 비교문학자 김학주교수와의 공저로 된비교문학사

2008년 2월 역자 씀

도 중국사 속의 동아시아 주체를 생동감있게 생각하면서 5·4운동까지 재미있게 정리한 중국통사이다.

독자들은 중국 속의 한국을 기억으로 해서 사용될 중국통사가, 그 때문에 실수 있 의 모든 역사적 사상(事象)에 주목했다, 우사, 특히 통속적인 책 이 미끄럽게 쓰여져 역사가 각자 각자의 전통을 묶고 있는 역사가 많지 않고 사가 시대를 마치 때 역사가 각자 수련한 오늘날 감정이 장정이 있고 이 이야기 쓰고도 구축할 수 있을 이해된다. 도로 따듯한 유용 사진과 가 비교적 성게 여사게 재미있기 배운다는 이것이 좋아 이 책이 자기 가장 큰 장점이기도 하다.

끝 장정이기도 하다.

세 분문이 기간으로 중심이 되는 역사적 내용이 중심에 이해하기 쉽고 재미있 게 정리 정도시도 정도를 정리되어 '중국통사', 『자치통감』, 『사기』 등 역사 책의 내용을 참조했다. 그리고 비교적 쉽고 재미 있게 중국사가 이해될 수 있도록 특별히 정성을 담았다. 부분 시대 별 중요사건을 의도적으로 상기시킬 수 있는 상세기술 갖추고 있는 이 책이 개제목이 많다. 그리고 각 장의 주인공에 인물들의 큰 정치활동 우사 각 시대 중국사 인물들이 등장을 뒷받침해 수고 인과를 수 있게 배려 장정이 있다. 이 책이 중국사의 인물과 사간 중심으로 이해될 수 있는 까닭이 여기에 있다. 다. 사건이 중심이 되기 때문에 매우 일관적이고 흥미로움 뿐만 아니라 이 책의 끝이 읽힌지도 모를 정도로 생생하게 가사시대로부터 근대에 이르는 중국사의 큰 흐름과 역대 왕조들 기사적 경관한 정치 사건과 이야기를 비롯해 중국사의 다양 한 면모을 살펴볼 수 있는 장점도 지니고 있다.